Les Bouhafa

Une famille tunisienne engagée dans l'Histoire

Chédlya Bouhafa Yamak

Photo de couverture : à gauche Fatna fille de Djilani Bouhafa, à droite Soumeya Khélil, Nabeul 1923

Les illustrations proviennent des archives des familles et des Archives Nationales de Tunisie.
Certains documents très anciens étaient en très mauvais état.
Nous avons fait le maximum pour qu'ils soient lisibles.

ISBN : 978-2-7599-0327-6

Rappel au Peuple Tunisien

Nous étions,

Sous les Ottomans des sujets assimilés
Sous le joug du Colon des indigènes asservis
À l'Indépendance des Tunisiens affranchis
Sous Bourguiba des Citoyens disciplinés
Sous Ben Ali des Apatrides assujettis
À l'ère Trabelsi des Valets fustigés
Pour la première Dame, le gros lot à dépouiller !

Sous la Révolution
Nous devenons des rebelles Libérés
Sous Caïd Essebsi notre chemin est éclairé
Au nom de la Troïka nous n'avons qu'à prier
Ô Démocratie je rêve de t'attraper
Pour planter notre cher Jasmin et se dire...
Ô petite fleur je t'ai enfin possédée !

C.B.Y.

Derrière tout ce qui est exquis, on trouve ainsi quelque chose de tragique.
La terre est en travail pour donner naissance à la plus humble fleur.

OSCAR WILDE

Dédicace

À ma famille

À la mémoire de Béchir et Soumeya
Mes cousins d'outre-mer
Moncef et Raouf-Yves
Le regretté Faris

Abdou mon phénicien

À mes chers enfants
Samar pour ce Liban qui a vu naître ton père
Nassim et son fils Djaïd Abdulhay
Salwa et Farès pour leur soutien

À mes petites filles Rania   Dina   Alia

À Nesma Hasnoui pour avoir permis
la rencontre avec l'éditeur UPblisher

Le destin d'une princesse Alissa

J'ai quitté mon pays j'ai quitté ses rivages
Les montagnes vertes belles et parfumées
Sur les eaux j'ai vogué, j'ai frémi, j'ai humé
Ses senteurs de thym et de romarin sauvages !

Pleure ô Byblos bien-aimé ta reine déchue
Son règne historique et ses années révolues.
Le ciel est son linceul, la pirogue son lit
La brise l'emporte vers l'éternel oubli.

Un ange passe, l'espérance lui sourit
Que vois-je un continent, un pays, un rivage ?
Le voilier fraye son chemin et atterrit
Sur les bords accueillants de la douce Carthage.

La Phénicie l'enfante, elle s'exile avec peine
Conquérante ou clandestine elle fuit son passé
Pygmalion, les querelles le départ forcé
Mais Qart Hadasht l'honore et couronne sa reine.

Belle Didon est née sur la terre d'accueil
Coteaux verts et fleuris de BYRSA l'héroïque
Qui traça ses épopées de luttes stoïques
Vérité historique, légende ou recueils ?

C BOUHAFA YAMAK

Photo : histoire de la Tunisie, défilé de jeunes Carthaginoises autour du char. Au centre en blanc, la Reine Didon. Fête de la jeunesse destourienne – 22 mars 1959

Table des matières

Soumeyazad raconte...

L'histoire d'une famille du Protectorat à l'Indépendance 1881 - 1956

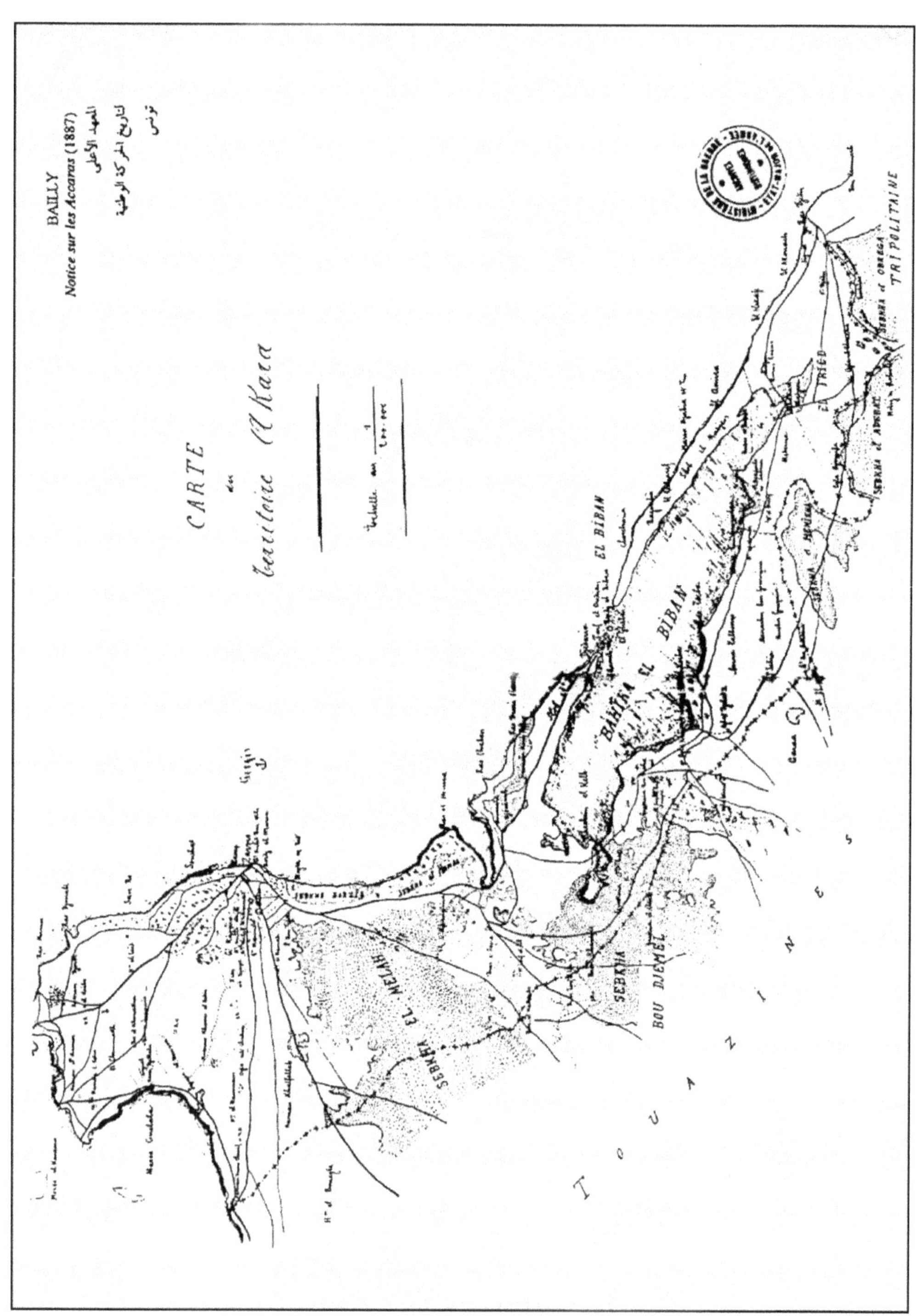
BAILLY
Notice sur les Accaras (1887)
المعهد الأعلى
لتاريخ الحركة الوطنية
تونس
CARTE
EL BIBAN
BAHIRA EL BIBAN
SEBKHA EL MELAH
SEBKHA
BOU DJEMEL
TOUAZINES
TRIPOLITAINE

ZARZIS

Avant-propos

L'écrivain polonais contemporain Antonio Libéra a dit : « *Notre sort en tant qu'humanité et en tant que nation devient au fil du temps et des siècles, un mythe voire une légende propre à être immortalisée par la magie scripturaire.* »

En écrivant ce livre, je n'ai pas cherché à briller par le best-seller idyllique qu'attendaient mes filles, ou par une œuvre biographique rigoureuse.

N'ayant ni les capacités ni l'envergure analytique d'un historien, c'est simplement la vie de ma mère qui m'inspira et la conter fut pour moi un délicieux bonheur.

L'imagination et l'amour de l'écriture m'aidèrent à réaliser cette œuvre, miroir d'évènements vécus, de péripéties, de revirements, de petits faits quotidiens qui se conjuguent et se répètent pour refléter la vie d'une époque. Les années passent, les générations se succèdent et les héros disparaissent un jour en laissant à l'histoire des traces indélébiles de leur passage qui, parfois, se transforment dans la mémoire populaire en légendes. N'a-t-on pas dit : « *celui qui ne se retourne pas sur ses racines est un homme perdu* » ?

Jeunes, nous avons eu le temps d'écouter une histoire racontée par une grand-mère ou une berceuse nostalgique chantée par une servante. Dans notre pensée, le réel s'est souvent mêlé à l'imaginaire et, transportés par notre puérilité, nous voguions dans le rêve des contes où nous admirions en silence les héros chevaleresques, les épopées, les récits de richesse et de gloire et la beauté des princes et des sultanes. Les légendes rapportaient aussi la bouffonnerie des tiers, la traîtrise des serviteurs, les mésaventures des intrépides et la pauvreté des petites gens. Alors, comme par miracle, une leçon de vertus humaines imprimait à nos cerveaux le respect des valeurs, le sens de la loyauté, la générosité, l'amour, la foi et le devoir patriotique.

Notre légende s'inscrit dans le siècle qui vient de s'achever. Miroir de toutes les mutations, ce siècle aura reflété une évolution des techniques et un essor impressionnant des technologies. Il fut le théâtre des deux guerres mondiales, de l'essor de la culture, de la médecine et des sports, une trame féconde sur laquelle se sont greffées les performances olympiques, les prouesses des écrivains et des cinéastes, le boom de la recherche et des découvertes.

L'histoire du Maghreb s'illustre par la conquête de l'Algérie, du Maroc et de la Tunisie, Régence ottomane qui passa sous mandat français en 1881.

Rattachés à un continent africain par la géographie et le relief, drainés par un cœur spirituel battant au levant, confinés dans des traditions séculaires, les pays du Maghreb durent subir le protectorat français, la loi de l'indigénat imposée à leurs peuples au lendemain de la colonisation.

Ma famille portait, à l'égal du culte musulman, une passion sans concessions pour la patrie. Mon aïeul, mon grand-père, mon père, mes oncles, hommes de pensée, de culture et de tradition, étaient imprégnés par l'amour du pays et le sentiment du sacrifice pour la patrie.

Ma mère, la jeune Soumeya, est pour moi l'exemple de l'héroïne par excellence. J'appréciais ses qualités de cœur, sa vivacité d'esprit, sa force de caractère et sa connaissance étonnante de l'école de la vie.

Elle avait le verbe gai et une mémoire prodigieuse. Son périple extraordinaire a été marqué par la carrière de mon père acquise auprès de l'administration coloniale. Son parcours constitua pour moi les balises qui facilitèrent ma démarche, des repères qui me permirent de développer l'histoire de ma famille.

Dame mère se balada à travers la Régence, de ville en ville et de province en province. Dans les coulisses, elle remplira le rôle de « madame la postière ». Pour les arabes elle fut *mart el khaznaji*, pour les européens on l'appelait en mangeant les syllabes « Mam' Boifa ».

Pour mon père, elle fut « dis-le à maman », suggestion qu'il faisait toujours, en s'adressant à ses enfants avant de prendre une décision.

Elle vécut la carrière de son mari avec tous ses contrastes, ses espoirs et ses contrariétés. Elle se consola auprès de ses enfants qui lui apportèrent amour et réussite. Elle ressentit au fond d'elle-même le poids des vicissitudes engendré par le militantisme des siens.

Choyée, admirée et respectée, elle fut le pilier autour duquel gravita le noyau familial. Pour trancher dans les décisions épineuses, on faisait appel à son bon sens et à sa grande pondération, rôle exceptionnel et combien ingrat auquel elle avait droit en tant qu'aînée. Prêchant autour d'elle la paix, la réconciliation, ma mère n'avait pas d'ennemis.

J'ai entrepris de reconstituer l'itinéraire de ma famille et mes proches dans sa prodigieuse diversité. J'ai pioché dans les faits divers, j'ai trouvé des histoires inédites, je me suis entretenu avec nombreux témoins dont les personnes âgées.

Ce condensé ne prétend pas transcrire toute une vie, mais le souvenir de ma mère qui a largement contribué à en édifier la trame. Son dialogue agréable et ses paroles suggestives ont fourni les maillons que j'ai dû assembler scrupuleusement dans l'ordre chronologique. Il m'a fallu resserrer les nœuds de ce métier à tisser tellement fabuleux, pour ne pas déraper. Dans ce puzzle géant, j'ai eu droit au choix des couleurs, mais pas à celui de la composition ni de la texture de chaque maillon. Sans délaver les motifs, sans les agresser, j'ai dû simplement les réunir dans une harmonie cohérente pour que le lecteur se penche et médite sur cette toile de fond naïve, authentique, cette légende rappelant notre généreux passé.

Introduction

ALGÉRIE, 24 DÉCEMBRE 1962

— Dotteur yama… Dotteur yama !

Abdulhay posa les valises dans le hall d'entrée et s'empressa de répondre. « Dotteur yama… ! » reprit la voix qui venait du bloc opératoire de l'hôpital civil de la ville de Sétif.

Nous venions d'atterrir sur une terre nouvelle, sœur, inconnue. Il était sept heures du soir. Madame Yalamova dans son accent slave appelait le Docteur Yamak à sa rescousse. Gynécologue de son titre, la doctoresse bulgare n'arrivait plus à maîtriser la césarienne compliquée qui se présentait à elle. Je ne vis pas mon mari, lorsqu'il me quitta pour voler au secours du malade. Il faisait nuit noire, jalonnée de flocons de neige, le père Noël descendait !

Je me revois assise en rebord du lit face aux valises déposées pêlemêle dans l'appartement surchauffé qui s'ouvrait directement sous les préaux de l'hôpital. Je relevai la tête, des plafonds hauts, une ambiance blanche, impersonnelle. Dès cet instant je réalisai le sacrifice auquel la petite jeune fille que j'étais consentait en suivant un mari qu'elle aimait. Je laissais derrière moi ma terre natale ma famille, mes repères de jeunesse pour rattraper une destinée qui me faisait atterrir au large d'un pays, stigmatisé par une révolution similaire à la nôtre mais plus sanglante et plus meurtrie.

« Saout al-Jazaïr al-arabya ach-chaqiqa ! » La voix enflammée et transcendante du speaker surnommé *« Saout al-arab »*, résonna à mes oreilles. Un flash mémorisa les moments exceptionnels de la lutte dans les pays du Maghreb, l'endurance d'un peuple algérien frère qui se replia sur la terre d'accueil pour fuir les lignes Challe et Maurice et l'horreur des exactions françaises sur les âmes innocentes. Mon cœur se serra au souvenir de cette cause algérienne qui arrivait au bout de ses peines et recouvrait sa délivrance. Ce jour mémorable du 19 mars 1962 me revint comme si c'était hier. Nous avions organisé dans le cadre du soutien caritatif, une kermesse au profit du Croissant Rouge Algérien. Des efforts personnels de collecte et de confection d'ouvrages modestes contribuèrent aux rentrées. Je fis partie de l'équipe qui disputa le match de basket-ball entre clubs civils sur le terrain de sport de Franceville (el-Omrane).

Pendant le déroulement de la première mi-temps, le public semblait nerveux, mais soutenait par des applaudissements sporadiques la manifestation sportive. Jusqu'au moment où un grand silence s'abattit, rompu par un véritable délire d'ovations et de slogans patriotiques. La nouvelle éclata dans un tintamarre assourdissant. Les accords d'Évian venaient d'être signés et le cessez-le-feu proclamé sur la terre d'Algérie.

La compétition s'arrêta, pour donner lieu à l'épanchement d'une foule en liesse qui voulait focaliser l'instant sublime que je ne peux oublier moi-même car il revendiquait la double appartenance à mon pays et à ce Grand Maghreb, désormais libre !

Les bousculades et cris de joie provoquèrent le cafouillage au sein de l'équipe ; le choc entre joueuses occasionna ma chute brutale et je me relevai péniblement sous le portique avec une cheville endommagée. Le lendemain au centre d'urgences de l'hôpital Sadiki, le Docteur Abdulhay diagnostiqua une belle entorse. Le mois d'octobre de l'année précédente, une grande manifestation était organisée à travers les artères de la capitale et mon autre cheville avait connu le même sort.

La population, sortie dans la rue pour dénoncer les exactions, appelait au retrait des troupes coloniales repliées sur les bases navales du Cap de Bizerte. Après Sakiet Sidi Youssef en 1958, les bombardements de l'aviation française sur la région de Bizerte furent lourds en pertes humaines. Le 23 juillet 1961, les bombes larguées du ciel tombaient partout. Dans la plaine autour de Bizerte, les civils couraient sur la terre nue pour fuir les maisons, cibles des raids aériens. La France avait fait la démonstration de ses capacités de génocide. Dans les artères de la ville, le sang des adolescents giclait sur les murs des immeubles, alors qu'ils s'étaient rassemblés pacifiquement pour appeler à l'indépendance intégrale du territoire.

Au Cap-Bon, les citoyennes ont été mobilisées sous la direction de l'Union des Femmes Tunisiennes pour griller et moudre les céréales et préparer la *bsissa* qui servira à nourrir les jeunes bénévoles mobilisés sur le front, face à l'armée française.

Je sus par la suite que le Docteur Abdulhay Yamak avait passé plus de vingt-quatre heures à soigner les blessés et relever les décès de cette journée noire (environ quatre cents cadavres).

Le rassemblement s'ébranla à partir de la Place Pasteur à Tunis vers le centre-ville ; en tête de file, l'organisation de l'Union de Femmes et de la Chabiba Destouria. Une véritable marée humaine criait aux abus et dénonçait par des slogans patriotiques la politique coloniale de la France.

Au niveau du passage, la foule s'engorgea et s'étrangla littéralement à la rue de Rome. Un mouvement de panique déstabilisa le flux, je reçus en plein visage le porte-calicot que je brandissais en criant : « Bizerte est à nous ! » à côté de moi, j'entends encore Habiba el Mornaguia (membre de l'Organisation Féminine de Grombalia présidée par Radia Bouhafa Belkhiria) s'égosiller en criant : « *Bazart tatanou, Bazart tatanou !* ». Son accent petit nègre, semblait aviver encore plus le sentiment patriotique. Dans le mouvement de foule, mon pied trébucha et cogna violemment le trottoir. J'eus du mal à descendre l'avenue Bourguiba ex-Jules Ferry pour arriver au domicile paternel avenue Jean Jaurès. Le lendemain mes sœurs me transportèrent aux urgences de Aziza Othmana.

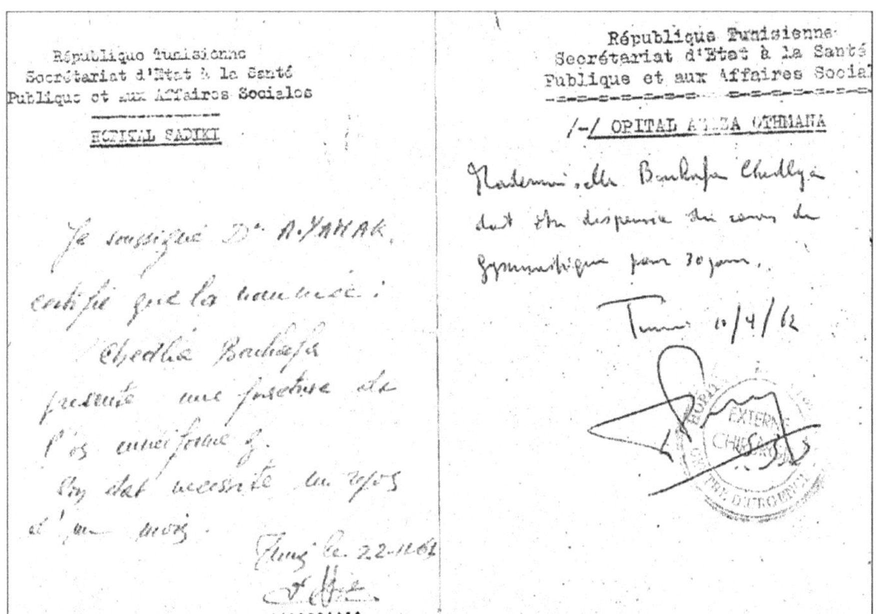

République Tunisienne
Secrétariat d'Etat à la Santé
Publique et aux Affaires Sociales

HOPITAL SADIKI

Je soussigné Dr A. Yahak, certifie que la nommée : Chedlia Bouhafa présente une fracture de l'os cunéiforme g. Son état nécessite un repos d'un mois.

Tunis le 22-11-61

République Tunisienne
Secrétariat d'Etat à la Santé
Publique et aux Affaires Sociales

HOPITAL AZIZA OTHMANA

Mademoiselle Bouhafa Chedlya doit être dispensée des cours de gymnastique pour 30 jours.

Tunis 11/4/62

Ce fut le tribut payé à ces évènements historiques, une foulure pour la cause algérienne et une fracture pour la cause tunisienne.

Lorsqu'il m'ôta la botte plâtrée qu'il avait pris soin de fignoler pour me permettre de me déplacer, l'homme en blanc m'invita à le suivre dans le pays voisin. Faute de faire des études de Médecine à l'université de Lausanne, c'est ce qu'aurait voulu mon père avant-gardiste, parce que cette profession représentait l'abnégation et l'amour du prochain, la destinée m'offrit de rencontrer un médecin pour vivre le monde des hommes en blanc, si bien dépeint par les héros de Slaugther.

Qui l'eut dit ? Le coup de foudre entre la carthaginoise et le phénicien, liés par les mêmes origines et tous deux impliqués dans une cause maghrébine commune.

SÉTIF ETÉ 1963

Quelques mois après notre installation dans la ville des hauts plateaux, l'été s'annonçait par des brises encore fraîches.

J'écoutais la symphonie numéro cinq de Beethoven lorsque le téléphone sonna, mon cœur bondit et la triste nouvelle s'annonça. Mon oncle qui avait subi une opération lourde fut transporté dans un état grave, au domicile de son père *si* Djilani Bouhafa.

En septembre 1962, oncle Kadem nous avait rendu visite pour faire la connaissance de mon futur époux. Il s'excusa de ne pouvoir honorer la cérémonie de notre prochain mariage. Il avait fait un effort pour monter, conscient de la faiblesse de ses membres, se voulant digne malgré la maigreur qu'il dissimulait sous son pardessus en gabardine. Il s'aida d'une canne pour garder l'équilibre et parla de son amour du Liban qu'il avait visité dans les belles années. Le malade s'était isolé dans sa chambre à l'hôtel de France place Barcelone, pour vivre son mal latent. La veille du 7 juillet 1963, Kadem semblait serein, pourtant le mal irréversible réquisitionnait ses forces et son visage reflétait la paix intérieure qui présageait les derniers instants de vie.

Au printemps de l'année 1962, le militant s'était déplacé à Paris pour subir une intervention chirurgicale du larynx ; madame Wassila Ben Ammar, la femme du Président Bourguiba, eut l'ultime délicatesse de prendre en charge l'ami de parcours, celui qui n'a jamais revendiqué quoique ce soit à la Tunisie libérée, pas même une médaille d'honneur, insigne dynastique. Sa réserve et sa dignité de militant ne lui permettaient pas, en dépit des souffrances physiques et morales qu'il endura tout au long d'un parcours révolutionnaire sur plusieurs fronts.

À présent, face à lui-même, Kadem ressentait vibrer en lui un combat différent, contre la maladie qui n'avait pas altéré la finesse de ses traits, ni l'éveil de son regard. Était-ce ce que nos aînés, en bons musulmans, appelaient la paix accordée par la main divine avant le passage de vie à trépas ? À l'intérieur de sa chambre tamisée, Kadem luttait contre la douleur en lisant et en méditant.

Son esprit considérait la solitude qui condamne le génie, l'indifférence de la nature et des hommes et la stoïque patience qu'il convient de leur opposer.

« *La mort du loup* », œuvre d'une exceptionnelle élévation philosophique et morale lui revint en mémoire. Kadem visionna les derniers instants d'agonie, la lutte stoïque de l'animal. Il récita dans une parfaite diction le poème d'Alfred de Vigny, Kafila l'écoutait l'oppression au cœur.

Son oncle déclinait la tirade presque avec emphase comme si, en se délectant de ses ponctuations, il se projetait dans l'itinéraire héroïque du Loup qui trépassait courageusement seul, face au néant.

La mort du Loup
Le Loup vient et s'assied, les jambes dressées
Par leurs ongles crochus dans le sable enfoncées.
Il s'est jugé perdu, puis qu'il était surpris,
Sa retraite coupée et tous ses chemins pris ;
Alors il a saisi dans sa gueule brûlante,
Du chien le plus hardi la gorge pantelante
Et n'a pas desserré ses mâchoires de fer,
Malgré nos coups de feu qui traversaient sa chair
Et nos couteaux aigus qui, comme des tenailles,
Se croisaient en plongeant dans ses larges entrailles ,
Jusqu'au dernier moment où le chien étranglé,
Mort longtemps avant lui, sous ses pieds a roulé.
Le Loup le quitte alors et puis il nous regarde
Les couteaux lui restaient au flanc jusqu'à la garde,
Le clouaient au gazon tout baigné dans son sang ;
Nos fusils l'entouraient en sinistre croissant.
Il nous regarde encore ensuite, il se recouche,
Tout en léchant le sang répandu sur sa bouche,
Et sans daigner savoir comment il a péri,
Refermant ses grands yeux, meurt sans jeter un cri.

« LES DESTINÉES » ALFRED DE VIGNY

Le timbre de la voix chevrotante se voulait puissant : « Qu'était-ce la mort en définitive ? Une déportation ! » Il lui fallait, comme pour les déportations de jadis, l'affronter fièrement avec dignité.

Dans l'après-midi, Kalthoum passa à l'hôtel de France pour embrasser son oncle. Lorsqu'elle pénétra, les jalousies rabattues libéraient un clair-obscur qui la guida jusqu'au lit. Elle marcha presque en s'excusant sur les coupures de journaux, l'amoncellement des livres et la paperasse qui jonchaient le sol. Kadem lui prit la main entre les siennes, il sourit à sa nièce, réconforté de la revoir avant le départ qu'il sentait proche.

Le compte à rebours s'engageait et le militant avait tant de choses à dire, tant de vérités à crier sans vergogne

– Kalthoum !, dit-il.

– Oui tonton ?

– Prends donc un stylo et une feuille de papier, je vais te dicter l'histoire…

LE LENDEMAIN LE 7 JUILLET 1963, 7 AVENUE DE LESSEPS

Au Belvédère, dans la salle à manger, Kadem paraissait paisible, il était étendu sur le cosy, face à la fenêtre ombragée.

N'avait-il pas la veille manifesté à Kalthoum depuis sa chambre, son désir de lui dicter les vérités sur l'épopée maghrébine dont il fut l'un des pionniers !

À présent, il réfléchissait en regardant les volutes dessinées par la cigarette, ultime faveur accordée comme si le benjamin du fort de Bordj Lebœuf attendait le moment fatidique du départ.

Son esprit oscillait vers un passé récent jalonné de luttes, de patriotisme et du sentiment indélébile de l'amour de la Patrie. Son âme voguait déjà vers l'éternel. La dernière volonté de Kadem fut qu'on l'assît sur une chaise. Il ajusta sa veste, défit maladroitement le nœud de sa cravate et pensa fortement à Raouf-Yves. Kadem voulait quitter ce monde « debout », comme toujours. Son regard absent balaya l'ombre réfléchie de la belle frondaison du Belvédère… Il soupira puis s'éteignit doucement, dignement, en remettant à l'histoire, ses lettres de créance.

Si « la Révolution mange ses hommes » comme on dit, la marche du temps est inaltérable et les vérités comprimées ressurgissent. On peut taire des faits, mais on ne peut contrecarrer l'histoire.

« Lavez, Lavez l'histoire des peuples aux hautes tables,
Lavez ô pluies les hautes tables de mémoire »

SAINT JOHN PERSE

L’histoire d’une famille

Zarzis Territoires militaires

SOUMEYA. 1906

Le soir s'annonçait. Un silence régnait à l'intérieur de la maison d'architecture arabo-sudiste, des plaintes à peine perceptibles s'échappaient d'une pièce orientée vers le levant et s'ouvrant sur la cour intérieure. Au dehors, les bouquets de palmiers bruissaient, balayés par la brise froide de ce mois de Janvier. La lune guettait le moment propice pour paraître dans la cour, une étoile filante sillonnait le ciel d'une trajectoire éphémère. Au même moment, un ange gardien délivrait une jeune maman en lui offrant son bébé. En cette nuit du 5 Janvier 1906, ma mère venait de naître.

Khelil Ben Hadj Mohamed Chetioui, armateur et navigateur, choisit d'appeler sa petite fille par le nom d'une constellation dont le chariot éternel et scintillant guidait ses sorties nocturnes en haute mer, *Essoumeya.*

Gobtane Khelil, comme se plaisaient à l'appeler les siens, était propriétaire d'une flottille d'embarcations qui travaillaient pour son compte dans la pêche de l'éponge, au large de la péninsule de Zarzis. Mercantile reconnu, il avait une large côte dans ce commerce dont la concession appartenait à ses aïeux depuis le règne des ottomans. On raconte que par beau temps et pour permettre à ses matelots de passer la nuit en mer, le raïs faisait lui-même la navette avec sa grande felouque.

Ce loup des mers était aux dires des aînés un chevronné qui n'hésitait pas à innover les techniques de pêche pour améliorer ses rendements ; une telle organisation lui permettait de contrôler le travail. En rejoignant ses *bahharas*, il surveillait le déroulement de la pêche et assurait les réserves de carburant, la nourriture et les outils de première nécessité pour prévenir les pannes éventuelles.

Pour ceux qui le connaissaient, raïs Khelil faisait corps avec son embarcation. Après le stockage et le séchage de l'éponge sur les terrains attenants à la maison, les acheteurs se présentaient pour évaluer les quantités puis, un certain Madar, concessionnaire juif se chargeait de l'acheminement de la marchandise en direction du petit port, avant l'expédition vers les pays méditerranéens et l'Europe.

D'après certains témoignages, les marchés directement conclus avec les belges, les grecs et les turcs se traitaient en la présence de *gobtane* Khelil, dans son *makhzen*, avec pignon sur rue à Chkirben.

Ce commerce des plus florissants faisait vivre la tribu blanche doublée de ses Chouachines, jusqu'au jour où Khelil périt en mer à 45 ans, entouré de ses hommes dans la plus triste des expéditions.

CHOUCHA. JUIN 1907 : LE NAUFRAGE

La Légende de Zarzis

Deux « désenchantées » de Pierre Loti. — L'homme blond. — La liberté ou la mort !

Les rapports officiels ne sont pas encore parvenus au Gouvernement Tunisien et cependant dans la population musulmane des cafés maures, de Bab-Souika à Bab-Djedid et de la Porte de France à la Casbah, une légende s'est créée, qui se répète de bouche en bouche.

Aujourd'hui, ces conteurs la débitent comme une primeur et demain, devenue complainte à nombreux couplets, elle fera les délices des petits et des grands.

Si l'on en croit ces conteurs, tout ce qu'ont raconté les journaux des Roumis est bien banal.

Il y a bien eu un bateau qui a sauté, il y avait bien de la poudre à bord de ce bateau et la poudre en éclatant a bien tué une quarantaine de victimes ! Tout cela est exact, mais ce que les journaux n'ont pas dit, c'est que le bateau venait de Stamboul et que deux très belles jeunes femmes turques échappées du harem du Commandeur des Croyants, deux « Desanchantées », de Pierre Loti, étaient à bord du fin voilier.

Les jolies fugitives n'étaient pas seules, bien entendu, mais en compagnie d'un beau cavalier, à la moustache blonde et affilée.

C'est à la poursuite de ce trio gracieux que le bateau turc s'efforçait lorsque la sacolève entrée dans les eaux tunisiennes vint s'échouer sur la Koucha-Touila.

Le beau français blond avait juré à ses compagnes qu'elles ne retomberaient jamais entre les mains de leur maître et voyant son bateau pris, il a préféré périr avec elles que de les exposer à de terribles représailles.

Voilà ce que l'on raconte dans les cafés maures et si la légende manque un peu de vérité, elle apparait remplie de poésie aux auditeurs musulmans, toujours avides de contes et d'histoires merveilleuses.

La Dépêche Tunisienne - 13 juin 1907

La Catastrophe de Zarzis

Voici quelques renseignements nouveaux sur l'explosion d'El-Katteb, qui nous sont envoyés par notre correspondant particulier.

Le chargement de la sacolève qui appartenait bien à Chérif ben Mosbah, armateur à Tripoli, était composé de dix mille okes de poudre, quarante fusils Gras, trois caisses de cartouches Gras, quatre caisses de dynamite et diverses caisses d'armes ordinaires. Cette cargaison avait été embarquée dans les environs du Pirée par des canots, car il n'aurait pas été possible d'embarquer une telle quantité d'explosifs dans le même port sans donner l'éveil aux autorités.

Sa valeur est estimée de 20 à 25.000 francs et la sacolève à 4.000 francs.

Actuellement le chiffre des morts serait de 50, soit : 4 bibanais, 38 accaras, 8 de l'équipage de la sacolève.

Il y avait 21 barques réquisitionnées de Zarzis et 3 du Biban. Ces dernières, équipées par 9 personnes, se trouvant un peu en arrière du cercle d'investissement, n'ont eu que 4 morts et 2 blessés, dont un assez grièvement, mais dont cependant les jours ne sont pas en danger.

Voici les noms des Bibanais échappés :

Mohamed ben Hsin Bibani ;

Son frère Salah Ben Hsin Bibani (légèrement blessé);

Mohamed El Herri ;

Ahmed Karrache(gravement blessé, soigné par le docteur Bertrand de Zarzis) ;

Messaoud ben Ayed ben Malouk.

Il est difficile de connaître exactement le chiffre des blessés Accaras, car il y en a qui sont soignés à Ben Gardane, ou dans les gourbis disséminés qu'ils avaient installés pour leurs familles se livrant à la moisson dans les environs du Biban, et d'autres encore qui ont été évacués sur Zarzis.

Les difficultés des communications rendent les enquêtes difficiles et les investigations incertaines.

La sacolève était certainement de nationalité Ottomane, puisqu'elle appartenait au port de Benghazi, comme port d'attache, mais on ignore sous quel pavillon elle naviguait ni comment elle avait fait établir sa patente.

L'effectif de son équipage était de 8 hommes, dont 6 marins, le mousse et le capitaine.

Il paraîtrait que parmi ces derniers, il y avait deux marins d'Adjim (Djerba).

La présence de Grecs, Maltais ou autres Européens à bord n'est nullement confirmée. Aucune des personnes échappées au désastre n'affirme en avoir aperçu.

Actuellement, les enquêtes officielles se poursuivent au Biban, Ben Gardane et Zarzis, car il ne reste plus rien sur le lieu de la catastrophe. Les épaves recueillies consistent en fragments de bois d'une dimension minimum de 50 centimètres.

A l'endroit où se trouvait la sacolève et aux environs, le fond de la mer est jonché de débris humains, de pièces d'armes, et de fer provenant des agrès.

La Dépêche Tunisienne – 14 juin1907

Une catastrophe arriva dans la ville de Zarzis en cette période de moisson, elle eut pour théâtre une région côtière Est, appelée Choucha. Les Accara plus précisément Ouled Bouali, possédaient dans cette plaine la majorité des terres agricoles. Quelques jours auparavant, des ouvriers moissonneurs de la tribu Touazzine avaient rapporté la présence d'un bateau amarré près des terres en rade de Choucha Touila, plus exactement dans la région du Keteff.

De retour à Zarzis, les marins confirmèrent la nouvelle en signalant, à leur tour, un navire qui sillonnait dans les eaux territoriales tunisiennes entre Ras Djedir et Choucha Touila. Arch Ouled Bouali et Arch Zaouia étaient concernés puisqu'ils avaient le monopole de la pêche, tout en s'adonnant à la culture des terres.

Les autorités militaires alertèrent les deux postes frontières de Choucha et Sidi Touaï pour mobiliser les agents du Maghzen. L'officier donna ordre de poursuivre le bateau suspecté de transporter des armes et des munitions pour la Tripolitaine. L'ordre de mission reçu, le Maghzen organisa la sortie en mer et le *Bach-chaouch* prévint Khelil Chetioui, il ne pouvait que se plier aux décisions de l'autorité territoriale, il réunit ses hommes, son frère Mosbah et, s'en remettant à la volonté de Dieu, le groupe s'élança dans une armada de barques de raïs et de marins !

Rien ne présageait le drame qui allait survenir en mer. L'armada Accara surprit l'adversaire, accosté pas loin du rivage. De l'autre côté à perte de vue, on voyait les champs fourmiller de fellahs. Le dos courbé, la tête ombragée par le chapeau en palmes tressées, faucilles en main, ils abattaient leur travail en chantant des mélopées. « Hé toi ! dit l'un d'entre eux à son voisin, regarde ! »

Les ouvriers posèrent un moment les outils et remarquèrent à leur grand étonnement, la présence d'une flottille aux côtés du contrebandier. Raïs Khelil ordonna de le contourner. Une peur légitime s'était emparée des membres de l'équipage. Alors qu'ils plaçaient leurs felouques en chapelet, Khelil Chetioui somma le propriétaire de se rendre. Adossé à son bastingage, le pirate ne semblait nullement impressionné par les barques qui sillonnaient sur son passage. Il refusa et jaugea du regard le cercle qui se resserrait autour de la carcasse de son bateau. Il comprit, qu'en lui bouclant la voie ils ne lui laissaient aucune chance de s'échapper. « Si quelqu'un tente de m'approcher, dit-il, je fais sauter le navire ! ». Malgré la réponse démentielle, raïs Khelil continua de raisonner le corsaire.

Les voix se faisaient écho et une tension nerveuse se communiqua à l'équipage. Le moment d'affolement fit hésiter les marins qui laissèrent à l'initiative du maître, le choix d'avancer ou de se replier. Khelil s'arma de courage pour affronter le pire. Hors de lui, le pirate finit par perdre ses facultés. La dernière tentative se couronna par un échange de tirs dont le bruit des salves fit écho jusqu'aux oreilles des ouvriers Touazzine qui coupaient l'orge. Quelques-uns d'entre eux levèrent l'ancre en direction de la flotte en détresse. Au moment où les agents du Maghzen décidèrent d'effectuer une descente dans les cales du contrebandier, le fou, excédé, exécuta sa menace en mettant le feu à son embarcation, « plutôt que d'échouer entre les mains des Accara ! » s'écria-t-il.

Un cataclysme souleva la mer comme si son ventre éclatait… Le bateau chargé de munitions, embrasait un à un les « geôliers flottants » en propageant le feu à leur carcasse... Les grenades et le baroud pétaient et des langues de braise happaient tout. Les ouvriers agricoles regardaient hébétés, le volcan qui s'ouvrait à l'horizon. Figés dans leurs felouques à moitié englouties, les Accara levèrent leurs yeux pour implorer la miséricorde divine. La mer se refermait sur eux comme dans un sarcophage.

Par ce geste criminel, mon grand-père Khelil Chetioui et ses marins périrent d'une mort atroce. Ils n'eurent même pas droit à une sépulture décente.

Des familles entières pleurèrent leurs orphelins, victimes innocentes d'une tragédie inattendue. La catastrophe du cinq juin 1907 laissa à la mémoire collective, le « sceau cuisant » d'une épopée sans gloire. Les habitants de Zarzis prirent l'habitude de se référer à cette date macabre.

ج – المعروف أنّ قبيلة عكارة تمارس نشاطا مزدوجا فمن جهة نجد النشاط الزراعي ومن جهة أخرى اختصّ عرشا أولاد بوعلي والزاويّة في النشاط البحري (صيد السمك والإسفنج).

بدأت هذه الحادثة عندما أصدر رئيس فرع مصلحة الشؤون الأهليّة ببنقردان أوامره إلى أعضاء مخزن بنقردان (سيدي التوي) وأعضاء مخزن جرجيس (الشوشة) وكذلك إلى بحارة عكارة المتصبين في تلك الفترة بالشوشة بمحاصرة المركب (القارب المشحون بالكنترة Le navire chargé de contrebande ✗). وعندما أعطى الشاوش أوامره إلى البحريّة صعد على المركب كلّ من خليل بن إمحمد الشتيوي، ورحيم بن عيسى بن شويخة ورحومة بن منصور،

---

38. الأرشيف الوطني سلسلة E صندوق 292 ملف 1 / 2 شهادة محمد بالحاج مبروك بن شتيوي من عرش الخزور قبيلة التوازين.

39. كل التقارير العسكرية التي تناولت هذه المسألة، استعملت مصطلح الكورشة الطويلة وهو استعمال خاطئ ناتج عن جهل الضباط بأسماء المناطق الموجودة بجهة جرجيس.

AKKÂRA AU XIX° S.

✗	خليل بن محمد الشتيوي	45 سنة	رايس	عكارة	أولاد بوعلي
	علي بن عبد الله العودي	25 سنة	بحري	عكارة	أولاد بوعلي
	سعيد بن عبد الدايم الزيكي	28 سنة	رايس	عكارة	أولاد بو علي
✗	مبروك بن علي بو حافة	28 سنة	رايس	عكارة	أولاد بو علي
	محمد بن بلقاسم بن مسعود بن شويخة	16 سنة	بحري	عكارة	أولاد بوعلي
	محمد بن مصباح بن شويخة	18 سنة	رايس	عكارة	أولاد بوعلي
	أحمد بن سالم لخنيفد	18 سنة	بحري	عكارة	أولاد بوعلي
	عامر بن عمر بن منصور بن عبد الله	22 سنة	رايس	عكارة	أولاد بوعلي
	سعيد بن علي خنيسي	45 سنة	بحري	عكارة	أولاد بوعلي
	الشوشان سالم بن علي بن طالب	35 سنة	بحري	عكارة	شاشين أولاد بوعلي

Marqués d'une croix : Khelil ben Mohamed Chetioui et Mabrouk ben Ali Bouhafa

Le litige concernant le navire accosté irrégulièrement dans les eaux interdites, n'était qu'une formalité et *gobtane* Khelil désigné par ordre du *Birou-arab*, s'apprêtait à la mission. Le raïs connaissait parfaitement les mers et se déplaçait souvent entre la Turquie et Alexandrie. Construite sur un petit monticule, la propriété de sidi Khelil surplombait la mer, on pouvait discerner les bateaux sur le chemin du retour. Par le sentier qui traversait la palmeraie familiale on accédait aux marais salants (Sabkhet chetiouat), les domestiques l'empruntaient pour aller à la rencontre du maître.

Les membres de la famille attendaient le retour généralement tardif de sidi Khelil et de son frère benjamin Mosbah.

Lamâa était l'aînée des deux épouses, on l'appelait ainsi pour son teint laiteux et sa chevelure soyeuse et claire. Nées toutes deux dans les Ouled Bouali, les femmes avaient un même rang social. La première, fille aînée de Salem Belhiba, Kalifa de Zarzis à l'époque et Fatma la deuxième épouse, fille de Mohamed Djebnoun gros terrien de la plaine. L'une avait pour mère Aïcha bint Ouled Noueïr (cavaliers téméraires) et l'autre Meriem bint Douihech (famille au passé nationaliste).

À l'âge de quinze ans, Fatma se maria au Cheikh M'hamed Belhiba, frère de Lamâa et un concours de circonstances curieux vint bouleverser le cours des choses. Après la mort subite de son premier mari, Fatma se retrouva jeune veuve et Khelil Chetioui la demanda en mariage dans l'année qui suivit. Lamâa accueillit sa rivale (celle qui fut leur bru) avec une sagesse exemplaire sachant que pareille situation était courante dans les mœurs tribales de l'époque. Au lecteur d'apprécier la maîtrise et l'effort consentis par chacune des épouses pour vivre dans la cordialité constante.

Pourtant dans la sourate n°129, le suprême prône l'équité et prévient des abus : « Quand bien même vous êtes équitables ».

Je voulus comprendre les motifs qui poussèrent Khelil à contracter liaison avec Fatma ; séduit certes par sa beauté, sa jeunesse et sa bonne naissance, mais intuitivement je cherchais une autre raison. Je me suis substituée au « cœur de pierre » et l'endurance de *méma* Lamâa me subjugua. Comment avait-elle accepté ce destin implacable ? Elle, la première épouse descendante des Ouled Noueïr, les plus intrépides et nobles cavaliers que connurent les Accara depuis leur souvenance.

Lamâa géra son infortune et accepta d'accueillir dans son foyer son ancienne belle-sœur, pour partager avec elle les attentions d'un même mari. L'impact des traditions obligeait la femme à se terrer dans le mutisme dérivant inévitablement, sur les intrigues et les fuyants. À travers les recoupements, des témoignages me confirmèrent l'existence de rivalités entre les familles Belhiba et Khelil Chetioui qui, fortunées et alliées, continuaient à se disputer l'autorité du *Machikha*. Épouser telle femme pour s'introduire dans la sympathie ou l'aisance était commun, de même que ravir à la convoitise de l'autre, les privilèges de telle tribu, affirmait la puissance terrienne et chevaleresque du mari. La *Khatifa*, n'était-elle pas une coutume légalisée !

Pour répondre à mon désarroi ma mère trancha : « *Zouz syouda* », entre Khelil et Salem, il existait des *bountouet*, comme on dit dans le langage courant.

Pour préciser que le poste revint à Ali, fils de Khelil, élu Cheikh des Ouled Bouali dans les années 1947-1948 à Zarzis. Une discussion engagée avec une petite cousine, Zeïneb Belhiba me révéla d'autres détails. La nouvelle, paraît-il, avait été à tel point cuisante que pour commuer la souffrance comprimée dans ses viscères, la pauvre Lamâa courait comme une damnée, depuis la haie de clôture jusqu'aux murs de sa maison, en se lamentant sous les yeux compatissants de ses négresses.

Avec le temps, résuma l'interlocutrice, *méma* Lamâa sécha ses larmes pour retrouver dignement son sourire de Joconde et tous ont rapporté la considération que lui vouât *gobtane* Khelil. Elle ne fut ni congédiée ni dérangée dans son premier rang d'épouse. Je suivais ma mère tout en réfléchissant au parcours marital de Fatma bint Djebnoun. Ne l'avait-on pas mariée à quinze ans au Cheikh Ahmed Belhiba, puis, après son veuvage, à Khelil Chetioui, avant que la destinée ne la fasse atterrir à la fleur de l'âge chez le notaire Djilani Bouhafa dans la sénia riveraine des flots !

« Certains vous diront, me répondit ma mère : Fatma bint Mohamed Djebnoun épousa trois seigneurs ! Un Cheikh, un Armateur et un Kalifa ! ». Pendant cette soirée mémorable du 5 juin 1907, les noirs vaquèrent à leurs besognes et l'heure du thé passé, délogèrent ce coin de la véranda où tantôt on avait passé l'après-midi face à la Méditerranée. Dans les offices les uns préparèrent le dîner pendant que d'autres s'affairaient aux étables. Les bêtes rentrées et repues sommeillaient d'un œil sur la paillasse de foin qui sentait les premières moissons. Une odeur appétissante de potage au poisson s'élevait du foyer, mélangée à la senteur du feu de bois réchauffant l'eau dans la *nahassa* pour la toilette du maître. On servit le dîner puis le thé dans le *mejless* baigné d'un relent de bois d'olivier mélangé aux effluves d'encens.

Était-ce l'inquiétude de sa servante qui se communiquait à elle maintenant ? Lamâa, ô Lamâa, ne vois-tu rien venir à l'horizon ?

Les paroles de la noire présageaient-elles un malheur ? Elle réalisa le retard des hommes et Lamâa pensa un moment à ses enfants ; Moghlia, Mhamed, Ali et Ghayadha endormis ; sans le vouloir, elle craignit le pire !

Dans la chambre orientée vers le levant, tendue de tapis et de tentures, la jeune épouse terminait l'allaitement de sa fille. Yazza passa, couvrit sa maîtresse couchée avec son bébé sur la mezzanine en bois, puis éteignit les bougies, dégoulinantes de cire, sur le lustre en verre ramené d'Istanbul.

À Zarzis, la nouvelle cuisante de douleur frappa les familles qui guettaient le retour de leurs marins, par cette nuit si longue d'angoisse. Arch Ouled Bouali perdit ses êtres chers, victimes d'une mesure criminelle ! Comme des cobayes, ils s'y étaient fait exécuter…

Les autorités françaises parlèrent de « Catastrophe » et le capitaine Moreau avait reconnu, trop tard, l'envergure de l'irréparable. La péninsule pleura les défunts et la population sortit en masse pour dénoncer les responsables. La tribu Accara avait été frappée, perdant ses marins, ses bateaux et le gagne-pain de ses enfants.

عَامْ مْشُومْ عَـامْ القَارِبْ   الفِـرِّي مَاتْ واللَّـبِيطْ خْرَجْ هَارِبْ

Traduction :
Année macabre, année du naufrage
Qui nous ravit nos aînés et nos sages
Qui vit les notables, les raïs s'engloutir
Épargna le lot des marins qui purent fuir

Certains parmi les propriétaires disparus avaient encore des dettes à honorer chez le créancier juif Madar. On octroya des allocations, on recensa le nombre des disparus, on subventionna par des promesses les familles en détresse. La réparation morale revêtit l'allure d'une décoration à la Légion d'honneur décernée aux héros, rescapés de l'horreur. Les différents corps d'autorité s'étaient déplacés pour présenter leurs condoléances, mais surtout pour apaiser la colère des tribus. L'octroi des médailles aux survivants ne pouvait réparer l'effroyable, ni refermer les blessures. Mosbah s'était remis non sans séquelles. La médaille, pour autant qu'elle ait pu avoir comme valeur « en mémoire de l'armée », ne pouvait hélas, lui rendre son frère disparu.

Gobtane Khelil ben HadjMhamed Chetioui, le rouquin, le râblé, le sage mourut lié au destin de son bateau. Le pilier de la maison ancestrale s'effondrait. Les domestiques erraient sans but autour de la maison du défunt, se joignant au cercle des pleureuses qui se relayaient pour se lacérer le visage et crier leurs terribles lamentations suite à la disparition du maître, ce père magnanime. De longues tirades dans lesquelles on chante les qualités du défunt sont enregistrées dans la mémoire populaire.

روحي واش نقول عليه
قمح افريقه لله فيه
شعير بن غازي يطلق فيه
والعرضاوي للعوين
لحافه يشاع أحمر امكسّي سرجه وامغطيه
باني خبواته في الدّوار
في الثّمنية يحكم فيه
لابس كسوة اصباغ النيل
للسّمحات يقابل بيه
باني امستت بالقرطاس
وخمسة اخدم يرحو فيه

Traduction :
Je te pleure
Ô généreux Maître dont les silos de grains
étaient ouverts pour les pauvres
et les démunis.
Cavalier à la monture de pourpre
Gentlemen dans tes habits couleur bleu Nil
Maître dans tes terres couvertes d'épis de blé
de qualité (lafrigui, lardhaoui, le benghazi)
Dès l'aube lorsque les ouvrières actionnent
les meules, les blés crissent et les serviteurs
chantent tes prouesses.
Tu fus aimé, tu fus respecté ô généreux
Chef de Tribu

Les Chouachines continuèrent de vivre avec leurs maîtres. L'aïeul n'avait-il pas fait hériter ses serviteurs de leur lopin de terre en leur donnant le nom Chetioui, pour les débarrasser de ce SNP (sans nom patronymique) tellement péjoratif. Ne s'était-il pas fait accompagner lors de son voyage aux lieux saints, par son serviteur ?

Lorsque ma mère termina de citer les actes nobles de son grand-père, je ne pus m'empêcher de réfléchir à ce passé et comprendre l'origine de toute cette bonté. Les esclaves achetés par les ancêtres moyennant des *chérias* de louis d'or, comme se plaisait à rapporter ma mère pour décrire l'opulence de ses origines, furent affranchis au siècle dernier. Le père Chetioui ou l'aïeul, s'était-il rangé dans la politique réformiste de Kheireddine Pacha qui passa un décret abolissant l'esclavage du noir en 1846 ? Zarzis était la plaque tournante dans le marché des noirs qu'on expédiait par voie de mer aux capitales ottomanes.

À ce propos, Mohamed Tahar Essnoussi écrit dans une préface :

« Un texte dû à la plume de deux grandes sommités religieuses tunisiennes, les Cheikhs Mohamed Bayram et Brahim Riahi et servant de préambule au décret du 25 Moharem 1962 qui a aboli l'esclavage en Tunisie », disait notamment... « L'esclavage n'est qu'une tolérance discutable. Sa suppression s'impose par la crainte pour les hommes libres de tomber dans le péché résultant du mauvais traitement qu'ils infligeraient à ceux de leurs semblables dont la destinée a fait leurs esclaves ».

Toujours, est-il que la descendance de ces mêmes Chouachines vit dans une parfaite convivialité avec les membres de la famille dont elle adopta le nom, en la mémoire du patriarche Hadj Mhamed Chetioui.

La mer se referma sur l'armada et on perdit tout, hommes et matériel. Les rares rescapés, dont l'oncle de ma mère Mosbah, avaient raconté l'atrocité de l'événement qui coûta à la population de Zarzis, 33 chefs de famille. Quelle détresse pour Lamâa et Fatma ; dans leur douleur, elles n'eurent même pas le privilège de pleurer sur le tombeau de l'être cher qui les avait aimées !

Chacune des deux femmes se référant à la volonté de Dieu quitta l'habit de soie et l'ornement de bijoux pour revêtir le deuil, *el hrem* en cotonnade bleu marine.

Une négresse enroula les chevelures tressées des maîtresses dans une toque noire, avant de les couvrir du *bekhnoug* et les épouses se retirèrent pour vivre discrètement cachées aux yeux de tout mâle.

À l'approche de l'automne s'acheva l'*Idda*, deuil prescrit dans le livre saint. On célébra l'événement la veille d'un vendredi saint, vers la fin d'octobre. Les terrains vagues où traînait l'odeur des éponges semblaient pleurer leur solitude, ils recevaient dans un dernier adieu, parents et amis pour le couscous en mémoire du généreux chef de tribu.

Les domestiques remplirent les bacs en terre cuite dans le *mistahen*, Jazia et Yazza enduirent les chevelures de leurs maîtresses, puis Lamâa et Fatma trempèrent leurs mains dans le récipient contenant le henné malaxé de poudre de girofle et parfumé d'eau de géranium, avant de s'engager au rituel purificateur, en présence des doyennes du arch. On enroula le linge de deuil des deux épouses de *gobtane* Khelil dans un ballot qu'on jeta à la mer.

Fatma dut quitter le domicile du défunt pour réintégrer le toit paternel. En perdant l'être cher qui les réunissait, la mère et la fille dirent adieu à la maison de Hadj Mhamed Chetioui, pour rentrer définitivement au domaine de Mohamed Djebnoun dans la *Garâa* de Zarzis : *lalla* Fatma ramena sa cassette de bijoux et une bourse de louis d'or, pécule d'héritage destinée pour sa fille Soumeya, âgée d'un an et demi.

Un autre drame vint frapper la famille. La fortune de l'armateur déposée en pièces et lingots d'or disparut. Le vol des malles, cachées dans une partie murée du *makhzen*, était resté inexpliqué pour faire rubrique dans les annales de Zarzis (témoignage oral de l'oncle A. Sraïeb). Les mémoires prodigieuses des natifs se chargèrent de nous véhiculer le savoir millénaire de notre patrimoine à travers ces vérités racontées et embellies. Si la destinée ravit à la petite Soumeya ce père qu'elle n'aura jamais connu, mais dont la notoriété et l'opulence lui ont toujours été rapportées, la petite étoile héritait le nom, le teint clair, les cheveux roux et la petite taille de *gobtane* Khelil, loup des mers.

LE PAYS DES ACCARA

Depuis les temps anciens, cette oasis avait d'abord attiré les Phéniciens ; en découvrant les richesses de son sol et la beauté de son site, ils y établirent des comptoirs tout le long de sa côte attrayante. D'aucuns disent parmi les historiens que l'origine du mot Accara vient de l'appellation d'une chaîne de montagne de l'Ante-Liban située derrière la plaine d'El Bekaa. D'autres expliquèrent par l'étymologie même du mot Accara, que les marins venus de loin jalonner cette côte, sillonnèrent la mer jusqu'à embrouiller les fonds.

Si Abdelmadjid Dhouib, natif et historien, affirmait avoir consulté des manuscrits, où les origines du vénéré Sidi Sayeh remonteraient au saint Sidi Khlifi Sayah el Accari dont le mausolée se trouve à Fès au Maroc (Sidi Sayah Cherif elMaghrebi, Ibn Khalaf IbnMohamed Ibn Naceur IbnMansour Ibn Yaakoub IbnMansour Ibn Ameur Ibn Abderrahman Ibn Abdallah Ibn Ahmed Ibn Salah Ibn Ghaleb Ibn Abdallah Ech-chrif Ibn Idriss el Asghar Ibn Idriss el Akbar Ibn Abdallah Ibn Mohamed Ibn el Hasan Ibn Ali Ibn Abi Taleb wa Ommouhou Fatima Ez-Zahraa bint Rasoul Mohamed Ibn Abdillah SAWS. La famille Haj Ali Khenisi détient, selon leur témoignage, une peau d'ovin sur laquelle est reportée la même lignée écrite aussi sur un document suspendu au mur dans le Mausolée de Sidi Sayah à Ben Gardane). Plusieurs versions attrayantes gonflent la légende et Ulysse le grec avait, dit-on, accosté dans ce beau pays de nymphes. Dans tous les cas, tous y découvrirent la beauté naturelle du site, les terres fertiles et un climat enchanteur. L'olivier millénaire de Zarzis a été témoin de tous ces brassages et il fut dans la mutation de ces peuplades, un point commun qui relia une invasion à l'autre et une civilisation à une autre.

Chez les Romains, les Berbères ou les Arabes, la goutte d'huile dorée comme le sable fin représente l'emblème de la région et la spécificité de son agriculture. De toutes ces ressources naturelles et variées moult générations profitèrent et laissèrent en se succédant, des traces inéluctables, patrimoine historique de cette bourgade du sud tunisien.

Saint Georgius a-t-il donné son nom à la ville, si l'on se fonde sur la présence de certains vestiges romains et phéniciens à Zarzis : traces de thermes, arcades de temples, amas de pierres sont encore visibles parmi les rangées d'oliviers. Pour ne citer que le Hchem, ruines bravant l'ère du temps sur la terre de Ziane, plantation ayant appartenu à mes ancêtres, où en 1850, Pélissier, consul à Sfax, entreprit des fouilles archéologiques.

L'historique de l'annexe des affaires indigènes de Zarzis rapporte (1931) : « *La disparition des espagnols de la presqu'île de Zarzis suivit de près la défaite commandée par le duc de Médina Coeli, Don Juan de la Cerda. Chargé de s'emparer de Tripoli, le vice-roi de Sicile se laissa surprendre dans les eaux de Djerba, Don Alva de Sande avec une poignée de Soldats (1560).*

L'héroïque résistance de cette petite troupe qui périt jusqu'au dernier homme, est devenue légendaire. Avec le rétablissement de la domination turque (1573) nous arrivons après le moment où les Accara font leur apparition dans la région de Zarzis.

L'ancêtre des Accara, Sidi Khlifi Sayah, est originaire du Maroc. Il serait venu, vers 1580 environ, de la Saguiet Amra qu'il aurait fuie pour un motif resté inconnu, avec sidi *Makhlouf El Mahbouli et quelques autres indigènes. Ils s'installèrent dans la Dakhla des Ouerghemma sur les terres qui sont encore occupées par les Ouled Mehabeul. Mais bientôt, à la suite de dissentiments, Sidi Sayah se serait séparé de ses compagnons et, avec quelques fidèles, aurait pris la route du sud et se serait établi sur le territoire de Ben Gardane où se trouve actuellement sa koubba. À cette époque la dakhla de Zarzis était occupée par les Noueïls, venus de Tripolitaine.*

Ainsi resserrés entre les Noueïls au nord-ouest, les Touazines et les Ouderna au sud et à l'ouest, les Tripolitains à l'est, la fraction naissante, très prolifique n'avait comme débouché que la mer ; les Accara s'adonnèrent à la navigation : commerce, pêche, et aussi

Résident Général Paul Cambon

parfois la course. À la suite de leur relation avec Djerba et Zarzis dont ils desservaient les ports nombre d'entre eux nouèrent des attaches avec les Noueïls et s'adonnèrent à la culture des jardins pour le compte de ces derniers à qui les exigences de la vie nomade ne permettaient pas de mettre en valeur les jardins qu'ils possédaient. Un siècle et demi après son arrivée dans le pays, la fraction des Accara, considérablement augmentés, se scinda et un certain nombre de familles allèrent fonder une nouvelle colonie à l'est de Tripoli.

Enserré à la frontière, le noyau principal de la tribu avait fort à souffrir des incursions des Tripolitains, secrètement favorisées par les Noueïls établis à Zarzis. Cependant les tribus berbères qui avaient reculé devant l'invasion arabe descendaient peu à peu de leur montagne et cherchaient à reprendre les pâturages dont les avaient privés les bandes venues de l'Est.

Des conflits éclatèrent ; les Accara et les Ouerghemma, conseillés par le souverain régnant, Ali Bey, s'unirent et refoulèrent les Noueïls jusqu'aux environs de Ben Gardane que ces derniers durent également abandonner par la suite (vers 1760). Un partage amiable fut fait : les Accara conservèrent le littoral, laissant l'arrière-pays aux Touazine. »

D'après les historiens, le pont suspendu datait de l'entrée des phéniciens. Restauré à l'époque turque par Ali Bey en 1759, ce monument s'érigea dans le but de cliver les Ouled Bouali pour les protéger des tribus belliqueuses. Dans les premières années de l'indépendance de la Tunisie, ce monument a été démoli... on ne peut qu'incriminer l'optique erronée de certains dirigeants, qui les fit commettre la plus atroce des ignominies, sous le mandat du Président Bourguiba.

D'après les anciens, la construction de ce pont-levis avait même soudé les bonnes relations entre le Bey et la cellule des Accara.

Les invasions s'étaient multipliées sur les terres tunisiennes jusqu'à l'arrivée des arabes puis des ottomans en 1575. Dans la Régence gouvernée au nom du sultan d'Istanbul par une dynastie de Beys, la présence des husseinites ne fut pas ressentie à Tunis comme une colonisation, mais en 1830, la France, qui pénétra dans le pays voisin l'Algérie, commençait à manifester sa convoitise pour annexer la Régence tunisienne.

Le rapport continue : « *La presqu'île de Zarzis dont les multiples vestiges affirment l'authentique prospérité, s'y prêtait admirablement. Depuis El kantra situé à sa pointe nord, jusqu'à Ras Djedir, à la frontière Tripolitaine, les ruines nombreuses qu'on y rencontre évoquent le souvenir d'une région particulièrement riche et fertile qui, malheureusement depuis l'époque romaine a été soumise à des bouleversements multiples.*

Les communications maritimes de Ziane étaient assurées par deux ports : l'un se trouvait sur la mer de Boughrara, Marsa Guedima, dont les deux jetées, bien visibles, construites par une compagnie phénicienne qui lui donna le nom de Gergis. À cette époque, la presqu'île des Accara était couverte d'une forêt d'oliviers, comme l'atteste la vieille tradition arabe qui rappelle l'existence d'une canalisation allant de Ziane à la mer pour charger l'huile sur les navires et dont on retrouve les vestiges dans la sebkha de Zarzis sur la piste de Ben Gardane, à proximité de la butte de tir. »

Zarzis sous la domination

L'ENTRÉE DES FRANÇAIS

La révolution d'Abdelkader, Cheikh Bouamama, avait duré près de quinze ans pendant lesquels l'Émir soutint la guerre aux Français depuis leur entrée en 1830. En matant les séditions, la France tentait d'éloigner les tribus belliqueuses, et frappa sans pitié les rebelles pour enrayer les récidives. La stratégie des guerres ayant affûté l'expérience de ses généraux, la France se méfia terriblement des cohésions de la population, elle adopta une politique sectaire et l'Algérie se trouva divisée selon les appartenances, les origines de ses habitants et la diversité de ses régions, tactique vicieuse qui sema une discorde entre les habitants.

Pour fracturer l'identité de l'individu maghrébin, la France alimenta les esprits naïfs en encourageant le culte des tabous ancestraux, hérités d'un fétichisme et d'un paganisme de passé africain. Sevré de ses origines arabes, l'Algérien se vit donner la citoyenneté française sans l'avoir jamais souhaitée, on salua la mère-patrie et on vécut dans les territoires d'outre-mer. La réglementation appliquée à l'intérieur de ce pays immense, favorisa le statut des Français au détriment des habitants légitimes du Maghreb musulman. Les missionnaires délégués auprès des tribus analphabètes tentèrent de saigner à blanc la religion du prophète Mohamed en semant une doctrine de Jésuites dans le cœur crédule d'un montagnard ignorant et retiré, ou d'un bédouin ignare habitant les confins du Sahara.

Telle la congrégation des sœurs blanches qui opéra en Kabylie, ou la mission du père Foucault venu sous des aspects d'explorateur prêcher le christianisme, il mourut en 1916 dans l'insurrection du Fezzan. Il importait de rayer l'origine et l'appartenance de ce peuple aux cultures arabo-musulmanes. Comment ne pas déceler derrière ces manipulations le caractère d'une guerre sainte, parler franchement de croisades ? La France voulut annexer le nord de l'Afrique, de part et d'autre du territoire algérien, elle adopta une politique indirecte, et latente sous forme d'aides et de protections en vue de coloniser, un jour, le Maroc et la Tunisie.

Elle attendra de vaincre l'opiniâtreté de leurs peuples pour faire dissoudre leur identité jusqu'à la victoire finale. Souveraine dans une Afrique occidentale et orientale française, l'Afrique du Nord serait aussi, un territoire colonisé ! L'Afrique Équatoriale Française (AEF) et l'Afrique Occidentale Française (AOF).

Après l'occupation totale de l'Algérie, la France entra en Tunisie grâce à un pacte conclu avec le gouvernement Beylical, légitimé par le « Traité du Bardo » sous le règne de Mohamed Sadok Bey. Si on se réfère au Larousse : « La Tunisie fut jusqu'au XIXe siècle un repaire de pirates ! En 1881, la France désirant mettre fin au danger que constituait pour l'Algérie, l'anarchie du pays voisin, procéda à l'établissement de notre protectorat sur la Régence de Tunis (traité du Bardo). »

Ce, sous-entendu avec la complicité de certains collaborateurs qui aidèrent l'ennemi à s'établir dans notre pays en premier lieu, l'autorité de Dar-el-Bey !

Maintenant son joug sur le grand Sahara, la France tenta une politique d'expansion ; son armée couvrait le territoire algérien jusqu'aux confins des frontières africaines, en se concentrant sur des points stratégiques elle circulait en maître absolu. La géographie du Sud tunisien donnait à Zarzis, parcelle aboutissant sur la Méditerranée, une particularité stratégique qui attisa l'intérêt des généraux de l'armée française enclavés dans le Sahara. Ils se prirent d'une réelle prédilection pour cette péninsule, pour son archipel d'îlots et de baies, véritables joyaux de la nature.

Le sud souffrait de cette situation de belligérance car le colonialisme après maintes échauffourées, dominait militairement la région et s'ingérait ouvertement dans les affaires des tribus. La première réglementation toucha la répartition des *Machikhas* dont le nombre évalué à huit, le premier jour de l'occupation par décision du Général Leclerc se réduisit à sept kabila Accara. Ce dernier octroya à chacune d'elles un Cheikh pour la représenter et fusionna les Chouachines.

Une main mise sur les questions locales et une inspection serrée des activités commerciales réglementèrent les tribus restées au fond, mécontentes et récalcitrantes à toutes ces mesures. L'impact de ces décisions imposées par le colonisateur occasionna un frottement et un regain de chauvinisme entre les *Machikhas*.

L'urgence s'imposa aux chefs tribaux qui saisirent le véritable dessein des Français : diviser pour mieux régner. Les Cheikhs multiplièrent leurs efforts pour calmer la population afin d'éviter les drames semblables à ceux subis par les indigènes pendant la sédition de 1881 où Ali ben Kalifa et ses insurgés résistant jusqu'à l'essoufflement, avaient été condamnés à mort par le tribunal militaire de Zarzis.

Obligés de prêcher la réconciliation sous le feu des armes et de la répression, les Cheikhs tenteront d'apaiser les courroux pour sauver les tribus. Mon aïeul *si* Belkacem Bouhafa, chef craint et respecté, se déplacera jusqu'en Tripolitaine, pour aider les fuyards à réintégrer les fiefs, tant convoités par les militaires. Grâce à son ascendant et à l'autorité qu'il avait sur ses coreligionnaires, il joua le rôle souvent ingrat du conciliateur pour apaiser les tribus et les sauvegarder d'une extermination inévitable.

D'après les témoignages oraux, les aînés parlent de mécontentement des tribus. Un millier de cavaliers armés s'était rassemblé sur le rivage pour faire barrage à l'envahissement des troupes coloniales par la mer. Pour éviter la catastrophe, le cercle des sages prit la décision de calmer les Accara puisque le Bey avait signé l'accord et le Kalifa de Zarzis acquiesça à la décision ! Zarzis devint le havre de paix et une station balnéaire sauvage où les militaires français, après avoir ravi les rênes et usurpé le commandement, passaient tranquillement leurs vacances. Au fond, la population restera récalcitrante.

Sur la route de Ben Gardane, le Résident Général Paul Cambon, en effectuant son premier voyage dans le Sud en 1882, échappa à une tentative d'assassinat.

L'ARCHIPEL

> **12 février 1960**
>
> • **ZAOUIET ZARZIS** — Cérémonie hautement émouvante, d'inhumation, d'une simplicité infinie, de la dépouille mortelle du commandant A. Dubreuil, décédé la veille en bon musulman !!!
> Le commandant A. Dubreuil était alors une célébrité d'envergure mondiale, explorateur, héros de guerre, cultivateur, historien fuable, écrivain talentueux... Par amour de la Tunisie, des Tunisiens et de l'Islam, il s'était converti après avoir choisi notre pays en tant que seconde patrie.

À partir de Timimoun la ville rouge des confins de l'Algérie, le militaire-explorateur humaniste Audouin Dubreuil était monté à la découverte des plages dorées et ventilées par les zéphyrs de la Méditerranée. Il fut, dit-on, tellement emballé par ce site de rêve qu'il s'établit pour le restant de sa vie à Zarzis. Un coup de foudre scella son destin à cette bourgade ; plus tard il démissionnera de l'armée pour y vivre et adopter les manières du pays, en aimant foncièrement la population. Lorsqu'il disparut, les fidèles inhumèrent sa dépouille selon le rite musulman. Entouré de l'affection profonde que lui vouaient ses serviteurs noirs, Audouin Dubreuil avait embrassé la religion musulmane. Dans son testament ses écrits confirment sa foi en l'Islam et il fut enterré à l'intérieur du patio dans sa résidence entourée de palmiers, face à la mer à Sidi Kébir.

Le Général De Guillebon fit élever une résidence tout en dômes et blancheur à la pointe de *lalla* Meriem, marabout des pêcheurs, après les villages noirs de Souihel et de Sanrhovet ; le pavillon se détachait par la blancheur de ses murs et le bleu de ses auvents, au milieu des touffes de palmiers. À ses pieds, un paradis exotique offrait d'un côté un rocher grouillant de poissons et de l'autre, une baie avec le sable fin de sa plage et l'émeraude de son eau cristalline.

On développe dans l'historique : « *Cet îlot riant désigné sous le nom de Djarzis... que les Arabes appellent « la petite émeraude » et c'est en effet une appellation appropriée tant ce joli village placé sur le bord de la mer au milieu des palmiers et des oliviers a un gracieux aspect et réjouit la vue de qui vient, soit de Médenine après avoir suivi une longue route sablonneuse, soit de Ben Gardane après avoir côtoyé les aveuglantes sebkhas.* »

L'histoire de Zarzis commence avec ses terres, ses plages, sa brise et l'origine de ses tribus. Dans cette péninsule facile d'accès par son ouverture sur les mers, l'origine de notre famille remonterait peut-être aux premiers conquérants du prophète ou depuis l'établissement des phéniciens. M'hamed ben Belkacem Bouhafa l'ancêtre, le descendant du arch Ouled Bouali el Accari est né en 1840, il enfanta, dit-on, un garçon qu'il prénomma Belkacem en la mémoire du premier patriarche. On situe sa naissance vers 1861.

Du temps des turcs, Belkacem Ben Hadj M'hamed Bouhafa quitta jeune sa ville natale pour vivre dans la capitale où de la mémoire des grands, il aurait suivi des cours d'arabe à la mosquée de la Zitouna, tout en travaillant comme artisan au souk des chaouachines dans la Médina.

L'art de cette confection ramené par les andalous était des plus florissants dans cette époque avec le port du *tarbouch majidi* et la *chéchia stanbouli.* Belkacem vécut dans la Médina, fréquenta les familles citadines et fut un adepte des confréries religieuses des Zaouias Rahmania.

Il rendait visite à sa famille à certaines périodes de l'année jusqu'à son mariage avec la femme que lui choisit son père. Belkacem Bouhafa eut de sa femme Aïcha bint el Aoudi, trois garçons : Ahmed, Boghdadi et Djilani.

Adepte et fervent, Belkacem s'était-il inspiré de la litanie qui chante l'épopée des *sahabas*, pour prénommer ses enfants ? Toujours est-il que dès leur jeune âge et sur l'insistance de leur père, les trois garçons s'initièrent l'un après l'autre d'abord au *kouteb,* puis ils fréquentèrent l'école coranique au sein de la mosquée vénérée de sidi el Hocine, chez les Cheikhs de la zaouia.

Ahmed, Boghdadi et Djilani apprirent à écrire sur *ellaouh* à l'aide d'une plume taillée dans le roseau qu'on trempait dans le *samagh.* Assis en *halka* sur les nattes, les élèves étaient disciplinés par un long bâton que sidi *el meddeb* dirigeait vers le chahuteur sans quitter sa place assis en tailleur, les pans de la *ouazra* ramenés sur les genoux.

Lorsque l'élève âgé de onze ans terminait d'apprendre par cœur les soixante versets du Coran qu'il psalmodiait d'une voix frêle, le père fêtait leur mérite en sacrifiant des têtes de bétail et organisait des *zerdas* où la tribu était conviée.

Aïcha joua un rôle prépondérant dans l'éducation de ses fils. Seule bru dans la famille du patriarche et en l'absence de son mari (témoignage de mon grand-père Djilani), elle accompagnait ses enfants à l'école l'un juché à son cou, l'autre lui donnant le bras, suivi du plus grand, traînant la savate pour se mettre au pas de sa mère. Aïcha était grande, blonde, aux yeux bleus…, ses trois fils hériteront de la couleur de ses prunelles.

Djilani naquit aux environs de 1883. Après avoir suivi l'école coranique dans le pays, jeune adolescent, il réintégra la capitale pour étudier à *Jemaa Azzitouna el maamour*. Il eut comme professeur : *el allama* Salem Bouhajeb, homme de lettres et réformateur et comme disciples : Mohamed Tahar ben Achour, Cheikh Thâalbi, Salem ben Hmida, Larbi el Kabadi, Ibn Badis et autres. Son frère Boghdadi effectua le voyage à dos de chameau pour traverser la Tripolitaine. Au Caire, il poursuivit ses études à *Jamaa el Azhar*.

Ahmed, terrien sur les bords, s'était contenté de la formation élémentaire qu'il reçut à sidi el Houcine et son attachement aux dogmes tribaux le riva dans son environnement. Il vécut dans la senia et géra les biens avec les aînés. De retour au pays, Belkacem endossa la responsabilité du *Machikha* des Ouled Bouali en parallèle à ses fonctions de *Chahid Adal*, qu'il remplit dans la ville de Zarzis en attendant le succès de ses enfants.

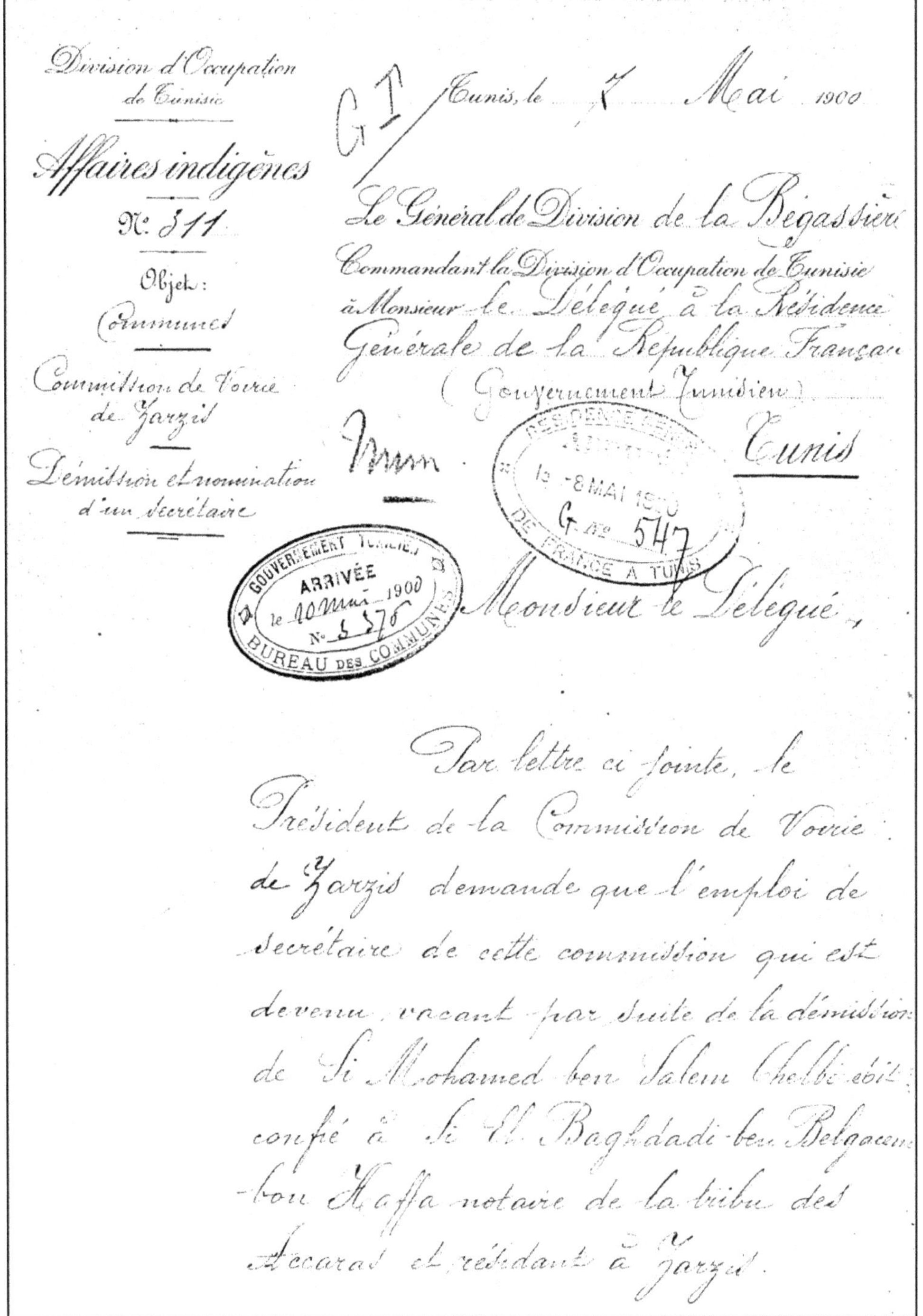

Division d'Occupation de Tunisie

Affaires indigènes

N° 311

Objet : Communes

Commission de Voirie de Zarzis

Démission et nomination d'un secrétaire

G T

Tunis, le 7 Mai 1900

Le Général de Division de la Bégassière Commandant la Division d'Occupation de Tunisie à Monsieur le Délégué à la Résidence Générale de la République Française (Gouvernement Tunisien) Tunis

Résidence Générale ... le 8 MAI 1900 G n° 547 de France à Tunis

Gouvernement Tunisien ARRIVÉE le 10 mai 1900 N° 5376 Bureau des Communes

Monsieur le Délégué,

Par lettre ci-jointe, le Président de la Commission de Voirie de Zarzis demande que l'emploi de secrétaire de cette commission qui est devenu vacant par suite de la démission de Si Mohamed ben Salem Chelbi soit confié à Si El Baghdadi ben Belgacem bou Haffa notaire de la tribu des Accaras et résidant à Zarzis.

Les renseignements qui me sont donnés sur cet indigène sont bons ; il appartient à l'une des principales famil[illegible] de la région et a une excellente réputat[illegible]

Dans ces conditions sa candida[illegible] ne soulève pas d'objection de ma part.

Je vous serai obligé, Monsieur le Délégué, de vouloir bien me faire connaître la suite qui aura été donnée par le service compétent à cette proposition.

Agréez, Monsieur le Délégué, les assurances de ma haute considération

Gal de la Bégassière

Quelques années plus tard, Boghdadi revint de la capitale des lettres, vêtu à la manière des Cheikhs avec la toge sombre et la *leffa* des érudits. Il occupa le même makhzen, pour commencer ses fonctions de notaire en 1900 dans la ville. Son instruction religieuse et sa piété le conduiront dans l'avenir à assumer les charges d'Imam dans la grande mosquée et d'être le mokkadem de la confrérie el Kadria. Son père le maria à Bornia bint el Ghaber.

Lorsque Djilani termina ses études à la Zitouna, il convolera à son tour avec Ftima bint el Ghaber, la sœur. À son retour Djilani travailla lui-même aux charges de notaire. Djilani et Boghdadi occuperont le même cabinet, où travaillait déjà leur père dans le souk.

Sept filles aux yeux clairs naquirent au foyer du Cheikh : Mbarka, Fatma, Massiougha, Bornia, Châali, Khamssa dite Rosa, el Azouz.

En 1910, *si* Boghdadi bouclera sa progéniture par l'arrivée d'un seul garçon qu'il prénomma el Hafnaoui en la mémoire du grand et vénéré Imam. Ahmed le pèlerin enfanta Aïcha, Belkacem et Dakhlia, tandis que Djilani aura deux garçons et une fille, Béchir, Mohieddine et Fatna.

Mon père, fils aîné de Djilani naquit à Zarzis le 13 Décembre 1903 dans ce paradis côtier suivi de son frère Mohieddine en 1906 et de Fatna née en 1908. Lorsque Soumeya perdit son père le 5 juin 1907, sa mère Fatma bint Mohamed Djebnoun, veuve de son deuxième mari, se remaria à *si* Djilani Bouhafa vers 1909.

Il n'est pas superflu de rappeler certaines dates importantes qui marquèrent la politique du pays à l'époque de l'occupation. En 1906, un mouvement réformiste et populaire prendra corps à Tunis et s'étendra jusqu'en 1912. En 1909 l'octroi de la nationalité tunisienne aux juifs de Tunisie et leur ralliement aux tribunaux français, soulèvera la contestation de la population. La France, elle, tentait d'établir son hégémonie, à partir des Territoires militaires du Sud.

LE MARIAGE

La décision du mariage, conclue au souk, où se réunissaient les notables de la ville, lia les deux familles de la même origine tribale. À l'époque, il n'était pas d'usage pour une jeune veuve de choisir son conjoint ; cela se traitait entre patriarches et la jeune Fatma fut promise au notaire *si* Djilani Bouhafa.

Dans ce troisième foyer où l'accueillait son destin, Fatma implora son Dieu pour qu'il lui réservât une part de bonheur qu'elle partagerait avec la première élue. Unique fille chez son père, Fatma répondait à un diminutif bizarre. On la surnommait curieusement *el Ghoula*. Dans les coutumes de l'époque, il était d'usage de remplacer le prénom par une épithète ou un attribut, afin de personnaliser ou d'exagérer les défauts. Dans les contes, le loup nous effrayait, j'étais étonnée d'entendre appeler ainsi une grand-mère douce et affectueuse. Ce sont ses prunelles frangées de cils longs et drus qui lui valurent ce surnom. Son regard était si expressif qu'on le comparait au beau regard de la louve. Des origines berbères ou turques se reflétaient sur le visage tatoué de Fatma el Ghoula. À Zarzis, les noms el ghoula, ghoula, ghoul sont très usités, serait-ce à l'origine de l'appellation ottomane « oglö » ?

L'historien *si* Abdelmadjid Dhouib m'avait confirmé (d'après des investigations) les origines turques de la famille Djebnoun. L'*ouchem* garnissant le front de Fatma et le fuyant de son menton tranchait sur la blancheur de sa peau comme la verdure des oliviers dans les champs où elle naquit. Une jolie frimousse et une cheville fine imposaient le tatouage, souvent valorisé dans la poésie arabe. De génération en génération, une telle héroïne se démarquait par ses valeurs morales ou par une beauté exceptionnelle qu'il était tout à fait naturel de glorifier, malgré les tabous.

Accompagnée de sa fille, Fatma bint Djebnoun fit son entrée, armée de courage pour affronter son nouveau foyer, élu dans le domaine jouxtant la plage d'un côté et de l'autre faisant face à l'église. Après l'établissement des français en 1888 à Zarzis, l'église et le château d'eau construits en bordure de la rue, délimitèrent le quartier reliant le centre de la petite ville vers le port et la plage.

Il est plaisant de comprendre pourquoi on appela ce quartier *Houmet-Essardouk* (la rue du petit coq). Avant l'occupation, les rues n'étaient pas indiquées dans la péninsule composée de *machikhas* et de localités. On sait que les Ouled Bouali citadins occupèrent le quartier donnant sur le levant, face à la mer. Sur leurs terres dont une partie fut expropriée, ou acquise moyennant une somme dérisoire, les constructions coloniales prirent l'effet d'un repère. Le clocher hissé en haut de la bâtisse avait amusé les passants par la girouette du petit coq gaulois. Visage du missionnaire déguisé en apôtre, ce clocher d'église baptisa le quartier nouvellement conquis et l'indigène soumis à cette « violation de domicile » s'obligea, par la force de l'habitude, à composer avec cet environnement nouveau.

Sous l'égide du Résident Général Paul Cambon, grâce à l'expropriation de terres jugées stratégiques par l'amiral Cornad, la première caserne fut construite dans le territoire déclaré militaire. Jouxtant la caserne *el-Allama*, des résidences furent élevées tout le long de la côte pour abriter les corps de l'armée. La dernière bâtisse partageait sa barrière avec le terrain front de mer de l'aïeul Belkacem qui dut le céder, au moment de l'occupation, à Nicolas Nicuccé en 1885. Racheté par Raoul Husson puis Brédinger, le domaine revint à William Carlton en 1898, pour revenir en 1930 à la famille.

Au centre du domaine, le Cheikh Belkacem ajouta de part et d'autre de la maison patriarcale deux dépendances pour ses brus. L'espace environnant offrait, un vaste champ d'arbres fruitiers, de palmiers, de vignes, irrigué par l'eau saumâtre et tiède charriée à partir d'*el Makina* (château-d'eau). Le puits majestueux avec sa margelle suspendue à un portique traditionnel, servait aux usages externes et l'eau de pluie collectée dans des réserves, destinée à la boisson et à la lessive. Un réseau d'irrigation desservait les oasis donnant vie à tout ce qui y était cultivé. Soleil et eau en se conjuguant, baignaient les jardins d'une verdure paradisiaque ; le plant du henné s'enchevêtrait autour de l'épi long et dru du sorgho et les pousses de lentilles rouges si primées dans les arts culinaires du pays, chatouillaient de leur foison de chlorophylle les troncs des arbres fruitiers.

Une poésie douce émanait de ces jardins potagers si pittoresques dans le désordre de leurs cultures, le clapotis de leurs rigoles et la mélodie de leurs oiseaux à quelques mètres de la Méditerranée. Dans le fief des anciens pionniers, hommes de peine et de labeur, nos ascendants prirent racine, pour régir à leur tour les messages hérités.

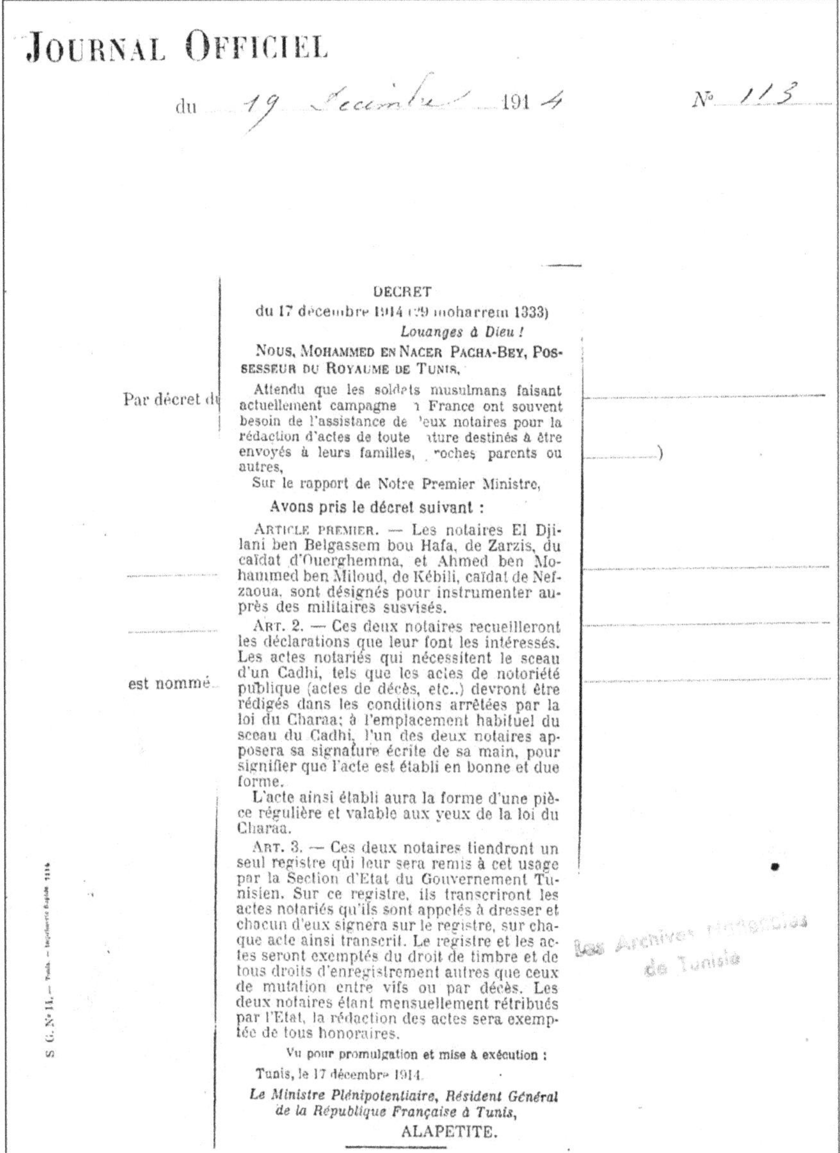

JOURNAL OFFICIEL

du 19 Décembre 1914 N° 113

Par décret du

est nommé

DECRET
du 17 décembre 1914 (29 moharrem 1333)

Louanges à Dieu !

NOUS, MOHAMMED EN NACER PACHA-BEY, POSSESSEUR DU ROYAUME DE TUNIS,

Attendu que les soldats musulmans faisant actuellement campagne en France ont souvent besoin de l'assistance de deux notaires pour la rédaction d'actes de toute nature destinés à être envoyés à leurs familles, proches parents ou autres,

Sur le rapport de Notre Premier Ministre,

Avons pris le décret suivant :

ARTICLE PREMIER. — Les notaires El Djilani ben Belgassem bou Hafa, de Zarzis, du caïdat d'Ouerghemma, et Ahmed ben Mohammed ben Miloud, de Kébili, caïdat de Nefzaoua, sont désignés pour instrumenter auprès des militaires susvisés.

ART. 2. — Ces deux notaires recueilleront les déclarations que leur font les intéressés. Les actes notariés qui nécessitent le sceau d'un Cadhi, tels que les actes de notoriété publique (actes de décès, etc..) devront être rédigés dans les conditions arrêtées par la loi du Charaa; à l'emplacement habituel du sceau du Cadhi, l'un des deux notaires apposera sa signature écrite de sa main, pour signifier que l'acte est établi en bonne et due forme.

L'acte ainsi établi aura la forme d'une pièce régulière et valable aux yeux de la loi du Charaa.

ART. 3. — Ces deux notaires tiendront un seul registre qui leur sera remis à cet usage par la Section d'Etat du Gouvernement Tunisien. Sur ce registre, ils transcriront les actes notariés qu'ils sont appelés à dresser et chacun d'eux signera sur le registre, sur chaque acte ainsi transcrit. Le registre et les actes seront exemptés du droit de timbre et de tous droits d'enregistrement autres que ceux de mutation entre vifs ou par décès. Les deux notaires étant mensuellement rétribués par l'Etat, la rédaction des actes sera exemptée de tous honoraires.

Vu pour promulgation et mise à exécution :

Tunis, le 17 décembre 1914.

Le Ministre Plénipotentiaire, Résident Général de la République Française à Tunis,

ALAPETITE.

La famille s'agrandissait avec la marche inaltérable du temps et Kadem naquit en 1911, année qui marqua à Tunis une suite d'évènements politiques et de manifestations de solidarité des Tunisiens, contre l'intervention militaire italienne en Libye et celle de la France au Djellaz. La naissance de Abed suivit le 13 Août 1913, à la veille de la guerre mondiale. Cette année sera, comme un repère historique, inclue dans l'agenda des souvenirs puisqu'elle déterminera une grande décision de carrière pour le père qui reçut la mission d'instrumenter auprès des troupes Nord-Africaines en France.

LA GUERRE MONDIALE 1914 – 1918

On peut suivre le processus du voyage de *si* Djilani, à travers les archives suivantes : « *Objet de mission (Rapport du lieutenant-colonel Lebœuf, chargé de conduire au dépôt de 4e et 8e tirailleur à Arles, deux notaires Tunisiens musulmans désignés par Décret de S.A. le bey pour instrumenter auprès des soldats musulmans tunisiens faisant campagne en France). Les soldats musulmans Tunisiens faisant campagne en France, ont souvent besoin de l'assistance de deux notaires, pour la rédaction d'actes de toute nature, destinés à être envoyés à leur famille. Or, n'étant pas justiciables des tribunaux français, ils ne peuvent demander l'intervention des officiers ministériels de France dont les actes seraient sans pouvoir devant les juridictions tunisiennes. S.A. le bey de* Tunis *informé de cette situation prit à la date du 17 décembre 1914 un décret désignant deux notaires pour instrumenter auprès des militaires susvisés.*

{...} Complétant ces mesures, la présence des notaires tunisiens au dépôt d'Arles paraît devoir être d'un grand secours moral pour nos soldats indigènes. L'accueil qui leur fut fait par nos tirailleurs, le soir même de leur arrivée, témoigne de l'utilité de cette institution. »

Ma mère raconte cette période de grande guerre où *si* Djilani Bouhafa était resté longtemps en France sans rentrer au pays. Quoi qu'un peu perdue dans mes investigations, j'étais parvenue à situer approximativement la date, en fonction de la naissance de son fils Abed. « Abed était âgé d'un an lorsque sidi Djilani nous a quittés ! » me précisa ma mère.

Boghdadi adopta son neveu pour l'entourer de toute son affection durant cette longue absence. Elle ajouta : « Tu sais ma petite, Abed continua à appeler son père, *ammi* lorsque la guerre finit et que Baba était rentré en Tunisie ».

On dit souvent que les paroles s'envolent et que les écrits restent ! Pour ma part, je vénère les paroles et je prône les dialogues dictés par des mémoires infaillibles comme celle de ma mère. Mais je reconnais aussi que les écrits attestent de l'exactitude de cette parole qui sans elle, notre monde ne serait que poussière !

Le journal officiel du 19 Décembre 1914 vint me confirmer les faits, tels que je les avais imaginés en écoutant le récit de ma mère. *Al hamdou lillah*, je n'avais pas trop dérapé… s'était comme si on greffait des techniques nouvelles sur un travail artisanal et j'ai dû rectifier certains détails par l'apport de toutes ces vérités ; « *Par décret du 17 Décembre 1914 (29 Mouharem 1333), nous, Mohamed Enacer Pacha-Bey, possesseur du Royaume de* Tunis, *les notaires ; El Djilani Bouhafa ben Belkacem Bouhafa de Zarzis, du Caïdat d'Ourghemma et Ahmed ben Mohamed ben Miloud de Kebili Caïdat de Nefzaoua sont désignés pour instrumenter auprès des militaires susvisés.* »

Ma mère avait cité le nom d'un certain Ouryemmi qui aurait accompagné grand-père. Je retrouvais sa trace lorsque Chelbi retourna pour des causes d'inadaptation, el Ouryemmi l'avait remplacé.

Grand-père partit donc pour la France, où il occupa son poste à Alais, plus exactement au dépôt d'Arles. La longue absence avait gêné sa famille, léguée sous l'aile protectrice de l'Imam El Boghdadi ! Zarzis connut deux années de disette consécutives. Une lecture des différentes missives, adressées aux responsables du gouvernement tunisien, peuvent évaluer des sacrifices consentis. Si l'on sait que *si* Djilani subvenait au besoin de neuf personnes au pays. Dans cet environnement, il dut, lui-même, se recycler à certaines habitudes étrangères, tout en se déchargeant pour donner à ces pauvres soldats beaucoup de lui-même par la présence, le réconfort moral et le soutien juridique, dans leurs affaires civiles et familiales.

Maman m'a répété que sa grand-mère maternelle la plantureuse et généreuse Meriem bint Douihech venait fréquemment leur rendre visite : « Elle arrivait, dit-elle, dans son landau conduit par *l'oucif* et chargé de denrées du terroir ».

Le *haouch* s'avérant petit, Fatma entreprit des travaux, moyennant un pécule d'héritage familial et on continua d'appeler le *mekhzen* de *jedday*, la dépendance qu'elle avait fait construire pour loger ses enfants. La progéniture des deux lits fusionna dans une parfaite union, Béchir, Mohieddine, Fatna, Kadem, Abed et plus tard Zohra et Sadok vécurent sous le même toit dans l'amour et le respect. Soumeya grandit dans ce foyer en appelant Baba *si* Djilani et ce dernier l'adopta avec toute l'affection d'un vrai père.

L'aïeul Belkacem prônait le partage et imposait les règles de vie en commun. Boghdadi joua incontestablement le rôle prépondérant en l'absence de Djilani. Dans la mosquée el Hasar, construite grâce aux œuvres charitables des Ouled Bouali, l'*Imam* el Boghdadi enseigna les préceptes de la religion et dirigea l'école coranique. Un mélange de bonté et de sérénité personnifiait son visage, aux pommettes roses et au regard bleu, semblable à celui de sa mère. Adepte fervent de la confrérie religieuse el Kadria, il prêchait la foi et animait les réunions religieuses. La population de la péninsule se délectait de la voix pure de l'*Imam*, lorsqu'il entamait les mélopées et les litanies à l'occasion du Mouled, ou à la veillée des Aïds : *nahj el Bourda, Ala beni Meriem, ya farès baghdad*. Pendant les veillées de Ramadan, il psalmodiait des versets coraniques et déclamait les *Khotba* pour initier les fidèles aux fondements de l'Islam.

Kheria, la petite fille, chante les *madayahs* appris à l'écoute de son grand-père, et Kamel hérita de la voix cristalline de l'Imam.

Si el Boghdadi se plaisait à recevoir les hommes de lettres natifs de la région, des Cheikhs de confréries ou des pèlerins qui s'arrêtaient pour passer une nuit de repos, dans leur chemin à dos de chameaux. *Daday* Fatma raconte l'hospitalité avec laquelle ses maîtres accueillaient ces pérégrins. À toute heure de la nuit comme du jour, on enfournait les bûches pour préparer l'*acida* ou faire évaporer les graines de couscous, à lueur des lampes à pétrole. Bak Messaoud se chargeait de l'abattage et ses femmes assuraient le reste. Les voyageurs pèlerins venant du Gharb, étaient hébergés dans la *Ghorfa*, chambrée attenante au logis de l'Imam et qui servait d'école coranique pour initier les jeunes filles. Comme une élève studieuse, ma mère déballa une suite de mots : « Imam *Khatib, el Medeb, Falka, Manara, Taadib, el elm nour ou azzaït nour, Yakhtim el Mouled, el laouha yamhiouaha oualma yesqiou bih ezzirriaa...* ».

— Récite-moi la *Fatiha* maman, sans te tromper, lui dis-je pour arrêter sa déclinaison !

Résident Général Flandin Etienne

— Que Dieu ait leur âme ! enchaîna-t-elle, *ah ya binti, chofna kol chaï maahom* ! Nous avons tout vu… Nos pères nous ont initiés aux valeurs, malgré notre analphabétisme. Je n'oublierai jamais *ej-jneh errayeh* ventilé par la brise marine, termina-t-elle.

L'évocation suscitait chez ma mère une paix intérieure qu'elle nous transmettait à travers ses paroles persuasives et pondérées. Elle décrivait comme un artiste les tableaux du passé, et se remémora l'affaire du Fiedh. *Si* Djilani entreprit une démarche auprès des autorités françaises, lorsqu'il était en mission.

CHOUCHA TOUILA. 1915-1918

Je me suis basée sur les faits racontés par mère (la relation temps ayant été cette période où *si* Djilani se trouvait en France) en attendant de découvrir une trace de la restauration de la citerne d'el Fiedh.

Depuis les beys et sous mandat français, la Régence souffrait de la précarité d'un système hydraulique inexistant, surtout dans le sud, contrée ignorée par les gouvernements du nord. Les pluies sporadiques poussèrent l'individu à assurer sa survie autour des sources. À l'intérieur des villages, les rares fontaines publiques déversaient de l'eau saumâtre tirées des nappes phréatiques salées. Deux tribus originaires de Zarzis s'étaient querellées dans la terre domaniale du Feidh du côté du lac. Chaque antagoniste prétendait avoir la priorité d'accès pour l'irrigation des cultures.

Des disputes violentes confrontèrent les Archs et les plaintes transitèrent par le bureau des affaires indigènes à Zarzis.

L'autorité coloniale relégua le dossier, laissant la querelle dégénérer en une véritable guerre polémique. Le conseiller des indigènes, *si* el Boghdadi écrivit une lettre à son frère Djilani et lui demanda d'intervenir auprès de personnalités françaises influentes dans l'espoir qu'elles donneraient suite. Les autorités militaires prirent des mesures conséquentes pour réaliser les travaux et faire jaillir l'eau à la population de Choucha.

نَادُو خْوَاتِي والعْزِيزْ عْلِيَّ
وخُويَا ضْرَبْ صَدْرَهْ قْدَا الحَرْبِيَّهْ
يِجْعَلْ رِيحْتَه عَمْبَرْ وخُوه قْمَارِي
وَأخْ امْبَارْكَه يِحَجّبْ عْلِيهْ العَالِي

Traduction :
Malgré la guerre, frérot,
tu n'hésitas pas à plaider la cause de ton prochain
pour améliorer sa condition précaire.
Que la paix soit sur toi et que Dieu t'accorde sa miséricorde.
Que ta personne soit parfumée d'ambre et de bois de santal !

Ces vers expriment la reconnaissance de la population à un moment où certaines précarités, n'était ressenties que par les indigènes. En remplissant l'eau de la citerne d'el Fiedh, le métayer Abderrahman el Harim dira dans ces vers élogieux :

مِنْ مَاجِنْ البِيلِيكْ جِبْتْ قْرَانِي   وِيْدُومْ دَوْلتِكْ يَا عَمِّي الجِيلانِي

Traduction :
Depuis la citerne publique   J'ai pu remplir mes gourdes
Grâce à ta noble démarche   Ô oncle vénérable !

ARLES. ALAIS

XVe Région

Place d'Alais

Dépôt
des 4e et 8e Régts de Tirailleurs

Objet :
A.S. d'une demande formulée par les notaires détachés au Dépôt d'Alais

Alais, le 5 Octobre 1915.

Rapport du Sergent Chenel du 8ème Régiment de Tirailleurs, chargé de l'Assistance et de la Surveillance des Militaires Indigènes en l'absence de M. l'Officier Interprète attaché au Dépôt d'Alais, à Monsieur le Résident Général de France

à Tunis.

Après avoir accepté les conditions qui leur ont été faites par l'intermédiaire de M. le Chef du Bureau des Affaires Indigènes de Kebili et par M. le Chef d'Annexe de Zarzis, les notaires Si Ahmed ben Miloud et Si Djilani Bou Hafa ont été nommés par décret beylical du 17 Décembre 1914 et affectés au Dépôt des 4e et 8e Régiments de Tirailleurs à Arles. Au mois de Février 1915, Si Ahmed ben Miloud fut remplacé par le notaire Si Mansour El Oueriemmi qui accepta de venir en France dans les mêmes conditions que son prédécesseur.

En fonctionnaires désireux de servir le Gouvernement Français et se rendant compte de l'utilité de la mission qui leur était confiée, ces deux notaires, flattés d'avoir été choisis parmi leurs nombreux collègues du Sud tunisien qui considèrent la moindre désignation venant de l'Autorité militaire comme un honneur, n'examinèrent que plus tard la question de leur traitement. Ainsi qu'ils le déclarent, ils auraient accepté leur nomination......

nomination en France même avec un traitement beaucoup moins élevé que celui qu'ils touchent actuellement, tant ils étaient heureux de pouvoir offrir leurs services à la France. A leur passage à Tunis, ils firent remarquer à M. l'Officier Interprète Micha[...] qu'ils avaient une nombreuse famille à leur charge mais ne firent cependant aucune allusion à leur traitement ; ce n'est qu'à leur arrivée en France qu'ils furent surpris par la cherté des vivres, en outre, leurs nouvelles fonctions nécessitèrent un changement total d'habitudes ; tout en vivant au milieu des Tirailleurs et dans le but d'avoir de l'autorité sur eux et de pouvoir se montrer, suivant le cas sévères ou tolérants, il leur fallut adopter les coutumes françaises. Mais ils n'eurent plus les avantages de la famille, il leur fallut se créer des distractions pour occuper leurs loisirs, aller plus souvent au café et de temps en temps dans des spectacles ; de plus, une foule de petites nécessités qu'ils trouvaient facilement dans leur famille leur manquèrent : c'est ainsi que les soins de propreté furent remplacés par des bains qu'ils prennent dans des établissements publics ; le lavage de leurs vêtements fut fait par un Tirailleur mis à leur disposition, à qui ils sont obligés de donner une petite indemnité pour achat de savon et pour son travail.

D'après les notaires, le total des sommes nécessaires à chacun d'eux pour vivre modestement à Alais monte à 95 francs par mois ; le restant, soit 105 francs paraît tout juste suffisant pour les besoins de leur famille nombreuse. L'un d'eux Si Djilani Bou Hafa pense actuellement à l'avenir de l'un de ses enfants, élève à l'école de Zarzis et pour lequel il compte faire tous les sacrifices que nécessiteront son instruction.

P. l'officier Interprète absent,
le Sergent, Interprète auxiliaire.

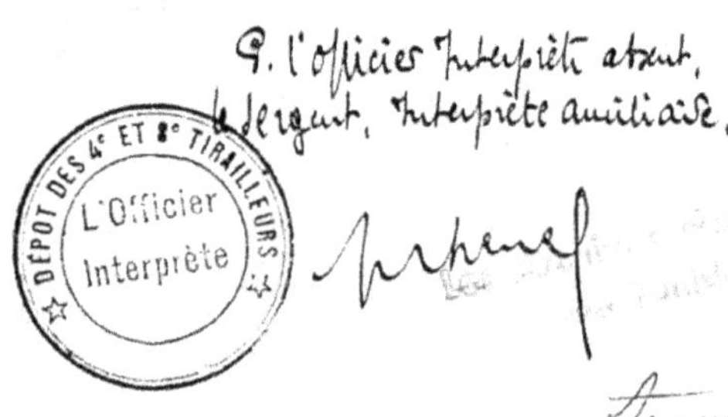

Transmis ...

Dans la Métropole, *si* Djilani vivait une période de grande tension. Bien que le confort lui ait été assuré dans un pavillon personnel, il était confronté à la misère de ces soldats et vivait leur dépaysement. Dans une lettre où l'officier du régiment faisait l'éloge des qualités humaines de *si* Djilani, une remarque suscita mon attention, j'étais comblée de savoir que grand-père consentait à tous les sacrifices pour permettre à son fils de continuer des études. Ce fils, âgé de 12 ans et fréquentant l'école de Zarzis, n'était autre que mon père, aîné de ses frères. Il avait été élevé par sa grand-mère, Aïcha bint el Aoudi dont l'affection exceptionnelle devint mythe dans la mémoire familiale. On raconte qu'elle le porta à son cou pour l'emmener suivre les leçons au mausolée de sidi el Houcine, perpétuant pour lui le geste qu'elle accomplit pour ses trois garçons Ahmed, el Boghdadi et Djilani. Béchir répondait avec élan à toute cette tendresse, nous rappelant ses vertus, se prosternant lors qu'il évoquait le nom du vénéré sidi Ali el Aoudi Boumoughara, saint-patron de la famille.

LE COLLÈGE ALAOUI

Protectorat Français

JUSTICE TUNISIENNE

CIRCONSCRIPTION JUDICIAIRE
de Tunis

102 279

N° 136 **Extrait de la Fiche Anthropométrique**

du nommé Béchir b Djilani b Belgacem Bouhafa.

fils { de Djilani ben Belgacem
fils { et de Alima bent Mhamed Elghabi

né le [illegible] décembre mil neuf cent trois (1903)

à Zarzis

Fraction .... cheikhat ....

Caïdat de Ouerghemma

Domicilié à Tunis : Collège Alaoui

Profession Etudiant.

DATE des condamnations	TRIBUNAL	NATURE des infractions	DATE des infractions	NATURE et durée des peines	OBSERVATIONS

RÉGENCE DE TUNIS
Protectorat Français
DIRECTION GÉNÉRALE
DE
L'ENSEIGNEMENT PUBLIC

N°

COLLÈGE ALAOUI

Le Directeur du Collège Alaoui, soussigné, certifie que
le jeune Bouhafa Bechir
né à Zarzis *, le* 13 déc 1903
a appartenu à cet établissement en qualité d'élève interne
depuis le 1 oct. 1917 *jusqu'à* ce jour
et qu'il y a suivi les classes de Préparatoire, 1re, 2e et 3e années.

Certifie, en outre, que sa conduite et son travail ont été satisfaisants.

~~*Il quitte le collège en règle avec la caisse de l'Economat.*~~
Passé de le Brevet d'arabe (oct 1921).
Fils d'un ancien notaire, chef dépôt
d'Alais (4e et 8e tirailleurs) très dévoué à la France.

Tunis, le 19/12/21

LE DIRECTEUR,

Béchir termina d'apprendre ses soixante versets du Coran avant de fréquenter l'école française, construite pour abriter les enfants des colons et des militaires. L'école franco-arabe a été créée à Zarzis en 1896. Vers 1910, l'effectif scolaire avait doublé pour 117 élèves, une institutrice fut adjointe à l'institution et une école de filles fut créée.

Malgré ses jeunes années, Béchir était considéré comme le petit adulte de sa génération. L'*Imam* apprit à son neveu comment pratiquer le sermon du vendredi, à la tête de l'assistance des pratiquants et le jeune homme accomplissait le rituel religieux, avec une ferveur et une diction exemplaires.

Après l'obtention du certificat d'études primaires, son père le fit inscrire comme pensionnaire au Collège Alaoui à Tunis. Quelques camarades de Zarzis dont un cousin de ma mère, nommé Sraïeb Djilani, avaient fait le voyage, pour se retrouver élèves dans le même établissement secondaire. Béchir s'avéra studieux, régulier et opiniâtre.

Sur les bancs du lycée, il découvrit ses premiers camarades qui deviendront lorsqu'il fera carrière et tout au long de son parcours administratif, les amis sûrs de demain. La capitale leur ouvrit des horizons, des contacts et les fit découvrir des idéaux qui fomentaient en latence dans leur poitrine. Par le biais des études, du sport et du frottement à certains élèves, ils s'intéressèrent aux mouvements réformistes qui marquèrent les débuts du siècle.

On ne peut passer sans citer Kheireddine Pacha, Ali Bach Hamba, Ali Bouchoucha et d'autres qui vécurent les premiers témoignages d'une véritable expression politique se revendiquant de l'arabité. La promulgation de la première constitution, jamais octroyée dans le monde musulman, en 1861, viendra réveiller le sentiment d'arabité, dans la population encore rattachée à l'empire ottoman représenté par le Bey. Ces grands noms qui marquèrent la Nahdha en Tunisie sont nombreux. Nous retiendrons en dehors des érudits du *Jamaa Ezzaitouna*, le nom du flambeau du patriotisme le Cheikh Abdelaziz Thâalbi.

Vers 1900, les autorités avaient suspecté des penchants nationalistes chez le docteur Abdelaziz Thâalbi. Il s'avéra précurseur d'un destour naissant depuis la promulgation de la première constitution, le 26 Avril 1861, en Tunisie. Si la réforme de Kheireddine Pacha s'était souciée de faire de Tunis la rivale d'Istanbul dans les arts et les monuments, le décret qu'il passa abolissant l'esclavage des noirs en 1846 engendra un réveil national. L'individu, en prenant conscience de sa place dans la société et de l'affranchissement du noir, comprit ses droits et ses devoirs. Les hommes de lettres qui se manifestèrent par le biais de leur enseignement ou par la publication de leurs écrits furent considérés par le colonialisme comme des antagonistes dangereux.

Diplômé de la mosquée la Zitouna, le Cheikh Thâalbi fut maintes fois éloigné de son pays. En 1912, la capitale porta son deuil pendant trois jours, à l'annonce de son exil forcé. Le journal *Le Tunisien* venait de perdre une de ses plumes les plus fécondes et le livre *La Tunisie Martyre* fut l'ouvrage le plus dangereux que les autorités françaises aient pu trouver lors de la perquisition de sa maison. À la fin de la guerre mondiale, après avoir rédigé son manifeste en langue française, Thâalbi dénonça le traité de paix de Wilson qui était à ses yeux, une fausse promesse pour l'égalité et imposa des revendications légales pour libérer la Tunisie du joug de l'impérialisme.

À travers ces courants, les jeunes s'initièrent aux idées progressistes et libérales. Le chemin du savoir les éclairera vers les notions de droits et de mesures. René Louzon, professeur en Tunisie, intéressa ces premiers collégiens de la capitale qui verront en lui un défenseur du prolétaire. À partir des propagandes communistes et socialistes diffusées au départ de la Métropole, le peuple s'initie aux notions de syndicat et de corporations.

Papa nous raconta qu'il leur arrivait de faire des fugues.

— Pour aller au théâtre ?

— Quelques fois mes filles, mais surtout, dit-il, pour nous rencontrer dans des cercles, assister à des conférences ou des cours afin de parfaire nos connaissances en arabe, bibliothèque el Attarine, el Khaldounia avec les anciens de Sadiki, Tahar Sfar du vieux destour… !

— Comment faisiez-vous père pour sauter les remparts du collège ?

— Le mouvement du Jeune tunisien a été créé en 1907, en 1920, devient le parti libéral constitutionnel et un étudiant Tunisien nationaliste, quoi de plus commun à l'époque mes petites ? nous répondit-il.

Il s'arrêta un peu pour nous confier les yeux illuminés et la bouche souriante.

— On nouait des draps du dortoir et nous descendions le long de cette corde improvisée.

— Avec qui papa ?

— Oh !... en compagnie de certains camarades qui étaient engagés ! précisait-il.

Sur notre insistance, il en nommait quelques-uns : « Riahi, Zarrouk, Belkadhi, El Khiari, Tahar Sfar et d'autres… »

— Ce n'était pas une fin… Ces fugues ! expliquait-il conscient de toute cette injustice qui régissait le pays et dont il fallait se défaire.

— Pour dépasser ce sentiment de frustration, continuait-il, il fallait tenter d'arracher son droit en se surpassant dans les études, prouvant à Pierre, Paul ou Yves qu'ils n'étaient pas plus méritants. L'élément arabe se trouvait obligé de manier une langue qui n'était pas la sienne, pour décrocher un diplôme.

LE RETOUR DE *SI* DJILANI – TUNIS – 8 septembre 1919

En marge des cérémonies commémorant le débarquement

A l'occasion du 60ème anniversaire du débarquement des Alliés, en France, en août 1944, un hommage a été rendu aux soldats nord-africains dont des dizaines de milliers sont morts au cours de la seconde guerre mondiale.

Or, au cours de la grande guerre (1914-1918), aussi, nombreux furent les Algériens, les Tunisiens, et les Marocains qui sont morts au service de la France.

A eux, aussi, un hommage avait été rendu, à l'époque.

Voici ce qu'on peut lire, en effet, à ce sujet dans la Tunisie Illustrée du 1er octobre 1920 :

Partout en France s'élèvent ou vont être érigés des monuments à la Mémoire des Morts pour la Patrie.

Il importait que nos troupes indigènes ne fussent point oubliées sur le sol de France qu'elles ont arrosé de leur sang.

La ville d'Aix-en-Provence, siège des dépôts et Centres d'instruction des Tirailleurs d'Algérie et de Tunisie, a vu passer des milliers de tirailleurs et travailleurs coloniaux destinés aux différents fronts ou en revenant après blessure ou maladie.

Dans le cimetière de cette ville ont été inhumés, suivant les usages et le rite en honneur dans leur pays, de nombreux musulmans et, en 1919, a eu lieu l'inauguration d'un monument érigé à leur mémoire.

À la cérémonie, qui a revêtu un caractère particulier de solennité, ont assisté de hautes personnalités et les autorités civiles et militaires de la XVe Région et de la ville d'Aix, des officiers et étudiants étrangers, des délégations de sociétés et écoles.

Un discours fut prononcé par le Lieutenant Colonel Hannezo, du 4e tirailleurs, qui exalta l'héroïsme de nos turcos de 1870, leur bravoure et leur endurance dans les expéditions coloniales et rendit hommage à ceux de la Grande Guerre qui ont dépassé leurs aînés dans la course à la Gloire, ont sauvé la France en danger à la Marne, ont brisé l'élan furieux de l'ennemi à Verdun, lui ont infligé de sanglants échecs sur tous les champs de bataille et ont été les artisans de la victoire pour la France et pour la gloire de leur Drapeau et leur Régiment.

Après ce discours, M. le Sous-Préfet d'Aix, l'Imam de la XVe région, Si Brahim, algérien, et Si Djilani Bouhafa, assisté de son collègue Si Mamoun El Houarini, tous deux notaires tunisiens, prirent la parole.

Ensuite eut lieu le défilé au pied du monument qui fut construit à l'aide de subventions dont celle généreusement accordée par M. Le Résident Général de la République Française à Tunis.

Le monument a été remis à la Municipalité d'Aix qui, avec le concours du "Souvenir Français", en assurera l'entretien ; il porte plusieurs inscriptions sur marbre ; sur la face principale sont gravés des versets du Coran et on lit "À la Mémoire des soldats d'Afrique morts en servant la France".

La population indigène du Nord de l'Afrique verra dans l'érection de ce monument un tribut de reconnaissance à ceux qui ont largement fait le sacrifice de leur vie pour la France.

Moncef CHARFEDDINE

Grand-père était rentré au lendemain de la guerre. L'armistice et le Traité de Paix signé par Wilson mirent fin aux atrocités commises de part et d'autre. Le bilan des morts, de disparus et d'estropiés endeuilla des millions de mères et d'épouses dans le monde. Les soldats arabes avaient bataillé sur les fronts au même titre que les soldats français, sans bénéficier des mêmes droits, ni des mêmes allocations pour leurs femmes. Les vaillants tirailleurs bravèrent en tête des bataillons, offrant leur chair et leur sang au nom de « Liberté-Égalité-Fraternité » sous le gouvernement de Poincaré. *Si* Djilani remplit une mission humaine. La présence des deux notaires du pays, fut nécessaire pour l'équilibre des tirailleurs condamnés à affronter l'horreur de la guerre. Pendant la régularisation des pièces et des écrits avec le magistrat, l'éloigné redevenait un citoyen à part entière, valorisant sa famille à travers cette psychothérapie. Une page se plia avec la fin de la mission et *si* Djilani regagna le continent par bateau militaire le 8 septembre 1919. Il reprit les rênes de son foyer et Zohra naquit dans l'année 1920, doublée d'un garçon jumeau qui ne vit pas le jour. En rentrant sur Tunis, il postula à un grade dans l'administration et fut désigné comme Rédacteur à la Direction des affaires économiques de Dar-el-Mel, poste qu'il occupa pendant deux ans. Le père retrouva ses condisciples, son retour à la médina lui permit de renouer les contacts avec les hommes de lettres et de théologie, de fréquenter de nouveau les bibliothèques d'el Khaldounia. Le réveil du théâtre arabe tunisien s'abreuvait dans les œuvres d'un Larbi el Kabadi, Mahmoud Bourguiba, Hassen Zmerli et du maître de la littérature Hassen Hosni Abdelouahab. D'après ma mère, grand-père donnait des cours à certains Français qui voulaient parfaire leurs connaissances en arabe, hauts fonctionnaires à *Idaret el Ouloum oua el Maaref.* Une amitié se scella entre maître et élèves, futurs interprètes dans l'administration française et les bureaux des affaires indigènes.

— Te souviens-tu de leurs noms maman ?

— Monsieur Chauffa et monsieur Delachariel, dit-elle sans hésiter, en roulant les « r ».

Je lui fis répéter plus d'une fois, pour prononcer convenablement les noms. Le jeu de hasard me combla mais la mémoire de ma mère me subjugua. Monsieur « Chauffa » était-il l'officier interprète Chauffin, chef du service d'assistance et de surveillance des troupes nord africaines de la place d'Alais ?

LE PÉRIPLE. Tunis

En février 1922, une lettre du Résident Général Alapetite au contrôleur civil de Kairouan mentionne : «*Si Djilani Ben Belkacem Bouhafa, rédacteur à la direction des services économiques indigènes, s'est mis en instance auprès de l'administration générale en vue d'obtenir sa nomination en qualité de Kalifa à Hadjeb-el-Aïoun. J'ai l'honneur de vous saisir de cette candidature, en vous priant de me faire connaître votre avis ainsi que la suite qu'elle vous paraît comporter. En P.S. Monsieur Delar, référez-vous à la dernière proposition, au dernier paragraphe de la lettre de monsieur Gautier et faites allusion aux difficultés auxquelles la nomination d'un Kalifa à Hadjeb a donné lieu. 19 février 1922.*»

Il serait intéressant de parcourir les coupures de journaux qui suivent, pour comprendre certains points négatifs qui engonçaient les rouages administratifs de l'époque comme la corruption au niveau des autorités et le manque de rigueur dans les décisions de *Dar-el-Bey*. Les articles rédigés sont désopilants par l'humour qui s'en dégage, amers par la réalité qu'ils rapportent. Malgré ces difficultés officiellement reconnues, *si* Djilani n'hésita pas à formuler sa candidature.

« *Par décret du 20 Mars 1922, si Djilani Bouhafa est nommé Kalifa de 5*[e] *classe à Hadjeb-el-Aïoun (Djelass). Le 13 Avril 1922 suivait le décret nominatif du Bey pour la même nomination (traduction)* ».

Un Khalifa s. v. p. pour Hadjeb-El-Aïoun

Le caïd des Zlass Si Mohammed Zouari est certes un bon chasseur de brigands et un bon videur de bouteilles, mais ce n'est pas avec un *debbouz* et de la *boukha* qu'on administre un pays. En voici une nouvelle preuve.

Hadjeb-El-Aioun qui est un des plus importants villages du centre tunisien est le chef-lieu d'un khalifalik qui comprend des exploitations considérables telles que la mine du Trozza et les forêts d'oliviers et de cactus d'El Ala où afflue en automne toute la population environnante.

Il y a un an le khalifa, reconnu

Voilà un an que dure la comédie des intérimaires.

Si Taieb donne-t-il satisfaction ? Nous ne le pensons pas et, si on le juge insuffisant, qu'on en nomme un autre et qu'on en finisse.

Quand à Si Mohammed Zouari, en un an, il a été incapable de choisir un khalifa. Comme administrateur, il est jugé. Qu'on envoie les *caids boukha* et *caids bou debbouz* dans les régions à brigands et qu'on les remplace dans les pays où l'on travaille, par des agents sérieux, capables de s'entourer de collaborateurs également sérieux.

J. de T.

Le Kalifa télexa la nouvelle à l'Imam et son voyage imminent. Si el Boghdadi conseilla à son frère d'envoyer Soumeya à sa famille et lui fit part du souhait formulé par les aînés des familles Chetioui, Sraïeb et Nattahi (membres d'une même descendance, divisée en trois branches par les services coloniaux, lors du recensement des tribus).

« Elle a poussé, dit-il, et peut-être fallait-il lui rendre son identité parmi ses frères et sœurs dans l'intimité de sa tribu. »

La réponse fut catégorique : « Non, lança grand-père, c'est ma fille, la petite étoile du sud. »

HADJEB-EL-AÏOUN 1922

Le convoi s'ébranla en direction de Hadjeb-el-Aïoun. Avant de réintégrer le domicile de fonction, *lalla* Fatma trouva l'occasion opportune pour s'approcher de son frère Belkacem, transitaire au port de La Goulette, et de sa sœur utérine Dhraifa, mariée à Khenechil et habitant au Belvédère. Ma mère ne put réprimer une larme en évoquant ce passage : « Sidi Djilani, dit-elle, s'était peut-être remémoré une de ses réflexions lorsqu'il était enfant. »

— À propos de quoi ? dis-je.

— Grand-père était opiniâtre, reprit-elle et depuis sa tendre enfance il promettait à son père qui s'émerveillait de l'entendre dire :

— Je serai Kalifa ! et ce jour-là ma petite marqua le mérite de cet homme combien volontaire et ambitieux.

1922. LE MARCHÉ À PICHON (HADJEB)

Chef-lieu d'un Kalifalic comprenant des exploitations minières telles que Djebel Trozza, des forêts d'oliviers et de cactus, point d'exode de toute la région, Pichon s'était embelli en ce jour de marché de son monde, venu des hameaux, exposer tissages et produits du terroir.

La campagne était fertile avec ses plantations d'oliviers, ses champs d'orge et sa nature verdoyante. Les indigènes cultivaient leur lopin, ou travaillaient dans les fermes chez les colons pour acheminer le jour du souk, cultures maraîchères et fruits de saison. Les pluies assuraient au bétail le pâturage et lorsque l'année s'annonçait bonne, les champs de céréales se succédaient, zigzagués par les barrières de figuiers de barbarie. Aux années de *zama*, les caravaniers remontaient du sud pour s'installer sur les étendues défraîchies et faire paître leur cheptel, les produits laitiers assuraient à tous, la nourriture essentielle et sobre des habitants du Djelass.

Le souk grouillait et Ameur s'oublia, déambulant d'un étalage à un autre, butant parfois contre les nattes d'alpha tressées sur lesquelles traînaient les marchandises. Plus loin, des tréteaux de fortune s'alignaient avec toutes sortes de poteries pas loin des couffins remplis d'épices et d'herbes formant un désordre naïf produit par une main laborieuse de paysan. Un méli-mélo de gens portant chèche, casque militaire, tarbouch, se côtoyaient dans une parfaite tolérance.

En dépassant les tas de tomates épars, Ameur jaugea la volaille qui caquetait en furetant dans un reste de paille. Il se décida, une mouche taquina l'oreille d'un pauvre badaud vêtu de guenilles et endormi sous l'ombre d'une charrette retournée. Surpris par le palefrenier qui claqua du fouet, Ameur sortit de sa béatitude pour éviter l'animal apeuré qui piaffa de ses pattes arrières. Il remplit ses *chérias*, grimpa à califourchon sur son âne et galopa en direction de la Résidence du Kalifa vers la ville européenne.

LE KALIFALIC

De part et d'autre de l'artère qui scindait le village, les bâtisses de l'administration coloniale offraient un prototype similaire à tous les édifices publics construits par la France à travers la Régence. La poste, la gendarmerie, l'école et le tribunal se jouxtaient pour boucler la limite de la ville par le dispensaire et la caserne militaire : toiture en briques rouges, façades cubiques et blanches se détachant du reste des demeures de style arabo-andalou qui profilaient timidement, leurs auvents en bois frangé et leurs terrasses rectilignes.

La Résidence du Kalifa avec pignon sur rue profilait sa véranda garnie d'arcs-boutants assortis aux tuiles et aux balustres. De l'autre côté du jardin, le pavillon personnel de l'autorité s'ombrait par une rangée de peupliers qui quadrillaient le domaine. En me décrivant l'espace de ses jeunes années, ma mère accompagna l'évocation des souvenirs par un large geste des bras : dimensions réelles ou visions agrandies par les yeux de l'enfance ?

L'ÉCOLE FRANÇAISE

En rentrant de l'école, le fils de madame Guetta dit à sa mère en jetant le cartable sur la table de la cuisine :

— Tu sais M'man ! J'ai un nouveau camarade en classe !

— Mais comment Jean, répondit-elle, l'année est presque à sa fin !

— Tu sais, continuait le gosse, ils sont deux frères habillés en blouson et culotte Kaki.

— Des arabes ?

— Kadem et Abed... Hum... j'ai joué avec l'un d'eux.

— Ah bon ! dit la mère qui interrompit ses questions car Jean avait déjà quitté la cuisine pour aller jouer, ce ne serait pas les fils du Kalifa, des fois ?, pensa madame Guetta.

Elle avait ouï dire dans le village qu'un nouveau Kalifa allait s'installer dans le poste vacant de Pichon. L'italienne Georgette vivait de son métier de couturière et se faisait payer à la journée. Son mari ivrogne invétéré, passait son temps dans le bistrot et la battait immanquablement, les soirs de grosse folie. En s'appliquant à son travail pour nourrir ses enfants, Georgette arrivait à confectionner trois articles dans la journée. Depuis le moment où elle actionnait sa machine portative, installée dans un coin libre des maisons, elle ne relevait la tête qu'à la nuit tombante. Qui ne connaissait pas Georgette ? Indigènes et chrétiennes faisaient appel à cette dame aux doigts de fée. Très discrète, elle entendait leurs commérages d'une oreille sourde. Dans Pichon, en dehors du contrôle civil, la gendarmerie et les corps d'administration locale étaient coiffés par des éléments européens. Quelques notables possédaient rang et terre, ayant à leurs services d'autres ouvriers analphabètes qui travaillaient à la sueur de leur front, s'ils n'étaient pas artisans au souk, ou vendeurs à la criée dans le bled ! Le lot d'indigènes petitement instruits, aspirait sans grand espoir à remplir un jour des fonctions briguées par les Français. Dans le tas, la communauté de Maltais-Italiens-Siciliens-Corses-Espagnols-Juifs acceptait de pratiquer des métiers de subalternes. Ils fusionnèrent dans cette terre d'accueil et de tolérance pour former avec son peuple, une masse homogène qui se distinguait par une véritable convivialité.

Dans la région du Ala, reconnue comme étant difficile à gérer, dans ce fief constitué d'individus dont la majorité souffrait d'un statut inférieur, *si* Djilani prit ses fonctions pour veiller au calme d'une circonscription dure et fière, le Djelass-el-Aradh.

DREBA OU DAR EL KALIFA

Dans ce poste d'autorité où il était confronté journellement à la population, *si* Djilani usa d'abord de tact pour déceler à travers le comportement des individus le véritable caractère de l'habitant du Djelass, qu'on disait fougueux. Le chef établit un état des lieux de la circonscription. Il cerna petit à petit les problèmes pour mieux évaluer la situation sociale et économique dans laquelle les indigènes se débattaient. Région rurale, le Djelass-el-Aaradh se distinguait par ses habitants au tempérament entêté et par les délits dont l'enjeu gravitait pour la plupart autour de la terre. Ayant acquis une maîtrise des rouages administratifs et une connaissance approfondie du caractère de la population, le chef prit les rênes de sa circonscription.

DES PRÉROGATIVES DE KALIFA

En instaurant le protectorat en Tunisie, la France installa à la tête du gouvernement de la Régence un Résident Général. À l'intérieur du pays les contrôles civils étaient rattachés à l'autorité de l'inspection régionale opérant dans les chefs-lieux.

Soumis à une politique résidentielle, les territoires d'outre-mer dépendaient des directives du Quai d'Orsay. La période de décadence économique vécue sous la dynastie des beys, profita à la France coloniale qui trouva un champ d'action libre pour structurer le pays selon son bon vouloir. La Résidence cliva l'autorité tunisienne en la faisant chapeauter par les contrôles civils et les bureaux d'inspection régionale française. La police et la gendarmerie fonctionnèrent en partie avec des éléments français et les agents inférieurs furent recrutés parmi les autres communautés d'européens.

Depuis l'installation de la dynastie Ottomane, les affaires indigènes se traitaient par l'autorité tunisienne qui fonctionnait dans les postes de décision, représentés par le Caïd et le Kalifa. À l'intérieur de sa circonscription, le Kalifa avait la compétence d'assurer la sécurité aidé par le corps du Maghzen et des spahis. Il avait la fonction de Maire et le pouvoir de Huissier-notaire dans l'exécution des jugements rendus par les tribunaux, avec la qualification de se déplacer sur les lieux en présence du médecin légiste en cas de flagrance de crime ou de meurtre (par rogations spéciales de la *Mahkama*). Il incombait au Kalifa l'estimation et la supervision de la production des récoltes pour imposer le dû de la Régence. Pour trancher les litiges de terre, le Kalifa se déplaçait accompagné du *Tweejeh* constitué par les Cheikhs des localités et les agents du Maghzen. Officier de l'état civil, le Kalifa représentait le pouvoir du Caïd dans la circonscription, lequel représentait la souveraineté du Bey dans la région. Une de ses prérogatives était l'envoi ou la révocation des circonscrits pour le service militaire. Chef de toute l'administration, les fonctionnaires lui doivent respect et dévouement.

MA MÈRE

Soumeya continuait de vivre au sein d'une famille dont elle apprit à aimer foncièrement ce père. Dès son enfance, la petite étoile démarra avec l'équilibre nécessaire à l'évolution. Grand-père lui légua le rôle prépondérant de l'aînée dont elle révélait toutes les aptitudes. Son tempérament calme et réceptif aida sa personnalité à se forger et la qualité n'attendant point le nombre des années, Soumeya se responsabilisa tôt au rôle de conseillère envers ses frères benjamins, bien secondée par Fatna le soutien pétillant de la maison. Leur père fier de les voir dociles et aimantes, oubliait, que Soumeya portait le nom de Khelil Chetioui et non celui de Bouhafa ! C'était sa fille, la petite étoile du sud.

LALLA AOUÏCHA

Lalla Aouïcha rendit, un après-midi, une visite de courtoisie qui s'imposait à la famille du Kalifa fraîchement débarquée à Hadjeb-el-Aïoun.

Monsieur Kechrid, Kairouanais de souche, travaillait en tant qu'instituteur à l'école primaire.

Des amitiés anciennes liaient les deux familles et *si* Othmen dépêcha sa femme pour souhaiter la cordiale bienvenue à l'épouse de *si* Djilani.

Lalla Fatma sortit sur le perron, son invitée drapée en noir se profila à travers l'allée des cyprès depuis l'entrée du parc.

Une calèche couverte la déposa et le gardien s'était levé pour réceptionner la visiteuse. Une fois introduite, Lazhar lui emboîta le pas jusqu'à la véranda.

— *Marhabten bi dhifitna, zouzi andna* !, dit la maîtresse de maison en accompagnant ses paroles d'un geste courtois.

— *Allah issalmek*, répondit *lalla* Aouïcha, soyez les bienvenus dans votre nouvelle résidence, *si* Othmen vous envoie le Salam !

Après le rituel des accolades, on offrit l'hospitalité puis les dames se dirigèrent vers *dar edhyaf*, la salle grande ouverte sur ses deux battants garnis de vitres opaques coloriées miel.

Des poufs en cuir parsemaient les tapis de haute laine, les trépieds bas incrustés portaient les plateaux en cuivre ciselé. Sur la console deux lampes en opaline miroitaient leurs reflets irisés. Un revêtement en marbre blanc encadrait l'âtre de la cheminée droite et classique pas loin de la table entourée de ses sièges cannés.

À travers le bahut à vitres, la vaisselle arborait ses porcelaines décorées d'enlacements de dorures, poinçon d'un authentique passé. Les candélabres en étain diffuseront dans un instant la lueur des bougies pour revêtir tous ces objets inanimés d'une clarté douce et rêveuse.

En reprenant son récit, Soumeya me transporta avec elle dans ce passé idyllique où un détail anodin pouvait prendre une grande ampleur. *Lalla* Fatma avait personnalisé cette maison avec les voilages couleur *Krima*, les *gtiffs* et le *sandouk* aux arêtes argentées dans lequel elle renfermait ses petits secrets.

— Grand-mère était l'âme de maison ! dit-elle.

— Et grand-père en était le suc ! répondis-je avec empressement.

— *Makifou had ya binti* !, conclut-elle, laconiquement (personne ne l'égale).

Il nous arrivait de prendre une pause qui me permettait d'emmagasiner les données et pour l'interlocutrice, de faire le point dans ses évocations.

Lalla Aouïcha semblait une femme sympathique et d'abord facile. Les politesses passées, elle déversa spontanément ses paroles sans emphase à bâtons rompus. *Lalla* Fatma lui demanda de brosser un aperçu de la bourgade et de l'origine de ses habitants ; elle plissa les paupières sur un regard complice lorsqu'elle fit allusion au caractère particulièrement entêté et contestataire des gens du Djelass et pour se démarquer, *lalla* Aouïcha précisa qu'elle appartenait à la société Kairouannaise : une pure citadine de Houmet ej-Jaama, imbue de ses traditions, héritage de passé civilisationnel Aghlabide.

Grand-mère fit des compliments à son invitée qui portait une *fouta* et *blousa* en velours frappé bleu nil et sous le voilage des *Kmem* et un *merioul* enrayé de soie. Les cheveux de *lalla* Aouïcha enroulés dans une *takrita herir* chinée d'or laissaient apparaître une mèche retenue au ras de la joue par une multitude de barrettes multicolores.

Lorsque l'hôte décroisa les jambes, les pans découvrirent la dentelle des pantalons en satin brodés et des mules dorées à petit talon qu'elle portait avec une grâce exquise.

Sur un ton cérémonieux, *lalla* Aouïcha répondit à la dernière question de son interlocutrice qui s'étonnait de la voir revêtir le voile noir ; « tu sais *ya lilla* ! dit-elle, ce sont les femmes de la bourgeoisie qui portent le *haïk* noir, l'authentique. »

— Et les autres ? s'était hasardé grand-mère, que portent-elles ?

— Eh bien, le blanc tissé en voile de laine.

Lalla Fatma termina l'entretien enrichie d'un aperçu des coutumes et traditions de la région. Sur ce, la servante entra pour présenter le thé à la menthe accompagné d'un *Methred de rfis tounsi.*

En fin d'après-midi, l'invitée prit congé et se confondit en remerciements promettant d'envoyer la couturière du village, madame Guetta.

Si les invitations protocolaires où argenterie et linge blanc s'imposaient, il y avait souvent un ami ou une connaissance que *si* Djilani conviait spontanément. Dès le lever, il confiait à sa femme disponible et conciliante.

— *Ya bint Djebnoun !,* disait-il.

— *Ya si* Djilani ?

— *Akra hseb edhyaf.*

— *El kacem yejri ya* sidi, que Dieu nous préserve la santé et fasse que nous accomplissions nos devoirs.

اتْحِبْ البَرْنُوسْ أمُّكْ حُرَّةْ   اتْحِبْ الصَّبَاتْ سِيدِكْ وَاجِدْ

Traduction :
Si tu rêves d'un burnous, ta mère l'artisane le confectionnera
Si tu souhaites une paire de savates, ton père en assura l'achat.

Autrement dit : « Assure l'abondance et le plein de provisions et tu verras les capacités de la maîtresse de maison ! »

Pour illustrer le train de vie de ces seigneurs de la générosité je cite la réflexion d'une servante juive ; «*fi dar si* Djilani il y a toujours à manger pour vingt personnes ! »

En arrivant, Sbirsa soulevait la *kassâa* en cuivre rouge pour jauger les quartiers de viande mis au frais à même le sol dans la cour après l'abattage du soir ou suspendus dans la gaine du puits.

Bint Khelil avait pris des rondeurs, ses cheveux roux, couleur cuivre lui arrivaient plus bas que la taille, une grosse frange et deux nattes donnaient un éclat particulier à sa jolie frimousse, ses pommettes roses et la finesse de ses traits rappelaient le visage de son père défunt. Sans avoir les prunelles de sa mère ni une taille élancée, elle était ravissante. Fatna ressemblait à sa grand-mère Aïcha bint el Aoudi dont elle héritait les attaches larges, la taille élancée, mais non la couleur de ses yeux.

Sous le mandat du Résident René Millet en 1908, furent créées les écoles de filles musulmanes qui donnaient un enseignement à caractère professionnel comportant une formation générale et une formation pratique ménagère. Les écoles françaises à l'époque, destinées aux filles européennes dispensaient le même enseignement que celui des écoles de France. Une minorité de filles musulmanes issues de familles citadines riches les fréquentaient dans la capitale. *Si* Djilani avait souhaité compléter le savoir pratique de ses filles.

Pour se conformer aux coutumes, l'Imam el Boghdadi apprit à la gent féminine les bases élémentaires de la religion et bribes de l'alphabet au *Kouteb* particulier, *ej-jneh er-rayeh.*

Dans la confection du tapis, la région de l'Ala s'annexait à l'école traditionnelle de Kairouan. Le père pensa installer un métier à tisser et convia une *maalma* pour initier ses filles aux arts de la broderie et du tissage. La dame leur apprit la dextérité, comment nouer les fils multicolores sur une trame vierge, par quelle magie les motifs se structuraient pour prendre corps et s'assembler; des tableaux de rosaces mirifiques, de fontaines andalouses et de géométrie berbère se détachaient de l'ouvrage, fruit de journées de peine et de concentration. Pour la confection de la matière première mise en écheveaux, plusieurs femmes mandées par *lalla* Fatma avaient lavé, cardé, filé et teint la laine après la tonte au printemps. Peu à peu, les membres de la famille se familiarisèrent à la région, pour permettre les visites aux *dallalas*.

LE KALIFA

CONTROLE CIVIL
DE KAIROUAN.

Kairouan, le 17 juin 1922

N° 1389

COPIE

Le Contrôleur Civil de Kairouan
à Monsieur le Substitut du Commissaire du
Gouvernement près le Tribunal régional,
Kairouan.

Comme suite à notre entretien verbal d'hier, j'ai l'honneur de vous faire connaître que, s'il était possible je serais désireux de voir éviter au Khalifa d'Hadjeb el-Aïoun sa comparution en justice pour sévices à l'encontre du nommé Abdesselam Chouchane.

Les considérations sur lesquelles je me base pour émettre mon avis sont les suivantes :

1° Le Khalifa, Si Djilani Bou Hafa, ancien notaire, récemment nommé en récompense des services rendus par lui pendant la guerre, s'est fait remarquer par son activité intelligente et son désir de remplir au mieux ses nouvelles fonctions. Cette attitude lui a attiré les sympathies des honnêtes gens, mais aussi, bien entendu, des rancunes de ceux qui ont intérêt au relâchement de l'administration. Je suis à peu près certain qu'il n'aurait pas de peine à confondre ses accusateurs, mais son autorité serait gravement compromise par sa comparution en justice.

2° L'action en justice ne manquera pas de faire ressortir ce qu'il paraît y avoir de répréhensible dans

V.P.

COPIE

Le 5 juin 1922.

Le Khalifa d'Hadjeb el-Aïoun à Monsieur le Contrôleur Civil de Kairouan.

~~Le 5 juin 1922~~ Sept indigènes dont le nommé Mohamed ben Hamida (ou Smida), cavalier de la poste, faisant le service entre le village de Hadjeb et la gare, célébrant le mariage de l'un d'entre eux nommé Hassèn ben Hadj Ali, se sont procurés du vin et se sont enivrés au cours d'une soirée avec concert public, tenuesans aucune autorisation, dans la maison d'Hassine susnommé - L'agent de police indigène assistait au spectacle et but avec eux .

La soirée finit mal, car il y eut bagarre et tapage nocturne sans que l'agent Ali El Ouerfelli l'ait signalé ni à son brigadier ni à moi-même .

Le lendemain j'ai convoqué tout ce monde à mon bureau, seul Hamida, le cavalier de la poste excipant de sa situation de fonctionnaire, a refusé de répondre à mon appel réitéré par l'intermédiaire des spahis de service.

Les faits ayant été reconnus exacts en ce qui concerne les six premiers, j'ai prononcé une peine de 15 jours de prison et d'amende, que j'ai fait figurer sur le registre des référés, étant donné que c'est la première fois, quant cavalier de la poste et à l'agent de police je vous les signale à toutes fins utiles ./.

l'attitude de 2 agents de l'administration : le cavalier de la poste et surtout l'agent de police indigè[ne]
Il y a eu concert sans autorisation, tapage nocturne, ivresse, le tout avec la complicité de ces deux agents

Telles sont les raisons qui me font estimer que les poursuites contre le Khalifa sont inopportunes ./.

Signé : R. Gautier .

Quelques mois après son installation, *si* Djilani essaya de contourner les difficultés que ce poste de décision était censé réserver. Le Kalifa savait combien hélas, ce métier pouvait corrompre les personnes, dénuées de principes et de moralité. S'il était vrai que dans la circonscription une entente paisible semblait régner entre les différentes souches, des problèmes sourds alimentaient les esprits de la population.

Le statut social ne répondait pas aux mêmes normes. Le riche exploitait le pauvre, l'analphabète perdait ses droits car il les ignorait, le colon ravissait terres et propriétés et les journaliers qui gagnaient à la sueur amère de leur front, un pain souvent rassis. Les rares intellectuels issus généralement de la bourgeoisie, tentaient des percées en s'engageant dans une scène politique encore pleine d'embûches !

Si Djilani savait, que pour arracher le droit au profit de celui qui le mérite, épauler le faible en soutenant la cause, fuir l'arbitraire et les abus ou dans l'exercice de ses fonctions, imposer des lois à une population tribale acquise à la rigidité de ses traditions séculaires, il fallait jongler, en s'engageant devant Dieu et les citoyens par l'honnêteté et la droiture.

Ma mère reconnaissait que ces agissements étaient contraires à la droiture de Baba sidi.

— Il avait horreur de l'arbitraire, de la corruption et du manque de civisme !, dit-elle.

— Sidi réglait les affaires avec pondération avant de rendre définitivement sa décision, selon la c*hariaa*, termina ma mère.

Les questions d'héritages provoquaient des litiges de disputes violentes et de rixes sanglantes entre tribus. Le Kalifa tranchait avec impartialité, peu soucieux des réflexions malhonnêtes ou des prises de positions frauduleuses contre le Kalifa par des plaintes au contrôleur civil ! Si dans les dilemmes entre familles il jugeait avec souplesse, dans les graves délits, il était intransigeant. Quant à la régularité, les rapports soumis à l'autorité du Caïd pouvaient attester de la rigueur de son travail.

Au fil des jours, certains dossiers envoyés au Caïd Boudabous et relégués sans suite, éveillèrent la suspicion. Le Kalifa de Hadjeb-el-Aïoun hésita de mettre en doute les capacités professionnelles de son supérieur. *Si* Djilani jouissait de la sympathie de la population et la milice de la ville lui rapportait les faits : unanimes, tous affirmèrent que le Caïd ne donnait suite à une affaire que si l'enjeu était valable. Le Kalifa outré par les procédés malhonnêtes dont usait le Caïd pour ravir les bourses des gens, se rebiffa contre son supérieur.

Ils avaient pourtant sympathisé et les réceptions officielles les avaient maintes fois réunis : *Tweejeh*, *Zerdas* annuelles, cérémonies commémoratives ou réunions de travail.

Pour la fête du 14 juillet, trois mois après son instauration à Hadjeb, le Kalifa et le Caïd avaient été conviés à la fête de la prise de la Bastille !

Le Caïd paradait dans ses tenues de cérémonie, double burnous et *chèche* de soie, en applaudissant fortement l'inspecteur régional qui s'égosillait dans un discours prolixe où la mère-patrie était placée sur un promontoire. Le soir dans la placette publique de Pichon, pas loin de la caserne, l'orchestre animait un bal musette au son de l'accordéon. Colons et ressortissants de la région partageaient la joie éméchée des capitaines de l'armée, valsant avec les jolies du village, sur les airs roucoulants d'Eugénie Buffet.

LA COUTURIÈRE

Soucieuse d'agrémenter la garde-robe de ses filles dont elle soupçonnait la coquetterie juvénile, *lalla* Fatma reçut madame Georgette et découvrait avec plaisir, que la couturière des coulisses baragouinait l'arabe.

L'habit régional de *lalla* Aouïcha ne lui avait pas déplu et la femme de *si* Djilani manifesta son désir à Georgette; elle avait surtout aimé le caraco avec ses épaulettes rigides et entièrement brodées. Elle dévida les coupons enroulés sur la table, la couturière les palpa entre le pouce et l'index, les jaugea de son œil expert et acquiesça sa satisfaction. Pour confectionner les toilettes, on avait commandé des étoffes de qualité.

Si Mohamed el Allani, *si* el Hadj Larbi el Gaaloul et *si* Hamadi Negra citadins du quartier de la médina de Houmet ej-Jamaa, s'étaient déplacés en personne dans les bazars du Souk-el-karkabia pour passer la commande de si Djilani leur ami.

Ma mère n'omit aucun nom et parlait avec regret des belles manières d'antan. « Tu sais ma petite, pour aller au hammam, il fallait mettre ses meilleures toilettes, nous ne sortions qu'en l'occasion et le bain maure représentait pour nous, l'échappatoire qui permettait de passer d'agréables moments. C'était l'éternelle récompense que nous attendions à chaque fin de semaine ».

— Il y va sans dire, continua-t-elle, que les membres de la famille du Kalifa ne pouvaient se déplacer sans le protocole du cabriolet à rideaux tirés, ou dans la voiture à moteur dont le marchepied était garé presque sur le perron !

— Mais on vous imposait tout !, dis-je pour taquiner ma mère.

— *Ommi* recevait les courses dans le panier, reprit-elle, même le rouge-baiser et le flacon de ploum-ploum.

On ramenait les articles sur place et *lalla* Fatma faisait son choix en renvoyant le reste aux vendeurs.

— Lorsqu'elle habillait ses enfants, reprit-elle, *ommi* invoquait le tout puissant pour qu'il les baignât de sa baraka.

Pour se rendre au bureau, ils revêtaient le costume de circonstance, les chaussures vernies et dans la pochette du gilet, Soumeya prenait soin de fixer la chaîne garnie par une pièce d'or Magyar que le Caïd de la région avait offert à Kadem et Abed, lors d'une de ses visites à la maison. J'ai vu le regard de ma mère s'embuer lorsqu'elle se remémora ses deux petits princes : « Je les ai tant chouchoutés dans le passé… ces chers frères ! », dit-elle.

Le Caïd était venu déjeuner plusieurs fois chez sidi, sa femme juive l'accompagnait rarement. *Lalla* Fatma (*mahjouba)* se dissimulait derrière l'embrasure, offrait verbalement l'hospitalité, puis se retirait pour faire servir ses invités par les domestiques. Le Caïd Boudabous appréciait la bonne cuisine et fondait d'éloges en dégustant les plats exquis. À propos d'un ragoût bien réduit aux gombos, il avait questionné *si* Djilani ; « votre cuisine est parfumée, quel en est le secret ?

Pour toute réponse, on lui énonça les condiments qui entraient dans la composition du *houar*, confectionné à Zarzis et à l'habile cuisinier d'en savoir doser les quantités : « Coriandre, carvi, *chouchouard* (boutons d'églantine), poivre, *kebaba*, piment rouge, curcuma, gingembre, le tout lavé, séché, pilé et finement tamisé les jours de grand soleil. »

LA FANTASIA À HADJEB-EL-AÏOUN

Après le froid continental de l'hiver, les bûches flambantes dans l'âtre et l'odeur refroidie des poêles à pétrole, la belle saison embauma prés et collines. Les senteurs du printemps s'annonçaient, les jonquilles et les pâquerettes rivalisaient de fraîcheur sur les champs verdoyants. Des enclos et des jardins émanaient les parfums d'églantine et de fleurs d'oranger. Une explosion de la nature avait balayé l'air triste et décharné de la saison morte, pour redonner aux pousses sève et vigueur.

Le rassemblement devait avoir lieu dans la campagne et les enfants manifestèrent le désir d'aller à la rencontre du printemps. Ma mère racontait que grand-père adorait ses enfants et qu'il avait toujours usé de tact en misant sur le dialogue et la persuasion. Il dénonçait les moyens brutaux et les considérait contre les bons principes de l'éducation. Il disait souvent : « même si votre porcelaine fine se fêle, ne condamnez pas vos enfants ! »

لُوكَانْ يِتْكَسِّرْ فُخَّارْكُمْ مَا تُقْتْلُوشْ صْغَارْكُمْ

C'était un grand jour de fantasia à Hadjeb-el-Aïoun, la population fêtait l'avènement du printemps.

De bouche à oreille, on annonça la cérémonie champêtre, chaque cavalier harnacha sa monture et sortit l'habit de parade pour pratiquer ce sport favori, tradition perpétrée depuis les premiers conquérants qui prêchèrent l'Islam dans ces contrées. Autour de Kairouan, el Ousslatia, Rakkada, Sabrah, le sol renferme leurs saintes dépouilles.

Dans la grande tente échafaudée en tribune, les autorités régionales arabes et françaises prirent place. Pompeusement assis sur des chaises à dossiers circulaires, ce monde s'entretenait par des petits hochements de tête, des sourires courtois, des gestes de salut et des courbettes mielleuses. Les retardataires, soucieux de ne pas déranger l'assemblée, se coulaient discrètement entre les rangs, avant de se faire remarquer par l'un ou l'autre.

Les Caïds, les Kalifas, les Cadis, les Cheikhs, les notables, les élus du Grand Conseil paradaient d'un côté et de l'autre, les capitaines de l'armée, les inspecteurs régionaux et les contrôleurs civils, plus loin les petits chefs des administrations, poste, gare, école, hôpital, contributions, français pour la plupart. Quelques anciens tirailleurs, hommes blanchis sous le harnais, vétérans des régiments d'Alais, se trémoussaient dans leurs costumes bardés d'insignes et de décorations. Tout autour des tentes dressées se massait une petite foule d'indigènes miséreux. Les enfants, pieds nus, jetaient des regards apeurés vers l'assemblée et attendaient patiemment le départ des autorités pour récolter quelques vivres tombées des tables de fête. Les bédouines ornées de grosses fibules d'argent et d'anneaux aux chevilles, les burnous flottants, les chèches à trame de soie, les passementeries brodées et les redingotes ajustées offraient un tableau pittoresque de la vie bédouino-colonialiste.

La fantasia continuait sur le pas des chevaux et les tirs des carabines. Les cavaliers du Djelass étaient inégalables dans la souplesse de leurs figures de danse. L'atmosphère sentait le baroud et la frénésie. Lorsque la manifestation se terminait et que la foule salua par des ovations répétées et des oh... la... la..., le Caïd décora le meilleur cavalier et les invités firent honneur à la table.

Sous la tente, les tapis de haute laine couvraient le sol, soutenus par les portiques des camelots en poil de chameaux étaient tendus et retenus par des cordes nouées aux pieux. Les tentures en laine foisonnaient, du camaïeu au vert pomme, de l'ocre au cuivre basané, du rouge sang au jaune canari, patrimoine artisanal relégué depuis nos ancêtres.

Sur un feu de bois, les agneaux cuisaient et les experts des *tarras* retournaient les bêtes en les badigeonnant de *smen,* thym et romarin avant de les servir, garnis d'une touffe de persil, enfoncée dans la mâchoire grimaçante de la bête.

On sortit les *methreds,* tapissés de pois chiche, de raisins secs et d'un meslen fumant, le tout arrosé de lait caillé et de miel d'abeilles.

Ma mère m'expliqua l'origine de ce festin qu'on appelait dans les coutumes *el couscoussi birroua* spécialité des steppes, pour célébrer l'avènement du printemps.

ALLA RICCAMO !

Si Djilani n'était pas rentré et les enfants taquinèrent Fadhila tout l'après-midi. *Lalla* faisait la sieste lorsqu'elle entendit soudain la négresse crier ! Fadhila terminait de balayer le patio attenant au jardin, elle jeta le manche précipitamment et s'engouffra dans la cuisine en tremblant.

— Mais qu'as-tu donc espèce de folle ? dit sa patronne, connaissant les accès de fou rire et de pleurs de sa servante. Fadhila désemparée, les yeux exorbités ne put répondre.

— Mais parle !, répéta *lalla* Fatma, furieusement.

— Dans le jardin, il y a..., il y a... !

— Quoi ?

— Une drôle de femme.

— Tu rêves ma petite ? Calme-toi !

— Non *ya lilla ouallah,* elle balbutiait ses mots en claquant des lèvres.

— Qui l'a faite entrer ?

— La grille était ouverte.

Puis la servante s'adressa à Soumeya et Fatna qui accoururent. La peur lui nouait les tripes et elle expliqua, la voix chevrotante, que la femme s'avançait en criant « alla Riccamo... Alla Riccamo ! » (Broderies anglaises en termes gitans).

— Quoi ?, disaient les filles.

Et la pauvre noire répétait sans comprendre le charabia... Alla... Rica...

— Ne sortez pas !

— Tais-toi fofolle, calme-toi et viens ! Nous allons voir ensemble. Fadhila avait la paume moite de frayeur, elle tenta de la retirer et sa patronne resserra son étreinte pour l'entraîner vers le perron.

Lalla Fatma aperçut une silhouette au fond du jardin et fit un geste pour l'inviter. La femme s'engagea dans l'allée et son identité se précisa tout en dentelles et volants, le jupon à plis traînant jusqu'à terre, elle portait une corbeille attachée par un large lacet qui lui bardait la poitrine. On pouvait discerner le tas d'articles qu'elle portait au-devant d'elle. *Lalla* fit appeler Lazhar le gardien, attardé à je ne sais quelle flemmardise, il accourut, la femme du Kalifa arrêta son geste par la parole ; « laisse-la entrer M'hamed qu'on sache ce qu'elle vend ! »

— *Arrahi* ! dit-il.

La dame au foulard bariolé fit pirouetter ses doubles jupes et s'approcha en se déhanchant sous l'œil vigilant du gardien.

— Montre ce que tu as ?

— *Asslama ya lilla...* alla Riccamo... mia Riccamo !

Les mots détonnèrent dans son gosier et les enfants eurent un geste de recul surpris de l'entendre parler en arabe.

— Oh madam', *andi dentella, gorbitta, harj, khait harrir... inti heb achri ?* (Oh madame, j'ai de la dentelle, du fil d'or, des soies, des passementeries, des galons, tu veux acheter ?)

— Ha... ha... ha... ! un rire secoua la patronne qui comprit l'origine de la peur irraisonnée de sa servante, tenta de calmer l'entourage en s'intéressant aux articles sortis pêle-mêle de la corbeille. Sa bouche bavait le rouge sur les commissures, ses yeux ruisselants de rimmel. Les petites regardaient la bohême avec curiosité, son visage hideux aux traits grossiers, peinturluré comme un masque.

Pour honorer les achats, la gitane tira une paire de ciseaux retenue par un lacet noué à sa taille incarnant une silhouette pleine de mystère sortie de la mythologie des mauvaises fées. J'ai vécu moi-même cette frayeur et nous pensions fortement que la vendeuse, déambulant dans les rues, guetterait le moment propice pour nous menacer.

À son retour du Rif, on raconta l'anecdote à sidi Djilani qui s'esclaffa de rire en imaginant la scène cocasse.

— Les noirs sont peureux et la pauvre gamine n'est jamais sortie de son bled, dit-il avec indulgence. Il est vrai, ajouta-t-il, qu'elles portent une réputation de voleuses et d'intrigantes, bien que pour gagner leur pain, elles vendaient de ville en ville ces articles et fournitures. Il s'agit d'une communauté de pauvres gens, le prolétariat européen, formé d'ouvriers, d'artisans qui vivent misérablement de leurs petits revenus. Il en est de même des bourreliers-palefreniers espagnols, poursuivit-il, qui passent en criant dans les rues pour réparer ceintures, montures et harnais et des autres Italiens qui bricolent en s'annonçant par perrabeka (pierre à briquet), ou bien encore du vendeur de roba-vecchia. Il y a aussi le *Garbaji* avec sa gourde d'eau, et que sais-je encore, il faut de tout pour faire un monde, mes petits !

Résident Général Lucien Saint

Si Djilani profita de cet intermède pour faire part de l'excellente journée passée *fi laradh*. Malgré son teint illuminé par la satisfaction, sa femme remarqua le pli qui trahissait une contrariété refoulée. Oui, *si* Djilani reconnaissait qu'il était déçu par certains agissements du Caïd.

— Qui veux-tu te mettre sur le dos ya *si* Djilani ?, interrompit *lalla* Fatma. Son mari reprochait à ces seigneurs de la région leur corruption sans limite.

Lalla voulait des précisions.

— *Ya bint* Djebnoun, si l'autorité du Caïd représente la souveraineté du Bey, le Kalifa est maître dans sa circonscription et ses prérogatives lui vouent une autonomie.

— Ah ya *si* Djilani ! *elouajha kebira* (la bataille s'annonce rude…).

Depuis qu'il a pris son poste à Hadjeb, *si* Djilani remarqua à certaines insinuations que le Caïd voulait s'immiscer dans les décisions relevant de la compétence du Kalifa.

— Il veut me mettre sous sa coupe, dit-il, sur un ton qui n'admettait plus d'équivoque.

« *Ach andek fih* », disait invariablement *lalla*, pour calmer le courroux de son mari.

Ce n'était pas la première fois qu'il l'avait mise dans la confidence et la colère de *si* Djilani atteignit son paroxysme. Vieille tête de notable, le Caïd, imbu d'autorité, se comportait en seigneur avec ses vassaux. Il voulait corrompre *si* Djilani et partager le butin, acquis sur le dos des petites gens, mais il se butta à l'inflexibilité du jeune Kalifa. Ruminant sa vengeance, Boudab affiche une attitude nouvelle pour embêter *si* Djilani. Il avait pourtant usé de contorsions verbales pour se confondre d'éloges envers ce fonctionnaire d'état. Ma mère me répéta comment Boudab essayait d'acquérir le dévouement de *si* Djilani :

— Tu es mon fils et moi je me comporterai toujours en père avec toi !

La situation se dégrada entre les deux autorités et chacun prit ses distances. Les présomptions se confirmèrent lors de la dernière récolte, le Tweejeh sortit pour superviser les récoltes, une affaire de détournement avait éclaté et la population suspecta le Caïd d'en être à l'origine. Voulant se décharger sur le Kalifa, Boudab ne fit qu'alimenter le différent jusqu'à la dispute finale et le règlement de compte. Ma mère raconta qu'ils en étaient venus aux mains. La population savait qu'il était puissant et entouré. Une guerre lente et muette s'engagea entre les deux autorités, léguant aux tribus environnantes le souci de miser sur le score final. Intelligent et batailleur, le Kalifa prit les devants pour contrecarrer les mauvaises intentions du Caïd. Il demanda sa mutation grâce à l'appui d'amis sûrs qui n'ignoraient pas les compétences de *si* Djilani et son désir de travailler dans l'honnêteté absolue. Sur l'intervention serrée, *si* Djilani Bouhafa reçut sa mutation pour Nabeul, la capitale du Cap-Bon.

NABEUL. LE DÉPART

Des amis nombreux manifestèrent leur sympathie à la famille du jeune Kalifa.

Parmi eux, madame Georgette était venue saluer *lalla* Fatma, pour l'une comme pour l'autre, cette journée fut mémorable. La fillette de la couturière préparait sa communion ; avant de l'emmener à l'office religieux pour recevoir la bénédiction, Georgette avait tenu à l'emmener chez *lalla* Fatma.

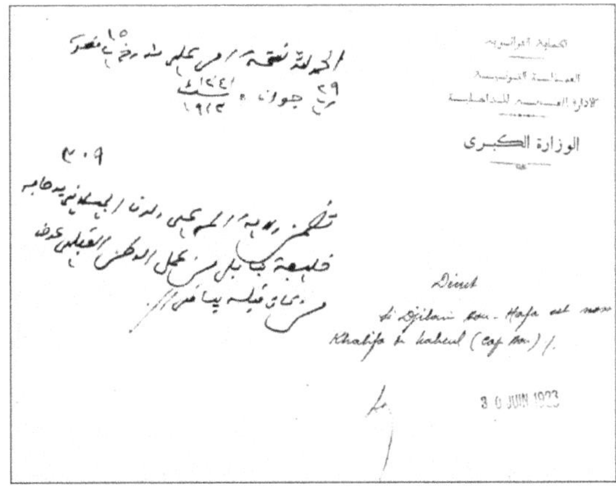

الوزارة الكبرى

Décret

Si Djilani Bou-Hafa est nommé Khalifa à Nabeul (Cap Bon)./

30 JUIN 1923

— Regarde comme Annie est belle *ya lilla* ! C'est moi qui ai confectionné sa robe longue, sa coiffe et son voile.

— Le chapelet en nacre a appartenu à mon aïeule *ya lilla* Fatma, la *baraka* de la famille !, reprit-elle.

— *Inchallah* tu la voies *Aroussa, ya* madame Georgette, répondit la femme en lui refilant une pièce de monnaie dans le creux de la main. La Française laissa une larme couler en donnant l'accolade, puis elle se ressaisit pour se dépêcher vers l'église avec Annie.

Après la disparition de ma mère, la consultation de quelques archives m'a permis d'enrichir certains faits relatés et rédigés de son vivant. La querelle qui avait opposé grand-père et le Caïd Boudab trouve sa véracité dans une lettre envoyée par l'inspecteur régional le 27 août 1923 (Affaire de pâturage) *« ...dans cette affaire, le Caïd des Zlass n'avait pas agi avec toute l'impartialité désirable. D'autre part, il existait entre le Caïd des Zlass et le Khalifa de Hajeb-el-Aïoun une animosité qui laisse à supposer que dans l'instruction de cette affaire, le Caïd... »*

« **Journal officiel, Nabeul 1923** :

Par décret de la même date, si Djilani Bouhafa est nommé à Nabeul, Caïdat du Cap-Bon, suivi du décret de l'Ouizara el Kobra, en date du 30 juin 1923. »

Nabeul, petite ville du Cap-Bon comptait à cette date quatorze mille habitants quand la population de toute la Régence n'atteignait pas les deux millions et demi. Outre l'importance de sa situation géographique en bordure d'une côte attrayante, Nabeul était la troisième en liste des villes à forte concentration juive après la *harra* de Tunis et La Ghriba de Djerba. Le Saint-Patron du Culte juif répondait au nom de Yacoub Slama, et les familles natives de Nabeul le vénéraient par de fréquents pèlerinages à la synagogue.

La tête de veau promise fut égorgée dans l'aire attenante au mausolée du saint-patron de la ville Sidi el Fehri. On distribua la viande aux pauvres, pendant qu'un office religieux se disait à l'intérieur de la zaouia, lu par les adeptes, nobles vieillards à la barbe blanche et au chapelet à la main. Dans une ambiance parfumée d'encens et rythmée par les voix, égrenant les noms d'Allah, le *khetm* s'accomplissait dans la sérénité.

LA RÉSIDENCE

Le Kalifa occupa en premier lieu une résidence appartenant au Caïd Bahroun, notable de vieille souche nabeulienne. Comme pour toutes les habitations de bourgeois, elle se situait au centre de la médina, à Souk-el-Belgha. Aussitôt installés, les membres se réjouirent des lieux, mais aussi de la proximité de la capitale pour retrouver leurs proches et amis. On promit aux enfants un quotidien agréable dans cette petite ville chargée d'histoire, connue pour son artisanat et sa situation privilégiée dans le Cap-Bon. Aux pieds de ses vergers parfumés d'agrumes et sa terre arable, les fruits et les cultures maraîchères poussaient comme par enchantement.

Chaque maisonnée possédait son sympathique citronnier et l'éternel bigaradier dont on recueillait les fleurs si précieuses. L'Oued Souhir jouait un rôle primordial dans l'irrigation de la campagne, la plaine déroulait à perte de vue ses bosquets et ses clairières. Ville aux plages interminables, bordée par le golfe de Hammamet et la pointe de Kélibia, Nabeul alimentait les marchés en poisson et fruits de mer. Ses artisans maîtrisaient l'art de ciseleur, ferronnier, ébéniste, confectionneurs de faïences et d'émaux, ouvriers inégalables dans l'orfèvrerie et la broderie, réalisant leur tâche avec goût et sérieux. Dans le rural, le paysan muni d'outils rudimentaires, cultivait son *chebir* de terre avec amour, pour faire bonne figure les jours de marché.

L'INSTAURATION

Le centre administratif réunissait les édifices publics. Après l'instauration du Kalifa, une réunion d'honneur se déroula à la Dréba (Siège de l'autorité.) pendant laquelle les chefs des différents secteurs arabes et français prirent connaissance de l'autorité nouvellement investie. Un nombre important d'européens possédait les plantations d'agrumes et de vignes et une colonie juive, portant le costume traditionnel, vivait en toute convivialité avec le reste des habitants.

Après ce premier contact, *si* Djilani nomma comme premier secrétaire, un certain Mohamed Tazarki qui brossa un rapport circonstancié de la circonscription, en mentionnant cette particularité qui dispensait les enfants de Sidi el Fehri à Dar Châabane, du service militaire, au même titre que les habitants des Territoires du Sud tunisien.

L'INSTALLATION

La population se manifesta par une sympathie mutuelle et des visites de courtoisie. *Lalla* Fatma, à son tour, invita les familles avoisinantes ; Jazi, Abdelmoula, Daly, Daghfous, Karma, les Parienti, les Coscas, les Valensi, les Cohen, les Cacou sans oublier les Clément propriétaires de l'hôtel Narcisse.

Gammara et Louisa, les servantes juives lui furent recommandées. Les chambres refaites sentaient le stuc fraîchement posé. Je laisse à ma mère le soin de décrire cette maison qu'elle disait superbe ! « Une œuvre d'art, ma petite, les poutres en bois soutenant le plafond étaient entièrement sculptées, les murs revêtus de faïences lumineuses, les portes à vitraux dans les *maqsourat* s'ouvraient sur le salon construit en grecque et meublé de banquettes en bois de rose. Sur les étagères ajourées s'alignaient les opalines et les *fechkat* remplies d'eau de fleurs distillées. »

Maman nous parlait souvent de ce passage qui cultiva incontestablement dans l'esprit de la jeune fille une prédisposition pour le beau, l'esthétique. Cependant, rendons à César ce qui lui est dû ; « c'est Père qui éveilla en nous le culte du beau », dira-t-elle et la joie de vivre qu'il irradiait autour de lui.

« Sidi lima le goût de ses enfants à l'amour de l'école. Il s'efforça de leur inculquer les préceptes d'une droiture héritée d'un père qui délégua à ses fils un enseignement solide. Djilani avait compris que pour se libérer et s'affranchir, il fallait éclairer les esprits par le savoir et enrichir les âmes par des valeurs humaines. »

Kadem et Abed fréquentèrent l'école à Nabeul et s'ils eurent autour d'eux Paul, Pierre ou Justinien, une solide amitié s'était nouée avec leurs camarades de banc dont Mahmoud el Messaadi qui suivra Kadem au Collège Alaoui.

Le cadet ne montrait toujours pas d'assiduité. Néanmoins, l'obtention du certificat d'études primaires assurait à Mohieddine une base élémentaire. Fatna et Soumeya se qualifiaient aux futures bonnes épouses, confinées dans leur résidence dorée.

ENTRÉE DE GAMMARA

Pour s'annoncer, Gammara cogna le heurtoir en cuivre, poussa le battant de la porte cochère et s'engouffra dans un dédale, qui finit par déboucher sur la cour centrale.

En pénétrant, la servante s'annonça à voix haute; « ya lilla... ya *lilla* ! ». Les deux jeunes filles de *si* Djilani accoururent pour l'inviter à entrer. Gammara leva les yeux, embrassa du regard la cour superbement embellie et renifla avec bruit l'odeur de la chaux vive. Un bleu camaïeu fondant sur le turquoise et vert d'eau coloriait les murs revêtus de faïence. Au centre, la fontaine glougloutait une eau limpide sur la colonne de marbre et se déversait dans un bassin en mosaïque, des grilles de fer forgé renforçaient les ouvertures, voilant à travers les liés de leurs arabesques, l'intimité des pièces intérieures aux frontons de stuc.

Gammara portait un large pantalon ramassé aux chevilles et froncé à la taille par un cordon dont les pompons lui balayaient les chevilles. Une *fermla* usée jusqu'à la trame, lui enserrait un giron généreux.

Sur le « chef enturbanné », la *oqsa* libérait une grosse natte noire corbeau qui lui coulait sur le dos.

— *Asslama ya lilla* !, dit-elle.

— *Sabah el kheïr y*a Gammara.

— *Lalla* salouha m'envoie pour laver le gros linge !

Gammara s'assit dans un coin ; « L'automne approche et les couvertures tarderont à sécher… », dit-elle avec un ton doucereux qui trahissait sa condition misérable, elle ne vivait que pour abattre les travaux et les lessives !

— Oh ! répondit Soumeya, les journées sont radieuses et étendues sur les terrasses, elles sècheront !

En ordonnant à Fadhila de servir le lait et les *ftayers* à la servante juive, elle ajouta : « Tu sais *ya* Gammara, emmène Louisa demain !

— *Oualesh ya azzi... ou alesh mis illioum ?* dit-elle en arborant un accent caractéristique... Je ferai tout dans un coin de la cour à côté du puits.

Lorsqu'elle se dirigea vers la buanderie pour allumer le feu et placer la lessiveuse, Soumeya l'arrêta ; « Non Gammara, pas aujourd'hui. » Il arrivait à Soumeya d'intervenir, la veille elle décida de reporter la grosse lessive. Lorsqu'elle vit sortir *lalla* de sa chambre, Gammara insista.

— Non ma petite, lui répondit-elle, il faut que tout soit propre car *sidek* Djilani a prévenu Shammama le matelassier».

— *Shammama ya lilla ! Ya douna... ya douna... ya omri... ya omri !* Il travaille très bien, dit-elle satisfaite.

— La laine est propre et blanche comme neige ! *Ayech binti*, dit *lalla* Fatma pour la complimenter.

— *Saha ya lilla... rabbi iaïech lidin illi khaslitha* » (Que Dieu garde les mains qui l'ont blanchie). dit la domestique avant de jeter en catimini dans son corsage ; « *ya houita... ya houita* ! (Poisson ! Amulette contre le mauvais œil).

L'interjection n'échappa pas à *lalla* Fatma qui lui souhaita ; « que Dieu te donne la santé ma petite ! Le travail c'est ton gagne-pain. Ne te fâche pas aujourd'hui l'ouvrier doit bourreler les matelas. »

Fatna vint à passer; « *Omma*, dit-elle, montre-lui le brocart que tu as acheté pour les tentures. »

Ma mère m'expliqua que son oncle, transitaire à Tunis négociait avec les tisserands du *souk el haraïria* et l'avait aidé dans son choix.

— Quels coloris et quels motifs !, parada Fatna. Son verbe présent lui facilitait le dialogue, mais souvent on la reprenait et la jeune fille ne s'en formalisait point. « *ed-Denya theb el fich ou ennas elli faycha ou louken ala el icha hatta leklab aycha.* » (Ici-bas, il faut aimer le faste et la qualité de vie, si ce n'est que pour vivoter, même les chiens sur cette terre vivent). Remarqua la juive avec emphase.

On reconnaissait aux Juifs la verve qui les faisait s'exprimer parfaitement dans le dialecte du pays, avec dictons et sentences. Il ne serait pas superflu de rappeler au passage cette solidarité et ce sens de la tolérance qui liaient certaines personnes, issues des deux communautés musulmane et juive. La plupart des Juifs tunisiens ne parlait que l'arabe et portait le costume du pays. Les rapports entre communautés étaient souvent agréables et, plus d'un relate encore des souvenirs de partage de moments de bonheur, mais aussi de malheur. S'il y avait parmi eux des richissimes, personne n'ignorait la caste des plus démunis qui travaillaient comme ouvriers subalternes à la journée.

— *Ommi... yam...* mère ! dit malicieusement Fatna, nous sommes conviées à la fête ?

— De quelle fête parles-tu », répondit *lalla* Fatma en traversant la cour.

— L'ami de Baba... il paraît qu'il marie sa fille !

— Ah… petites chipies ! Vous avez écouté aux portes lorsque la dame s'est présentée pour m'inviter ?

Soumeya et Fatna rirent sous cape, mais dans leur regard elles manifestaient leur désir d'en savoir plus ; « J'ai cru heu… heu… que c'était la fille Jazi ? », dit l'une.

— Ou peut-être Abdelmoula, ou Tlatli, coupa l'autre.

— Même au bain maure, les dames parlent de l'événement ! insistèrent les deux filles.

— Ce n'est ni celle-là, ni l'autre, coupa leur mère exacerbée. C'est le mariage de Zbeïda bint Bahroun et pourquoi toute cette curiosité ?

Cependant, la maîtresse de maison se plia au caprice et la *maalma* conviée sur le champ, entama les pans de satin fixés sur son métier (*gorgaf*). Les filles avaient grandi et leur coquetterie n'était-elle pas légitime ? Les jours de grosse fête, elles se dispensaient du travail ménager, pour aider *lalla* Fatma à revêtir la *fouta* et *blousa* de circonstance ; Soumeya et Fatna l'observaient, elle ajustait devant le miroir ses *kmem bich-chantoura* et terminait, par le port des bijoux sertis de pierres précieuses. Ma mère développait certains détails et elle me fit cette confidence ; « Baba, me dit-elle, chargea *si* Jallouli de l'achat des *sbillitat* et le *diblej en chech-khan min souk el Berka.* »

Lalla Fatma enfila son collier d'ambre.

— Quelle prestance (*Erricha)* !, dit Soumeya pour clore.

— Mère, dis-je, comment prépare-t-on le *skhab* ?

— Avec du bois de santal fortement pilé et tamisé auquel on ajoute le musc véritable et l'ambre gris, (substance parfumée collectée dans la panse du cachalot).

— Et puis ?

— On ajoute à la mixture de l'huile d'amande douce et l'extrait de rose et on malaxe le tout. L'artisan juif de la Harret *essiyagh* (souk des orfèvres juifs), s'est chargé de le mouler en forme de cœur et de le trouer par une *halfaya*.

Ma mère adorait les détails et la perfection. Elle précisa la durée de la confection comment on l'a séché au soleil pendant six mois et Soumeya termina par une poésie suave :

جي مسكنك في العلو قابلتيني   وسخابك لا هب النسوم يجيني

Traduction :
Tu habites là-haut en face de moi
Et ton parfum d'ambre vient me ventiler dès que la brise se lève.

LE MARIAGE, LA FÊTE

Le landau s'arrêta devant le portail, la capote à soufflets rabaissée. Elles montèrent *safsaris* froufroutants et visages couverts par la *khama* noire. Le cocher tira les rideaux puis claqua du fouet en direction du bain maure où on fêtait la *khiloua* de la jeune mariée. Lorsque la mariée doit prendre son bain, on organise une fête au hammam retenu pour la circonstance et réservé à la famille. Fatna et Soumeya tiraient sur le rideau et comme dans un film muet, les images se relayaient ; devantures, ateliers où s'affairaient des têtes baissées, une échoppe au fond assombri jouxtant l'étalage d'un vendeur assis à côté de ses légumes ; « Il ne faut pas dire ceci, il ne faut pas faire cela ! » disait la mère pour endiguer leurs élans. Les jeunes filles dont on brimait la spontanéité, assimilaient avec patience cette bonne morale, leçon après leçon. En lui imposant tôt un comportement d'adulte, on annihilait chez la fillette son élan naturel pour rire en public ou participer à une conversation d'aînées. L'adolescente exclue, se voyait murée dans un mutisme contraignant qui, aux yeux de l'assistance, était qualifié de pondération et de bonne éducation.

La ballade se termina au hammam. Elles firent honneur à la mariée aussi jeune qu'elles. Soumeya et Fatna se mêlèrent à la procession, derrière l'élue auréolée de bougies et raclant ses *ragabouches* incrustés de nacre. Froufroutante dans sa *fouta* en soie rose et brochée, la mariée traversa les salles à petits pas dans une atmosphère moite et parfumée. Soudain, une voix amplifiée par l'acoustique caverneuse, s'éleva entrecoupée de youyous.

La fête eut lieu le lendemain pour la célébration de la soirée *loutya.* Les invitées s'installèrent bruyamment sur les espaliers dressés pour la circonstance en échafaudage, tradition spécifique aux modes nabeuliennes.

Le spectacle des costumes traditionnels semblait sortir d'un songe turquo-arabo-andalou ; motifs richement brodés, coupes et coloris exceptionnels, étoffes de qualité et jolis minois. Au centre du patio, la mariée visiblement gênée par le poids d'un habit somptueux, tourna sept fois sur elle-même, ses paupières baissées, le cou lancinant et la cheville gracieuse, pendant que la *machta* s'exclamait dans un panégyrique, valorisant la pudeur cristalline de ses quinze ans.

La fête durait une semaine ; on servait selon la coutume, chaque jour un menu différent. Parmi les détails énoncés par ma mère, je retins quelques spécialités; premier jour : *mhamssa bilmerguez ouel kadid.* Deuxième jour : *klaya bechrayah laajel.* Troisième jour : *couscoussi smid bi laham allouch, bilfakia ou zhâar.* Quatrième jour : *halou, marka ou tajine.* Cinquième jour : *el mourouzia biel kastal.*

Sur le chemin du retour, Soumeya et Fatna donnèrent libre cours à leur détente en fredonnant des airs.

« *Benaïat nabel, kamcha mehabel, yadherbou edarbouka ou yaklou ech-chakchouka* ». (Fillettes de Nabeul, lot de fofolles qui tapent de la derbouka et mangent la chakchouka).

Lalla Fatma les réprimanda, choquée par les paroles de cette chanson apprise à l'écoute des domestiques. La mère marmonna à son tour des vers pour détourner l'attention de ses filles sur une poésie plus imagée et plus authentique /

لُوكَانْ عِـنْدِي سِـيفْ بِيهْ انْوَرّقْ   نَلْحِقْ سْخَابْ الدَّايِـخَهْ وانْشَرّقْ

Traduction :

Si j'avais une épée pour étayer les arbres de la forêt
Je rejoindrais ton parfum d'ambre, avant de m'exiler

LE PROGRAMME DE L'ANNÉE

À Hadjeb déjà les compliments formulés par les dames ouvrirent la parenthèse du mariage de ses fillettes. La ville de Nabeul répondait aux conditions et la mère décida de faire broder les parures de lit, quant aux toilettes traditionnelles et bijoux, s'ils n'étaient pas confectionnés sur place par les artisans juifs, les souks de la capitale offraient une diversité d'étoffes et d'accessoires.

L'été durant les soleils torrides, les femmes avaient tamisé les semoules de blé et d'orge pour confectionner *couscous, bourghol, makh dour, mermez, melthouth, frik, mohamssa et borkoukech.* Sur les étagères de *beit el mouna*, les jarres débordaient de beurre baratté, cuit et refroidi. Leur profil ventru, les jarres imposantes renfermaient le miel des champs et les huiles dorées extraites des oliviers du pays. Non loin, la viande boucanée parfumait les pots en céramique. Des salaisons pressées dans les bocaux rivalisaient avec le vert des olives et la purée de tomates couleur lie de vin, séchées sur les terrasses. Les arômes flottaient dans cet espace miniature où chaque maîtresse de maison était tenue de réaliser, les échantillons de tout l'art culinaire de l'époque : les *bssisas* aux moutures appétissantes, composées de blé, pois chiches, lentilles, gousses de caroube...), sorgho moulu, poudre de fenugrec, sacs de jute renfermant les raisins de Corinthe, les amandes en coques, les fruits secs, dômes de sucre, thé en cartouche, guirlandes de figues séchées... Les parfums se croisaient pour aboutir sur une synthèse propre à ces celliers (*makhzen el oula*). Dans l'arrière-boutique, le charbon, le pétrole et la grosse batterie de *nhass* attendaient le moment d'honorer les cuisines de fête. La clé de l'office nouée au ceinturon de Fadhila ne quittait jamais la magasinière de la maison.

À la belle saison, les pluies torrentielles avaient grossi l'Oued Souhir et provoqué l'inondation de la plaine présageant de bonnes récoltes.

Lalla décida du jour et demanda à Fadhila d'apprêter le *Kattar*. La femme de *si* Mohamed Tazarki, Sallouha entra dans l'intimité de la famille. Grand-mère la convia pour l'opération de distillation d'eau de fleur d'oranger. L'odeur des églantines embaumait les pièces depuis la veille, une marée blanche de boutons et de pistils jonchait le marbre du patio.

Le chameau avait déchargé son précieux fardeau, un monticule de branches de géranium double occupait l'angle de la cour.

— Que dis-tu d'une bataille aux branches ?, dit Abed l'intrépide.

— On va plutôt rouer de coups Fadhila !, dit Kadem.

— Pourquoi ?, répondit le frère.

— Parce qu'elle a répété à Baba que je ne voulais pas boire l'huile de foie de morue !

La gent féminine s'affairait dans un brouhaha et les garçons, profitant de l'inattention des aînés, firent un véritable ravage dans les parterres, batailles de fleurs et glissades. Lorsque le maître s'annonça, les enfants arrêtèrent leurs jeux et la maison se calma.

Dans les offices se terminait le travail délicat, les femmes attisaient les *canouns* flamboyants, les autres surveillaient l'alambic en taule, le *kazen* grésillait sur les braises pendant que la négresse actionnait la poulie pour tirer l'eau et le refroidir. Les femmes aux visages congestionnés s'appliquaient, tantôt elles remplissaient, tantôt elles refroidissaient les marmites bouillantes. Dans un moment, les fleurs macérées, triturées et bouillies déverseront leur essence comme par enchantement, une petite goutte translucide et vaporeuse suintera dans le réceptacle, annonçant l'aboutissement de la délicate opération. Pour la circonstance, la patronne convia son monde autour d'un couscous à l'agneau, avant de se quitter avec le parfum du renouveau.

Lalla Fatma fit le tri des *fechkat* pleines, refroidies et placées dans une dépendance. Elle déposa sur les étagères aux sculptures frangées la part destinée aux frères Djebnoun de Tunis. *Lalla* désigna de l'index le lot d'aiguières qui seront offertes pour soulager certains maux ou pour honorer la visite impromptue d'un convive de marque.

— *Inchallah ya lilla,* tu arroseras de *zhar* les corbeilles de la *fetiha* de Soumeya et de Fatna ! », dirent en chœur Gammara et Louisa sur le pas de la porte, chacune portait sa petite fiole d'eau distillée, offerte par la maîtresse de maison.

LA BONBONNE

La famille du Kalifa avait une prédilection pour le poisson et *si* Djilani, en vrai *Accari*, l'appréciait frétillant et de saisons. Paysans et gens modestes avaient le cœur sur la main. Offrir du poisson était une façon agréable de se faire annoncer auprès d'une autorité avant d'entamer une démarche, de solliciter une intervention, ou pour faire activer une procédure.

Si cette mauvaise habitude d'offrir pour corrompre existait du temps des Beys, elle était causée par le favoritisme et les abus de pouvoir. Le colonialisme avait encouragé ce fléau, en « laissant faire » certaines manipulations. Il fallait avoir la capacité de résister au système de corruption. Ne disait-on pas à propos de tout autorité : *ana gheni ou nheb lahdya.* (Je suis riche certes, mais j'aime les présents).

Ma mère me raconta une anecdote et comment elles s'étaient avec sa sœur complètement méprises.

Une affaire épineuse se traitait au Kalifalic de Nabeul et *si* Djilani avait longuement interrogé les parties suspectes, deux tribus de Dar-Châabane inculpées d'un meurtre commis dans la plaine. Le Kalifa dépêcha Zlassi, le geôlier au domicile pour chercher un bocal remis la veille par un citoyen.

— La veille, dit-elle, un homme s'était présenté avec un couffin qu'il voulait remettre en mains propres au Kalifa au quartier souk-el-Belgha. Fadhila le réceptionna afin de le remettre à son patron lorsqu'il rentrerait.

Soucieuse du bon ordre, la servante le plaça dans la *beit-el-mouna.*

— Ne recevait-on pas des denrées, des *charias*, disait-on, et la maîtresse ordonnait qu'on les range pour les montrer à sidi avant de les ouvrir ?

Alors qu'elle traversait la cour, toute à ses pensées, Fadhila sursauta à l'interrogatoire.

— Qui l'a apporté ?, dit malicieusement l'une.

— Oh ! plaisanta l'autre, quelque âme charitable sans doute !

— Mais c'est une bonbonne, trancha Fadhila, L'homme m'a spécifié qu'il fallait la remettre à sidi, en mains propres !

Fatna se saisit du couffin et repoussa la servante : « mais que pouvait contenir la bonbonne ? »

Exaspérée, elle les quitta en marmonnant ; « petites coquines, vous vous êtes assurées du contenant et du contenu, hein ? Qu'est-ce que ça peut être, ouf ! »

— Du thon ou du *kadid messali*…, trancha l'autre.

La négresse gonfla ses lèvres d'énervement et activa le pas vers le vestibule pour surveiller la petite Zohra.

« Rien ne peut leur échapper ! », pensa-t-elle tout bas.

Le soir même, Fadhila mit au courant son maître qui s'inquiétait du couffin et de son contenu. *Si* Djilani fit des remontrances à ses filles pour leur curiosité malsaine.

— Je me doutais ! Vous pensiez sans doute que c'était un présent, bien sûr ! Petites sottes.

— Nous pensions… Baba que c'était du thon de Kélibia, dit Fatna avec une moue d'excuse.

Après avoir réprimandé ses filles, le père se referma dans un mutisme inhabituel. Ses fillettes ignoraient toujours le contenu de cette bonbonne qui contenait le secret de l'affaire en cours. Il est vrai qu'à travers la transparence verdâtre, on pouvait largement s'y méprendre. Mais l'horreur, c'est que la bonbonne renfermait des morceaux de boyaux et de chair humaine confinés dans de l'huile et *si* Djilani était terriblement contrarié. Le lendemain, l'ordonnance du laboratoire d'analyses confirma l'origine du contenu macabre et une commission rogatoire fut ouverte pour confondre les inculpés avant de les déférer au parquet pour le jugement de ce crime abominable.

Le Kalifa continuait à traiter affaire après affaire prêtant oreille aux doléances de la population, les litiges ayant souvent pour origine des disputes autour de la propriété terrienne. Pour un mètre ravi au voisin, les esprits s'échauffaient jusqu'aux violences avec coups et blessures, quelquefois mortels. L'homme de la plaine était rustre contrairement au citadin qui, plus raffiné, savait contrôler ses instincts. De même que les femmes rurales, travaillant la terre comme leur mari, n'hésitaient pas à se frapper avec pelles et pioches. Ma mère me décrit l'aversion qui s'était emparée d'elles, lorsqu'elles surent le mobile du crime et la façon dont l'inculpé avait agi en découpant le cadavre… « *alloutf, alloutf ya bnaïati* ! ». (Qu'à Dieu ne plaise… Miséricorde… Ma petite !) pour en confiner les morceaux dans une vulgaire bonbonne !

Cependant, Baba sidi s'était imposé en multipliant les parcours d'inspection à travers les localités pour veiller à l'ordre et à la sécurité et tenter de résoudre les litiges des tribus antagonistes dans l'intérêt de la communauté.

— Comment se déplaçait-il maman ?

— À dos de cheval ou de mulet ma petite, dans la grande campagne.

CONSPIRATION À BENI KHIAR. LE 28 AVRIL 1925

PROTECTORAT FRANÇAIS

Gouvernement Tunisien

DIRECTION DE LA JUSTICE

N° S.J. 26099-16

Au sujet du Khalifat de Nabeul.-

Tunis, le 28 - 4 - 1925

Le Directeur de la Justice tunisienne,

à Monsieur le Directeur Général de l'Intérieur

à DAR EL BEY

Comme suite à votre lettre 188 S.D. du 31 mars dernier, j'ai l'honneur de vous faire connaitre que sept indigènes de la fraction de Beni-Khiar ont déposé plainte contre le Khalifat de Nabeul, Si Djilani Bou Hafa pour les motifs suivants :

Ils lui reprochent de s'être transporté le 28 janvier 1925 sur leur propriété sans avoir à y exécuter un mandat de justice; de les avoir garottés, de s'être livré à des violences sur certains d'entre eux et de leur avoir fait subir des vexations en présence même de leurs adversaires les gens de la fraction de Dar-Châbane.

Les faits reprochés au Khalifat se rapportent à son intervention entre les Bni-Khiar et les Dar-Châbane à propos d'un terrain, intervention au cours de laquelle ce fonctionnaire a été victime d'une rebellion.

Il ressort de l'information en cours à ce sujet que les individus qui ont déposé plainte contre le Khalifat auraient participé à cette rebellion.

Il apparait, dans ces conditions, que la procédure suivie pour abus d'autorité sur constitution de partie civile de leur part, ne pourra, selon toute vraisemblance, être cloturée que par une ordonnance de non-lieu./.

Souvent après avoir rendu le jugement dans une affaire, l'autorité était tenue de se rendre sur les lieux mêmes pour l'exécution. Ce jour-là, Baba s'était déplacé dans la plaine de Beni Khiar accompagné du *Mahjar* : cavaliers, spahis, Cheikhs et agents.

La journée fut pénible car les deux familles confrontées s'étaient soulevées dans un formidable désordre qui dégénéra en une sédition où les coups et les blessures n'épargnèrent personne ! Les paysans de la plaine, bourrus et entêtés, manifestèrent contre l'exécution du jugement et menacèrent physiquement l'autorité. Le Kalifa échappa de justesse à leur agressivité grâce à l'intervention du dévoué Mohamed Zlassi, geôlier du Kalifalic. Sa carrure taillée dans le roc, son respect aveugle firent mériter à ce gaillard du Ala d'être un agent loyal et un garde de corps intrépide. « Y a-t-il eu conspiration contre l'autorité ou contrariée par l'application du jugement, la partie adverse s'était-elle manifestée d'une manière primitive et brutale ? »

L'énervement de *sidi* Djilani atteint son paroxysme. En fin de journée, lorsqu'il pénétra dans le patio, son visage congestionné et ses burnous froissés alertèrent lalla Fatma. Elle s'était empressée de lui servir potion et eau de *nesri* sucrée.

— *Kheir* Baba !

— *Kheir Bnaïati.*

Personne ne disait rien, le courroux de leur père les avait médusés, enfants et serviteurs s'étaient discrètement retirés. Lorsque Baba se retrouva seul dans la cour, il souleva le couvercle avec force puis se baissa sur l'ouverture pour décharger avec une rage mal contenue, son arme dans le puits. Il se retira par la suite dans sa chambre, où Fadhila lui présenta les bassines d'eau chaude et aida son maître à enlever ses brodequins. Au fond de la pièce, l'épouse se manifestait de temps à autre par une parole apaisante.

Le rituel s'accomplit dans le silence, on pendit les burnous, *sousti* et *ouabri*, on accrocha la *cachta*, puis on déploya *lahfit el harir* pour la plier soigneusement. La servante réceptionna la *jebba, fermla, badia,* chemise, *chemla* et linge de corps, pour les porter à la lessive.

Gagné par la fatigue, détendu par le bienfait des eaux chaudes, le maître enfila sa robe de chambre avant de rentrer dans son lit. Après sa lecture du coran, il consulta sa montre chaîne, lut l'heure et la posa sur la table de chevet. Ses paupières se refermaient : « mais, je n'entends plus les pleurs du bébé ya bint Djebnoun ! »

— Zohra s'est endormie au sein ya *si* Djilani, éreintée par les jeux de ses frères Abed et Kadem.

— Que Dieu me garde la vie et m'aide à leur réaliser tout ce que je souhaite pour eux !

— Détends-toi après cette journée harassante et si Dieu veut, demain sera meilleur !, ajouta sa femme en éteignant la mèche de la lampe à pétrole.

J'avais rédigé fidèlement les propos que ma mère m'avait racontés des coulisses de cet événement et la colère de grand-père, après cette tentative d'agression pendant l'exécution du jugement.

HOURIA BAHROUNA

Houria Bahrouna, habitait le quartier el Balgha. Citadine à califourchon sur ses principes, la voisine avait une tête avenante et rendait souvent visite à *lalla* Fatma et cette dernière conviait la sœur du Caïd Bahroun à toutes les occasions festives. En entrant, Houria se dégageait de son voile (*ouazra)* puis pénétrait avec l'allure déterminée des intimes de la maison.

— *Sabah el kheïr ya mouali eddar* !

— *Yessaad sabahek* ya lilla ! répondaient les voix.

L'hôtesse sortit de son giron de la poudre de benjoin, qu'elle effrita au-dessus des braises. Le rituel du marc fumant les réunissait et l'*assida* fondant de beurre et de miel. Les mains jointes par-dessus les fumigations, elles implorèrent la grâce divine et la baraka des *sollah lebled* pour qu'ils baignassent de miséricorde, les prémices de cette journée. La veille, *lalla* Fatma avait mis dans la confidence sa voisine pour lui annoncer l'octroi de médaille, Houria avait manifesté son contentement et souhaita mabrouk à *si* Djilani.

— Merci... ô sincère !, répondit sa femme.

Si Djilani s'était imposé durant les deux années déployées au Kalifalic de Nabeul par son endurance au travail et ses capacités professionnelles. Nommé sous-lieutenant exceptionnel le 1er janvier 1915, chevalier du Nichan el Iftikhar en 1916, officier d'Académie le 19 novembre 1920, *si* Djilani sera promu, le 27 juillet 1923, au grade de Chevalier de la Légion d'Honneur pour ses états de services civils et militaires.

Après avoir lancé ses youyous, Houria proposa gentiment son aide aux cuisines. Le Kalifa recevait ses amis pour une journée de chasse et les conviait à partager le repas à la maison.

Ma mère s'installa sur le divan, remonta le châle sur ses épaules, avant d'entamer le récit de cette journée qu'elle exaltait à travers les citations :

« Au pied de l'arrière-pays, la nature offrait un aspect des plus sauvages. Grives, étourneaux, lièvres pullulaient autour des méandres de l'Oued Souhir. Une sortie dans cette plaine verdoyante laisserait d'agréables souvenirs aux chasseurs arrivés le matin chez monsieur le Kalifa de Nabeul. » Parmi ces invités d'honneur, ma mère cite le passage de Messieurs Chauffin, Beriel, Valensi et d'autres personnalités administratives dont elle ignorait les noms, mais qui, dit-elle, étaient nombreuses autour de la table dressée dans le *majliss.*

Le personnel s'était mobilisé pour les gros travaux ménagers et la lessive des nappes brodées et apprêtées. Fadhila passa la journée à repasser le linge blanc avec son fer rempli de braises travaillant sous l'œil circonspect des deux jeunes filles. Le moindre faux pli dans l'encolure de la Badia, dans les parmentures de la *jebba kamraya* ou les poignets des chemises valait à la servante d'être sermonnée sur-le-champ.

La belle vaisselle fut sortie. Pour faire reluire l'argenterie frappée au sigle de Boulenger, des mains rodées la frottèrent dans un bain de cendre, collectée des *canouns* consumés. Le service en Murano (offert, précisa ma mère, par un ami Italien, monsieur

Azzopardi) fit honneur à la table de réception, garnie et parfumée par les églantines des vergers.

Mabrouk entra dans les cuisines portant équilibré sur son *kebouss*, le plateau en bois patiné par les chaleurs des fours. Le pain sentait la graine d'anis et l'écorce d'orange. Gammara se leva pour réceptionner les galettes et Louisa attisait les feux du potager. La maîtresse assise sur son petit banc, rayonnait au-dessus des *nhassas* qui mijotaient, sans bouger elle remuait les sauces, donnait des ordres, soulevait les couvercles, arrangeait délicatement les braises, sous lesquels les *tajines bounarin* se doraient. Les ragoûts cuits à petit feu dégageaient une odeur appétissante, le couscous roulé dans la nuit et imbibé de *smen*, attendait d'être arrosé par le jus de viande d'agneau *sinoui* et recouvert par les légumes de saison. Les délicatesses du maître du logis garnissaient les raviers d'asperges, d'endives et de crudités.

— Sidi, dit-elle en passant, avait pris goût à certains plats de la cuisine française et il nous imposait son pot-au-feu, pour l'inclure régulièrement dans le menu du jour.

— *Aatiny el kheir* ou *aatiny fech insobbou.* (Donne-moi l'abondance et l'espace pour ranger !), lança la servante juive en butant contre les denrées éparses et les cadeaux en nature.

— Ah *ya binti*, la saveur des légumes et le parfum des paniers de verdure n'a rien à voir avec les spécimens conditionnés sous serre.

— Nous recevions notre marché de légumes et agrumes à dos de chameau, enchaîna-t-elle à partir de l'Oued Souhir, le beurre frais baratté dans les *chakouas* et le lait de vache dans des jattes en terre, notre volaille dans les fermes. Le petit déjeuner des enfants ne pouvait se concevoir sans la tasse de lait frais et l'œuf du jour. Dieu nous a donné la santé et nous avions de quoi la préserver, as-tu vu quelqu'un parmi nous porter un dentier *ya latif* ? Nos aînés cassaient les coques des amandes jusqu'à leur disparition de ce monde !

Ma mère parlait avec une nostalgie surprenante de ce passé généreux mettant en apothéose les années passées dans cette terre promise du Cap-Bon.

— Mabrouk, vos invités ! dit Houria à *lalla* Fatma, après le départ des convives, quelle belle réception !

— *Yaïchek ou yakhedh bkhatrek* ya lilla Houria !

Les stigmates de fatigue brouillaient le visage de la maîtresse de maison, Houria se posa une question et mimant le geste de la femme enceinte, elle lança à brûle-pourpoint.

— Repose-toi *ya lilla*, ce rythme t'essouffle, conseilla-t-elle, car la maison de *si* Djilani est toujours ouverte à tout venant.

Elle avait le visage empourpré et Houria se proposa de la relayer en compagnie de Fatoum et de Soumeya. Les aptitudes des filles, leur éducation et leur beauté encore jeune n'échappèrent pas à son œil circonspect. La dame manifesta le souhait de voir se rapprocher leurs familles respectives et fit allusion à la main de Fatna et de Soumeya pour ses frères Mohamed et Ali. Houria attendit longtemps, mais le consentement du père ne vint jamais. Il était pourtant souhaitable de développer une amitié ou de contracter une liaison solide avec des personnes d'un même rang. Conformément à certains principes, chaque couche sociale répondait à sa façon de penser et à son mode de vie où se mêlait, inconditionnellement, un peu de sectarisme qui interdisait à la fille de s'unir loin de son pays et de ses traditions.

Le soir, à partir de la chambre des parents, une lueur pâle et intermittente s'échappait à travers les interstices des jalousies rabattues. Adossé sur la tête du lit sculptée de motifs en cuivre, *si* Djilani parcourait le journal : manuel édité en langue arabe, le Zahou se souciait, à l'instar d'autres journaux, de rapporter l'effort des écrivains et des poètes tunisiens qui se revendiquaient d'une arabité exprimée à travers leurs essais et leurs ouvrages. Les pages culturelles faisaient l'apologie de Abdelaziz el Agrebi pour sa dernière pièce et de Hassen Zmerli, fondateur du théâtre Tunisien. En sensibilisant les jeunes de ce quart de siècle aux manifestations culturelles et artistiques, ces précurseurs cultivèrent les aptitudes et bon nombre de jeunes arabes instruits commençaient à s'intéresser à la scène artistique réservée, à ses débuts, aux Juifs. En Égypte, les grands musiciens, poètes et compositeurs insufflèrent auprès des Maghrébins un véritable culte pour leur culture arabe. Dans le journal Zohra, l'article parlait du premier court métrage d'André Samama, le film, tourné à Gabès et dans les dunes de Gammarth, avait pour héroïne sa propre fille Haydée (dans le futur reconvertie à l'Islam à la suite de son mariage avec un Algérien, Tamzali).

Si Djilani parcourait, volet après volet, les nouvelles et termina par les nouvelles politiques des derniers courants qui secouaient la Métropole : syndicalistes, communistes, radicaux, socialistes, mouvement des ouvriers, appel des corporations. Il plia les pages en pensant à la propagande entretenue à partir des courants métropolitains et du P.C.F et les répercussions dans les couches de la société tunisienne.

On assistait dans un proche futur à l'endoctrinement des premiers intellectuels arabes. Les sondages prévoyaient un éventuel soulèvement au niveau des ouvriers des mines, des transports et des manufactures. *Si* Djilani pensa à Hadjeb-el-Aïoun, aux indigènes ouvriers dans les mines du Djebel Trozza et se remémora la chanson poignante et pathétique : « même si je devais dépérir dans les galeries du Djebel Trozza, je ne pourrais t'oublier ô Zina ! »

دَامُوسْ المِينَـةْ انْمُوتْ ولا انْسَلّمْ فِي الزّينَـةْ

Le père plia doucement la coupure du journal et s'assoupit sur son acte de foi.

LE MARIAGE DE LA FAMILLE COHEN

Dans la semaine qui suivit, une effervescence s'était saisie du quartier de Souk-el-Balgha.

« *Ya izzi, ya izzi*, sept jours et sept nuits ou *chabaa iliali zaidin* ! », cria Gammara avec emphase. Un matin de passage chez *lalla* Fatma, la juive rapporta le récit du mariage de Gisèle… « *Zizêl bint Cohine* », comme elle disait dans son patois israélite. Gammara rajusta son pantalon bouffant, retira le col cassé dans sa chemise encrassée pour le rabattre sur son éternel caraco. Tout en dévidant les gros écheveaux de laine, elle racontait tel un disque rayé les fastes de ces seigneurs juifs.

— Mais tu sais *ya bnaïti*, son père est un mercantile et ils sont de vieille souche, dit la maîtresse de maison. Sidek, reprit-elle, était invité à la cérémonie officielle. »

Monsieur Cohen, connu dans la Hara des juifs fortunés a organisé le mariage de sa fille selon les traditions et dans un faste qui marqua la mémoire collective. Les têtes de bétail égorgées par le Rabbin pour honorer la circonstance, furent longtemps comptées et commentées. Les festivités finissaient à l'aube après l'animation des *aouadat* et des *raqassat* mandés depuis la capitale.

« Lorsque le soleil se leva, continuait la servante, l'esprit transporté, on termina le festin en servant des plateaux de *ftayer*, d'oreilles de *Cadhi* noyés dans le miel pour accompagner le café et réveiller les têtes titubantes par l'effet des *spiritou, daïkhin bilbokha ya lilla, ourassek* » (éméchés par la Bokha qui est une eau de vie de figues), dit-elle et un rire strident lui contorsionna la bouche hideusement.

— *Mabrouk* pour elle, dit *lalla* Fatma.

— *Yaïssek ya lilla.*

Tout en gestes, la servante magnifiait le récit : « Tu sais lilla, ils ont écrit le contrat à la synagogue, en robe longue et voile de mousseline sur la tête, *ittayeh mijalou houmana*, il est passé sans rien voir ! ». La juive s'égosillait et la patronne qui ne voulait pas l'interrompre implora la miséricorde pour les pauvres et les démunis.

— Le rituel d'*el hinna !* reprit-elle, *hadik el-ferha... ya dona... ya dona* !

Pour endiguer la logorrhée, *lalla* lui rappela qu'elle avait habillé ses garçons, costumés, le pantalon retenu par les bretelles, le nœud de velours au cou, la tête coiffée par la chéchia majidi, le magyar retenu au plastron, ils étaient sortis comme des princes.

— *Rabbi ybarek alihom*, ponctua la juive.

— Tu sais Gammara, leur père était si heureux, enchaîna la patronne, lorsque Kadem et Abed l'accompagnèrent à la cérémonie nuptiale...

— Que Dieu les garde, coupa la servante, *inchallah* tu les vois mariés ! La pause suffit à la servante pour jauger le tas de laine qu'elle finissait d'enrouler et elle reprit pour vider son carquois ; « *el kheloua, el hinna, el harkouss, ej-jeloua ou et-tasdira*, ah ! ». dit-elle, « *issir ouel kammoun ala Zizèl* ». « La mariée est arrivée, *fit-tomobil kahla tilmâa kifel ouadâa*, suivie de cabriolets garnis de fleurs et de jasmin piqués dans les palmes », continua-elle béatement.

— *Ayen leblad* ya lilla, les colons de Bouargoub, de Patrou et el Gobba étaient présents... !

— Que Dieu, le tout Puissant te donne *el fertouna ya Gammara* ! », dit *lalla* Fatma conciliante.

— *Oh... oh... oh... ya lilla... ya hasra... ya hasra* ! Nous sommes de pauvres hères nous, des journaliers comme Houmana et les autres, ouvriers *mzamrine.* Nous vivons, dit-elle en poussant un soupir, de la générosité des autres.

— Toute fille se mariera un jour ! trancha la patronne.

— Oui, acquiesça Gammara, même avec le *sdak Bourim* collecté dans le foulard vert.

Et elle ajouta pensive ; « Suzy, Rosy, Esther, les Valensi, les Cohen et les autres sont généreux, *ya lilla*, ils aident les mariées pauvres.

Elle revint au fil de ses idées et tapa des mains comme si elle avait omis de parler d'un détail important.

— *Hakka... hakka... ishtana ya lilla*, il paraît que pour la fête de la *dekhla*, il y aura une chanteuse juive de Mateur.

— *Chkounha ?* dit Fatna qui intercepta la discussion, tu n'as pas fini tes commérages ?

— Laisse-la terminer ma petite !, intervint *lalla* Fatma.

— Elle s'appelle Habiba Msika, dit Gammara en mimant et pianotant dans le creux de son tailleur grossi par la laine enroulée, la chansonnette juive « *Laïlat shibbat, laïla kbira* ». Si tu voyais comme elle est belle !

— Ou l'as-tu vue, menteuse !, coupa la jeune fille pour taquiner la servante.

— Il paraît qu'elle est devenue célèbre dans la Hara riche de Tunis. Pour se rendre à ses spectacles, termina enfin Gammara vidée, Habiba sort accompagnée d'une garde spéciale de jeunes gens habillés en tirailleurs appelés *asker el-lyl* au centre du peloton, la chanteuse, elle-même, habillée en Aiglon. En effet, elle avait démarré sa carrière comme comédienne, et après avoir joué le rôle de l'Aiglon, elle n'a plus quitté son constume.

LA NAISSANCE

Le 7 mai 1924, avec l'éclosion des primevères et des pensées, pas loin des fêtes de la Pentecôte, *lalla* Fatma accoucha de son dernier fils à Tunis. La fille de monsieur Chauffin, Suzanne, médecin accoucheuse avait une petite clinique du côté du Belvédère, à l'orée de ce qui fut dans le temps campagne avec vergers enclos et fermes laitières. Avant son terme, la mère passa ses dernières semaines auprès de son frère à La Goulette et de sa demi-sœur Dreïfa Kliche.

Lalla Fatma enfanta, au petit matin, d'un beau garçon qui portait au nombre de cinq la lignée des mâles dans la maison de *si* Djilani : Béchir, Mohieddine, el Kadem, el Abed et Mohamed Sadok prénommé en hommage au monarque qui portait la couronne de la Régence à l'époque des aînés, son altesse Mohamed Sadok Bey auteur de la constitution de 1861, événement qui inaugura le libéralisme de la dynastie husseïnite.

Après son accouchement, la maman n'ayant pas eu une montée lactée suffisante, le médecin prescrit du lait d'ânesse pour les biberons, en attendant de compléter l'alimentation du bébé par les soins d'une nourrice. La joie débordante du père lui fit appeler, sur le champ, toutes les mères pour s'enquérir d'une bonne nourricière, disponible et porteuse du sein le plus gonflé. Dégagée de toute obligation, la servante vécut sous les auspices de la famille. Lavée, gâtée, nourrie et reposée, elle s'adonna entièrement à l'alimentation du petit, permettant à la mère de se délecter des moments agréables. *Lalla* se trouva comblée d'attentions, choyée par l'afflux des visiteurs chargés de présents.

Pendant la période où elle passa ses journées au repos, le rituel des visites s'était conjugué aux traditions des *zerdas*. Les bénévoles du voisinage se mobilisèrent et têtes d'agneaux égorgés, semoules roulées et *bsissas, rfiss ou hassaoua,* furent servis à toutes les maisons du quartier.

Pour célébrer le quarantième jour, *lalla* Fatma s'apprêta au rite du bain purificateur, accompagnée de son bébé. Soumeya raconte qu'une effervescence particulière anima cette dernière naissance, *lalla* Fatma était revenue pimpante, les membres remis en place par la *Harza* du bain maure. Elle paradait dans sa *tebdila*, expressément taillée pour la circonstance, ses yeux noyés de khôl et les lèvres empourprées de *Souek*. Le traditionnel foulard rouge lui enserrait les tempes, illuminées par un teint rosé et sa chevelure, couleur de jais. Le petit dormait dans son giron, enroulé dans ses couches saupoudrées de feuilles de henné, de *chouchouard*, de *harmel* et de *sinouj*.

Dans les coulisses de la Dréba, on commenta bon train l'événement et lorsque Houria Bahroun se présenta, *si flen* ou *si felten*, avaient posé la question suivante : « Qui s'occupe de la maison du Kalifa en l'absence de la maîtresse ? (Propos rapportés textuellement par ma mère).

— Soumeya et Fatna ! avait aussitôt répondu Houria Bahroun, ce sont les prunelles de leur père *si* Djilani *rabba ouelka*. Ma mère développa à satiété la rubrique éducation, principes, respect qui caractérisait ce passé.

— *Nouassi ou atab ou baadh min dhirïa*. dit-on et la Miséricorde divine ouvre une ère de paix et de prospérité pour tous. *Si* Djilani était comblé. Il faisait appel aux Cheikhs et à ses anciens disciples de la Zitouna, pour converser avec eux des thèmes de la religion, des codes des législations ou simplement l'histoire des peuples.

— La culture est la pâture de l'âme ! disait le père pour aiguiser l'entendement de ses fils à la culture et à l'histoire des civilisations, héritages de nos illustres Oulémas et il citait l'Imam Sahnoun, Ibn el Djazar, Ibn Rachiq el Kairaouani et le père de la sociologie, le célèbre Ibn Khaldoun. Ce renouveau fouetta une sensation de plénitude chez le père heureux de célébrer la soirée du *Khetm* en présence de l'Imam Boghdadi. Digne porteur de turban, il entama les premiers versets d'un Coran limpide avant de chanter avec les adeptes le *dhikr*, ses *bahrs* et terminer par *nahdj il borda*. Pendant ces soirées religieuses, les paroles transportaient l'esprit et l'essence même du corps pour que seule la volonté du Suprême existât en lui et l'homme redevient humble, inondé par la foi. Les confréries étaient héritées de nos aïeux qui les ont léguées à leurs enfants et ces messages civilisationnels jalonnaient la trame de leur quotidien.

Toutes ces différentes zaouias, Souleïmia, Rahmania, Tijania, Kadria ou Tariqua Soufia animaient les soirées spirituelles à l'occasion des événements heureux pour les fêtes religieuses et permettaient aux gens aisés de faire leurs dons aux pauvres, pour les pieux de s'élever dans les transcendances de l'Islam.

NABEUL 1924. SOUCIS - SOUHAITS

Avant chaque mutation pour un autre poste, *si* Djilani se souciait de déposer son bilan d'affaires familiales et personnelles. Ses enfants préparaient leur maturité en fonction des études, du travail ou du mariage. Ce dernier point concernait en premier lieu les filles. Ali Khelil venu de Tunis où il poursuivait ses études à la Zitouna fit part à sidi Djilani du désir des prétendants à la main de sa sœur Soumeya. *Si* Djilani ressentit un malaise, contrarié par les paroles de son jeune interlocuteur. Il ne pouvait imaginer qu'un jour Soumeya les quitterait pour vivre à Zarzis.

TUNIS 1917 – 1922

Sur les bancs d'un même lycée, deux étudiants nourrissaient l'un pour l'autre une antipathie profonde, l'enjeu était cette étoile que chacun voulait faire briller pour lui ! Le premier prétendant, cousin germain de Soumeya, possédait le lien du sang. Le deuxième partageait avec elle l'affection d'un père adoptif, *si* Djilani. La promiscuité du pensionnat alimenta le défi entre les deux jouvenceaux, Béchir et Djilani.

Djilani Sraïeb s'était juré d'acquérir la main de sa cousine encouragé par sa famille. Jeune humaniste et poète au cœur sensible, doté d'une culture bilingue, il donna libre cours à sa muse pour chanter la beauté de Soumeya. Le jeune homme sublimait son amour platonique ressenti pour une cousine, déesse pure et lointaine. Cette idylle partagée dépassa les murs du collège pour alimenter les veillées au sein de la « Trinité-tribu : Khelil Chetioui, Sraïeb, Nattahi ».

La verve des poétesses se surpassait et l'espoir du jeune sentimental renaissait par le biais de ces poèmes romantiques où les cheveux soyeux de sa cousine ressemblaient à la crinière des fauves, son teint d'albâtre, ses pommettes rosées, sa bouche en corolle et son nez parfait défiaient par leur finesse les traits d'une *Balkiss* ou d'une *Abla*. Dans la tribu, on se délecta longtemps de ce lyrisme chantant la grâce exceptionnelle d'une héroïne que le destin éloigna. Voici un des poèmes où le prétendant idolâtre sa cousine :

Traduction :
Depuis le berceau je pensais t'appartenir
Le destin cruel en décida autrement
Sur les bancs d'Alaoui je suis venu m'instruire
Pour te mériter, joyau plus pur qu'un diamant
Ni les prophètes Youssef, Adam ni Idriss
N'égalent ta beauté, ni Abla ni Balquiss
Lorsque ton ombre se profile comme un elfe
Dépasse par sa beauté, l'aurige de Delphes
Ô créature cristalline, quand tu passes
Sculpturale tel un dôme de monastère
Alors nos cœurs chavirent et nos esprits s'effacent
Lorsqu'ils te voient, noble déesse de la terre !

نتخايل روحي ليك وإنت ليّة   إفرق بينا مكتب العلوية
إنت فزت على ناس القبلة عكارة زرزيس
زينك ما هزاته عبلة ولا الست البلقيس
لا يوسف لا آدم قبله و لا يوشع ولا دريس   منين جيت تمشي فاخة
خلت قلوب النافسين دواخة   بهلعة نظيفة كاتبة نساخة
عليها الجوامع شايدات قببهم   منين جيت تمشي والقناع مسيب
وزير حرب على العسكر لقى شغشبهم   جميع من اشبحها طيب
بغا نذها وإلي رغامة شايب   قذ من اشبحها حجته يسلبها
ميت مرشوق عليه النصايب   على ناداته ولفته يواجبها

Si Djilani eut vent des souhaits, mais pour rien au monde, il ne permettrait à sa petite étoile de briller ailleurs (Propos transcrits à la lettre).

— *Ya bint Djabnoun !*. (Ô fille Djebnoun).

— *Naam ya si Djilani* ?». (Oui, *si* Djilani).

— *Mâ nâatich kheiri el ghaïri* ! dit le maître. Soumeya épousera Béchir, que Dieu bénisse cette union et exauce mon souhait.

Le ton ferme avait médusé l'épouse et elle ne put qu'acclamer la nouvelle. Béchir terminait ses études au Collège Alaoui et la providence départagea, comme un couperet, les deux pensionnaires. La belle histoire d'amour s'achevait sur la déception du cousin qui laissa pour la vie (d'après les témoignages de la famille) ce volet enfoui dans son cœur comme une blessure inguérissable.

TERRITOIRES OCCUPÉS. ZARZIS 1922 PALMARÈS

Les youyous crépitèrent dans la maison de l'Imam el Boghdadi. Sa mère, la digne Aïcha bint el Aoudi sortit à la rencontre de ses belles-filles accourues des dépendances de la maison patriarcale. Les sœurs Bornia et Ftima ainsi que leur belle-mère réceptionnèrent la nouvelle dans l'espace libre de toute contrainte. Béchir, premier petit fils de Belkacem était lauréat de son diplôme de fin d'études et du brevet d'arabe ! À l'ombre des figuiers, Bak Messaoud et sa femme se trémoussaient, les petites Fatma et Meriem scandaient le rythme avec leurs mains d'ébène. « Sidi el Béchir… sidi el Béchir ! »

Une négresse qui s'affairait dans le *Khoss*, s'empara du canoun pour le saupoudrer de *tloug* et les fumigations s'élevèrent embaumant maîtres et lieux. Le personnel se mobilisa pour égorger les moutons et préparer la *Kassâa* d'offrande, au milieu des bêlements, grincements de poulie, chants et rires ; *Jedday* Aïcha leva les yeux vers le ciel, témoin éternel de ses prières.

مابرك نهاري اليوم يا غالي ربح الشهادة والترجمة العربية

مابرك نهاري اليوم يا وداده وبشرني علي كليش يعلي

Ali Kliche annonça le nouvelle. Cousin de Rhouma Kliche et neveu de Ftima, Ali Kliche fit ses études au Collège Alaoui. En 1930, il remplit la fonction d'interprète au bureau des affaires indigènes, puis sera promu Kalifa de Zarzis.

CANDIDAT À LA FONCTION PUBLIQUE

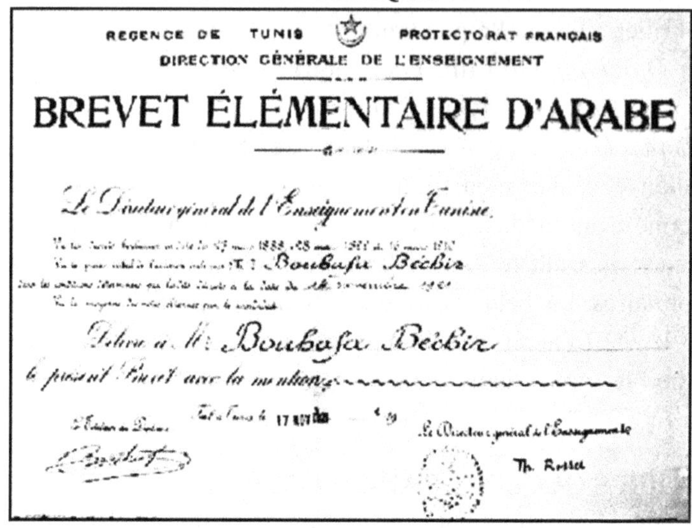

RÉGENCE DE TUNIS — PROTECTORAT FRANÇAIS
DIRECTION GÉNÉRALE DE L'ENSEIGNEMENT

BREVET ÉLÉMENTAIRE D'ARABE

Le Directeur général de l'Enseignement en Tunisie,

[illegible]
[illegible] M. Bouhafa Béchir
[illegible]

Délivre à M. Bouhafa Béchir
le présent Brevet avec la mention [illegible]

Fait à Tunis le 17 [illegible]

Le Directeur général de l'Enseignement
Th. Rossel

Béchir postula l'année même pour une place dans l'administration publique. Perspicace et doué d'un caractère fonceur, le jeune décida de réaliser ses aspirations. L'élan patriotique s'était emparé de lui et de ses camarades de banc. Mohamed Zarrouk, Amor Riahi, Khiari comprirent qu'ils n'avaient d'autre issue, que le chemin du savoir pour s'imposer dans les rouages de l'administration coloniale. Ils se frottèrent aux idées progressistes, s'intéressèrent aux fondements d'un système socialiste promu par un Dürel. Témoins d'événements importants qui ponctuaient l'ascension du Destour, ces jeunes collégiens participèrent par leur ouverture d'esprit, à ces courants politiques. René Louzon, professeur et fondateur de la section fédérale de l'internationale communiste de Tunisie en 1921, avait été arrêté et expulsé en 1922. Les premiers intellectuels tunisiens, qui subirent l'impact de ces tendances, étaient profondément convaincus que ces mouvements reflétaient un effort précoce de tunisification.

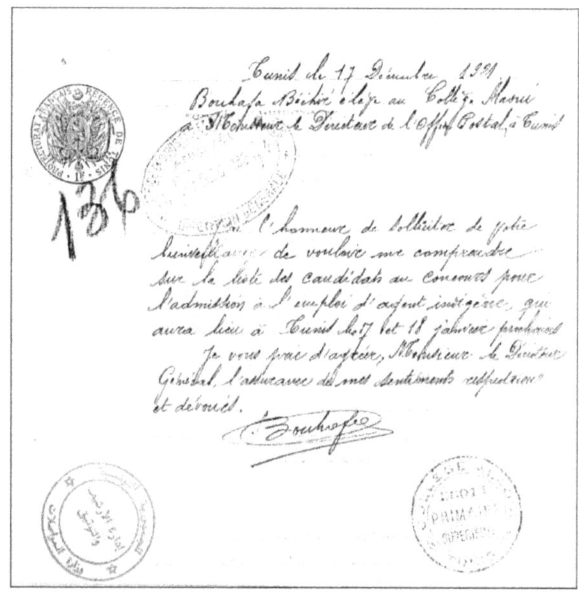

Tunis le 17 Décembre 1931
Bouhafa Béchir élève au Collège Alaoui
à Monsieur le Directeur de l'Office Postal à Tunis

J'ai l'honneur de solliciter de votre bienveillance de vouloir me comprendre sur la liste des candidats au concours pour l'admission à l'emploi d'agent indigène, qui aura lieu à Tunis le 17 et 18 janvier prochains.

Je vous prie d'agréer, Monsieur le Directeur Général, l'assurance de mes sentiments respectueux et dévoués.

Bouhafa

Docteur Ben Miled, élève au Lycée Carnot, avait collaboré très jeune aux jeunesses communistes. Arrêté et emprisonné au procès des syndicalistes et communistes en 1924, Ben Miled entraîna dans ses idées toute cette jeunesse musulmane qui fréquentait le Lycée Carnot, Sadiki ou Alaoui. Ses articles parus dans le journal *L'Avenir social* le conduisirent à l'emprisonnement.

L'idée nationale s'éveilla dans la conscience indigène qui, au moment de l'arrivée d'Edouard Herriot au pouvoir en 1924, misait sur les promesses de ce bloc de gauche. Acquis à toutes ces valeurs universelles, Béchir s'intéressa au syndicalisme.

Malgré leur assiduité et leurs résultats probants, la discipline du collège tentait de neutraliser en eux les élans précurseurs. Ils exprimaient leurs idées courageusement parmi les rangs des Français, des Juifs et des Italiens ce qui leur occasionnait la réprimande du proviseur et des professeurs à l'esprit raciste. Ces engagés quittèrent le collège avec l'espoir que règne un jour la justice sociale dans leur pays courbé sous le poids de l'hégémonie coloniale. Béchir quitta, non sans regret, la capitale qui venait de forger en lui l'intellectuel d'aujourd'hui et le militant de demain.

L'INCIDENT

N° 892-1.
(Août 1922. — Couronne 475 bis.)

POSTES ET TÉLÉGRAPHES.

DÉPARTEMENT,
LIGNE OU SERVICE SPÉCIAL :
TUNISIE

BUREAU OU SERVICE :
Zarzis

Exécution de la circulaire n° 801P du 30 janv er 1917.

AVANCEMENT DE CLASSE.

FEUILLE SIGNALÉTIQUE
de l'année 1923.

FONCTIONNAIRES, AGENTS DU SERVICE GÉNÉRAL, AGENTS AUXILIAIRES.

NOM : Bouhafa Bechir

Date de naissance : en 1903

Grade : agent indigène

Traitement : 3800 depuis le. date réelle.... 16 août 1923 ; date reculée (2).

Émoluments accessoires (3). 120 indemnité de cherté de vie

Situation et charges de famille (4). Célibataire

Santé et infirmités. Santé bonne

Congés de maladie en 1923. Nombre... néant ; Durée...

Instruction générale et diplômes. Brevet d'arabe, instruction primaire supérieure

Quelles langues étrangères est-il actuellement en état de (5) parler?.... français et arabe ; écrire?.... id ; traduire?.. id

Quelles parties du service a-t-il assurées en 1923 (6)? téléphone, télégraphe, guichets

Quelles autres parties du service est-il en état d'assurer convenablement (6)? Connait toutes les opérations courantes du service postal et télégraphique

NOTA.

(1) En ronde ou bâtarde.
(2) Défalcation faite des interruptions de fonctions ou dépassements de congés.
(3) Pour les receveurs, indiquer le rapport brut du bureau; pour les autres agents, le montant des sommes touchées en dehors du traitement fixe.
(4) Marié, veuf, etc.; nombre et âge des enfants et des personnes à la charge de l'agent.
(5) Mentionner les seules langues que l'agent parle, écrit ou traduit *couramment*.
Si l'agent est primé, l'indiquer.
(6) *Préciser les attributions ou parties du service.*
Poste. — Guichets (chargements, articles d'argent, C. N. E., autres opérations), arrivée, recouvrements, départ, cabine des chargements, comptabilité, etc.
Télégraphe. — Manipulation (Morse, Sounder, Hughes, Baudot, autres appareils). Dirigeur, comptabilité, etc.
Téléphone. — Appareils, comptabilité, etc.
Service technique.
Services administratifs. — Vérifications (postales ou électriques). Organisation. Locaux. Matériel. Service télégraphique ou téléphonique. Enquêtes, comptabilité, ordonnancement, etc.

Redressements et mesures disciplinaires en 1923.

DATES.	IRRÉGULARITÉS.	SANCTIONS.

L'incident était prévisible. Le jeune intellectuel fraîchement débarqué à Zarzis ne rata pas de relever le défi contre certaines idées préconçues. Ville de garnison dans les territoires, Zarzis grouillait de soldats « les Joyeux » enrôlés à partir des colonies françaises. L'unique hôtel de la placette tenu par M. et Mme Antonin Bouhebent, était le lieu de rencontre. Quelques enfants de familles habitant le quartier osaient s'introduire dans ces lieux réservés. Béchir s'attabla et le militaire le braqua du regard en disant « Vive la France, à bas les arabes ! » L'insulte fit bouillir Béchir qui flagella « la grande gueule » du Lieutenant des bataillons disciplinaires :

— Sale « Joyeux », rentre chez toi ! La Tunisie n'est pas fière de t'accueillir, de quel droit bafoues-tu la fierté d'un citoyen né libre sur son sol ?

Dans la semaine qui suivit, un groupe de « Joyeux » essaya d'acculer Béchir. Le passage d'un cousin le sauva de cette fâcheuse posture et l'intervention de Rhouma Kliche fit échouer le guet-apens. Homme de belle corpulence, il fit culbuter un banc pour déséquilibrer leur élan et à l'aide d'une branche de palmier saisie à l'aveuglette, il fouetta les adversaires jusqu'au sang. Soumeya se mit à rire à pleine gorge en mimant les flagellations avec la branche, elle termina ; « Plus Rhouma frappait et plus les soldats criaient : Oh mama, oh mama ! »

Le Lieutenant des « Joyeux » était breton et bagarreur, les employés de la poste tous militaires. Monsieur Ferdinand, Receveur remplissait le rôle du Consul de France à la fois. La place du Bureau des Affaires indigènes réunissait les familles françaises ; les Gauffreteau, Narni, Carlton et autres, voisins de la maison patriarcale ! Béchir mêlé dans son trajet quotidien s'était-il disputé avec l'un des commis, Alphonsi, réputé pour ses terribles colères ?

L'impulsivité cultivée par le sentiment de frustration coûtera cher et la répression administrative de rigueur. Le 26 août 1924, par mesure disciplinaire le jeune postier dut quitter Zarzis, muté à Gafsa. La mère ressentit une vive douleur.

احَيهْ مَامَرْ الغلْـب يَا ابينِي   ومْنْ المَحْفْظَـهْ سَلّوا مِرْودْ عِينِـي
يَا ريتْنِي مْعَ البَشِيرْ فِي الفْلِيجَهْ   وانْشُوفْ فَاطْنَهْ غَالِيَهْ وعْـزيزَهْ
يَا ريتْنِي فِي القيرْوَانْ اسْرُوحِي   نَشْبَحْ اجْبَاهْ فَاطْنَهْ والمُوحِي
يَا فَاطْنَه جَاكْ البَشِيرْ يِهَوّي   والكَرَهْبَه خَاتْمَهْ عَلْ المِتْلَوّي

Traduction :
Mon Dieu, comme les passe-droits
et l'arbitraire sont durs à supporter !
Béchir, la prunelle de mes yeux, va être déporté dans
le Chott Djerid, ses contrées arides et ses routes poussiéreuses.

Méma Ftima éprouvée par l'éloignement de ses enfants Fatna et Mohieddine qui vivaient avec leur père au Kalifalic de Fériana, accompagna son fils vers son nouveau poste. L'annonce arbitraire obligea *si* Djilani à décider de la date du mariage de Béchir et Soumeya.

KALIFALIC 1925. MUTATION À FÉRIANA.

Décret du 16 juin 1925

Par décret en la même date; Si Djilani bou Hafa, khalifat de Nabeul, est nommé en la même qualité à Fériana.

L'INSTALLATION

Le landau particulier du Kalifa s'arrêta devant l'entrée du Hammam. Les naseaux fumaient et les sabots piaffèrent d'énervement. Hama tira sur les rideaux frangés et rabattit le marchepied pour permettre aux dames de descendre. Elles s'engagèrent voilées de *safsaris* sur les pas du renfort, portant batterie de cuivre et mallettes d'osier. Le bain maure portait le nom de ses propriétaires les Touhami Ben Touhami, descendants et adeptes fervents de leur confrérie du Arch de sidi Ahmed Tlili, saint-patron de la ville de Fériana. L'accueil fut en mesure du rang. L'hospitalité naturelle presque rustre des gens des hauts plateaux était empreinte, ce jour-là, d'une attention particulière qu'on réserva à *lalla* Fatma, ses filles et ses servantes pour le baptême de leur premier bain dans le fief des Ouledouazzaz.

Ghazallah et Fadhila, parties en éclaireur, s'installèrent dans un endroit retenu de *beit-esskhoun*. À travers les vapeurs diaphanes, les filles dévoilèrent leurs longues chevelures et la vénusté de leurs tendres printemps s'ingéniant à ramener pudiquement les pans soyeux des *foutas* qui glissaient sur leurs hanches.

Quelques-unes les abordèrent gentiment d'autres curieuses et imbues de certains critères, détaillèrent le profil de *lalla* Fatma et de ses filles pour commenter au restant du village leurs impressions sur les nouveaux venus.

Village situé à l'ouest du pays sur les plateaux qui terminent l'erg algérien en Tunisie, Fériana était importante de par sa situation géographique : une bourgade, presque insignifiante quant à son nombre d'habitants, mais incluse dans une région qui s'étendait de Majel-Bel-Abbès à Gafsa et depuis la frontière algérienne jusqu'à Kasserine. La population se divisait en Frachiches, Madjeurs, Hmamas, Sbikiyinnes, Ouled Abid, Nmamchas, Bâassia et Ouledouazzaz. L'esprit tribal régnant dans les circonscriptions, faisait figure de légende.

Dans ces steppes où pousse naturellement l'alpha vivaient les nomades et dans les plaines, les terriens pratiquaient une agriculture précaire qui leur suffisait lorsque l'année s'annonçait bonne. Les femmes bédouines ou citadines partageaient les charges familiales en tissant la laine fournie par le cheptel environnant. Malgré l'aspect désolé et déshérité de la nature, il y avait des richesses en potentiel que les Français surent mettre à profit en les exploitant. Les colons montrèrent un avant-goût pour la plaine située aux pieds du mont Chaambi. Ils établirent sur cette terre fertile, fermes, bétail et résidences.

Les richesses minières se trouvant à l'ouest de la Régence avaient alléché par ailleurs leur soif de possession. Moularès, Redéyef, ne furent qu'un complément naturel des gisements de Bir-el-Ater et du Djebel-el-Onk, du côté algérien. La récolte précieuse dans la confection de la pâte à papier, fit de l'alpha un commerce qui assurait aux pionniers des fins lucratives. L'ouvrier défrichait dans des conditions très dures, charriait la récolte à partir des hauts plateaux à dos d'âne et de chameau pour remettre au colon la marchandise récupérée à bas prix.

À Fériana, les affaires marchaient bien pour Sarfaty, Gino Khayat et Gabison Roger, qui partageaient le monopole avec les natifs, la famille Younes Ben Rabah. La ligne de chemin de fer traversant le pays d'Est en Ouest, acheminait la marchandise destinée à l'exportation vers le port de Sousse.

LA PERSONNALITÉ DU NOUVEAU KALIFA

Si la réputation de *si* Djilani l'avait devancé dans ce pays centre-ouest de la Tunisie, il retrouva d'anciens camarades ayant fait leurs études sur les nattes du Jamâa Ezzaïtouna. *Si* Touhami, le Cadi *si* Lakhdar, *si* Younes ben Younes, Larbi ben Larbi, el Hermassi, el Abed, Essaghaier et d'autres natifs reçurent à bras-ouverts leur ami qui répondit par une grande motivation et par la promesse de gérer les rênes de ce nouveau poste.

Si Djilani fit muter avec lui Mohamed Zlassi, geôlier et son secrétaire particulier *si* Mohamed Tazarki. Ces deux agents prouvèrent leur total dévouement qui les fit adopter par l'autorité d'une part et leur voua la sympathie des membres de sa famille. *Si* Mohamed Tazarki et Zlassi jouèrent un rôle important dans la vie professionnelle du Kalifa. En dehors de l'assiduité et de la rigueur imposées obligatoirement par leur chef, intransigeant sur la bonne conduite du travail, ces agents vécurent avec le patron toutes les joies et toutes les peines. *Si* Djilani avait cette faculté de savoir être ferme sans user de contrainte ni d'obligation et lorsque parents, enfants, amis ou personnel se référaient à lui, tous trouvaient chez ce jeune patriarche aide et soutien, rigueur et droiture. Dans le foyer de *lalla* Fatma, l'hospitalité coutumière faisait figure de principe.

أقْصُدْ دَارْ كْبِيرَه لُو كَانْ مَا تْبَاتْ مِتْعَشّي، تْبَاتْ مِتْغَطّي

Traduction :

Cogne à la porte d'une maison de gens respectables,
si tu ne trouves pas un grand dîner,
tu trouveras du moins le gîte et de quoi te réchauffer !

Cette année-là, la région de Fériana avait subi un hiver rigoureux et une forte densité de pluviométrie. Les neiges en fondant abreuvèrent miraculeusement le sol, à la grande joie des habitants. De la terre jaillirent les plantes et les herbes pour le pâturage, *ouel am jay akhdhar* (l'année s'annonçait bonne) ! Les oueds nombreux dans la région montèrent en crues et les alluvions charriées sur les plaines immergées avaient engraissé légumes et céréales. Dans la nouvelle maison, il y avait trace de ces poêles à pétrole et de ces cheminées dévoreuses de bûches. Un petit frisson parcourut l'échine de la maîtresse de maison qui se réjouissait d'avoir déménagé à la belle saison.

— *Rabbi yaïechna* jusqu'à l'hiver prochain, dit-elle.

Fériana, ville continentale, était balayée par le froid soufflant de la forêt de Dernaya et la rigueur d'un relief de hauts plateaux. La maison du Kalifalic n'était pas luxueuse, une bâtisse classique, européenne par la toiture en tuiles rouges et la disposition des chambres s'ouvrant de chaque côté du couloir, le tout donnant de plein pied sur un patio entouré d'un jardin.

Les bureaux mitoyens au domicile, donnaient sur une petite rue asphaltée qui remontait vers la caserne militaire, nichée sur les hauteurs du village. Quelques édifices publics, à la façade modeste, s'ouvraient sur la chaussée. À proximité de l'hôtel de monsieur et madame Flageolet, habitait madame Gilberte la sage-femme en bordure de la rivière.

LA CONSCRIPTION « Ezâaba »

Le jour d'El Gorâa

Lorsque la date des appelés décidait de l'envoi au service militaire, une véritable panique se saisissait de la population pour sonner le glas dans les familles. À partir des douars, tribus et montures accouraient pour assister le profil bas à la décision implacable des autorités mobilisées au moment du tirage au sort. Ce jour-là, disait ma mère, *si* Djilani sortait accompagné des Cheikhs et du peloton de gendarmerie. Le soleil tombait de plomb sur la campagne proche à l'orée du village et la population rassemblée depuis le lever du jour dans un grand terrain défraîchi. Mager, Frachiches, Bâassa, Hmamas, Ouledouazzaz, guettaient le moment fatidique de la conscription qui allait dans un sens ou dans un autre, délivrer leur attente éprouvante. L'ordre donné, le Secrétaire Général Mohamed Tazarki ouvre la Chéria en alpha tressée contenant les papillotes et les jeunes gaillards s'avancent arborant leur tenue vestimentaire misérable à fendre le cœur des vieux burnous en laine éprouvée flottaient grisailleux sur leurs épaules élargies par l'air pur et le travail des champs. Sous les chèches enroulés en désordre, les traits exprimaient tantôt la surprise, tantôt une fierté qui masquait mal leur profonde détresse.

Pour les mères qui pleuraient sans retenue, l'enrôlement à l'armée équivalait à la perte d'un frère, d'un fils ou d'un mari soutien de famille. La plupart des indigènes vivaient du fruit de leur labeur pour se retrouver soudain amputés de leur potentiel humain et pour quelle raison ? Servir une cause qui ne pouvait être la leur et pour laquelle, les frères précédents s'étaient battus en 1914-1918, sans avoir eu les mêmes droits que les Français.

Le jour de la *Goraa* était toujours très éprouvant pour la population. L'autorité subissait l'hystérie de ces pauvres femmes à qui on ravissait époux ou fils et le Kalifa rentrait lui aussi, ébranlé par les cris et les lamentations. Le mécontentement lu dans les yeux de cette foule rurale analphabète et miséreuse, cachait sourdement un désir violent de se rebeller contre l'arbitraire de la conscription et des lois imposées par le code de l'indigénat. « *Quand ils ne peuvent pas nous tirer à coups de bâton, ils nous font mourir sur leur champs de bataille, comme un troupeau de bêtes de somme !* » Les habitants des périphéries, sous l'effet humiliant de leurs ressentiments sociaux réagissaient, par des séditions souvent sanglantes qui n'ont jamais cessé d'exister depuis l'entrée du colonialisme en Afrique du Nord.

La France, maîtresse dans une Algérie dont elle pensait avoir maté les plus farouches, taisait en fait le soulèvement des tribus et craignait la rébellion dans les montagnes et les douars. L'émir Abdelkrim ne leur tenait-il pas la dragée haute dans son rif marocain ? En Tunisie, le rebelle Daghbadji (junior), qui sévissait dans les hauteurs de Kasserine, sèmera la panique bien que les colons le traitent de malfaiteur, de bandit et de coupeur de route. Afin de maintenir l'équilibre dans ses colonies d'Afrique et d'Indochine, il importait à la grande nation d'aligner ses troupes et de renforcer ses rangs en prévision des guerres. Les arabes d'Afrique du Nord offraient un potentiel considérable d'analphabètes pour constituer le Thabor Maghrébin et les pelotons de tirailleurs. À travers la Régence, *elgorâa* était vécu comme un jour de deuil. Dans l'assistance tendue, une bédouine se détacha du groupe des pleureuses qui se lacéraient le visage et s'avança vers la tribune où s'ombrageaient les autorités présentes. Elle clama son courroux et son aversion pour la lâcheté des tribus.

مَاجِرْ وَفْرَاشِيشْ يِخْلِيهُمْ   لاَ عَمْلُو انْهَارْ عْلَى ذِرِّيهُمْ
دُونْ الزْنَادَاتْ فِسْدِتْ   وِالاَّ مْكَاحِلْهُمْ زِدْمِتْ

Traduction :
Que les tribus Majer et Frachich soient honnies,
Si elles n'ont pu protéger leurs enfants bannis
Sans doute, crosses et gâchettes se sont rouillées
Ou les chiens de leurs fusils se sont bloqués.

Aussitôt rentré, Mohamed Zlassi rapporta à *lalla* Fatma le déroulement de cette journée dramatique. Elle répondit en soupirant car elle ressentait une grande pitié pour ces pauvres mères. Que de fois, l'épouse avait sollicité son mari et éprouvait du bonheur lorsqu'elle concrétisait ses fins. La femme du Kalifa, sous l'effet de cette description dramatique, ne fit pas attention au sac que venait de déposer Zlassi ; « On t'apporte des tubercules de truffes roses récoltées dans la *dhahra de Gafsa* yalilla ! »

La maîtresse esquissa d'un geste négatif son manque d'intérêt... ses idées encore investies dans le cauchemar des guerres ! Zlassi continua : « Les enfants se sont battus aujourd'hui. »

— *Oualesh* ? rétorqua vivement *lalla* Fatma.

Le Geôlier précisa en riant : « Non, ya *lalla* Fatma, ce n'est pas grave, rassure-toi, je n'ai pas voulu donner la monnaie à Kadem alors Abed m'a déclaré la guerre, cela dégénéra en bagarre depuis l'hôtel de madame Flageollet... Ils ont sali leurs costumes blancs ! »

— Avec quoi? demanda la mère.

— Avec les pêches, tout le cageot est passé, précisa Zlassi.

— Que Dieu les garde, je vais les réprimander, mais tu sais qu'ils t'adorent ?, pleine d'indulgence pour ses garçons, elle se détourna et ordonna à Jaouhara ; « Viens ma fille, déballe les fruits et ouvre le sac de truffes dans un endroit sec, au fond de la cour. »

Jaouhara et sa sœur travaillaient au Kalifalic en qualité de femmes de ménage. Jaouhara, la femme du rabbin de Fériana avait sept filles et *lalla* Fatma ne tarissait pas d'éloges envers la pauvre créature. La maîtresse s'ingéniait à créer des besognes pour permettre à tout ce monde qui rayonnait autour d'elle de mettre la main à la pâte. Ma mère raconte comment *lalla* Fatma faisait abattre les gros travaux pendant les soirées. Elle veillait pour encourager les domestiques occupés à faire reluire l'argenterie et les cuivres, pour les cafés et thés réclamés à partir du bureau. À la lueur des *lambarat* (lampes à pétrole) se faisaient les grosses lessives, se roulaient les couscous du lendemain. Parfois, le personnel ne suffisait pas, alors, on réquisitionnait des femmes de corvée et tout y passait dans un travail à la chaîne organisé et excité par l'adrénaline du rire. En période des tontes, le tas de laine à carder finissait dans la quenouille de l'habile tisseuse Fériania prostrée et fière, la tête ornée de grosses fibules. La rouleuse de laine donnait le coup d'envoi à son rouet calé contre le mollet; au fur et à mesure qu'il tourniquait, la laine roulait sur elle-même pour remplir le mât. Puis, délicatement, les doigts de fée dévidaient le fil, pour grossir un écheveau que la fileuse jetait nonchalamment dans le coin où s'amoncelait le tas. Des séances de rire animaient ce théâtre de sympathie, de joie commune sous l'œil vigilant de la patronne, soucieuse, à son tour, de procurer à son monde affairé repas, thé et friandises.

Les journées de tissage se suivaient pour permettre la confection des couvertures rayées des *hanabels* à motifs, des étoffes de laine fine, clore le programme de l'année et concrétiser les efforts de la corporation d'ouvrières.

Le complément du trousseau acquis, le mariage de Soumeya s'annonçait.

RELATIONS HUMAINES

La population de Fériana n'ignorait pas les vues du nouveau Kalifa. Malgré une certaine rigidité due à la formation classique reçue à l'université de théologie et de lettres de la Zitouna, *si* Djilani était relativement ouvert à l'émancipation et au progrès. Il était surtout conscient de l'intérêt de l'instruction, prônait les valeurs morales dans l'éducation. Il affichait ouvertement son regret de voir les esprits confinés dans l'ignorance. Durant les années passées à Arles, il avait été fortement impressionné par la rigueur, le goût du travail, la conscience professionnelle et l'honnêteté de la société française. Tout cela avait provoqué en lui le désir de se hausser au niveau de cette culture, de ce raffinement, de cette maîtrise de la discipline par l'ambition et le travail.

— *Sabah el Kheir* ya *si* Djilani !, dit Abed Bel Abed en entrant.

— *Sabah el Kheir* ya akhi!». répondit-il en donnant l'accolade et Zlassi entra servir le café. *Layen,* disait ma mère, passaient au bureau pour rendre des visites de courtoisie et *si* Djilani les retenait pour discuter à bâtons rompus jusqu'au moment où la discussion dérapait sur la politique du pays, l'analphabétisme et la situation socio-économique régressante. Les dirigeants français se souciaient de leur hégémonie sur les territoires occupés en Indochine, en Afrique noire et dans le Maghreb. Le maréchal Lyautey finissait d'établir le protectorat au Maroc. Les interlocuteurs parlèrent d'un Orient déchiré, de l'Arabie divisée, du courant des mouvements dans la Métropole, du soutien du parti communiste français en faveur de la Syrie et de l'arrivée d'Edouard Herriot au pouvoir, de l'éloignement de Messali Hadj et son activité dans les milieux des travailleurs immigrés, des épreuves du rif et la victoire d'Abdelkrim el Khattabi sur les impérialistes au Maroc, de l'organisation du Destour en Tunisie et de l'éloignement de Abdelaziz Thâalbi. Ils passèrent en revue tous les thèmes et *si* Djilani ne put s'empêcher de faire des confidences.

— Béchir est studieux, dit-il, au lycée Alaoui. La politique et les courants révolutionnaires ont une répercussion sur l'esprit des élèves de la capitale.

— Les étudiants se groupaient, enchaîna le père, par affinité à partir des lycées Carnot, Sadiki et Alaoui. Leur lieu de rencontre s'organise dans les bibliothèques d'el Khaldounia, d'el Attarine. Béchir comme ses camarades de banc Mohamed Zarrouk, Riahi et d'autres partagent les idées d'un certain Ben Miled qui écrit dans l'Avenir social.

— Oui, intervint *si* el Abed, au procès des syndicalistes l'année dernière, on l'avait arrêté.

— Ah, dit le père, même Kadem qui commence ses études au Collège Alaoui se manifeste par son indépendance d'esprit et se rebiffe contre l'injustice gratuite.

— Mais, reconnut l'assistance, tout cela est bon pour forger son caractère ya *si* Djilani !

— Il est entier et il a la tête dure ! finit par confier le père, avec la conjoncture présente..., il ne termina pas sa phrase.

— Il est fier ! ajouta l'ami, que Dieu les protège de sa miséricorde.

— *Allah yahfdhik,* dit *si* Djilani.

Sur cet intermède, Harmassi et *si* Touhami entrèrent à leur tour et le cercle s'agrandit. Le Kalifa les releva gentiment pour leur absence dont ils s'excusèrent en prétextant les travaux qui les absorbaient... « Ah ya Touhami, sais-tu ce que Barbaria me relata ce matin à propos des besognes journalières ? » et *Si* Djilani de raconter comment sidi Ali Ben Othman demanda un jour à sa sœur, toujours affairée, pourquoi elle espaçait de plus en plus ses visites.

— Il y a trop de *machaghels ya khouya !,* avait-elle répondu.

— Regarde, lui dit-il l'index dirigé vers l'emplacement du cimetière, tous ceux qui ont quitté ce monde n'ont pas terminé hélas leurs besognes, crois-moi ma sœur !

TWEEJEH

C'était le jour de Souk à Fériana et la nouvelle s'ébruita. Le Kalifa décida du jour pour inventorier les champs de céréales. Accompagnée du *Tweejeh,* l'autorité se déplaçait pour imposer les medjabataires et assurer le dû de la Régence. La population rurale s'investit dans un travail des champs, dur et conditionné par les variations climatiques. En présence des archs et du Tweejeh, l'autorité réglait les litiges aidée par *amine trab* ;

querelles anodines, empiétement sur *hormet ej-jar* ou confiscation d'une tête d'ovin égarée dans l'enclos du voisin, tout se réglait au nom d'une justice humaine, difficile à imposer dans l'esprit borné de l'individu tribal. Le Kalifa apprit à trancher avec fermeté tout en ménageant la susceptibilité des arouchs. Le bédouin fougueux n'aimait pas la contrainte; *il aaraby*, habitué à la liberté, était maître dans sa tribu. Tout cela imposait de la pondération et du tact pour faire régner le calme et le bon déroulement de la justice, dans la circonscription. Les cavaliers du Maghzen faisaient l'état des lieux pour rendre compte de l'estimation de la récolte et le Kalifa imposait la valeur en sacs de blé et d'orge. La coutume voulait que les tribus fassent honneur en se surpassant d'hospitalité.

Le nombre des tentes dressées se mesurait à la corpulence du *Fallah*, moutons égorgés, *massalins* cuits dans les *tabounas*, méchouis grillés sur les feux de bois fumant l'arôme des pins, couscous roulé par les femmes des *hidhab*, *chakaouas* barattées et suspendues à l'ombre pour étancher la soif des convives. Le festin était ponctué de rires et agrémenté de citations poétiques et de métaphores populaires.

Si Djilani rentrait la face rougie par le soleil. On réceptionnait l'entrée du maître avec bassine d'eau, serviettes et *kouaress*, il se frottait les paupières pour raviver son regard, avant de revêtir une jebba en pur fil qui aérait sa belle corpulence. Toutes ces manifestations en plein air bien que fatigantes, le réconfortaient. Sadok et Zohra avaient leur part de cajoleries et les plus grands, le droit au dialogue où préceptes, conseils et éloges leur étaient prodigués avec amour et respect.

Acte de mariage Soumeya et Béchir

LE MARIAGE. OCTOBRE 1925

Pendant sept jours et sept nuits, la maison était animée par la présence de la grande famille. (Il est à préciser qu'à l'époque en sortant des territoires occupés on était tenu de présenter un laissez-passer aux autorités militaires, siégeant dans le barrage-frontière à partir de Médenine).

La population de Fériana s'était mobilisée comme si on mariait un de leur fils dans un élan de sincérité touchante. Les festivités commencèrent dans les coulisses par le repassage et le rangement du trousseau dans les malles, cantines militaires grises, dans lesquelles Baba sidi avait emballé ses affaires, la belle vaisselle de Limoges et l'argenterie, ramenés à son retour de France. Madame Belvisou Marie, couturière, habitait une petite maison qui jouxtait le domicile du Kalifa. *Lalla* Fatma fit appel à ses soins pour fignoler les parures de la mariée. L'Italienne confectionna les robes en velours frappé, crêpe de Chine, étamine de laine, mousseline et reps, soulignant la forme rétro des années 1920 avec cape, dentelle et taille haute.

Je regardais ma mère, émerveillée de la voir si précise dans ses détails et si loquace dans son récit ! « Ma robe de mariée m'arrivait à la cheville, rose en crêpe de Chine, « *grebdichin* » comme elle prononçait, terminée par un col châle. Les chaussures en chevreau couleur ivoire se fermaient par une boucle sur le côté. »

Le corps Caïdal, les Cheikhs, les autorités françaises avaient afflué des circonscriptions environnantes et *si* Djilani légua l'honneur à son frère pour notifier l'acte de mariage de Béchir et Soumeya. Le Cadi *si* Lakhdar eut le plaisir d'unir les mariés en gribouillant une signature savante aux côtés de celles de *si* el Boghdadi et de Ali Khelil les témoins.

La voix de son maître diffusait les classiques du Cheikh Khmaïess Ternane, les chansons de Louisa Tounsia et les *ouaslat* de Sayed Derouiche et de Mounira el Mahdia. Dans le patio, les *haffalat* chantaient à pleine gorge *laaroubi* des steppes et lardhaoui des monts. Zohra Hamma et Aïcha Bouffa s'étaient surpassées dans les volutes puissantes, mélodies à l'étrange beauté !

Traduction :
Au son du tabal et de la cornemuse
Les dignitaires sortirent
Pour acclamer la jeune
Et belle mariée

البارح شافو ارديخ
اضرب الطبال في السقيفة
وخرجت خيار العلماء
برضوها الصبية
بنت لخليفة قايدة النساء

LEYLET ENNIJMA

Dans les coutumes, on appelait le soir de fête *laylat ennijma*. Autour de l'élue reluisante après son bain au hammam de la zaouia, les épouses des notoriétés villageoises s'étaient réunies pour le rituel du henné, un silence émouvant suivit et *lalla* el Akla la femme du Mokadem de la confrérie de sidi Ahmed Tlili plaça le louis dans la paume de la mariée en murmurant des paroles de baraka saluées par les yous-yous et les salves des carabines. *Lalla* termina de tresser les cheveux avec des fils de soie garnis de pièces de *mahboub* ottomanes (les sequins) avant de revêtir la mariée avec un *houli* rouge selon la coutume Accara.

Dans l'assistance une voix s'élève pour chanter le terroir…

Traduction :
L'odalisque
Chalbia est passée, nonchalante et gracieuse
Blanche et diaphane comme une nymphe romane
Ses tatouages ont rendu mon âme soucieuse

Allah ! Celui qui l'aime n'est pas un profane ;
Il ne connaîtra ni l'enfer et ni le feu

Au paradis céleste, il trouvera refuge
Pardonne ! Ô puissant et miséricordieux
À l'être humain, sa faiblesse et ses subterfuges
La fraîcheur de ses joues et de sa peau d'albâtre
Suinte comme la rosée, lorsque passe le pâtre
Par les champs humides et les bocages fleuris
Où soudain comme un rêve, un ange lui sourit
Ses doigts défient la transparence du dattier
L'or et la douceur des régimes du palmier.
Mon esprit s'égare, la beauté le captive
Qu'Allah le tout puissant pardonne et me délivre !

شَلْبِيَّه مَارْقَهْ تِدَرَّجْ
وعِلْجِيَّهْ مِنْ بْنَاتْ الرُّومْ
هِيَ بِيضَاء والوْشَامْ امْصَطَرْ
مِنْ دَاهَا خَاطْرِي مَهْمُومْ
إلِّي حَازْهَا شَهِيدْ
والله لا يَخُشْ اجْهَنَّمْ
ولا يُعْرُضَهْ صَنْهِيدْ
فِي الجَنَّهْ مَسْكْنَهْ مِتْحَكَّمْ
واغْفِرْلِي يَا مَجِيد
خْدُودْهَا قْمَرْ وْقَرْعُونْ كِيفْ
فَتَّحْ وْنَوَّارْ فِي عُقْبْ المْطَرْ
وْشَامْ فِي زْنُودْهَا مْصَطَّرْ
واصْبَاعْهَا بْسِرْ

Fériana. Août - septembre 1926

LE TRAIN DE SOUSSE

Younes ben Younes se concertait avec Barbaria dans l'aire du *machikha* des Ouledouazzaz. L'expédition du stock d'alfa avait été embarquée à partir du port de Sousse et le commerçant rentrait à Fériana par la micheline. Dans le compartiment voisin, dit-il à Barbaria, il avait aperçu à travers la vitre du compartiment une créature voilée d'un *safsari mrâama* assise seule sur la banquette. De temps à autre, précisait-il, lorsque la soie glissait la dame tirait sur le *safsari* pour couvrir une frange rouquine.

— Tu as quand même pris le temps d'admirer… ! répliqua Barbaria sur un ton désapprobateur. Sais-tu, dit-elle, que cette superbe créature n'est autre que la fille du Kalifa ?

— Ah, répliqua *si* Younes en souriant d'étonnement, c'est alors Soumeya bint *si* Djilani ? En effet elle est superbe, osa-t-il répéter, que Dieu la bénisse.

— *Gaïdet ennssa*, enchaîna Barbaria avec emphase, elle rentre au pays, continua-t-elle d'expliquer pour le mariage de son frère Mohieddine et sa sœur Fatna, le père a décidé que ce serait un doublé pour une fête commune.

— Béchir travaille à Mahdia…, reprit *si Younes.*

— Oui.. depuis son mariage, enchaîna Barbaria, Bouffa et Zlassi sont allés l'accueillir à la gare hier, elle attend son premier bébé et visiblement remarqua la femme, Soumeya est épanouie.

— Que Dieu la protège, dit l'homme, *si* Djilani l'affectionne beaucoup.

Barbaria, la gazette ambulante et *si* Younes marchèrent en parlant à bâtons rompus des dernières nouvelles du village. Le Kalifa décela chez cette personne qui se rendait fréquemment aux bureaux une force de caractère peu commune. Dotée de bon sens, elle entra dans la confiance de *si* Djilani ce qui lui décerna à Barbaria, le titre de rabatteur de nouvelles. Cette berbère aux tatouages verdâtres le faisait à titre bénévole, dans le respect des convenances. Inépuisable, marchant droit comme un piquet, foulant kilomètre après kilomètre de Télepte à Fériana, du douar à Ras-el-Aïn, on la voyait partout. Dans les cercles privés, dans les administrations, dans les domiciles des familles françaises, dans le souk et au bain-maure. Elle traitait, conseillait, aidait et s'immisçait même dans le détail des familles pour se proposer en bon médiateur. Qui ne connaissait pas la « sage » du village, l'intransigeante militante pour l'amour de sa patrie et le Kofi Annan des discordes tribales ?

Curieusement, Barbaria savait capter l'auditoire en s'introduisant par sa connaissance parfaite de l'école de la vie.

— *Fatma ezzina*, engagea-t-elle, s'est disputée avec son mari, elle est rentrée *tameh* dans sa famille.

— Pour quel motif ?, s'enquit *si* Younes.

— Oh… Oh… celle qui a un frère comme Ali Belarbi, ne doit pas s'en faire !, trancha Barbaria avant de rapporter à *si* Younes comment le grand terrien réceptionna sa sœur, rentrée *ghadhbana* à la maison paternelle. *Fallaha* possédant les terres fertiles dans la région de *laaradh*, les Belarbi jouissaient d'une notoriété confortable dans la région Fériani souvent citée dans la poésie populaire :

يَا زِينَهْ يَا بْنَيَّتْ نَاسِي
وْشَامِكْ خَطْ العَبَّاسِي
هُوَ أزْرِقْ زَادَاتُهْ النِّيلَهْ
يَا قَايْدِتْ البْنَاتْ يَا زِّينَهْ

Traduction:
Tes tatouages retracent
le passage des Abbassides
Ô zeïna, enfant de ma tribu,
Fille de Caïds célèbres et connus !

Si Younes trancha ; « Que projettes-tu de faire… Ô Barbaria pour convaincre Zina, sinon l'affaire arrivera devant le Kalifa », menaça-t-il.

— Je ne pense pas qu'il va porter plainte. Je vais de ce pas parler au père afin qu'il oblige son fils à éviter l'irréparable, dit-elle. Mohamed Lazhar doit se rendre au chevet de sa belle famille pour dissiper le malentendu.

Selon la coutume, le conjoint devait formuler des excuses en présentant un bijou ; gage de réconciliation avant que la *chikaya* n'arrive aux portes du Kalifa.

MEDHKOUR – VENDETTA

NOTE pour l'année 1927 concernant Monsieur Djilani bou Hafa, khalifa de classe exceptionnelle à Feriana, en tant qu'auxiliaire de la Justice tunisienne :

Bon Officier de police judiciaire, actif, consciencieux mérite d'être encouragé./.

Gafsa, le 5 mai 1928.

Le Commissaire du Gouvernement :

(Signé) : SAMARAN.

Le mois d'août galopait, la campagne vivait la saison des moissons quand une dispute éclata entre deux peuplades dans le douar Ouled Abid. La première tribu qui avait campé empêcha l'autre d'installer ses tentes et de déposer les montures dans leur voisinage. La querelle dégénérera en une rixe bédouine où les coups et blessures se terminèrent malheureusement par un homicide : el Medhkour fils Ouled Abid venait de tuer dans la mêlée son cousin maternel. Lorsqu'il s'était rendu compte de son geste irréfléchi, Medhkour manifesta son regret : « *Fourtet ya khali* ! Dans le désordre, dit-il, le coup est parti, je te prie de me croire ! »

L'affaire flamba et le Kalifa sortit sur les lieux avec le médecin légiste pour la constatation du meurtre. Une commission rogatoire suivit et la famille plaida l'homicide involontaire. Une rancœur attisée par le lien du sang déchira les membres d'une même tribu. Medhkour séjourna dans la geôle du Kalifalic avant que l'affaire n'eût été déférée au parquet de grande instance de *Gafsa.*

Ma mère raconte que cette histoire de vendetta avait causé des remous graves et la famille se jurait de laver le sang du cousin par la vengeance alors que le jeune interné continuait à répéter comme un fou dans sa cellule ; « *Fourtet ya khali... fourtet ya khali…* ! »

الحماية الفرنساوية

المملكة التونسية

الوزارة الكبرى

P.M.

au caïd de Madjours

Le commissaire du Gouvernement près le tribunal de Gafsa a fait remarquer que le Khalifat de Fériana, Si Djilani Bou-Hafa, a assuré avec satisfaction ses attributions judiciaires en 1927.

Je vous prie de l'en féliciter.

Les Archives Nationales de Tunisie

Je ne sais si c'est dans cette histoire de meurtre que grand-père avait été félicité pour l'instruction de l'affaire par le Caïd de la région et le tribunal de Gafsa. Toujours est-il que les paroles de Medhkour exprimant l'impuissance face à la fatalité, sont passées comme adage dans le lexique Fériani.

Suivit l'histoire des deux jeunes filles parties remplir leurs gourdes à la source d'eau. Le lendemain, me dit ma mère, lorsqu'on découvrit l'une d'entre elles pendue au tronc d'un arbre, le douar passa pour l'enquête; muets comme des carpes, les parents ne laissèrent rien transpirer. Leur fille était morte, point final. L'enquête menée par le Kalifa sorti avec le *Mahjar*, déboucha sur les aveux de la copine porteuse d'eau ; la peur l'avait bâillonnée car elle se trouvait sur le chemin du criminel, l'oncle de la victime. Pour laver l'honneur sali par le comportement égaré de la jeune fille, le parent l'avait simplement pendue à l'arbre, après l'avoir tuée, pensant que personne ne le verrait dans les touffes de la forêt pas loin du point d'eau où les deux fillettes se rencontraient. L'honneur, qualité morale et primordiale était souvent à l'origine de gestes irréparables.

À l'intérieur des terres, la misère et la faim pouvaient engendrer des comportements sanguinaires, provoquer les razzias, les répudiations et même les crimes. L'affaire se dissipait sans enquête ni requête et les écarts demeuraient souvent impunis, jusqu'au jour où pour une raison ou une autre, l'autorité était saisie et l'affaire dénoncée finissait au parquet. Ma mère expliqua comment à travers ces délits, répudiations et rixes dont les auteurs échouaient au bureau du Kalifalic, cette réalité devenait leur vécu quotidien. La proximité de la geôle où on internait les inculpés pendant l'instruction permettait à la famille d'être mêlée au suivi des affaires et le va-et-vient des domestiques rapportait paroles et faits pour satisfaire la curiosité des filles. Il faut préciser qu'au temps de la France les geôles du Caïdat ne coûtaient rien à l'État, elles étaient désuètes, organisées très souvent dans un petit local attenant aux bureaux du Caïdalic ou du Kalifalic. Les détenus étaient laissés à la charge de leur famille qui devait généralement les nourrir.

« Baba sidi ordonnait à *lalla* d'envoyer le repas aux prisonniers, disait ma mère, et souvent pour éviter une promiscuité malsaine à l'intérieur de l'aile des femmes, il dirigeait la jeune fille retenue vers notre domicile à des fins plus humaines en attendant le dénouement du procès. »

Au même titre que son personnel, elle les traitait avec beaucoup de bienveillance. Cela expliquait l'intérêt que portaient les jeunes filles à toutes ces histoires dont elles ont parfois vécu le déroulement. Témoin oculaire, ma mère me rapporta quelques-unes de ces histoires échappées d'un théâtre révolu.

Pour parler de tentation pouvant faire déraper l'autorité à cette époque, Habib Belaïd développe dans son livre *« Lieux de détention et statut de prisonnier politique dans la Tunisie coloniale 1920-47 »* : *« À Gafsa, la geôle fonctionne comme une prison parallèle et sert à des emprisonnements clandestins. Elle serait pour le Caïd, une source de profit. »*

La population n'était pas dupe et savait apprécier les agissements en fonction de l'intégrité ou des abus d'autorité. La *rachoua* et les pots-de-vin encourageaient l'arbitraire lorsqu'on arrivait à conquérir les faveurs du Caïd ou du Kalifa pour qu'il ferme les yeux sur un dilemme ou une démarche illicite. Cette corruption avait atteint certains corps d'autorité, et le gouvernement français, muré dans un absentéisme voulu, fermait les yeux pour laisser dériver le pays vers un banditisme légalisé.

Il est intéressant de parcourir les documents suivants. Ils rapportent le comportement contestataire et fougueux des tribus face aux décisions de l'autorité (pétition de la population au profit du Kalifa).

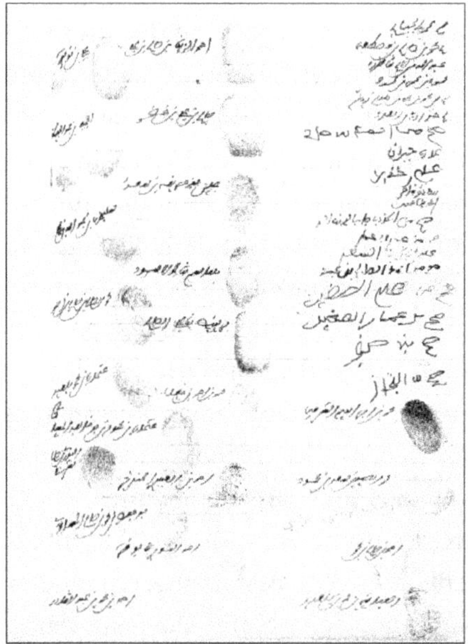

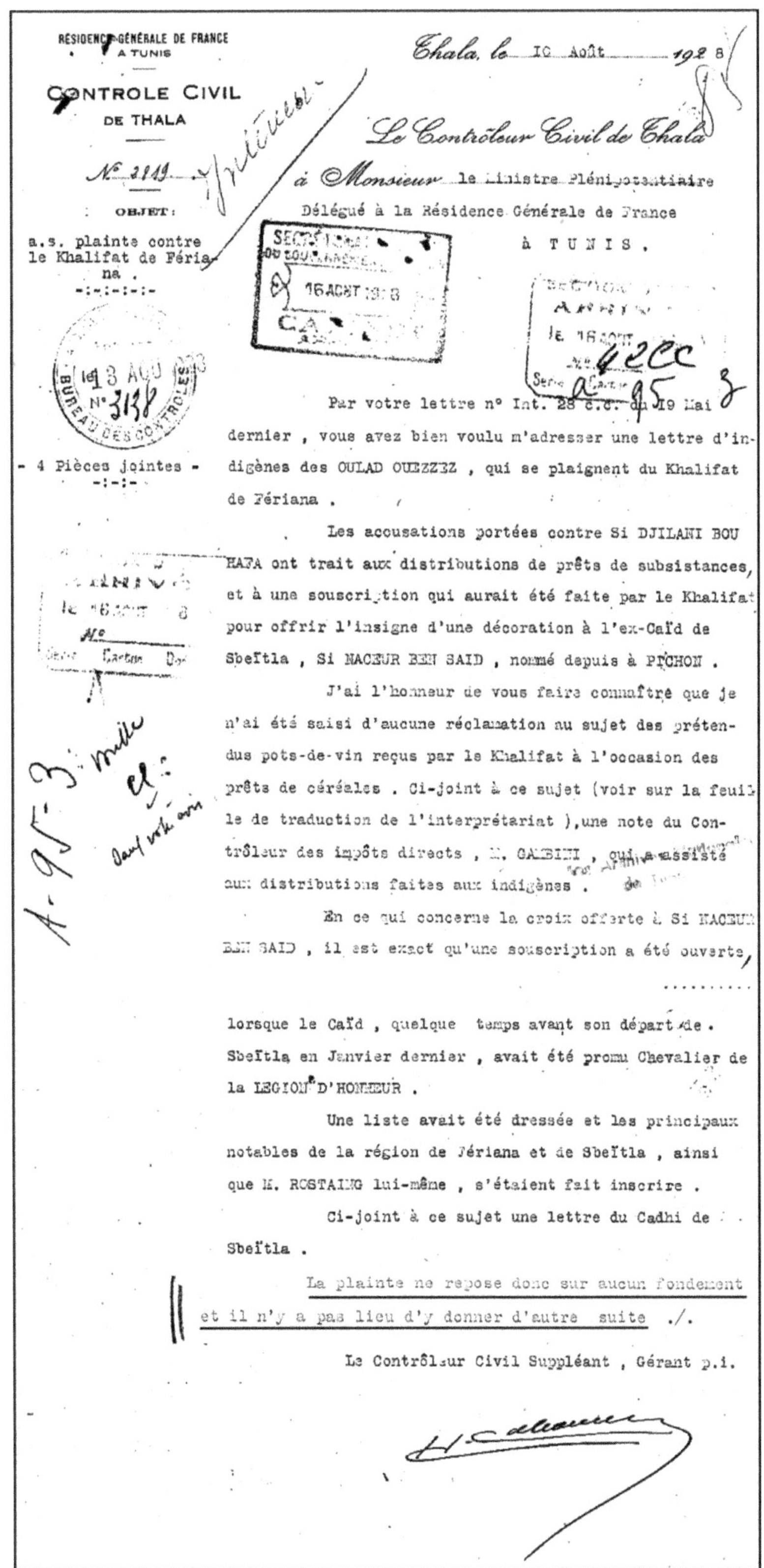

RESIDENCE GÉNÉRALE DE FRANCE
A TUNIS

CONTROLE CIVIL
DE THALA

N° 2819

OBJET :
a.s. plainte contre le Khalifat de Fériana.

Thala, le 10 Août 1928

Le Contrôleur Civil de Thala

à Monsieur le Ministre Plénipotentiaire
Délégué à la Résidence Générale de France
à TUNIS.

N° 3138

- 4 Pièces jointes -

Par votre lettre n° Int. 28 C.C. du 19 Mai dernier, vous avez bien voulu m'adresser une lettre d'indigènes des OULAD OUEZZEZ, qui se plaignent du Khalifat de Fériana.

Les accusations portées contre Si DJILANI BOU HAFA ont trait aux distributions de prêts de subsistances, et à une souscription qui aurait été faite par le Khalifat pour offrir l'insigne d'une décoration à l'ex-Caïd de Sbeïtla, Si NACEUR BEN SAID, nommé depuis à PICHON.

J'ai l'honneur de vous faire connaître que je n'ai été saisi d'aucune réclamation au sujet des prétendus pots-de-vin reçus par le Khalifat à l'occasion des prêts de céréales. Ci-joint à ce sujet (voir sur la feuille de traduction de l'interprétariat), une note du Contrôleur des impôts directs, M. GAMBINI, qui a assisté aux distributions faites aux indigènes.

En ce qui concerne la croix offerte à Si NACEUR BEN SAID, il est exact qu'une souscription a été ouverte, ... lorsque le Caïd, quelque temps avant son départ de Sbeïtla en Janvier dernier, avait été promu Chevalier de la LEGION D'HONNEUR.

Une liste avait été dressée et les principaux notables de la région de Fériana et de Sbeïtla, ainsi que M. ROSTAING lui-même, s'étaient fait inscrire.

Ci-joint à ce sujet une lettre du Cadhi de Sbeïtla.

La plainte ne repose donc sur aucun fondement et il n'y a pas lieu d'y donner d'autre suite ./.

Le Contrôleur Civil Suppléant, Gérant p.i.

LE DOUBLÉ

Lalla Fatma et ses dames de compagnie décidèrent du programme de la fête. Aïcha Halabez fit le tour du village pour annoncer le prochain mariage. Le choix de la belle fille s'était conclu entre *si* Djilani, le père de Mohieddine, et *si* Ali ben Salem, le père de Moghlia, Secrétaire Général du Caïd. Quant à Fatna, elle épouserait son cousin Belkacem même si ce choix ne lui plaisait pas.

La demande officielle se fit à Sbeïtla dans le bureau du Caïd *si* Mohamed Ben Romdhane en présence des notables et hauts fonctionnaires de la ville. Une fête suivit, organisée (racontait ma mère) dans l'aire du Caïdalic pour sceller les fiançailles avec *Aouada*, tribune et repas.

Le cheptel des steppes fournirait les spécimens d'agneaux et le Rabbin mobilisé pour égorger se réjouissait de l'aubaine. Il récoltait têtes et abats aux fins de nourrir ses sept filles. Quand il se proposait, Baba disait : laissez-le égorger !

Pour plus de précision, ma mère me confirma que le Rabbin de Fériana égorgeait les moutons pour les musulmans. « Nous mangions casher, me dit-elle, et Baba faisait appel à ses services parce que le juif pauvre avait sept filles à nourrir dont Jaouhara qui travaillait chez nous ! » La famille de *si* Ali ben Salem arriva à Fériana depuis l'aube. Les sœurs Zoubeïda, Khédija, Aïcha, Souad (ma mère n'oublia aucune) et leur mère accompagnèrent la mariée au Kalifalic, si Ali et son fils Rachid furent hébergés à l'hôtel Flageollet.

Madame Gilberte, la sage-femme fréquentait assidûment les épouses des notabilités de la région françaises ou arabes pour les ausculter à domicile vu les traditions qui les muraient à l'époque. L'hôtel, petit pavillon familial construit en bordure d'un ruisseau, faisait face au Kalifalic. Pour un oui et pour un non, on faisait appel à madame Gilberte Passat.

La cérémonie tenue en plein air rassembla les invités. Sur le trottoir, les musiciens de Sbeïtla installèrent leur petit orchestre formé d'un *aouadji*, *darbakji* et d'un joueur de tambourin dirigé par Raymond le juif qui au son de sa *jrana* anima l'auditoire en chantant les airs en vogue de Habiba Msika et du malouf Tunisien.

Dans les coulisses, on s'affairait et bint Djebnoun recyclée aux coutumes de la région, légua de plein gré l'initiative aux dames Fériani. Dar Ezzaouia, Dar Berrabah, Dar Belarbi, Dar ben Ali Sghaïer et d'autres offrirent spontanément leurs services.

La *kassâa* à l'attention des pauvres, fut acheminée dans le fourgon arrière de la charrette vers les mausolées de sidi Abbas et de sidi Ahmed Tlili. Kheïra el Gharbia la geôlière porta celle destinée aux femmes détenues. Les trois communautés présentes savourèrent le succulent couscous et les spécialités de *lalla* Fatma. Dans l'après-midi, apparut une jument harnachée somptueusement, équipée d'un « siège » orné de tentures pour transporter la mariée. La *djehfa* tanguait, sanglée et garnie à la mode du pays. Des yous-yous s'élevèrent à partir des cours intérieures. Les femmes finissaient d'arranger leur *melhfa*, ramassée par l'anneau traditionnel et retenue par les fils tressés du ceinturon. Le costume Fériani coulait sur les croupes, fluide et noir comme une tunique romaine. Les grosses fibules encadraient les visages enturbannés de foulards, noués à la corsaire et cachant par une voilette les cous graciles, les bijoux et les anneaux clinquaient aux chevilles. *Lalla* Fatma revêtit sa tebdila de circonstance toute fière d'accueillir son monde à l'occasion de ce doublé.

Moghlia et Fatna firent honneur à la djehfa, le visage fardé de *barouk*, le corps embaumé par les senteurs d'ambre, de musc de henné et de *harkous*. Pour honorer le mariage de ses frères, Soumeya troqua la tunique traditionnelle de Mahdia, un superbe *hrem onk hmama*, ses cheveux magnifiquement retenus par la *kechfa* en soie chinée sur un visage épanoui par la grossesse.

La fête et la fatigue avaient perturbé l'état de Soumeya qui, le soir même, manifesta des malaises. Madame Gilberte lui prescrivit quelques jours de repos pour permettre à la future maman de se rétablir et de programmer son retour à Mahdia.

Mahdia. Janvier 1927

Le phonographe diffusait des airs d'une nouvelle chanteuse égyptienne. *Si* el Boghdadi suivait les quatrains recherchant les subtilités de la langue arabe dans les puissantes métaphores. L'ancien élève d'el Azhar avait bu à cette école de classicisme dirigée par le grand humaniste Mohamed Abdou, précédé par un Djamel-eddine el Afghani qui prêcha la renaissance musulmane sur le plan de l'action et de la pensée. La voix d'Oum Kalthoum égrenait les cantiques religieux et l'Imam reprenait en canon les mélopées du *dhikr* de sa voix juste et douce. La chanteuse maîtrisait les tirades lyriques ou patriotiques avec une sensibilité émouvante et une diction étonnante. Elle contribuait au même titre que les leaders, à l'extension des idéaux panarabes. L'Imam aussi à travers quelques microsillons n'était pas insensible à la grande musique de la cantatrice et lorsque Soumeya enfanta à Mahdia d'une fillette ravissante le 8 janvier 1927, *si* el Boghdadi lui donna le prénom d'Oum Kalthoum. La même année le premier film « el Warda el Baydha » (la rose blanche) sortit sur les écrans du Caire.

LA NAISSANCE

Tout en marchant sur le chemin du retour, Béchir lisait son journal. En parcourant en diagonale les rubriques, son intérêt se reporta sur les événements politiques qui bouleversaient le monde. Puis il parcourut les pages où on relatait les faits importants qui allaient permettre, dans la même année, la traversée de l'océan Atlantique en avion par Lindbergh. De retour à la maison, il s'était juré de l'annoncer à sa femme dans le ferme espoir de la voir s'émanciper en l'intéressant aux nouvelles du monde, afin d'ouvrir l'esprit de Soumeya à la culture aux progrès de la science et à l'évolution de tout ce qui dépassait les dimensions de son foyer. Il espérait par le biais de ce « matraquage » instruire sa femme. « Si, dit-il, l'après-guerre avait occasionné en Europe une crise économique l'Amérique, elle, commençait son siècle d'or ». Il expliqua à son épouse comment la fièvre d'une technologie de prestige s'était emparée de ce début du 20e siècle et comment les progrès se déployaient.

Il déplia son journal l'esprit gonflé par la satisfaction du savoir pour annoncer le boom scientifique à Soumeya ; « *al oumam errakia* ! » dit-il pour ponctuer ses propos.

Elle répondit vaguement à son élan par un *bahi* (oui), dit du bout des lèvres. Devant le manque de motivation et sa mine défaite, Béchir sortit de sa fascination et se rendit compte que sa femme souffrait, étaient-ce les signes présageant l'accouchement ? Le journal s'envola dans les airs et le mari sortit prévenir la sage-femme. Oum Koulthoum fit son apparition, bénie par ce nom que le prophète vénéré dédia à l'une de ses filles. Je m'arrête ici pour relater que Grand-père a toujours fait allusion aux quêtes des origines. D'après le message oral légué de père en fils, *si* Djilani se plaisait à nous rappeler la descendance lignée qui remonterait peut-être à l'entrée des croyants en terre maghrébine. Si l'on se reporte au nom des compagnons du Prophète vénéré, Saïdouna Abou Baker Assiddiq portait le nom d'Abou Kouhafa et sa fille se prénommait Oum Kalthoum.

En se mariant, Soumeya quitta Fériana pour retrouver dans son foyer une belle-mère aimante qui l'entoura de considération et de tendresse. En fait, le rêve de Méma Ftima s'exauçait, pour son fils aîné tout se concrétisait, il travaillait comme commis à la poste de Mahdia, sa femme était belle comme l'étoile et la venue au monde d'Oum Kalthoum bénit ce foyer avec la baraka d'Allah. Tout cela stimulait Béchir pour qu'il redouble d'effort en quête d'une vie meilleure.

La poste de Mahdia se trouvait en plein centre. Le couple habitait dans la maison appartenant à la famille Chlaïfa, vieux nom bourgeois de la ville. Le jeune fonctionnaire découvrait les familles en l'occurrence les Sfar, Khaoudja, Zaouali, Lagha, Ben Romdhane (Caïd à Sbeïtla avec *si* Djilani), Baffoun, Hamza, Boussoffara (élève à Alaoui) et d'autres par les relations directes de travail. La population l'adopta et entoura sa jeune épouse d'une affection naturelle. Mes parents sont restés marqués par le tempérament spontané et la bonté foncière des natifs de Mahdia.

Béchir prit conscience qu'il n'était plus un adolescent libre. Il éprouvait un certain tiraillement qui le mettait en conflit vis-à-vis de deux causes aussi légitimes l'une que l'autre, le travail et les aspirations politiques. Son humeur s'en ressentait et Soumeya apprit à l'accepter, car une fois l'orage dissipé, il était le meilleur cœur du monde !

Si la gent féminine décelait la moindre contrariété dans son visage soucieux lorsqu'il rentrait, Méma Ftima prenait les devants pour dissiper les malentendus ; « Il a beaucoup de travail ma petite fille ! », disait-elle en souriant à sa bru…

Comme toute personne âgée, la belle-mère s'investissait pleinement dans le rôle d'un catalyseur pour régler les soupapes de sécurité !

LA SORTIE DU BUREAU

À la sortie des bureaux, Béchir avait pris l'habitude de se dégourdir les jambes en marchant jusqu'à la mer. Son style de crawl parfait lui permettait de lancer des défis aux marins des petites embarcations pour les rattraper au large de la plage privée. Le domaine familial à Zarzis faisait face à la mer et, tout jeune, le fils apprit à aimer l'eau pour y plonger et rattraper la pièce jetée par les gageurs. Un poulpe piqué au bout d'un trident, quelques petits sparts rutilants retenus aux mailles de sa *Tarraha* piquée par les pinces d'un gros crabe, Béchir sortait du sable comme un petit Poséidon pour retrouver la maison. Sa tignasse dorée aux rayons du soleil lui retombait comme un casque sur un visage hâlé. Ses épaules larges et sa taille élancée promettaient l'allure d'un bel apollon.

Béchir était heureux de retrouver, après Gafsa, l'exil, l'embarcadère qui sentait un vague relent de poisson et les gens humbles du port. Ces pauvres créatures rentrant du *serdel*, femmes enroulées jusqu'à la respiration dans leur ouazra marron, travaillaient comme des nègres pour rentrer le soir exténuées par le tri harassant des sardines. Un sentiment d'injustice profond s'empara de Béchir laissant errer son esprit vers un monde meilleur, où le droit syndical parlerait au nom de ces corporations d'ouvriers exploités par les systèmes impérialistes. Le fonctionnaire rentrait l'esprit aéré et ses poumons oxygénés. Soumeya terminait sa journée avec la conviction d'avoir rempli agréablement son temps, en pouponnant son bébé après ses besognes quotidiennes.

On raconte que le jour où elle assista au mariage de la fille de si Mhamed Boussoffora, Ftouma bint Baffoun lui revêtit le costume de cérémonie, un des plus beaux vêtements de la panoplie (*fermla, hazem, koufia, kmija, biskri*) complété par des bijoux qu'on estimait au nombre de pierres précieuses, serties avec un art hérité d'une dynastie venue d'Istanbul et des *Omeyyades*.

Si, dit Rabelais, « l'habit ne fait pas le moine » dans pareille circonstance l'adage dit *el kaleb ghaleb* et l'étoile, ce jour-là, personnifia l'authenticité par l'élégance personnelle et l'éclat de sa jeunesse rosée.

Pour corser son récit, ma mère fit allusion au conformisme qui gelait les coutumes des familles bourgeoises à l'époque. « Les jeunes filles, dit-elle, ne se mariaient pas facilement. La rigueur de certains principes ancrés depuis les aînés obligeait les familles à repousser les prétendants jugés inférieurs au rang social. Il résultait de ces mariages en fin de compte tardifs, et pour la plupart consanguins, des tares irréversibles ». (Par souci de discrétion et en témoignage d'une amitié profonde, ma mère tut les exemples malheureux qu'elle eût pu me citer). « Il fallait, reprit la narratrice, assurer un trousseau onéreux et cela retardait les unions. Souvent, ajouta-t-elle sur un ton de fière coquetterie, j'étais le point de mire dans ces rencontres et malgré mon jeune âge je saisissais les paroles pleines de sous-entendus ; regarde la poupée aux longs cheveux soyeux ! La poupée de *si* Béchir ».

— *Choufha arrousset el bazar* et ses cheveux, remarquait l'autre, *kif syouf lahrir.*

Mais la jeune épouse grâce à ses méninges sélectives assimilait les conseils des doyennes dont elle adoptera la manière de vivre mahdaoui, civilisationnel reconnu à travers la Régence.

1928, LE VOYAGE AU PAYS

L'orée de la belle saison décida les parents à organiser un voyage au pays, après l'invitation de Rhouma Kliche qui conviait son cousin à la circoncision de ses enfants. La petite famille quitta tôt les quais de Mahdia jusqu'au Djorf, l'île n'était pas encore reliée et la chaussée romaine toujours immergée.

Le malaise ne tarda pas à les gagner, la jeune maman dans un geste pudique enroula sa tête et s'assoupit. Grand-mère serra le bébé dans son giron et ramena la couverture sur les joues roses et tièdes. Les voyageurs assommés par le grand air, avaient cessé de parlotter tandis que raïs, dans un langage rauque de marins frayait son chemin courageusement, *Méma* Ftima caressait les boucles blondes de sa petite fille en la berçant au gré des vagues.

مْنِينْ سَافِرْ البَابُورْ بِالحَنَانَة كَلْثُومْ بِنْتِي وامْهَا المِزْيَانَة
مْنِينْ سَافِرْ البَابُورْ بِالنِّبِينْتْ والنِّيرَة ويَا رَبْ حَجِّبْ عَلَى سْمَيّتْ بْشِيرَة

Traduction :
Le bateau quitte le rivage emportant l'or et le louis
Ô Dieu... bénis les chers visages de Soumeya et Bachra réunis
À bord du bateau quittant le rivage
Kalthoum ma petite fille chérie
Voyage avec sa mère au beau visage qu'Allah les laisse toujours en vie.

Tard dans la journée, ils accostèrent dans les territoires et le *lynche* amarra dans le port de Zarzis délivrant les passagères des nausées de la traversée. La grand-mère, fouettée par sa muse et le contact chaud de l'enfant s'exprima en chantant l'amour de celles qu'elle portait dans son cœur.

RETROUVAILLES

Soumeya retrouva les siens. Elle revêtit sa plus belle toilette, le *hrem biskri* tissé en fils de soie et d'or chez les vieux artisans de Ksar Helal. *Jedday* Aïcha el Aoudia finit d'orner la femme de Bachra, de guirlandes d'or, de sequins et de coraux.

Le convoi s'engagea derrière l'église et le château d'eau, par les petits sentiers qui louvoyaient à travers les propriétés familiales. Les négresses frayaient le chemin et leurs patronnes déambulaient dans les costumes d'apparat. En cours de route au niveau du château d'eau *el makina*, Abderrahmane el Hrim émerveillé par la beauté de la mère et sa fille, s'approcha de *lalla* Ftima et s'exclama :

اليُومْ عَرْضْنِي الزِّينْ زِينَة فَارِطْ ويَخْلَقْ المُولَى وعُمْرْهَا لَا صَارِتْ

Traduction :
Seul Dieu peut créer autant de beauté
Qu'en ce jour, sur mon chemin
Je viens de rencontrer.

Son verbe facile et sa diction parfaite lui ont valu d'être parmi les meilleurs poètes de l'époque, pour préciser que grâce à certaines phrases rimées, rapportées par ma mère et les serviteurs, j'ai pu déterminer avec précision les histoires vécues.

Ces dames arrivèrent chez Darghouma bint Dhaoui, femme de Rhouma Kliche. La tribu blanche et la tribu des Chouachines souhaitaient la bienvenue depuis les limites du verger, en attendant d'installer leurs maîtresses dans un coin confortable de la maison en liesse. La seigneurie à son tour offrait des pièces pour stimuler les servantes qui s'exhibaient en remerciant la générosité de leurs maîtres.

Un phénomène d'osmose soudait *Lahrar* et *Laabid* et tout se passait comme dans le meilleur des mondes. Lorsque Soumeya se rendit au domicile paternel, elle ressentit des sentiments complexes car, née dans cette maison, elle se sentait exclue de son intimité. Avec Méma Lamâa, elles évoquèrent cette tranche du temps où les deux femmes, Lamâa bint Belhiba et Fatma bint Djebnoun étaient réunies jusqu'au jour de la disparition tragique du maître le 7 juin 1907.

Lamâa contempla un moment le profil de la fille de Khelil et réprima ses larmes, en guise d'excuse elle demanda : « Comment va el Ghoula, ta mère, ô fille ? » Un soupir discret lui sortit de la poitrine et elle enchaîna : « Cela fait si longtemps que je ne l'ai pas revue ».

« Et *Sidek*, reprit Lamâa, comment va-t-il ? Tu sais ma petite Soumeya, Dieu le tout puissant t'a ravi ton père, mais *si* Djilani l'a bien remplacé, tu es née sous une bonne étoile *ya bnaïti*, on ne peut aller à l'encontre de son destin ! ».

Soumeya répondit à toutes les questions de *lalla* Lamâa, et remarqua son visage altéré. La pauvre mère était encore ébranlée par la mort subite de Ghayadha, la belle plante aux cheveux d'or.

« Pauvre sœur, dit Soumeya, les distances nous ont séparées, mais je garde dans mon cœur mon amour… *ya lilla* ! »

« *Mektoub ya hannana !* » répondit la mère émue à l'évocation de ce souvenir.

En décédant à la suite de ses couches, Ghayadha laissait deux orphelins, Khelil et Ameur le nouveau-né. Son mari el Hoch Sraïeb travaillait au contrôle du poste frontière du Chibbou aux limites de la Libye et, le jour du décès, il avait comme un fou transporté la dépouille à dos de chameau jusqu'à Zarzis. La fille aînée de Khelil Chetioui disparut à la fleur de l'âge en laissant dans les cœurs une douleur incommensurable.

غَيَّاضَه بِنْتْ خُويَّهْ
مَاسْمَحْ اذْرَاجِيحْ اخْيُوطِكْ
وِمَاسْمَحْ اتْعَامِيرْ ابْيُوتِكْ
سَمْنِكْ مَا فِيهْ الكَشْكُوشَهْ
وْرَايبِكْ مَا فِيهْ الفَلْكُوزَهْ
عْلِيكْ هْبِيتْ فِي جَرْدِي
وْبنْتِي سَابِقْ انْعَلْهَا
وْصَهْدْ الرْكَابْ مَا يُوصِلْهَا
طَلاَّقَهْ لِلْعَنْبَرْ
وظَفَّارَهْ بِالسَّنْبِلْ

Traduction :
Que dire de tes cheveux tombants
Parfumés de *simbel*
Et tressés de fils de soie
Que dire de tes intérieurs
tapissés d'hospitalité, d'encens et d'ambre
Que dire de ton caillé homogène
Et ton beurre baratté dans les règles de l'art
J'ai porté ton deuil,
j'ai dépéri ô la sublime, l'irréprochable !
Ô ma fille.

يا غويضة هنا ارحننا — وخصك غول بياكلنا
جبتك على الشقر يدادي بها — ولا ميتك ولا طيحك على جيهة
كبدي على الملال وقلبي دامر — ومشغول ملي يتمت خليل وعامر
منه اجهز القبر ومنه دارة — ومن درجك يا ام الغيون اغدارة
ومن درجك يا ام العيون القدة — ومن درجك يا ام القطاطي سدة
عام السنة ثايم على غياضة — اركح غيمها من الفيض للمخاطة
اضرب تلتها على الصبح سمعت ناسك — وجت موتك يا الأخت بعد انفاسك

Traduction :
Le mari pleure sa femme
Ô ghayadha !
Ta maison esseulée, pleure sur ton départ
Je m'en éloigne, l'âme en peine et l'œil hagard
Le chameau à la toison dorée te ramène
Sans te faire tomber, sans ménager ma peine
Mes entrailles brûlent et mon cœur est meurtri
J'erre impuissant, je divague et perds mes esprits.
Insensibles mains qui creusèrent le tombeau,
Enfouirent bas ta dépouille dans le terreau,
Ensevelirent ton beau regard miroitant
Ton corps, tes tresses drues et tes cheveux tombants
Tu laissa tes orphelins errer en bas âge,
Ameur et Khelil privés d'aimer ton beau visage.
Le malheur s'abat sur nous quelle année macabre
Qui annonce ta mort, nous frappa comme un sabre
Nous ravit ta beauté, ton nom et ta prestance
Tu mourus comme un souffle après ta délivrance.

« *Helou ou morr hatta youfa laamor !* ». dit Soumeya. Comme pour évaluer les distances, Lamâa hocha la tête puis d'un geste de la main commença le compte à rebours.

Soumeya n'avait pas vécu avec ses frères consciente de l'affection que lui portaient sa sœur Moghlia, ses frères Mhamed et Ali. Tous deux occupaient la maison patriarcale avec leurs femmes Boureq et Ghalia. Moghlia suivit son mari Bouzomita, dans son modeste patrimoine. Mhamed adorait les chevaux, cavalier émérite il prenait grand soin de sa *fersa Zerga,* bleue comme la nuit, puissante comme le diable ! Ma mère sait raconter comment son frère, cavalier inimitable, donnait à manger des graines de sésame à sa jument et lui faisait boire la sève succulente et calorifique des palmiers, *lagmi.*

Si d'un côté, les Français s'étaient recyclés aux coutumes du pays dans Zarzis, nul ne l'ignore, les indigènes aussi prirent l'habitude de se ranger sur le calendrier colonial pour partager fêtes et cérémonies. Le régiment des spahis était tenu d'assurer l'entretien quasi journalier des montures et pour créer une émulation constante, l'autorité régionale et le bureau des affaires indigènes organisaient le tournoi. Face à la butte de tir, les autorités et les notabilités prenaient place sous les guitounes dressées par les militaires.

Mhamed Khelil Chetioui partait favori. La carabine à la main jetée au vol, debout les pieds joints sur l'échine de la bête, Mhamed effectuait ses figures d'acrobatie sur la *Zerga* qui avançait dans un ouragan de poussière devant la foule transcendée.

وِلْدِكْ اغْلِبْ العَقْدْ وِاسْبَايِيسَهْ   يَا لامْعَهْ دِيرِي العْلُوقْ ابْسِيسَهْ
مْحَمَّدْ خْلِيلْ غُولَه وِسِيدَهْ غُولَهْ   وِمَا عَادْ ازْمَانْ يِطُولَهْ
حْلاسْ عْلَى الزَّرْقَهْ عْدَسْ وِفْضَّهْ   وِكُرْسِي الكُرْدِي سِيسْ بُوكْ يِحُطَّهْ
جِيتْ سَابْقَهْ قْبَلْ الصَّبْ إتْهِيَّلْ   نَعْطِيكْ مَا عَادِشْ عْلِيكْ إنْكِيَّلْ

Traduction :
Panégyrique du cavalier : Ô Lamâa !
Ton fils a supplanté le régiment des spahis
Remplis les gibecières de *bsissa*, et de sucreries
Sur sa monture brodée d'argent et de paillettes
le patriarche participe au « Corps d'essai »
Comme la furie zarga arriva en tête
Scellée garnie et rutilante pour la fête.

Cavalier à l'œil verdâtre et la moustache rouquine, le fils revêtait le gilet brodé d'arabesques sur un pantalon large retenu à la taille par la *chemla* rouge et la chemise en soie *garmassoud.* L'aïeul Hadj Mhamed, dit-on, aurait ramené le costume d'Istanbul comme divers accessoires, objets, meubles incrustés de nacre, *bsat ajemi.* Toutes ces traces témoignent de la relation des natifs de la péninsule avec les marins ottomans et le port d'Alexandrie dans la pratique du négoce, trafic et troc. Soumeya vécut comme un rêve cette ouverture sur le passé, son séjour parmi les siens comme un nuage qui s'estompe. Le bateau reprit le large et la petite famille embarqua. Au fur et à mesure que la rive s'éloignait, Soumeya laissait tomber ses larmes dans l'océan de l'adieu.

البَابُورْ هَزْ البِينْتْ والفْرَّي   وِانْ شَاء الله غْيَابْ الحْيَاةْ واطْلِّي

Traduction :
Le bateau a quitté, emportant l'or et le louis
Dieu fasse qu'ils nous reviennent toujours en vie !

Mahdia 1929

Le 23 février de 1929, année qui vit passer sur le trône de Tunis Ahmed Pacha Bey, naquit une deuxième fille dans le foyer de monsieur Béchir ! La femme de *si* Mohamed Chlaïfa réceptionna le bébé avec son savoir-faire, la journée passait dans la préparation des tisanes, des potions et soupes. Sur le seuil, on sentait les humeurs du *Matbakh* traditionnel, confectionné de condiments additionnés de raisins de Corinthe, de figues séchées de gousses de caroube ; le tout parfumé d'ingrédients stimulants comme la cannelle, le carvi et le gingembre. L'absorption de ces liquides favorisait le flux circulatoire et drainait, disait-on, les impuretés pour les évacuer par le sang des couches. Les concepts empiriques de nos grands-mères permettaient à l'accouchée de jouir d'une période exceptionnelle où elle était assignée à un repos total. Les massages à l'huile d'olive, impératifs pour la maman et son bébé, aidaient les muscles éprouvés à se détendre. Prêchés solennellement par l'entourage, pour le bien-être de l'accouchée assignée au repos, les écarts lui étant formellement interdits.

— Tu sais ? disait l'une, l'air peut pénétrer même à travers les ongles, prend garde Soumeya !

— Le tombeau de la femme en couches reste quarante jours ouvert ! enchaînait une autre, elle peut à tout moment contracter *himmet innfas*.

— Qu'à Dieu ne plaise... *allotf... allotf !* répondaient les autres en chœur.

— Bien sûr, conclut *lalla* Salha, les besognes lui sont interdites, la fatigue peut déranger le lait maternel et baratté, il devient indigeste pour le bébé !

— Afin d'éviter les céphalées, il faut maintenir le silence en prenant soin de lui enserrer les tempes dans un foulard, rétorqua *Ommi* Habiba.

— Vous oubliez, ajouta *Ommi* Ftouma, que dans le *Gorâan* on considère la femme qui enfante comme impure et on ne peut manger les plats cuisinés par ses mains ?

— La clarté... attention... baissez les tentures !

— Il faut tamiser la lumière du jour, coupa l'interlocutrice afin de reposer ses prunelles éprouvées par les plaintes au moment de l'accouchement !

— Et son ventre ma chère ?

— Il faut le sangler avec une *chemla* pour que l'utérus reprenne sa forme habituelle. Il n'y a rien de plus beau qu'un *Kerch Khaoui* ! termina la spirituelle *lalla* Ftouma.

Chacune de ces dames déversa son carquois dicté avec une ferme conviction... « Cela ne pouvait être que bénéfique pour la santé de la mère et de l'enfant, pensaient-elles, à l'unanimité ! »

Avant le retour des couches le quarantième jour, une visite programmée par ces doyennes finissait au bain maure. Sous l'effet des eaux chaudes et des derniers massages, le corps retrouvait son bien-être ; embaumée, épanouie et réceptive la déesse de la procréation était prête à recommencer. Très souvent à l'occasion des naissances, on couronnait l'événement par des présents. Le père se manifestait par des comportements attentionnés en offrant généreusement un bijou à sa femme. « À la naissance de mon aînée, j'ai reçu mes boucles d'or ou lorsqu'enfin j'ai accouché de mon garçon, mon mari couronna "le repère historique" par l'achat de mes anneaux de pieds. »

À l'occasion, la paire de fibules en or promise à Soumeya pour honorer la venue de Salha Kafila fut commandée chez l'orfèvre au souk des artisans, de forme contorsionnée originale, ce bijou en or massif était impératif dans le port du *hrem* traditionnel.

Les cheveux nattés de Soumeya traînaient de part et d'autre sur sa poitrine gorgée de lait, rappelant les vers de cette poésie qui était dite dans le passé pour chanter le soyeux de sa chevelure : « Deux épées effilées s'entrechoquaient souplement pour s'assoupir sur un buste d'albâtre ».

يتْجَلْتْمُو فِي بْعَضْهُمْ يِتْلاَقْو وْسِيفِين نَامُو عْلَى التْرِيرْ اعْجِبْهُمْ

En guise d'amulette attachée au foulard cramoisi pendait un petit poisson en or et sur son corsage, un cabochon de cornes de gazelle et de coraux. Une atmosphère de fête baignait la maison grâce à la contribution de ces nobles voisines, exceptionnelles dans leurs élans spontanés et leur caractère débonnaire.

On servit *brik il helou*, les *bsissas* garnies d'amandes, la *soffra* salée avec ses plats exquis de fruits de mer et de poissons, sous les auspices des aînées de la famille Chlaïfa et Ben Nasrallah. Pendant que *lalla* Salha prenait soin de Soumeya, la deuxième épouse de *si* Ali s'était proposée de prendre la garde d'Oum Kalthoum. La petite nourrissait peut-être un sentiment de frustration à l'égard du nouveau-né ! Madame Marguerite, n'avait pas d'enfant, s'il lui arrivait de sermonner les écarts des chérubins, sa tendresse reprenait pour s'investir en bises et gâteries, comportement affectif qui lui faisait gagner la confiance et la sympathie des petits anges. Marguerite reconvertie à l'Islam, se montrait conciliante en admettant le partage d'un naturel terrien, fille de cultivateurs, l'Italienne s'occupait en personne des plantations et des semis dans son verger. Autour du puits central, les rigoles déversaient l'eau tirée par le mécanisme d'une roue attelée aux flancs d'un chameau. Oum Kalthoum adorait les randonnées en compagnie de la douairière, se plaisait à sentir le pistil des fleurs, à gambader d'un massif à un autre pour attraper les papillons.

Au foyer, les charges ménagères étaient équitablement réparties entre *Ommi* Salha et la deuxième femme. « Elles s'entendaient merveilleusement bien », me dit ma mère pour clore son histoire.

— Mais maman, comment communiquiez-vous ?

— Par le puits intérieur, pardi !

— De quelle manière ? répondis-je, surprise.

— Tu sais ma petite, je n'avais qu'à actionner la poulie et en se répercutant dans la gaine, le son se transmettait aux voisines du rez-de-chaussée.

Je n'émis aucune réflexion (bien que ravie par l'astuce) pour ne pas arrêter l'élan de l'inspiration et ma mère continua ; « Tu sais, il ne se passait pas un jour sans qu'elles ne me fassent goûter les délices de leur cuisine. Par le puits commun, continua-t-elle, je tirais le seau jusqu'au *ali* où nous habitions et je récupérais le plat fumant », me dit-elle avec des yeux malicieux. Elle reprit son récit sur un ton confidentiel ; *lalla* Salha m'imposait de manger tout de suite ce qu'elle m'envoyait. »

— Pourquoi maman ?

— Pour avoir du lait dans mes seins et pour me dégager pleinement par la suite pour recevoir et bien servir mon mari.

— Tu avais bien appris tes leçons… *Mâ* !

— À vous d'en faire autant, dit-elle, en écoutant les conseils des aînés ! Tu sais ma petite leur gentillesse primait et on ne peut qualifier leurs comportements qui paraissaient débordants que par l'expression de leur grande générosité de cœur.

— C'est pour cette raison que tu as prénommé ta fille, née à Mahdia, Salha ?

— Tout à fait, répondit ma mère, il fallait ménager le choix de sidi Djilani, ton grand père et le désir de notre chère et regrettée *Ommi* Salha, la femme de *si* Ali et la marraine de Kafila.

Fériana. Été 1929 - 30

Si Djilani souhaitait se rapprocher de son frère, il formula en 1929 une demande pour l'acquisition d'un poste dans les territoires du sud. Malgré les états de service et les titres soumis, le Gouvernement bloqua les décisions ; en 1926, le Kalifa se vit même frapper d'un blâme pour avoir postulé à un changement alors qu'il venait d'être muté à Fériana et pour cause ! Le paludisme et certaines fièvres sévissaient dans la région, elles n'étaient pourtant pas passagères et les indigènes souvent victimes d'épidémies endémiques. Les années de famine engendraient des maladies qui se propageaient à la vitesse du feu !

Témoignage de satisfaction pour zèle et activité dans la lutte contre les invasions de sauterelles au cours de la campagne antiacridienne de 1932.

(Voir lettre du 20 Décembre 1932 - Dossier E-233-2).

Qui fallait-il incriminer ? La cause légitime d'un fonctionnaire sérieux, désireux de sauvegarder la santé de ses enfants en voulant se rapprocher de son pays natal où la responsabilité d'un rouage administratif colonial qui fermait les yeux sur les véritables causes de l'état du prolétariat ? Pendant cette même année, *si* Djilani avait conseillé à son fils et à sa belle-fille Moghlia de rentrer définitivement à Zarzis avec leur petit Fadhel né sur la terre des Frachiches. *Si* Djilani reprochait souvent à son fils son laxisme qui le faisait se décharger sur les tiers, en qui il avait une totale confiance. Dupé dans les affaires, Mohieddine fit faillite et dut fuir le courroux paternel et la loi du fisc en faisant une escapade en Algérie. Il est vrai que *si* Djilani était intransigeant sur certains principes, mais l'affection débordante qu'il éprouvait pour les siens freinait sa colère. Même à l'âge adulte tout ce qui pouvait les déranger l'atteignait profondément. Par ailleurs l'état de santé inquiétait le père qui pensa fermement quitter cette région, où les derniers accès de paludisme et de typhus secouèrent tellement son fils malade, qu'on crut sa mort imminente !

— Laissez *Mouh môrir trônquil* ! disait le kabyle (l'associé qui travaillait avec Mohieddine).

L'alerte à la maladie contagieuse, les avis partagés et les visites du médecin avaient créé un tel charivari autour du moribond que la réflexion du kabyle s'expliquait, elle passa même dans le lexique des adages.

— *Laissez Mouh môrir trônquil* ! disait ma mère en balayant l'espace de sa main mimant le geste du kabyle.

L'événement prit de telles proportions que le Kalifa dépêcha son neveu et gendre aux frontières à la recherche du fuyard. En arrivant à Annaba, Belkacem retrouva Mohieddine et le Kabyle, attablés en parfaite dilettante dans la loggia de l'unique hôtel de la baie de Chapuis. Ils l'invitèrent à festoyer avec eux retardant quelque peu sa décision de les rapatrier illico-presto via Souk-Ahras, Bir-el-Ater et Bouchebka. Doué d'une sympathie débonnaire relative à un degré d'instruction moyen, Belkacem amusa son auditoire en décrivant l'expression abasourdie de Mouh, lorsque son cousin se présenta à lui au lendemain de la fugue. Pour rappeler ce qui suit : dans les années 1966 lorsqu'il me rendit visite à Annaba, oncle Belkacem évoqua ce souvenir pour me le raconter sur les lieux mêmes. Alors que nous faisions une promenade sur la jetée, nous arrivâmes à la boucle de la baie de Chapuis. Devant la bâtisse imposante et nullement altérée par les années, l'oncle s'était arrêté. Debout le dos à la mer, il me dit : « Ton grand-père m'avait envoyé ici chercher Mohieddine », en 1929 précisa-t-il.

L'esprit complètement immergé, les yeux rivés sur la fameuse terrasse-témoin du passé, l'homme partit d'un rire extraordinaire, qui à lui seul m'exprima combien l'écho de cette rencontre avec son cousin attablé avait amusé oncle Belkacem ce jour-là.

LES ASPIRATIONS DU PÈRE

La triste expérience dans le commerce des céréales et la maladie contractée dans une région sujette aux fièvres endémiques décidèrent le père à prospecter un avenir meilleur et des possibilités qui permettraient à Mohieddine de se recycler dans les travaux de la terre au sein même de sa ville natale. La réalisation de certains projets agricoles tenait à cœur depuis longtemps à *si* Djilani. Lorsque le patriarche décéda ainsi que leur aîné Hadj Ahmed, *si* el Boghdadi endossa la gérance des biens et des décisions familiales. Si l'on sait que parallèlement, il remplissait plusieurs fonctions. La population de Zarzis apprit à se référer aux bons offices de l'Imam et notaire des Ouleds Bouali. L'engagement qui le liait à la cellule Accara, lui valait de remplir auprès d'eux le rôle de conseiller, pour notifier leurs actes et du consultant, pour leur dispenser humainement ses avis. Il remplira la fonction de secrétaire de la voirie (choisi pour son curriculum propre et ses origines notables, comme l'atteste la lettre de nomination en 1900).

الحكومة التونسية
الوزارة الكبرى

الحمد لله وصلى الله على سيدنا ومولانا محمد وآله وسلم

٢٨٠٧

من عبد الله سبحانه المتوكل عليه
المفوض جميع الأمور إليه محمد
الناصر باشا باي صاحب المملكة التونسية سدد الله تعالى أعماله
وبلغه آماله إلى من يقف على أمرنا هذا من الخاصة والعامة
أما بعد فإننا جددنا ولاية الفقيه محمد البغدادي بن بلقاسم بوحافة
البوعلي العكاري العدالة بعكارة من عمل ورغمة يشهد بين
الناس فيما لهم وعليهم من كل ما يصح فيه الإشهاد شرعا موصى بذلك
بتقوى الله العظيم في السر والعلانية أنه منه بالمرصاد لا تخفى عليه
خافية كما أوصيناه بالرعي والاحترام وأنه لا يقاس بما يقاس به
غيره من العوام وعلى الواقف على أمرنا هذا أن يعمل بمقتضاه والسلام
كله لله وكتب في ٢٩ المحرم و١٤ نوفمبر ١٣٣٦ ١٩١٧

Décret Beylical, signé Nacer Bacha Bey, donne pouvoir au notaire Baghdadi Bouhafa pour gérer les affaires de la Tribu Accara et Ouriguema.

En 1903, il sera le secrétaire du Kalifa de Zarzis. Les autorités de la ville, qu'elles fussent françaises ou arabes, le consultaient avant d'entreprendre une démarche dans l'intérêt de la population. Élevés au sein d'une famille apparentée à une tribu Boghdadi et Djilani apprirent dès leur jeune âge la loi du partage, le sens du devoir et les règles de vie en communauté. Leurs caractères se forgèrent respectivement à la source des mêmes études conformistes et humanistes acquises pour l'un, sur les nattes de la Zitouna pour l'autre dans le breuvage d'un maître et publiciste l'érudit Mohamed Abdou qui déclinait ses cours dans l'enceinte réservée aux étudiants venant d'*el Ghareb* au Jamâa-el-Azhar.

Les deux frères vécurent les premiers moments de la Nahdha qu'elle fut préconisée au Caire par un Djamel-Eddine el Afghani ou à Tunis par un Bach Hamba et un Bayram.

Leurs idées convergèrent vers une optique commune où se mêlaient le souci de la préservation du passé, l'espoir de l'avenir et l'élaboration des mêmes valeurs humaines.

Pour mieux cerner les frères Boghdadi et Djilani dans leur environnement parental, on ne peut passer sans évoquer leur mère Aïcha bint el Aoudi, personnalité qui sut créer une auréole d'amour autour de ses enfants et de ses brus. Grands et petits se prosternaient devant la douce et fervente *jedday* el Aoudia. En franchissant le seuil de sa maison, le visiteur ressentait une paix mystique qui se dégageait des murs, témoins des versets du Coran psalmodiés par l'Imam son fils entouré des adeptes de la confrérie.

Les membres de la famille se rendaient à la maison du Cheikh avec dévotion et respect pour solliciter *ennya* de la doyenne Aïcha, femme qu'on disait tellement humble et généreuse de ses soins qu'elle finit par s'auréoler des qualités d'une sainte. Toujours disponible pour dispenser ses services, on trouvait incontestablement auprès d'elle, les premiers réconforts. Si un enfant était malade, Aïcha el Aoudia plaçait sa main sur son front brûlant pour implorer la miséricorde divine et la baraka des *solleh el bled.* S'il arrivait à des tiers de se quereller, elle intervenait en faveur du faible pour rétablir la paix et l'union.

Les sept petites filles rayonnaient autour d'elle comme un essaim d'abeilles agrippé à la reine mère. Une anecdote fort amusante rappelle la simplicité et la délicatesse d'esprit de nos aînés face à des situations pouvant paraître cocasses et sans intérêt, tout cela dans l'effort de secourir son prochain.

On raconte que *jedday* Aïcha avait fini de préparer ses épices pour les envoyer moudre chez Minou, la négresse revint aussitôt en ramenant sur la tête le couffin de graines encore intactes. En cours de route, Bak Messaoud l'interpella et la petite s'expliqua ; « *Ojrouch... oj-rouch ya bghal... Minou lihoudi lyoum tah ala aïnou... ojrouch* ! » (Tourne… tourne ô mulet… ton maître Minou est aujourd'hui embêté !)

Le meunier de Zarzis était embêté, sa mule ne voulait plus tirer la meule et la *jarroucha* s'arrêta de fonctionner. Après avoir observé sa bête, Minou remarqua l'obstination de son « outil de travail » et crut que le sort s'était acharné sur son moulin. Il se présenta un matin dans la sénia de l'Imam el Boghdadi et demanda à voir *lalla* Aïcha el Aoudia. « *Yaïsek ya lilla ! ».* implora-t-il (avec son accent spécifique aux juifs tunisiens qui ne prononcent pas les voyelles che et the) :

يَا لِلَّه عِيسَهْ، لَوْزيلِي عْلَى بَغْلتِي

Traduction:
Lalla Aïcha enlève le sort à ma mule !
Dieu vous bénisse ô maîtresse !

La doyenne ne renvoyait personne et faisait de son mieux pour compatir aux petites misères humaines une parole réconfortante par-ci, une recommandation par là et la pieuse terminait sa psychothérapie en lisant des versets de Coran sur la tête des dépressifs.

La demande inopinée de Minou l'avait prise de cours ce jour-là, mais elle ne voulait pas froisser l'amour-propre du pauvre hère ni rire de sa crédulité. Elle reconnaissait certes qu'une convivialité vieille comme le temps gérait le comportement relationnel des Musulmans et des Juifs, mais celle-ci ne pouvait prétendre dépasser les limites. Malgré les interférences, chacune des communautés se rétractait autour du dogme de la religion. Toutefois, Aïcha el Aoudia proféra les paroles de baraka sans dire les sourates religieuses, en sollicitant la grâce d'un Dieu universel, qui entendrait la plainte du pauvre hère en rendant la santé à sa mule et la fortune à son moulin. Elle se saisit d'une poignée de gros sel, puis avec un sérieux désopilant promena son poing sur l'échine en marmonnant dans l'oreille de la bête « *Yahoudy ben yahoudy.. Yahoudy ben yahoudy... Yahoudy...* » (Juif, fils de Juif...).

Résident Général Flandin Etienne

Grâce au pouvoir magnétique de ses mains la dame implora la clémence divine pour qu'elle allège les maux de la bête et rendît l'équilibre à l'esprit égaré du pauvre Minou !

Si *jedday* avait des dons de guérisseuse, elle était surtout pleine de foi et adepte fervente de sa lignée maraboutique descendant du vénéré sidi Ali el Aoudi Boumoughara, *Sahabi* des conquêtes islamiques dans la région de Ben Gardane.

ZARZIS. LES OLIVERAIES

L'éloignement de *si* Djilani avait contraint son frère à s'occuper des biens de la famille, à Ziane, Henchir el Fras, Chrichira, Choucha, Chareb errajel, Khaoui-el-Ghedir, les oliveraies léguées par les ancêtres. Plusieurs familles de Chouachines et de *khammas* vivaient sur les terres agricoles partageant avec leurs maîtres l'usufruit des récoltes. Les années de *saba* comme les années de *zama* étaient supportées en commun. On continuait à pratiquer le labeur au moyen archaïque de la charrue tirée par la vache et pour l'extraction de l'huile, on procédait encore comme du temps des Romains avec le système meule-mule et scourtins d'alpha. Après l'établissement des Français à Zarzis, l'annexe des affaires indigènes passa un décret daté du 28 novembre 1918 sur les terres collectives. Ces terres entièrement bornées ont été délimitées entre les diverses fractions Accara par le service des affaires indigènes. La proposition allécha la population et le domaine du Khesim s'étendant jusqu'au sable de la chaussée romaine d'el Kantara fut convoité par les familles terriennes et par les colons de la péninsule. Le conflit opposa, longtemps, *si* Djilani à Sadok Djebnoun, cousin de *lalla* Fatma et futur Kalifa de Zarzis (tous deux prétendants au titre du domaine). La compétition serrée restera gravée dans les annales.

L'historique de l'annexe des affaires indigènes de Zarzis de 1931, explique l'importance des directives prises par le gouvernement à l'époque pour développer l'agriculture à Zarzis et la plantation de l'olivier.

« *Tous, sans exception, font usage de la charrue française... Les huileries indigènes se sont également transformées, ayant remplacé les vieilles meules en pierre, mues par la traction animale. [...] La culture de l'olivier est d'ailleurs l'objet d'une sollicitude particulière de la part du gouvernement. Chaque année, des moniteurs Sfaxiens se rendent dans les différents cercles des territoires du sud pour donner en présence des agriculteurs indigènes, des démonstrations de taille de l'olivier.* »

En 1918, *si* Djilani avait soumis une demande. Pendant son mandat à la direction indigène des finances, il se proposa de mettre en exécution le projet de plantation, défi pour faire valoriser cette terre vierge, dont il venait d'acquérir le titre en copropriété avec l'état. Il baptisera la terre du nom Khesim.

Encouragé par le biais de la famille dans le pays, le rédacteur s'enthousiasma pour réaliser les travaux dans les meilleures conditions de technicité et de modernisme, promues par la réforme agraire. Pourquoi pas à l'instar de ce qui devenait pour la population Accara des plantations-types comme les domaines étatiques de Loukhaïet et les fermes d'un Gauffretteau ou d'un Pellet : vastes champs admirablement zébrés d'oliviers rectilignes, intercalés de figuiers à la tignasse verdoyante, chatouillés à leurs pieds par des ceps de vignes, bavant leurs feuilles d'acanthe sur le sable doré aux grains uniformes.

Depuis l'entrée des Français dans la péninsule, les dirigeants s'intéressèrent de près à l'agriculture et imposèrent dans ce domaine des procédés nouveaux pour planter des oliviers jeunes, prenant comme exemple la plaine de Sfax qui offrait un formidable quadrillage d'oliveraies où les troncs étaient éloignés les uns des autres d'une distance variant entre 20 et 30 mètres. L'olivier colonial supplanta l'olivier national, vieux et rabougri ce dernier dut céder sa place aux souchets jeunes et vigoureux.

Les domaines des colons et ceux acquis au nom des sociétés de l'état connurent un tel degré de rentabilité que les indigènes durent s'aligner sur les procédés nouveaux pour recycler leurs cultures archaïques. Entre les rangées d'oliviers, les Accara continuèrent à planter leurs céréales en cultures intercalaires. Grand-père fit donc enfouir deux mille souchets sur la terre du Khesim et comme par enchantement l'aspect dénudé du sol se métamorphosa en un vaste champ florissant. Quelques années après, une véritable ferme se greffa autour des oliviers : moissons de blé, d'orge, de lentilles et de petits pois, poulaillers en plein air, ceps de vigne poussant entre les rangées, figuiers et amandiers à quelques mètres de la rive de la Méditerranée.

Lorsque les terres riaient de verdure et d'abondance fruit d'un labeur continu, les femmes des *khammas* chantaient :

جِدَّكْ خُذْ ىَ هنْشِيرْ فِيهْ المنْيَهْ   وْعِيشْتَهْ زيْ المْلْكْ في الدّنْيَهْ
مِنْ فِينْ الضّحَى وْاسْطُورْهَا كَادُونِي   عَلَى كِيفْ رَاسِي في الرّبِيعْ خَلُّونِي
جِدَّكْ خُذْ ىَ بِرْ افْرِيقَهْ   والْي يتْعَرّضْ فِيهْ بِشَيْطْ رِيقَهْ

Traduction :
Depuis l'aube, l'azimut, jusqu'au crépuscule
J'admire errant à travers les oliviers,
Sous l'ombre de leurs troncs, je me sens minuscule
Laissez-moi à ma guise, humer l'air printanier !
Le maître circule en seigneur dans son domaine,
Paradis de verdure et de sable doré,
Terre meuble et plantée par la sueur humaine,
Titre acquis, fruit d'une compétition serrée.
Honnit soit l'adversaire qui veut s'opposer.

La dernière phrase fait allusion au différend qui opposa Djilani Bouhafa à Sadok Djebnoun pour l'acquisition du domaine.

L'amour des terres renaquit dans le cœur de Mohieddine. L'agriculture dans ce *henchir* finit par captiver l'intérêt du fils qui s'établit définitivement dans le *bled*. À quelque chose, malheur est bon ! dit le proverbe, et n'eût été son manque de motivation pour l'école, *si* Djilani n'aurait pas pensé à l'insertion dans cette voie. Mohieddine suppléait son père éloigné dans son itinéraire administratif à travers la Régence. Il se retrempa dans le concept tribal pour vivre dans la *sénia des jdouds*, vouant à son oncle Boghdadi et sa grand-mère Aïcha el Aoudia respect et dévouement. Dans la famille de l'Imam, l'unique fils Mohamed el Hafnaoui, terminait ses études au Jamâa Zeïtouna. L'oncle ne pouvait que se réjouir du retour de son neveu dont il reconnaissait qu'il était brave et dynamique, sa famille qui s'agrandissait (Fadhel, Aïcha, Kamel et Chaffaï), promettait d'augmenter l'effectif humain de la tribu.

ZARZIS. LES COLONS

Les Européens se fixèrent sur le sol des Accara scellant leur destin à la culture de l'arbre séculaire et noble, l'olivier. Les colons s'installèrent malgré les difficultés auxquelles ils se heurtèrent au début de leur établissement. Les Européens craignaient d'être destitués un jour de leur pouvoir dans les territoires du Sud par le développement des exploitations des colons et par le refus des arabes de vendre leurs terres aux Roumis ! Ténacité et endurance permirent à ces pionniers de s'enraciner dans le pays qui leur semblait si hostile auparavant. Leurs efforts se concrétisèrent par des résultats probants qui incitèrent la population Accara dont les membres travailleurs et décidés, n'hésitèrent pas à copier l'exemple pour refaire leurs jardins et moderniser leurs cultures. Dans le parcours de grand-père, un rapport de travail fait allusion à ce désir d'entretien élaboré chez les particuliers et on cite en exemple, le jardin du Cheikh Belkacem Bouhafa son père.

Mémoire des états de services civil et militaire de Monsieur Djilani Bouhafa, Kalifa à Fériana (Tunisie)

« *Aidé par son fils Djilani, lui-même notaire à Zarzis jusqu'au début de la guerre 1914-1918, le cheikh contribua beaucoup au développement de son village natal (Zarzis) qui avant se réduisait à quelques habitations sommaires en terre, et à des jardins incultes. Animateur persévérant et d'une grande autorité sur ses coreligionnaires, il cultiva les premières olivettes, son exemple fut suivi et il en résulta l'aspect actuel du village de Zarzis : coquet et propre, caché dans une grande étendue de jardins bien cultivés.* »

L'insertion sociale et humaine des familles françaises établies dans la péninsule s'opérera à travers les cercles des indigènes, et si des relations parfois conflictuelles géraient le rapport indigène-colon-militaire, il n'en fut pas moins vrai que ces Européens s'éprirent de cette péninsule passionnément, pour décrire comme de véritables amoureux ses aspects enchanteurs et son passé historique florissant. Au fil des ans, une osmose se développa entre les communautés. Les Arabes haïssaient au fond ces intrus qui les délogèrent de leurs terres, mais ils manifestaient une attirance pour le progrès et l'implantation de méthodes nouvelles apportées par les Français dans le domaine de l'agriculture. Un intérêt commun rapprocha les colons et les colonisés, dans le même but de valoriser les terres et de rendre la région prospère et brillante comme au temps des Romains. Les européens adopteront peu à peu les manières du pays dans l'habit, pantalon targui et chech. Ils s'intéresseront de près aux coutumes séculaires et commenceront à baragouiner le langage de la région ; attitude intelligente qui leur permettrait au fil des années d'asseoir leur hégémonie sur le pays.

Il est amusant de reporter ce paragraphe écrit dans l'*Annexe des Affaires Indigènes de Zarzis en 1931* qui stipule : « *Les indigènes cultivent aussi le sorgho, une des bases de leur nourriture ; on en voit dans tous les jardins. Des essais de plantations de pomme de terre ont fort bien réussi ; on va tenter l'essai de la culture du henné, de la patate de Malaga, du maïs dont les Accara sont particulièrement friands. Comme les gaudes, ces indigènes confectionnent un gâteau, ma foi, fort bon, avec de la farine de maïs et du lait : les francs-comtois ne seraient pas médiocrement étonnés, s'ils venaient à Djarzis, d'apprendre que l'on y prépare ce mets dont ils croyaient avoir le monopole.* »

« *Lalla* Bornia ! », disait Menoussa, madame Gaufretteau, à la femme du notaire *si* Boghdadi dans un arabe parfait « *Ach taïabti lioum, hassoua bil gazoul oualla aïch bil ouzef* ? » (Qu'avez-vous préparé aujourd'hui, une soupe aux herbes ou une bouillie de céréales au poisson séché ?)

Friande de plats modestes et authentiques, la Française rendait souvent visite à la femme de l'Imam. Le dimanche après la messe du matin, ou bien en traversant la *senia* qui aboutissait du côté-est sur ses terres mitoyennes Menoussa s'arrêtait pour conciliabuler. Le chapeau éternellement engoncé sur la tête, les chaussures à semelles de crêpe nouées sur les socquettes blanches, elle circulait avec toute l'aisance que pouvait ressentir un natif du pays. Le rendement intensif de ses terres toujours en amont et l'installation de son huilerie moderne, permettaient à la douairière d'alterner sa cure de jouvence tous les matins par un bain de lait suivi d'un bain d'huile d'olive, (propos rapportés par la main d'œuvre noire de la *Mouamra* et par les relations avec la famille.

Le citoyen Accara apprit de son côté à baragouiner les bribes d'une langue nouvelle et quelques rares notables osèrent envoyer leurs fils fréquenter l'unique école ouverte aux débuts du siècle avec une seule classe.

C'est à se demander si la politique d'assimilation n'a pas profité aux arabes et que les blancs se sont peu à peu africanisés ? L'empreinte de cette culture Francophone déteignait petit à petit sur le comportement des indigènes. Mohieddine suivit donc les directives de son père pour évoluer dans son pays natal sur lequel, une période de cinquante ans de colonialisme venait de s'écouler.

FÉRIANA. ETÉ SUIVANT

Le chauffeur Négus stoppa devant le Kalifalic, le crépuscule pointait ses dernières lueurs annonçant la fraîcheur de la nuit tombante sur Fériana. Abed et Kadem sortirent pour accueillir Soumeya, accompagnée de ses deux poupées. La maison de *lalla* Fatma avait vécu dans ses coulisses depuis la veille l'effervescence de l'attente, à chaque instant la négresse à l'écoute des pétarades, annonçait des arrivées...

Voilée jusqu'aux dents la mère descendit, portant son bébé pressé sur son sein. Kalthoum trottait en baragouinant les bribes d'une phrase que le père s'était ingénié à lui faire apprendre depuis Mahdia ; « *Asslama Azizi, Méma* ! »

Soumeya retrouva sa mère, les serviteurs et les amis.

— *Baba sidi* ?, dit-elle en entrant.

— *Hahou jay* ! répondit une voix.

On lui expliqua que grand-père avait eu une journée chargée. Soumeya remarqua la fatigue qui assombrissait son visage, mais lorsqu'il embrassa ses petites filles arrivées dans la soirée, les stigmates disparurent et il s'émerveilla, « *Machallah* ! », dit-il fièrement en palpant les joues roses et lumineuses des deux anges.

Quelques instants après, il se retira pour laisser libre cours aux élans de tendresse et aux papotages des nouvelles. *Si* Djilani ressentait de la lassitude, les efforts fournis dans la matinée par le suivi de cette « grosse » l'avaient pompé, jusqu'au seuil de l'épuisement. La décision lui revenait, mais combien il était dur de trancher pour rendre équitablement tout jugement, dans l'honnêteté absolue.

Le dossier maintenant clos, l'esprit du Kalifa passait en revue les différentes étapes de la procédure. N'avait-il pas été félicité par le tribunal de Gafsa et le Caïd des Madjeurs les années précédentes dans l'instruction d'autres affaires juridiques ? En tant qu'auxiliaire de la police judiciaire, le Kalifa pouvait être confronté (comme l'atteste l'esprit de certaines archives) aux manifestations de la partie adverse qui se traduisaient par des plaintes portées contre l'autorité, souvent ratifiées de non-lieu et de pétitions signées en l'honneur du Kalifa, contre la manigance de certains individus, dénués de civisme et de tout principe.

Il serait intéressant de faire des recherches plus approfondies afin d'établir le rapport autorité-arabe-contrôle-civil-et-population dans l'exercice des prérogatives.

Encouragés par le pouvoir parallèle de l'élément colonial chapeautant les chefs indigènes, certains énergumènes se manifestaient, par des contestations non fondées pour entraver le processus des affaires en cours et nuire à l'honorabilité du Kalifa.

Personnellement j'ai été saisie par le nombre de ces plaintes, les signataires apocryphes et qui rapportent hélas, le caractère indomptable d'une certaine couche sociale qui se débattait dans son ignorance, ses tares, sa misère et sa crédulité. L'autorité coloniale, dans des lettres confidentielles, exprimait son souci de limiter, au maximum, le pouvoir des chefs indigènes. Mais d'un autre côté, consciente des abus pouvant provoquer le désordre dans la population concédait à ces mêmes chefs, une liberté dans l'exercice de leurs fonctions afin de mâter les plus farouches et faire régner la sécurité dans les tribus.

Je n'ai cessé de penser à mon grand-père et à tous ceux qui comme lui, ont vécu cette conjoncture pour évaluer leurs efforts et rendre hommage à leur carrière bâtie d'intégrité et de compétence. J'ai rapporté quelques documents qui illustrent ces difficultés et les dilemmes auxquels l'autorité arabe était souvent confrontée en cette période de colonialisme et d'analphabétisme. *Si* Djilani se familiarisait dans ce fief centre-ouest aux exigences socio-économiques, la dureté belliqueuse des tribus et l'influence des *Zaouia* qui souvent occasionnaient des tiraillements au sein des familles. Il décida de ne craindre ni la présence du contrôle civil qui chapeautait directement l'autorité arabe ni les manigances des tiers instigateurs aux abus et à la corruption, l'honnêteté étant sa devise. L'appréciation des chefs hiérarchiques le mentionne à travers les rapports déposés dans les archives.

En fin de matinée pour reprendre sa clairvoyance, si Djilani demanda qu'on ne le dérangeât point, l'isolement dans son bureau lui permettait de faire le point avec son âme, l'arbitre absolu.

Zlassi hésita un moment. Il redoutait son supérieur, mais l'insistance effrontée de la personne qui voulait audience l'obligea et l'agent entrouvrit la porte. L'autorité releva la tête et Mohamed Zlassi supplia ; « il y a une dame, dit-il, une bédouine qui insiste pour avoir une entrevue, *ya sidi* ! »

17 octobre 1931

N° : 1635

Le Caïd des Madjeur appuie favorablement les observations du Khalifat développées dans ce rapport.

Le Kalifa ne répondit pas et l'agent continua : « on ne peut la déloger, elle dit qu'elle attendrait toute la journée s'il le faut pour voir sidi el Khlifa, sinon elle irait chez *lalla* Fatma pour lui crier ses doléances ! »

Le moment n'était pas bien venu, mais le Kalifa ordonna de faire entrer la mesquine. La femme se profila dans l'embrasure de la porte, une belle bédouine native des Ouledouazzaz, grande et altière. Elle s'avança, ses yeux berbères parlaient et *si* Djilani remarqua l'expression décidée qui lui empourprait le visage ramifié de tatouages. Elle salua l'autorité :

قَايِدْ يَا قَايِدْ قُـيِـدِكْ   تَجْـعَلْ رَبِّـي فِي كِيدِكْ
كِيفْ ولْدِي وُوُلِـيـدِكْ   ولْدِي فَايتْ بِالرُّجْلَـة
وُولْدِكْ فَايتْ بِالحُـرْمَـة   تِسْعَـة اشْهُورْ وهُوَّ فِي كِرْشِي
واحْسِبْتْ أَنَا ولْدِي وَحْدِي   واثْرنِتْ شَاركـنِي الرُّومِي

Traduction :
Ô Caïd, ô honorable chef, je te conjure de m'écouter
Devant Dieu nous sommes des semblables
Sur terre nous sépare la notoriété,
Si ton fils porte des titres de noblesse
Le mien est un preux chevalier
Mon ventre le porta à mon sein il s'abreuva
Sire ! Relaxe-le pour fuir les champs de bataille
Le roumi, la guerre et les dures représailles.

L'image de la guerre de 1914-18 effleura l'esprit de l'ex-magistrat, il revit les troupes Nord-africaines, la détresse des soldats, l'intensité des combats…

Si Djilani observa le visage contorsionné de la mère et ses paroles le décidèrent, il se tourna vers Zlassi et ordonna qu'on relaxe son fils :

— *Ouallahi tessarhoulha.*
— *Rabbi yaïchek ya sidi Djilani*, s'était empressé de répondre Zlassi en approuvant par un hochement de tête la décision du supérieur. (Témoignage transcrit textuellement).

Le fils de la bédouine n'avait pas comparu lors du tirage au sort pour les circonscrits ; retrouvé par la gendarmerie et présenté aux bureaux du Kalifalic, le jeune tarras écopait d'un séjour à la geôle en attendant le jour du départ pour le service militaire. *Si* Djilani se trouvait confronté régulièrement à de pareilles situations, où les mères se lamentaient jusqu'aux lacérations. Lorsque l'occasion se présentait, *si* Djilani écoutait *er-rahma* et humainement il ordonnait l'élargissement comme pour cette pauvre créature dont l'enfant était l'unique soutien.

En passant par les bureaux Kheïra el Gharbia mit son grain de sel pour en savoir plus à propos des femmes prostrées devant le Kalifalic.

Kheïra était originaire des hauteurs de Souk-Ahras. Femme avertie, dure et efficace elle remplissait son métier comme un vrai majordome pour surveiller l'aile destinée aux femmes retenues pendant l'instruction. Ces dernières étaient groupées dans une petite *ghorfa* exiguë, attenante à l'enceinte des bureaux. Les mères dont les filles écervelées ou fugueuses les couvraient de honte, au moment des confrontations tentaient de solliciter des petites faveurs en se rapprochant de Kheïra el Gharbia pour transmettre leurs doléances. Ces pauvres femmes tentaient n'importe quoi pour échapper aux médisances tribales. Barbaria était la planche de salut avant la requête finale ; plus d'une la sollicitait pour se faire introduire auprès de l'autorité. Douée d'une dextérité d'esprit exceptionnelle, elle avait l'art de savoir présenter les choses, capable de dire les vérités sans vergogne.

« Celui qui peut avoir les faveurs de Barbaria est né sous une bonne étoile ! », disait la population à Fériana.

LE TÉLÉPHONE ARABE

Avant de se rendre au Kalifalic, Barbaria faisait le tour du village; elle était passée voir ce matin Fatma el Bâssoussia alias Sbikya, fille de Caïds et de Cadis qui portaient leur corne d'abondance scellée à leur notoriété. On appelait son père « Ali *lem* et son oncle Ali *yhaouech* ».

« *Sabah el kheïr* ! » dit Barbaria en entrant. Bâssoussia lui rendit le salut et invita son interlocutrice à s'asseoir auprès d'elle. La *skifa* servait d'entrée à la maîtresse de maison qui s'affairait devant son métier à tisser. Les deux tiers du *klim* représentaient des motifs géométriques et stylisés rappelant les origines berbères et romaines de la région. Barbaria s'assit d'une moitié de fesses sur le *sofa* tout en jaugeant le travail d'un œil de connaisseuse. La discussion s'entama et des propos aboutirent sur une nouvelle très éloignée du thème du tissage et des laines. Barbaria, venue se ressourcer, posa une question. Sbykia avait une petite parenté qui la liait à une tribu sédentarisée, elle parla d'un évènement qui, à son avis, allait faire flamber la population de Kasserine. « L'alerte était donnée, dit-elle, dans les milieux des colons qui possédaient leurs terres aux pieds de Djebel Chaambi. Les familles Strambonné, Piquet et autres suspectaient la présence de bandits réfugiés dans la montagne et manifestaient leur crainte au service du contrôle civil ».

Fatma raconta comment elle ouït dire qu'un ratissage avait eu lieu, le peloton de spahis, encadré par les agents de la gendarmerie, avait quadrillé la région pour rechercher les rebelles.

— Tu sais, moi je dis que c'est le début d'une révolte contre le pouvoir des Français, développa la chroniqueuse.

— Les *Roumi* eux sont en train d'étouffer les véritables causes ! répliqua l'autre.

— *Ya ouakh... ya ouakh !* Mais c'est le début d'une insurrection remarqua Barbaria, les arabes sont armés et les Destouriens gagnent du terrain.

— Oh… enchaîna Sbikya, les disputes dans les douars dégénèrent souvent en émeutes !

Faisant face à son ouvrage, elle continuait de converser; « Les rumeurs parlent de l'existence d'un *felag* dangereux qui se réfugie aux alentours de Kasserine et les rêves cauchemardesques taraudent l'esprit des Français », dit-elle en souriant. Sans s'émouvoir de la nouvelle, Barbaria précisa : « *Daghbadji... Daghbadji ! Yama... yama... Allah yamnaa dhraaou* ». Par fidélité à l'histoire, je précise que cet insurgé se substitua au nom du premier Daghbagi héros de l'insurrection du début du siècle.

Sans tiquer, Bâssoussia continuait à nouer ses mailles avec une dextérité naturelle. Elle excellait dans l'art du tissage du *mergoum* et des étoffes confectionnées à partir des laines pour réaliser les jebbas et les burnous les plus souples. La conversation dérapa sur le vrai sujet et Barbaria proposa : « *Lalla* Fatma souhaite que tu initiés ses filles pendant leur séjour à Fériana ».

Elle savait que l'artiste passait des journées à inculquer aux novices l'art ancestral. Sbikya acquiesça et fit part à Barbaria qui prenait congé, de se faire un honneur d'apprendre aux filles du Kalifa les secrets du travail artisanal. La région Fériani n'était-elle pas sur la voie de l'antique chaussée romaine qui reliait Carthage jusqu'à Theveste, en coupant le pays transversalement ? À quatre kilomètres en amont du village, les ruines de Thélepte parsemaient encore de leurs vestiges, les steppes et ses oueds au-delà de Ras-el-Aïn jusqu'à *Khanguet* Boucher. L'arc de triomphe de Sbeïtla, célèbre dans l'antiquité, était souvent cité comme exemple de splendeur. La métaphore ou *borj sbeïtla lilforja* passa dans le langage courant, pour marquer un repère, témoin immuable des mutations, des alliances entre Archs jusqu'aux frontières algéro-tunisiennes que soudaient les mêmes coutumes séculaires. Le brassage de ces civilisations imprégna le comportement les familles : le port du costume traditionnel rappelle le passage des Romains, la manière de s'envelopper dans la *malahfa*, n'était-elle pas similaire au drapage d'un pagne ? Les bijoux, coulés en l'argent massif et sertis de pierres grossièrement taillées dans le corail, ne portaient-ils pas le poinçon d'un passé civilisationnel berbère et l'héroïne, el Kahena, ne transmit-elle pas son nom à toutes les aînées des familles à Fériana ?

À l'intérieur des maisons citadines, on aurait juré vivre une journée andalouse dans leur patio, parmi les mosaïques et les fontaines parfumées de pousses d'églantines et de bouquets de jasmin, plantés en bordure des vergers d'orangers et d'abricotiers.

Ma mère rapporte une réflexion sortie spontanément de la bouche de son frère après une visite effectuée chez les Touhami et Dar Bel Abed. « *Diar el andalous* ! »

Pour terminer par l'époque arabe et le passage des vénérés *sahaba*. À l'avènement de leurs conquêtes, les multitudes *zaouia*, marabouts et écoles coraniques perpétuèrent le message scellé par la ferveur de l'Islam. Une synthèse enrichie par le mélange de races et le passage des différentes civilisations, particularisait le patrimoine de ces hautes steppes entourant Fériana.

Mahdia 1930

Tôt le matin, Béchir chargea Pierre, le téléphoniste de « morser » la nouvelle à l'attention de monsieur le Kalifa de Fériana. Dès réception, *si* Djilani entra en brandissant la dépêche bleue et *lalla* Fatma remercia Dieu d'avoir délivré sa fille ; « *Ach jabet Soumeya, ya si Djilani* ? », s'empressa la mère.

« *Bnaïa jmila kif el gmar, ya bint Djabnoun* ! »

« *Al hamdou lillah !* », dit-elle.

La joie qu'elle éprouvait pour la délivrance de sa fille ne pouvait hélas chasser ce petit pincement au cœur qu'elle tentait de refouler par son humeur constante. Soumeya enfantait de sa troisième fille belle certes, mais *lalla* Fatma craignait les réactions de l'entourage. Sa fille ne saurait échapper à toutes ces réflexions comme les allusions du genre ; « Oh... Béchir ? Tu n'as pas eu encore de garçon ? »

En captant l'intérêt de l'homme on piquait son amour-propre et chatouillait sa virilité. Mais ne dit-on pas que « si la lune dans sa plénitude te chérit, qu'importe que les étoiles déclinent ! »

N'était-il pas permis d'aligner quatre épouses et le mâle n'était-il pas encouragé à répudier et se remarier en toute quiétude ? Bint Djebnoun ravala ses ressentiments pour chasser ces idées saugrenues et leva les yeux vers le ciel en conjurant le tout puissant qu'il exauce le profond souhait de Soumeya en couronnant son trio par la naissance d'un petit frère. *Lalla* Fatma était consciente que sa famille s'agrandissait et que les problèmes et les soucis prenaient des proportions en rapport. Néanmoins Dieu la bénisse, elle jouissait du bonheur d'être grand-mère, comblée par l'amour des siens et le respect de l'entourage, se vouant corps et âme à ses enfants, consentant pour eux aux plus grands sacrifices. Dans l'échelle des valeurs elle était le modèle de l'abnégation et de la générosité. *Si* Djilani faisait participer sa femme en dialoguant sur le thème favori se rapportant au *massir louled.* Mohieddine avait trouvé l'issue positive, pour Kadem et Abed, le père se souciait de faire d'eux de véritables « intellos ». Il multipliera ses efforts pour diriger ses enfants, l'aîné vers Angoulême et le cadet vers le collège municipal de Cannes contre le gré de la mère qui s'arma de courage pour affronter les déchirures de l'éloignement. Abed était au lycée de Sousse et Kadem à Alaoui, au fur et à mesure que les réussites se concrétisaient pour ses enfants le père se complaisait dans un bonheur intense.

MAHDIA

	NOTES	Cotes chiffrées correspondantes	NOTES	Cotes chiffrées correspondantes
Instruction professionnelle … postale	B	17	MEMES	NOTES
Instruction professionnelle … télégraphique	|	17	|	|
Instruction professionnelle … téléphonique	|	17	|	|
Service télégraphique — Maniement des appareils — à cadran	〃	〃	|	|
Morse	TB	18	|	|
Morse. Lecture au son	〃	〃	|	|
Hughes	〃	〃	|	|
Weatstone	〃	〃	|	|
Baudot	〃	〃	|	|
Recorder		〃	|	|
Guichet	B	17	|	|
Service téléphonique — Connaissance des règlements	B	17	|	|
Exécution du service — Urbain	〃	〃	|	|
Interurbain	〃	〃	|	|
Comptabilité	〃	〃	|	|
Surveillance et contrôle	〃	〃	|	|
Service postal — Guichet	B	17	|	|
Comptabilité	〃	〃	|	|
Service des directions — Rédaction	〃	〃	|	|
Comptabilité	〃	〃	|	|
Exactitude journalière	B	17	|	|
Conduite administrative	T.B	18	|	|
Conduite publique	|	|	|	|
Assiduité au service	|	|	|	|
Garanties morales	|	|	|	|
Education — Tenue	|	|	|	|
Rapport avec le public	|	|	|	|
Comment s'acquitte-t-il de ses fonctions actuelles ?	B	17	17	
Valeur générale de l'agent	B	17	17	

ANNÉES	MALADIE Nombre	MALADIE Durée	AFFAIRES Nombre	AFFAIRES Durée
19..				
19..				
19..				
1924	1	5	1	1 m
1924	1	20	1	1 m
TOTAL	2 mois 25 jours			

Détail des *punitions* et *redressements* encourus depuis la publication du dernier tableau sur lequel l'agent a figuré.

DATES	FAUTES commises	SANCTIONS

APTITUDES SPÉCIALES DE L'AGENT pouvant être utilisées dans le service

OBSERVATIONS GÉNÉRALES

DU CHEF IMMÉDIAT

actif. Bonne volonté

Bon agent

A MAHDIA, le 29 - 12 - 1924

SIGNATURE : [illegible]

DU DIRECTEUR DE L'OFFICE

AVIS CONFORME

A Tunis, le 8 FEV 1926

SIGNATURE : [illegible]

(1) Les Receveurs doivent indiquer très exactement leurs cotes d'appréciations en regard de chaque rubrique. Ils n'en sont dispensés qu'en ce qui concer les parties du service sur lesquelles, en raison de la nature des opérations de leur bureau, ils n'ont pas la possibilité d'apprécier les connaissances de l'age En ce cas, ils doivent remplacer la cote par des guillemets, en regard de la rubrique correspondante. Pour l'attribution des notes il y a lieu d'observer les g lations suivantes :

Colonne notes : H. L. hors ligne ; T. B. très bon service ; B. bon service ; A. B. assez bon service ; Méd. service médiocre ; M. mauvais service.

Colonne cotes : H. L. = 20 ; T. B. = 18 et 19 ; B. = 15, 16 et 17 ; A. B. = 12, 13 et 14 ; Méd. = 11 ; M. = 10 et au-dessous.

Tunis le 22 Novembre 1978

Mon cher Béchir.

À la suite de notre conversation de ce jour, au cours de laquelle tu m'as exposé tes ennuis administratifs actuels, j'ai été amené à penser que les faits que je cite ci-après pourraient être utiles à ta défense.

Je me souviens particulièrement d'un incident qui s'est produit à Mahdia entre le Receveur, en l'espèce, M. Maraninchi et moi au sujet de ta désignation comme Contrôleur par intérim, en remplacement de M. Lanfranchi bénéficiaire d'un congé. J'avais alors soutenu que les emplois de l'espèce devaient être confiés aux agents du cadre métropolitain. M. Maraninchi a reconnu le bien fondé de ma demande mais m'a indiqué que, raisonnablement et dans l'intérêt du service, il ne pouvait pas revenir sur sa décision parce que, à son sens " Bouhafa valait trois commis " (sic).

J'ai pu constater par la suite et, notamment
en période de fin de mois, que cette appréciation
était méritée – Tu n'hésitais pas alors
à passer bénévolement une partie de la nuit avec le
Receveur pour l'aider à arrêter sa comptabilité
tout en assurant tes vacations normales
de jour.
Plus récemment, alors que j'assurais les
fonctions de Receveur à Sbeitla, j'ai pu
me rendre compte que tu veillais fort
tard dans la nuit pour mettre à jour ton
travail. (J'en faisais d'ailleurs autant – à
l'époque il n'y avait qu'un seul agent à
Sbeitla – j'ai obtenu le second au cours de mon intérim)
Chaque soir je te téléphonais invariablement
entre 11 heures et minuit et je ne me souviens
pas ne pas avoir reçu de réponse de
Kasserine. Chaque fois tu m'indiquais que
tu étais las et que ton courage faiblissait.
Je me suis même rendu un dimanche
à Kasserine pour t'engager à persévérer. Au
cours de cette visite j'ai constaté que les opérations
relatives à la vente du blé aux indigènes
étaient beaucoup plus nombreuses
qu'à Sbeitla – – – –

J'ai compris alors tes découragements.
Je pense que les efforts que tu as fournis au cours de ton séjour à Kasserine n'auront pas été vains –
Ton passé administratif, que M. Lanfranchi a suffisamment exalté par ailleurs, rendra ta défense plus aisée –
Je te serre bien cordialement la main

G. Ant

Antony Gaston
Commis.
Tunis RP

Il faut reconnaître à Béchir les efforts qu'il déployait pour assurer un certain confort, il ne lésinait pas sur l'hygiène médicale de ses enfants qu'il faisait suivre par le médecin de famille (gibecière en cuir et chapeau melon). Une puéricultrice venait à domicile donner ses conseils à la jeune maman et surveiller l'évolution des bébés. Le père travaillait d'arrache-pied pour subvenir aux besoins. La population de la ville était fière de voir un arabe travailler dans la fonction publique, au même titre qu'un Français. La poste ne revêtait-elle pas une importance cruciale dans l'administration ? Transmissions, opérations obligeaient de transiter obligatoirement par le crible des agents de guichets. Bien qu'introduit dans le service, le jeune fonctionnaire n'était pas à l'abri de certains comportements régis par l'esprit colonialiste de l'époque, la discrimination raciale et les regards biaisés. Il fallait composer avec ce contexte où la suprématie de la France coloniale s'imposait, bien que le citoyen soumis à l'application de lois souvent arbitraires, commençât à se manifester. À travers l'affiliation aux idées syndicalistes et progressistes et les indigènes voulaient atteindre l'objectif d'une politique générale pour se libérer.

J'ai trouvé dans les archives constituant le dossier administratif de mon père une lettre qui rapporte l'honnêteté intellectuelle et la conscience professionnelle de Béchir. J'ai jugé utile de l'insérer dans cette rubrique, relation-travail-et-répression pour attirer l'attention du lecteur sur ce que fut réellement, la répression administrative imposée aux bons éléments arabes. Malgré ces tensions Père continua à défendre les droits des travailleurs :

« Travailleurs réveillez-vous ! Conscrits pour la guerre, à la révolte ! Ouvriers de Damous el Mina, chantez cette longue plainte pour évoquer vos peines et dénoncer la fatigue des miniers de Rédeyef et de Metlaoui, exploités sans merci ! »

Béchir réfléchissait comment procéder pour améliorer la condition du travailleur et de l'ouvrier. Le moment était-il propice, tenant compte de la conjoncture, on pouvait à tout moment buter contre l'arbitraire des passe-droits résultant de l'application des mesures répressives, jusque dans l'administration. Heureusement que la convivialité des maisons voisines de juifs d'italiens et de quelques européens imposait le respect de l'individu et facilitait les rapports. Grâce à Dieu, cela compensait la fatigue. La compétitivité dans les rangs de l'administration française n'admettant pas de faille, il fallait prouver des compétences sans bavure. Béchir était de ceux dont l'émulation constante, lui fera respecter le règlement, mais il recherchera la brèche qui lui permettrait de revendiquer ses droits et d'exprimer ses idées syndicalistes. Ma mère lui reprochait souvent sa façon directe de dire les choses, jusqu'au jour, où le comportement subjectif du Receveur et sa prise de position, au profit d'un agent contraria Béchir qui ne mit pas de gants pour manifester son mécontentement. L'arrivée d'un certain Georges, muté à Mahdia avait fait prendre des décisions au chef de la poste qui s'était permis de déloger Béchir du guichet pour le reléguer dans un autre espace. Béchir ressentit une forte humiliation et menaça le principal de dévoiler à l'inspecteur régional les arcanes des bureaux.

لو كان القاضي عظومي والمفتي عظومي ولمن نشكي يا اهومي

Traduction :
Si le Cadi (juge musulman civil et religieux) s'appelle Adhoumi
Et le Mufti s'appelle Adhoumi,
À qui pourrais-je adresser mes plaintes ?

Dira un jour *Méma* Ftima pour calmer son fils. À la poste, le Receveur mit en joue monsieur Béchir dont l'attitude lui paraissait arrogante, il fera valoir un prétexte dérisoire pour gratifier le fonctionnaire d'un procès-verbal claironnant !

« P.C.V », me dit ma mère en continuant de raconter. Elle avait, dit-elle, absorbé toute la colère de son mari ce jour-là.

« Cela est resté ancré dans ma mémoire, *ya bnaïti* ! »

L'épouse avait l'habitude de tout faire en chantant et l'incident passé sa gaieté primait. Souvent le matin dans une visite-éclair, Ftouma bint Lagha poussait la porte pour s'enquérir de bonnes nouvelles de Soumeya et de ses trois petites filles.

Ce jour-là, Ftouma lui tint compagnie pendant que la maîtresse de maison confectionnait son *tajine jenina* encadrée par les conseils de la voisine qui ponctua : « *Elli yaati boromtou, yaaty horomtou* ! » (donner sa cuisine à autrui, c'est lui léguer son pouvoir) et Soumeya prenait en considération l'expérience des aînées qui lui expliquaient les biais et les astuces. Quel plaisir éprouvait-elle à fignoler ses plats aidée par sa petite négresse qui lui pilait l'ail, ravivait les braises des canouns calés sur les briques du potager !

Soumeya rajouta les derniers ingrédients dans la *mhamssa* au poisson qui sentait la fraîcheur du rivage. Des humeurs s'échappaient par les lucarnes alléchant les babines des passants. Midi passé, la clé tourna dans la serrure, un bruissement furtif s'en suivit puis l'ordre rétabli, la table dressée, les enfants calmés, la serpillière humide cachée, on salua, par un grand silence, l'entrée de papa ! Soumeya remarqua la mine renfrognée de son homme, mais étaient-ce les signes d'une grosse fatigue ?

Elle temporisa en détournant l'attention de Béchir sur ses petites. Le balbutiement de l'une, les premiers pas de l'autre, la bise de l'aînée... déridèrent à moitié le père et on attendit patiemment le soulèvement du cratère, alors que Soumeya posait la soupière fumante sur la nappe ! En servant, elle repêcha dans le bouillon un piment dont elle agrémenta l'assiette. Son époux évitait d'habitude les plats épicés, mais fit honneur en dégustant la soupe. Béchir s'arrêta, il releva la tête et sa colère contenue depuis la poste, éclata librement. Le prétexte du poivron véreux à l'intérieur l'invita à s'extérioriser, il savait que cet accident était indépendant de la volonté de sa femme qu'il savait parfaitement propre et très méticuleuse. La malchance voulut que sous des dehors lisses et beaux, le poivron avait un visage pourri à l'intérieur.

« Ô lustré du dehors, montre donc ton véritable visage au-dedans », dit le dicton. Soumeya acquiesça en buvant la charge comme un catalyseur, mais depuis cette leçon magistrale, elle jura de ne plus se fier à l'écorce ! Longtemps, ma mère fera allusion à cet incident pour attirer notre attention sur la propreté des légumes.

« Prenez garde, cela peut arriver au plus malin ! » disait-elle. L'incident clos, les moments agréables reprirent et l'histoire s'embellissait. Au cours de l'année, l'ordre de mutation contraria Soumeya, elle regrettait de quitter les instants heureux vécus à Mahdia, tout paraissait à ses yeux, exceptionnel, comme, cet événement fabuleux qui marqua les annales de la ville ; la famille Ben Romdhane s'enquit de belles filles en Turquie et le Caïd si Mohamed alla jusqu'au Bosphore demander la main de ses brus dans les familles d'Istanbul à l'instar de prédécesseurs ; Kateb de Djerba, Hamza, Lagha de Mahdia, Bouchoucha à Tunis sans oublier les navigateurs qui dans la Tunisie ottomane se dirigèrent vers la capitale-mère pour prospecter commerces, cultures et affinités.

En réceptionnant le convoi transportant les mariées, *si* Mohamed avait fait construire une skala à partir d'une plage attenante à ses terres privées. Le bateau fut amarré discrètement, les jeunes épouses mirent pied sur la terre d'Afrique et le débarquement fut caché à la curiosité des gens. Les langues commentèrent l'évènement et le faste coutumier. Le soir de noces de ces enfants de seigneurs fut claironné par les adeptes du *hezb* alignés en rang, parés de *djibayeb* et *branes* d'un blanc immaculé, les *arassa* bouclèrent la rue pour fêter l'entrée des jeunes époux. Dans l'intimité la meilleure *hadhra* égrena son répertoire pour faire danser la bourgeoisie réunie dans la richesse, l'élégance et l'authenticité. Ma mère évoqua l'harmonie architecturale des maisons dont l'intérieur reflétait la finesse de l'art arabo-islamique, les colonnes terminées par des ogives sculptées contournaient la cour dallée de marbre, au centre, la fontaine en onyx alimentait les bassins garnis de faïence et parfumés par les guirlandes de jasmin et d'aubépines.

Dans le *majliss*, les plafonds enjolivés de poutres dégradées et pastel rappelaient les dorures de l'art vénitien. Candélabres, opalines, frontons de stuc, embrasures garnies de satin damasquin, nacre des meubles incrustés, poil ras des tapis *ajam*... tout passa par le verbe suave de ma mère. Les ottomanes venues d'Istanbul représentaient à l'époque la première fournée du général Kamel Atatürk qui voulut inonder la Turquie dans un bain de modernisme l'ouvrant sur la culture européenne, les langues étrangères et les optiques d'un monde nouveau.

Les belles filles accostèrent sur les rives de la presqu'île de Oubeid Allah el Mehdi. Les mariées troquèrent leurs robes incrustées de perles et de dentelles satinées dont le style rappelait les années « rétro » de la Turquie d'avant-garde pour revêtir la *kmaja* superbe dans une ville qui se glorifiait de son titre d'ancienne capitale. Kairouan et Tunis étaient connues alors par le raffinement, la politesse et la délicatesse des sentiments.

Mahdia. Juillet 1931

Avant le déménagement, les familles invitèrent le couple et ses enfants. La peine au cœur, les voisines embrassèrent Kalthoum, Kafila et Jamila nées sur leur sol. Les spécimens frétillants des côtes de Zouéla ou du Remal conjugué au savoir-faire des cuisinières, donnaient le suc secret de toute cette gastronomie savoureuse et le goût au couscous délicieux.

Comme en témoignent certaines archives, Béchir avait rodé son expérience grâce aux premières années de service sanctionnées par de bonnes appréciations et les déplacements s'avéraient impératifs pour améliorer son grade. Il quittait une panoplie d'amis sûrs et sincères élevés dans le culte des valeurs humaines, mais c'était le tribut de la caution. Les mêmes penchants, les mêmes principes, le même esprit de militantisme l'avaient lié à ces familles. Pour certains, il subit avec eux le choc provoqué à l'âge de l'adolescence par le contact avec la capitale et son influence décisive sur leur mentalité et leurs comportements. Tahar Sfar, natif de Mahdia en 1903 n'avait-il pas partagé comme Béchir les premières années d'études avec toute cette jeunesse tunisienne dont le destin historique lui avait fait connaître l'ébranlement de cette confrontation entre deux cultures, également belles ? *Si* Sadok Boussoffara, *si* Mohamed Zaouali et la liste serait longue.

Soumeya laissera incontestablement une partie d'elle-même dans ces lieux tant aimés. Le fait d'adopter leurs manières dans l'art culinaire ou dans le port de leur costume gracieux fut un choix décisif et personnel. Elle n'oubliera pas sa fierté d'avoir enfanté ses trois fillettes dans les bras affables des familles Chlaïfa, Hamza, Lagha, Khouadja, Sfar, Baffoun et autres. Elle reconnaîtra à la puéricultrice italienne les services prompts et réguliers qui l'aidèrent à bien élever ses filles. Elle inclura dans sa mémoire l'amabilité de la couturière juive, la gentillesse de ses voisines françaises dont les jumelles, Marie et Lucienne, passaient leur temps à se disputer la priorité de pouponner les petites de « Mam' Bachir » comme disait madame Fouchet leur mère. À l'occasion, je souriais chaque fois que ma mère prononçait « Licien et Fouchi ». Mais en posant le stylo, je ne pouvais que m'ébahir devant autant de précision et de certitude, édifiées à travers l'évocation de ces souvenirs !

Sousse 1931

Comme le stipule le document (changement de résidence) dans la recette postière de Sousse, le 10 août 1931, Béchir fut promu commis principal. Père entreprenait tout avec opiniâtreté même à ses instants de détente, il s'imposait la soif de l'autodidacte par la lecture et par l'ouverture de l'esprit sur les événements du monde. « Il fallait, disait-il souvent, s'armer de ses droits en apprenant à les connaître ». La famille vécut d'abord dans une maison située à la corniche pas loin de sidi Dhaher, le Ouali Saleh. Dans la maison voisine habitait madame Balise. La maman de Marie-Rose qui allait chercher tous les matins sa fillette, depuis l'école des Sœurs s'était proposée d'accompagner les deux enfants pour libérer Soumeya, occupée à déballer son déménagement.

Circulaire N°45

Du 14 Mai 1932

I-Intérims 1932.Attribution des Postes.

Nom de l'agent	Grade	Résidence	Poste attrib
Ives	Commis	SFAX	Maknassy
Tron	" auxil.	Bizerte	Makthar(int.D
Michel	" Princ.	Tunis RP	La Marsa
Allesandri	" Princ.	"	Maxula-Radès
Vieu	Commis	Bizerte	La Pécherie (inter.Doub
Boé	Cs" Adjoint	Tunis CP	St-Germain
Martel	" Princ.	Tunis RP	Téboursouk (inter.Dou
Fenech	Commis	Sousse	Djemmal (inter.Doub
Bouhafa Béchir	Cs 1re	[illegible]	[illegible] 24 juin

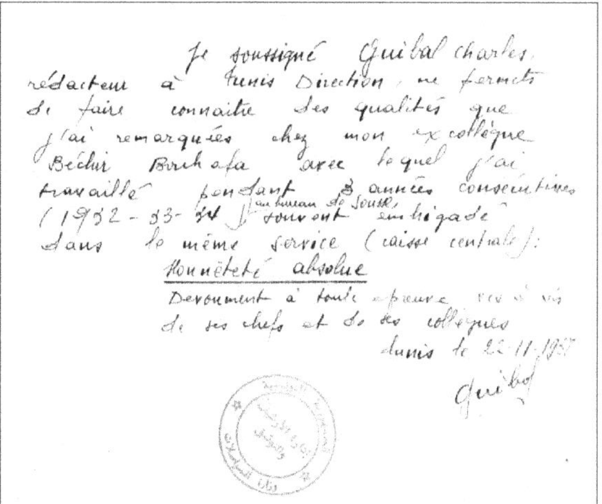

Je soussigné Guibal Charles, rédacteur à Tunis Direction, me permets de faire connaître les qualités que j'ai remarquées chez mon ex collègue Béchir Bouhafa avec lequel j'ai travaillé pendant 3 années consécutives (1952-53-54 au bureau de Sousse, souvent en brigade dans le même service (caisse centrale) :

Honnêteté absolue

Dévouement à toute épreuve vis à vis de ses chefs et de ses collègues

Tunis le 22-11-1957

Guibal

La ville de Sousse, reliée à Fériana par le réseau ferroviaire, pourrait acheminer dans l'avenir denrées et colis aux enfants, Abed pensionnaire au lycée classique put passer ses dimanches en famille, on s'organisa très vite et le lycéen eut pour mission ce jour-là d'aller cherché Kalthoum et Marie-Rose à l'école enfantine. La mère supérieure directrice de l'institution refusa de confier les enfants à ce jeune homme qu'elle ne connaissait pas. Cependant, elle appela la fillette à l'écart pour lui poser la question suivante : « Reconnais-tu ma petite le jeune homme qui est debout devant la grille?» (Propos intégralement rapportés).

— Mais c'est tonton !, répondit Kalthoum en jouant avec le ruban de sa natte.

La supérieure sourit en guise d'excuses et dit au jeune oncle ;

— Alors vous pouvez prendre votre nièce, je suis rassurée !

Abed donna les deux mains aux fillettes qui chantèrent jusqu'à la maison, le répertoire appris dans la classe des papillons !

Le couple déménagea dans un immeuble au centre-ville. L'appartement au premier étage faisait face à la demeure des familles Charnine, Skandrani et du Docteur Sakka *fil bab el kibli.* Sur le même palier, madame Fanbonn devint l'amie voisine du couple. La Française se permettait au fil des jours des incursions discrètes prodiguant, des conseils dont elle faisait part à Soumeya spontanément dans son accent pied-noir. Elle lui dit un jour, à propos des visites fréquentes des membres de la famille ; « *Inti ya madame* Bouhafa, *tikhdim ala ouled omek* ! »

La réflexion fit rire Soumeya en cascade, n'était-elle pas la sœur aînée, la femme du frère aîné ? Forte de sa jeunesse épanouie, munie d'une santé de fer, elle remplissait avec cœur son rôle de mère, d'épouse, de sœur et de belle-fille. L'angoisse que manifestait sa mère à partir de Fériana se transmettait à elle, quant à l'avenir des deux frères. Leur père les poussait vers ce plus que confèrent les études aux personnes déjà élevées dans le respect des valeurs et du civisme. Les déclinaisons grecques et latines consolidèrent leurs connaissances et la langue de Voltaire leur permit de s'exprimer librement dans cette Tunisie tourmentée, rattachée au courant de la Nahdha par les Zitouniens et reliée bon gré mal gré aux grands mouvements idéologiques de l'histoire moderne, par cette jeunesse francisante.

Grand-père s'inquiétait à partir de Fériana et Soumeya temporisait comme elle pouvait. Béchir se responsabilisait en aîné, supervisait la conduite de ses cadets. Soumeya faisait valoir pour clouer le « bec à tous » leur assiduité au collège. Comme tant d'autres, les élèves Kadem et Abed nourrissaient déjà des idées nationalistes. Proviseur et professeurs, conscients de la gravité du mouvement patriotique distribuaient des remontrances pour tarauder les éléments perturbateurs.

« Gare à ces jeunes dangereux ! » pensaient alors les Français.

En passant le chiffon en daim, Soumeya remarquait la poussière homogène, « Tu sais Abed, tes bouquins n'ont pas été dérangés, comment arrives-tu à lire tes leçons *ya khouya* ! »

« Ô grande sœur ! Il est vrai que pour une analphabète, tu es l'intelligence même, *ya dhkya !* disait-il.

Le short, la raquette de tennis, les Spartiates, les cours de boxe servaient continuellement d'alibi et les terrains civils en dehors du lycée, autant d'endroits propices à ces jeunes pour se rencontrer et échanger leurs idées autour du Destour. Ce qui leur a valu en 1930 des problèmes, à la suite d'une manifestation organisée à l'intérieur de l'établissement.

« *Quant à moi, je dois confesser que je n'étais pas le moins affecté de rencontrer l'homme (Bourguiba) qui a été depuis mes années de lycée avec le Cheikh Thaâlbi, la référence de mon patriotisme* » dit Abed Bouhafa en 1942 lorsqu'il rendra visite aux détenus au Fort Saint Nicolas à Marseille.

À l'époque, les élèves indigènes souffraient des attitudes désobligeantes et le mépris flagrant engendrait dans le cœur des arabes un sentiment de haine et de rejet. J'ai retrouvé dans une lettre de recommandation du Directeur de l'OFALAC à Paris, rédigée à l'attention de monsieur Saumagne trace de cet incident. Ma mère raconte comment les quelques arabes se confrontèrent avec leurs camarades de bancs ourdis d'idées impérialistes lors du soulèvement général contre la politique de l'assimilation et de la naturalisation de masse. Bien que sept années sur l'affaire « scolaire » se fussent écoulées, la lettre fait allusion à ce passé qui pouvait émerger pour compromettre, ne serait-ce qu'une bourse d'étude !

Je n'ai pu m'empêcher de porter hommage à *Azizi* qui fut, pendant toute sa vie, le défenseur de la grandeur universelle de la culture.

Avant de partir pour la France, Kadem s'était manifesté par ses idées patriotiques et n'hésitait pas à les afficher. Au Collège Alaoui et au lycée classique de Sousse, ses amitiés s'étaient nouées autour des premiers Ben Miled, Mahmoud el Materi, Boulekbech, Abdelmoula, Klibi, Zaouali, Bourguiba, Habib Thameur, Sfar, Guiga et autres qui se rangèrent sur le pas des anciens adhérents du Cercle du Tunisien. La Tunisie de ce quart de siècle vivait une époque d'*Islah*. Les premiers humanistes formés à la Zitouna, à Sadiki, el Khaldounia tels que les érudits Ali Bach Hamba, Sfar, Salem Bouhajeb, Abdelaziz Thâalbi, Taoufik el Madani, Tahar et Fadhel Ben Achour, Tahar el Hadad et Larbi el Kabadi eurent le mérite d'avoir contribué à cette réforme intellectuelle en Tunisie. Mais les idées de Thâalbi fouettèrent l'élan de l'individu et l'aidèrent à prendre conscience de son identité arabo-musulmane vis-à-vis de lui-même, puis face au colonialisme. L'objectif exprimé à travers les articles du Leader publiés dans un journal comme *Le Tunisien*, renforceront l'idéologie de la masse. La plume féconde de Thâalbi dénonçait les véritables aspirations du protectorat qui tentait d'effacer l'identité arabe et de spolier l'autochtone par les impôts pour le ruiner puis l'exproprier. Ses idées lui valurent d'être éloigné de son pays par décision de la Résidence.

Au lendemain de la première guerre mondiale, les pays colonisés avaient placé toutes leurs espérances dans les décisions des grandes nations et Thâalbi présenta en personne une pétition à Wilson pour demander la libération de la Tunisie, au Meeting de la Paix tenu en 1919 à Paris. Le nationaliste afin de gagner l'opinion publique, rédigea un manifeste en langue française : « La Tunisie Martyre ». Le leader fut éloigné de France sur le champ et emprisonné à Tunis, avant de s'exiler en 1923 au Moyen Orient. La capitale porta son deuil pendant trois jours. La constitution de la première cellule du parti Destourien venait de se créer, après les revendications soumises au Bey de Tunis par les membres actifs.

Les jeunes étudiants, entre 1918 et 1930, s'imprégnèrent du sentiment nationaliste directement dans la capitale. Ces idées nouvelles et les courants sociaux-politiques les drainèrent dans un élan patriotique. Kadem se proposera par la fougue de sa jeunesse, une personnalité profonde et une plume prolixe acquise à l'écoute des maîtres et philosophes français.

Tout engagement était consigné par la Résidence, trop consciente de l'ouverture de cette lutte politique et sociale qui secouait l'idéal des Tunisiens pour la réalisation d'un monde meilleur où l'indigène serait libéré de l'exploitation coloniale, patronale et capitaliste par des revendications à l'instruction, aux droits sociaux, contre la guerre et pour la paix. L'éloignement en France pensa le père, dériverait l'attention de Kadem pour l'intéresser mieux à ses études, aux belles lettres de Montesquieu et Molière.

Si toutes ces choses ne dépassaient pas l'entendement de *lalla* Fatma, elles n'expliquaient pas l'intérêt de ses enfants à vouloir s'afficher par ces idées politiques ; cela l'effrayait et elle se posait des questions ; « Que leur manquait-il ? Choyés, respectés grâce à la notoriété du père. »

Il fallait à son avis que ses fils brillent dans leurs études en disputant bon gré mal gré le rang aux fils des colons. Mais vouloir se mêler si jeunes aux choses graves c'était, pensait-elle, foncer directement au suicide ! Et puis, ne vivait-on pas une période où les Français briguaient tout ? L'épouse entendait souvent *si* Djilani parler des nouvelles politiques, de *hizb* Thâalbi, de Khelil Nazoughli, du vieux Destour. Elle n'ignorait pas qu'un élève de Sadiki avait entraîné ses camarades en leur inculquant ces idées nouvelles ! Les réunions secrètes les avaient maintes fois groupés autour d'un Bourguiba qui promettait l'avenir de la Tunisie ; « *Khraj danfir mil mistir, el oummam fih tehir*. »

مِنْ المِسْتِيرْ خْرَجْ دِنْـقِيرْ الأمَمْ فـيهْ اتْـحِيرْ!

Alors que la France puissante interdisait les meetings et les rassemblements, les jeunes s'agrippaient à cet idéal mais que leur réservait l'avenir ? « *Ya rabbi tostor !* » disait la mère pour apaiser sa tourmente... *Lalla* Fatma pensa à Soumeya puis à la petite Zohra scolarisée à Sousse. Âgée de dix ans, Béchir l'inscrivit chez madame Langela à l'école des sœurs afin qu'elle obtienne son certificat d'études. L'écart d'âge n'étant pas grand entre la petite tante et sa nièce, il leur arrivait de se quereller pour des futilités comme tous les enfants du monde. La plus jeune des filles du Kalifa était gâtée et Kalthoum adorait son père. « Tu sais, disait-elle, à Zohra fraîchement débarquée de Fériana, papa est *souri*, il s'habille à l'européenne et ton père, lui, revêt comme les vieux, la jebba et le burnous. »

Je me suis marrée à cette réflexion car, à présent, on peut mieux analyser l'esprit de certaines choses que nous avions subies sous le colonialisme. Il était sans ignorer que les contacts avec les petites françaises sur les bancs du primaire, provoquait une certaine gêne et nous avions tous connu jeunes, l'ébranlement de cette confrontation entre deux cultures où s'intégraient des éléments appartenant à des civilisations différentes. Que de fois nous sentions la nécessité de dire que nous aussi, nous étions françaises, comme nos camarades de banc, même si au fond nous reniions dans l'âme leurs procédés ; l'exemple frappant de cette réflexion sortie spontanément de la bouche de Kalthoum qui en grandissant vouera toute son adoration à ce grand-père, si élégant dans son habit traditionnel, ce Djilani el Bouali el Accari.

Parmi les événements qui marquèrent cette tranche d'années de 1930 à 1933, le plus terrible fut vécu par les parents quelque temps après leur installation dans la ville de Sousse. La petite sœur Jemila était ravissante avec ses yeux verdâtres, ses cheveux châtains éternellement ramassés par un ruban, elle ressemblait dit-on à l'aînée Oum Kalthoum. Lorsque pour la sevrer, sa mère l'initiait petit à petit aux plats non-épicés, l'enfant ne manifestait aucune réticence. Dans son menu du jour, elle dégusta un œuf qu'elle semblait avoir bien digéré. Le soir même, la petite manifesta des malaises et le docteur Uzan diagnostiqua une entérite. Dans les premiers secours on tenta de faire descendre les pics de fièvre par des cataplasmes de guimauve bouillie, des enveloppements et des pansements à l'eau de rose indiqués par les médecins. La panique s'empara des parents et Béchir dut réunir un groupe de médecins au chevet de la petite malade. Malgré la surveillance continue et l'administration de piqûres d'eau de mer dans le ventre de l'enfant, l'état de Jemila empira. Les Docteur Sakka, Ouazzan et Khalfoun (ma mère les énonça tous) constatèrent hélas la dégradation de l'état de l'enfant qui sombra dans un aspect moribond pour rendre son dernier souffle un matin du 19 novembre de l'année 1931.

الصَبْرْ مَا كِيفَه دْوَى لِلْقَالِقْ   وْمَا اثِمْ حَاجَه إلاّ بِإذْنْ الخَالِقْ

Traduction :
La patience est mère des remèdes
Et rien ne se décide sans la volonté de Dieu

Après avoir décliné cette citation ma mère se tut visiblement remuée par un sentiment qu'elle avait enfoui quelque part dans son être et qui resurgissait dans toute sa gravité : « Les filles comme un diadème rehaussent l'honneur familial et couronnent la tête des parents » dit-elle.

حَتَّى البْنَاتْ يُفَخْرُو ويـزَيـْنُو   ويطَوْلُـو فِي العُمُرْ مِشْ يهـينُو

Soumeya était bien concernée, elle qui avait d'abord aligné quatre filles avant d'enfanter « du garçon » !

Les évènements se chevauchant, l'année 1931 marqua une date importante dans l'agenda familial, l'acquisition du domaine de *Dar-el-Bhar* à Zarzis. La maison construite en 1898 par l'anglais Bredinger, passa en dernier lieu à William Carlton qui logea ses brus dans les deux ailes des fils Charles Walter et Edwin Carlton. Les deux belles-filles s'étaient disputées et William prit la décision de restituer le domaine aux premiers propriétaires. De même que Charles Walter et Edwin Carlton, joueurs et buveurs invétérés, se trouvèrent dans l'obligation de vendre leurs appartements à la famille Robanna, au Gribis dans les champs mitoyens au domaine Gauffretteau. D'après les témoignages, les frères Carlton ont dilapidé leur fortune dans les casinos de baccara sur la côte à Marseille et à Nice : « la goutte d'or de l'huile d'olive oblige ! »

Béchir et *si* Djilani se partagèrent les frais et ma mère me relata l'historique d'un bijou qui lui appartenait et dont elle me fit cadeau à la naissance d'un de mes enfants. « Tu sais, dit-elle, j'avais proposé à madame Balise de prendre en gage le cabochon en attendant que papa ramasse cinquante mille francs pour l'achat de la maison ? » On célébra l'événement, l'Imam Boghdadi arriva accompagné de *jedday* Soltana sa deuxième épouse, après le décès de Bornia bint el Ghaber. La grand-mère Soltana était énorme et imbue de ses origines. La fête, date anniversaire de la naissance du prophète vénéré, leur fit allonger le séjour ; Abed se réjouit de retrouver Baba Boghdadi qui l'avait entouré avec tant d'affection, pendant l'absence du père retenu en France pendant la guerre de 14-18.

Le jour du *Mouled*, l'Imam revêtit son habit blanc pour aller au Djamâa el Kabli et rencontrer les Cheikhs, aînés des familles Bouraoui, Ben Chrifa, Ben Zina, Mâarouf, Zine el Abdin, Ben Hamida et autres. Ils déclinèrent entre adeptes le cantique religieux et *Bahr addouaa* avant de faire honneur au *tabsi* plein de *assida* avec un coulis de beurre et de miel saupoudré de fenugrec.

Respectueuse des coutumes, Soumeya avait malaxé depuis la veille la pâte de henné pour célébrer la fête. Elle alluma les cierges et embauma la maison de kumari. Ses fillettes s'étaient endormies avec leur cocon empourpré dans la main. Tard dans la soirée et dégagée de ses obligations, elle se proposa d'enduire de henné les mains de *lalla* Soltana. L'anecdote croustillante rapportée par ma mère à l'évocation de cette page de souvenirs suivit. Mohieddine présent ce soir-là, de passage pour Fériana assistait silencieux à la scène. Ses yeux pétillants et rieurs observaient, tantôt Soumeya qui s'appliquait à son ouvrage et tantôt *lalla* Soltana dont la laideur était à l'antipode du visage combien serein et régulier de l'Imam son mari. Le boudin de pâte sans cesse modelé par les doigts de fée s'étalait en dessin régulier sur les mains grossières et noueuses de *lalla* Soltana. Lorsqu'elle termina de les lui envelopper, la bru se déplaça pour entamer les pieds de la grande tante. Soltana dégagea sa jambe pliée en tailleur, puis dirigea son pied large comme un battoir vers la jatte remplie de henné. Mohieddine ne put alors se contenir, il se baissa puis sur un ton badin glissa à Soumeya : « Ô sœur... ce ne sont pas des membres ! Tu devrais les lui badigeonner avec une écuelle de maçon ! »

Je ne peux m'empêcher de rire à chaque fois que je me représente la scène. Par ailleurs soucieux de rendre à son oncle un séjour agréable, ils optèrent pour une sortie doublée d'une visite au saint-patron sidi Dhaher. Les calèches se suivaient, les provisions débordaient des couffins et les ragoûts mijotés depuis la veille sur les charbons de bois laissaient échapper des odeurs appétissantes. De retour ce certain dimanche, l'Imam Boghdadi avait ressenti des malaises. Le docteur Khalfoun, médecin juif constata une montée de fièvre et diagnostiqua un paludisme. Les accès alternativement chauds et froids épuisèrent tant le malade que toutes les couvertures ne purent le réchauffer contre cette sensation particulièrement glacée, syndrome de la maladie. Béchir tentera l'impossible pour assurer à son oncle le maximum de soins. Certes, bien secondé par sa femme dévouée aux soins de la famille, ils prodigueront pendant près d'un mois les soins à l'Imam qui, petit à petit, entrait dans le stade de la convalescence. (Ma mère parla de l'état grave du malade).

Chacun y mit du sien; amis et voisins. Les urines du malade n'avaient plus la couleur verte occasionnée par l'absorption de quinine (détail émis par ma mère) bien que l'oncle amaigri présentait une mine défaite.

Le calme s'imposait, il fallait ménager le malade, apaiser le bébé en pleurs, sermonner la bonne écervelée qui chantait à tue- tête et obtenir du jeune Abed, qu'il actionne son phonographe en sourdine. Soumeya tentait de concilier ; « Doucement !, proposait-elle à son jeune frère, regarde sidi est triste... la maladie lui a effacé son allégresse, que Dieu le ménage ! »

Ma mère continuait de narrer comme si l'entretien datait d'hier, elle continua : « La musique diffusait un air de Habiba Msika morte depuis peu dans la capitale. L'événement défraya la chronique et le décès de la belle chanteuse bouleversa les communautés israélite et musulmane du pays. Une histoire d'amour possessive s'était terminée dans le malheur et Habiba mourut brûlée sur son lit par un ami, dans sa maison de la rue Sawson à Tunis. Les grands poètes l'avaient pleurée dans des tirades où hommes de lettres et compositeurs affirmaient avoir perdu une étoile dont la voix voluptueuse chantait aisément les classiques d'orient, la poésie d'Oum Kalthoum et les opérettes légères. »

Brisant certains tabous par les paroles de ses chansons légères, Habiba sut captiver l'auditoire masculin, disait-on jusqu'au délire lorsqu'elle se produisait à ses soirées de gala. Ce n'était pas un hasard si le domaine de l'expression artistique a été investi en premier lieu... par la communauté juive dont le milieu moins contraignant et plus conciliant, permit aux premières artistes d'investir le domaine du chant et de la danse, pour faire trémousser les années folles du début du siècle. « Ô voisins pourquoi n'avez-vous pas accouru ? Mimoun a tué Habiba en la brûlant sur son lit avec de l'alcool ! Quelle triste nouvelle et quelle perte pour la scène artistique de Tunis ! »

Résident Général Marcel Peyrouton

فِي تُونِسْ صَارِتْ اغْرِيبَه   إِسْمْعُوا يَا نَاسْ بِثْبَاتْ
عْلَى مِيمُونْ اقْتَلْ احْبِيبَه   حْرَقْهَا بِالسْبِرِيتُوهَاتْ
يَا جِيرَان الحُومَه   عْلَاشْ مَا جِيتُوشْ

L'Imam aimait à écouter les classiques *Taouachih* et *Takassim* et Soumeya suggéra au jeune homme de changer le microsillon. Abed remarquait les traits tirés de sa grande sœur, occasionnés par la charge familiale et soudain, il murmura sur son ton plaisantin : « Ô sœur que dis-tu d'une nouvelle bru qui t'aiderait dans le ménage ? »

انْجِيبْهَا لأمّي كَنّه وتْجي في الدّارْ وتْتْهَنّى   وْعْلَى غِيضْ عمّي وْخَالِي اتْعَاونّا

Il était naturel à l'époque de prendre femme pour assurer l'aide nécessaire au sein des grandes familles où on reléguait à la belle-fille les responsabilités des besognes. Mais à quel dessein le jeune Abed avait-il dit cela, lui dont l'avenir réservera des choses peu communes loin, de son pays et de ses traditions ?

Soumeya ressentait les stigmates d'une grossesse avancée et son souci d'avoir un garçon la taraudait.

Madame Fanbonn, témoin du vécu quotidien, s'associait aux prières de Soumeya. Une réflexion mal venue mit la puce à l'oreille ; un jour alors qu'elle demandait une faveur, son mari fit maladroitement cette confidence : « Et pourquoi ? avait-il dit en riant, parce que tu portes Hassen ou Houssein dans ton ventre ? »

Béchir ne lui avait jamais fait le reproche auparavant, mais Soumeya comprit que les propos de son mari n'étaient en fait qu'un légitime souhait d'avoir le garçon après ses trois filles.

Fériana 1933

Les vacances de Pâques sonnaient aux portes quand Soumeya rejoignit sa famille à Fériana. Une visite médicale s'imposait, et madame Gilberte lui annonça les signes préparatoires de l'accouchement. Soumeya formula le désir de se rendre au mausolée de sidi Abbas et sidi Ahmed Tlili et *lalla* porta les offrandes et les provisions aux pauvres, logés dans la zaouia. En franchissant le seuil on alluma les bougies, on parfuma d'encens l'espace vénéré et Soumeya commença ses incantations : « *Ya sidi Abbés ou ya sidi Ahmed Tlili Jahkom karib and Rabbi Otloubou maaya inchallah nouled bitfol* ». Leurs prières formulées, elles offrirent le dû symbolique, monnayèrent la gardienne des offices, enduisirent le *thabout* de henné, puis Négus les ramèna vers le Kalifalic.

La belle saison s'annonçait, les fleurs des abricotiers et des amandiers bourgeonnèrent. De bon matin Aïcha Halabez passa à la maison, les mains chargées d'une marmite fumante.

«*Ya lalla* Fatma, fit-elle en entrant, j'apporte à Soumeya *jeghoum bil firmas.*» (spécialité des hautes steppes, cette soupe se préparait à base de céréales, de légumes secs auxquels on ajoutait aux condiments, une poignée d'abricots séchés et pilés finement). Le sucré-salé donnait toute sa saveur au plat que Soumeya dégustera jusqu'à l'épuisement.

La journée du lendemain, Aïcha Radhia naquit par ce 13 Avril 1933 à Fériana. *Si* Djilani avait mis en garde la sage-femme et la cour environnante pour éviter d'annoncer crûment la nouvelle à Soumeya, si elle enfantait d'une fille, peur d'un choc émotionnel. La déception fut grande, mais *lalla* Fatma et le personnel suivirent les recommandations et surent épargner cette contrariété à la maman par une présence continuelle et des gestes attentionnés. Grand-père ordonna qu'on célèbre le *seboua* comme pour les naissances précédentes. Par ce jour de *Dhou-al-Hajja*, on égorgea les moutons et on dirigea la *kassâa* d'offrande aux malheureux, n'était-ce pas le désir d'Allah et il fallait le remercier ? L'homme devait s'en référer au tout puissant quelle que soit la circonstance !

Grand-père pénétra dans la chambre claire obscure. En s'asseyant, il posa la main sur le front de Soumeya, lut quelques versets du livre sacré puis implora la miséricorde pour qu'Allah allège les souffrances de l'accouchée. « Puisse Dieu te donner l'amour nécessaire pour aimer l'enfant qui vient de naître *ya bnaïti* et bénir de grâce ce petit ange innocent. Aïcha el Aoudia vient de mourir, Aïcha Radhia est née », dit-il en terminant par la *fatiha*, les paumes ouvertes.

Dans une longue poésie qui pleure la pieuse défunte, Abderrahman el Harim commence par cette phrase :

مَاتِتْ رَاضِيَهْ عْلِيهْ العْودِيّهْ   وْجِبتْ الغَلّهْ صَالْحَه ونِجْحِتْ الذّرّيَه

Traduction :
Aïcha el Aoudia laissa une progéniture sérieuse et entreprenante.

Le patriarche donna le nom de Aïcha Radhia en hommage à sa mère défunte et les prisonniers gouttèrent au couscous de la baraka à l'occasion de cette quatrième naissance chez Béchir et Soumeya.

Dans la geôle, l'aile des femmes était en effervescence depuis le matin: Kheira el Gharbia libéra Sghaïra pour la recommander à Mohamed Zlassi sur ordre du Kalifa qui menait l'enquête. Après une fugue du domicile conjugal, la jeune *Tameh* fut malmenée par sa belle-famille et emmenée de force à *Dar el adil.* Le Kalifa entendit les deux parties puis ordonna la retenue des conjoints pour la garde à vue. Zlassi accompagna la bédouine dans la maison pour l'éloigner de peur que la belle famille ne l'agressât. « Essayez de discuter avec elle, mettez-la à l'aise et occupez-la par des besognes... ».

Sghaïra pénétra dans une des chambres, elle releva la tête et vit le portrait du Kalifa, elle le détailla debout, la main serrée sur le pommeau de sa *khayzrana.* « Mais, remarqua-t-elle, c'est la maison d'*el hakem* ici ! Ce n'est pas la geôle ».

— Ô Sghaïra, dit une voix, pourquoi ne te raisonnes-tu pas pour réintégrer le domicile, que reproches-tu à ton mari ma petite ? »

De l'autre côté, Mohamed Lazâar lui aussi, attendait la décision de l'autorité. Sghaïra hocha la tête pour répondre en parlant de son époux Mohamed Lazâar qu'elle avait fini par haïr, elle dit les yeux révulsés de dépit :

مَخْيِبْ اِلْحَاتَهْ يَنْعِلْ حَالاتَهْ   ابْحَالْ فَصْلَهْ الشَّيطَانْ في غِيبَهْ رَبِّي

Traduction :
« Quelle barbe hirsute et quelle laideur ! Que le malheur s'abatte sur toi ô caricature monstrueuse que Satan modela, en l'absence de Dieu ! »

Le blasphème sorti de la poitrine libérait l'oppression de la jeune Sghaïra mariée contre son gré. Le mariage non consommé avait poussé le conjoint à des voies de faits punissables. Dans ses coulisses, grand-mère plaça la jeune prisonnière dans un coin du patio en l'occupant par un tas de laine à carder. L'enquête se poursuivait dans les bureaux et Mohamed Lazâar suppliait : « Sire Djilani, je te conjure par l'amour de lilla et de ses beaux cheveux de ne pas prononcer la séparation » / « Sire Djilani pour l'amour de lilla et de sa jolie mèche, laisse Sghaïra rentrer dans sa chaumière ! »

سِيدِي الْجِيلانِي بْرَاسْ لِلَّهْ وْسَالِفْهَا   واصْغَيْرَهْ عْلاشْ اطْلَقْهَا؟
سِيدِي الْجِيلانِي بْرَاسْ لِلَّهْ وْخَجْلِتْهَا   واتْرُدْ اصْغَيْرَهْ لَعِشْتْهَا

Avant de présenter la jeune Sghaïra à l'autorité, Kheïra lui demanda : « Regarde ô fille, tu es bien ici ! Tu préfères rentrer dans ton gourbi ? C'est dur (continuait la geôlière pour sonder l'état d'esprit de la fugueuse) le travail de l'alfa, la marche pénible dans les steppes... »

Acculée entre deux choix de servitude, la bédouine préféra d'être la servante d'un mari laid plutôt que de faire partie du personnel d'une maison de seigneurs ! La raison égarée revint à la jeune tête de linotte et elle se remit à carder en chantant : « Sire Djilani, je te conjure par l'amour de ton fils Kadem de libérer mon mari prisonnier. »/ « Sire Djilani, je te conjure pour l'amour de Kadem de renvoyer le détenu à son foyer. »

سِيدِي الْجِيلانِي بْرَاسْ الكَاظِمْ وْشَاشِيتَهْ   رُدْ المَرْبُوطْ يِمْشِي لَبِيتَهْ
سِيدِي الْجِيلانِي بْرَاسْ الكَاظِمْ وْكُنْتْرِتَهْ   رُدْ المَرْبُوطْ يُولِّي لَمْرْتَهْ

Nous remarquons le comportement servile des indigènes face à toute autorité, lorsque Sghaïra s'adresse au Kalifa pour qu'il élargisse son conjoint, elle le supplie (en mot à mot) par la savate de Kadem, le fez de Kadem, la mèche de *lalla* Fatma qui en définitive représentent les signes de notoriété.

Les paroles de Sghaïra, suppliant l'autorité et mettant en exergue le rang social de son fils, rappela au père l'ordre d'arrêt formulé le 26 Juillet 1933 par les autorités françaises à l'encontre de Kadem revenu au pays embrasser ses parents. L'incident qui eut lieu à Fériana cette année est rapporté par ces deux documents.

RÉSIDENCE GÉNÉRALE DE FRANCE
A TUNIS

CONTROLE CIVIL
DE THALA

N° 1470.

OBJET

Fériana-A.S.arrestation de Kadem Bouhafa, fils du Khalifa

Intérieur

Thala, le 3 AOU 1933

Le Contrôleur Civil de Thala

à Monsieur le Ministre Plénipotentiaire, Résident Général de la République Française, à Tunis.

Comme suite à ma lettre n°1419 du 26 Juillet relative à l'arrestation de Kadem Bouhafa, fils du Khalifat de Fériana, j'ai l'honneur de vous adresser ci-joint le rapport de M.LABONNE, Contrôleur Civil suppléant à ce poste, qui s'est livré à une enquête minutieuse sur cet incident.

--dossier--

J'estime que la Gendarmerie de Fériana a exagéré l'importance des propos tenus par KADEM BOUHAFA, le délit d'outrage ne m'apparaissant nullement caractérisé. Par ailleurs, ainsique je vous le signalais dans mon rapport confidentiel n°952 du 2 Juin dernier, SI DJILANI BOUHAFA, Khalifat de Fériana, dont j'ai toujours apprécié le loyalisme et la fermeté, avait contraint son fils KADEM à rentrer au foyer paternel pour le soustraire à l'influence des milieux extrémistes de Bordeaux et le ramener dans la bonne voie. Il eut été le premier à réprimer sévèrement toute incartade de son fils et il est particulièrement regrettable que la Gendarmerie de Fériana ait agi à son insu et sans en référer à personne. Ainsi qu'il est mentionné dans le rapport ci-joint, Kadem Bouhafa a été relâché sur l'ordre du Parquet de Sousse.

Des maladresses de ce genre ne sont pas faites pour apaiser les esprits, mais sont susceptibles, au contraire, de provoquer une agitation inopportune. Il y a lieu, à mon avis, de faire adresser des remontrances au chef de la Brigade de Gendarmerie de Fériana pour son manque de mesure et de doigté dans cette affaire ./.

11 SEPT. 1933

Le Résident Général de la République Françai
à Monsieur le Commandant de la Compagnie de Gendar
merie de Tunisie

à TUNIS

J'ai l'honneur de vous transmettre ci-joint, en communication et à charge de retour, un dossier relatif à des incidents qui se sont produits à Feriana, à la suite de l'arrestation de M. Kadem Bouhafa, fils du khalifat de cette localité.

- 1 dos. -

J'observe, à cette occasion, que le personnel de cette brigade, qui ne semble pas avoir changé depuis l'an dernier, avait motivé à la suite d'incidents à la frontière algéro-tunisienne une réclamation de la part des autorités de l'Algérie. De plus, le Procureur général d'Alger, également saisi de l'incident, avait fait

....

certaines réserves concernant l'initiative prise par les gendarmes de la brigade de Feriana.

Je vous prie de vouloir bien examiner s'il n'y aurait pas lieu de prévenir la répétition d'incidents de ce genre par la mutation du personnel de cette brigade./.

Retour à Sousse

Dès son retour, les braves voisines félicitèrent la mère évitant les écarts de langage qui pourraient déranger Soumeya « porteuse de filles » ! Le docteur Skandrani ausculta la petite Aïcha Radhia et les familles Rezgallah, Charnine, Sakka entourèrent la maman par leurs soins intensifs et une présence continuelle. Madame Charnine s'était même proposée de donner des leçons de musique arabo-andalouse à Zohra pour initier au chant et au piano la petite sœur et détendre l'ambiance autour de Soumeya.

À la poste, la naissance fut félicitée par les collègues, les moins intelligents émettaient un soupir, se croyant obligés de compatir à la peine de Béchir géniteur de filles, le père répondait par une totale indifférence... lui dont l'affection pour ses filles était débordante !

À l'école de madame Langela, Zohra portait l'uniforme imposé par l'institution soumise à l'ordre congréganiste. Les élèves étaient pour la plupart européennes, filles de colons ou de hauts fonctionnaires, les rares arabes issus de familles bourgeoises ou des riches *fallaha* subissaient au quotidien les réflexions malveillantes de certains, pour qui le port du béret équivalait à une dénaturalisation de l'identité arabo-musulmane. On a même traité monsieur Béchir de mécréant pour avoir permis à Zohra de fréquenter l'école française et de porter le béret bleu marine. Pour contourner les médisances gratuites, Béchir répondait qu'il avait une armée de filles destinées dans le futur à de telles fréquentations et à l'émancipation. Père était de ceux qui prônaient l'instruction, les thèmes de l'évolution et du modernisme pour les filles comme pour les garçons, contrairement aux préjugés !

LA ROUGEOLE. DÉBUT 1934

L'ambiance de la maison sentait la cannelle et le bouillon de poulet. Dans la chambre tendue de rouge, les petites malades gardaient le lit en prévision du moindre filet d'air. L'incubation durait depuis une semaine et le mercure du thermomètre a failli s'épancher ! Tous les signes, de la frimousse boursouflée aux paupières lourdes, aux narines humides et à la peau parsemée de rougeurs trahissaient le syndrome de la maladie. « *Mabrouk il hosba ala bnatik* »

Bien que son entourage essayât de la rassurer, Soumeya craignait la contamination et madame Fanbonn, un matin, flanqua le bébé au beau milieu des sœurs couchées dans le grand lit.

— Pourquoi *ya* madame Fanbonn ?, avait demandé la mère inquiétée par le geste de la voisine.

— Laisse-la contracter la rougeole avec ses sœurs, crois-moi, tu seras débarrassée ! Madame Fanbonn affectionnait les petites. Elles s'étaient relayées, elle et madame Balise pour épauler la mère, taraudée par le souvenir récent de sa fillette disparue.

Le parcours des frères Bouhafa (militantisme)

Béchir

Nefta, le 14 Juillet 1934

Monsieur l'Inspecteur Général, Directeur de l'Office Postal Tunisien, à TUNIS

J'ai l'honneur de vous rendre compte qu'une réception officielle de l'élément français et tunisien eut lieu aujourd'hui au Contrôle Civil de Tozeur à l'occasion de la fête Nationale du 14 juillet. Les notabilités de Nefta ainsi que les chefs de service avaient reçu une invitation pour prendre part à cette réception.

Comme représentant de l'Office Postal, je n'ai pas été touché ni verbalement ni par écrit pour y participer au même titre que le Receveur des Douanes et autres chefs de service. L'ignorance dans laquelle j'ai été tenue m'oblige Monsieur le Directeur à vous en faire part afin de signaler à Monsieur le Résident Général chef suprême des diverses Administrations de la Régence l'oubli volontaire ou involontaire dont le Receveur des Postes de Nefta a été l'objet et me renseigner sur la suite de cette demande./.

Le Commis tunisien en intérim de Receveur à Nefta

Signé: BOUHAFA

Secrétariat Général du Gouvernement Tunisien

PROTECTORAT FRANÇAIS — RÉGENCE DE TUNIS

N° B.C. 984

ARRIVÉE le 21 SEP 1934

Tunis, le 20 AOU 1934

Le Secrétaire Général du Gouvernement Tunisien

à Monsieur le Directeur de l'Office des P.T.T.

TUNIS.

Par lettre N° 1199 - PL/A du 21 Juillet dernier, vous avez bien voulu me communiquer une lettre de M. BOUHAFA, commis tunisien des P.T.T. à Sousse, qui ~~ayant effectué~~ l'intérim du Receveur de Nefta, se plaint de ne pas avoir été invité, comme les chefs de service des autres administrations, à la réception donnée au Contrôle Civil de Tozeur à l'occasion du 14 Juillet.

Il résulte des renseignements recueillis qu'il s'agit en l'occurence, d'une omission du fonctionnaire tunisien chargé de présenter aux fonctionnaires de Nefta, la lettre collective d'invitation à la Réception du Contrôle Civil.

Je crois devoir signaler à cette occasion que M. BOUHAFA, qui se montre si soucieux des règles de bienséance, a omis lui-même de se présenter à son arrivée et à son départ au chef de la Circonscription ainsi que sont tenus de le faire tous les fonctionnaires appelés à servir même momentanément dans un Contrôle Civil./.

Sousse le 27 Aout 1934.

Le Commis Tunisien Bouhafa à Sousse.
à Monsieur le Directeur des Services Postaux et Financiers, à
Tunis.

Monsieur le Directeur,

Les conclusions de l'enquête qui m'ont été communiquées par votre Co. n° 1262, me font un devoir de porter à la connaissance de M^r le Secrétaire Général du Gouvernement Tunisien les précisions que je crois utiles d'indiquer: " Pour excuser dans une certaine mesure l'omission dont s'est rendu coupable M^r le Khalifat de Nefta, en négligeant de m'inviter à la réception du 14 juillet, à titre de chef de service, Monsieur le Contrôleur Civil, chef de la Circonscription de Tozeur, a cru devoir signaler dans sa réponse que j'avais négligé moi même de me présenter au Contrôle Civil durant mon intérim à Nefta. - Et cependant. A mon passage à Tozeur le 10 juin, qui était un dimanche, me dirigeant sur Nefta, j'ai dû m'arrêter dans cette ville de 10 h 30 jusqu'à 11 h. Pendant cette intervalle de temps, je m'étais rendu au siège du Contrôle

Civil de la localité, pour m'acquitter d'une visite de courtoisie à l'égard de la Maison de France.
Le Spahis qui était de permanence, m'a informé que Mr le Contrôleur Civil, était absent de la localité. Il m'a appris que c'est Mr Bouteille Secrétaire qui le remplace, et qui lui même n'était pas au bureau à cette heure là ; (10h40)
Devant être à Nefta à 12 heures, pour prendre la succession de Mr Lanthier qui m'attendait, je n'ai pu malgré mon vif désir, remplir cette obligation qui aurait pu être satisfaite à l'occasion de la réception officielle du 14 juillet.
Je n'ai donc pas manqué aux règles de bienséance ainsi que le sous-entend Mr le Contrôleur Civil dans sa réponse communiquée, mais c'est plutôt en raison de son absence le 10 juin de Tozeur que je n'ai pu avoir l'avantage d'être connu de lui ».

Bouhafa

Depuis la France, Kadem adressait des lettres à son frère Béchir qui effectuait l'intérim de Receveur à Nefta. Ce dernier s'investissait pleinement à la poste, dans ses activités syndicales et à l'écoute des nouvelles politiques.

Pour le 14 Juillet, le Receveur ne fut pas invité à représenter l'office postal à la fête. Le dossier administratif de mon père et les lettres expliquent comment les autorités coloniales fustigeaient ceux qui osaient protester contre l'injustice et les passe-droits. Les autorités manifestèrent leur mécontentement vis-à-vis des pamphlets écrits dans *Le Nouveau Maghreb*, une petite note ajoutée à la main, éveilla ma curiosité, l'écrit signalait l'activité d'un autre fils de *si* Djilani, au Djérid. Parlait-il de Béchir qui assura deux intérims à Nefta ? Ma mère m'avait raconté l'élan de la population et comment les familles de notables étaient venues exprimer au Receveur des P.T.T (dont on connaissait les véritables penchants nationalistes), le témoignage de leur reconnaissance. Ce qui confirme le refus d'invitation des autorités coloniales pour la fête du 14 Juillet !

La poésie qui suit illustre l'état d'esprit de la population et sa prise de position contre la profanation des cimetières musulmans par les autorités françaises. (Compositeur : Abderahman el Harim) :

يونسنهم بنيذهم حاكم فريانة   ومان يذري فيه على شان ذرارية
تلول من باريس تجيه ويرنج في أحوالة   عمل تونس برجالتها ماهيش هجالة
المتجنس يا ساق لا يخش الجبانة العابذ   والبشير شدوا راس العين
والكاظم زنزير لغرقوا عدانة   يصفيها في الحين ويقهر الرجالة
عمل تونس برجالتها ماهيش هجالة   المتجنس يا ساق لا يخش الجبانة

Traduction :
Ô Tunisie fière de tes enfants,
Tes hommes sont vigilants tu n'es pas orpheline !
Qui donc accepterait qu'on bafoue
ton sol pur et profane tes cimetières musulmans ?
Béchir, Kadem, Abed lutteront
pour que vive ce pays libre et indépendant,
de Paris, Ras-el-Aïn… à Fériana
Ô Tunisie fière de tes enfants,
bénis-les, tu n'es pas orpheline !

France – Bordeaux. Kadem

Les débuts de l'année 1933 furent décisifs pour Kadem. Ce jeune Tunisien, attiré par les possibilités intellectuelles et politiques qu'offraient les villes françaises, avaient tracé son profil d'homme politique dans son journal qu'il intitula *Le Nouveau Maghreb* édité à Bordeaux le 5 décembre 1933.

Le choix du titre revendiquait pleinement la mission. Si la presse se vantait d'être libre, la France coloniale pouvait-elle admettre cette liberté d'expression vulgarisée dans un manuel parlant au nom des arabes ? Laisserait-elle ce jeune rédacteur dénoncer délibérément les abus de cette même autorité qui sévissait dans son pays, la Tunisie ? Cela n'intéressait ni les partis de droite ni les conservateurs ni surtout les colons, trop jaloux de leurs possessions d'outre-mer. On taxera immédiatement d'arrogance et de prétention les articles rédigés par ce jeune arabe, étudiant dans les universités françaises. Il est évident que la politique de la Résidence n'avait pas intérêt à dévoiler au monde ce qui se passait réellement dans les colonies françaises d'Afrique et d'Indochine, surtout qu'en France la situation économique était en chute et que le chômage sévissait depuis l'année 1929.

Le Franc dévalué entraînait inévitablement le pays vers la banqueroute, n'eut été le grenier qui servait à partir du Maghreb l'équilibre budgétaire de la métropole. La campagne, menée par ces journaux d'obédience nationaliste, ne pouvait que nuire à la prépondérance française dans ces colonies où le peuple n'était que chair à canon pour les guerres, ouvriers pour les plantations coloniales et main d'œuvre émigrée, réquisitionnée pour pallier aux grèves en France.

Dès son débarquement dans la métropole, Kadem, étudiant en lettres à Toulouse puis à l'Institut de Droit et de Sciences Politiques de Bordeaux, s'engage dans la lutte avec la fougue de sa jeunesse. Il se rallie au mouvement nationaliste maghrébin, se mêle aux précurseurs opérant au sein des universités ou fréquentant les mêmes milieux, que ce fut un parti clandestin comme l'Étoile nord-africaine, les organisations panarabes ou certains partis métropolitains.

Le noyau constitué par les jeunes étudiants nord-africains avait les mêmes aspirations patriotiques : le devoir de soutenir le mouvement d'émancipation totale de chacune des trois nations d'Afrique du Nord. Le jeune Kadem voulait exprimer librement ce qu'il pensait de la politique coloniale dans le Maghreb. Les indigènes défendaient l'unité fondamentale des trois pays arabo-musulmans, le Maroc, l'Algérie et la Tunisie, les colonialistes considérant ces territoires, comme faisant partie d'une Afrique soumise et dépendante, que ce fut l'A.E.F ou l'A.O.F (Afrique Équatoriale Française, Afrique Orientale Française).

Les Nord-Africains autour de Messali, fondateur de l'étoile dans la Métropole, s'organisaient dans la lutte nationale et l'élite intellectuelle tunisienne faisait l'apologie des révolutions, l'exemple d'un Ataturk en Turquie, de Zaghloul Pacha en Égypte, du prince révolutionnaire Khaled en Algérie de l'Émir Abdelkader, Abdelkrim le rifain et son combat contre les troupes françaises et espagnoles, sans oublier l'éminent Cheikh Abdelaziz Thâalbi. Autour de ces figures mythiques gravitaient les thèmes de la liberté politique, de l'indépendance et de la renaissance de l'Islam.

Dans la région bordelaise et toulousaine Kadem accusa vite le profil du compatriote à l'esprit frondeur, suppléant son inexpérience politique dans un monde étranger par une foi profonde et un courage de révolutionnaires.

Dans une ville bourgeoise où la notoriété des habitants se mesurait à leurs possessions et au racisme de leur hautaine fierté, il était important de composer avec les plus libéraux, afin de gagner par des relations amicales la sympathie de certains dirigeants de la gauche, sociaux et démocrates. De nombreuses associations s'intéressaient au sort des travailleurs nord-africains, au hasard des rencontres dans les foyers ou dans les cafés, ces mêmes organismes essayaient de contacter les groupes d'étudiants et d'immigrés pour les soutenir en parlant avec eux de leurs problèmes urgents, du devenir de leur nation et du droit des colonisés ; à leur tour les employés comme les étudiants militants et nationalistes s'assuraient de l'appui des personnalités françaises. Le réveil à l'arabisme conditionna ces jeunes ouverts à la culture française pour revendiquer des droits à leurs frères frappés par le code de l'indigénat. La notion de liberté naissait, poussant ces jeunes militants à demander dans l'avenir, l'indépendance intégrale de leur pays.

Par ailleurs, les mots arabes *kaoum – omma – châab* se répétaient dans le langage des peuples colonisés, à l'instar des pays du levant où en 1930 ce courant d'arabisme devient le point de ralliement de tous ceux qui combattent la domination étrangère. L'année 1931 verra la création du parti Istiqlal en Cisjordanie et 1932 l'indépendance de l'Irak vis-à-vis du joug anglais. La présence de Messali Hadj opérant dans les milieux arabo-maghrébins en France était incontestablement l'exemple. Chadly Khairallah nationaliste (ami de Kadem) parlera au nom de l'Étoile Nord-Africaine en mettant sur le même plan (meeting de Bruxelles en 1927) Khaled, Abdelkrim et Cheikh Thâalbi, les leaders des trois pays du Maghreb dont les noms resteront impérissables. S'impliquer dans la lutte nationale, c'était en quelque sorte, briser la chaîne de prépondérance qui annexait les Arabes à la France impérialiste.

Parmi la population française qui criait aux abus, certains députés désapprouvaient fermement les procédés atroces du colonialisme sans oublier les organisations de gauche, parti communiste C.G.T.U qui eurent incontestablement un effet bénéfique sur la formation des immigrés maghrébins et les aidèrent à s'organiser dans leur lutte patriotique. Parmi ses introductions dans le milieu culturel et journalistique de la ville, Kadem se lia d'amitié avec des personnalités d'esprit libéral qui représentaient la gauche Française en l'occurrence René Gounin député maire de la ville de Bordeaux.

Cofondateur avec Slaheddine Meddeb du journal *Le Nouveau Maghreb*, Kadem s'adressa au Résident Général dans le premier article intitulé « Lettre ouverte à Peyrouton ». Le Tunisien n'était pas libre d'exprimer ses opinions dans la presse. Délesté de sa liberté d'action, l'indigène se trouvait écarté de la gestion de son pays. L'image croquée (à la manière d'un canard) représentait un personnage (portant chéchia Majidi et costume traditionnel) dont les mains étaient liées par une chaîne cadenassée. Ma mère m'expliqua comment Kadem inséra cette caricature en première page du manuel et elle joignit ses poignets pour montrer la fameuse chaîne de la prépondérance française. « Double cadenas ! » précisa-t-elle.

La Presse Tunisienne : Rêve ou réalité.

Je n'avais pas encore trouvé trace du journal et la suggestion de ma mère m'a laissée assoiffée d'en savoir plus. Je m'étais promis avec l'aide de Dieu de relater des faits réels. Pour cela, il fallait me rapprocher des vérités afin de maîtriser l'imagination. La providence m'aida en ce jour où, consultant les archives se rapportant au parcours de *si* Djilani Bouhafa mon grand-père, je ressentis un choc émotionnel intense (car novice dans l'art de la recherche). Je découvris le fameux dessin auquel ma mère faisait allusion lorsqu'elle parlait de Kadem qui, dès sa prime jeunesse, imaginait l'aventure politique et magnifiait l'inconnu.

Organe de Défense des Intérêts Nord-Africains

Directeurs : KADEM BOUHAFA — SALAH EDDINE MEDDEB

DIRECTION -- RÉDACTION -- PUBLICITÉ — **4, Cours Pasteur - BORDEAUX**

ABONNEMENTS : 3 mois .... 8 fr. — 6 mois .... 16 fr. — Un an .... 30 fr.

Lettre ouverte à M. PEYROUTON

Résident général de France en Tunisie

Monsieur le Résident Général,

Je n'ai pas la prétention, ici, de vous tracer un exposé complet de la situation tunisienne, ni des remèdes à apporter à des maux que vous connaissez bien.

Vos « services » ont dû largement vous documenter, et vous avez eu [illegible] l'occasion de lire des articles d'une compétence bien supérieure à la mienne.

Toutefois, après avoir lu attentivement votre discours prononcé à Paris, le 31 octobre, j'ai cru bon, pour aller un peu plus profond que votre analyse volontairement vague, d'insister plus particulièrement sur quelques points qui nous tiennent à cœur, et par cela même, exposer franchement l'attitude de cette [illegible].

Vous avez pris, Monsieur le Résident, une lourde succession. Vous arrivez dans un pays naturellement riche, et de civilisation évoluée, et vous recueillez l'héritage des fautes passées et de l'incapacité de votre prédécesseur.

« Le premier effort aujourd'hui, dites-vous, sera l'adaptation. Proportionner les dépenses aux recettes. » Nous aurions aimé avoir quelques précisions. Des économies ? Allouer un budget équilibré ! Examinons donc rapidement à quoi servent ces recettes gaspillées avec une prodigalité inouïe depuis quelque quinze ans.

Les ressources fiscales de la Régence sont en grande partie (plus des [illegible]) absorbées par les frais de gestion [illegible] personnel, dépenses de matériel, s'élèvent à la somme de près de [illegible] millions. Deux tiers du budget employés uniquement à rémunérer un personnel, alors que le pays tout entier est en proie à une crise agricole et industrielle ! C'est maintenant par les fonctionnaires que la France cherche à appliquer sa politique de prépondérance.

Le protectorat est un contrat par lequel un peuple fait protéger par un autre quelques-unes de ses lois et de ses institutions, mais en gardant son existence propre comme puissance souveraine. Non content de violer ce protectorat, par le système de la naturalisation, par cet essai d'égaliser le nombre des Italiens et des Français, la France a voulu donner à son employé une situation privilégiée par rapport au fonctionnaire tunisien.

L'avantage principal du fonctionnaire français est le tiers colonial. C'est un des souvenirs de M. Flandin, de ce nationaliste patriotard, qui a commencé l'ère de la folle prodigalité. Soixante millions « majoration tunisienne de traitement en faveur du personnel français », bénéfice que certains ont appelé une indemnité d'expatriation ! Indemnité d'expatriation accordée à des Français nés en Tunisie, aux fonctionnaires de l'Office de Paris, aux indigènes naturalisés !

Economies, Monsieur le Résident Général ? Commencez donc par supprimer le tiers colonial qui n'est autre qu'un privilège de domination sur les indigènes. Effacez l'assimilation des fonctionnaires à ceux de France léguée par le même Flandin de sinistre mémoire. Assimilation coûteuse qui brime encore le fonctionnaire tunisien, qui accroît les traitements et le nombre des fonctionnaires, et qui aboutit à certains scandales par suite de la non-proportionnalité de l'échelle des traitements et du coût de la vie dans la carrière d'agents de même classe des deux pays.

Economies ? Elles sont nombreuses. Economie de la prime de technicité (y compris celle de la portière qui passe son temps à se pourprer les lèvres), alors que des autochtones ne peuvent travailler bien que sortant de Centrale, des Facultés de Médecine, et ont l'avantage d'être du pays.

Economie de l'indemnité de résidence faisant double emploi avec ce tiers colonial; et en gros, réductions importantes dans les 60 millions d'indemnités.

Sans aucun doute, Monsieur le Résident Général, l'acuité de la crise industrielle et agricole ne vous a échappé. « Problème agricole : regrouper les organismes distributeurs moraliser le crédit en faisant — et cela vous n'oubliez pas de le dire — revivre la notion d'échéance et du respect des engagements souscrits. »

Mais la Tunisie a été noyée sous des crédits dont beaucoup superflus, que le Grand Conseil estimait dernièrement pour l'agriculture à plus de 500 millions [illegible] au-dessous de la réalité.

« Le respect des engagements souscrits ». La France respecte-t-elle à l'intérieur et à l'extérieur ses engagements financiers ?). D'accord, mais le moyen de permettre de faire face à ces engagements ?

Faites décréter un moratoire de façon à rendre complètement solvables les débiteurs qui supportent seuls le poids de la crise et sont seuls écrasés au contraire de leurs créanciers.

« Problèmes de la production, problèmes sociaux », direz-vous encore sans plus insister. Tout cela est intimement lié. Comment voulez-vous résoudre le problème économique si, pour satisfaire des créanciers insatiables, à la grande joie de gros intérêts financiers qui ne veulent pas consentir des sacrifices, vous ne permettez pas aux agriculteurs, à tous les producteurs, de développer la capacité économique de la Tunisie.

Il faut également diminuer le taux de l'intérêt, adapter les contrats aux situations présentes, créer un office des dettes garanti par les Etats français et tunisien, et cependant songer aussi que la marche générale de l'agriculture et des affaires doit continuer normalement et que des prêts doivent y être consacrés.

Des millions sont cependant dépensés pour quelques centaines de colons seulement. Là encore, c'est un but de prépondérance, au désavantage des autochtones, de leurs intérêts réels.

Nous aurions aimé également [illegible] citer brièvement la question religieuse, que vous n'avez même pas effleurée. Nous y reviendrons en de longs articles.

Pas trace non plus de l'éducation du peuple tunisien. Sans relâche, nous réclamerons l'instruction obligatoire pour tous jusqu'à 14 ans. La France a réalisé la gratuité de l'enseignement secondaire du premier cycle. Qu'y a-t-il eu de fait en Tunisie ? Et la réforme de la Grande Mosquée, quand aboutira-t-elle également.

Au lieu de consacrer des sommes énormes aux fonctionnaires français (sous divers budgets et aux dépens de leurs collègues tunisiens) ne vaudrait-il pas mieux également fonder en grand nombre des instituts d'hygiène pour lutter contre le paludisme, la tuberculose..., des hôpitaux accessibles à tous.

Nous voulons bien espérer avec vous que « les membres du Grand Conseil, représentant l'élite tunisienne, auront le courage de procéder aux ajustements nécessaires ». Ils nous le laissent guère espérer. Nous réclamons l'élection de nos dirigeants par le peuple lui-même. Nous n'avons guère confiance en ceux qui ne briguent que les honneurs et les places grassement rétribuées. Nous leur adressons vos propres recommandations :

« Il ne doit plus y avoir en Tunisie, que des hommes de bonne volonté laissant pour les futures périodes de prospérité leurs préoccupations personnelles; que des hommes d'action ayant enfin compris que s'ils ne [illegible] pas spontanément se plier aux exigences de l'intérêt général, la catastrophe, dont ils seront les premières victimes, leur prouvera, trop tard, la vanité burlesque de certains jeux. »

Et enfin, pour terminer cet insuffisant exposé, nous aurions été heureux de trouver dans votre discours de Paris la plus petite allusion aux décrets de votre prédécesseur.

Ainsi, le 6 mai 1933, le Souverain du pays abandonne toute la liberté individuelle de ses sujets. Le Résident Manceron, par ses décrets scélérats, permet l'arrestation de toute personne ayant une activité quelconque, religieuse ou politique, le Conseil des ministres étant nommé par le Résident Général ! ! !

Autre coup de force : la dissolution du Parti Libéral Constitutionnel, groupant toutes les forces vives du pays; la mise sous scellés de ses archives et de ses meubles.

Enfin, pour couronner cette législation fasciste, interdiction de la presse tunisienne, bien que régie par la loi française. Raisons profondes : groupements financiers à protéger de la critique publique ainsi que les marionnettes du Grand Conseil.

Nous ne voulons pas savoir si cette presse serait de quelque utilité pour la Régence elle-même, pour la direction du pays. Une bonne administration n'a pas à craindre la critique; où est-elle donc en plus votre pauvre « dernière tranchée de la liberté » ? N'avez-vous pas votre presse à vous, et les trusts n'ont-ils pas la leur ?

Sans doute, ces légitimes mécontents, et nous-mêmes, sommes catalogués comme « agitateurs ».

Agitateurs, oui, nous le sommes, et nous le revendiquons hautement, mais non pas dans le sens que l'on essaie de nous donner : de politiciens de bas étage qui ne cherchent qu'insultes et discordes pour pêcher en eau trouble. Nous ne sommes pas criminels parce que nous défendons et saurons défendre l'économie du pays, sa libre direction par des citoyens cultivés et réellement soucieux de son avenir.

Peu nous importent les haines et les calomnies qui nous entoureront, nous saurons nous pencher sur le fellah qui laboure la terre, comme sur les intrigues des salons dorés.

Veuillez croire, Monsieur le Résident Général, etc...

Kadem BOUHAFA.

Aux Démocrates et Pacifistes Français

Bilan de la Politique des Résidents en Afrique du Nord :

1° ***Interdiction de la Presse Tunisienne de langue française ; décrets sur la liberté politique et religieuse.***

2° ***Dissolution du parti Libéral Constitutionnel ;***

3° ***Refus de M. Chautemps de recevoir la délégation algérienne pour plaire à M. Carde.***

4° ***Guerre du Maroc..***

5° ***Interdiction du Congrès des Etudiants Nord Africains.***

Est-ce ainsi que l'on entend défendre "la dernière tranchée de liberté" ?

TENTATIVE D'ASSASSINAT

Nous étions vraiment jeunes. Nous étions plein d'espoir. Nous voulions de toute notre foi, de toute notre âme, nous jeter dans la bataille, dans l'âpre combat de la liberté. Bercés dans l'amour profond de notre pays, de ses steppes, de ses [illegible], de ses riches cultures comme de ses vastes cités, de l'effort comme de l'artisan, de notre art moderne comme de notre civilisation antique, nous songions à donner à notre sol toute sa splendeur, nous pensions pouvoir contribuer modestement à unir tous ceux qui s'y trouvent pour une société meilleure, pour que tout le monde commence, en dépit des intérêts particuliers, pour alléger [illegible] français du joug des grosses compagnies, des usuriers, des parasites bureaucrates...

Hélas ! oui, nous étions jeunes ! Si le rêve fut doux, malgré les difficultés de la tâche, le réveil est pénible.

Profonde est notre tristesse !

Nous croyions avoir quelque aide bienveillante de nos aînés; il nous avait semblé devoir trouver chez eux le profit de leur expérience, nous avions pensé que ceux dont le devoir est de dénoncer toutes les iniquités, que ceux qui proclament chaque jour leur amour du peuple, répondraient à notre appel.

Nous n'avions pas la prétention de fonder un organe dans un but personnel. Ce journal n'est pas notre propriété, c'est celui de la nation tunisienne toute entière, et nous ne pouvons en avoir que surcroît de travail, ennuis, déceptions !

Travail ! Ennuis ! Déceptions ! tout cela, nous l'avons dès le premier numéro. Mais nous ne dirions rien, nous n'aurions pas le droit de crier, si nous n'avions rencontré qu'indifférence. Sans doute, déjà, notre peine eût été amère, mais que dire maintenant de l'ulcère dont notre cœur est rongé !

Du moins gardons-nous quand même de l'espérance : les attaques même dont, dès notre appel, avant même de paraître, cette feuille et nous-mêmes avons été l'objet, la campagne sournoise qui veut saper notre effort nous indiquent que nous sommes sur la bonne voie. Nous connaissons les auteurs de ce mouvement, leur haine nous est un hommage. Ils vont colportant la calomnie. Elus par les intrigues, tout ce qu'ils touchent est sali. Leurs relations ne servent qu'à leur avancement, ils veulent bien mériter de la pâtée qui leur est offerte. Non seulement ils sèment la discorde, mais ils sèment la haine. Détracteurs de la vérité, ils vont, nous présentant comme anti-français alors que nous sommes si près de ce peuple, aimant, que nous connaissons [illegible].

Ils s'attaquent à des êtres qui nous sont chers; ils essaient, traîtres à leur peuple, de faire dresser contre notre second pays et machine gouvernementale, de faire rejaillir notre œuvre ainsi costumée contre ceux qui ont donné le meilleur d'eux-mêmes à la France, contre ceux qui nous sont proches et qui, depuis 20 ans, se consacrent eux, sans arrière pensée, à la bonne collaboration de la France et de la Tunisie.

Anti-Français parce que nous nous dressons contre les décrets scélérats, contre la suppression de la presse, contre les attentats quotidiens ! Allons donc ! Ne jugez pas, messieurs, les autres à votre mesure, nous savons les combinaisons dont vous êtes coutumiers. Au besoin avec des ligues dont nous sommes fiers d'avoir l'appui, nous vous démasquerons.

Travail ! Ennuis ! Déceptions ! Que nous importent ! N'avons-nous pas le ressort de la jeunesse, son intrépidité ? Bientôt, nous en sommes sûrs, les vrais Tunisiens viendront en foule à nos côtés. Nous saurons déjouer les pièges tendus sous nos pieds. A vous lecteurs, amis qui nous restez, de dire s'il faut encourager la jeunesse qui monte.

Debout, très droits, nous attendons !

Kadem BOUHAFA.

La Presse Tunisienne   Rêve ou réalité.

L'humanité n'est pas une question de latitude

Bismarck disait : « La France a des colonies, mais pas de colons ! ».

La réflexion était juste. Nous avons toujours expédié outre-mer l'élément le moins intéressant de la population. Il y a eu des exceptions, mais dans l'ensemble on a considéré que l'élite était réservée à la métropole.

Je n'ignore pas que nous avons repoussé l'idée d'Empire. (Quoique le mot soit venu sous la plume de M. Tardieu.) Je n'ignore pas non plus qu'on s'est efforcé d'envelopper notre action coloniale de formules humanitaires !... Que d'aucuns aient pris ces formules au sérieux, qu'ils se soient même efforcés de les appliquer, d'accord; mais combien de « colonisateurs » ont trouvé dans les savanes ou dans les « bleds » l'occasion de donner libre cours à des instincts que la civilisation occidentale comprimait.

Si les premiers voyageurs du centre de l'Afrique ou de l'Asie méridionale ont été tentés par une sorte de passion de l'aventure; si l'attrait des horizons inconnus les a jetés au cœur des déserts ou au cœur des jungles, ceux qui se sont élancés sur leurs traces ont obéi à des considérations moins nobles et servi une toute autre cause. Derrière les Cortez et les Pizzare français sont venus les Thénardier. Après les héros, les courtiers.

Le « colonialisme » est allé ainsi du chevalier au négrier, et cette [illegible] choses.

Le capitalisme, et Marx l'a bien vu, était condamné à chercher hors d'Europe le moyen de décongestionner sa production. Il a découvert, aux rives du Niger ou du Mékong, des marchés. Il a trouvé, en Asie et en Afrique, ce qui lui manquait ici : la main-d'œuvre à vil prix.

Toute féodalité industrielle, commerciale ou financière qui veut réussir est contrainte d'organiser un minimum d'esclavage. Ce minimum, elle l'a réalisé chez des nègres incultes ou des jaunes anémiés. Le fouet, tombé des mains du [illegible], a été recueilli par quelques « commerçants » [illegible] du Gabon comme stimulant de la production indigène.

Il y eut, certes, des Français — et des Français de marque — que de pareils procédés révoltèrent. Il n'y eut, et il n'y a pas aux colonies que des chefs inhumains; mais il demeure incontestable qu'il existe encore deux zones de civilisation ou, pour parler franc, que notre civilisation comporte une enclave de barbarie, devant laquelle une conscience libre ne saurait rester indifférente.

Je n'admets pas, pour ma part, qu'un homme, parce qu'il est de peau noire ou jaune, soit considéré comme un peu moins homme qu'un blanc. Je n'admets pas qu'à son sujet on fasse revivre, même approximativement, cette assimilation de l'être humain à la chose dont on peut disposer à son gré, qu'on peut faire souffrir selon sa fantaisie !

En 1537, le Pape Paul III condamnait, dans une bulle célèbre, tous les exploiteurs d'Indiens.

A deux cents ans de distance, les animateurs de la Révolution française devaient reprendre à leur compte les principes énoncés par le plus illustre des Farnèse.

Me sera-t-il permis de demander aux Républicains de 1933 de se montrer aussi « avancés » que le Pape du XVIe siècle ?

C'est notre devoir; c'est aussi notre intérêt.

Un homme qui n'est suspect ni de sentimentalisme ni de socialisme, Lyautey, disait, parlant du Maroc : « Nous, ça va ! *Nos enfants, peut-être ! Mais les petits-enfants et les neveux seront mangés dans la sauce !* »

Si nous ne tenons pas à vérifier cette prédiction, il faut concevoir les rapports entre les indigènes des autres continents et nous, sous la forme d'une collaboration et non d'une subordination. A l'idée d'« Empire », il faut substituer l'idée de « républiques fédérales ».

L'humanité n'est pas une question de latitude. La République à Paris, la féodalité à Bamako, voilà le paradoxe scandaleux ! Le même drapeau ne doit pas abriter deux états de fait qui s'opposent.

Il faut, même par 45 degrés à l'ombre, conserver un sens au mot citoyen » !

Gabriel CUDENET,

Vice-Président du Parti Radical et Radical-Socialiste.

La Tunisie au Parlement

La presse métropolitaine signalait, il y a quelque temps, la création à la Chambre d'un groupe s'occupant de la politique française en Tunisie.

Son président, M. Théodore Valensi, à qui nous avons demandé de nous éclairer sur le but de ce groupe, nous a répondu qu'il s'intéressait aux questions tunisiennes en général et à la viticulture en particulier.

Il nous est agréable de constater qu'on commence à s'intéresser à notre pays.

Quoique nous aurions souhaité qu'on s'occupât également de tous les problèmes vitaux qui se posent en Tunisie, nous saluons la création de ce groupe, car, en défendant la viticulture, on défend l'ouvrier indigène. Personne n'ignore la condition misérable des ouvriers tunisiens et surtout des ouvriers agricoles. Les salaires de famine qu'on leur attribue les empêchent juste de mourir de faim.

Et c'est là un des arguments des viticulteurs métropolitains, qui se voient concurrencés par des vins à un prix de revient beaucoup plus bas que celui du vin qu'ils produisent. Le salaire des ouvriers entre pour une bonne part.

Nous serions donc heureux d'une solution définitive qui viendrait calmer les esprits et concilier tous les intérêts.

Nous rappellerons ici l'idée émise il y a quelque temps par notre ami Aly Bouhageb, dans l'« Action Tunisienne » :

Celui-ci remarquait avec justesse que la viticulture française représente à peine le quart de la viticulture tunisienne. Le reste est entre les mains d'éléments étrangers, surtout italiens. Ceux-ci emploient une main-d'œuvre italienne qui vient concurrencer la main-d'œuvre nationale en Tunisie.

Il est triste de constater, et nous sommes bien placés pour le voir, que les vignerons de la Gironde et de la France toute entière s'insurgent indistinctement contre tous les Tunisiens alors que la viticulture tunisienne profite si peu aux nôtres. Nous avons vu, vers ce mois de juillet, des affiches placardées dans les rues de Bordeaux où les vignerons girondins protestaient contre l'envahissement des marchés français par les vins nord-africains.

Nous ne voulons pas être soupçonnés de nationalisme outrancier, mais il nous apparaît utile d'insister sur ce fait que les viticulteurs italiens reçoivent des subventions de leur pays et emploient des ouvriers surtout italiens.

Le viticulteur français a souvent à acquitter de lourds emprunts, et, lui, il emploie la main-d'œuvre tunisienne.

La France contingente nos vins; l'Italie ferme ses portes à bon nombre de ses produits.

Ainsi donc, 650.000 litres seulement de vins tunisiens, en général, indistinctement italiens ou français, vont en France.

Pour exporter avant la fin du contingentement, il faut produire vite, très vite, sans sélection. Aussi, au lieu de vins légers, la Tunisie a produit des vins haut titrés, et pour cela, les Tunisiens « protégés » par la France passent après l'étranger.

Ne serait-il pas plus équitable de n'ouvrir qu'après l'étranger ?

Ne serait-il pas plus équitable de n'ouvrir le marché français qu'aux producteurs français de Tunisie ? Tous les vins français pourraient passer.

Cela dissiperait bien des équivoques et effacerait bien des rancunes inventées.

Salah-Eddine MEDDEB.

Dans le prochain numéro : un article de notre ami *René Gounin*, député de la Charente.

Lettre ouverte à M. Peyrouton, Résident général de France en Tunisie (article paru dans *Le Nouveau Maghreb* du 5 décembre 1933 reproduit page précédente)

Monsieur le Résident Général,

Je n'ai pas la prétention, ici, de vous tracer un exposé complet de la situation tunisienne ni des remèdes à apporter à des maux que vous connaissez bien.

Vos « services » ont dû largement vous documenter, et vous avez eu maintes fois l'occasion de lire des articles d'une compétence bien supérieure à la mienne.

Toutefois, après avoir lu attentivement votre discours prononcé à Paris, le 30 octobre, j'ai cru bon pour aller un peu plus profond que votre analyse volontairement vague, d'insister plus particulièrement sur quelques points qui nous tiennent à cœur, et par cela même, exposer franchement l'attitude de cette feuille.

Vous avez pris, Monsieur le Résident, une lourde succession. Vous arrivez dans un pays naturellement riche, et de civilisation évoluée, et vous recueillez l'héritage des fautes passées et de l'incapacité de votre prédécesseur.

« Le premier effort à fournir, dites-vous, sera l'adaptation. Proportionner les dépenses aux recettes. » Nous aurions aimé quelques précisions. Des économies ! Établir un budget équilibré !

Examinons donc rapidement à quoi servent ces recettes gaspillées avec une prodigalité inouïe depuis quelque quinze ans.

Les ressources fiscales de la Régence sont en grande partie (plus de 65%) absorbées par des frais de gestion. [....]. personnel, dépenses de matériel, s'élèvent à la somme de près de 400 millions. Deux tiers du budget employés uniquement à rémunérer un personnel, alors que le pays tout entier est en proie à une crise agricole et industrielle ! C'est maintenant par les fonctionnaires que la France cherche à appliquer sa politique de prépondérance.

Le protectorat est un contrat par lequel un peuple fait protéger par un autre quelques-unes de ses lois et de ses institutions, mais en gardant son existence propre comme puissance souveraine. Non content de violer ce protectorat, par le système de la naturalisation, par cet essai d'égaliser le nombre des Italiens et des Français, la France a voulu donner à son employé une situation privilégiée par rapport au fonctionnaire tunisien.

L'avantage principal du fonctionnaire français est le tiers colonial. C'est un des souvenirs de M. Flandin, de ce nationaliste patriotard, qui a commencé l'ère de la folle prodigalité. Soixante millions « majoration tunisienne de traitement en faveur du personnel français », bénéfice que certains ont appelé une indemnité d'expatriation ! Indemnité d'expatriation accordée à des français nés en Tunisie, aux fonctionnaires de l'Office de Paris, aux indigènes naturalisés.

Économies, Monsieur le Résident ? Commencez donc par supprimer le tiers colonial qui n'est autre qu'un privilège de domination sur les indigènes. Effacez l'assimilation des fonctionnaires à ceux de France léguée par le même Flandin de sinistre mémoire. Assimilation coûteuse qui brime encore le fonctionnaire tunisien, qui accroît les traitements et le nombre des fonctionnaires, et qui aboutit à certains scandales par suite de la non-proportionnalité de l'échelle des traitements et du coût de la vie dans la carrière d'agents de même classe des deux pays.

Économies ? Elles sont nombreuses. Économie de la prime de technicité (y compris celle de la postière qui passe son temps à se pourprer les lèvres), alors que les autochtones ne peuvent travailler bien que sortant de Centrale, des Facultés de Médecine, et ont l'avantage d'être du pays.

Économie de l'indemnité de résidence faisant double emploi avec ce tiers colonial ; et en gros réductions importantes dans les 60 millions d'indemnités.

Sans aucun doute, Monsieur le Résident Général, l'acuité de la crise industrielle et agricole ne vous a pas échappé. « Problème agricole : regrouper les organismes distributeurs, moraliser le crédit en faisant – et cela vous n'oubliez pas de le dire – revivre la matière d'échéance et du respect des engagements souscrits. »

Mais la Tunisie a été noyée sous des crédits dont beaucoup superflus, que le Grand Conseil estimait dernièrement pour l'agriculture à plus de 500 millions, somme au-dessous de la réalité.

« Respect des engagements souscrits ». (La France respecte-t-elle à l'intérieur et l'extérieur ses engagements financiers ?). D'accord, mais le moyen de permettre de faire face à ces engagements.

Faites déclarer un moratoire de façon à rendre complètement solvable des débiteurs qui supportent seuls le poids de la crise et sont seuls écrasés au contraire de leurs créanciers.

« Problèmes de la production, problèmes sociaux », dites-vous encore sans plus insister. Tout cela est intimement lié. Comment voulez-vous résoudre le problème économique si, pour satisfaire des créanciers insatiables, à la grande joie de gros intérêts financiers qui ne veulent pas consentir des sacrifices, vous ne permettez pas aux agriculteurs, à tous les producteurs, de développer la capacité économique de la Tunisie.

Il faut également diminuer le taux de l'intérêt, adapter les contrats aux situations présentes, créer un office de Dettes garanti par les États français et tunisien, et cependant songer aussi que la marche générale de l'agriculture et des affaires doit continuer normalement et que des prêts doivent y être consacrés.

Des millions sont cependant dépensés pour quelques centaines de colons seulement. Là encore, c'est un but de prépondérance, au désavantage des autochtones, de leurs intérêts réels.

Nous aurions aimé également [...] vous voir discuter ouvertement la question religieuse que vous n'avez même pas effleuré. Nous y reviendrons en de longs articles.

Pas trace non plus de l'éducation du peuple tunisien. Sans relâche, nous réclamerons l'instruction obligatoire pour tous jusqu'à 14 ans. La France a réalisé la gratuité de l'enseignement secondaire du premier cycle. Qu'y a-t-il eu de fait en Tunisie ? Et la réforme de la Grande Mosquée, quand aboutira-t-elle également.

Au lieu de consacrer des sommes énormes aux fonctionnaires français (sous divers budget et aux dépens de leurs collègues tunisiens) ne vaudrait-il pas mieux également fonder en grand nombre des instituts d'hygiène pour lutter contre le paludisme, la tuberculose..., des hôpitaux accessibles à tous.

Nous voulons bien espérer avec vous que « les membres du Grand Conseil, représentant l'élite tunisienne, auront le courage de procéder aux ajustements nécessaires ». Ils nous le laissent guère espérer. Nous réclamons l'élection de nos dirigeants par le peuple lui-même. Nous n'avons guère confiance en ceux qui ne briguent que les honneurs et les places grassement rétribuées. Nous leur adressons vos propres recommandations :

« Il ne doit plus y avoir en Tunisie, que des hommes de bonne volonté laissant pour les futures périodes de prospérité leurs préoccupations personnelles ; que des hommes d'action ayant enfin compris que s'ils ne savent pas spontanément se plier aux exigences de l'intérêt général, la catastrophe, dont ils seront les premières victimes, leur prouvera, trop tard, la vanité burlesque de certains jeux. »

Et enfin, pour terminer cet insuffisant exposé, nous aurions été heureux de trouver dans votre discours de Paris la plus petite allusion au décret de votre prédécesseur.

Ainsi, le 6 mai 1933, le Souverain du pays abandonne toute la liberté individuelle de ses sujets. Le Résident Manceron, par ses décrets scélérats, permet l'arrestation de toute personne ayant une activité quelconque, religieuse ou politique, le Conseil des ministres étant nommé par le Résident Général !!!

Autre coup de force : la dissolution du Parti Libéral Constitutionnel, groupant toutes les forces vives du pays ; la mise sous scellés de ses archives et de ses meubles.

Enfin, pour couronner cette législation fasciste, interdiction de la presse tunisienne bien que régie par la loi française. Raisons profondes : groupements financiers à protéger de la critique publique ainsi que les marionnettes du Grand Conseil.

Nous ne voulons pas savoir si cette presse serait de quelque utilité pour la Régence elle-même, pour la direction du pays. Une bonne administration n'a pas à craindre la critique ; où est-elle donc en plus votre pauvre « dernière tranchée de la liberté » ? N'avez-vous pas votre presse à vous, et les trusts n'ont-ils pas la leur ?

Sans doute, ces légitimes mécontents, et nous-mêmes, sommes catalogués comme « agitateurs ».

Agitateurs, oui, nous le sommes, et nous le revendiquons hautement, mais non pas dans le sens que l'on essaie de nous donner : de politiciens de bas étage qui ne cherchent qu'insultes et discordes pour pêcher en eau trouble. Nous ne sommes pas criminels par ce que nous défendons et saurons défendre l'économie du pays, sa libre direction par des citoyens cultivés et réellement soucieux de son avenir.

Peu nous importe les haines et les calomnies qui nous entoureront, nous saurons nous pencher sur le fellah qui laboure la terre, comme sur les intrigues des salons dorés.

Veuillez croire, Monsieur le Résident Général, etc...

Kadem BOUHAFA

J'ai médité longtemps en me délectant de cet instant sublime, si extraordinaire en vérité, si cru en fait et tellement prolifique en souvenirs ! Il me semblait dans l'immense silence de la bibliothèque que j'avais retrouvé l'oncle lui-même, debout, comme il l'avait vécu face à l'ennemi, debout pour revendiquer le droit aux autres, debout pour crier à l'injustice, debout pour dire fièrement je suis un Arabe !

On rappellera que si l'assemblée constituante de la France avait voté, en 1789, la charte libératrice établissant :

L'égalité politique et sociale de tous les citoyens.

Le respect de la propriété sociale de tous les citoyens.

Le respect de la souveraineté du pays.

Le respect des opinions et des croyances.

La liberté de la parole et de la presse.

dans ses colonies, la grande nation avait omis de mettre en application ce traité de civisme et de liberté.

L'autorité coloniale tenta d'enrayer l'action de tout militant, interdisant les manifestations et les meetings où il pourrait influencer la masse et la sensibiliser à la demande de ses droits. N'avait-on pas emprisonné Ali Djerad qui opérait derrière un parti communiste, arrêté en 1930 pour une cause déjà revendiquée par un pionnier de la jeunesse socialiste, le Docteur Ben Miled ? Comme ses prédécesseurs élèves des lycées Carnot, Alaoui, Sadiki, toute cette jeunesse s'abreuva au nationalisme des aînés et s'inspira des principes socialistes d'un René Louzon, antimilitariste qui, après le procès des socialistes, suite aux grèves des ouvriers de Bizerte avait été chassé de Tunisie en 1922.

Derrière ces partis qui défendaient le prolétaire, l'opprimé, contre l'injustice pour le libéralisme et la fraternité humaine, une forte proportion de jeunes intellectuels tunisiens ouverts à l'émancipation et aux idées démocrates, s'était alignée d'abord timidement puis activement derrière ces mouvements, espérant le salut pour leurs frères et la paix pour leur pays. Le parti Destourien catalysera tous les engagés qui offriront dans cette lutte une vigueur sans limite et une abnégation totale pour l'union et la tunisification du territoire.

Tôt, Kadem prit conscience de la gravité de l'état de son pays, soumis à une politique coloniale tentant d'annihiler l'entité indigène. La responsabilité incombait à ces précurseurs de faire sortir le peuple de la béatitude dans laquelle les dirigeants coloniaux l'avaient enclavé, tout en rappelant à ces mêmes dirigeants l'horreur de leurs procédés. Cela ne pouvait se conclure sans frais, le gouvernement prendra des mesures à l'encontre de ces meneurs-chahuteurs-agitateurs. La Résidence les mettra à l'index espionnant leurs activités, surveillant leur mouvance, interceptant leur correspondance. Depuis son débarquement en France, Kadem était resté en liaison avec ses camarades lycéens d'Alaoui, de Sousse. Il entretenait une correspondance régulière avec son père à Fériana et son frère aîné Béchir, fonctionnaire aux P.T.T. Cette correspondance servira à l'ennemi, passée au crible par les services spéciaux, la lettre devenait une preuve tangible engendrant automatiquement des mesures répressives contre l'auteur, en flagrance de délit.

Cette forme de répression policière fit trembler plus d'une tribu dont l'enfant jugé pour ses penchants patriotiques comme un paria, risquait des sanctions qui se répercutaient infailliblement, sur tous les membres de la famille. Les autorités coloniales, grâce à des agents spécialisés, repéraient le nationaliste, ainsi une parole dite dans un café, ou une attitude, pouvait compromettre. Cette répression en vigueur repérait le maximum et pour mieux cerner les indésirables, le service constituait au fur et à mesure des dossiers dans lesquelles on mentionnait leurs faits et gestes. Grand-mère dira à propos des activités de son fils comme si c'était une tare : « Que tous les enfants soient contaminés par le virus du nationalisme pour qu'ils (sous-entendu, les médisants-colporteurs-vendus au colonialisme) rejoignent mon fils dans son bagne. »

يجْعِلْ وْلادْهُمْ إلْكُلْ فِي الدَّسْتُورْ بَاشْ يِلْتَحْقُوا ولـــدِي

Dans les archives nationales, la correspondance de la Résidence générale et du quai d'Orsay peut largement témoigner de ces fichiers déposés dans les secrets de la direction de la sûreté. Les rapports codés, griffés par l'entête « confidentiel », servaient à accabler l'individu lors des arrestations et des ratissages en périodes de rage répressive. Pour Kadem comme pour d'autres établis dans la métropole, la France offrait un champ d'action libre car ils étaient profondément convaincus qu'ils trouveraient dans ce pays civilisé chantant la grandeur-la justice-la gloire et prônant la culture, l'écho positif et approbateur à leurs aspirations. Les étudiants maghrébins entreprirent des activités dans cette nation qu'ils crurent libre et démocrate, défenseur des Droits de l'Homme et du respect du citoyen.

La capitale, ville de lettres, lieu de rencontres et plaque tournante, favorisait les relations et concrétisait des contacts grâce aux organes de diffusion. Les Nord-Africains, réunis dans les mêmes foyers, communiquaient d'abord dans la clandestinité avant de pouvoir afficher leurs opinions, car ils s'indignaient des accusations de la presse coloniale qui les taxait d'être les ennemis de l'autorité française.

La presse européenne, quant à elle, dénigrait ces intellectuels et les considérait comme infatués de leurs personnes, elle annihilait leurs efforts, par des critiques injustes et dévalorisantes.

Ces étudiants rodés aux institutions françaises s'enivrèrent d'idéologies et comprirent qu'en dehors de la volonté du peuple français, les dirigeants coloniaux pratiquaient une politique raciale injuste et étrangère à tout esprit démocratique.

« LE VIOL COLONIAL »

« Le viol colonial »
Le Quotidien d'Oran - *Mercredi 09 janvier 2008 - page 15*

Je parcourais *Le Quotidien d'Oran*. Au hasard des lectures, l'article « Le Viol Colonial » page sanglante de l'histoire de l'Algérie traitait de la conquête de l'Afrique du Nord par les Français. Dans une étude sociologique et humaine l'auteur reproduisait avec plusieurs citations l'état de cette pauvre population opprimée par les différentes phases de la conquête coloniale.

Le musulman est-il en droit de taire ou bien le devoir ne lui incombe-t-il pas de dénoncer pour la mémoire de l'histoire, toutes les bavures criminelles et les procédés atroces dont usa la France coloniale pour maintenir son hégémonie ?

Pour pacifier les tribus « restées récalcitrantes », la Nation brandira le bras de fer terrifiant tout en usant du double langage dans sa mission civilisatrice. Elle sera elle-même prise de cours, par la première élite et lorsque les intellectuels indigènes contesteront leurs droits, elle méprisera « *Les errements des élites formées à la logique cartésienne* ». Que la mémoire du peuple se souvienne de cette décharge d'injustices, d'atrocités et de souffrance qui flagella la dignité humaine de tout un peuple, sous prétexte de « débarbariser » les indigènes-mauresques, bédouins de l'Afrique...

La page du journal rapporte les endurances des habitants et particulièrement, les peuplades des différentes régions du Maghreb, malmenées, maltraitées par les pionniers colonialistes dont le langage sera le même, dans les trois provinces d'Afrique du Nord.

Dans les archives de Kadem se rapportant au parcours du Militant les documents bavent les meilleures formules de mépris et les conclusions ajustées d'une administration soucieuse de sauvegarder ses possessions. Alors que Kadem inséra, dans le journal *La Liberté du Sud-Ouest*, une étude parlant de « L'Agriculture tunisienne en danger », les autorités concluront rejetant le tort sur ces malheureux nationalistes : « *Le procédé dénote bien que leur imagination est égale à leur mauvaise foi* » et non sur les véritables raisons de la sècheresse, la pauvreté, les fièvres endémiques et le prolétariat. Se cachant derrière un langage contorsionné, les autorités françaises se permettaient de légitimer la « Pacification sereine », la conquête coloniale à travers les aspérités du relief, les sables cuisants, les plaines combien belles, vertes et alléchantes !

Dans le texte, les autorités incriminent les destouriens qui sont en relation avec leurs confrères algériens : « *Ces agitateurs encouragèrent à la révolte ouverte de la population tunisienne peu évoluée encline au fanatisme et sur laquelle les récents évènements de Constantine avaient exercé une dangereuse contagion. C'est pourquoi le Résident général, désireux à juste titre, de mettre fin à une effervescence qui avait provoqué des incidents assez regrettables, fut amené à prononcer l'interdiction de séjour dans les contrôles civils de la Régence à l'encontre d'une douzaine d'agitateurs dont huit destouriens et six communistes de confessions musulmane et israélite, à suspendre deux journaux destouriens et à fermer les locaux du destour.* »

Ci-joint le document qui note l'internement des huit agitateurs dont Kadem Bouhafa, le benjamin. *Le Nouveau Maghreb* sera suspendu et Kadem envoyé au bagne.

L'organisation des réunions autour de la masse des immigrés permit de sensibiliser les travailleurs nord-africains. Il était important de se faire connaître, de diffuser les problèmes de l'Afrique du Nord afin d'attirer la sympathie de l'opinion publique française et d'assurer le suivi d'une propagande favorable et positive au Maghreb colonisé. Le journal *Le Nouveau Maghreb* édite un manifeste qui dénonce les problèmes inhérents à la condition de l'indigène. L'article rédigé par Kadem fit tâche d'huile dans la presse française et provoqua l'alerte générale de la Résidence à Tunis.

On peut mieux évaluer, avec le recul du temps, l'amplitude de l'événement et l'effervescence qui s'empara des hautes sphères coloniales. Le gouvernement considéra les articles comme une diatribe et un outrage à l'encontre des Résidents qui dirigeaient la Régence. Kadem ne s'était-il pas adressé directement à Peyrouton ?

Tous les points de contrôle des territoires du sud et de la région de Thala, alertés, agirent efficacement contre la propagation du journal destourien. Un rapport circonstanciel suivit, à l'adresse de monsieur l'Inspecteur Régional de Thala, autorité bicéphale qui chapeautait le Caïd et le Kalifa de Fériana. Une sommation fut de suite adressée, comme une épée de Damoclès sur la tête du Kalifa et de la famille Bouhafa de Zarzis, en attendant de régler son compte à l'auteur de l'article.

Le Nouveau Maghreb fut prohibé au lendemain de sa parution ! Ne sachant par quel biais atteindre le principal instigateur de cette propagande nationaliste, ils menacèrent de s'attaquer au père, s'il ne redressait pas le comportement du jeune « égaré ».

N'hésitant pas à bafouer la dignité, pour obliger l'aîné à supporter la responsabilité de l'acte commis par son fils, la répression sévira promettant des sanctions démesurées. Il faut avouer que les agissements de certains hauts responsables coloniaux étaient difficilement supportables. Ils abusaient des intrigues administratives, capables des pires ignominies. Perturber un fonctionnaire dans sa carrière, bâtie d'intégrité et de compétence était courant. Ce père soucieux du devenir de ses enfants qu'il adulait et pour lesquels il avait choisi délibérément d'assurer l'instruction en France, nation dont la civilisation le remplissait de respect nonobstant les désillusions de la colonisation. Quelle ingratitude ! Quel manquement à la déclaration du Président Wilson au lendemain de la fin de la première guerre mondiale si meurtrière. Par tout ce sang versé au nom des principes, pour lesquels les Nord-Africains avaient combattu, côte à côte avec les militaires français de 1914 à 1918, n'avaient-ils pas eux aussi mérité le droit à cette liberté ?

Si de temps à autre un arabe instruit qui, sans revendiquer l'indépendance de son pays demandait simplement à la France de traiter avec plus de bienveillance les indigènes, le régime colonial répliquait par des mesures propres à favoriser l'élément européen. Tous ceux qui osaient demander la moindre réforme étaient considérés comme des insoumis, cependant que la presse d'Afrique du Nord entretenait une psychologie, tellement dénigrante et péjorative qu'elle donnait une image peu flatteuse de ces ambitieux dans le but d'annihiler l'idéal de la société arabe. Les organes comme *Le Nouveau Maghreb* qui demandaient des libertés constitutionnelles et prônaient la liberté d'expression, ou décrivaient simplement la situation malheureuse des musulmans, furent bannis et leurs auteurs menacés d'emprisonnement.

Dans les notes échangées entre les différents officiers, les autorités, obligeaient le père à retirer toute aide subventionnant les études de son fils en France. J'ai pensé à grand-père, au malaise profond, aux rouages d'un système où l'arbitraire s'imposait dans toute son ambiguïté, humilié en tant qu'autorité agissante dans la région, une région où il avait eu, malgré le caractère farouche et indiscipliné de ses tribus, le mérite de l'avoir acquise par ses qualités de cœur et l'honnêteté de ses décisions.

Les rapports du Kalifa avec l'Inspecteur Régional à Thala monsieur Berthello étaient tout à fait corrects, basés sur le respect mutuel et les relations de service. Frappé de consternation, *si* Djilani s'obligea à raisonner Kadem pour qu'il cesse toute activité et s'adonne à ses études.

Grand-père n'avait jamais lésiné sur le bien-être de ses enfants, redoublant d'efforts afin d'assurer à Kadem et Abed leurs subsides. Ses relations avec les cadres de l'administration leur facilitèrent l'accès aux universités françaises. Abed fréquentait le lycée de Cannes et Kadem entamait une licence de lettres et de journalisme.

S'il y avait des ennemis déclarés qui usaient de la répression et du régime policier pour maintenir la domination étrangère, le civisme et les règles de bienséance de certains autres, imposaient une cordialité sincère entre les différents corps d'autorité et *si* Djilani comptait parmi ces fonctionnaires de l'État, ses connaissances qui lui reconnurent au cours de ses mandats une conduite sans bavure et une intégrité draconienne au travail. Il jouissait de l'estime réconfortante des Arabes comme celle de l'élément français.

Le Kalifa sentit que ni son fils ni lui ne sortirait indemne, surtout qu'il venait de postuler pour un avancement et souhaitait être nommé Caïd à Medenine pour se rapprocher de sa ville natale.

Si grand-père remplissait les conditions d'un curriculum vitae propre, avec compétence et gratifications, ces circonstances ne pouvaient qu'entraver sa carrière administrative acquise dans une conjoncture politique où seule la compétence pouvait répondre de l'individu. L'administration coloniale retarda la demande et freina l'accès vers l'échelon supérieur. Tout portait à croire que cette mesure vindicative, portait préjudice au père. En France (malgré une certaine liberté d'action) la surveillance était similaire et la répression policière sévissait contre les éléments dynamiques. Une police secrète s'occupait directement des Nord-Africains, fréquentant leurs milieux, interpellant les étudiants, les syndicalistes les poursuivant jusque dans les lieux de leur travail, dans les cafés... dans leur pension.

Les visites rendues à la famille en Tunisie seront signalées et les voyages de Kadem entre les deux rives passés au crible.

Ce chassé-croisé de signalements créa un climat stressant pour Grand-père qui subira l'ambiguïté de cette affaire politico-familiale, face à cette chasse à l'homme. Kadem avait à peine 22 ans et que lui reprochait-on d'autre que le langage de la vérité dans ses articles et la politique de « deux poids, deux mesures » pratiquée par l'administration centrale.

Derrière cette punition, l'administration résidentielle enraya la demande d'accession du père au grade de Caïd malgré l'intervention de personnalités haut gradées et l'appréciation favorable de ses chefs, parallèlement aux rapports moraux où l'on décortiquait l'individu sous tous ses angles « psycho-socio-boulot ». Pour faire part au cher lecteur, j'évoquerai l'intense bonheur et l'amertume ressentie, à la lecture d'un de ces fameux rapports. (Rapport confidentiel, Fériana) : *Si* Djilani Bouhafa

« *Caractère bienveillant et ferme (beaucoup d'expérience)*
Excellent chef indigène.
Vieux chef expérimenté, beaucoup de pratique.
Connaît tous les rouages administratifs avec zèle et bonté.
Très bon chef de famille. »

Incontestablement, la dernière remarque résume l'amour de grand-père pour sa famille, affectueux, généreux, très proche de ses enfants s'acharnant à améliorer son grade pour mieux les gâter. L'ambition et l'opiniâtreté animeront toujours ce fonctionnaire d'État qui continuera à exiger ses droits, lorsqu'en contrepartie il remplissait ses devoirs. Il faut reconnaître à certains ressortissants d'obédience libérale leurs qualités humaines : cette minorité au franc parler n'ignorait pas les vrais besoins du pays et la cause de sa misère, n'hésitant pas (au risque d'être reniés par leurs frères impérialistes) d'afficher leur amitié ou leur aide pour les gens du pays. *Si* Djilani put compter sur leur impartialité et leur civisme.

Malgré les tiraillements il continua à solliciter l'avancement sachant pertinemment que les promesses n'étaient que pure formalité pour apaiser le courroux des autorités en attendant que l'orage passe ! Un accord tactique plus qu'une promesse formelle. Dès son retour à Bordeaux, Kadem n'hésita pas à publier un article où il dénonça l'ignorance, l'analphabétisme et l'assujettissement dans lesquels on maintenait le colonisé; composante d'un rouage protectorial rivé sur la soif des possessions. Dare-dare la sanction s'annoncera, ses propos hâtivement dits, vaudront à Kadem une surveillance serrée qui aboutira à son arrestation pure et simple.

Résident Général Marcel Peyrouton

FÉRIANA, AOÛT 1933. ARRESTATIONS DE KADEM

Après avoir accusé les ordres d'arrestation en août 1933, Kadem brava les autorités qui obligèrent grand-père à fournir des actes concrets (Que voulaient-ils dire par « *nous voulons des actes concrets* » ?). Conscient de la réalité d'un militantisme inhérent à sa soif de justice, le Kalifa ne pouvait se dérober face à l'arbitraire de la répression coloniale. Il accusa réception de la lettre qui les convoquait lui et son fils dans le bureau de l'inspecteur Régional à Thala. La suite de l'entretien est rapportée dans les documents et nous laissons au lecteur le soin d'apprécier : suspension du journal, dommages et intérêts qui bien entendu incomberaient à la responsabilité du père. Les nombreux télégrammes entre Bordeaux et Fériana en témoignent dans les archives. Cela m'avait permis d'imaginer ce dilemme dans toute la force de ses détails sans autre preuve que le dialogue de ma mère et la justesse de ses appréciations. « Il fallait, expliquait-elle, arriver à un compromis ».

Lorsqu'elle reprit son récit j'admirais la fluidité de ses paroles sans pouvoir les justifier jusqu'au jour où je découvris les preuves... de tout ce qu'elle me racontait. Je garde pour moi l'émotion ressentie et l'immense peine de savoir combien nos aînés ont été éprouvés durant cette période.

Selon le code de l'indigénat, les tribus étaient soumises à la responsabilité collective si l'un de ses membres commettait un délit.

Après la suspension du journal *Le Nouveau Maghreb*, Kadem rentra en Tunisie une première fois. Interpellé par les autorités françaises, il dut promettre en présence de l'Inspecteur Régional la cessation de toute activité et l'arrêt de toute publication. Je dirais, connaissant le caractère de mon oncle que vouloir freiner les engagements d'une personne comme lui, c'était « couvrir le soleil d'un crible » comme le dit le proverbe arabe.

En janvier 1934, Kadem est signalé comme fréquentant assidûment les milieux nationalistes en Tunisie. Il assistera, lors de ses passages, aux réunions du parti à travers tout le territoire. En février de la même année, il se rendit dans la région de Béja aux côtés de Bourguiba, Materi, Bahri Guiga, Sfar, pour appuyer la campagne de propagande et le 02 mars 1934, il sera présent au congrès de Ksar Hilal organisé dans le vaste patio de Dar Ayad en compagnie des militants. Les télégrammes signalèrent aussitôt les va-et-vient de Kadem et des pressions obligèrent *si* Djilani à mettre un terme aux activités de son fils. Le dernier avertissement fut libellé à Fériana sous les ordres des officiers et signé par le Kalifa. Kadem accusa réception de la dépêche à Bordeaux en mai 1934. Malgré les promesses qu'il formula aux autorités, il rédigea des diatribes plus virulentes dénonçant les abus, l'exploitation des travailleurs moyennant des salaires de misère, l'infériorité sociale dégradante, l'état de famine endémique… Kadem militait par la plume, pour l'adoption d'institutions nouvelles, l'octroi des libertés constitutionnelles qui seraient... libérées de l'entreprise étrangère. Si les Tunisiens au verbe haut œuvraient pour une amélioration de la condition du citoyen, dans les milieux européens, ils avaient la mauvaise réputation d'individus ambitieux et agitateurs, bien que l'histoire le démontre, ils furent les premiers à se retourner contre une nation qui, dans le suivi de ses instructions, de ses principes et de ses fondements, leur apprit à la combattre avec son propre langage. Ces militants désintéressés et énergiques, brilleront par un mérite personnel, en assumant leurs responsabilités et la charge de leurs opinions.

Dans son village, grand-mère attendait l'été espérant revoir son fils tout en craignant le pire. En vérité derrière tout héros il y a une famille, un sein maternel, des racines qui tremblent pour lui dans les coulisses où joies et peines alimentent le quotidien ! *Méma* passait ses jours à prier, remettant à la miséricorde Divine la destinée de son enfant. Kadem était tiraillé par l'idéal patriotique et un sentiment d'impuissance face à la prépondérance française. Cependant lorsque les forces se multiplient, Kadem, reconnu dans les milieux de Bordeaux pour avoir une influence sur les Tunisiens de la région, prit le fanion du meneur. *Si* Djilani savait que le nationalisme que défendait son fils ne pouvait se déliter comme l'ordonnait l'autorité française, mais le père s'exécuta, la bouche amère avec une forte montée de sa tension, pour écrire des propos qu'il était loin de partager.

Au courant de l'année, Kadem revint après le meeting de Ksar Hilal pour passer quelques jours auprès de sa famille, en août 1934. Au port de La Goulette, on lui consacra une attention particulière, le temps de vérifier l'identité de Kadem fichée dans les casiers.

Le pays vivait une période extrêmement difficile et décisive. La France comprit qu'en appelant d'Alger un nouveau Résident Général, Peyrouton imposerait une répression sur tout le territoire. Des mesures sévères furent appliquées, une véritable chasse à l'homme lancée contre ceux qui revendiquaient le droit des nations à se définir politiquement elles-mêmes.

Kadem rentra à Sousse par le train pour y passer une nuit, sur les quais de la capitale du Sahel il avait senti de la nervosité dans le comportement des agents, qui lui confirma la filature. Il rabaissa son chapeau mou et prit tranquillement le chemin ombragé de l'avenue vers la ville. En arrivant devant l'appartement, il sonna et attendit la surprise des filles... Kalthoum s'écria : « Mais c'est tonton Kadem *Mâ... Mâ* !, Zeina venez vite... Maman... maman ! »

La joie illuminait ses yeux et ses pommettes viraient au rouge sang ; Kafila sa jeune sœur accourut à la rencontre.

— Qu'est-ce qu'elles sont belles tes filles !, dit-il en caressant les boucles blondes de l'aînée, c'est ta petite armée, continua-t-il, et ta fierté.

— *Marahba, marahba* frère ! dit Soumeya réjouie, « donne-moi ta gabardine ! ». L'accolade suivit puis la sœur se retourna pour donner des instructions. « Décharge *sidek* et range ses affaires dans la chambre *ayech binti.* »

Soumeya s'installa en face de Kadem, plia un pied sous l'autre en chevauchant le canapé et commença son dialogue. Elle s'enquit de la santé de son frère, de ses études, se réservant de faire la moindre allusion aux problèmes politiques, non que le sujet la dépassât, mais elle voulut profiter des retrouvailles. Elle avait vécu la tension familiale depuis le conflit du journal lorsque son mari rentrerait du bureau, ils en discuteraient lui et son frère.

— Tu sais, repris Kadem, je te fais une confidence grande sœur !

— *Kheir Inchallah* !

— Je me suis marié..., mon fils est né au début du mois, *fi aouissou.*

Soumeya se ravisa pour sourire en guise de réponse, Kadem continua comme s'il se parlait à lui-même.

— J'ai laissé en bas de l'immeuble des camarades, ils m'ont ramené... Il fit une pause en tirant sur sa cigarette puis s'affala sur le fauteuil. Kadem reprit : « Ô Soumeya, je suis filé depuis Tunis, en arrivant à la gare de Sousse, j'ai flairé qu'ils voulaient « me choper »... le hasard les a contrecarrés ! »

— Fort heureusement, eh bien que vas-tu faire maintenant ?

Il continua de parler tout en rêvant aux volutes que sa cigarette traçait. « À ma descente et à partir de la voie ferrée le groupe d'amis m'entoura en apercevant les policiers, j'ai baissé le chapeau, rabattu le col de la gabardine et mis mes lunettes teintées. » La garde mobile surveillait de loin la sortie des passagers. Il inspira une bouffée d'air, fit tomber la cendre de sa cigarette puis sourit.

— Je voulais simplement gagner cette nuit pour vous voir et j'espère que je pourrais arriver à Fériana. Advienne que pourra !, conclut-il.

— Tu veux un café Kadem ? Je suis tellement contente de te voir, ô frère !

Zeina servit la tasse bien dosée puis remit le bébé-poupon dans le giron de sa mère. Soumeya ouvrit son corsage pour donner le sein à Radhia, un moment de silence suivit l'entretien et Soumeya releva les yeux vers Kadem : « Je sais qu'ils sont aussi impliqués que toi, frère et que tout le sahel est nationaliste, mais malheureusement ajouta-t-elle, c'est toi qui vas payer. Il leur faut bien une tête de turc, tu leur as donné l'occasion avec ton journal, ta position catégorique, *ah ya khouya ! Rahou « beyroutoun el ghoul » elli yohkom* (ô frère ! c'est Peyrouton l'ogre qui gouverne), pourquoi es-tu rentré de Bordeaux ?

— As-tu apporté des coupures de ce fameux journal ? Pourquoi serait-ce lui le bouc-émissaire ? pensait-elle.

— Mais pourquoi anticipes-tu pauvre sœur !

Kadem lut dans les yeux de Soumeya l'égarement. Pourtant la conjoncture, la répression, le bagne... tout cela était réalité. Il trancha ce quiproquo presqu'en s'excusant : « Chacun porte sa croix, il faut assumer et j'ai fait mon choix », ajouta-t-il.

Soumeya ne répondit plus, poussa un soupir et retira doucement le téton de la bouche repue du bébé.

— Qu'Allah épargne le choc à notre mère si les autorités coloniales venaient à m'arrêter, comme l'année dernière à Fériana.

Pour changer de sujet Kadem s'enquit des nouvelles de madame Fanbonn ; ma mère pour préciser prononçait le nom selon sans doute l'assonance. Je pense que l'orthographe serait plutôt Fanbonn, peut-être était-elle alsacienne ?

— Comment va la marraine de tes filles ? dit-il.

La voisine de palier remplissait toutes les qualités de l'amie sûre et dévouée. Soumeya investie dans l'angoisse du lendemain, s'inquiétait du sort de la serviette pleine de documents qui compromettrait davantage son frère. Une idée curieuse germa immédiatement dans sa tête. « Et si elle nous cachait les documents chez elle jusqu'au matin ? ». dit la sœur en réponse à son frère, abasourdi par ce subterfuge.

— Oui, dit-il, je reconnais que tu as toujours su résoudre les problèmes et régler les conflits, mais l'astuce est de taille ma chère. Cacher des documents compromettants pour protéger un nationaliste (ayant la police à ses trousses) par une Française, femme d'un capitaine de l'armée, c'était le comble de la dérision !

Soumeya prit son courage à deux mains pour solliciter la voisine, car elle craignait le pire pour son mari si on ordonnait une perquisition. La serviette serait en lieu sûr chez madame Fanbonn en attendant la précipitation des événements qu'elle pressentait. La Française accepta et on l'en remercia du fond du cœur. Elle aussi, prenait cette charge à l'insu de son mari, retenu à la caserne où il remplissait ses fonctions de médecin militaire, c'était le hic. Cette dame portait sincèrement dans son estime tous les membres de la famille de monsieur Béchir. Elle se distinguait par ses idées larges, son horreur de l'arbitraire et ne cachait pas son admiration pour ces frères, dont le civisme et les belles manières supplantaient bien d'autres Européens. Ils manipulaient la langue française avec verve, s'habillaient avec distinction et ma foi, s'ils défendaient parallèlement leurs idées nationalistes pour sauvegarder leur patrimoine, c'était tout à fait légitime pensait la dame. Elle connaissait bien Kadem et Abed lorsqu'ils fréquentaient le lycée classique de Sousse et Alaoui. Elle avait été témoin du lien affectif qui unissait les jeunes frères au foyer de Soumeya et Béchir. Elle vécut leurs joies, les prémices de leur militantisme. Maintenant elle partageait leurs soucis et les revers que leur promettait la répression coloniale. Une tension nerveuse régnait à l'intérieur des foyers indigènes impliqués dans la lutte patriotique et la dame partageait les problèmes de sa voisine arabe : « Tu sais, dit Soumeya pour prendre congé, chassons le *chitane* et bonsoir madame, la nuit porte conseil, que Dieu nous protège, ô voisine, à demain ! »

Zeina était revenue de ses courses chez l'épicier du coin. La maîtresse de maison décida du repas où il fallait assurer pour le convive fraîchement débarqué, olives, sardines à l'huile et harissa.

— Sidi Djilani nous a envoyé par la micheline avec Ali oueld Zlassi, un demi-mouton, Kadem la coupa.

— Comment va-t-il au juste ? Tu sais, il me tarde de revoir oncle Mohamed Zlassi, j'ai tellement envie de plaisanter avec lui. Je lui réserve quelques-unes et à Négus !

— Que lui réserves-tu ? dit Soumeya dont l'esprit vaguement absorbé par le menu du soir perdait le fil de la conversation.

— Mais des blagues pardi !

Kadem sourit en se remémorant la tête du chauffeur. Lorsque *si* Djilani acheta sa première voiture en 1927 une berline Citroën, Mohamed Essghaïer s'était proposé de la conduire. Le faciès de l'homme, basané comme un Ethiopien, et son profil en lame de scie lui valurent le surnom de Négus, appellation dont l'auteur n'était autre que l'original Kadem et qui resta collée pour la vie au chauffeur Fériani !

— Oh..., fit-elle en partageant son rire, *al hamdou lillah, khalti* Aïcha, sa femme a toujours eu le dessus et au moindre écart... ha... ha... ha... elle lui tient le gourdin à la porte !

Leurs rires fusèrent en même temps… Soumeya disparut, retournée vers ses cuisines pour préparer le *mislane* à la vapeur. Les arômes sentaient déjà le romarin et le safran, une agréable odeur de soupe fumait son poisson, sa graine de coriandre et sa gousse d'ail.

— Je descends en ville en attendant que sidi Béchir rentre, dit Kadem la main posée sur le loquet de la porte.

— Sois prudent cher frère ! Tes amis Chleïfa, Zahouani, Rezgallah, Ben Chrifa, Ben Zina et compagnie sont sans doute surveillés.

Kadem avait fait un crochet par l'immeuble où habitait la famille Charnine derrière l'école (toutes ces précisions relatées par ma mère qui semblait revivre ces péripéties malheureuses) pour se rendre chez son ami le Docteur Sakka avec l'objectif sans doute de l'informer. Il évita de revoir ses compagnons, il voulait braver seul la répression qui menaçait.

La nuit commençait à tomber. La mer au loin flamboyait sous un crépuscule superbe, les magasins fermaient dans la ville européenne. Quelques véhicules privés s'empressaient de rentrer, ponctués par les vrombissements des camions militaires et les pétarades des Jeeps de la gendarmerie. Béchir rentra de la poste et ses fillettes l'accueillirent en annonçant l'arrivée d'oncle Kadem. L'aînée s'empressa de raconter l'après-midi sans faire allusion (Soumeya prit soin d'éviter la curiosité enfantine en dissimulant les écrits avant d'assurer leur cachette chez madame Fanbonn dans l'appartement mitoyen).

SEPTEMBRE 1934

Le lendemain, le train traversa les ruines romaines de Thélepte. Il siffla longuement avant le pont de Ras-el-Aïn, puis il ralentit sa marche pour contourner les derniers vallons, en débouchant sur Fériana, il lâcha son dernier cri et s'engagea dans l'unique voie de la gare.

Pont de Ras-el Ain

Le sifflement rappela à *si* Djilani que son fils arrivait, il savait aussi qu'il ne le verrait plus pour longtemps. La veille, le coup de fil de Béchir l'avait consterné. L'autorité française voulait arrêter son jeune fils Kadem et Mahmoud el Gabsi lui confirma la décision à partir de la gendarmerie de Fériana. (Détail précisé par ma mère).

Abed se trouvait en villégiature, prévenu par son père il détala en direction du train. Au bas de la colline, la gare s'alignait sur un terrain vague et caillouteux que le jeune homme traversa en courant; en tête la draisine fumait à l'intérieur de la voiture, son frère ne se posait plus de questions.

Une sérénité inhabituelle l'avait envahi et tout le long du voyage, il lut paisiblement son roman. Kadem referma la page et réfléchit un moment, il était écrit dans sa destinée qu'il en serait ainsi. Il fallait payer le prix et pour cause, était-ce une erreur de jeunesse s'il aimait trop ce pays qu'il traversait depuis Sousse, ses plaines verdoyantes, ses steppes austères et fières, son histoire riche d'épopées et de bravoure ? Il fallait maintenant lutter pour que vive libre et indépendant ce peuple, dont les guenilles et les burnous en haillons se profilaient à chaque entrée de gare et qu'il sorte de l'ignorance et s'émancipe avec ses droits !

Kadem ne regrettait rien; une dernière bouffée de cigarette accompagna ses pensées avant qu'il n'effrite le mégot nerveusement dans le cendrier du siège ; décidé il se leva de la banquette, rajusta son chapeau et plia son paletot sur le bras. Il n'avait de précieux que la serviette en cuir qui contenait ses documents, les coupures de son journal et ses papiers personnels. Mille et une idées s'entrechoquaient dans son esprit, persuadé que ses dossiers offraient à l'ennemi la pâture de choix, les officiers ne le lâcheraient pas. Le sursis accordé lui permettait de dire adieu à ses parents... Ultime délicatesse de l'inspecteur régional de Thala qui télexa les ordres à la gendarmerie de Fériana, par égard en la personne de *si* Djilani.

À travers les vitres, Kadem vit les derniers peupliers se profiler avant l'entrée imminente en gare. Le signal rouge brandi, les portières s'ouvrirent et Abed s'engouffra dans le compartiment. « Bonjour frère ! Donne-moi vite la serviette, ils t'attendent au bas de la route. La gendarmerie est saisie, ils t'emmènent à Gafsa ». Avant de terminer d'expliquer à Kadem que le geôlier de la Dréba, *ammi* Zlassi venait l'accueillir, il souffla un peu puis disparut.

Les quelques passagers commençaient à quitter le train. Les odeurs parfumées des arbres et des plantes persistaient dans l'air frais. Debout sur le marchepied, Kadem remarqua la luminosité ambiante, il remit ses lunettes pour mieux admirer la grandeur impressionnante de la nature. Les wagons chargés d'Alfa retinrent son attention ; son cœur sourit, n'était-ce pas l'emblème de Fériana et sa principale ressource ? Apparemment rien n'avait changé et le village représentait toujours le centre de récolte de toutes les steppes environnantes. Les Juifs en étaient les gros commerçants et l'indigène lui, était le subalterne... La lutte s'imposait à cette forme de colonisation pensa-t-il qui exploitait l'ouvrier avec un salaire médiocre, non au joug de la servitude ! dit-il entre ses dents et il s'empressa de se jeter au cou de Zlassi. Après l'accolade, il remarqua les traits défaits de son compagnon, et jeta incidemment : « Combien de têtes de moutons as-tu mangé à la dernière *Zerda* ? » Zlassi ramassa la valise ignorant sciemment, le ton badin du jeune homme.

— Comment vas-tu mon fils ? Sa voix tremblait de tendresse et il continua tout bas ; « que Dieu fasse rater leurs investigations, de quel droit veulent-ils arrêter ce jeune homme instruit, distingué ? L'affection que portait Zlassi aux enfants de *si* Djilani était légendaire dans les annales familiales. Depuis qu'il commença à travailler avec leur père, Zlassi partageait les joies et les peines en agrémentant le goût du quotidien par son caractère jovial. Son métier de geôlier ne l'avait nullement émoussé, bien qu'il fût entêté et téméraire, un gars du Ala.

La patrouille de la gendarmerie surveillait de loin. D'un commun accord avec les autorités locales, l'arrestation de Kadem se ferait dans la discrétion en comptant sur les bonnes dispositions de la famille pour mettre en confiance leur fils et l'aider à se constituer « prisonnier ».

La veille alors que Kadem se trouvait à Sousse, l'officier des affaires indigènes s'était présenté à Fériana au Kalifalic et la nouvelle affligea la famille. Entourée de ses domestiques et de ses enfants, murée dans une consternation totale, *lalla* Fatma s'était plongée dans les besognes pour tromper l'attente éprouvante et fredonnait pour temporiser son chagrin : « Sa plume prolixe et féconde lui a causé du tort. En cherchant à briller, mon fils a condamné son sort ! »

رَاسْ الْبَلُّومَةْ ضَرَّتْنِي
وِلْدِي يِلَوَّجْ عْلَى الْفُخْرَاهْ   ضَرْ بْرُوحَهْ

En catimini, la mère appela la diseuse de bonne aventure, les domestiques l'avaient introduite par la porte annexe du jardin.

— Tourne-moi la *Assaba* et dis-moi que présage l'avenir de mon fils, demandait-elle.

— Lequel *ya lilla* ? répondait Aïcha Halabez.

— Celui qui traverse en ce moment les contrées assis dans son compartiment, dis-moi vite que va-t-il lui arriver ? Les paroles emphatiques de la dame firent taire l'entourage. En quête du moindre réconfort les yeux rivés sur le tamis, toute l'assistance attendait dans une crédulité poignante ce que déciderait le verdict de la fortune.

Après l'entretien avec la « cartomancienne », *lalla* Fatma reprit ses esprits... Elle n'était pas dupe, croyante mais le noyé comme dit le dicton s'agrippe à n'importe quelle planche si elle promet le salut. Elle pensa à *si* Djilani son mari, au calvaire qu'il devait endurer. Estimé, respecté par la population d'une région tribale difficile à gérer, il maintenait le Kalifalic depuis une décade, le temps de connaître profondément la situation sociale, économique et humaine des hautes steppes. Il n'était pas facile de trancher sans tenir compte de la conjoncture politique et des prérogatives de l'élément colonial, dans un pays soumis à la répression imposée par le nouveau Résident Général Peyrouton. *Lalla* Fatma hocha la tête, la latitude que conférait le poste de Kalifa à son mari, lui semblait nulle, si elle ne lui permettait de protéger son fils. Ses conclusions au gosier, elle remercia Aïcha Halabez, dispensa la femme et lui fit prendre congé. Chargée du couffin rempli à tout venant, la diseuse de bonne aventure sortit, en marmonnant une pléiade de prières et de remerciements. « Oh Dieu, dit *lalla* Fatma béni cette offrande et réserve à mon petit toute ta protection ! »

Dans son bureau mitoyen, le père ressentait comme un poids qui lui assaillait la poitrine. Son visage courroucé trahissait le pic de sa tension, il était incapable de freiner leur machination. Où allaient-ils déporter son fils ?

Midi sonnant l'heure fatidique, le camion de la gendarmerie stoppa en face de la Dréba et les officiers en uniforme kaki se rangèrent le long du trottoir. L'ordre d'arrêt signifié par la direction de la Sûreté nationale arriva à la brigade de Fériana, dernière destination du futur prisonnier. Il importait aux autorités locales de s'entourer du maximum de précautions pour agir rapidement et efficacement, afin d'éviter toute tentative de rassemblement ou de colère de la part de la population. L'armée avait pris soin de boucler la rue à hauteur du petit hôtel de monsieur Passat. Les sentinelles, l'œil inquisiteur, s'impatientaient, pressées d'exécuter les ordres. Lorsqu'un indigène se présentait devant les bureaux du Kalifalic le groupe de gendarmes le hélait.

— Eh, circulez, circulez !

Chèches et burnous se mouvant sur leurs épaules, les gaillards des hautes steppes s'en allaient vers le souk pour colporter la nouvelle. De trottoir en maison, elle s'enflamma comme une mèche plus vite qu'un téléphone sans fil.

— Que dire... *ya ouakh, ya ouakh* ! On vient arrêter le fils de *si* Djilani !, lançaient les uns.

— Lequel ? répliquait l'autre dans l'assistance sidérée.

— Mais non ya Lazhar c'est l'aîné, Abed est ici depuis deux mois, il enseigne le Français, il rentre bientôt.

— C'est Kadem, précisa-t-il, celui qui étudie à Angoulême ou Bordeaux.

— De toute façon la famille est destourienne.

Dans la population, les réflexions fusaient.

— J'ai vu sidi Touhami, Cheikh ez-Zaouîa. Il revient de la Dréba et il semble contrarié.

— C'est l'ami du Kalifa.

— *Si* Djilani ne mérite pas.

Si Younes Ben Younes, son fils Rabah exprimèrent leur mécontentement et les tribus crièrent leur sympathie et leur solidarité pour celui que la population Fériani considérait comme son jeune héros ! Le ralliement de tous les citoyens ne saurait tarder, plus la répression coloniale sévissait et plus, la solidarité entre les indigènes se consolidait. Au souk, les cœurs mûrissaient une rage sourde contre l'armée française et ses exactions.

Grand-père vivait ces derniers moments avec pondération, attentif seulement à la sirène du train qui allait d'un moment à l'autre rompre le silence de ces heures interminables. La sirène retentit et grand-père invoqua le tout puissant, puis avec une dignité exemplaire attendit le dénouement.

Kadem rentra de la gare en direction de la maison paternelle, *ammi* Zlassi lui emboîtait le pas sous l'œil vigilant du gendarme posté au bout de la rue. Ils étaient restés silencieux jusqu'au moment où ils bifurquèrent. Le jeune homme vit la frondaison des peupliers qui dépassait la barrière de la maison, crépie à la chaux. Il s'arrêta pour se confier : « Tu sais oncle Mohamed, j'ai de la peine pour ma mère, nous lui causons du souci »

— *Lalla* Fatma bint Djabnoun est une femme généreuse, exceptionnelle. Elle vous a élevé *salihin* et elle sait combien est noble la cause pour laquelle vous vous battez, ajouta-t-il pour déculpabiliser Kadem, vous êtes juste et intègre ô fils !

Ils passèrent par le jardin. Il tenta de chasser cette peur qui l'assaillait. Il affronta sa mère, elle l'accueillit calmement, debout dans l'embrasure de la porte s'ouvrant sur le patio. Il la vit drapée dans sa longue jupe à rayures de soie, entre les pans dépassait légèrement la dentelle du *mizou*. Il détailla la couleur de son *marioul Fadhila*, puis la vit rajuster son turban sur une mèche rebelle, sa *khejla* noire corbeau. Il lui connaissait ce geste et Kadem comprit que sa mère voulait se donner plus de contenance.

— *Marhabtin bi oueldi lghaly*, dit-elle.

— *Ommy il hannana*, me voilà ! Je me porte bien et je viens t'embrasser avant de repartir en voyage.

— À quel voyage te destine *Fransa* mon fils ? Et à quel confort t'envoie le roumi *ah ya oueldi* ! Après Bordeaux et Toulouse !, dit-elle et les larmes jaillirent sans retenue sur son visage ravagé par la rancœur.

Maria, sa voisine de longue date, était l'amie et la confidente.

— Madame Belvisou, *yaïchek*, cache les journaux et les écrits de Kadem chez toi. La gendarmerie l'attend et Dieu merci, ils n'ont pas vu Abed rentrer. C'est compromettant.

Madame Bouhafa redoutait la perquisition. Le ton confidentiel et le visage défait de la mère touchèrent l'Italienne :

— *Bahi ya lilla*, nous laisserons uniquement ses papiers d'identité, dit-elle, c'est le domicile du Kalifa ils n'oseront pas le faire, ils veulent le fils c'est tout, courage *ya lilla*.

Maria enjamba le soubassement de sa fenêtre qui donnait sur le jardin, se saisit du paquet et s'enfuit en balbutiant : « Jamais ils ne viendront le chercher dans ce lieu sûr ». Grand-mère pensait avoir réduit les risques, mais le jugement rapide et expéditif révélera que les autorités n'avaient pas besoin de ces papiers pour inculper Kadem condamné d'avance.

— Comment peux-tu braver les reptiles et le sirocco. *Ya hannani ?* pensa-t-elle. Kadem pénétra dans la salle familiale et son regard se porta sur les domestiques prosternés. « Sidi, au revoir, que la paix t'accompagne et que la miséricorde soit avec toi ». dirent-ils en chœur. La journée de deuil s'annonçait. Kadem huma pleinement l'odeur dégagée par la braise, se baissa vers le foyer incandescent.

— Donnez-moi du café !, sa sœur Fatna, figée sur le petit banc, tenait entre les doigts le manche de la *zezoua* et les paroles de Kadem crevèrent le silence oppressant : « Laissez-moi, c'est mon *mektoub*. », dit-il. Il embrassa les benjamins, Sadok et Zohra puis sortit.

Dans son bureau, grand-père releva la tête, s'aéra en tirant un peu sur sa *cachta* avant de rendre le salut au porteur de casquette. Il jaugea l'officier sans bouger et l'aversion lui monta au nez. « Mon fils est prêt », dit-il, en froissant le mandat d'arrêt posé sur son bureau. *Si* Djilani ressassait son courroux, lui qui avait la latitude pour révoquer ou ordonner l'envoi des jeunes au service militaire, ne pouvait arrêter l'implacable décision. La France frappait et le Résident Général Peyrouton savait y faire, chaque intellectuel indigène devait être cueilli avant de bourgeonner.

Lorsque le moment arriva, Barbaria apparut, grand-mère serra son fils, consciente qu'il lui fallait du courage pour surmonter cette épreuve injuste. « Allez..., lança Barbaria la dame sage de la Dréba, le vivant revient toujours et *lalla* Fatma fêtera ton retour à la *zaouia* de sidi Ahmed Tlili *Inchallah... haya...* sidi Djilani t'attend ô fils ». Deux soldats de l'armée s'approchèrent pour encadrer Kadem dont l'abord et le mutisme étaient peu disposés à accepter les humiliations. Kadem devait comparaître devant un tribunal militaire. Sous les regards atterrés de la foule amassée au loin, on transportait le fils du Kalifa à Gafsa où s'ouvrait son procès comme un vulgaire malfaiteur ou un criminel récidiviste. Kadem ignorait si un jour il retournerait, qu'importe, il misait sur l'ardeur de sa jeunesse pour défier l'ennemi.

Là-bas au fort du désert impitoyable, Bordj Lebœuf s'apprêtait à accueillir le premier déporté tunisien et le benjamin des militants.

— On peut taire l'histoire, mais on ne peut refouler les souvenirs, ma petite, dit ma mère en continuant son récit. Dans la région Ouledouazzaz, les poitrines étaient gonflées de ressentiments. Le voyage fut long après Gafsa où une commission rogatoire avait mené l'enquête expéditive au tribunal militaire : « Déportation dans l'extrême sud en direction des nouveaux centres d'éloignement, sanctionné pour les délits d'opinion exprimés dans son journal *Le Nouveau Maghreb* et ses activités destouriennes. Arrivés aux territoires militaires, les détenus politiques furent rassemblés à Foum Tatahouine, pause où ils réclamèrent une dernière faveur pour contacter leur famille. Kadem se saisit du combiné noir :

— Allô... B n°2 parle à B n°1.

— Allô ..., répondit le destinataire.

Béchir entendit une voix lointaine et crut reconnaître son frère.

Une émotion profonde l'envahit. Il posa le récepteur, le raccrocha au combiné et réfléchit un moment. « D'où pouvait appeler Kadem ? » le doute semblait se confirmer... était-il déjà arrêté ? L'aîné des frères réalisa aussi qu'il se trouvait au guichet de la poste. La communication pouvait être interceptée. N'avait-il pas une famille à nourrir et évincer un arabe du travail était une simple formalité.

La colère balaya sa peur irraisonnée et lorsqu'une deuxième fois, le téléphone retentit, il entendit son frère lui dire : « Préviens ma mère que le ciel est mon linceul, le sable ma literie et le lait de chamelle mon breuvage, voilà où m'envoie Peyrouton, nous quittons Kebili - les Bains », ajouta-t-il avec un humour sarcastique.

Béchir ne put réprimer une larme qui suinta, hier Kadem était parmi eux à Sousse. Quel drame ! Même si au fond tous appréhendaient ce moment, l'invité de France, lui, l'avait prédit à sa sœur, il lui avait bien confié dès son arrivée : « Tu sais chère, tôt ou tard, avec ou sans la serviette, ils me prendront et Peyrouton m'enverra en camp de concentration ». L'ironie amère plissait ses lèvres : « *Bayd ich-char ala khouya*, avait-elle répondu, que Dieu te protège ! Que le sort t'épargne ô frère ! »

À présent, Béchir imaginait le convoi en route vers les confins du désert. Kadem sera loin, voué à la merci des sarcasmes des militaires, fort seulement de son idéal et de sa foi qu'il cultivait en lui comme une torche. Quel crime ! continua Béchir. Le palais desséché, il referma le registre, les chiffres tournoyaient dans tous les sens. Un flux de sang lui monta à la tête, le temps que le malaise passe, il se référa à la clémence divine, avant de se replonger dans ses comptes.

Dans un instant il devra affronter sa femme pour lui annoncer l'affreuse nouvelle. Après la fermeture de la recette il prit le chemin du retour, il hésita puis décida de continuer sa marche.

LA PROMENADE

La première bouffée d'air lui fit du bien. Il s'oxygéna pleinement se dégourdit les jambes ankylosées par une journée de bureau. Béchir se mêla à la foule aux diverses origines, l'italien parlant le dialecte du pays, le juif portant l'habit traditionnel, le Français lui se contentait de donner le change pour spolier tranquillement, les richesses du pays.

La promenade en fin de journée remplaçait une séance de sport. Il continua en petites foulées vers la mer. Des images hideuses lui flashaient l'esprit : tornade de sable, un scorpion, les confins impitoyables... le militaire crachant des injures du haut de son méhari ! Béchir se représenta la scène du salut au drapeau tricolore et enchaîna : « Peu importe, ils ne pourront jamais l'assujettir. Le roseau plie, mais ne rompt pas, dit La Fontaine. Kadem ne pliera pas même s'il devait se rompre. La soumission jamais ! »

Béchir s'emportait, parlait avec une passion qui lui fit rougir les pommettes. Il se calma et fit le point avec lui-même : « Dans la Régence appauvrie et soumise, se dit-il, la population se réveillera de sa léthargie pour chasser le régime de l'injustice et du racisme. Tous se rallieront, tous auront la conviction que seule la lutte impérative les fera aboutir vers une liberté de droits, dans une patrie indépendante. »

Il arriva sur la jetée. Les bras croisés dans le dos il poussa jusqu'à l'embarcadère, les felouques tanguaient voiles au vent, flancs chatouillés par les clapotis. Les pêcheurs retardataires se pressaient, les bras chargés de poissons frétillants en guirlandes. Il arrivait souvent à Béchir de les aborder usant de leur langage humble et modeste.

— *Assalamou alaykom...*

— *Oua alaykom essalam.*

Ils s'étonnèrent de voir leur client désintéressé. Ils l'aperçurent assis sur une balise, les mains pliées sur les genoux et le visage comme une proue de navire, dirigée vers le paysage marin.

— Ils tenteront d'humilier mon frère, de le provoquer, contents de l'avoir fait prisonnier.

De retour, il annonça l'arrestation de Kadem à Soumeya. Il appréhendait ce moment, mais il misait sur le courage de sa femme pour partager le poids de ce drame familial. « Je l'avais pressenti » dit-elle amèrement.

Il la regardait admirant sa pondération. « Ils l'ont déporté à Bordj Lebœuf, précisa-t-il, pleure si tu veux ou lacère toi le visage ».

لَوْ كَانْ بَاشْ تَبْكِي إِبْكِي وَإِلَّا بَاشْ تَنْدَبِي إِنْدَبِي

« *Ya nari ala khouya min Bordo lil sahra !* » dit Soumeya saisie.

Elle réceptionna la nouvelle, sentant comme une brûlure qui lui déchirait les entrailles et craignant le pire pour le père de ses enfants dont le franc-parler l'exposait à des représailles, car on guettait le moindre propos pour déclencher la machine de guerre. Soumeya se retourna vers son mari et dit furieusement :

— Eh... toi, gare à tes propos, ménage ton entourage où tu es l'unique arabe !, puis elle pensa à *lalla* Fatma : « Pauvre mère ! dit-elle, si je pouvais être à ses côtés ! ».

À Fériana, sidi et toute la famille vivaient leur calvaire, impuissants face à la répression intransigeante. La mère pleurait sa peine en chantant aux soirées d'insomnie, elle décuplait ses prières et le jour, elle dépêchait ses offrandes aux saints patrons de la ville.

مَاضَ ارْقِدْنَا والحَايرَاتْ اقْعُودْ   وُمَاضَ اسْهرْنَا والسَّاهرَاتْ ارْقُودْ
فِي اللَّيْلْ نِبْكِي وفي النّهَارْ انَّوّحْ   بلادِكْ بْعِيدَة ومَسِيرْبِكْ مِطوّحْ
ينَجِّيكْ سِي الكَاظِمْ وينَجِّي اسْتيادِكْ   فِي السُّورْ عَالِي وبْعِيدَه بْلادِكْ

Traduction :
Que de fois nous passions des nuits blanches
Alors que les paisibles dormaient
Sans souci. Nous prenions parfois notre revanche
Pour dormir, alors que les soucieuses veillaient.

Ces méditations nocturnes rappellent étrangement le spleen de Baudelaire quand la ville s'éteint et que l'homme parle pour temporiser son chagrin :
« *Sois sage ô ma Douleur et tiens-toi plus tranquille.*
Tu réclamais le Soir ; il descend, le voici.
Une atmosphère obscure enveloppe la ville
Aux uns portant la paix, aux autres le souci.
Pendant que des mortels la multitude vile,
Sous le fouet du Plaisir, ce bourreau sans merci,
Va cueillir des remords dans la fête servile,
Ma douleur, donne-moi la main ; viens par ici,... »
Les Fleurs du Mal

EXTRÊME SUD

Arrivés à Bordj Lebœuf dans l'extrême limite des territoires occupés, les déportés (considérés comme éloignés politiques) sont groupés dans une aire « prison » autour du fort (poste de commandement du goum saharien de Tunisie), le poste saharien de Bir Kecira. Les rapports des surveillants, des gardes et des officiers signalent le régime du pénitencier de plein air (tente). « *Les interdits de séjour à Bordj Lebœuf, Avril-Mai 1935 op. Cit F 180* » l.M.N.

Le but de la Résidence était de les isoler et tenter de les dissuader en interdisant correspondance et contact avec la famille.

« *Éviter voyages de propagande, maintenir un régime de surveillance dur pour annihiler leurs espoirs, chaque famille astreinte à l'envoi d'argent pour subvenir aux besoins (précaire) du détenu, ce pour diverses raisons. Limiter les envois, et la correspondance ira en décroissant. [...] Néanmoins, la vie de groupe rompt un peu l'acuité de leur isolement, logés quatre par quatre ! Dans les ghorfas sous l'œil vigilant des gardes et, mis en joug par le faisceau lumineux du phare du bordj.* »

Ma mère rapporta comment Kadem avait dit en plaisantant à ses compagnons : « Nous avons cherché le nationalisme et nous nous rencontrons dans les latrines ».

Quelques chèvres erraient de temps à autre, échappées d'un groupement de nomades et Kadem se servit de la bête comme messager, il plaçait un mot dans son oreille et put ainsi communiquer avec certains compagnons logés dans les tentes plus éloignées. L'idée de faire cuire le couscous dans un vieux couffin de palme a été aussi rapportée. Ces anecdotes transmises de bouche-à-oreille parvenaient aux oreilles des familles, malgré les distances que le colonialisme avait mises à profit, pour couper les détenus de tout contact.

Ces petits détails énoncés ne représentaient en fait qu'une goutte d'eau dans un océan de vécu d'injustices et de contraintes. La mesure répressive avait dégradé les forces et la situation devenue critique, les compagnons vécurent une scission qui donna au Résident Général l'occasion de profiter de cette défaillance. Éprouvés par l'horreur du bagne et sous la contrainte ils signèrent la proposition du Résident Général qui leur présenta une lettre manuscrite où tous s'engageaient à cesser leur activité peu réfléchie.

Par contre, la presse nationaliste symbolisa les « martyrs » du régime colonial. Leur image s'enracinera dans la tête des militants, encourageant les sympathisants à dénoncer tout haut l'injustice morale et corporelle infligée au groupe des déportés.

L'état de santé de Kadem nécessita son transfert, deux mois après, à l'hôpital populaire d'Ittikia dans la capitale Tunis. Après maintes interventions et demandes formulées par *si* Djilani, on permit une visite ultime à sa mère qui lui fit par la même occasion ses adieux.

Nous rappellerons que « *Le décret du 06 Mai 1933, complété par les décrets du 15 Avril 1934 et 1er Juillet 1935, permet au Résident de renouveler les peines d'interdiction de séjour* ».

Kadem, soumis à une surveillance, étroite sera éloigné vers la Belgique. Sitôt arrivé à Bruxelles, il reprend ses activités. Une lettre des fonds de la Résidence signale son intention de se mettre en rapport avec le bureau de propagande dans une ville d'Allemagne. Avant de trouver trace de ces documents, ma mère m'avait situé les étapes importantes qui avaient jalonné son parcours.

En 1935, alors que Béchir travaillait dans la poste Edmond Roustan (Habib Thameur), il reçut une dépêche « morsée » de la direction de la sûreté nationale ; le neveu de ma mère oncle Ameur Sraïeb, s'empressa de transmettre la nouvelle à la famille.

« Tu sais, Kadem est arrivé, ils le déportent de nouveau au Bordj-Lebœuf. Ameur m'a appelé, le passeport et les papiers de Kadem sont retenus, il a une permission d'un jour pour rencontrer sa famille ». Grand-mère monta aussitôt de Fériana pour le voir avant la deuxième déportation.

Dans mon désarroi, je ne comprenais pas comment il était possible à Kadem éloigné à Bordj-Lebœuf en septembre 1934 de se trouver à Tunis en cette période, où ma mère était enceinte de mon frère Farouk. Soumeya, pour préciser ses repères, me parla de la couleur de sa robe de grossesse ornée d'un col en piquet blanc et me fit part du menu du jour : « J'avais cuisiné un ragoût aux *gombos marsaoui* et une *slata méchouia* ». Elle ne pouvait relater des faits sans les transposer dans leur contexte et se lança dans une description suave et valorisante de sa maison arabo-andalouse nichée en bordure de la médina *fi dar* el Barouni. La période pouvait s'étaler du printemps jusqu'à la saison d'été, puisque mon frère est né en septembre 1935 et que ma mère se trouvait à Fériana un mois auparavant. Je m'étais présentée aux bureaux des Archives avec l'espoir de retrouver trace du camp de concentration de Foum Tatahouine où mon père avait été déporté en 1942 ou en 1943.

Le premier travail de recherche guidé par les responsables, me fit découvrir beaucoup de choses qui témoignèrent des propos de ma mère. Maintenant que nos aînés ont quitté ce monde, je remercie Dieu de m'avoir éclairée, pour me libérer d'un étrange sentiment de flou qui m'assaillait. Les preuves corroborent les dires et ces témoignages immortalisés dans les archives sont un peu ma récompense, puisque j'ai trouvé trace du parcours militant de tous les frères Bouhafa.

Le 09 novembre 1935, une motion fut votée pour réclamer la libération des détenus politiques en France, en Algérie et en Tunisie. Le régime colonial ne pouvait prétendre résoudre les graves problèmes qui secouaient l'Afrique du Nord par la contrainte et le rétablissement des camps de concentration. Pour résumer cet alinéa, je reporte le document suivant, truffé de quelques erreurs rectifiées : « *Kadem Bouhafa, Tunisien, âgé de 26 ans* {il n'en avait que 23}, *est le fils de si Djilani Bouhafa, Kalifa de Fériana. Après avoir fait des études médiocres à l'école primaire de sa ville natale* {je rectifie ici + école de Nabeul + Pichon}, *puis à Tunis au Collège Alaoui. Il s'est rendu à Bordeaux* {d'abord à Toulouse puis à Bordeaux}, *où il avait suivi les cours de la faculté de droit et de l'école des sciences politiques.* {Voir le racisme des autorités qui dénigrent et traitent péjorativement}. *[...] Bouhafa est connu à Tunis comme un incapable infatué de sa personne... paraissant s'occuper de politique beaucoup plus pour en tirer des profits et des relations que pour l'idée elle-même, compensant la faiblesse de son instruction générale par un langage volontairement recherché* (c'est le hic). {Cela ne l'a pas empêché d'avoir une plume prolixe et virulente contre le colonialisme}.

En Décembre 1933, il a lancé à Bordeaux en collaboration avec son camarade Salaheddine Meddeb un hebdomadaire en langue française, appelé le « Nouveau Maghreb » organe de défense des intérêts Nord-Africains. Pour ce faire, il s'est mis en rapport avec les dirigeants de « l'action tunisienne » à Tunis, journal destourien interdit depuis, « L'Ikdam » à Constantine, l'action du peuple à Fès et l'association hispano-islamique de Madrid.

Les directeurs du « Nouveau Maghreb » ont reçu alors les encouragements de l'Émir Chakib Arslan, leader musulman, Syrien, résidant à Genève, qui a consacré divers échos dans la « Nation Arabe », organe publié dans cette ville, ainsi que diverses publications égyptiennes, syriennes.

Sur les instances de son père, qui désapprouvait sa ligne de conduite politique, Kadem Bouhafa arrêta les publications de son journal et rentra en Tunisie. En janvier 1934, Bouhafa est signalé comme fréquentant assidûment les réunions du parti destourien, et en février 1934, il effectua dans le contrôle civil de Béja une tournée de propagande en compagnie du leader néo-destourien Habib Bourguiba. Dans le courant de mars 1932, Bouhafa publie dans « La liberté du sud-ouest », paraissant à Bordeaux, où il est revenu, un article intitulé : « L'agriculture tunisienne en danger ».

Le 10 juillet 1934, il expédie de Bordeaux au « Journal socialiste » un télégramme de protestation « contre les méthodes fascistes du proconsul Peyrouton » et adresse « aux victimes de la répression résidentielle, sa vive sympathie ».

« Revenu à Tunis à la fin du mois d'août 1934, avec une nommée Dagien Geneviève, épouse du Docteur Lamarque de Bordeaux, il fait l'objet le 03 septembre d'une mesure d'internement dans les territoires militaires du sud. Son état de santé déficient, commandant une mesure de faveur qu'il sollicite du reste le 11 octobre 1934, dans une lettre adressée à Monsieur le Président Général et publiée dans la «Nahda», est dirigé sur la France le 16 octobre. Son retour en France a été signalé au Ministre des Affaires Étrangères par lettre n° 1483 s.g en date du 10 novembre 1934. »

TUNIS LE 03 MARS 1935

Je préciserai que Kadem fut éloigné de France en Belgique. Il rentrera en Tunisie par l'Italie et sera dirigé une deuxième fois vers les territoires du sud. En avril 1935, il fut de nouveau interné à Bordj-Lebœuf. Je transcris un poème chanté par Mabrouk l'*oucif* à Zarzis, quand le premier nationaliste fut interné avec ses compagnons à Bordj-Lebœuf. Lorsque Berrached me dicta le poème, sa voix se fit plus petite, je lui demandai de rehausser un peu le ton, il me répondit : « Ô fille du pays ! Ces quelques lignes valaient dans la conjoncture de la colonisation et des pouvoirs militaires à un envoi au bagne pour leur auteur ! ». Et il m'expliqua comment derrière cette description de vergers et de nature ressortait le profil du détenu dont la fierté se comparait au tronc élevé du palmier et le courage, à la grandeur de ces territoires du sud.

Traduction :

« Dans mon verger s'est desséché mon beau palmier
Parmi les halliers de ronces parasites
Qu'importe! Son tronc hautain et son port altier
Braveront l'injustice des colonialistes
La lâcheté, l'éloignement, la tyrannie
Le fort impitoyable et le Touaï désertique
Pour rehausser l'honneur, l'amour et la patrie
Imprimer au sud son moment historique.
Dans mon verger s'est desséché l'arbre fruitier
Envahi par les herbes folles et les lentisques
Dans ce désert implacable, accorde pitié
Ô Dieu! Abreuve son tronc d'une eau bénéfique. »

جْنَانِي صَاصْ عَرْجُونِي انْتَلَفْ
مْشَاتْ الرّجَالْ مَعْنَاكْ الوزَفْ
الوَاحِدْ رزْمَةْ خيرْ مِنْ نَصِيبْ
يطيّشْ رُقْبْتَةْ ايهزْ الشّرَفْ
عْيُونْ نَاصْحَةْ والقَلْبْ ضِيقْ
دَارْ الجمّلْ هَيْلُو لنْتِلَفْ
خَشْ ابْرُورْ التُّوَيْ قَاعِدْ غرِيبْ
يَا مُولايْ يَا عَالِي الكِلَفْ
اتبَدّلْ طُعْمِتَةْ بنْجُغْمِة حَلِيبْ

– Télégramme.

Bouhaffa Kadeum
4 Rue Cantfarters

Bordeaux –

Impossible remettre fonds avant savoir suppression complète journal qui est préjudiciable mon avenir. Répondez télégraphiqt pour preuve racontés. Baisers

Djilani

Indications de service

Indications conventionnelles

Collationnement	TC	Poste restante	GP
Exprès payé	XP	Réponse payée	RP
Faire suivre	FS	Télégraphe restant	TR

Dans les dépêches imprimées en caractères romains par l'appareil télégraphique, le premier nombre qui figure après le nom du lieu d'origine est un numéro d'ordre, le second indique le nombre des mots taxés, les autres désignent la date et l'heure de dépôt.

Dans les télégrammes provenant de pays appartenant au régime extra-européen, le numéro d'ordre et les indications de dépôt peuvent être omis.

L'État n'est soumis à aucune responsabilité à raison du service de la correspondance privée par la voie télégraphique (Décret du 11 Juin 1888)

N°

Timbre à date

Pour — de Bordeaux – N° 9/101 – Mots 11 – Dépôt le 29 – à 11 h 5 le 29 –

Cesse toute activité politique me conforme tes ordres.

Kadem

Imp. SALIBA – Tunis – 1931

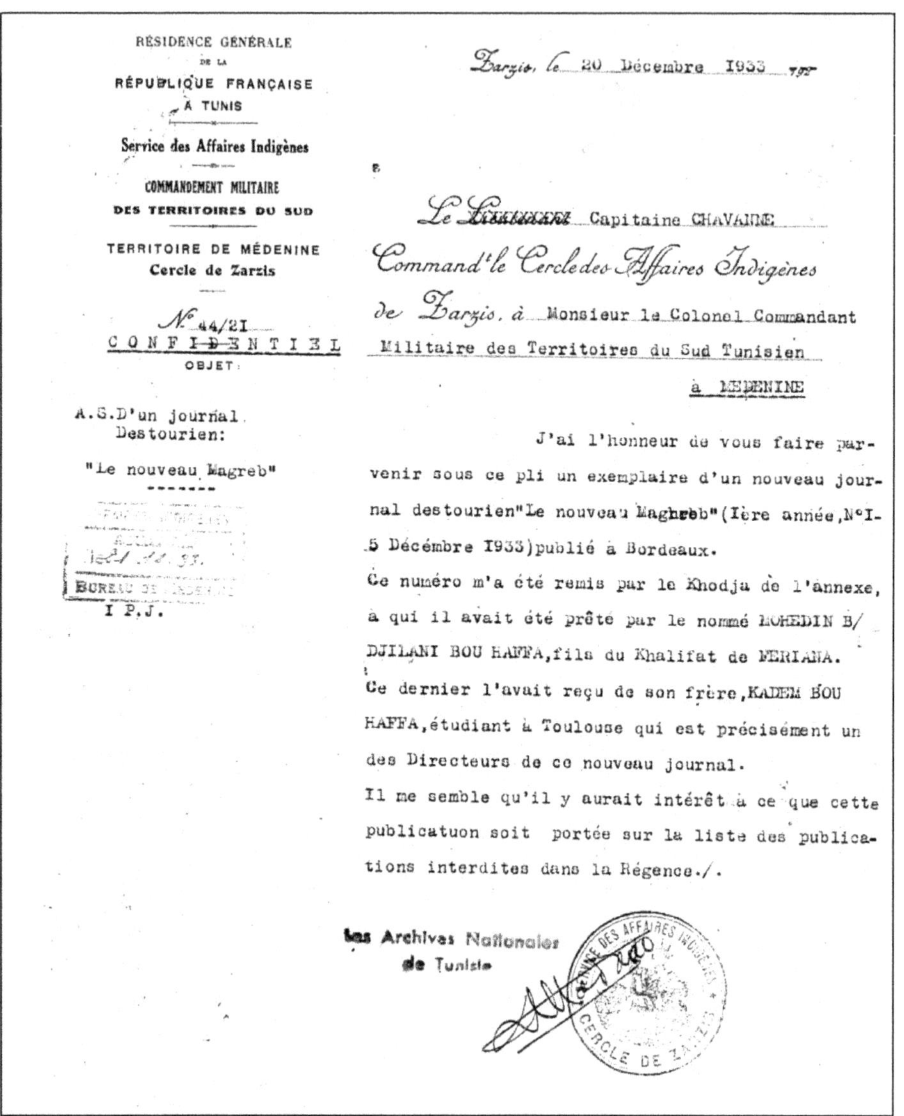

RÉSIDENCE GÉNÉRALE
DE LA
RÉPUBLIQUE FRANÇAISE
A TUNIS

Service des Affaires Indigènes

COMMANDEMENT MILITAIRE
DES TERRITOIRES DU SUD

TERRITOIRE DE MÉDENINE
Cercle de Zarzis

N° 44/21
CONFIDENTIEL
OBJET :

A.S.D'un journal Destourien:
"Le nouveau Magreb"

I P.J.

Zarzis, le 20 Décembre 1933

Le Capitaine CHAVAIRE Command'le Cercle des Affaires Indigènes de Zarzis, à Monsieur le Colonel Commandant Militaire des Territoires du Sud Tunisien
à MEDENINE

J'ai l'honneur de vous faire parvenir sous ce pli un exemplaire d'un nouveau journal destourien"Le nouveau Maghreb"(Ière année,N°I-5 Décémbre 1933)publié à Bordeaux.
Ce numéro m'a été remis par le Khodja de l'annexe, à qui il avait été prêté par le nommé MOHEDIN B/ DJILANI BOU HAFFA,fils du Khalifat de FERIANA.
Ce dernier l'avait reçu de son frère,KADEM BOU HAFFA,étudiant à Toulouse qui est précisément un des Directeurs de ce nouveau journal.
Il me semble qu'il y aurait intérêt à ce que cette publicatuon soit portée sur la liste des publications interdites dans la Régence./.

Document du 26 janvier 34
Lettre du secrétariat général au gouvernement tunisien

« M. Larbi,

Cette recommandation émane d'un jeune étourdi qui fait imprimer à Bordeaux des diatribes contre le gouvernement du protectorat, jusqu'à présent on tenait rigueur au père de manquer (phrase illisible) un autre fils qui a récemment fait parler de lui à Tozeur. »

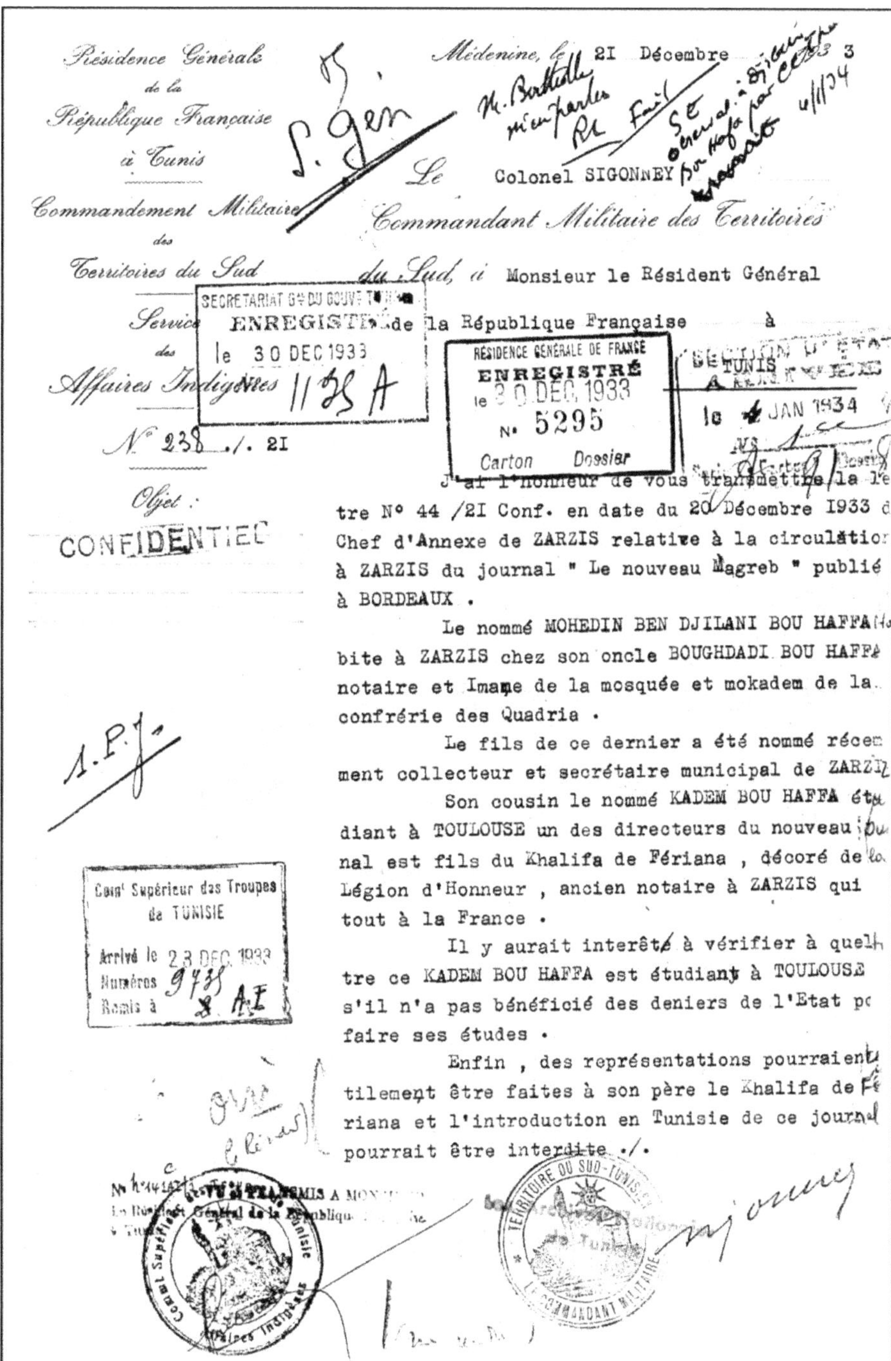

Résidence Générale de la République Française à Tunis

Commandement Militaire des Territoires du Sud

Service des Affaires Indigènes

N° 238 ./. 21

Objet : CONFIDENTIEL

Médenine, le 21 Décembre 1933

Le Colonel SIGONNEY

Commandant Militaire des Territoires du Sud, à Monsieur le Résident Général de la République Française à TUNIS

SECRETARIAT Gal DU GOUVt TUNISIEN ENREGISTRÉ le 30 DEC 1933 N° 1125 A

RÉSIDENCE GÉNÉRALE DE FRANCE ENREGISTRÉ le 30 DEC 1933 N° 5295 Carton Dossier

le 4 JAN 1934

J'ai l'honneur de vous transmettre la lettre N° 44 /21 Conf. en date du 20 Décembre 1933 du Chef d'Annexe de ZARZIS relative à la circulation à ZARZIS du journal " Le nouveau Magreb " publié à BORDEAUX .

Le nommé MOHEDIN BEN DJILANI BOU HAFFA habite à ZARZIS chez son oncle BOUGHDADI BOU HAFFA notaire et Imame de la mosquée et mokadem de la confrérie des Quadria .

Le fils de ce dernier a été nommé récemment collecteur et secrétaire municipal de ZARZIS.

Son cousin le nommé KADEM BOU HAFFA étudiant à TOULOUSE un des directeurs du nouveau journal est fils du Khalifa de Fériana , décoré de la Légion d'Honneur , ancien notaire à ZARZIS qui tout à la France .

Il y aurait interêt à vérifier à quel titre ce KADEM BOU HAFFA est étudiant à TOULOUSE s'il n'a pas bénéficié des deniers de l'Etat pour faire ses études .

Enfin , des représentations pourraient utilement être faites à son père le Khalifa de Fériana et l'introduction en Tunisie de ce journal pourrait être interdite ./.

Comt Supérieur des Troupes de TUNISIE Arrivé le 23 DEC. 1933 Numéros 9735 Remis à AI

N° 14414 TRANSMIS A MONSIEUR le Résident Général de la République Française à Tunis

Comt Supérieur de Tunisie Affaires Indigènes

Territoire du Sud-Tunisien Le Commandant Militaire

Sigonney

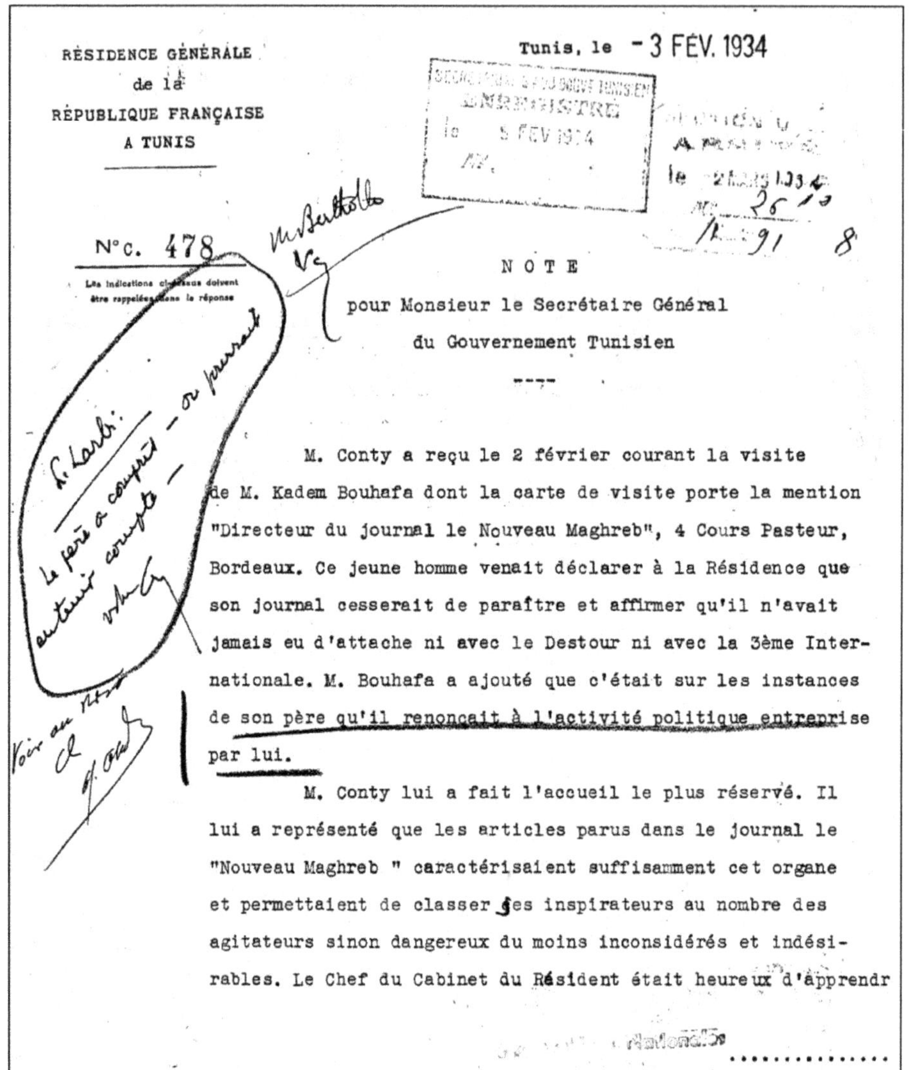

RÉSIDENCE GÉNÉRALE
de la
RÉPUBLIQUE FRANÇAISE
A TUNIS

N°c. 478

Les indications ci-dessus doivent être rappelées dans la réponse

Tunis, le - 3 FÉV. 1934

ENREGISTRÉ le 5 FÉV 1934

NOTE

pour Monsieur le Secrétaire Général du Gouvernement Tunisien

M. Conty a reçu le 2 février courant la visite de M. Kadem Bouhafa dont la carte de visite porte la mention "Directeur du journal le Nouveau Maghreb", 4 Cours Pasteur, Bordeaux. Ce jeune homme venait déclarer à la Résidence que son journal cesserait de paraître et affirmer qu'il n'avait jamais eu d'attache ni avec le Destour ni avec la 3ème Internationale. M. Bouhafa a ajouté que c'était sur les instances de son père qu'il renonçait à l'activité politique entreprise par lui.

M. Conty lui a fait l'accueil le plus réservé. Il lui a représenté que les articles parus dans le journal le "Nouveau Maghreb " caractérisaient suffisamment cet organe et permettaient de classer les inspirateurs au nombre des agitateurs sinon dangereux du moins inconsidérés et indésirables. Le Chef du Cabinet du Résident était heureux d'apprendr

....

que M. Bouhafa, qui n'a pas plus de 21 ans, renonçait à toute activité politique jusqu'à ce que ses études et une certaine expérience de l'Administration lui eussent donné toute la maturité d'esprit nécessaire pour évoquer des questions aussi importantes que celles qu'il prétendait traiter. Il a en outre attiré l'attention de M. Bouhafa sur les diverses mesures récemment prises par le Gouvernement en faveur des intérêts indigènes, mesures qui ne peuvent produire tous leurs effets bienfaisants que si l'élite intellectuelle tunisienne s'attache elle-même à en favoriser la réalisation./.

[illegible]

J'ai reçu à distance ces gens
qui font un peu de chantage.
Nous voulons des actes — en l'espèce
une période de quelque durée d'attitude correcte —
et non des promesses

5/2

Dossier Bou Hafa

Mon Cher monsieur Bonnet,

Vous devez penser que depuis la parution du journal El Maghreb, j'ai harcelé le père Bouhafa pour qu'il fasse acte d'autorité. Je crois être arrivé à un résultat puisque Kadem revient en Tunisie et que le « canard » ne paraîtra plus. (Je n'ai fait là que mon devoir de français)

Si Bouhafa me demande d'intercéder auprès de Vous afin que l'Administration ne le rende pas responsable de l'irréflexion de son fils. J'ai la conviction entière que le père Bouhafa n'était pour rien dans les actes répréhensibles de son fils. Depuis plus de deux ans que je l'observe, Si Djilani a toujours accompli son devoir.

Vous trouverez, ci-joint, quelques télégrammes reçus ou expédiés par Si Bouhafa, ainsi que la copie de 2 rapports. Ces documents attestent suffisamment que Si Djilani a désavoué, dès le début, son fils Kadem.

Ils se présenteront devant Vous, et, Kadem vous fera des excuses ; il prendra l'engagement de ne plus recommencer. Je vous serais très obligé de les recevoir ; Vous jugerez s'ils doivent aller voir Mr Berthollé ensuite, ou même Monsieur le Ministre Résident Général.

Je crois avoir fait de mon mieux dans cette regrettable affaire. Recevez, avec mon bon souvenir, mes sentiments respectueusement dévoués,

A. Costa
à Fériana

" Ecrits - Socialiste "
du 9 septembre 1934

AU SUJET DES EXILÉS

Des nouvelles nous parviennent toutes fraîches de nos camarades communistes.

Zarka, dont le moral a toujours été bon, se porte mieux physiquement.

Entouré par ses camarades Zana et, Valensi, et par le Dr Materi qui lui ont prodigué des soins, il a passé le moment aigu de sa crise d'appendicite.

Les destouriens se trouvent aussi à Tatahouine et comme les communistes y séjournent à leurs frais.

Comme, d'autre part, il est impossible de trouver du travail dans la région, on se demande avec angoisse comment les relégués, une fois leurs économies épuisées, vont subsister.

Le gouvernement si prompt à les envoyer dans le Sud, doit penser à les nourrir.

Il faut sans tarder que l'on alloue une pension aux gens qu'avec une telle insouciance on a éloignés de leur travail, de leur famille, de leur résidence.

Il n'est pas vrai, comme on l'annonça, que les exilés aient pu choisir leur résidence.

En vérité on leur dit : Vous irez à Tatahouine.

Cela est tellement exact que Gabison et Hassan Sadaoui ont été, bonnement et simplement relégués à Kébili, qui est un sale trou, au climat très dangereux, et cela sans même les informer au départ.

Nous demandons que Sadaoui et Gabison soient transférés, en attendant leur retour, à Tatahouine où ils pourront séjourner avec beaucoup moins de danger pour leur santé.

La même mesure doit être appliquée à Kadem Bouarza, qui gît littéralement à Borg le Bœuf, déprimé par une forte bronchite.

Ces mesures que la plus élémentaire humanité commande, doivent être prises incessamment. Les exilés doivent en bénéficier. C'est leur droit le plus strict.

RÉSIDENCE GÉNÉRALE
de la
RÉPUBLIQUE FRANÇAISE
A TUNIS

Direction des Affaires
Politiques et Commerciales

N° C 1232

Les indications ci-dessus doivent être rappelées dans la réponse

Afrique-Levant

Au sujet des incidents de Tunisie.

Tunis, le 24 SEPT. 1934

PAR AVION

AFFAIRES ÉTRANGÈRES
Cabinet du Ministre
26 SEP 1934
CHEF DU CABINET

Le Résident Général de France à Tunis,

à Son Excellence Monsieur Louis BARTHOU,

Ministre des Affaires Etrangères.

à PARIS

DIRECTION POLITIQUE ET COMMERCIALE
27 SEP 1934
Classement

Par lettre n°1752 du 15 septembre, Votre Excellence a bien voulu me communiquer copies des interventions dont Elle a été l'objet de la part de certains groupements et syndicats professionnels, au sujet des derniers incidents de Tunisie et de la mesure dont vient de faire l'objet le journal "Tunis-Socialiste".

Ainsi que le fait observer le Département, certains de ces ordres du jour protestent contre le déplacement de fonctionnaires, contre la violation du droit syndical en Tunisie et l'arrestation d'ouvriers.

En vue de mettre Votre Excellence en mesure de répondre à ces allégations qui sont toutes également dénuées de fondement, j'ai l'honneur de lui rappeler que ;

1°) en ce qui concerne M. BOUZANQUET, ex-employé de bureau à la Chefferie du Génie de Tunis, qui a été inculpé de graves fautes professionnelles, ce fonctionnaire a été régulièrement muté de Tunis à Grenoble par l'Administration-Militaire (cf lettre n°1 7 du 20 mars de la Résidence au Ministre de la Guerre).

2°) MM.LOUBET et LAFFONT,fonctionnaires de l'Enseignement ont été régulièrement remis à la disposition de M.le Ministre de l'Education Nationale,conformément à l'article 12 du décret beylical du 10 novembre 1926.

Quant à M.DUREL,professeur de l'Enseignement Secondaire,son détachement en Tunisie,qui expirait normalement au 1/er octobre de cette année n'a pas été renouvelé.

Ces mesures ont fait l'objet de mes lettres n°s 835 du 25 juin et 912 du 6 juillet dernier.

3°) Le Gouvernement du Protectorat n'a procédé à aucune arrestation d'ouvriers.Les mesures d'interdiction de séjour prononcéés le 3 septembre dernier s'appliquent à des agitateurs de caractère politique dont voici, à titre d'information,les diverses professions :

1°) HABIB BOURGUIBA,Avocat à Tunis

2°) M'HAMED BOURGUIBA,Avocat à Tunis

3°) MAHMOUD EL MATERI,Docteur en médecine à Tunis

4°) YOUSSEF BEN AMOR ROUISSI,Cultivateur,propriétaire à Gabès

5°) MOHAMED EL AID EL DJEBARI,publiciste à Tunis

6°) KADHEM BOU HAFA,étudiant et publiciste à Bordeaux

7°) MOHAMED EL AKERMI BEN ZARROUK,propriétaire à Sidi Nasrallah

8°) SADOK EL OUERDANI,sans profession définie

9°) HASSEN BEN SALAH SAADAOUI,sans profession définie

10°) TAIEB BEN MOHAMED BEN OTHMA DEBBA ,clerc d'Avocat à Tunis

11°) VALENSI Lucien,employé de commerce à Tunis

12°) GALISON Roger,alfatier à Fériana

13°) ZARKA Moïse,employé de commerce

14°) ZANA Léon,employé de Banque à Tunis

été enlevé aussitôt. Je lui ai prêté une couverture pour s'envelopper jusqu'au moment où il aurait reçu des vêtements. Le second était sans argent. Je leur ai fait donner à tous les deux une ration par l'adjudicataire de la fourniture des vivres aux détenus.

A treize heures : HABIB BEN ALI BOUGUIBA Chef du destour. Il est descendu à l'hotel MEDENINE où il a déjeuné, diné et couché.

A I4 heures 30 : AHMED BEN ALI BOUGUIBA,
Le docteur MOHAMED BEN MOKTAR MATRI et
MOHAMED EL AID DJABARI, secrétaire de HABIB BOURGUIBA.

A I5 heures 45 : TAIEB DABBAB communiste

A I7 heures I0 : HASSIN BEN SALAH BEN HASSIN BEN SAADAOUI, communiste.

A I7 heures 30 : MOHAMED BEN LAKMI BEN ZAROUG, destourien.

Le 4 septembre à 8 heures est arrivé GABISON, communiste.

A I5 heures : le destourien KADEM BOU HAFFA.

La répartition entre les postes a été faite selon les principes ci-après : I°) Ne laisser au noeud de communications de Médenine que des comparses sans envergure.
2°) Séparer les intellectuels
3°) Utiliser les ressources des postes.
4°) Eloigner KADEM BOU HAFFA, originaire de ZARZIS (Territoires Militaires) afin qu'il ne puisse servir d'intermédiaire entre les interdits et la population indigène.

Compte-tenu de ces observations, les interdits de séjour ont été dirigés sur les postes suivants : à KEBILI, EL HABIB BOURGUIBA, Chef du Destour. HASSIN BEN SALAH BEN HASSIN, communiste. GABISON, communiste.

Partis de Médenine le 4 Septembre I934 à 9 heures, ils sont arrivés à Kébili à I5 heures sans incident. Les passagers avaient été placés sous escorte dans une camionnette bachée. EL HABIB BOURGUIBA devait être autorisé à prendre place auprès du

(Passage écrit à la main) Document du 30 juillet 1934
Le Contrôleur Civil de Thala
à Monsieur Marcel Peyrouton Résident Général à Tunis
Objet : AS - Kadem Bouhafa fils du Khalifa de Fériana.

« *Si Bouhafa a déjà réprimé verbalement l'embarras où le mettait son fils, déjà signalé. Je ne vois pas ce qu'il veut dire lorsqu'il parle de "rompre tout lien de parenté avec son fils". Il suffit qu'on sache qu'il a essayé d'agir sur lui – et qu'il n'est parvenu à rien – sans lui demander de faire en outre le sacrifice de ses sentiments ni celui de son autorité paternelle.* »

chauffeur après avoir dépassé EL HAMMA. La seule halte a eu lieu à HENCHIR ES SENAM au sud de DJEBEL TEBAGGA.

A Tataouine: M'HAMED BOURGUIBA et YOUSSEF BEN AMOR ROUISSI SADOK BEN HAMIDA EL OUARDANI, Destouriens; VALENSI, ZARKA et ZANA, communistes. Partis de Médenine le 3 Septembre à I5 heures ils sont arrivés à TATAOUINE à I7 heures I5.

A BEN GARDANE : Docteur MOHAMED BEN MOKTAR BEN AHMED MATRI Destourien, parti le 3 Septembre à I7 heures 30, arrivé à Ben Gardane vers I9 heures. MOHAMED EL AID DJABARI. Destourien parti de Médenine le 5 Septembre à 8 heures 30, arrivé à Ben Gardane à I0 heures.

A BORDJ LE BOEUF: KADEM BOU HAFFA, Destourien, parti de Médenine le 5 Septembre à 8 heures 30, arrivé à Kécira à I5 heures.

A MEDENINE : sont restés: MOHAMED BEN LAKERMI ZAROUG, Destourien et TAIEB DABBAB, communiste. KADEM BOU HAFFA a paru très par ses propos et son attitude générale, indiscipliné. Au moment du départ il tentait de retarder ce dernier en prétendant qu'il était malade et déclarait qu'il voulait voir le Docteur. Il n'a pas été fait droit à cette requête attendu que l'auto qui devait l'emmener avait une autre mission à remplir et devait partir .

A Médenine, MOHAMED BEN LAKERMI ZAROUG parait avoir pris son parti de la situation qui lui est faite. Il m'a déclaré qu'il allait avoir une boutique et faire venir sa famille.

Quant au nommé TAIEB DABBAB qui prétendait le premier jour avoir été l'objet d'une erreur, ce Tunisien m'a dit ce matin à propos de l'arrêté du I5 Avril :

" L'arrêté du I5 Avril est paru à l'Officiel du 3 Septembre "seulement. Il semble qu'on l'a antidaté; d'ailleurs on applique "les lois selon les besoins du moment . Entre vous et nous ce "n'est qu'une question de force. Il peut venir un moment où les "circonstances seront renversées."

Il a été immédiatement invité à se taire et à garder ses réflections pour lui à l'avenir s'il désirait rester à Médenine.

=:=:=:=:=:=

....

BH5

MINISTÈRE
DE L'INTÉRIEUR

DIRECTION GÉNÉRALE DE LA SURETÉ NATIONALE

Contrôle général des Recherches administratives économiques et financières

N° 2532

Prière de mentionner dans la réponse les indications ci-dessus.

RÉPUBLIQUE FRANCAISE

Cabinet du Ministre
5 MAR 1935
CHEF DU CAB

Paris, le 1er MARS 1935

CONFIDENTIEL

LE MINISTRE DE L INTERIEUR
-Direction Générale de la Sûreté Nationale-

à Monsieur le MINISTRE DES AFFAIRES ETRANGERES
-Direction des Affaires Politiques & Commerciales-
Afrique

Influence allemande parmi les musulmans.

Nationalisme Tunisien.

– KADEM BOUHAFA.

DIRECTION POLITIQUE ET COMMERCIALE
5 MAR 1935
Classement

Par lettre n° 53 du 19 janvier 1935, vous avez bien voulu me demander de vous renseigner sur les agissements d'un tunisien nommé KAHEM BOUFFA, résidant à Bordeaux.

J'ai l'honneur de vous faire connaître qu'il s'agit du nommé KADEM BOUHAFA, fils de Si Djilani Bouhafa Khalifat de Feriana, auquel l'accès des territoires civils de la Régense a été interdit par arrêté du 2-9-34.

M. le Préfet de la Gironde qui me fait parvenir sur l'intéressé un rapport dont vous voudrez bien trouver sous ce pli une copie, envisage une mesure d'expulsion contre ce Tunisien.

Je vous serais obligé de bien vouloir me faire connaître votre avis sur l'opportunité de cette mesure./.

P.LE MINISTRE DE L INTERIEUR
Le Directeur Général de la Sûreté Nationale

S.

Secrétariat Général
du
Gouvernement Tunisien

Sûreté Publique

Nsté-943-5

a/s du Tunisien KADEM BOU HAFA

PROTECTORAT FRANÇAIS - RÉGENCE DE TUNIS

Tunis, le 5 Avril 1935

3/11 Kadem bou Hafa

N O T E

Pour Monsieur le Directeur du Cabinet du Résident Général

J'ai l'honneur de vous communiquer sous ce pli, pour votre information, un exemplaire du journal "LA LIBERTE DU SUD OUEST" publié à Bordeaux, sous le n°9485 en date du 18 Mars 1935.

Ce journal reproduit en première page, avec commentaires, des fragments d'un article intitulé "OU VA LA TUNISIE?" apporté à la rédaction par l'interdit Tunisien KADEM BOU HAFA./.

I.P.J.

Le Commissaire Principal, Chef de la Police

Bou Hafa
Kadhem

Tunis, le 11 Juin 1935

3/11 dept

N O T E

-:-:-:-:-:-:-:-:-:-

L'interdit KADHEM BOU HAFA, consigné dans les territoires du Sud le 2 Septembre dernier puis autorisé à venir se faire soigner à Tunis et, le 16 Octobre 1934, à se rendre en France pour raisons de santé, est arrivé à Tunis par l'hydravion italien hier, 10 courant, vers 12 heures.

Expulsé de France en avril dernier alors qu'il résidait à Bordeaux, il s'est rendu en Belgique, puis le 6 courant, via l'Allemagne et l'Italie, est rentré à Tunis où il loge chez son frère EL BECHIR BOU HAFA, commis à la Poste de l'Avenue Roustan./.

J'ai fait appréhender et garder à vue cet interdit, jusqu'à décision à intervenir en ce qui le concerne.

AS

COMMISSARIAT DE LA SURETE

N°201 D/2

Transfert de l'interdit KADDEM BOUHAFA.-

Bouhafa

Tunis. le 17 Juin 1935

8/11 sept

RAPPORT

des Inspecteurs LACROIX Emile et BOURAOUI Attia

à Monsieur le Commissaire de la Sûreté

à TUNIS

Conformément à vos instructions, nous avons l'honneur de vous rendre compte que le 14 courant à 7 heures 30' du matin, nous avons conduit le nommé KADDEM BOUHAFA à la gare de Tunis pour être embarqué dans le train en partance pour Gabès.

Sur le quai de la gare, cet individu, qui n'avait jusque là manifesté aucune réaction quant à sa destination, s'est mis à protester ne voulant pas voyager en 3ème classe, ayant disait-il, le droit d'exiger d'être conduit à Gabès en 2ème classe avec nourriture au wagon restaurant. Nous lui avons fait comprendre que, ne possédant que des réquisitions de 3ème classe, il nous était impossible de faire droit à sa demande et quant à la nourriture, nous l'avons avisé que les moyens dont nous disposions ne nous permettaient pas de le conduire au wagon-restaurant. Nous l'avons invité à partager avec nous les repas dont nous nous étions munis et, en cas d'insuffisance, à se restaurer à Sfax à l'arrêt du train. BOUHAFA s'est alors rendu à nos raisons. Nous avons pris place dans le compartiment de 3ème classe que M. le Chef de gare de Tunis avait bien voulu nous faire réserver.

Durant le trajet, il n'a eu d'entretien avec personne et il nous a déclaré tout d'abord qu'il se plaindrait à M. le Résident Général de son incarcération pendant deux jours dans la géole de la permanence et des conditions de son transfert à Gabès. Il nous a également déclaré qu'aussitôt arrivé à son lieu d'internement, il ferait les démarches nécessaires pour être rapidement libéré et qu'il ferait intervenir son beau-père, conseiller général de Bordeaux, ainsi que de nombreuses personnalités, afin que son séjour dans le sud ne dépasse pas quelques semaines et, a-t-il ajouté "même si je dois rester

....

- 2 -

jusqu'à la fin de mon interdiction, qui ne peut en aucun cas dépasser une année, je serai libéré dans quanrante-cinq jours et alors nous verrons".

A l'arrivée à Sfax et en attendant le départ du train de Gabès, nous avons accompagné BOUHAFA chez un coiffeur afin qu'il procède à sa toilette; puis nous l'avons fait se restaurer dans un établissement de la ville.

Le trajet Sfax-Gabès, s'est également effectué sans aucun incident et nous avons remis l'interdit entre les mains de M. le Commissaire de Police de Gabès à l'arrivée du train en gare de cette ville à 19 heures.

Notre retour s'est effectué sans aucun incident./.

Les Inspecteurs

LACROIX - BOURAOUI

N°Sté-1449-5
Copie transmise pour information
à la Résidence Générale
Tunis, le 18 Juin 1935
LE COMMISSAIRE PRINCIPAL, CHEF DE LA POLICE

Ampliation au Secrétariat Général
du Gouvernement Tunisien-

F/F

14 Novembre 1935

Le Commissaire Spécial, Chargé du Service des Renseignements Généraux

à Monsieur le Commissaire Principal

3I53-6 Chef de la Police

à TUNIS

-=-=-=-=-

Pour faire suite à votre communication téléphonique du I3 courant, j'ai l'honneur de porter à votre connaissance que les textes officiels relatifs aux interdictions de séjour dans les territoires civils de la Régence sont :

I°- le décret du 6 Mai 1933 publié au J.O.T. du 10 Mai 1933;

2°- le décret du 15 Avril 1934;

3°- le décret du 1er Juillet 1935 publié au J.O.T. du 2 Juillet 1935.

Les interdits de séjour ont été dirigés sur les Territoires militaires du Sud Tunisien par arrêtés pris aux dates suivantes :

KADDEM BOUHAFA	3-9-34
" "	12-6-35
HABIB BOURGUIBA	3-9-34
M'HAMED BOURGUIBA	3-9-34
MAHMOUD MATERI	3-9-34
YOUSSEF ROUISSI	3-9-34
MOHAMED EL AID DJEBARI	3-9-34
MOHAMED EL AKERMI ben ZARROUK	3-9-34
HASSEN SAADAOUI	3-9-34
GABISON Roger	3-9-34
VALENSI Lucien	3-9-34
ZANA Léon	3-9-34
ZARKA Moïse	3-9-34
TAYEB DABBAB	3-9-34
SADOK ben HAMIDA OUARDANI	3-9-34
BAHRI GUIGA	2-I-35
SALAH ben YOUSSEF	2-I-35

TAHAR SFAR	2-I-35
ALI ben HASSINE BOUKOURDAGHA	2-I-35
MOHAMED HABIB BOUGUETFA	2-I-35
HADI CHAKER	2-I-35
MOHIEDDINE KLIBI	2-I-35
CHEIKH MOHAMED KERKER	2-I-35
MOHAMED ben AHMED TAABOURI	2-I-35
KHEMAIS ben SADOK BELHASSEN	2-I-35
MOHAMED ZLASSI	I2-4-35
BELGACEM EL GUENNAOUI	12-4-35
MOHAMED SALAH ben DJERAD	I2-4-35
ALI ben MOHAMED HATIRA	I6-8-35
ALI ben AMOR ben ALI DJERAD	I6-8-35
MOHAMED ben BRAHIM DJERAD	I6-8-35
MAHMOUD ben ALI BOURGUIBA	28-9-35
ABDESSELEM ben M'HAMED AGUIR	24-IO-35
HASSOUNA KAROUI	8-II-35
ALLALA LAOUITI	8-II-35
TAIEB ben AMAR	8-II-35
NACEUR ben AMAR	8-II-35
MOHAMED ELMOKH (Autorité M[re])	9-II-35
CHEBANI ben MAATOUG EL IEMAMLI (Autorité Militaire)	9-II-35

x

x x

A noter que, parmi les individus figurant dans la liste précitée :

CHEIKH MOHAMED KERKER est décédé le 12-2-35

M'HAMED ben ALI BOURGUIBA

MOHAMED EL AID DJEBARI

TAIEB ben OTHMAN DABBAB

SADOK ben HAMIDA OUARDANI

et YOUSSEF ben AMOR ROUISSI,

ont été autorisés à rentrer dans leurs foyers le 2 Septembre 1935.

GABISON Roger a été libéré le 26 Septembre 1935, après avoir effectué son service militaire et enfin ZARKA Moïse a été libéré le 12 Octobre 1935 à l'issue de son temps de service militaire et est demeuré à Paris où il travaille avec ses frères./.

Instruction

Bordj-le Boeuf, le 4 Mars 1936.
Les interdits de séjour : Mohieddine Klibi, Bouhafa, Taboury, Abdessalem Aguir et Khemaïs ben Hassen

à

Monsieur M. Peyrouton, Résident Général de la République Française
à Tunis.

Les co-signataires de cette lettre exposent à Monsieur le Résident Général qu'ils ont été profondément touchés par le sens douloureux de la décision au sujet de la diminution de leur indemnité journalière. Au point de vue matériel, les 6 francs qu'ils touchaient par jour ne suffisaient pas à les nourrir dans cette région loin de tous centres de ravitaillement et où tout revient très cher à cause du transport. Cela n'avait pas d'ailleurs échappé à l'attention de Monsieur le Résident Général qui avait, au début, élevé cette indemnité de 8 à 15 francs. Et depuis qu'elle a été ramenée à 6 francs, ils pensaient toujours à attirer l'attention de Monsieur le Résident Général sur les difficultés qui leur en

T.S.V.P.

résultaient. Comment pourraient-ils alors vivre avec 5 francs par jour. Lorsque l'indemnité était de 6 francs, ils recevaient toujours de l'argent et des vivres de leurs familles parce que cette somme était insuffisante. D'autre part s'ils vivaient libres dans les Territoires Militaires (conformément aux décrets pris à leur encontre) ils pourraient travailler et s'abstenir de créer une charge au budget, charge qu'on diminue tous les jours. Mais comme ils sont obligés de vivre à Bordj-le-Boeuf, logeant sous des tentes et sévèrement surveillés, il faudrait au moins qu'ils trouvent une subsistance suffisante.

Quant au point de vue moral, cette diminution fait comprendre que la peine qui a toujours évolué et s'est éloignée beaucoup des termes des décrets, va toucher leur nourriture, chose que Monsieur le Résident Général ne voudrait pas même s'il s'agissait de criminels, alors qu'eux n'ont pour tout crime que leur pensée.

Ils croient que Monsieur le Résident Général ne voudra pas que la peine aille jusqu'au point

d'être maltraités et d'avoir faim. Ils lui demandent enfin de les pardonner au cas où le ton de leur lettre aurait dépassé les bornes, étant donné que leur situation actuelle rend leurs âmes souffrantes au plus haut degré.

Salutations finales et signatures.

~~précédents~~ P.17-4 51

Tahar Essafi
Avocat au Barreau
Tunis

TUNIS, LE 12 Mai 1936
47 Bd BAB MENARA
TELEPHONE 2268

Monsieur le Directeur des
Affaires d'Afrique
Quai d'Orsay
PARIS

M. de Saint Quentin

Kadem Bouhafa est un indésirable notoire (voir télég. de Munich du 28/12/34. et dépêche de la direction nationale du 1/3/35) transmettant la [illegible] nationale de la demande de retrait d'expulsion formulée [illegible] par le nommé B.H. a donné suite à l'intention de divorcer [illegible] il y a un an

23/5/36

Monsieur le Directeur,

J'ai l'honneur de vous faire connaître que Monsieur le Résident Général Armand Guillon ayant pris récemment des mesures de grâce au profit des déportés du Sud Tunisien, Monsieur Kadem Bouhafa se trouve actuellement libéré à Tunis.

Il désirerait regagner Bordeaux où l'attendent impatiemment sa femme, sa fillette et ses beaux-parents. Monsieur Bouhafa désire vivement quitter à bref délai le territoire tunisien et regagner sa résidence habituelle à Bordeaux.

Or, avant d'être déporté dans le Sud, il avait fait l'objet d'un arrêté d'expulsion du territoire français pris à la requête de la Résidence Générale de France à Tunis, transmise sous votre haut couvert à la Préfecture de Police de Paris.

Je crois qu'actuellement, le Résidence de Tunis ne verrait aucun inconvénient, bien au contraire, à ce que Monsieur Bouhafa puisse abréger son séjour en Tunisie.

TUNIS. ROUSTAN LE 15 DÉCEMBRE 1934

De gauche à droite : Ali Khelil Chetioui, Oum Kalthoum, Soumeya, Salha Kafila et sur les genoux Aïcha Radhia. En 1934 Au Belvédère.

Muté à la Recette Edmond Roustan devenue Habib Thameur, Béchir prit son poste le 15 décembre 1934. Ils habitèrent au Belvédère, sur la colline recouverte de verdure, la mutuelle avait fait construire des petites habitations pour les fonctionnaires français dans le quartier jouxtant le Belvédère. On achetait sur place son lait trait au pis de la vache. L'institution religieuse avait été construite en plein champ et Soumeya y accompagnait tous les matins ses fillettes Kalthoum et Kafila. Pour se rendre chez les *babasat* ou les moniquettes (en arabe « El mounigat ») , comme disait ma mère, elle traversait les champs et les enclos et les fillettes s'amusaient à cueillir fleurs, épis ou gousses de petits pois.

Autour de la maison, le vaste jardin inspira le père qui fit construire un pavillon en facettes de bois implanté sur une plate-forme, avec un perron. À partir de la toiture, les auvents formés d'arcs-boutants festonnés soutenaient une balustrade garnie de moucharabiehs contournant la véranda, papa Béchir permettait à ses fillettes de jouer librement, à l'ombre de ce petit « Trianon ». Les rosiers ne tardèrent pas à y grimper. Le père aimait à se délasser dans ce coin de verdure, étendu sur une chaise longue, il parcourait son journal en toute quiétude. La maison appartenait à la famille Pasqualo (détail que me donna ma sœur). Dans le grand parc qui l'entourait, les fillettes s'éclataient pour effectuer des roulades, jouant à la poupée ou terrassées par la fatigue saine elles s'endormaient sur le plancher du Trianon.

À l'heure du goûter la petite négresse, sortie les appeler, profitait du moment pour partager rires et sauts à la corde.

Kafila se souvient de son premier jour chez les sœurs, intimidée par la maîtresse encore étrangère, la petite n'avait pas osé demander la permission. Les fillettes chantaient en ronde et Kafila, en larmes, suivait aspergeant le sol goutte après goutte.

En intérim, Béchir se rendait tous les matins, en motocyclette, à la poste de la place Pasteur. La nomination à Edmond Roustan fit réfléchir et *Méma* Ftima conseilla de se rapprocher de la rue de Rome. Le postier retrouva *si* Mohamed Zarrouk, l'ami égal à lui-même, homme intègre et droit, fonctionnaire du Trésor (*Idarat el Malïa*), l'actif et batailleur *si* Amor Riahi postier et syndicaliste, les docteurs Ben Miled, Materi, Boussofora, Burnet Directeur de l'institut Pasteur, tous d'obédience nationaliste et syndicaliste, personnalités françaises ou juives tenant les rênes de l'économie dans les postes-clés des ministères, amis de la Zitouna et disciples, gens au civisme acquis dans le sein de la médina et à l'instruction, reçue auprès des précurseurs et des érudits tunisiens.

Parmi cette communauté, Béchir se sentit revivre, fouetté par son désir de s'améliorer dans le travail, de renforcer les relations humaines et de s'enrichir à la source des activités culturelles, artistiques et sportives qu'offrait la capitale. Les aires de jeux verront ce bel homme s'intéresser au lancer de boules, arborant short et casque colonial, se mêlant sans complexe aux milieux des sports au même titre que les européens qui peuplaient ces domaines réservés. Ses yeux clairs et son teint rosé l'aideront à se mêler dans des cercles où hélas, le faciès de l'arabe n'était pas toujours le bienvenu.

Les premiers mois de l'année 1935, Soumeya sentit le bébé bouger dans son ventre. « Faites mon Dieu que ce soit un garçon ! ». De tristes images hantaient son esprit, elle se remémora les sous-entendus lorsqu'elle accoucha de sa quatrième fille et les réflexions, dites du bout des lèvres. « Oh… *si Flen ou si Felten* n'a pas eu de chance avec sa première épouse, on l'a remarié pour avoir l'héritier de son trône ! » Il fallait « *laissait rouler leurs wagons de bêtises sur les rails de son indifférence* ! ». Si le mari adorait ses filles, de temps à autre pourtant, il se permettait des écarts qui faisaient revêtir à Radhia les shorts et visser le *tarbouch majidi* sur son crâne. « Regarde, disait-il, comme pour lui-même, le costume lui va bien ! »

— Oh..., répondait l'épouse, la miséricorde de Dieu est grande, *Inchallah* cette fois-ci j'aurai le garçon et tu pourras lui mettre ce que tu voudras.

— Si Dieu exauce notre vœu, je t'achèterai une paire de *kholkhal* en or.

— Non rétorquait la mère, je te propose un gage, si j'ai un fils j'impose qu'on te noue les pieds et qu'on t'administre la *falqa*.

— Je t'assure que je m'y soumettrai, avait-il répondu la voix cassée.

Soumeya releva la tête et surprise par l'air malheureux de son mari, passa vite à autre thème. « J'aimerais, dit-elle en soupirant, descendre sur Fériana pour rendre visite au mausolée de sidi Bouali Ennafti compagnon du Rassoul. »

Fériana. Septembre 1935

Bouffa s'arrêta à l'entrée de Gafsa, *lalla* Fatma souhaitait s'aérer et Soumeya en profita pour se dégourdir les jambes avant de mettre cap en direction du Djérid.

Le chauffeur vérifia le contenu de la malle et le bêlement du mouton enchaîné par les pattes, interrompit le calme immuable des contrées désertiques.

Ils arrivèrent à Nefta. Grand-mère avait rabaissé le voile sur son visage, dès que la berline traversa le souk pour s'engager lourdement dans le chemin ensablé menant vers l'oasis. Des odeurs aromatiques embaumèrent l'intérieur du véhicule et présagèrent l'entrée dans la palmeraie sur le cri-cri des grillons, le chant des merles et le chuintement de l'eau dans les rigoles, une symphonie pastorale chantant l'abondance et la fécondité des palmiers qui gonflaient leurs régimes drus et murs. Le bruit mat d'une faucille trahissait la présence d'un homme accroupi qui coupait l'herbe. « N'était-ce pas Ibn Chabbat, l'illustre répartisseur du réseau d'irrigation à travers Tozeur et Nefta ? », remarqua sentencieusement la mère à sa fille (Ibn Chabbat fut l'expert en hydraulique au XIIe siècle). L'eau bien desservie dans les rigoles traversait tout le Djérid selon un procédé archaïque, rationnel et régulier.

Soumeya acquiesça d'un sourire, puis fit le geste pieux en mettant pied. « *Ich-chay lillah ya sidi Bouali Ennafti, ya soltan ejrid*, reçois l'offrande et transmets avec moi mon souhait vers le tout-puissant. Ô marabout ! ». Elle compléta ses prières, puis foula avec humilité la terre qui fut un champ de bataille pendant les conquêtes vénérées. Bouffa égorgea la bête aux pieds de l'enceinte ; on lut l'acte de foi en invoquant le tout puissant pour qu'il entende nos prières et concrétise nos souhaits !

NAISSANCE

LA DEPECHE TUNISIENNE
25 - 10 - 35

Naissance. — Nous avons appris avec plaisir la naissance d'un garçon dans la famille de M. Béchir bou Haffa, receveur des Postes à Nefta, et fils de notre sympathique khalifat, Si Djilani bou Haffa.
Nos félicitations.

Le 29 Septembre 1935, Soumeya mit au monde le garçon tant attendu par la tribu Ouledouazaz. Dans le village, l'événement prit les dimensions d'une folie collective. Chacun se pressait pour présenter les félicitations à *si* Djilani. Les youyous sortaient du gosier de la grand-mère avec le rythme de boulets de canon. Les portes s'ouvrirent sur leurs gonds, à l'assistance venue spontanément partager la joie et l'effervescence, permises en pareilles circonstances.

— Toc-toc-toc.

— Qui est là ? répondaient les voix surprises par l'intensité des percussions.

— Ma mère a eu un petit garçon ! annonçait Kalthoum de porte en porte, de quartier en quartier. La frimousse rougie par le bonheur, les yeux au bord des larmes, la petite fille de huit ans manifestait son bonheur à Tante Sylva, *khalti* Aïcha, *lalla* el Aqla, les familles Ben Rabah, notables et population. « Merci mon Dieu, répétait-elle, de nous avoir donné ce petit frère ! »

Elle était touchante cette manifestation, presque douloureuse, ce besoin d'exprimer le refoulement d'une mère qui venait d'être comblée. *Si* Djilani « morsa » la nouvelle lorsque madame Gilberte lui annonça la délivrance de Soumeya. Dès qu'il accusa réception, Béchir prit la décision de rentrer dans l'heure, on lui aurait rappelé de se soumettre au gage proposé, il se serait plié jusqu'à la flagellation. Les prénoms relégués dans les oubliettes resurgissaient, sidi Djilani reçut son fils les bras ouverts. « *Al hamdou lillah ya oueldi ! Mabrouk alik* Omar el Farouk Ibn Soumeya». Dieu merci, félicitations. « *Mabrouk ya Baba* !, répondit Béchir en enlaçant son père les yeux embués de larmes, *Rabbi yahfdhek* ». Les offrandes et les *zerda* laissèrent une trace dans l'historique de la région pour inclure cette naissance dans la chronologie des familles Ouladouazzaz.

Tunis. Octobre – août 1935

Pour la rentrée des classes, la famille se rapatria sur Tunis. Béchir réintégra Tunis R-P (recette principale de la rue Charles De Gaulle ex-rue d'Italie) et leur maison sise à la médina, d'architecture arabo-andalouse, elle appartenait à la famille Barouni. *Méma* Ftima n'avait-elle pas conseillé à son fils : « La proximité d'un endroit si elle n'enrichit pas l'être, elle lui occasionne au moins du repos ! »

القُرْبْ إلاّ مَا غنّى، يـرَيَّح.

Fi dar el Barouni, Soumeya se complaisait à décrire le théâtre qui abrita son bonheur ; épanouie, plus belle que jamais, un soupçon de fierté lui parcourant l'échine elle vécut ses moments du quotidien comme un nirvana dans une *atba mabrouka*. Lorsque les postiers manifestèrent leur joie, Béchir ressentit une fierté légitime mêlée d'humble piété envers son Dieu qui le gratifiait d'un garçon.

La capitale offrait un champ d'évolution agréable. Si le jeune postier y retrouvait ses repères dans le domaine culturel politique et social, leur présence à Tunis permit à sa petite famille de s'épanouir entre la visite des parcs de la Médina et des promenades dans l'avenue Jules Ferry. Les achats commencent chez Saliba le libraire, Baranès le marchand de tissu, Germaine la maîtresse du prêt-à-porter, Bally le bottier suisse, le Colisée, le centre-ville animé par le passage du tramway, le roulement des calèches, le hennissement des chevaux de trait et la cloche claironnante de la cathédrale. Pour honorer un gala qui se jouait au théâtre, Soumeya revêtait son *safsari* de soie et ses chaussures en chevreau à petits talons. Les « classiques » français étaient produits sur les planches de l'édifice, construit en style rococo, de même que des pièces écrites par les auteurs dramaturges étaient rejouées par les artistes arabes qui commencèrent à disputer leur rôle aux pionniers juifs investis dans la scène artistique. Hassiba Rochdi, Chaffia, Saliha et d'autres se produiront pour chanter les classiques de la Rachidia et les poèmes des grands auteurs orientaux.

Béchir tentait d'intéresser sa femme à toutes ces manifestations culturelles. L'esprit vif de Soumeya et son sens analytique l'aideront à comprendre ce que son mari s'ingéniait à lui faire découvrir; il voulait tant pouvoir lui apprendre à lire, employer à bon escient ses aptitudes. Mais les tâches journalières l'absorbaient tellement, qu'elle se cachait dernière l'éternel alibi pour fuir « l'école de son mari », qui estimait qu'à tout âge on pouvait s'instruire ou se recycler. Béchir n'hésitait pas à aborder son thème favori, la politique et de faire participer sa femme aux nouvelles internationales, en lui parlant de la Palestine et de l'incertitude qui planait sur son *massyr*, de l'Irak et des monarques, de l'Égypte de Fouad, etc.

Les émissions diffusées par le poste TSF charriaient les nouvelles du Levant ; accessibles à la masse, elles intéressaient de plus en plus les habitants du Maghreb. La notion d'arabisme créait chez les uns et chez les autres une volonté acharnée à vouloir s'affirmer. La solidarité liait les pays arabes, concrétisée par les échanges entre professionnels d'orient, médecins, juristes, enseignants. Des clubs littéraires furent créés dans les capitales et des conférences réunirent les têtes pensantes de ces pays avec ce dénominateur commun, leur arabité malmenée par le colonialisme. Il en découlait une véritable aspiration à l'Indépendance.

En Tunisie, les compagnons de Bordj-Lebœuf purgeaient encore leur peine, relégués dans le sud bien que les manifestations de sympathie à leur égard et la désapprobation autour de leur incarcération s'exprimassent sans cesse à travers la presse internationale. La famille de Kadem s'inquiétait. Quelques lettres retrouvées dans les nombreux documents rapportent l'état d'esprit et les conditions de précarité dans lesquels vécurent les détenus politiques dans ce pénitencier, durant presque deux années (du 03 septembre 1934 au 23 avril 1936).

GRAVIR LES ÉCHELONS

Pour monter en grade et améliorer sa situation, Béchir dut quitter le cœur gros Tunis pour réintégrer Kasserine où il venait d'être muté en qualité d'inspecteur faisant fonction de Receveur à l'échelon 5e. Le déménagement suivit après l'ordre de mutation et le 1er février 1936, Béchir se présenta dans son bureau à la tête de la recette postale des Madjeurs et Frachiches.

Kasserine. Février 1936

La voiture s'arrêta et Négus ouvrit la porte arrière. Blottie sur la banquette les membres recroquevillés sur son ballot, la petite roulait des yeux mécontents à l'attention du chauffeur, un petit contretemps retarda le départ, mais aucune excuse ne pouvait apaiser la petite Radhia qui s'impatientait pour faire la navette entre Kasserine et Fériana. Que ce fût avec Bouffa, Négguis (comme disaient les natifs dans leur patois Fériani) ou l'oncle Belkacem, la petite se trouvait la première à monter en voiture. Les plus grandes programmaient leurs fins de semaine et les vacances scolaires pour aller retrouver *Méma*, la patience débordante des domestiques et la tendresse de *Azizi*. Rires, amusements taquineries agrémentaient leurs séjours et la maison de grand-mère paraissait, un théâtre grouillant de personnages qui symbolisait la vie, ses secrets, ses vérités et ses joies. Les repas ressemblaient à des *zerda* et avaient des proportions gargantuesques, les interdits n'existaient pas chez grand-mère, les punitions pour un petit écart ne ressemblaient pas à grand-père. Les heures de sieste auxquelles elles étaient astreintes chez Mâ, sautaient agréablement au profit des escapades, des visites de maisons et des séances de jardinage improvisées dans l'enclos du voisin, aux fins de poursuivre papillons, coccinelles ou de ravir pour un moment la pioche au jardinier accroupi.

Dans l'entourage familial, on rapporte la relation affective qui lia Kafila à sa grand-mère. *Lalla* Fatma décida de passer à sa préférée, dès son jeune âge, les valeurs en la responsabilisant, lui mettant très tôt la main à la pâte. *Méma* s'ingéniait à communiquer à sa petite-fille les trucs, les tours de main, sa dextérité dans l'art de fignoler de conserver les denrées ou de confectionner ses confitures, ses astuces pour parfaire un emballage ficelé et cousu dans un grand sac de toile ou de jute, les colis étant destinés aux oncles vivant de l'autre côté de la rive. Que sais-je de tous ces discours qui meublaient une vie passée, à parfaire-perfectionner-arranger-récurer des choses qui irrémédiablement se détérioraient, pour occasionner continuellement du travail et meubler, les heures interminables de ces ménagères-maîtresses-femmes-accomplies de naguère.

Confronté à telle ou telle situation, on devait, conseillait-elle, réfléchir pour temporiser, ou se manifester intelligemment. Grand-mère soufflait à sa petite fille ce qu'il fallait dire, ce qu'il fallait faire et quand il valait mieux se taire ! Un véritable lexique se répétait pour faire passer le message. Si grand-mère soufflait à Kafila des réponses, la petite souvent saisissait à moitié le sens de toute cette philosophie. Pourtant, lorsque les années passeront sur son expérience personnelle Dame Kafila découvrira la justesse des propos, le bon sens inné et la générosité inégalable que sa grand-mère lui avait inculqués. Une réelle complicité s'était développée entre elles et même lorsque *lalla* Fatma changeait de résidence, la petite Kafila suivra sa grand-mère lors de tous les congés scolaires.

Radhia gouttait à sa manière ces moments où tous la gâtaient, mais à la moindre réflexion, elle accusait une moue boudeuse en roulant des yeux sous sa grosse frange et ne quittait l'attitude défensive que lorsqu'on la ramenait à Kasserine. Elle mûrissait un brin de jalousie qu'elle manifestait par des effusions dont elle entourait son petit frère. Ce comportement réactionnel inquiétait un peu les parents qui laissèrent à Radhia la liberté de circuler entre la maison des grands-parents et la résidence de Kasserine. Souvent, racontait ma mère, si elle désirait accompagner ses sœurs à Fériana, la petite réclamait Négguis et *Karahba-Kira,* son baluchon éternellement accroché à ses menottes.

À Fériana, ce jour-là, le changement de programme s'expliquait car le chauffeur était passé prévenir Barbaria ; elle s'était rendue aussitôt au Kalifalic. Malgré son état de santé déficient, Barbaria répondit à l'appel de l'autorité sachant que le séjour de *si* Djilani à Fériana tirait à sa fin, la nouvelle du départ l'avait consternée. « Deux coups dans le tambour, risquent de le crever », se dit-elle : « *Dharbtin fit-tbal yagharouh.* ». Le drame familial qui l'avait secouée était la cause de son « déboussolement » : « Chaque être, ici-bas, a droit à sa part de déboires. » dit le dicton arabe.

« Sidi Djilani, décida-elle stoïque devant l'affliction qui la terrassait, je ne poursuis personne. Je n'ai aucune preuve, mon fils est mort d'une mort naturelle qu'il a voulue. Que Dieu lui pardonne son geste ! Je ne saurais laisser le malheur s'abattre sur la destinée d'une progéniture d'enfants innocents, le pardon est synonyme de la grandeur d'âme. » répéta-t-elle. « Le mort me revient et le vivant fait partie de ma famille ! *Ya si* Djilani. »

المَيِّتْ لِيَّ والحَيْ لِيَّ يَا سِيدِي الجِّيلانِي !

Methouia – Promotion Kahia un an après

Grand-père reçut sa nomination pour Methouia, non sans avoir ressenti une vague impression d'injustice. Était-ce par mesure disciplinaire pour se venger d'un employé de l'administration dont les fils affichaient leur activité nationaliste ? *Si* Djilani fit valoir ses capacités, ses prestations de service et son désir de se rapprocher de sa ville natale avec le concours de plusieurs personnalités et d'amis sûrs haut placés.

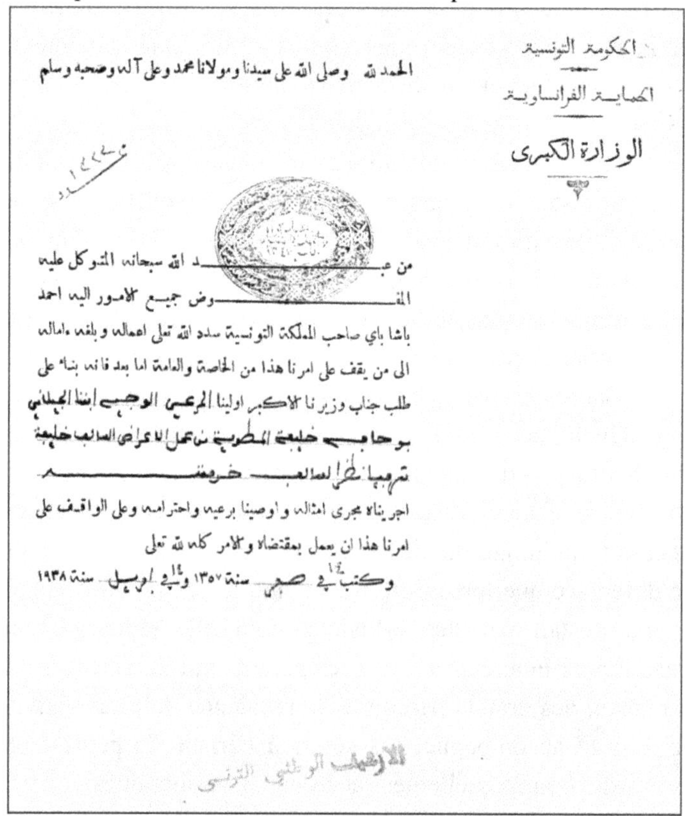

الحكومة التونسية

الحماية الفرانساوية

الوزارة الكبرى

الحمد لله وصلى الله على سيدنا ومولانا محمد وعلى آله وصحبه وسلم

من عبد الله سبحانه المتوكل عليه
المفوض جميع الامور اليه احمد
باشا باي صاحب المملكة التونسية سدد الله تعلى اعماله وبلغه اماله
الى من يقف على امرنا هذا من الخاصة والعامة اما بعد فانه بناء على
طلب جناب وزيرنا الاكبر اولينا المرعي الوجيه ابننا الجيلاني
بوحاجب خليفة المطوية من عمل الاعراض الصائب خليفة
ترهيبا [illegible]
اجريناه مجرى امثاله واوصينا برعيه واحترامه وعلى الواقف على
امرنا هذا ان يعمل بمقتضاه والامر كله لله تعلى
وكتب في 14 صفر سنة ١٣٥٧ وفي 14 افريل سنة ١٩٣٨

RÉSIDENCE GÉNÉRALE
de la
RÉPUBLIQUE FRANÇAISE
A TUNIS

Tunis, le 20 DEC 1932 -

N° D.H.

Les indications ci-dessus doivent être rappelées dans la présente.

Le Ministre Plénipotentiaire, Résident Général de la République Française à Tunis, à Monsieur **le Directeur Général de l'Intérieur,**

TUNIS

-1 p.j.-

Je vous transmets, ci-joint, le diplôme de la Médaill de Bronze de la Prévoyance Sociale, accordée à M. Djilani Bou HAFFA, Khalifat de Fériana.

Je vous prie de vouloir bien assurer la remise de ce diplôme à l'intéressé./.

Pour le Ministre Plénipotentiaire
Résident Général de France
Le Chef du Cabinet

شهادة مدلية الاحتياط الاجتماعي
احرز عليها سي الجيلاني بوحافة خليفة
فريانة
توجه له الشهادة المذكورة على طريق
عامل سبيطلة مع عبارات التهنئة

20 DEC 1932

Archives Diplomatiques de Tunisie

26 JUIN 1933

Le Ministre Plénipotentiaire,

Résident Général de la République Française

à Monsieur Paul BONCOUR, Ministre des Affaires

Etrangères

À PARIS

881

Direction des Affaires
Politiques et Commerciales

AFRIQUE - LEVANT

S. de M. Djilani ben Hafa.

Par lettre n° 964 du 26 Mai 1933, Votre Excellen[ce] a bien voulu me faire connaître que M. René GOUNON, Déput[é] de la Charente, avait attiré Son attention sur la candidat[u]re à un poste de Caïd de M. Djilani bou Hafa, actuellement Khalifat à Fériana.

J'ai l'honneur d'informer Votre Excellence que les titres de ce fonctionnaire appellent sur lui la bienvei[l]lance du Gouvernement tunisien.

L'Administration se trouve toutefois, en raison d[e] l'encombrement du cadre, dans l'obligation d'attendre des circonstances favorables pour envisager la nomination sollicitée pour M. Djilani Bou Hafa./.

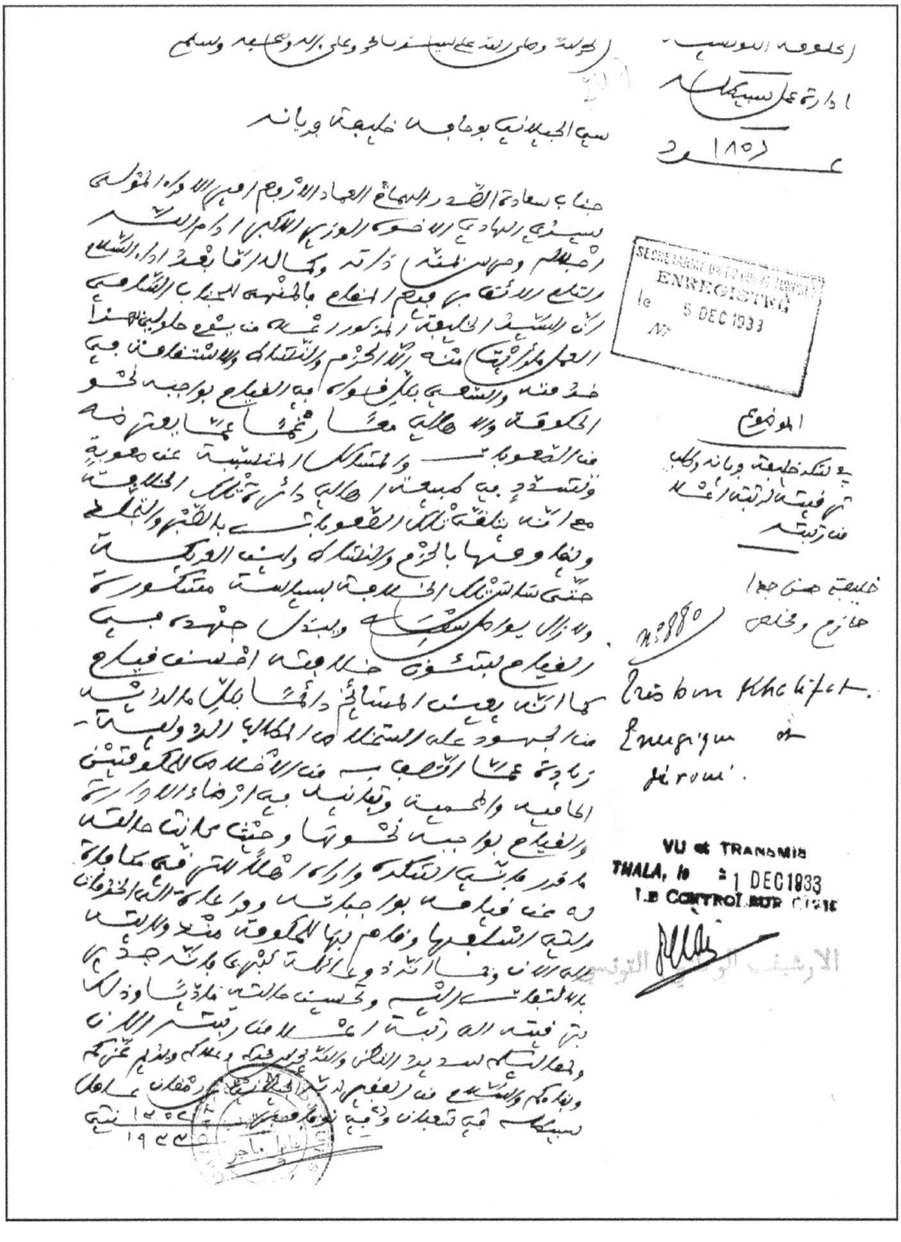

الحمد لله وصلى الله على سيدنا محمد وعلى آله وصحبه وسلم

الحكومة التونسية
ادارة عمل ...
عدد ١٨٥٦

من الجيلاني بوحافة خليفة ...

[illegible]

SECRETARIAT ... ENREGISTRÉ le 5 DEC 1933 N°

الموضوع

N° 880

Idris ben Khelifet. Energique et dévoué.

VU et TRANSMIS
THALA, le 1 DEC 1933
LE CONTROLEUR CIVIL

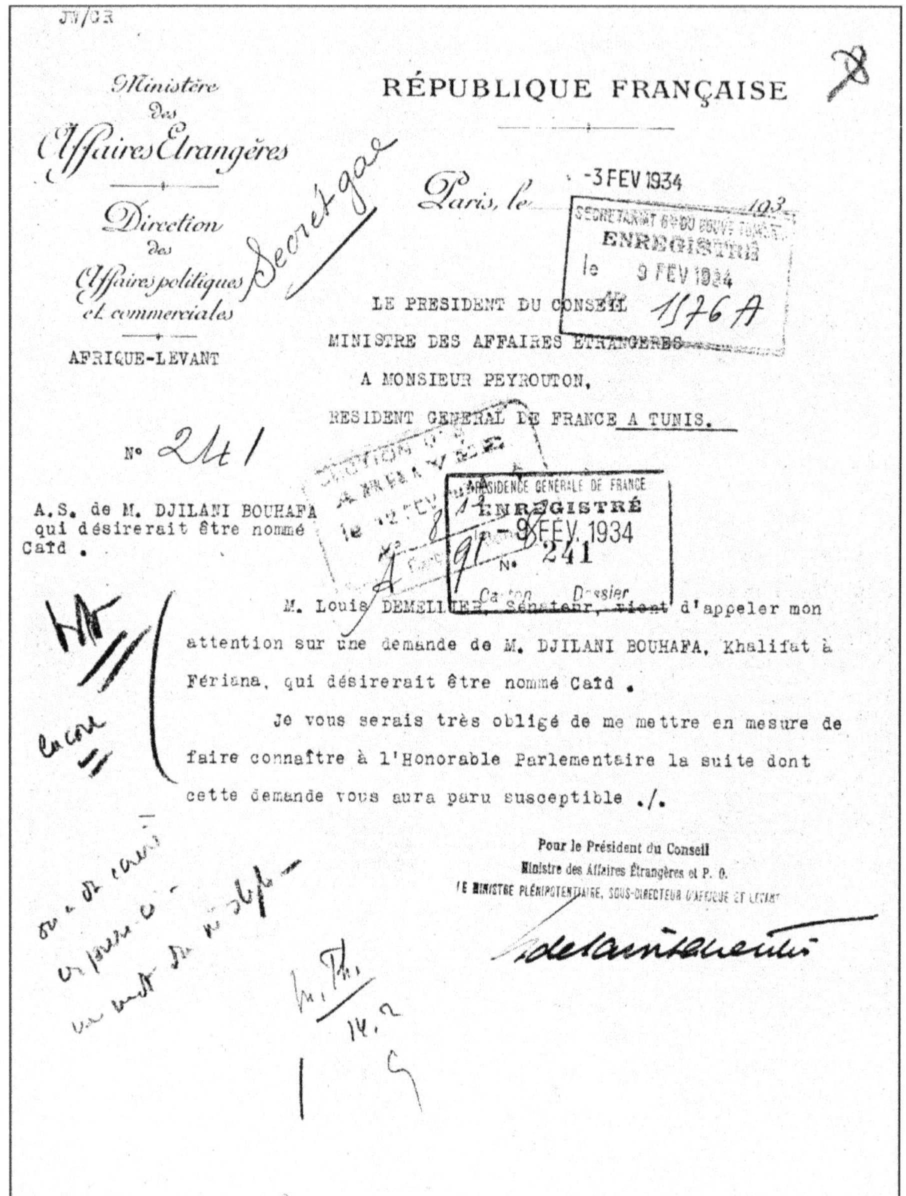

JW/GR

Ministère des Affaires Etrangères

Direction des Affaires politiques et commerciales

AFRIQUE-LEVANT

N° 241

RÉPUBLIQUE FRANÇAISE

Paris, le -3 FEV 1934

SECRETARIAT GENERAL DU GOUVERNEMENT TUNISIEN ENREGISTRÉ le 9 FEV 1934 1176 A

LE PRESIDENT DU CONSEIL
MINISTRE DES AFFAIRES ETRANGERES
A MONSIEUR PEYROUTON,
RESIDENT GENERAL DE FRANCE A TUNIS.

A.S. de M. DJILANI BOUHAFA qui désirerait être nommé Caïd.

RÉSIDENCE GÉNÉRALE DE FRANCE ENREGISTRÉ -9 FEV 1934 N° 241

M. Louis DEMELLIER, Sénateur, vient d'appeler mon attention sur une demande de M. DJILANI BOUHAFA, Khalifat à Fériana, qui désirerait être nommé Caïd.

Je vous serais très obligé de me mettre en mesure de faire connaître à l'Honorable Parlementaire la suite dont cette demande vous aura paru susceptible ./.

Pour le Président du Conseil
Ministre des Affaires Étrangères et P. O.
LE MINISTRE PLÉNIPOTENTIAIRE, SOUS-DIRECTEUR D'AFRIQUE ET LEVANT

22 FEV. 1934

S.G. 218

Direction des Affaires
Politiques et Commerciales

AFRIQUE-LEVANT

A.S. de M. Djilani Bou Hafa

Le Résident Général de France en Tunisie

à Son Excellence Monsieur BARTHOU, Ministre

des Affaires Etrangères

à PARIS

Par lettre N° 241 du 3 Fevrier 1934, Votre Excellence a bien voulu me demander de la mettre en mesure de repondre à M. Louis DEMELLIER, Senateur, qui a attire son attention sur la candidature à un poste de Caïd de M. Djilani Bou Hafa, Khalifat de Feriana.

J'ai l'honneur d'informer Votre Excellence que, par lettre n° 881 du 26 Juin 1933, je lui avais signalé les difficultés que rencontrait l'accession de ce fonctionnaire à un grade de Caïd.

Je puis toutefois ajouter que la promotion de M. Bou Hafa à la classe exceptionnelle de son grade est envisagée par mes Services./.

MEMOIRE DES ETATS DE SERVICE CIVIL ET MILITAIRE de Monsieur ·

DJILANI BOUHAFFA , KHALIFAT à FERIANA (Tunisie)

M. Djilani Bouhaffa est le fils d'une famille de notaires de Zarzis (Sud Tunisien) . Son père Cheikh fut d'un secours précieux aux troupes Françaises lors de l'occupation de la Tunisie . Il joua avec beaucoup de loyauté le rôle souvent ingrat de conciliateur entre les premiers Français installées et les quelques indigènes encore hostiles à l'occupation Française . Aidé par son fils Djilani , lui - même notaire à Zarzis jusqu'au début de la guerre I9I4/I9I8 , il contribua beaucoup au dévoloppement de son village natal (ZARZIS) qui avant se réduisait à quelques habitations sommaires en terre, et à des jardins incultes . Animateur persévérant et d'une grande autorité sur ses correlegionnaires , il cultiva les premières olivettes , son exemple fut suivi et il en resulta l'aspect actuel du village de Zarzis : coquet et propre , caché dans une grande étendue de jardins bien cultivés .

Au début de la guerre I9I4 / I9I8 , Djilani Bouhaffa , bien que non soumis aux obligations militaires se mit volontairement à la disposition du Gouvernement . Le Résident Général,alors Monsieur ALAPETITE , le désigna à l'autorité Militaire pour accompagner les Tirailleurs Tunisiens et Marocains à titre de Sous-Lieutenant ,chargé spécialement de remplir auprés de ses corrélégionnaires mes fonctions de Cadi .

En France , jusqu'à la fin des Hostilités .- Au cours de la Guerre le Gouvernement Tunisien lui décerna l'ordre du NICHAM IFTIKAR pour l'oeuvre morale accomplie dans les Régiments Tunisiens.

A la démobilisation : Sur la proposition de Monsieur ALAPETITE ; Résident Général , fut fait Officier d'Académie.

20 Mars I922 . Nommé Khalifat à HADJEB-El-AIOUN.
29 Juin I923 . Muté à Nabeul comme Khalifat .
I7 Juin I923 . Nommé Chevalier de la Légion d'Honneur pour sa conduite pendant la Guerre.
I6 Juin I925. Nommé Khalifat de Cadre A. à Fériana.

Le Khalifalik de Fériana dont la plupart est composé de familles de la tribu des fraichiches , est considéré comme trés difficile à administrer . Plusieurs de ses predecesseurs ont été amenées à abandonner l'Administration par siite des difficultés locales .

I926-I928.- Lettres de félicitations desS ervices Judiciaires .
I7 Mars I926.- Promu Officier dans l'ordre du NICHAM IFFTIKAR.
IO Janvier I928.- Témoignages de Satisfaction du Caid des Madjeurs. avec approbation de Monsieur le Cintroleur Civil de Thala pour une promotion de classe (Transmis le IO Juin I928 sous le N°I9 à Son Excellence le Premier Ministre)

5B MARS I933. Médaille de Bronze pour services rendus aux oeuvres de prévoyance Sociale (Ministère du Travail)

I4 Mars I936 . MUTE à METOUIA EN LLA MEME QUALITE.

Monsieur Djilani Bouhaffa a formulé sa première demande d'avancement au grade de Caid le 24 Avril I930 , et l'a renouvellée plusieurs fois .

En Septembre I933, il a encore renouvellé sa demande à Monsieur PEYROUTON , ex-Résident Général en Tunisie .

DES
COLONIES

Cabinet
du
Ministre

Secrétariat Particulier

N° 2.171

I.P.J

AR

Paris, le 19 Janvier 1937.

Monsieur le Ministre et Cher Collègue,

J'ai l'honneur de vous transmettre, à toutes fins utiles, une lettre émanant de M. DJILANI Bouhafa, Khalifat à Melouis (Tunisie), en vous priant de vouloir bien y donner la suite que vous jugerez nécessaire.

Veuillez agréer, Monsieur le Ministre et Cher Collègue l'assurance de ma haute considération.

Marius MOUTET

Monsieur VIENOT
Sous-Secrétaire d'Etat aux Affaires Etrangères
PARIS

Le souci de se rapprocher de son point d'attache lui avait fait accepter ce poste perdu, cependant la plus grande satisfaction de *si* Djilani se concrétisera autour de l'amabilité spontanée des habitants, hommes de principes, droits, loyaux vis-à-vis d'eux-mêmes et de leur patrie. Indépendamment de tout, l'autorité organisera le confort de sa famille pour pallier aux manques si pressants dans la petite bourgade, localité formant avec un nombre d'agglomérations d'origine berbère, les villages qui rayonnaient autour de Gabès. Je laisse le soin à *si* Djilani Boussora, secrétaire général, de décrire Methouia el May à travers cette poésie rapportée par Soumeya.

يَا مَلاَّ سُكْنَةْ فِي المِطْوِيَّةْ جَبَّانَةْ وفَجُوجْ خَلِيَّةْ
لا طُبَّةْ وْلا اسبِيسِرِيَّةْ وْلا نْدَاوِي جَرْحِي بَاشْ يَبْرَى
ولا خُضْرَةْ تِتْبَاعْ اطْرِيَّةْ أبْعَثْ بُوصُرَّةْ واسْتَنَّى
وْلا مَا جَاكِشْ أغْمِلْ خَزْرَةْ حَتَّى أبْيَضْ هَاتَهْ مَا بَنَّةْ

Traduction :

Quelle habitation seigneur !
Methouia est chaotique et désertique.
Il n'y a ni docteur ni même un dispensaire pour panser une blessure.
Tu ne peux y admirer un étalage frais.
Si Boussora tarde à venir prospecte
Autour de toi et même flétris, tu trouveras les légumes exquis.

Après quelque temps, le chantre dira pour flatter les efforts qui valurent à *si* Djilani son élévation au grade de Kahia :

يَا مَلاَ سُكْنَة فِي الظَهْرَة تِبْرِي العَايِلْ والقَهْرَة
شَاهِيهَا والمِتْعَة فِيهَا ولُو اتْحِل قَهَاوِيهَا
تَعْطِي شَبْهَة مِنْ الخَضْرَاءْ

Traduction :
Qu'il fait bon vivre dans la bourgade rénovée et restaurée.
L'air y est vivifiant, il ne manque que les espaces verts et les cafés pour la comparer à la capitale.

On appelait Tunis « la verdoyante » par allusion aux jardins et aux belvédères.

Grand-père dépêchait son chauffeur et la Citroën cinq chevaux revenait pleine de légumes, de denrées fraîches d'asperges et d'endives. Gabès était une ville côtière, pour satisfaire la présence de familles de militaires et de notables, les provisions et articles de luxe inondaient les marchés. Ville de garnison à la situation géographique stratégique, port important érigé depuis les conquêtes, cette petite capitale rayonnait sur la région médiane de la Régence. Dans les oasis de Jarra et de Menzel, les cultures maraîchères fournissaient une qualité exquise de légumes dont les familles comblèrent *si* Djilani, faisant parvenir à domicile le henné réputé, *mloukhia* concentrée de saveur, gousses de *gnaouya* fermes et appétissantes, grenades rousses de Kettana, *chammams* succulents de la plaine, régimes *bser* dorés et mielleux, *chérias* de poisson frétillant et argenté, charriés à dos de chameau des côtes de Mahress et Mareth avec en sus, les épices parfaitement dosées.

Lalla Fatma s'organisait dans sa résidence à la topographie similaire aux précédentes, mais ses pensées évoquaient les bons souvenirs, malgré certaines contrariétés. Elle attendait de revoir ses fils, l'un éloigné par deux fois dans l'extrême sud, l'autre étudiant en France. Pour taire ses soucis, elle s'investissait pleinement, dans ses occupations en invoquant les bons esprits pour qu'ils baignent de *baraka* les jours prochains.

Un mois après leur installation, la nouvelle tellement attendue vint concrétiser la prière des parents et on annonça à *si* Djilani la relaxation imminente de son fils.

RELAXATION DES DÉTENUS DE L'EXTRÊME SUD

À Tatahouine, le groupe des détenus prit place à bord d'un autobus où ils avaient débarqué des camions militaires. Depuis Bordj Lebœuf, le voyage avait été long et fatigant. Deux années consécutives passèrent, ravies à ces jeunes Tunisiens dont le seul tort était leur position nationaliste. Le 24 avril 1936, le chauffeur déposa Kadem dans l'après-midi avec son compagnon Mohamed Ben Ali Braham à Gabès. Une lecture des lettres déposées au « fonds de la Résidence » rapporte l'état d'esprit des détenus et les étapes de ce long voyage pendant lequel ils donnèrent libre cours à leurs réflexions de joie, de fatigue et d'indignation (voir archives Kadem précitées).

Quelques jours après la relaxation des destouriens, le Résident général Armand Guillon édicta le 28 avril 1936 des mesures de clémence conditionnelle et provisoire à l'égard des interdits de séjour. L'espoir renaquit chez les militants avec l'arrivée du groupement politique de 1936. Léon Blum avait réuni les partis de gauche radicaux socialistes et communistes. Les causes du malaise indigène furent rapportées par les organismes comme l'Étoile nord-africaine et par les voies des journaux destouriens. Messali el Hadj parlant au nom des trois nations du Maghreb exposa la misère et les sévices subis par les arabes sur leur propre territoire. En Tunisie depuis 1933, la répression de Marcel Peyrouton fit ravage, laissant des stigmates indélébiles entacher l'histoire, pour rappeler les massacres perpétrés, l'injustice des arrestations, l'arbitraire de l'éloignement. Le bourreau ne ménagea ni la dignité humaine ni le droit fondamental à la vie.

Kasserine

ORGANISATION À L'ÉCOLE

L'inscription de Kalthoum et Kafila à l'école fut le premier souci du père, dès leur arrivée par ce mois de janvier froid et soufflant des hauteurs de Chaambi. Kalthoum me parla de son rhumatisme articulaire qui l'immobilisa quelque temps et me relata comment son père s'était démené pour trouver le médecin qui diagnostiqua un syndrome lié au froid glacial de Kasserine. J'ai retrouvé dans les archives administratives une dépêche qui résume tout l'amour de Béchir pour ses enfants.

Dans l'unique école, les fillettes découvrirent leurs premières camarades parmi les Moretti, Strambonné, Bouché, Chazel, Duschenne, Santo-Romano, Ticq, Sarfati, Boussiron et d'autres enfants de colons, de fonctionnaires et de commerçants. Leurs fermes s'étendaient jusqu'aux pieds de la montagne Chambi où le rebelle Daghbadji se terrait dans des galeries qui débouchaient sur la route de Gafsa. Le Receveur retrouva les tribus frachiches, vieilles figures d'amitié paternelle. Béchir et Soumeya représentaient le point d'attache et la maison avenante pour la Tribu du sud de Tunis ou de la France.

Kasserine, petit chef-lieu dans une région pluvieuse et arable, était un pôle où transitaient les commerçants d'est en ouest. Dans les hauts plateaux, les tribus nomades vivotaient en défrichant les touffes d'alpha, commerce occasionnant un trafic régulier dans les opérations fiscales et postières. Au centre de la bourgade, on s'observait et rien n'échappait à quiconque, le soir dans le café du coin au son d'un air de guinguette ils repartaient, la besace de cancans remplie et le nombre de verres consommés. Bien que les soldats circulent en toute quiétude, un groupe d'indigènes assis en tailleur sur les nattes du *hanout* illuminé par une bougie vacillante, mûrissait tout bas ses imprécations.

Kasserine, le 13 Septembre 1936

Monsieur le Directeur Général de l'Intérieur

sous couvert de Monsieur le Directeur de l'Office Postal

à TUNIS

Suite à mon télégramme n° 382 du 7 courant, j'ai l'honneur de porter à votre connaissanbe ce qui suit.

En l'absence de médecin traitant sur place alors que ma fille était gravement malade, j'ai eu besoin pour la soigner du concours du Médecinde Colonisation de Sbeïtla, Samedi 4 courant. La personne à qui j'ai téléphoné m'a avisé qu'il était absent de Sbeïtla et qu'il se trouvait à Tunis. Ayant pensé qu'il était rentré Dimanche j'ai téléphoné à deux reprises pour ce motif. On m'a informé qu'il ne rentrerait que Lundi.

Ayant su qu'il était de retour ce jour là à Fériana, je l'ai prié de vouloir bien à son passage à Kasserine s'arrêter un moment pour visiter mon enfant malade. Il m'a répondu qu'il n'en avait pas le temps et s'est permis de me traiter de menteur dans des conditions que j'aurai à préciser prochainement.

L'ayant attendu à Kasserine jusqu'à 17 heures de l'après-midi 7 courant et devant les souffrances continues du malade, j'ai été mis dans l'obligation de transporter ma fille à l'hôpital de Thala où elle se trouve en traitement jusqu'à ce jour.

J'ai eu l'honneur de vous mettre au courant des agissements de ce praticien par télégramme.

Je viens très respectueusement vous demander de vouloir bien prescrire une enquête par l'intermédiaire d'un Inspecteurdè l'Office Postal et d'un Inspecteur du Service de l'hygiène, afin d'établir les responsabilités encourues et prendre les sanctions qui s'imposent.

Dans l'espoir qu'une suite favorable soit donnée à cette requête, veuillez agréer Monsieur le Directeur Général, l'assurance de mes sentiments respectueusement dévoués.

Béchir Bouhafa
Ffons de Receveur des Postes
à Kasserine.

PS.- Je dois ajouter à Monsieur le Directeur Général que je n'ai pu trouver à l'Infirmerie-Dispensaire de Kasserine ni essence de térébenthine, ni huile camphrée pour frictionner la jambe de mafille paralysée pendant 2 jours, afin de lui procurer un peu de soulagement dans l'attente du Docteur.

LE TRAVAIL POSTIER

Béchir, Soumeya et leurs enfants. Kasserine 1936

Béchir organisa son travail dans la petite commune, il embaucha son cousin et gendre pour assurer la distribution du courrier : un arabe de plus dans la recette où tous les commis étaient français ! Les colons habitaient à l'orée de la ville et le Receveur faisait parvenir les dépêches par voiture à capote. La calèche était son bien personnel et le cheval, acheté par Béchir pour faire de l'équitation. Kalthoum en profita, et son papa, très fier de ses prouesses, considérait son aînée comme un compagnon, n'hésitant pas à l'initier aux sports de plein air au même titre qu'un garçon. La chasse et l'équitation pouvaient se pratiquer aisément dans cette région belle et proche de la montagne. En récompense pour une leçon bien apprise, une opération de calcul juste ou une dictée sans fautes, le père permettait à ses filles de l'accompagner dans ses parties de chasse. Les deux fillettes apprirent comment se tenir derrière le chasseur lorsqu'il mettait en joug sa proie, comment éviter de faire du bruit pour ne pas effrayer le gibier, ou bien encore faire du tapage en claquant des mains pour lever une perdrix ou faire détaler un lièvre de son bosquet. Lorsque père visait la grive ou la tourterelle en l'air et qu'elle retombait plus loin, la petite Kafila attendait l'ordre pour gambader en sa direction et chercher la proie tombée dans l'herbe. La joie de retrouver l'oiseau la gonflait d'orgueil, mais au contact des plumes chaudes et frémissantes, une petite larme coulait sur la joue de l'enfant, compatissante et malheureuse devant l'horreur de l'agonie. Papa plaçait les volatiles en chapelet autour de sa taille et Kafila essuyait sa larme admirant l'allure fière et satisfaite du chasseur, lui laçant ses brodequins en se mettant à quatre pattes pour cacher son désarroi passager. Le gibier échouait chez Aïcha la noire qui s'empressait de déplumer les oiseaux et de dépecer les lièvres. « Oh... *ya* madame Béchir, proposait la voisine, ces pièces feraient un bon civet dans le creuset, nous autres arrosons le jus d'un filet de blanc ou de rosé, mais même un filet de vinaigre ferait l'affaire ! »

Ces séances de plein air variaient selon les saisons pour pique-niquer, cueillir des fruits, aller jusqu'à la rivière ou après les fontes des bonhommes de neige ramasser les champignons dans la forêt. Après le passage de l'hiver rigoureux, les neiges présageaient les années prospères. La réserve de bois et de charbon stockés dans les granges tirait à sa fin et les intérieurs réchauffés par les cheminées et illuminés par les *guizen* à carbure. Réunis pour les soirées familiales, les enfants dégustaient tantôt des châtaignes grillées dans la braise, tantôt une pomme de terre reléguée depuis la veille dans les cendres. Farouk souffla sa première bougie en automne, l'occasion de poser pour une photo de famille où on revêtit les robes de mousseline et de drap, les chaussures à boucles. Soumeya ornera l'annulaire de son fils d'une bague sertie de trois diamants.

Pour les vacances d'été, père Béchir intransigeant sur la rigueur, imposera à ses filles un programme d'études ciblé, où l'heure du lever comme celle du coucher était chronométrée. Kalthoum et sa sœur, astreintes aux répétitions, s'appliquaient pour parfaire l'orthographe des dictées, enrichir par la lecture leur vocabulaire et trouver les solutions justes aux problèmes posés ; à cette seule condition elles pouvaient faire une escapade chez tante Fatna, qui compensait par son plein de dévouement les heures de peines des petites nièces. De retour, le *meddeb* s'annonçait pour leur faire réciter dans un coin de la maison les premiers versets coraniques. Kalthoum baptisa son poulain Papillon tant la légèreté de la bête semblait lui donner des ailes.

Lorsqu'on distribuait le courrier, les fillettes se réjouissaient de la randonnée avec oncle Belkacem, de ferme en ferme et de maison en maison. Tonton les taquinait, plaisantait en leur passant des caprices. Clop... clop ! Le coup de fouet lancé en l'air faisait bouger la bête et Papillon s'élançait dans sa course. Les rênes fermement tenues par les petites mains tiraient sur le mors pour réguler la marche, mais le cheval entamait son trot. Dans les chemins cahoteux des douars, les roues du cabriolet claquaient et les fillettes ne retenaient plus leurs rires jusqu'à l'arrêt devant les domaines. Debout sur leur perron, la main à leur portail, les familles françaises s'inquiétaient de leurs missives pour se confondre en remerciements et courbettes. À la réception des bonnes nouvelles, souvent on proposait aux fillettes de partager le lait chaud servi pour le goûter des enfants. Les vaches broutaient l'herbe des prés et buvaient l'eau des cascades. Leur lait entier procurait le fameux beurre Moretti, préparé selon les procédés traditionnels de la *hammara* dans la région des Frachiches. Ma mère se complaisait à décrire la façon dont on barattait le lait, dans un récipient récuré et parfumé par un bouquet de romarin de thym et de *ryhane*… Dans le jardin planté d'arbres fruitiers le Receveur décida de planifier sa petite ferme.

Résident Général Armand Guillon

KASSERINE. LE 05 AOÛT 1936

On annonça la visite du nouveau Résident Général dans une tournée qu'il effectuait à travers les différents contrôles civils de la Régence. La Directrice de l'école s'organisa pour l'éventuel passage de l'autorité, la réception officielle relevant de la compétence des contrôles civils. Une fillette lirait un mot d'accueil pour souhaiter la bienvenue au Résident. Les petites écolières françaises, juives, corses et italiennes offraient la panoplie pour sélectionner celle dont la diction et le minois l'emportait sur ses camarades et lui feraient mériter l'honneur de présenter les clés de la ville. La fillette du Receveur remplissait les conditions requises de bonne élève à l'esprit vif, aux boucles blondes et au visage radieux et le choix se porta sur Kalthoum.

Certaines familles de colons manifestèrent leur rancœur, malgré leur courtoisie vis-à-vis du Receveur. Pendant l'année scolaire, les fillettes s'amusaient à la marelle, au ballon prisonnier et à la corde, en chantant « au gué des flots ». Babette et Claire disputaient la corde à Kafila, qui se retenait de toutes ses forces avant de se retrouver par terre, le visage en larmes. N'avait-elle pas reçu ses bottines et sa paire de cordes commandées à la Samaritaine par papa ? Ne les avait-elle pas trouvées dans l'âtre, un matin du 23 février pour fêter son anniversaire comme les petites françaises qui découvraient les étrennes déposées dans la cheminée par le père Noël ?

Après avoir accusé le coup Kafila se releva puis, administra de toutes ses forces des coups à Babette. Le scénario n'avait pas échappé à la maîtresse. L'enjeu était anodin, mais le geste de la petite arabe interprété en conséquence. Une « bicot » ne pouvait prétendre réclamer ses droits en frappant une française ! Le temps du mépris continuait et l'administration même au niveau de l'école ne pouvait léser les « intérêts rapines » des ressortissants colons, même si au fond la maîtresse reconnaissait à Kafila sa raison de réclamer son bien. Pourtant, la jalousie se résorbait pendant les jeux et une réelle entente semblait régir tous ces comportements enfantins. L'incident dépassa les murs. Le Receveur se manifesta et les relations entre différents corps restèrent tendues. Les regrets rapportés au Receveur par des tiers excusèrent le geste irréfléchi de la Française, qui au fond craignait le courroux des arabes dans un contexte politique ambigu !

TUNISIE

LE RÉSIDENT GÉNÉRAL

16 Août 1937

Ma Chère Petite,

J'ai été très sensible à votre petit mot. Vos voeux m'ont d'ailleurs porté chance car je vais beaucoup mieux; ce soir je m'embarque pour la France où je vais faire une cure et reprendre des forces pour continuer à travailler pour le bien de la Tunisie.

Je vous embrasse bien affectueusement en vous priant de dire toutes mes amitiés à vos parents et à ceux qui ont pour moi des sentiments aussi affectueux que ceux vous m'exprimez si gentiment.

Mademoiselle KALTOUM BOUHAFA

KASSERINE

L'allocution apprise par cœur sortit spontanément et Kalthoum fit une révérence gracieuse en se présentant devant Armand Guillon :

« *Je salue votre passage à Kasserine. Au nom de mes petites amies et moi-même élevées dans l'amour de la France, permettez-moi de vous offrir ce pieux souvenir et vous présenter mes souhaits de cordiale bienvenue.* »

LA VILLE

La population adopta son Receveur, sa bonne réputation au travail et son amabilité dans ses relations humaines lui valurent l'estime de tous. Si l'on sait que dans cet environnement colonial, il était extrêmement difficile d'échapper à l'œil de Juda braqué sur le comportement des arabes. Tiraillé entre plusieurs facteurs d'égale importance, l'indigène devait jongler pour manger son pain et manifester modérément ses opinions. Si les Français reconnaissaient au jeune fonctionnaire sa compétence, ils se méfiaient au fond de lui, comme de tous ces jeunes indigènes instruits qui commençaient à leur disputer l'emploi. En France, les dirigeants du front populaire avaient fait planer l'espoir et promis des libertés. Le comité des intérêts marocains et l'Étoile nord-africaine n'avaient-ils pas présenté en février 1936 un plan de revendications pour demander la fin des régimes d'exception, les libertés essentielles, l'égalité entre français et nord-africains, le bénéfice des lois sociales françaises et des réformes économiques en Afrique du Nord ? Ne vivait-on pas une période où ouvriers des champs et des villes apprenaient à s'unir dans leurs corporations syndicales pour la défense de leur pain, en élevant leur voix contre la spoliation, la misère et l'annihilation morale ?

Ma mère me parlera du fameux discours que Béchir improvisa à une réunion de syndicalistes, dans un café. Il n'avait pas mis de gants pour critiquer l'injustice sociale résultant d'une prépondérance impérialiste qui pratiquait l'autisme face aux fonctionnaires osant encore réclamer leurs droits ! Une dispute s'en suivit et des Français présents se manifestèrent bruyamment pour contrecarrer les propos de monsieur Bouhafa. « Emporté par l'élan patriotique, père était monté sur une chaise pour dominer l'auditoire », dit ma mère.

La population coloniale de Kasserine sera définitivement convaincue des aspirations de cet Arabe dont les paroles contestataires et les idées révolutionnaires faisaient apparaître clairement son penchant nationaliste.

La plaine ne bougeait-elle pas et le peuple n'était-il pas en train de manifester une solidarité dangereuse face au pouvoir colonial ? Soumeya, de son côté, reprochait à son mari son impulsivité. Il n'admettait pas les biais de langage, ni les attitudes de mépris de la part de certains Français.

Du temps où il travaillait à Sousse en 1933, Béchir se confronta un jour à un soldat dont l'allure désinvolte et les propos non courtois l'obligèrent à le relever d'une façon cavalière ! Le militaire s'accouda vulgairement au guichet et tutoya le commis, Père le foudroya du regard, « Retirez ce que vous venez de dire, est ce que nous avons élevé les cochons ensemble monsieur ? »

Ces propos m'ont été rapportés par oncle Abed, élève alors au lycée classique de Sousse, qui lui aussi reconnaissait à son frère Béchir son langage direct et sa transparence. Je cite la remarque curieuse dite par ma mère à propos de certains Caïds francophiles qui n'hésitaient pas à se ranger du côté des Français pour dénaturer les véritables aspirations des colonisés. « Le Caïd *si* Djilani B.R ami et condisciple de sidi, aurait dit-elle, mis en garde certaines familles de colons attirant leur attention sur les véritables sentiments de la famille du Receveur de Kasserine. Je transcris à la lettre les paroles de ma mère : « Madame… aurait prévenu le Caïd, monsieur Bouhafa ne vous déchiffrera pas le code pour ouvrir les coffres déposés à la poste. Il vous empêchera de consulter les instructions à suivre si la guerre éclatait. Ce sont des destouriens ! », confia-t-il à la Française.

Personnellement, j'ignorais complètement l'existence de ces coffres secrets fermés dans les locaux de la poste et qui ne pouvaient être ouverts qu'en cas de mobilisation, par le Receveur uniquement.

LE 07 JUIN 1937

Faouzi naquit à Kasserine par une journée radieuse, dans le ciel une étoile brilla, la chance sourit et Faouzi « Qaouaqji » apparut, il était tant attendu ce petit frère. Sur la terre des Frachiches, les yous-yous circulèrent par voie de presse, par morse, par téléphone de Methouia, Zarzis-les-bains à Ben Gardane où l'ancêtre marabout attendait son offrande. Le Kahia annonça la nouvelle dans la maison en fête. On préparait le mariage de la jeune Zohra et *lalla* Fatma écourta son séjour à Kasserine. Soumeya en couches ne put assister à la cérémonie pour accompagner la mariée à Zarzis.

Les deux frères s'étaient concertés et *si* Djilani scella son accord pour accorder la main de sa fille à son neveu. Après ses études à la Zitouna, Mohamed el Hafnaoui travaillait au Trésor Public à Zarzis. La décision avait profondément contrarié *lalla* Fatma, mais elle s'arma de courage pour dépasser les émotions et dissiper l'angoisse de sa fille. Armée d'un lexique de sentences et de conseils, la jeune et frêle Zohra pleura les larmes de son corps. Comment pouvait-elle se réadapter, elle qui s'habillait à l'européenne, revêtait le béret, était le scribe de sa mère, brodait ses gants, écrivait des lettres à ses frères ? Elle ne se sentait pas prête à assumer les obligations sous un régime de vie patriarcale où la destinée lui réservait le sort peu enviable de partager un mari avec une autre femme. Frustrée dans le tréfonds de son âme, elle ne pardonnera jamais cette décision qui, à l'âge de seize ans et demi, lui imposa brutalement le statut ingrat de la seconde épouse. L'Imam Boghdadi souhaitait pour son fils une jeune fille instruite diplômée en couture, ouverte au modernisme. Sa nièce Zohra remplissait les conditions et *si* Djilani ne put la lui refuser : la décision s'expliquait dans le but de multiplier le nombre d'enfants dans la cellule tribale. La démarche, on ne peut plus conformiste, se concrétisa par un mariage au bled. Fanfreluchée dans un habit régional qu'elle ne savait pas porter, parée de gros bijoux, il lui semblait qu'elle s'était travestie pour une fête étrangère où un cauchemar l'avait déposée dans une maison déjà occupée. Pourtant la première épouse ne fit rien paraître et reçut la mariée en lui exprimant la cordiale bienvenue. Flottant bizarrement entre le rêve et la réalité, Zohra se plia aux directives de son aînée Fatma bint Nebhani qui, aux dires de tous, accepta avec fair-play la cousine pour l'installer dans l'aile droite de la maison commune. Djamel et Kheïria lui seront de petits confidents en attendant d'apprendre à gérer son infortune et se modeler à l'image de ces femmes rodées, passées par le même chemin. Aucune des deux n'avait réellement souhaité ce partage, mais la bonne volonté, la présence des aînés pour dissiper et filtrer les trop pleins, finiront par arrondir les relations et créer une réelle entente entre *lalla* Fatma et Zohra la douce.

À ses heures de loisir, Zohra brodait, lisait et rangeait les étagères de livres de son beau-père et oncle *si* Boghdadi. Le régime patriarcal gérait intérieur et brus, et l'égalité prônée entre les épouses dans les versets coraniques semblait être observée ; une nuit à gauche et une nuit à droite et sidi Ifnaoui était comblé !

Dans la journée le *haouch*, demeure hospitalière de la fervente Aïcha el Aoudia réunissait les sept filles de l'Imam, les proches et les adeptes de la confrérie el Kadria. L'Imam affichait une préférence pour sa nièce dont le jeune âge la faisait paraître docile et aimante. Par égard et par respect, Zohra décida d'apprendre à psalmodier, elle qui sortait fraîchement de l'école française de madame Langela à Sousse. À ses heures de déprime, la fille de *si* Djilani mémorisait son parcours à travers l'itinéraire administratif de son père dont la dernière destination le Kahialic de Methouia détermina sa nouvelle vie de femme, elle n'avait pas dix-sept ans.

La jeune épouse compensait par une activité intense et se réalisait dans la lecture d'ouvrages qui lui faisaient oublier son rang de deuxième épouse. Il y eut des moments agréablement vécus bien que jeune et de petite santé elle ne supporta pas les nombreuses gestations. Hichem fut emporté à quarante jours par une fièvre foudroyante, puis elle enfanta deux adorables garçons : Kamel né en 1939 et Chaker en 1941, l'un blondinet comme son grand père et l'autre « brundinet ». L'Imam organisera pour leur baptême une fête où tabal cornemuse et chants folkloriques animèrent l'après-midi. Le soir offrande, victuailles et litanies réuniront les adeptes d'el Kadria, occasion de réciter *madayeh ou Adhkar, bahr sidi Bel Hassen, Nahj el bourda…*

Kheïria la petite fille et sa cousine Kafila rapportent le côté mystique et l'ambiance fervente qui régnait dans le *janeh er-rayah.*

Le *Kouteb* recevait hôtes et adeptes de passage, on parle même des confréries du Sud Algérien Tijania dont un bon nombre d'adeptes habitent à Zarzis.

Malgré l'environnement nouveau et l'étau du conformisme, ce petit bout de femme s'imposa par son originalité (qui paraissait même marginale) ses manières différentes d'élever ses enfants, de les habiller grâce à ses doigts de fée avec des ouvrages tricotés ou crochetés ; expliquant, comme une infirmière à son entourage, ordonnances et conseils des médecins. Les Français faisaient bien des virées après l'accomplissement de la messe et l'occasion se présentait de dialoguer dans la langue de Voltaire et faire l'interprète au sein de la gente féminine de la sénia. Les rencontres rompaient la monotonie routinière et Zohra tirait profit en assimilant les nouvelles recettes et les déclinaisons d'astuces. Certaines jasaient contre cet élan pour la culture française et tiquaient face à l'épanouissement de Zohra qui se démarquait par sa personnalité d'arabo-française et sa franchise. Certes, elle n'avait pas encore acquis le profil endurci des femmes âgées aux et coups bas bien dosés.

Tahar Hadad défendit, à travers son manuel édité en 1930, la femme opprimée et soumise, il y eut parallèlement des pères instruits qui n'ont pas prêché l'isolement de la femme et son exclusion de la société. Ces mêmes pères permettront à leurs fillettes de fréquenter les écoles au même titre que les garçons.

Zohra appelait son mari, sidi el Hafnaoui par respect, par affection envers ce lien de sang qui les unissait, surtout qu'il prêchait la tolérance et n'était pas contre l'émancipation de la femme malgré sa formation zitounienne. Fonctionnaire aux contributions et Imam après son père du Djemâa el Hasar, toute la population lui devait respect et considération.

KASSERINE. ÉTÉ 1937. MARIE-LOU

Le courant des mariages mixtes s'était développé dans une Tunisie encore soumise aux conformismes et aux interdits. La société à cheval sur les principes aveugles ne permettrait pas les ouvertures pour la femme et il était extrêmement rare que cette dernière fréquentât l'école à cause des réactions hostiles des aînés et des critiques de l'entourage. Je cite dans cet ordre d'idées, le rapport de monsieur Barthou Directeur de l'instruction publique à l'époque. En parlant de l'École franco-arabe, il développa : « *Si elle n'a pas atteint le but que lui proposait naïvement ses promoteurs : (être le principal instrument de rapprochement des esprits et comme un acheminement naturel vers l'entente ultérieure des cœurs, comme dit Émile Combes), elle a fourni à la Tunisie* <u>une élite évoluée et une élite révolutionnaire</u>*. Son succès est encore très grand et il est injuste d'affirmer qu'il n'a pas pour cause que l'absence d'écoles d'un autre type. Dans une récente allocution, le Docteur*

Materi disait en s'adressant à Duhamel : « Tout en faisant un net retour aux traditions islamiques et à la lecture arabe rénovée, la jeunesse musulmane se trouve de plus en plus imprégnée de culture française. Même les milieux de la vénérable université de l'olivier en sont directement influencés. Et il n'est pas rare de trouver dans les revues littéraires arabes de Tunis des traductions de poèmes de Paul Claudel et de Paul Valéry ou des études sur la philosophie de Bergson, les idées d'André Gide ou même la dernière pièce de Jean Paul Sartre. L'influence de l'esprit français sur notre manière de comprendre et de raisonner était souvent remarquée par les étrangers ».

N'était-ce pas ce même Mahmoud el Materi élu Président au Congrès de Ksar Hellal le 2 mars 1934 qui, avec Bourguiba, Secrétaire Général du Parti, et Kadem connurent les mêmes lieux d'internement à Bordj Lebœuf ?

L'école française avait donc déteint sur les esprits des Tunisiens et sur leur comportement. Il en résultait une recrudescence des liaisons qui rapprochèrent les étudiants arabes avec les jeunes européennes fréquentant les mêmes universités malgré les idéologies vissées jusqu'au sang et le sens patriotique on ne peut plus développé de ces maghrébins.

Lors de ses études, Kadem s'était uni à Marie-Lou, une étudiante en biologie, fille de pharmaciens à Bordeaux. Le 4 août 1934, elle enfanta d'un garçon prénommé Raouf pour son père et Yves pour sa mère. Aussitôt rentré en Tunisie le militant fut interné, relaxé, éloigné en Belgique, puis expulsé de France, revenu en Tunisie pour échouer une seconde fois en 1935 au Camp de concentration de Bordj Lebœuf. Après la relaxation finale, Kadem retrouvera ses compagnons et il aurait enseigné le français dans le Sahel à Monastir. Ses contacts avec les membres du Néo-Destour se renforcèrent, dans le cadre des activités nationalistes, jusqu'au retour de Thâalbi d'Orient.

Soumeya me relata le passage de Marie-Lou, cet été-là à Kasserine : « La Française, me dit-elle, m'embrassa avant de me remettre dans les bras le petit Raouf répondant au diminutif de Vonvon ».

La sœur jaugea l'allure de la belle-fille, apprécia la prestance, les gestes raffinés et découvrit la taille élancée de la belle étrangère. Nul doute, son jeune frère avait du goût et de plus sa femme avait enfanté d'un garçon, cela semblait de bon augure. Les félicitations, les embrassades et on souhaita la bienvenue à la Bordelaise. Soumeya se barda le bassin par deux fois comme on dit en arabe, *hazmit mislanha bihzamin* pour s'occuper des trois bébés, Raouf, Omar Farouk et Faouzi ! Les enfants étaient soumis à la toilette matinale, le menu du jour où l'œuf frais était gobé avec la tasse de lait, les *bsissas* de blé complet et sorgho mélangés aux miels des monts. Sous le chaperonnage de tante Fatna, la main d'œuvre assurait le confort autour de Marie-Lou pour lui faire goûter les délices de la vie citadine et champêtre. La promenade en poussette dans le jardin calmait les petits et la sieste suivait après la dégustation des plats consistants et variés en légumes du terroir, si bien que la *francissa* (Française) profita et remarqua que les Tunisiens pouvaient se comporter en gens civilisés. Marie-Lou avait des idées larges qui rejoignaient l'optique politique de son mari, elle avait choisi délibérément d'épouser un nord-africain malgré la conjoncture épineuse qui opposait arabes et coloniaux ! Dame mère reconnaissait que Kadem était instruit, fils de bonne famille, avait des affinités avec le milieu évolué, mais reniait tout bas la possibilité d'union avec pareil monde.

À Methouia, grand-mère réceptionna sa belle-fille avec beaucoup de tact. Une fête intime avait rassemblé les proches et la négresse mise à son service, aida la belle-fille à revêtir l'habit ostentatoire Accara. Grand-mère dépêcha l'offrande et on reçut l'hôte française avec toute l'hospitalité et la générosité inhérentes parallèlement à l'ouverture d'esprit de *si* Djilani qui feront vivre à l'étrangère des moments agréables.

N'avait-on pas critiqué les agissements de la famille du Caïd précédent *si* Zaouche dont les filles évoluées et émancipées se permettaient de se promener dévoilées dans la région ? Les jeunes émancipées faisaient fi de certains tabous qu'on devait respecter dans un bled. Cette jacasserie transmise par la mémoire sélective de Soumeya arriva à mes oreilles : « les filles Zaouche se promènent dans la bourgade el May, sont-elles des filles de seigneurs ou issues de la « populace », filles d'Ève ? ».

بْنَاتْ الزَّاوِشْ يِدُولْشُوا فِى المَايَهْ يَلِنْدْرَى حُكَّامْ وَإِلاَّ إِخْوَايَاهْ

Malgré cette conjoncture et l'aridité du paysage, le beau-père se soucia d'organiser une estivation plus large sur les côtes proches. Le chauffeur fera visiter Gabès, ses dunes et ses palmeraies, el Hamma et ses sources thermales jaillissant en plein nature, Mahrass ses poissons et ses crustacés, Mareth et ses plages Chaffar, Matmata et son pittoresque patrimoine. Des photos prises sur le vif fixeront à jamais l'incursion de la métropolitaine dans ce fief d'indigènes où tout de même, on savait dresser une table à la française pour recevoir les hôtes de marque comme *si* Tahar ben Ali et madame Voison du Grand Conseil, venus accueillir la bru de monsieur le Kahia.

Marie-Lou découvrit certains particularismes, elle détailla l'habit de son beau-père apprit le nom des différentes pièces : *el minten*, *el badiya*, s'intéressa au métier dressé dans une aile de la grande cour et actionné par Khadra la privilégiée de la maison. Assise sur un banc en bois, Marie-Lou accompagnera du regard pour s'étonner de la dextérité, de l'efficacité du dessin que l'indigène tissait. Les étoffes souples teintées par l'artisane aux doigts de fée, serviront de trame pour tailler la *jebba*, le *burnous* et les couvertures zébrées de la maison.

La Française évoluait dans ce théâtre où se faisaient les travaux de la journée, elle s'attardera aux côtés de la servante Fadhila pour la voir actionner la manivelle de sa *jerroucha* en grès. Les tas de blés amoncelés devant la négresse aurait fait fuir n'importe qui, soumis à la corvée. Je précise que ma sœur Kafila me rapporta comment Fadhila, éreintée de moudre, profitait de l'inattention des maîtres pour balancer par-dessus le mur, quantité après quantité, ce blé qu'elle avait fini par haïr jusqu'au jour où la montagne dorée dépassa l'enceinte. Dans sa crédulité, Fadhila espérait que quelque âme déshéritée récolterait le surplus jeté !

Marie remarqua avec étonnement les gestes généreux des habitués de la maison qui défileront pour apporter leurs dons au Kahia : dattes, poisson, miel, fromages blancs et lait de chamelle ! Lorsqu'elle chercha à comprendre à quel but *si* Djilani appréciait ce lait (qui lui paraissait curieusement insipide) on lui répondit que c'était bon pour son diabète. « Ces arabes, pensa-t-elle, ils ont beau être évolués leurs traditions priment. »

Elle s'étonnait de voir comment la patronne organisait ses retours à Zarzis avec un déménagement de colis, de peaux remplies de dattes pétries, de présents destinés à la famille et à l'aumône en cours de route. « Quel mal se donnent-t-ils pour faire plaisir ! Ces gestes généreux, ces effusions débordantes, ces attentions particulières expriment bien les caractéristiques de ce peuple et ses manières d'évoluer, pourrai-je m'y faire ? pensa-t-elle.

De temps à autre, surprise par les cris affolés d'une dame, elle se précipitait à la fenêtre ; à l'entrée, le planton du Kahialic sermonnait toutes les femmes qui criaient leurs doléances.

Marie-Lou posa un jour la question à des tiers concernant le statut de la femme. On lui répondra qu'un musulman avait le droit d'épouser quatre femmes, s'il pouvait les traiter équitablement et leur procurer un confort égal. Elle remarquera l'âge de ces « fillettes-femmes » qui se rendaient régulièrement au Kahialic crier leurs doléances. On expliquera à Marie-Lou les particularismes de cette région aux origines berbères dont les traditions imposaient très tôt le mariage ; curieusement dès neuf ou douze ans, elles se retrouvaient dans les familles du conjoint et les belles mères se chargeaient de compléter leur éducation jusqu'à la puberté-majorité. « Souvent, disait ma sœur Kafila (lors de ses témoignages vécus avec grand-mère à Methouia), ces fillettes jouaient encore à la poupée. » Cette question souleva la contestation de l'étrangère. Fallait-il lui rappeler que la précarité, la recherche du gagne-pain et le déplacement de certains indigènes dans la capitale pour tenter quelques études faisaient accepter à ces femmes d'attendre des années, patiemment le retour de leur homme ?

Debout face aux *rouanis* pour y emmagasiner la réserve de céréales, penchées sur leurs métiers à tisser ou sur la *rogâa* pour moudre, le pieu enserré dans la paume, ces petites femmes apprenaient à taire leur tristesse dans les chants mélodieux et nostalgiques qui exprimaient leur profonde détresse. Néanmoins, cette situation sociale peu enviable donnera à ces femmes une assurance qui, limée avec les années, les fera prendre leur revanche sur le conjoint par la ruse, le doigté et les capacités acquises dans l'école fermée des femmes âgées.

De temps à autre, racontait ma sœur, des cris s'élevaient dont les échos parvenaient jusqu'aux aires du Kahialic. On répondra à l'étrangère saisie que les lamentations provenaient de quelque maison éprouvée par la mort d'un homme.

— Comment ?

— Lorsque le moment venu, il fallait descendre dans les puits pour nettoyer les fonds embourbés, leur répondra-t-on, plusieurs accidents survenaient !

— Plaît-il ?

— Les indigènes descendent les parois, le nez emmitouflé par un masque d'oignons pilés et macérés, pour prévenir les asphyxies dues aux émanations des profondeurs.

— Pourtant les cris et les lamentations continuent, dit-elle, ces masques à l'oignon, remarquera la Française, ne sont pas tout à fait radicaux !

— Oui hélas, le puits est mangeur d'hommes, lui répondra-t-on, ce sont quelquefois de malheureux enfants qui penchés sur les parois glissent pour périr noyés !

Ce séjour enrichissant fit apprécier à Marie-Lou la gentillesse de son entourage, la présence permanente de *lalla* Fatma, les coutumes, mais elle réalisa la grande pauvreté dans laquelle se débattait le peuple. Choyée et servie par les dévoués de la maison, rien n'y fit. L'esprit d'outre-mer l'emporta et dans l'avenir, la bordelaise-mère conseilla à sa fille de réintégrer la métropole avec son fils Yves. « Où vas-tu rester ma petite Marie-Lou, dans ce pays d'arabes, dans un repère à scorpions avec pour compagnon un mari nationaliste ? Bonjour les problèmes, adieu l'insertion !

Résident Général Labonne Éric

De retour à Kasserine, ils passeront leur villégiature chez Béchir et Soumeya. Le Receveur embauchera Kadem et Abed et un petit cousin Belhiba pour assurer le renfort du paiement des achats de blé.

Le Receveur devra rendre compte de ce recrutement à l'office des P.T.T. dans le rapport qui suit : « Dans la recette de Kasserine et pour vaincre les difficultés occasionnées par la création de l'office du blé, j'ai dû faire appel au concours de mes frères Kadem, Abed (étudiant ès lettres à Paris) ». Nous verrons comment cette initiative sera retenue contre le Receveur dans une affaire constituée de toutes pièces aux fins d'écarter ce fonctionnaire affiché pour ses idées syndicalistes, son tempérament baroudeur et sa famille nationaliste.

GRAND-PÈRE 1938

Si Djilani n'avait pas oublié la région de Fériana où il était resté douze années consécutives à la tête du Kalifalic. Il y vécut avec sa famille une période très complexe par la diversité de ses événements et très importante par les fluctuations relationnelles et humaines. Certes l'âge le rapprochait de la retraite et il ne désespérait pas de voir ses années de labeur couronnées par une décision équitable à la tête d'un Caïdalic dans un poste du sud.

La lettre adressée à Armand Guillon, appuyée par de hautes personnalités aux penchants gauchistes en France et en Tunisie n'aboutira à rien et dans une demande écrite, le Kalifa soulèvera avec conviction, la probabilité de la mesure disciplinaire dont il aurait été victime.

- NOTES SIGNALETIQUES -

Concernant DJILANI BEN BELGACEM BOUHAFA

Fontion : KAHIA, METHOUIA-

Origine Ethnique : Originaire des Accara (Zarzis)

Date et lieu de naissance : 1886 à Zarzis-

Date d'entrée en service : 20 Mars 1922

Date de la promotion : au grade actuel : Kahia le 1er Octobre 1940

: à la classe actuelle : 2° Cl. depuis le Juillet 1942

L'agent accepterait-il une résidence quelconque? : Oui, mais maintenu jusqu'en décem. 46.

Quelle résidence préfère-t-il? : Doit rester à METHOUIA

Titres universitaires (degré d'instruction) Grande Mosquée-

Connaissance en langue Française : Passable

Distinctions honorifiques (grade et date de la promotion) : Légion d'Honneur le 20-7-23; Commandeur du Nichan Iftikhar en Août 42-Officier d'Académie 19-4-29. Médaille de la Prévoyance Sociale 5-3-33.

Rappel des mesures disciplinaires : Néant-

Conduite privée : Bonne.

Rapports avec : les européens : Très bons.

les autorités : Excellents

ses chefs : Excellents

ses subordonnés : Bons.

ses administrés : Bons. N'a pas été l'objet de réclamations depuis plus de 6 mois.

Attaches dans le pays : Néant-

Attaches politiques : Neant-

Caractère : Bienveillant et ferme.

Tenue : Bonne.

Assiduité : Bonne.

Initiative : A beaucoup d'expérience.

Ordre et méthode dans le travail : Bons. Beaucoup de routine. Donne satisfaction.

Valeur professionnelle : Bonne. Vieux chef indigène, expérimenté. Beaucoup de pratique à défaut de brillantes connaissances théoriques-

Spécialisation de travail : Néant-

Manière de servir : Recouvrements des impôts : Bons-

Recrutement : -d-

Action administrative générale : -d-

THALA 1938 RENCONTRES AMICALES ET NATIONALISTES

Le chauffeur chargea les cagettes remplies de fruits et de poulets de ferme. Il referma la malle, épousseta les sièges et actionna la manivelle. Il souleva le capot pour mieux entendre les tours du roulement, puis révisa rapidement les pneus. Le patron emmenait son fils malade à Thala pour le faire ausculter par le Docteur Abdelmoula, ami de Kadem et compagnon du Néo-destour.

La voiture prit la route, le bébé emmitouflé dans son burnous dormait dans les bras de sa mère, abattu par la fièvre, les pommettes empourprées. Le Docteur Abdelmoula Mohamed s'occupa d'abord de l'enfant pour lequel il diagnostiqua une grippe intestinale.

Les parents s'angoissaient de toutes ces fièvres qui guettaient... et la moindre montée du mercure les alertait. On fit une pause chez l'ami de Béchir pour lui remettre les denrées charriées depuis Kasserine. Monsieur Fredj Abdelwahed natif de la ville de Djemmal avait fait ses études avec Béchir au Collège Alaoui à Tunis. Le pensionnat souda leur amitié et Fradj occupait le poste de secrétaire général du Caïd, *si* Djilani Ben Romdhane. Sa femme, *lalla* Ftouma originaire de Mahdia avait beaucoup d'affinités avec Soumeya et l'occasion pour Marie-Lou de rencontrer sa compatriote, l'épouse du Docteur Abdelmoula.

Le groupe parla santé famille et la discussion dérapa sur la politique. Avec des idées patriotiques communes, les compagnons se concertèrent sur les derniers événements qui avaient marqué l'année; le 2 novembre 1937, date du congrès national néo-destourien et du retour en juillet de Cheikh Abdelaziz Thâalbi exilé en Extrême-Orient. Les militants adhérèrent officiellement dans le courant de l'année-charnière. La foule, sortie le 9 avril 1938 dans les rues de Tunis dénoncer par des slogans et des chants patriotiques les affres du colonialisme, se confronta aux tanks de l'armée française et aux obus tirés sauvagement dans le tas. Marchant en tête les instigateurs désarmés et pacifiques furent arrêtés et incarcérés, Kadem échappera à l'arrestation massive. Dans ce formidable désordre, la sirène de la croix rouge, le bruit des salves et le cri des blessés évacués vers l'hôpital italien (Habib Thameur) et l'urgence de Sadiki, ne se tairont qu'aux lueurs du matin. Le Docteur Ben Miled et sa femme (amis de Kadem) veillèrent jusqu'au matin pour secourir les blessés.

Habib Bourguiba, Tahar Sfar et Docteur Boussoffara seront arrêtés le lendemain 10 avril 1938 et traduits devant la justice.

Le 21 avril, le Parti Libéral Constitutionnel Tunisien ou Néo-destour sera dissous et le procès des nationalistes ouvert. En fait, la sédition s'annonçait dans les coins les plus reculés de la Régence. Des tentatives sporadiques se manifestaient dans les douars, le sud et la montagne. Dans les villes, les meetings et les manifestations franchement organisées traduisaient le mécontentement du peuple, face à la flambée de l'impérialisme.

Le PPA se fait connaître en Tunisie dans une délégation organisée par Moufdi Zacharia, homme de lettres et poète engagé. En présence du leader rentré à Tunis après son exil en extrême orient, Moufdi déclinera un poème où le militant Algérien fait l'apologie de Thâalbi :

« *À toi, le chef de l'Afrique du Nord et le leader des pays d'orient, le peuple Algérien adresse ses saluts.*

Les principes du PPA procèdent de ta doctrine, l'âme de ce parti est une parcelle de ton âme ! Défends cette terre où tu reviens en chef, elle a encore confiance en ta promesse.

Les colonisateurs l'ont divisée en trois provinces par fraude. Ils mentent car elle ne cesse de contenir un même peuple. Ils ont planté des jalons sur le faîte des collines par hypocrisie. Ils ont appelé ces jalonnements frontières, cependant que ce pays éprouve les mêmes sentiments, nourrit les mêmes principes et constitue le patrimoine commun. »
Mahmoud Kadache, « Histoire du mouvement national ».

En lisant «L'histoire du Mouvement National» de l'Algérie, un sentiment d'affectueuse fraternité vibra en moi. Notre histoire commune fut un combat similaire et complémentaire qui impliqua des héros unifiés par la même foi religieuse et patriotique.

Parallèlement aux évènements mémorables de la Tunisie militante développés à travers cette saga familiale, je retrouvais les mêmes périodes, le même vécu face au même mal dans la terre mitoyenne de cette Algérie combien éprouvée.

Si le PPA se fait connaître par Moufdi Zacharia en 1937, il se fera accompagner d'une délégation formée de militants algériens venus à Tunis rencontrer les destouriens et parler de l'avenir du Maghreb (question soulevée en 1932 par Kadem Bouhafa). De part et d'autre dans les deux pays la propagande utilise les tracts, les rubriques, fêtes arabes, enterrements et cafés maures.

La police, lasse de surveiller, interdira la vente, les *nachids,* les insignes et les drapeaux. Le 14 juillet 1937, vingt-cinq mille algériens défilent en réclamant Liberté, terre aux fellahs, écoles arabes et respect à l'Islam. Des carnages suivront. Le journal L'Action Tunisienne rapportera les protestations formulées contre la détention de Messali et condamnera la politique de privilège et toutes les lois d'exception. Bourguiba écrit, le 2 septembre 1937, dans L'Action Tunisienne : « *Si le peuple algérien touché par la propagande de Messali ne fait pas le vide autour de son leader, s'il sait résister à la répression et prolonger la résistance, s'il ne flanche pas au moment critique, la France intéressée à la fidélité des Algériens, fera entendre raison au clan des colonialistes impénitents et renversera sa politique.* » (extrait du livre de Kaddache, « L'histoire du Mouvement National »)

Dans le Maghreb également, les leaders sont arrêtés, emprisonnés, condamnés et traités comme des criminels de droit commun. Le 15 avril 1938, Kaddache parle de graves perquisitions à Constantine, de la découverte d'une correspondance entre militants avec le Néo-destour. Le 28 avril un meeting fut organisé pour réclamer la liberté de Allala el Fassi, Messali et Bourguiba.

ARRESTATION DU REBELLE DIT « DAGHBADJI »

(Témoignage de Kalthoum et Kafila)

Dans la placette, l'unique *hanout* fréquenté par les indigènes fut le point de rencontre où se fomentaient les directives et partaient les ordres pour semer des troubles au sein de la communauté européenne. La population arabe bougeait. Ce soir-là, ils s'installèrent dans l'arrière-boutique pour une partie de *kharbga* à la lueur blafarde d'une bougie. Ils ne firent pas attention à la présence des soldats sénégalais qui louvoyaient dans le mutisme. Le bout de la rue fut bouclé discrètement et, sur le toit du commissariat, un groupe armé prit place couché à plat ventre, pour mettre en joug l'entrée. L'effervescence des militaires réunis dans ce lieu bien gardé, nez à nez avec les corps d'autorité de la ville sentait l'accrochage. Tout d'un coup un homme vêtu d'une *kachabia* chuchota quelque chose à l'oreille du capitaine assis dans son véhicule. L'indigène disparut et dans une synchronisation rapide et efficace, les ombres sortirent et un peloton fit irruption à l'intérieur du *hanout*. En quelques secondes, on immobilisait celui qui, pendant des années, avait défié la force mobile française dans la plaine de Kasserine. Les militaires s'étaient regroupés pour assister à la prise de l'otage. Le géant sortit, sur le seuil il tenta malgré les menottes de tirer les pans de son *kedroun*.

S'identifiant au grand maquisard « Daghbadgi-junior » marchait le cou hautain ; ses cheveux hirsutes s'échappaient en nattes, une paire de moustaches relevées comme un arc de sabre. Chef maquisard, rebelle, fellagha, brigand, gaillard des hautes steppes, il suffisait de prononcer son nom pour semer la panique dans le cœur des colons. Daghbadji prit l'habitude de veiller à la barbe des autorités dans ce *hanout*, mais ce soir-là le *bayouâ* le vendu, avait, moyennant quelques soldes, trahi la présence de cet être exceptionnel en le dénonçant aux Français. Seule la lâcheté d'un frère avait pu aider les autorités à piéger « cette force de la nature » et les colporteurs *goumi* l'ont eu ce jour-là. Les petites racontèrent à leur mère l'effervescence du village et comment les habitants assistèrent l'âme en peine à la terrible arrestation. La gendarmerie mitoyenne à l'office postal ouvrit grandes ses portes pour recevoir le hors la loi nationaliste.

1938. AMMAR LE PLANTON

Béchir s'efforçait de maintenir l'entente entre les agents, ses principes se basant sur le sens du devoir, l'amour du pays et la crainte de Dieu. La plupart des fonctionnaires titularisés étaient français et il fallait leur démontrer ses capacités professionnelles pour les encadrer, les postes de décision étant rarement confiés à des indigènes. Ammar fut embauché à la poste de Kasserine au titre d'auxiliaire local, le rôle d'un planton qui se distingua par son assiduité et sa bonne conduite. Monsieur le Receveur le chargea des petites besognes afin de tester ce gaillard, au visage anguleux et aux pommettes saillantes. Ammar plaçait sur son chèche le sac de toile grège, cacheté par le poinçon de cire et tous les matins, il faisait la navette pour déposer le courrier à la gare. Lorsqu'il finissait le nettoyage de la grande salle, le planton s'approchait des commis pour jeter des coups d'œil furtifs sur leur travail. Le manège n'échappa pas à la surveillance quasi permanente du chef de poste qui décida d'initier le jeune garçon. Le Receveur décela en lui, la volonté touchante de l'être inférieur qui souhaitait se défaire à tout prix de son ignorance. Ammar se familiarisa au travail de bureau, sous la responsabilité du Receveur qui le formait petit à petit. Hélas, l'attitude paternelle de Béchir n'échappa pas aux médisances gratuites; toute sa bonne volonté et son désir d'améliorer la condition de son prochain furent mal interprétés.

— Il prend trop d'initiatives, dira radio-trottoir.

— Le Receveur dépasse ses limites, ces arabes qui veulent tout investir !, critiqueront certains colons.

Les mécréants, jaloux de l'estime que portait la population à la famille, diront « C'est une famille qui prend trop de latitude ou prérogatives, le père Kahia, le fils Receveur, le gendre facteur, les deux frères embauchés en saisonniers... Belhiba le cousin... où va-t-on ? »

Le bureau du contrôle civil, lui, signala les écarts d'ordre politique qui pourraient faire déraper l'un des membres de cette famille combien honorable, mais tellement nationaliste !

— Je t'avais pourtant conseillé, répétait Soumeya à son mari, que la conjoncture est pleine d'embûches, tu n'es pas censé combattre l'ignorance de tout un peuple en rehaussant un type comme Ammar. L'ingratitude est mère des vices. « Prends garde ! Tu marches sur les embûches ! Trop de bonté ne paye pas ! » Le chef de gare opéra autrement. Son contact avec Ammar lui permettait de monter la tête au vaguemestre en critiquant les ordres du Receveur, en fait, sa jalousie le poussa à induire le pauvre Ammar dans l'erreur. « Il te fait faire des choses qui ne sont pas de ta compétence. Tu travailles sans salaire. Le nettoyage, les courses, le courrier et les heures d'astreinte derrière le guichet et la colère du *khaznadji* ». C'est trop ! « *Une parole dite le matin et une autre répétée le soir, peut laisser la musulmane devenir juive et une religion déchoir* », dit le proverbe.

Les faits se précipitent et Ammar le crédule adressa une plainte à l'inspection générale des P.T.T, prétextant que le Receveur le giflait pour le travail mal fait et sans rémunération. Une enquête suivit, l'inspecteur français ne constata aucune faille, la recette impeccablement tenue et le travail à jour. Cependant, un prétexte infime pouvait prendre des proportions démesurées, passibles de répression administrative. J'ai trouvé trace de rapports, de pièces justificatrices, de décisions et de lettres de soutien adressées par la population. L'affaire citée dans le dossier avait pour objet l'élargissement d'un auxiliaire local. Ben Othmane Ammar s'était adressé en termes vulgaires à des tiers présents dans les locaux de la poste et le Receveur le sermonna en lui pinçant paternellement les oreilles. À la deuxième récidive, le Receveur se permit de licencier l'auxiliaire jugé irréfléchi et irresponsable pour avoir omis de remettre un télégramme de grande importance à son destinataire. On taxera le Receveur « d'abus de pouvoir résultant du licenciement d'un employé sans information écrite et sans en référer à l'administration, d'abus d'autorité sur la personne d'un journalier astreint à des tâches non comprises dans ses attributions, renfort non assuré d'après les directives de l'administration ».

Quant à la justification de ses actes, le Receveur fournira l'explication suivante à la Direction des postes :

« Kasserine, le 31 octobre 1938,

Je n'ai pas jugé utile de faire état des noms des bénéficiaires confirmant ainsi une tradition en usage chez les Tunisiens qui se servent plus particulièrement de leurs prénoms.

J'affirme sous la loi du serment :

1°que les états de juillet, août, septembre ont été régulièrement émargés ainsi que ceux du trimestre suivant, et jusqu'au 15 janvier par les intéressés eux-mêmes. En effet, je n'ai pu et à mon grand regret renvoyer le P.V en temps voulu. J'allègue l'alitement de mon fils, seule cause de ce retard. Mes loisirs étant continuellement occupés par le travail, il m'était difficile de vous répondre de suite. Je vous ai répondu le 24 et suis étranger au retard que vous me signalez, quant à la réception du présent document.

Le Receveur »

Le 15 novembre 1938, monsieur le Receveur adresse à monsieur le Directeur de l'Office Postal à Tunis, la lettre suivante :

« Monsieur le Directeur,

J'ai l'honneur de vous faire connaître que j'ai constitué Maître Duran-Angliviel, Avocat au barreau de Tunis, 14 rue de Constantine, pour défendre mes intérêts devant le conseil de discipline qui aura lieu le 23 novembre courant.

Veuillez agréer, Monsieur le Directeur, l'expression de mes sentiments respectueux.

Béchir Bouhafa »

Défenseur de liberté d'expression, le socialiste Duran-Angliviel n'a-t-il pas été lui-même jugé dans l'affaire de *Tunis-socialiste* et condamné avec ses camarades à des peines légères, ménagés à cause de leur appartenance à certains milieux politiques dans la métropole ; stratégie coloniale qui punit chaque adversaire à sa juste mesure.

— Papa, me dit Kafila, faisait l'apologie de Duran-Angliviel, démocrate qu'il connaissait personnellement. Il nous faisait part de ses idées libérales et de ses penchants sincères pour la Tunisie ». Publiciste de talent, il était connu depuis longtemps pour ses sympathies à l'égard des nationalistes tunisiens.

L'ENQUÊTE

Tunis, le 15 Novembre 1938

Monsieur le Directeur
de l'Office Postal
TUNIS

Monsieur le Directeur,

J'ai l'honneur de vous faire connaître que j'ai constitué Maître Duran-Angliviel, Avocat au Barreau de Tunis, 14 Rue de Constantine, pour défendre mes intérêts devant le Conseil de discipline qui aura lieu le 23 Novembre courant.

Veuillez agreer, Monsieur le Directeur, l'expression de mes sentiments respectueux.

Bechir Bou Hafa

N° 863

RÉGENCE DE TUNIS

PROTECTORAT FRANÇAIS

DIRECTION DE L'OFFICE DES POSTES ET DES TELEGRAPHES

RAPPORT

SOUMIS A L'EXAMEN DU CONSEIL DE DISCIPLINE LOCAL

SIÉGEANT A TUNIS

(Arrêté du Directeur de l'Office du 31 décembre 1923, art. V)

PARTIE RESERVEE AU SECRETARIAT DU CONSEIL DE DISCIPLINE LOCAL

Avis du Conseil de discipline local séant à Tunis : changement de résidence avec diminution de traitement.

Séance du 26 NOV 1938

Le Secrétaire,

Affaire transmise, après examen, à Monsieur le Directeur de l'Office des Postes et des Télégraphes

A TUNIS, le 193

Le Commissaire rapporteur,

L'inspecteur chargé de l'enquête se déplaça à Kasserine et ratifia la recette par une note excellente, indépendamment des charges retenues contre le Receveur :

— Pourquoi faites-vous travailler un planton au guichet ? »

— Pourquoi l'envoyer prendre le courrier ?

— Pourquoi l'avoir corrigé ?

Aucune excuse ne put justifier monsieur le Receveur qui accusa le verdict « changement de résidence avec diminution du salaire. »

Au domicile pourtant, l'Inspecteur se montra conciliant et s'adressa à l'épouse en ces termes magnanimes ! « Madame Bouhafa, par égard à votre personne et pour vos enfants, je vous accorde de passer encore une nuit à Kasserine !

La nouvelle de la mutation tomba comme un couperet, ne leur laissant même pas le temps de digérer leur infortune. Les coups durs engendrent, dit-on, un durcissement dans l'être humain. L'administration coloniale prétendait par ses brimades mater les arabes. La besace remplie de renseignements spéciaux, servait de témoin à charge et la répression administrative entrée en vigueur. Je laisse ma mère décrire cette dernière journée vécue à Kasserine : « *Chouft ki- fech lâabouhalek ya si el Béchir* ? ». dit Soumeya à son mari fou de contrariété ; « *La yezzi naklouk, zadou kasserouk* ! » (Dans le langage de l'époque, « on t'a cassé », signifiait que le fonctionnaire était muté par mesure disciplinaire avec rabais du salaire.). Une véritable course contre la montre s'engageait. Il fallait se ressaisir pour organiser dans les vingt-quatre heures le déménagement et le départ d'une famille de huit personnes, par cette journée glaciale du mois de décembre. Ma mère brossait le tableau du départ avec un luxe de détails et son récit me transportait dans l'action-même de cette maison qui avait abrité pendant quelques années le bonheur de toute la famille. J'étais dans le tourbillon, la frénésie des va-et-vient à travers le corridor. J'assistais à l'évolution muette des domestiques affairés. Les enfants étaient désemparés ; ils regardaient les domestiques qui pliaient, rangeaient, nouaient les ballots pour les jeter pêle-mêle dans le camion.

Ma mère me parlera de ses cuivres étincelants, de ses lourds meubles – elle recommandait à la négresse de bien astiquer les scènes de chasse détachées en relief sur les panneaux du *glass* –, du vaisselier en noyer ajouré, sa table de repassage et son linge blanc immaculé avec les carrés de bleu. En évoquant ce sens de la propreté, ma mère revivait voluptueusement les moments agréablement passés. « *Inhass mekazder ilaijou, el betaten illalchou* » (Les cuivres étincelants et les couvertures blanches.). Je ne pouvais en écoutant dépasser le sentiment de peine et de dépit qui m'assaillaient. Le camion plein de ballots, de meubles, de malles, de matelas se fermait sur la poussette du bébé, la lessiveuse humide, les sacs de charbon, la réserve de carburant et le bec à pétrole encore tiède sur lequel on venait de cuire la marmite familiale. « Fumant ! », me dit-elle, le couscoussier évaporant sa graine prit place dans ce méli-mélo.

Une main-d'œuvre vigilante constituée de juifs Gabésiens embarqua délicatement les objets et les meubles en les couvrant de bâches sous le contrôle amical de monsieur Tlili et de la foule attristée. La famille du Receveur prit place dans une voiture particulière et le crépuscule les vit arriver aux portes de la ville de Jughurtha.

Le premier soir, la fatigue et l'urgence des enfants en bas âge leur fit accepter un toit de fortune. Le plat de couscous cuisiné le matin même à Kasserine fut servi au repas. Les premiers jours passés dans la maison de famille de monsieur Zitouni, permirent de reprendre haleine, mais l'insalubrité les fit quitter cette deuxième maison qui appartenait à des juifs et où Soumeya avait passé trois jours à décaper, frotter une crasse séculaire adhérée aux murs infestés de punaises. « Cela sent le rance ! » diront les fillettes.

Ils échouèrent enfin dans la troisième maison répondant aux critères d'hygiène et madame Soumeya fonça pour rétablir un confort premier qui permettrait à ses filles de travailler correctement et assurait aux bébés, biberons, bouillies et repas.

Gafsa. Décembre 1938

Le 11 décembre 1938, monsieur Béchir prit ses fonctions dans la poste de Gafsa. Les étrennes du nouvel an furent suspendues et les fillettes quittèrent l'école, pour passer Noël à déballer les effets dans leur foyer. La maison donnait sur la rue principale au centre de la ville. Les Mrad, citadins de vieille souche avaient loué une de leurs résidences à *si* Béchir qui connaissait le patrimoine Gafsien pour y avoir travaillé en 1924. Le recueillement dans le mausolée de sidi Ahmed Zarroug *jedd* des familles fut programmé en compagnie des aînés et le pacte de l'amitié, scellé sur le seuil du *Ouali*. La bienvenue leur fut souhaitée par l'envoi de douceurs, de corbeilles de *tmar* et d'une *chkala* fumante de *barkoukech* spécialité succulente dont la recette étonnamment riche, impose dans la cuisson, sept variétés de viande : un poulet de ferme, un morceau de veau, un jarret de mouton, un poulpe séché, une portion de viande boucanée, un poitrail de gibier volatile et une cuisse de lièvre.

Une semaine après son installation à la recette postale de Gafsa, Béchir reçut son jugement ratifié d'un non-lieu.

Le 21 décembre 1938, le chef du parquet tunisien et des affaires judiciaires, à monsieur le Directeur de l'Office Postal à Tunis :

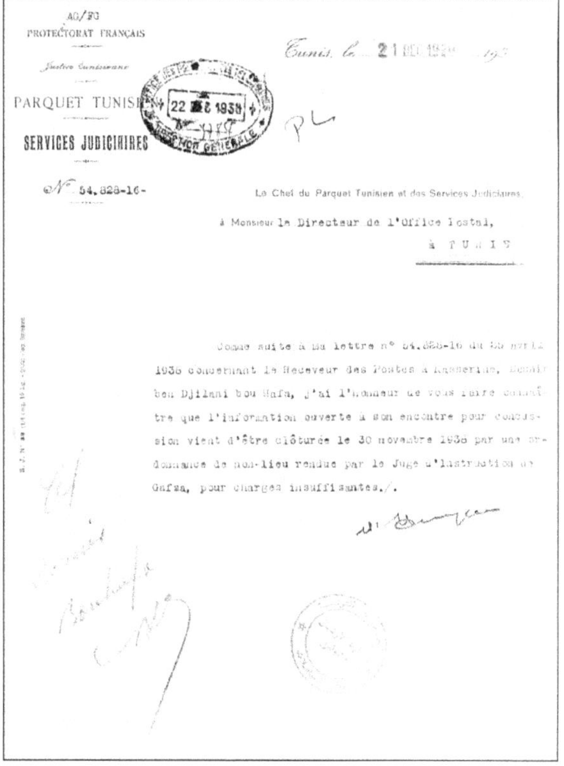

AG/FG
PROTECTORAT FRANÇAIS
Justice Tunisienne
PARQUET TUNISIEN
SERVICES JUDICIAIRES
N° 54.828-16-

Tunis, le 21 DEC 1938

Le Chef du Parquet Tunisien et des Services Judiciaires,
à Monsieur le Directeur de l'Office Postal,
à TUNIS

Comme suite à ma lettre n° 54.828-16 du 25 avril 1938 concernant le Receveur des Postes à Kasserine, Béchir ben Djilani bou Hafa, j'ai l'honneur de vous faire connaître que l'information ouverte à son encontre pour concussion vient d'être clôturée le 30 novembre 1938 par une ordonnance de non-lieu rendue par le Juge d'Instruction de Gafsa, pour charges insuffisantes./.

« Si la raison du plus fort est toujours la meilleure » dit La Fontaine, il y a toujours un Dieu sur terre pour rendre la vraie justice.

Je suis restée perplexe devant cette volte-face combien déprimante, tellement humiliante, face à ces injustices où, lorsqu'on voulait faire déraper le plus honnête et le plus intègre, on pouvait l'incriminer à tort, en prétextant la rigueur de l'administration française. La lecture de quelques lettres choisies parmi un flot de missives où l'on rapporte les qualités, l'assiduité, le passé administratif vierge et les marques de déférence envers monsieur Béchir Bouhafa, viendront témoigner de ses compétences.

Kasserine le 19 nov. 1938.

Monsieur Cicq-Julien
Colon a Kasserine.

a Monsieur Bechir Bou Hafa.
Receveur des Postes.
Poste restante Tunis.

Monsieur.

Je vous confirme ma conversation verbale que nous avons avant votre départ de Kasserine. départ précipité, et m'a surpris. car rien ne pouvait faire prévoir un aussi brusque changement.

Je vous répète, et je déclare que pendant votre séjour de 3 années que vous avez rempli comme Receveur des Postes a Kasserine, je n'ai jamais eu a me plaindre de vos services; au contraire, je n'ai que des compliments a vous adresser, sur le fonctionnement du service Postal, autant sur les opérations aux guichets, que sur tous les autres services qui concernent vos occupations de Receveur.

Je déclare en outre, que vous avez apporté des améliorations dans le fonctionnement du service téléphonique; l'administration peut se rendre compte de l'augmentation des communications obtenues depuis votre arrivée; car au temps de votre prédécesseur 9 communications sur 10 se trouver annuler, ce service fonctionnait a cette époque d'une façon déplorable.

Le Public vous doit en outre, l'amélioration du service ~~postal~~ Téléphonique avec Gafsa. Metlaoui, qui est pour Kasserine un débouché important pour la Région. et grace a ce service amélioré nous avons pu traiter affaires avec ces gens

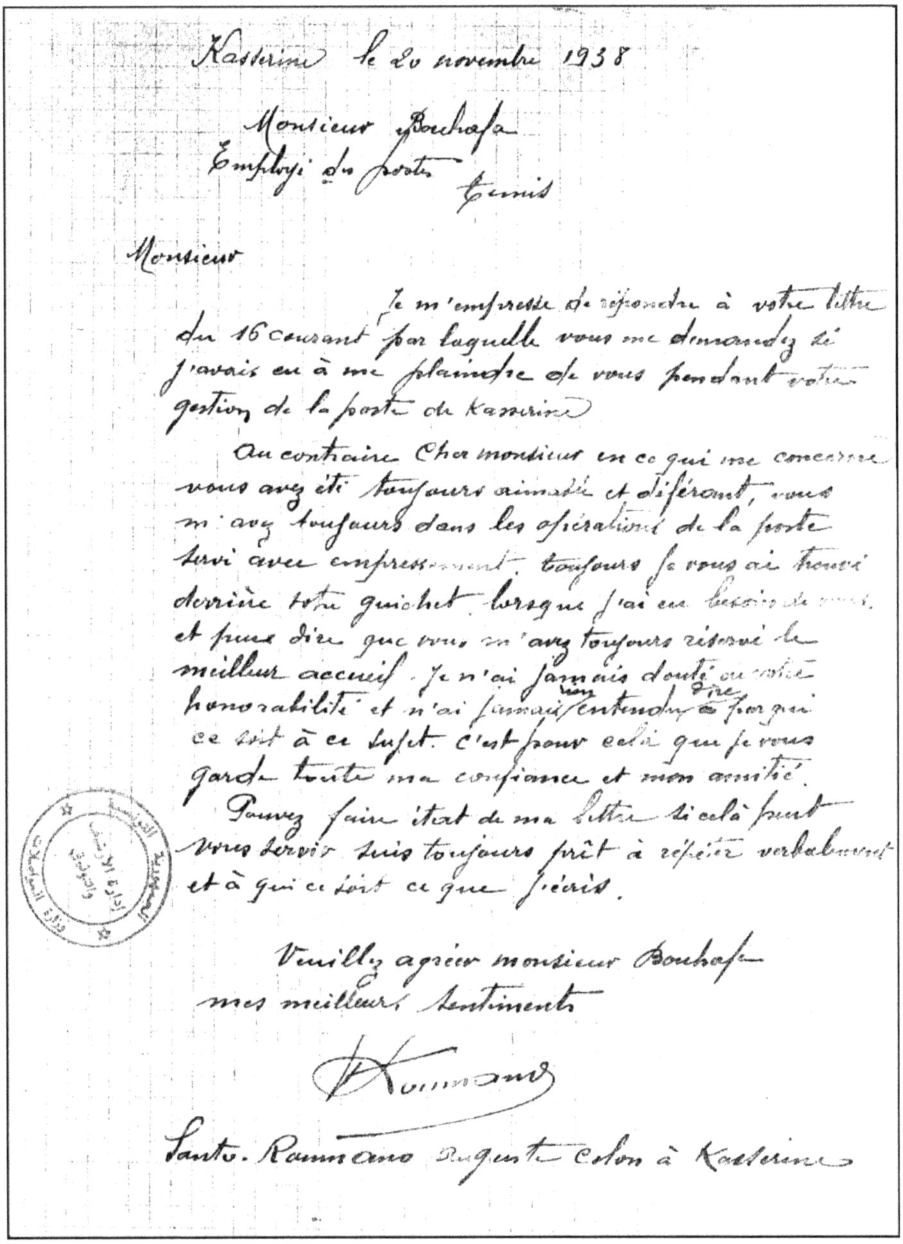

Kasserine le 20 novembre 1938

Monsieur Bouhafa
Employé des postes
Tunis

Monsieur

Je m'empresse de répondre à votre lettre du 16 courant par laquelle vous me demandez si j'avais eu à me plaindre de vous pendant votre gestion de la poste de Kasserine.

Au contraire Cher monsieur en ce qui me concerne vous avez été toujours aimable et déférant, vous m'avez toujours dans les opérations de la poste servi avec empressement, toujours je vous ai trouvé derrière votre guichet lorsque j'ai eu besoin de vous. et puis dire que vous m'avez toujours réservé le meilleur accueil. Je n'ai jamais douté de votre honorabilité et n'ai jamais entendu un dire par qui ce soit à ce sujet. C'est pour cela que je vous garde toute ma confiance et mon amitié.

Pouvez faire état de ma lettre si cela peut vous servir suis toujours prêt à répéter verbalement et à qui ce soit ce que j'écris.

Veuillez agréer monsieur Bouhafa mes meilleurs sentiments

Rammano

Santo. Rammano Auguste Colon à Kasserine

L'ÉCOLE

Son passé historique et civilisationnel, sa situation géographique centrale, dans un arrière-pays clivé entre les confins du Sahara, le chott el Djerid et la frontière algérienne donnèrent à Gafsa l'importance d'une capitale régionale. Ville de garnison, elle comptait parmi sa population une forte proportion de Français, d'Italiens et de Juifs. Une grande caserne abritait les troupes militaires, un va-et-vient continuel de camions et d'engins sillonnait l'arrière-pays.

Les fillettes réintégrèrent l'école française. L'année était décisive pour Kalthoum qui préparait son certificat de fin d'études primaires. Les sœurs s'accommodèrent tant bien que mal aux visages nouveaux, car le changement de lieu les avait un peu déroutées, mais le courant passa et la maîtresse les encouragea gentiment à persévérer. Juive d'origine, elle excellait dans la pratique de la langue française et sa condition de vieille fille lui permettait de se consacrer à son travail. Sur l'insistance du père venu lui rendre une visite de courtoisie, elle s'intéressera aux deux élèves nouvelles qui émergeront par leur bon niveau. Une adaptation rapide et la fusion avec le contexte écolier épanouirent le comportement de Kalthoum et Kafila. Cette assurance acquise engendra en elles, la fierté légitime que ressentait tout indigène lorsqu'il arrivait par ses capacités à supplanter ou égaler le français. L'émulation et la volonté fouettaient l'arabe pour le pousser à manipuler une langue pourtant étrangère, mais qui lui permettrait de se réaliser et de combattre cet ennemi qui collait dans la peau comme un dédoublement de personnalité. Les filles du postier apprirent à se défendre, elles répondaient dans un accent impeccable aux petites anicroches qui, malgré tout, rompaient les moments de silence assignés par la discipline de l'établissement.

Titou « la mouche » passait son temps à se chamailler avec Kalthoum. Son nez retroussé et ses pommettes parsemées de taches de rousseur donnaient à ce garçon l'allure d'une tête de Pinocchio. Se disputant comme chien et chat, Kalthoum tirait les longs cheveux de Pinocchio et lorsque la maîtresse écrivait au tableau, Titou lui rendait la pareille. Le jour de la visite médicale, lorsque la supérieure flanquée de l'infirmière du scolaire passait dans les rangs, la petite arabe jubilait sa revanche. Du bout de son porte-plume, l'infirmière soulevait les mèches des élèves pour regarder de près la naissance des cheveux. Pour certains, elle préconisait la Marie-Rose contre les lentes et les poux découverts dans le cuir chevelu de leurs belles tignasses. « Titou, recommandait la supérieure, tu vas me faire le plaisir de dire à ta mère de te faire couper ces longues mèches blondes ! Tu lui diras pourquoi ! », terminait-elle en reprenant son inspection.

« Regardez la netteté des cheveux de ces petites arabes ! Je félicite leur mère, sors des rangs Kalthoum mon petit, défais tes nattes et montre tes beaux cheveux ». Le reste de la classe était cramoisie et Kalthoum rouge de bonheur. Soumeya acquiesçait aux propos rapportés, mais elle n'attendait pas les compliments de la française, leur mère adulait la Propreté. Toutes les personnes qui auront eu l'occasion de la côtoyer, vous rapporteront ce sens extraordinaire qu'elle avait pour rendre autour d'elle, objets et personnes rutilants. Avant de tresser la chevelure de ses filles, elle prenait la peine de passer et repasser le peigne fin cent fois en chantant :

أفْرَحْ يَا بُولاطِي
وْبنْتِي عَمْلِتْ قْطَاطِي
أفْرَحْ يَا فكَرُونْ
وْبنْتِي دَارِتْ قْرُونْ

Traduction :
Soit content ô petit escargot.
Regarde les nattes de Margot
Soit heureuse ô gentille tortue.
Regarde les belles tresses drues

La ville de Gafsa pour sa part héritait, en plein souk, de thermes romains qui continuaient à fonctionner comme dans l'ancien temps, autour de la source chaude. L'eau sortait pour se perdre en méandres et alimenter un lit d'oued ; toute une mythologie se créait autour des vapeurs du hammam et si les filles de notables fréquentaient aisément la première salle, les juives avaient aussi droit à la troisième salle pour baigner leurs mariées.

Introduite pour son premier bain par les membres de la famille Zitouni, *lalla* Soumeya rendit visite au *tarmil* (thermes romains) dont la conception différait de l'architecture arabo-andalouse des bains maures : colonnes romaines en pierre de taille, ogives, grands bassins, rigoles noircies serpentant les murs humides et sentant le souffre caractérisaient le lieu historique. « *Bismillah*, dit la mère en pénétrant dans les vapeurs bienfaisantes, *ya barket essalhin* ! »

Les petites à l'orée de l'adolescence s'enveloppèrent d'une *fouta* et la négresse en éclaireur déposa la batterie en cuivre autour de sa maîtresse assise en tailleur, dans un coin de *beit-esskhoun* nettoyé au préalable avec des seaux additionnés de cristaux. *Lalla* Soumeya procéda au nettoyage de ses filles. Elle leur frotta le corps à sec une première fois, s'attaqua aux chevelures qu'elle frictionna de *tfal*. Le peigne fin raclait la racine, sous le filet d'eau versé par la main d'ébène, jusqu'au moment où la mère humait le cuir chevelu des fillettes pour décider qu'il était « récuré ». Si l'une d'elles émettait un gémissement ou un « ah ! », à peine perceptible, la maman les foudroyait du regard pour les rappeler à l'ordre ; ne se trouvait-on pas dans un lieu public où chaque geste et chaque parole pouvait être colportés ? Les yeux étaient braqués sur cette dame aux cheveux longs, aux fillettes rosées, à la négresse attentive et les bavardes guettaient le petit écart qui leur permettait de jaser, ou le détail qui leur ferait reconnaître la prestance de ces nouveaux venus. Ayant acquis le sens de la psychologie relationnelle, Soumeya adoptait des attitudes distantes avant de fusionner avec le contexte nouveau.

Ne lui avait-on pas rapporté un jour la réflexion de *moulet-el-hammam*, à qui on avait demandé d'allonger le temps du bain car la famille de *si* el Béchir n'avait pas encore terminé ? « Pourquoi doivent-elles tarder ? dira la propriétaire, pour ce qu'elles mettent comme or en s'habillant ! »

La réflexion n'était pas tombée dans l'oreille d'un sourd. Pleine de ses beautés intérieures qui inondaient le velouté de son teint et le soyeux de sa chevelure, Soumeya prendra soin à l'occasion du prochain bain de compléter sa grâce en se parant de bijoux, de sa plus belle *tebdila* et de ses anneaux de pieds. (Bienséance oblige !)

— *Saha saha ya mizyana !* (félicitations ô belle créature!)

— *Yaïchek ya oukhti* !, répondait Soumeya enroulée dans ses draps de bain, la mèche dépassant du turban, les pieds enserrés dans le *Kabkab Ragabouch* et la cheville ostentatoire. Alors, le lendemain les commères diront : « On a vu *lalla flena* ou *lalla feltana* revêtir ses belles étoffes, elle était ruisselante de joliesse, pimpante de bijoux. ». « Copie les agissements de ton voisin ou quitte le village ! » dit l'adage.

LES VOISINS

Petit à petit, la mère permit à ses enfants de jouer avec les enfants de la voisine dans la cour de leur maison. Zhour, Manana et Ouassila de même âge ne fréquentaient pas l'école. Il n'était pas convenable pour les citadins de notoriété terrienne de sortir non voilées.

Avant l'adolescence, on imposait le voile à la fillette qui n'avait d'autre optique que le ménage et la couture. Le chant et la musique représentant un sujet tabou et pour initier son entendement aux préceptes religieux, on mandait le *meddeb* le plus aveugle de la ville. On critiquait les rares pères instruits dont les filles suivaient les cours à l'école française, taxés de mécréants-francophiles-francisants-*mtaouren-kaleb-el-vista* pour discréditer leur effort avant-gardiste.

Certains non convaincus de l'impact de la lutte patriotique se rapprochaient du gouvernement de la mère-patrie, d'autres luttaient vis-à-vis de plusieurs composantes ; la présence des Français d'une part le conformisme et les tares de l'ignorance. Le vécu quotidien était complexe par la diversité des urgences et des tendances politiques qui poussaient l'individu tunisien à louvoyer pour contourner les difficultés. Les prodromes de la guerre mondiale claironnaient aux portes, la crise européenne se répercutait infailliblement sur les colonies qui devaient fournir le potentiel humain pour défendre la mère patrie et offrir leur terre comme champs de bataille.

Le soir dans Gafsa, lorsque la ville s'endormait, les plus curieux remarquaient l'incessant défilé des engins conduits par les Sénégalais et le passage des convois de munitions vers la caserne ; qui à partir de l'Algérie et qui débarqués des bateaux militaires amarrés dans le port de Gabès renflouaient l'effectif de l'armée française. Kalthoum dessina un jour la carte géographique de la Régence et mentionna au bas du papier canson « Vive la Tunisie » au crayon. La maîtresse la reprit ; « Mais non, dit-elle, il n'y a pas de Tunisie, c'est un protectorat français ma petite ! Gomme ce que tu viens d'écrire ». Que pouvait-elle dire à celle qui tentait de prouver son attachement à la France qui les adopta pour les rattacher en 1909 à ses tribunaux au même titre que ses protégés. « Plus royalistes que les rois, ces juifs ! », jettera le père à l'écoute de sa fille. De retour, les écoliers s'attardaient pour écouter le *bahloul* du village.

فَاقُو يَـا بـقَبْاقُـو فِيقُو يَا نَايْمِينْ

Traduction :
Réveillez-vous ô retardataires !

Les enfants le suivaient en ribambelles, pour taper des mains et scander les paroles du simplet. Lorsque irascible, il tentait de les disperser, les enfants fuyaient vers le marchand de sucettes coulées en forme de coqs, dégoulinant leur rougeur sucrée sur la feuille de figuier de barbarie cueillie pour servir de palette à la « basse-cour cramoisie ». Qui ne connaissait ce clochard dans la population de Gafsa ? Arabes et Français pouvaient relater l'histoire de cet ancien soldat enrôlé dans l'armée pour combattre. Durant la guerre mondiale, son esprit s'était égaré dans l'immensité des marécages entre le mal du pays et les bêtises des états-majors ! Partout où il se rendait, le derviche se faisait répéter ses propos, comme un écho à travers les quartiers de Gafsa. « Réveillez-vous ô retardataires ! ». Que voulait-il insinuer par ces propos fous, mais qui semblaient lourds de sens ? Était-ce pour pousser les arabes à se réveiller de leur léthargie, ou pour rappeler aux colonialistes que le peuple entier était acquis à la cause nationale, hormis quelques retardataires qui forcément étaient en train de se rallier ?

Le jeu politique commençait dans la rue, simplement, à l'écoute d'un badaud, du passant, au niveau de l'enfant qui vivait à travers le comportement des adultes, les difficultés et les tiraillements.

« *Les auteurs de toutes ces petites actions sont souvent des hommes oubliés bien qu'ils aient constitué l'élément de base du mouvement politique. Leur histoire individuelle se confond avec celle du groupe, leur sacrifice est noyé dans la masse et l'historiographie ne leur a accordé que peu de place* », développe Habib Belaïd dans « *La détention politique dans la Tunisie coloniale (1881-1938)* ».

Mais la folle jeunesse l'emportait et les fillettes libéraient leur potentialité chez *Khalti* Mahbouba. La première femme hautaine *lalla*, imposait par son charisme, la deuxième pétillante portait la *mélia* noire comme un drapé sur le corps d'une statue. Le bonheur et l'épanouissement se reflétaient sur ses flancs qu'elle balançait avec volupté lorsqu'elle se mouvait à travers le patio. Évoluant au milieu de cette maison qui grouillait de monde, *Khalti* Mahbouba n'en prenait jamais ombrage. Si les jeux dégénéraient en querelles, l'épicurienne n'entendait jamais rien. Kalthoum par dépit lança un jour à Zhour :

— Fâche !, dit-elle en faisant mine de rentrer.

— Tu n'ouvriras plus jamais notre *sandouk*, avait répliqué Atrezzouhour.

— Oh fit l'autre, pour ce qu'il y a comme vieilleries et chiffons, roba vecchia !

— Eh bien, va jouer avec les Françaises maintenant !

— Papa ressemble à un européen, mais il est destourien, dit Kalthoum au bord des larmes.

— La belle affaire, sidi est spahi et s'habille comme un fantassin. Rouge de colère et vexée par un chapelet d'injures, la fille du postier ne sut comment répliquer à la verve des habitants du *chott*. « Si je singe les européens, c'est pour mieux m'instruire petite sotte, répliquera Kalthoum sur le pas de la porte, mon père est *souri*, mon grand-père est Kahia, il sait parler le français, il m'a appris la chanson du pont d'Avignon et ma douce Normandie ! Vlan bisque et rage !, et elle sortit comme une illuminée pour ajouter : « Ton père a plusieurs femmes… le mien est instruit ! »

Comme des chiffonnières, elles s'étaient disputées. Kafila entraîna sa sœur, le cœur et le corps battant la chamade. Penaudes, elles n'osèrent rien raconter à *Mâ* et appréhendaient la réprimande. Le lendemain on dépêcha *omek* Ouïoua la juive, la mère de Houetta qui venait faire les lessives, pour passer l'éponge entre voisins ! « Ouah ! *ej-jar ouassa alih errassoul* » (Il faut vénérer et aimer son voisin ! dit le Prophète.) dira la mère avec diplomatie pour transmettre sa franche amitié aux voisins.

Mais dans les coulisses, la correction fut sévère et Soumeya releva l'attention de ses filles sur la délicatesse des sentiments vis-à-vis des gens qu'on côtoie et leur fit promettre de ne plus faire d'écarts de langage. N'a-t-on pas dit qu'il fallait réfléchir avant de parler.

Traduction : فِى القَبْرْ مْقامَهْ لْقِيتْهَا فِى السُّوقْ عَامْلَهْ عْلامَهْ
J'ai enfoui une parole au fond du caveau
Le lendemain je l'entendis faire le tour du village !

Les mères régulaient en prônant le respect mutuel, l'entre-aide et l'amitié. Bien sûr papa n'en saura rien, intransigeant sur les principes éducatifs, il avait horreur des commérages et des comportements indélicats vis-à-vis de quiconque. L'orage passé, les amusements reprirent de plus belle chez Dar Mrad, le *sandouk* offrit pêle-mêle ses secrets, la cour ouvrit son théâtre pour dispenser les séances de papotage, de couture, de tissage, de cardage, de broderie et de cuisson du *khobs mtabag* aux galettes épicées, parfumées et tellement délicieuses.

LE POUPONNAGE DES PLUS PETITS

Soumeya reconnaissait à Béchir ce trait de caractère qui lui faisait s'inquiéter outre mesure de la santé de ses enfants. Si la lecture d'un livre ou d'un passage de journal lui paraissait profitable, il découpait la rubrique pour la lire à sa femme et lui expliquer les procédés nouveaux, pratiqués dans l'éducation des enfants. Lorsque ses fillettes purent lire correctement, *si* el Béchir se déchargeait pour proposer à Kalthoum ou Kafila de relater à maman le passage sélectionné. Faouzi profitait et sa santé resplendissante lui attirait (dans le langage indigène) la foudre du mauvais œil. Souvent grand-père Djilani lui lisait des versets du Coran en lui caressant la tignasse dorée et grand-mère lui accrochait un cabochon en guise d'amulette, une corne de gazelle, un corail taillé en forme de piment et d'une *ouadaa.* L'hôtelier de la placette et sa dame adoraient le bébé, tous les matins l'Italienne se rendait chez madame Béchir pour s'enquérir des nouvelles de Faouzi. Ce couple d'Italiens était travailleur, pieux et rangé contre tout fascisme. Leur abord agréable encouragea Soumeya à faire appel à madame Marafico qui rendait spontanément ses services et tout y passait : le raccommodage, le biais des torchons, le surplus du repassage ; présente ce jour-là, elle accusa, avec la maîtresse de maison, la colère du mari revenu contrarié par la réflexion d'un agent et l'Italienne ne put se contenir pour répondre en avocat-défenseur : « Calmez-vous monsieur « Bâachir », dit-elle en roulant les « r », Soumeya s'affaire toute la journée et même ses petites sont toujours occupées ».

La dame s'était arrêtée pour reprendre son souffle. Elle essuya la goutte qui perlait de son front congestionné par une montée de tension, puis sortit sa blague à tabac, elle s'en mit une prise dans le nez. Kafila se souvient d'une réflexion de grand-mère présente à Gafsa et témoin de ces petites colères de papa qui n'admettait pas de nous voir inactives, dit-elle. Si ce n'était pas les devoirs, le ménage, la couture ou le dorlotage des plus petits, il nous fallait impérativement prendre un livre de lecture et nous retirer. « Il était intransigeant, continua Kafila, lorsqu'on l'entendait entrer, chacune de nous courait pour nous occuper ». « *Ya oueldi Béchir*, disait grand-mère pour temporiser, *bnayatek daïman machghoulin bine el kraïa ou khedmet eddar, sayeshoum* ! ». (Ô fils, ménage tes petites, elles sont toujours affairées entre leurs devoirs et les activités domestiques.)

L'orage passé, père fondait sous des élans de tendresse. Lorsqu'il rentrait, il s'amusait à mesurer le pourtour des poignées de ses enfants pour s'assurer des quelques millimètres gagnés en son absence. La petite Radhia préférait les régimes de dattes posés sur la déserte, elle se bourrait de ce sucre assimilable, riche en magnésium et en calcium. Régime après régime rapportés du Jérid, ils lui arrondirent la face et lui gonflèrent les joues. Elle faisait sa provision de *ketta*, puis s'asseyait sur les marches pour les consommer. De retour de l'école enfantine, elle réclamait sa ration-drogue ensuite repue, elle proposait à son cadet de s'amuser : « *sidi fallouk haya niteoukou !* (Viens, on fait la bagarre !) » en simulant de tomber, Radhia entraînait le petit frère dans la culbute. Ce manège n'avait pas échappé aux parents qui soupçonnaient déjà depuis Kasserine le brin de jalousie. Si parfois on lui faisait des remontrances, elle se mettait à pleurer, mais si quelqu'un disait : « oh... ça y est... elle s'est calmée », elle reprenait de plus belle. « Je me repose » et elle feignait de gémir de sa voix grave, roulant sous sa grosse frange des yeux tout à fait secs. Papa se plaisait à l'appeler grand-mère Aoudia !

Pendant son intérim à Nefta, ma mère raconte que le jour de l'Aïd, la population adressa ses vœux au fils de *si* Djilani sachant que l'autorité suprême de la ville nourrissait des penchants francophiles.

À Gafsa, l'année se bouclait sur la réussite scolaire des filles, Kalthoum passa brillamment son examen de fin d'études et pour l'occasion de la distribution des prix les deux lauréates endossèrent leurs robes blanches garnies de piquet. L'une reçut son diplôme et l'autre son prix d'excellence. Kalthoum ajouta cette précision : « Papa nous promettait, si on réussissait, de nous faire mettre nos jolies robes commandées à Roubaix dans le magasin de la Redoute ». Elles avaient choisi le modèle dans le catalogue, le colis contre-remboursement arriva, mais elles ne purent voir les robes que le jour du succès.

Le succès scolaire détermina le choix du lieu et le père décida d'envoyer les lauréates en colonie de vacances. Chose promise, chose due. Pour les petites, ce voyage allait leur permettre de découvrir le côté septentrional du pays montagneux couvert de sapins et le bienfait d'un séjour en forêt, Kafila n'était-elle pas en convalescence ? Une insolation l'avait maintenue au lit, en proie à une fièvre tenace et malgré les soins médicaux, elle n'avait pu s'en défaire que grâce aux enveloppements traditionnels préparés par Méma. Lorsque l'autobus de la S.T.A.S démarra et que ses petites chantèrent ce n'est qu'un au revoir mes frères, le père les regarda avec fierté, leur mère invoqua son Dieu pour que le convoi arrive sain et sauf à Aïn-Draham et les voisins curieux, avaient tiqué. Malgré l'estime que l'on portait au khaznadji, il y avait toujours des âmes qui prêchaient gauchement la pruderie. Ils en voulaient à ce père marginal qui permettait à ses filles de fréquenter des écoles mixtes et de voyager seules même au sein d'un groupe scolaire.

LES ACTIVITÉS DE LA MÈRE

Soumeya en profita pour entreprendre ses gros travaux de l'année. La présence de *lalla* Fatma et des grandes tantes venues partager l'événement encouragèrent Soumeya. Le *ouargli* lava à l'eau chaude des sources les tapis, les peaux et les grosses couvertures de laine. Dans les familles bourgeoises, il était fréquent d'avoir à son service un homme de corvée dévoué et discret. Muet comme une carpe, il ne devait en aucun cas divulguer les secrets de famille. Le tarmil faisait au bord de la rigole, fonction de lavoir. Son eau tiède écumait le savon pour ressortir la lessive parfumée d'une senteur de souffre. Sur le chemin, les enfants viraient pour patauger dans l'eau et piquer de leurs railleries les vieilles juives venues laver leurs guenilles. Comme des parias, elles s'éloignaient sur l'autre rive qui charriait l'eau usagée du tarmil. Hormis les familles d'artisans et de commerçants connus dans la kasbah de Gafsa, le reste de la communauté acceptait pour vivre de travailler dans les maisons. Les fêtes étaient animées par les chanteurs juifs, ils se reproduisaient dans les maisons de *sidi flen* ou de *sidi felten*, pour les mariages des enfants de seigneurs qui leur faisaient des dons, au même titre que pour leurs frères musulmans pauvres. L'italien fasciste les méprisait, bien que leurs droits fussent reconnus sur une terre qui les hébergea dans un lointain passé et où librement ils accomplissaient l'office religieux dans leur synagogue. Le Français les assimila pour mieux les embrigader. Tout en vivant dans la plus grande cordialité de fraternité et de tolérance, cette caste n'était pourtant pas à l'abri de certains mépris, quelques fois gratuits et dont l'anecdote qui suit illustre des exemples.

Dans la tradition juive, l'heureuse élue se pliait à certains rites dont le bain au hammam, les yous-yous et le port du costume du pays comme les indigènes. Le rituel s'accomplissait en la faisant plonger sept fois de suite dans l'eau pour la purifier. À la sortie du hammam, les doyennes se mettaient en chapelet autour de la mariée pour la protéger d'une main impie et le manège ne ratait pas. Guettées, les juives appréhendaient ce moment de géhenne. Terriblement inconscients, les enfants cherchaient la faille à travers les coudes serrés des vieilles dames et gloire à celle ou celui qui pouvait toucher la mariée !

Ma sœur Kafila présente à ces jeux de brimade, me raconta comment les pauvres contraintes retournaient au bain la mine basse pour replonger leur fille devenue impure par le contact d'une main musulmane ! « *Oualesh ya azzi, oualesh,* quand elles ne marmonnaient pas tout bas leurs injures... *hida naamil lilmichlim* » (comme ceci je lacère le musulman), disent les juifs cloîtrés dans leurs maisons en feignant de lacérer une courge avec la pointe d'un couteau.

Les fillettes s'éparpillaient pour courir aux pieds du lavoir et contempler les femmes qui lessivaient. Chaque fois que les laveuses rabattaient les branches de palmier, taillées en guise de battoirs sur le tas écumeux et fumant, l'écho se perdait à la cadence d'un métronome. Les enfants s'amusaient à compter, quelque autre bruit faussait le calcul, les fillettes se trompaient, reprenaient, gageaient pour un palmarès jamais atteint et pour cause la faim se manifestait, elles réalisaient leur retard et prenaient la poudre d'escampette vers les odeurs appétissantes du foyer.

L'ANNÉE 1939 - 40. LA MOBILISATION

En Europe, la guerre éclata entre Français et Britanniques. À la rentrée scolaire, les filles se souvinrent d'une parole dite au courant de l'année révolue.

La maîtresse madame Shimoni s'était ouverte un jour à ses élèves pour leur avouer son appréhension. « Vous savez mes petites, dit-elle, je projette de quitter définitivement Gafsa pour aller vivre en Palestine ! »

— Pourquoi M'dam ?, dirent les élèves en chœur.

La nouvelle les avait médusés et pendant quelques minutes, ils la regardèrent avec perplexité. « Vous savez, ajouta-t-elle, la guerre s'installe et si les Allemands rentraient en Tunisie ce serait terrible pour nous.

La confidence étonna les enfants, toutes ces questions qui se posaient entre adultes les dépassaient un peu. Ils voyaient pourtant comment les juifs se terraient à Gafsa et remarquaient leur peur à la vue d'une croix gammée. Souvent la maîtresse se permettait des écarts pour parler à ses élèves de Hitler et de sa politique dictatoriale fondée sur l'idée de la supériorité allemande et de l'extermination des juifs. « Mais, avait répliqué Éliane la fille du Capitaine de groupement, nos ancêtres les Gaulois sont les plus forts et la France l'emportera ! »

— Que Dieu entende tes paroles mon petit, les « boches » n'aiment pas les juifs hélas !, expliqua enfin la maîtresse.

Elle avait articulé ses mots lentement comme pour mieux les entendre; attentifs les élèves regardaient leur maîtresse, son air attristé et la larme qui perlait sous ses lunettes rondes. Kalthoum rapporta les propos le soir même à son père. Passionné, il expliqua à son enfant les causes de la guerre, lui brossa sommairement un tableau des crises économiques de l'Europe encore ébranlée par la première guerre mondiale et parla des colonies françaises qui demandaient leur indépendance. « Que veut dire pogrom, papa ? »

Béchir continua en expliquant à sa fillette le courant du fascisme, Hitler, les alliances entre pays. « La marche sur Rome et l'entrée de Mussolini au pouvoir en 1922, dit-il, a instauré un régime totalitaire en vue d'agrandir les colonies ma petite, l'Allemagne et l'Italie utilisent une propagande favorable à l'arabisme mais sans aide concrète. Pour son alliance avec l'Allemagne nazie, l'Italie compléta-t-il, rentrera en guerre espérant sa part de gâteau ! »

— Qu'est-ce que c'est papa, les pays du Levant ?

Le père s'étala dans une description géographique, historique et ethnique de cet orient qui semblait tellement loin. « La France, dit-il, nous a embrigadés dans notre appartenance africaine pour nous éloigner de nos origines arabes ».

— Mais papa ! Dans notre livre d'histoire et de géographie on nous parle exclusivement de la Gaule, de Vercingétorix et des confluents du Rhône.

La question pertinente suscita en lui un élan de patriotisme et Béchir oublia que certains propos dépassaient l'entendement de son jeune auditoire. Mais tous ces conflits, ces fluctuations politiques et sociales que l'on vivait se répercutaient forcément sur l'esprit des enfants, pour les faire adhérer à certaines idées tout en leur apprenant à défendre leurs opinions. L'affirmation de la personnalité passe souvent par la confrontation de ses idées avec celles des parents. Un véritable dialogue s'organisait entre le père et ses filles; à mesure que les questions étaient pertinentes, la discussion devenait intéressante et féconde.

— À qui va profiter la guerre ?, dit l'une.

— Après le protectorat, qu'adviendra-t-il de la Régence et du pouvoir d'Ahmed bey ? complétait l'autre.

À Gafsa, la guerre se faisait sentir par l'installation du couvre-feu, la parade des Sénégalais arborant visage lacéré et casque colonial, bruyants dans leurs Jeeps qui sillonnaient la nuit. La fillette s'inquiétait du devenir de cette Tunisie allégorique qu'elle avait « croquée » un jour, sur un papier canson et que bizarrement la maîtresse ratura en précisant qu'elle n'existait pas. « C'est un protectorat ! », avait-elle tranché. La petite élève était si convaincue de son « Vive la Tunisie » que la réflexion de la maîtresse lui avait fait mal, elle eut tellement honte ce jour-là devant les Françaises. Lancé dans son débat, le père continua comme pour lui-même ; « Si le congrès interparlementaire arabe et musulman tenu en 1938 présageait le processus d'une audience panarabe et l'engagement collectif dans le dossier palestinien ô ma chère, les alliés eux, seraient occupés à leurs conflits au détriment du monde arabe dont la force est encore faible hélas, pour imposer aux puissances impériales une indépendance totale ».

— Tu sais Kalthoum, les mêmes puissances constituent une menace pour nos pays. Ces colonies représentent pour elles un véritable enjeu et le siège d'un impérialisme dont les ambitions n'auraient aucune limite, il dit cela et tira fort sur sa cigarette.

— Mais papa, les ennemis de nos ennemis sont nos amis, et la population aime les Allemands parce qu'ils sont contre les Français.

Le père sourit de la déduction sincère. « Que Dieu nous aide dans notre lutte pour mieux nous affirmer ma petite !

— Et les destouriens papa ?

— Ils continueront à lutter.

Il profita pour lui rappeler la marche des citoyens sur le chemin du Djellaz, tenue malgré une tension politique et sociale très tendue, la résistance farouche des militants et comment la force militaire coloniale avait répondu par des salves. « Ce fut un véritable massacre en ce 09 avril 1938. Je t'en parle maintenant pour t'expliquer la journée atroce dont se souviendra l'histoire, Gloire à nos martyrs ! » conclut le père.

Ce jour-là dans la classe de madame Rébillon, Kafila récita sa leçon d'histoire se rapportant aux colonies portugaises en Inde et en Chine méridionale. La veille, elle révisait à la maison avant la composition. « Macao, Mahé, Madras, Pondichéry... » Kalthoum l'intercepta. « Non, rectifia la sœur, Pondichéry, Mahé et Chandernagor sont des chefs-lieux de l'Inde Française ma belle ! »

Kafila fit une pause et rapporta en riant comment madame Rébillon avait mis au cancre de la classe son cahier dans le dos et l'avait coiffé du bonnet d'âne. « Claude mon enfant Claude ! disait la maîtresse à son fils, tu ne pourras jamais suivre. La guerre s'installe, les écoles vont fermer et toi grand *jadour* que vas-tu faire ? »

Madame Rébillon se lamentait de voir son fils redoubler sa classe immanquablement tous les ans. Elle s'ingéniait à lui faire des leçons de morale à chaque début de cours, la pauvre dame lui faisait revêtir des caleçons à mi-cuisses et des chaussettes longues pour le rajeunir. Au désespoir de sa mère qui lui fera quitter l'école pour le placer chez un maître-pâtissier. Le pauvre Claude s'appliquait à sa façon mais jamais il ne récitait jusqu'au bout sa leçon ou terminait correctement son devoir de calcul. « C'est le moment crépusculaire, j'admire assis sous un portail... ». Claude s'arrêtait, regardait un point fictif qui illuminerait en vain sa mémoire pour lui rappeler l'alexandrin du « Semeur ». « Moi M'dam ! Moi M'dam ! », disait le restant de la classe.

Alors Claude s'asseyait sur son banc, penaud au fond de la classe. Pour taire son désarroi la maîtresse faisait discrètement le signe de la croix avant de reprendre : « Houetta Shamoni, Hélène Troux, Haddad Charles, André Le maire, farfals, Kafila Bouhafa récitez en chœur le poème de Victor Hugo ».

LA GUERRE

Le 10 juin 1940, l'Italie déclare la guerre à la France et à l'Angleterre. Le 14 juin marqua l'entrée des Allemands à Paris et le 22 juin la capitulation de la France. Le Maréchal Pétain demande l'armistice, le territoire français est coupé en deux ; la zone occupée par Hitler et la zone non occupée. La Libye offrira ses vastes étendues aux offensives allemandes en mars 1941. Pendant la Régence, les événements se précipitaient ; l'enrôlement en masse des indigènes, la mobilisation de l'armée, l'angoisse de la population, la préparation des abris et des caves, les restrictions, le gel du pouvoir économique et la fermeture des établissements scolaires.

L'aînée garda la maison, le cours complémentaire ayant fermé ses portes avant l'été. Sur le conseil du père, Kalthoum fut inscrite chez des missionnaires libanaises installées dans Gafsa. En dehors des leçons de couture qu'elles donnaient aux différentes communautés, les sœurs religieuses chantaient dans leur chapelle des cantiques en arabe, à la grande stupéfaction des élèves qui ne comprenaient pas comment l'on pouvait être chrétienne et parler de catéchisme en arabe : Merci Jésus !

Dans le ciel, on guettait le passage des avions pour se terrer dans les caves. Gafsa vivait une montée de fascisme qui contrebalançait la rage coloniale des français. Une véritable tension consterna la population divisée entre un ogre allemand qui promettait la défense des arabes, un chat français jaloux de ses possessions et une hyène italienne guettant les appâts tombés des deux camps. Pour ceux qui ne se sentaient pas concernés par toute cette folie, il y avait les bons français, les neutres et les arabes qui ne s'arrêtaient pas de mendier leurs droits. Béchir était de ceux nés dans la dignité, ceux qui n'aiment pas les passe-droits et l'injustice et qui, même en temps de guerre, n'hésiteront pas à réclamer le droit aux autres. Alors que les arrestations se multipliaient, un régime policier s'installait et la France de Vichy prit en main les affaires intérieures de la Régence.

Methouia fin 1940

La santé déficiente de la mère poussera Béchir à formuler une demande de changement de résidence. Les événements graves qui se succédaient altérèrent l'état de Soumeya aggravé par l'angoisse collective des guerres et des répressions. N'avaient-ils pas atterri en catastrophe à Gafsa après une piètre histoire montée dans le but d'écarter un baroudeur aux idées syndicalistes ?

Bien que sa femme en subisse les revers, elle le mettait en garde contre le danger de faire de la politique. Le mari continuait, victime de sa franchise, de son amour du juste, de ses fréquentations des familles destouriennes et de sa sympathie affichée pour les français aux idées libérales.

Sa femme arriva accompagnée des petites à Methouia où grand-mère promit les bains dans les sources thermales d'el Hamma, une cure de repos, l'administration de potions et de médications traditionnelles qui profiteraient aux grands et petits pour les aérer de leurs angoisses.

Dans cette conjoncture politique tendue, grand-père assura de juin à septembre 1940 l'intérim de Caïd à Gabès en remplacement de *si* Ismail Zouiten.

Profitant d'un passage à Methouia pour le tournage d'un film dans les dunes de Gabès, Abed libella une requête qu'il fit transmettre au Résident Général l'amiral Esteva pour solliciter le redressement de la situation administrative de son père.

Tunis le 22 Aout 1940

M. Abed Bouhafa alias Chukry-Bey cinéaste à

Monsieur l'Amiral Esteva. Résident Général de France à

Tunis

Monsieur l'Amiral,

Un fils soucieux de l'interet paternel ose faire appel à votre sentiment de l'équité. A l'insu de celui qui fait l'objet de cette supplique, je prends la libert[é] d'attirer votre attention sur la situation de mon père.

Les juvéniles intempérances de plume d'un de mes freres, Kadem Bouhafa, qui dirigea à Bordeaux, en l'an 1934 un journal tendant à la collaboration des races, "le Nouveau Magreb". ont valu à notre père une sorte de demi-disgrace qui a eu pour effet d'entraver sa carrière administrative, en effet dep. 1934 on lui avait promis sa nomination de Caïd. Ennemi des recommandations mon père n'a jamais tenté la moindre démarche de nature à dissiper le discredit dont il était la victime résignée.

Le fils dont l'impudence avait lésé de

justes intérêts à racheter avec usure les malversations dont il avait pu se rendre coupable (et je ne crois pas inutile de rappeler à ce propos que parmi les plus insignes collaborateurs de son journal étaient MM. René Gounin, sénateur de la Charente, Gabriel Cudenet, Adrien Marquet, maire de Bordeaux aujourd'hui ministre de l'intérieur). Dégagé de toute obligation militaire, mon frère Kaddour a contracté dès la première semaine de la guerre, en septembre 1939, un engagement volontaire. Il a été admis à suivre les cours de l'école d'artillerie de Poitiers. A sa sortie de l'école, dirigé sur le front sur sa propre demande, il a cessé de donner de ses nouvelles. Et une carte de la Croix-Rouge vient d'informer sa famille qu'il se trouvait en captivité à Nancy.

Fort de ces renseignements qui confirment le loyalisme de notre famille vis-à-vis de la France (le signataire de ces lignes a tenu divers rôles dans les réalisations les plus écoutées du cinéma et théâtre français), je prends la liberté de faire appel Monsieur l'Amiral, à votre sens de la justice, de la justice française que l'ordre nouveau fait régner à tous les échelons, pour qu'il soit procédé à une étude impartiale du dossier de mon père, que ses services antérieurs et sa dignité de vie, ennemie de toute compromission, désignent pour l'accession au caïdat dont il remplit momentanément la charge. Je dois ajouter que mon père est prêt à être mis à la retraite en effet il est âgé de 51 ans.

Dans l'espoir que je n'ai pas outrepassé les devoirs d'un fils attaché au bon renom de son chef de famille, je vous prie de bien vouloir agréer, Monsieur l'Amiral, l'hommage de mon profond respect.

Elabed Bouhafa.

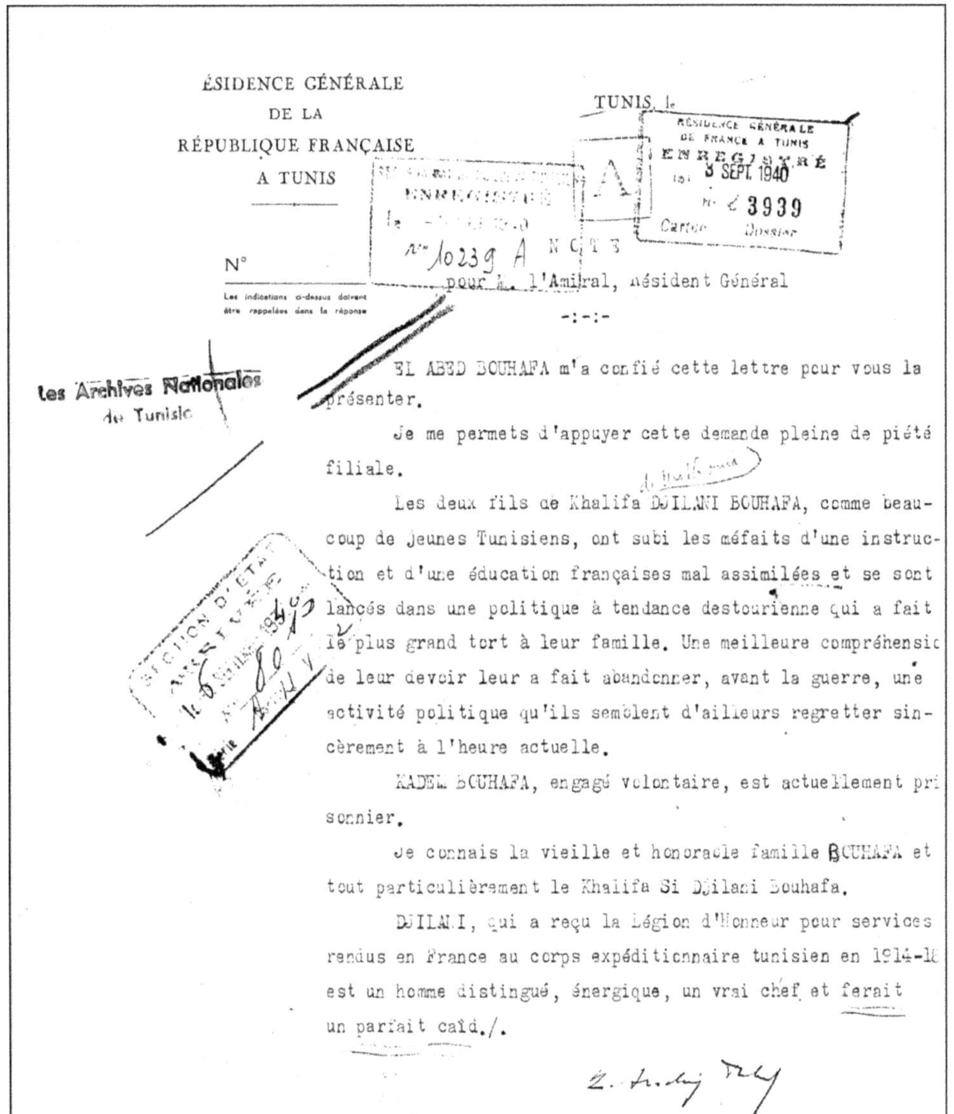

ÉSIDENCE GÉNÉRALE
DE LA
RÉPUBLIQUE FRANÇAISE
A TUNIS

N°

Les indications ci-dessus doivent être rappelées dans la réponse

TUNIS, le

RÉSIDENCE GÉNÉRALE DE FRANCE A TUNIS
ENREGISTRÉ
le 3 SEPT. 1940
N° 3939

ENREGISTRÉ
N° 10239 A

NOTE

pour M. l'Amiral, Résident Général

-:-:-

EL ABED BOUHAFA m'a confié cette lettre pour vous la présenter.

Je me permets d'appuyer cette demande pleine de piété filiale.

Les deux fils de Khalifa DJILANI BOUHAFA, comme beaucoup de jeunes Tunisiens, ont subi les méfaits d'une instruction et d'une éducation françaises mal assimilées et se sont lancés dans une politique à tendance destourienne qui a fait le plus grand tort à leur famille. Une meilleure compréhensic de leur devoir leur a fait abandonner, avant la guerre, une activité politique qu'ils semblent d'ailleurs regretter sincèrement à l'heure actuelle.

KADEL BOUHAFA, engagé volontaire, est actuellement prisonnier.

Je connais la vieille et honorable famille BOUHAFA et tout particulièrement le Khalifa Si Djilani Bouhafa.

DJILANI, qui a reçu la Légion d'Honneur pour services rendus en France au corps expéditionnaire tunisien en 1914-18 est un homme distingué, énergique, un vrai chef et ferait un parfait caïd./.

Résidence Générale
de la
République Française à
T U N I S.

[CON]TROLE CIVIL DE GABES.
-:-:-:-:-

2830 -C-

[Obj]et: A.S. de Si Djilani
BOUHAFA.
Khalifa de Méthouia.

Gabès, le 16 Novembre 1940.

Le Contrôleur Civil de GABES.
à Monsieur l'AMIRAL, RESIDENT GENERAL
DE FRANCE,
à TUNIS.

3VV

SECRETARIAT Gal DU GOUVt TUNISIEN
ENREGISTRÉ
le 25 NOV 1940
N° 3783C

Les Archives Nationales
de Tunisie

RÉSIDENCE GÉNÉRALE DE FRANCE
ENREGISTRÉ
le 18 NOV 1940
N° 3315
Carton Dossier

J'ai l'honneur d'attirer votre bienveillante attention sur la situation administrative de Si Djilani BOUHAFA, Khalifa de Méthouia dont mon prédécesseur vous avait déjà entretenu lors de votre visite à Gabès.

Ce fonctionnaire indigène, âgé de 54 ans, Chevalier de la Légion d'Honneur pour services rendus pendant la Grande Guerre, est Khalifa de Iere classe depuis I4 ans et à Méthouia depuis 4 ans.

Il vient d'assurer pendant 3 mois l'intérim du Caïdat à la satisfaction de ses administrés et du Contrôle Civil-Pondéré et réfléchi, Si Djilani jouit de la considération de tous. Sa modestie naturelle l'a toujours tenu à l'écart des intrigues. J'ai eu l'occasion de l'apprécier déjà en I937 pendant 3 mois quand j'assurai l'intérim du Contrôle Civil et depuis que j'en ai la charge.

Sans doute, le fils de ce fonctionnaire aujourd'hui prisonnier de guerre, n'a-t-il pas eu toujours une attitude loyale. Mais il semble que son père, qui déplora son égarement, ne devrait pas en être plus responsable que d'autres fonctionnaires qui ont, par eux mêmes, adopté naguère une politique peu favorable au Gouvernement du Protectorat.

J'estime, dès lors, que les titres et l'ancienneté de Si Djilani BOUHAFA méritent d'être pris en considération pour qu'il bénéficie, à quelque temps de la retraite, de l'avancement de grade auquel il aspire. Je signale d'ailleurs à ce propos que le Khalifalik de Méthouia a déjà été autrefois érigé en Kahialik./.

[signature]

Le 24 septembre 1940, le contrôleur civil remit le télégramme suivant à *si* Djilani.

« *24 Septembre 1940*

L'amiral Esteva Résident Général de France à Tunis

À Monsieur le Contrôleur Civil de Gabès

J'ai l'honneur de vous demander de vouloir bien prévenir le Kalifa de Methouia que son fils Kadem Bouhafa, est prisonnier à Metz. Ce renseignement a été communiqué à la Résidence Générale par la direction de l'Office de la Tunisie ».

Les documents parlent de la situation administrative du père et de Kadem prisonnier de guerre. La missive officielle mentionne que *si* Djilani Bouhafa aurait dû accéder à une promotion (n'aurait été l'égarement de ses fils et leurs activités malveillantes !), je ne pus réfréner une rage, en réalisant combien grand-père était contraint de composer avec ces réalités. Derrière le ton courtois et loyal de l'autorité française qui reconnaissait au Kahia ses qualités et sa rigueur dans le travail, il y avait d'autres impératifs. Le fonctionnaire se sentait tiraillé entre son appartenance à l'arabisme à son pays et par le souci de ménager les autorités. Malgré ses titres et sa notoriété, le fonctionnaire était poussé à mendier son avancement. *Si* Djilani le fera toujours correctement à travers des demandes légales transparentes qu'elles eussent été adressées ou appuyées par les grands noms de la politique française, en Métropole ou à la Résidence Générale ; Paul Faure (Ministre d'État à Paris), Louis Demelier (Sénateur), Peyrouton (Résident Général), Marius Moutet (Cabinet du ministre), Viennot (Sous-secrétaire d'État aux Affaires Étrangères), Armand Guillon (Résident Général de Tunisie en 1936, Démocrate), René Gounin (Sénateur de la Gironde) et Charles Saumagne.

Guerre, études, répressions

Abed et Kadem qu'il avait poussés vers les études supérieures en France se sont engagés dans l'activité politique qui leur réservera bien des revers… Après avoir subi la prison, le Camp de Bordj Lebœuf, l'exil forcé, l'éloignement de la France, Kadem retourne de nouveau à Bordeaux pour reprendre la fin de ses études entravées par ces vicissitudes et retrouver un foyer éclaté. Il vivra son divorce avec Marie-Lou, se séparera la mort dans l'âme de son fils Raouf-Yves âgé de cinq ans, s'enrôlera dans l'école d'artillerie de Poitiers pour suivre des cours avant d'être envoyé sur le front.

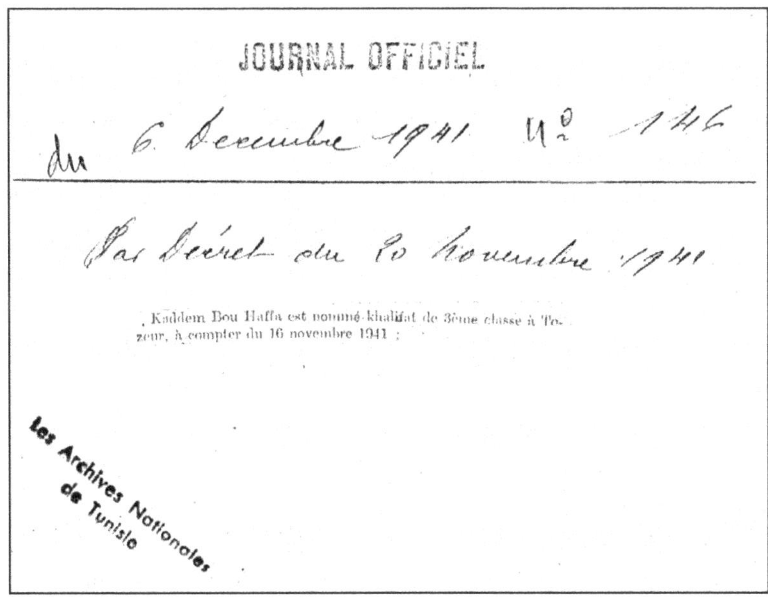

JOURNAL OFFICIEL

du 6 Décembre 1941 N° 146

Par Décret du 20 novembre 1941

. Kaddem Bou Haffa est nommé khalifat de 3ème classe à Tozeur, à compter du 16 novembre 1941 ;

Abed retournera du King's Collège à Cambridge où il venait de parfaire ses connaissances en langue anglaise pour réintégrer la faculté de lettres de la Sorbonne. À Paris, il fréquente assidûment les milieux destouriens et l'union des étudiants maghrébins. La guerre surprit les deux frères dans la capitale française. À travers leurs correspondances ils décriront à leur père, outre les précarités, la pauvreté des gens, la pesanteur qui régnait sur les rues, les cinémas délaissés et les lieux publics devenus le théâtre de marchés noirs dépravants. Ils vécurent la capitulation de Paris, l'envahissement de la France et l'établissement des Allemands dans la zone occupée. Si la majorité des Européens était acquise à la collaboration avec les Allemands, les Arabes de leur côté espéraient l'écrasement définitif de la France et l'aide du germanisme pour la régénération de l'islam. L'Allemagne invincible devenait un mythe. Certains étaient encore dans une prudente expectative, mais l'occupation de la France amena des responsables nationaux à profiter des circonstances pour renforcer des liens entre militants et préparer la renaissance des partis clandestins comme le PPA de Messali el Hadj. Abed quitte une carrière cinématographique perturbée par la guerre et opte pour la profession de journaliste dans la zone non-occupée. Il collabore à la *Revue de l'Écran* de 1940 à 1942 à Marseille. Il est critique artistique du journal *Le Mot d'Ordre* 1940-1942 publié à Marseille.

Kadem rentre en Tunisie. Il se pliera aux volontés de son père qui demandera un poste de Kalifa pour son fils. Afin de neutraliser certains intellectuels engagés les autorités résidentielles leur agréèrent des postes de responsabilité pour freiner leurs activités nationalistes. Le 16 novembre 1941, Kadem fut promu au poste de Kalifa à Tozeur, fief de destouriens, mais avec un climat insupportable. (voir documents Kadem)

Une lecture de lettres de contestation adressées au gouvernement de la Résidence par des indigènes francophiles (insérées dans le dossier de grand-père) m'offusqua et m'attrista à la fois, par leur esprit malveillant et servile. Dans une dépêche adressée à Kadem alors qu'il était désigné à son poste de Kalifa, on lui demanda de fournir les attestations de ses diplômes. Le déporté de Bordj Lebœuf répondra en conclusion que pour certains Kalifas et Caïds francophiles nommés en Tunisie, il suffisait de savoir lire et écrire simplement. On reconnaîtra à Kadem son sens de l'humour, glacial pour manifester son mépris, subtil pour distraire son entourage, virulent pour contester le droit aux autres.

La deuxième année consécutive que Kadem passa à la tête du Kalifalic de Tozeur lui permit d'afficher sa sympathie et d'aider les nationalistes du Djérid grâce à ses prérogatives. Le Général Mast prendra des mesures en conséquence et le Kalifa formula une demande de changement alléguant des raisons d'inadaptation au climat subsaharien. Région poète, humaniste, spirituelle, personnalisée par la verve de ses habitants nés dans l'humour poussé jusqu'à l'autodérision, la ville de Tozeur regroupe une population patriotique fière de son Djérid séculaire. Dans ce patrimoine au passé historique, Lazhar Chraïti se distinguera par son courage et ses prouesses face à l'armée française lors des accrochages insurrectionnels autour du Chott.

Le gouvernement Résidentiel était conscient de l'envergure du Mouvement National à travers le territoire et son impact sur l'esprit de la population. Des mesures draconiennes furent prises pour contrecarrer les militants. Les dirigeants engagèrent une lutte sévère contre tout Mouvement communiste ou syndicaliste, susceptible de drainer vers une unification du pays.

Kadem remonta vers le nord, déterminé plus que jamais à signaler les abus et dénoncer l'esprit démoniaque et destructeur de la nation colonisatrice. Malgré la modération des intellectuels arabes et des élus représentant la voix du peuple, la France avait redoublé les représailles et les colons continuaient à spolier les biens des indigènes. Il s'installe à Aïn-Draham mettant à profit l'ascendant acquis sur la population pour créer au sein de la région un noyau de résistance. Il restera en relation étroite avec les membres du Parti et s'érige en publiciste auprès d'une population autochtone éloignée et retirée dans sa Kroumirie rustre et paysanne.

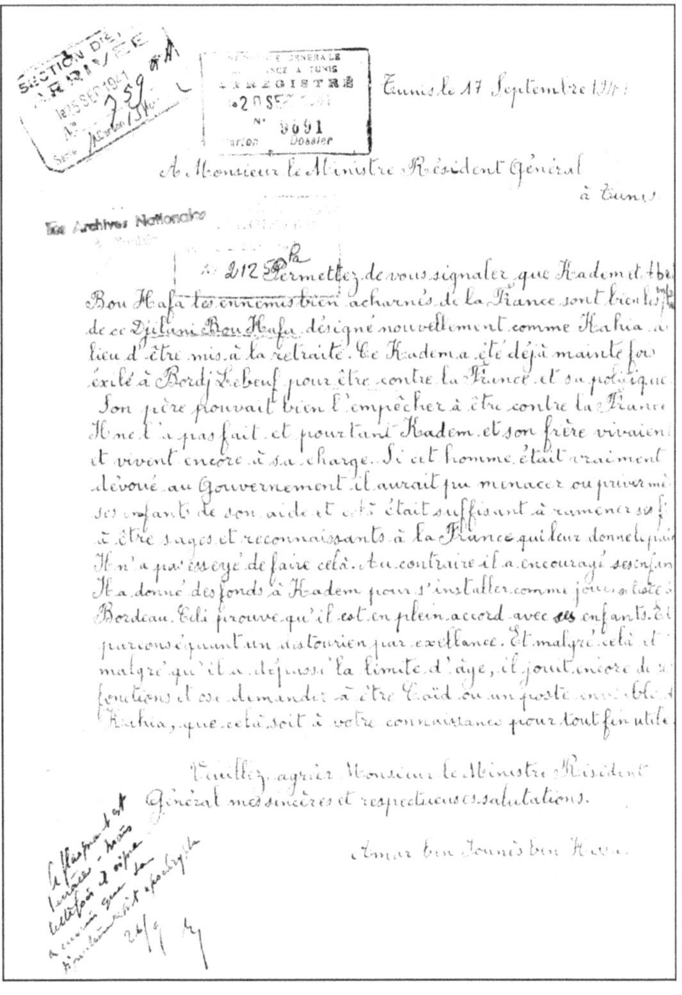

Tunis le 17 Septembre 1941

A Monsieur le Ministre Résident Général
à Tunis

212 Permettez de vous signaler que Kadem et Abd... Bou Hafa les ennemis bien acharnés de la France sont bien les fils de ce Djilani Bou Hafa désigné nouvellement comme Kahia au lieu d'être mis à la retraite. Ce Kadem a été déjà mainte fois exilé à Bordj Lebeuf pour être contre la France et sa politique. Son père pouvait bien l'empêcher à être contre la France. Il ne l'a pas fait et pourtant Kadem et son frère vivaient et vivent encore à sa charge. Si cet homme était vraiment dévoué au Gouvernement il aurait pu menacer ou priver ses enfants de son aide et cela était suffisant à ramener ses fils à être sages et reconnaissants à la France qui leur donne ... Il n'a pas essayé de faire cela. Au contraire il a encouragé ses enfants. Il a donné des fonds à Kadem pour s'installer comme journaliste à Bordeau. Cela prouve qu'il est en plein accord avec ses enfants. Et par conséquent un destourien par excellence. Et malgré cela et malgré qu'il a dépassé la limite d'âge, il jouit encore de ses fonctions et ose demander à être Caïd ou un poste ... de Kahia, que cela soit à votre connaissance pour tout fin utile.

Veuillez agréer Monsieur le Ministre Résident Général mes sincères et respectueuses salutations.

Amar ben Younès ben ...

La Régence sous le mandat de Vichy

En 1941, la Tunisie subira les décisions dictées par la politique tâtonnante du Maréchal Pétain. Jusqu'à l'arrivée de De Gaulle, l'Afrique du Nord vécut une période de fascisme et de recrudescence du colonialisme. La vague d'antisémitisme qui flamba à l'avènement de la guerre explique les troubles fomentés par les Italiens dans la ville de Gabès. Le 18 mai 1941, de violents incidents éclatèrent dans le quartier de Jara, occasionnant un bilan lourd, d'après les documents, il y eut sept Israélites tués et blessés. La foule sortie en masse épaula la communauté juive et les arabes s'opposèrent corporellement au moment de l'incident qui avait provoqué plusieurs morts. Les colonialistes profitèrent de l'occasion pour rafler bon nombre d'indigènes dont le seul reproche semblait d'avoir été présents dans l'émeute.

Dans l'archive suivante, il y a trace de ce pogrom qui eut lieu à Gabès alors que grand-père assurait le remplacement de *si* Smaïl Zouiten à la tête du Caïdalic.

Les incidents de Gabès. Fonds de Nantes R198, C, 1871 1941-1942 :

« *Appréciations du contrôle civil de Gabès. Le 11 Août 1941.*

Au moment où le Caïd de l'Aradh si Smaïl Zouiten reprend ses fonctions après avoir bénéficié de son congé annuel, j'ai l'honneur de vous faire connaître que si Djilani Bouhafa, Kahia de Matthouia a assuré comme de coutume l'intérim du Caïdat dans des conditions très satisfaisantes.

Grâce à sa compréhension des besoins de la population et l'influence qu'il exerce sur celle-ci, il lui a été possible de régler diverses questions en suspens dont la permanence n'était pas sans inconvénient, en particulier la réinstallation dans le quartier de Djara de la presque totalité des Israélites réfugiés depuis plus de deux mois en ville européenne, l'éloignement des marchés d'un certain nombre d'intermédiaires qui se paraient du titre de boucher pour mieux duper les consommateurs, la mise au point du ravitaillement en blé et en orge en exécution des récentes dispositions... et diverses autres interventions. »

Gladys Adda dans son témoignage (*Mémoires de femmes tunisiennes dans la vie publique* 1920-1960) parle d'un pogrom fomenté par les Italiens fascistes où il y eut plusieurs morts chez les Israélites et plusieurs arrestations chez les Arabes indigènes. « *Je garde, dit-elle de mon adolescence à Gabès le souvenir d'une vie vécue dans l'amitié, la fraternité et la tolérance. Maître Oubaya, avocat destourien avait tenté, écrit-elle, de stopper les manifestants en brandissant sa bicyclette: Vous êtes fous ! arrêtez, ne voyez-vous pas qu'on vous manipule, c'est le colonialisme qui va y gagner !* »

En mars 1941, les offensives allemandes avaient commencé en Libye et en novembre, les offensives britanniques. Les généraux mirent des bouchées doubles pour contrecarrer les objectifs de l'axe en multipliant l'effectif militaire sur la terre d'Afrique. Au lendemain de l'armistice, Mussolini l'autre dictateur, avide de richesses coloniales s'était rallié aux forces allemandes espérant s'assurer la possession de l'Égypte, de la Tunisie et de l'est Algérien (la Libye et l'Éthiopie étant sous sa botte). Les troupes italiennes avaient elles aussi débarqué sur les côtes du Maghreb et elles puisèrent tout ce qui pouvait être utile au ravitaillement de leurs forces fascistes.

On assistait à une déstabilisation de l'autorité française dans la Régence, après l'entrée de ces envahisseurs qui tentèrent une mainmise sur les installations militaires et les administrations, pour déloger la suprématie française. « Ova gallina, Ova gallina ! » ne cessaient de mendier les soldats italiens dans les fermes et les douars. Les arabes saisiront l'occasion pour troquer, contre leurs poulets et leurs œufs, les godasses de ces intrus dont l'habit militaire des plus curieux leur donnait une allure grotesque, pantalons bouffants et une plume hissée à leur casque-chapeau ! (témoin oculaire). Le soir en rentrant dans leur caserne, ces mêmes fascistes se peignaient les jambes en noir pour leurrer l'adjudant. Leurs godasses vendues serviront à chausser les pieds de certains scouts musulmans d'obédience nationaliste revêtant des shorts taillés dans la bure des étoles de leurs mères sahéliennes. (Témoignages d'un parent *si* Tahar Mili). La misère et les restrictions poussèrent ces jeunes arabes à cogiter des solutions surtout, si on n'appartenait pas à des scouts laïques ni à ceux du Bey, choyés costumés et gâtés.

Observations générales sur la manière de servir ou les aptitudes spéciales particulières de l'agent.

Du chef immédiat	Du Directeur
1: appréciation a) sur le rendement b) sur la manière de servir	dans chacune des parties du service dont l'agent a été chargé pendant l'année.
a) TB b) TB	a) TB b) TB
2°. appréciation sur l'ensemble des aptitudes de l'agent. TB	TB
3°. appréciation résumant pour l'ensemble des attributions remplies au cours de l'année au titre de laquelle est établi le présent rapport, la note qu'il convient d'attribuer au point de vue de l'avancement de classe de l'agent, compte tenu de son rendement et sa manière de servir. TB	TB
4°. catégorie d'avancement dans laquelle l'agent mérite d'être classé pour l'ensemble de ses services pendant l'année, au titre de laquelle est établi le présent rapport. 2°) Normal	N
5°. Motifs qui justifient (s) la modification du classement dont l'agent a été précédemment l'objet. Agent actif - dévoué - Consciencieux. Très au courant de tous les services. A fait preuve depuis sa nomination [illegible] de réelle valeur = A fourni depuis la mobilisation de gros efforts assurant pour une bonne part la bonne exécution du service télégraphique [illegible] à la satisfaction générale = GAFSA le 21 JAN. 1940 Signature	Mêmes appréciations que ci-contre. A. Tunis le 26-2[illegible] Signature

Face à la recrudescence du nationalisme et la flambée du peuple tunisien, la France coloniale appuyée par l'administration dotée de pouvoirs répressifs s'acharne pour maintenir son joug sur le pays. Farfals, commissaire de police colonialiste jusqu'à l'os, fera ravage dans la population à Gafsa. Dans les vingt-quatre heures qui suivirent, le commis principal Béchir Bouhafa reçut son affectation pour la poste de Djerba, Houmet Essouk.

Ma mère me répétait que papa avait été « cassé », mais je n'arrivais pas à situer pourquoi, jusqu'au jour où j'eus trace d'un document qui vint me confirmer l'éloignement disciplinaire administratif de ce postier dont les appréciations plus qu'honorables rapportaient l'intégrité et les capacités requises, à tous les points de guichet. Je passerai sur la fierté éprouvée après la consultation de toutes ces preuves tangibles de palmarès déposées dans le dossier administratif de mon père. Soumeya atterrée par la nouvelle se lamenta :

« *Hammemoulek doussik*, (ils ont noirci ton dossier) », dira-t-elle à son mari. Le document déposé aux archives du Mouvement National et dans lequel on signale l'activité militante des frères Bouhafa, Abed, Kadem, Béchir et Sadok mentionne : « *Béchir : commis principal des PTT, déplacé de Gafsa à Djerba par mesure disciplinaire pour affaire politique* ».

Je ne m'avance pas quant au véritable motif, mais je présume que l'affaire imputée à Béchir lui vaudra le déplacement de Gafsa, où vraisemblablement, on l'accusait arbitrairement d'être à la solde des allemands comme pour les milliers de Tunisiens retenus sans preuve et sans procès dans les prisons colonialistes. Derrière ce genre d'arrestations, la Résidence espérait radier le maximum de militants nationalistes et communistes.

Ma mère me dira simplement que le choc de la nouvelle interrompit sa grossesse avancée. Elle enfanta prématurément de deux garçons mort-nés Hassen ou Housseïn enterrés dans la ville de Gafsa au cimetière de sidi Ahmed Zarroug. Ils avaient dans le ventre de leur mère vécu les prémices de la guerre. Dans l'archive consultée, un certificat mentionne l'état de Soumeya affaiblie pendant cette grossesse, son état nécessitant du repos et un changement de climat (certificat fourni pour faire valoir ce que de droit, retrouvé dans les archives se rapportant au dossier administratif de Béchir Bouhafa).

Djerba. 11 mars 1941

L'ordre de mutation les mit en déroute, ils exprimèrent leur tristesse et leur contrariété : la maman malade, le déménagement imminent, une famille à nourrir. Kafila endossa la responsabilité, s'appliqua pour trier le linge comme le faisait maman, emballa minutieusement les choses fragiles. Le lexique de grand-mère était sorti et la fillette tirait case après case ; « papa il faut d'abord emballer ceci puis mettre dessus cela ».

« *Yaïch binti*, c'est très bien », disait le père qui trouvait la compensation de ses contrariétés politiques dans l'affection de ses enfants et de son foyer.

Le camion se boucla et la voiture de location suivit. En cours de route, le père et la fille regardaient silencieux les blindés défiler sur la route de Gafsa. Lorsqu'ils dépassèrent les chotts miroitants un barrage les arrêta : « Papiers s'il vous plaît, circulez ! »

Français, métisses, sénégalais, indochinois les visages se relayaient, apparaissaient, disparaissaient comme dans un tourbillon de poussière qui se dissipe puis s'engorge : « On arrive en territoires militaires, voilà les portes de Médenine ! »

La sentinelle s'empara des papiers ordonna l'arrêt du véhicule et monsieur Béchir dut rendre compte du contenu de son cadre avant de continuer via Djorf. L'île les vit arriver en fin de journée, la lune montra son nez et une douce brise les caressa. Le lendemain matin, monsieur Béchir se rendit à la poste de Houmet Essouk pour prendre son travail et faire une visite de courtoisie à monsieur Tournebise le Receveur. Il se rendra ensuite à l'école franco-arabe pour lier contact avec le directeur, monsieur Potier et s'inquiéter de l'établissement qui menaçait tous les jours de fermer ses portes.

INSTALLATION. RECETTE DJERBA

À Djerba, les circonstances dans lesquelles vécurent le père et sa fille au début de leur installation furent pénibles. Il avait fallu du courage à ce petit bout de femme pour entreprendre les travaux ménagers en s'inquiétant de son année scolaire. Elle se retrouva la seule fille au sein d'une classe de garçons et elle se souvient encore du nom de deux élèves Djabbari et Kateb. Ils habitaient dans le quartier européen qui englobait plusieurs bâtisses, propriétés de monsieur Grimald d'origine maltaise. Le voisinage regroupait des familles françaises et italiennes et les maisons communiquaient par une cour intérieure. À l'autre bout de la rue, la gendarmerie où habitait Leroy chef de brigade jouxtait la police et le contrôle militaire. Une convivialité fusionna entre familles et les enfants jouaient librement dans la cour centrale quand une maman parmi toutes se manifestait pour proposer aux chérubins des séances de jeux ou le plaisir d'offrir son bon gâteau.

Madame Gafirou se rapprochait de « madame Bâachir » (comme prononcent les ressortissantes) et échangeaient des confidences par leurs fenêtres qui s'ouvraient sur les jardins. La pauvre Maltaise se plaignait du caractère bourru de son mari ! « *Rahou kif larbi ya lilla*, disait-elle, *khalli marya tilaab maa Kafila ou Kaltouma fi joua, fi el kamera* », proposait-elle pour terminer. (Mon mari a des idées conformistes comme les arabes, ya lilla ! Laisse Maria jouer avec tes filles à l'intérieur).

Sa peur s'expliquait, du fait de la conjoncture de la guerre de l'angoisse des bombardiers et des légionnaires qui circulaient en guettant pour s'attirer de force les faveurs des fillettes. Elle ajoutait comme pour se rassurer elle-même. « Ne t'en fais pas ya madame Bâachir, il y a des tranchées dans les jardins, nos hommes les ont creusées si les obus éclatent on se sauve ».

Le vocabulaire de Soumeya s'enrichissait de mots maltais dont l'origine pour la plupart revenait à la racine arabe. Le terme *fi joua* signifie en libanais à l'intérieur et *Kamera*, l'espace environnant.

Du souvenir de ma mère et mes sœurs, leur maison à Djerba était coquette avec son jardin fleuri, son potager divisé en carrés plantés de crudités et tapissés de verdure. Lorsque papa rentrait par la porte cochère, traversait la tonnelle de vigne, montait les quelques marches du perron, le casque colonial engoncé sur la tête par beau temps et la *chéchia majidi* en hiver, ses enfants l'accueillaient avec des regards d'admiration et une immobilité respectueuse. S'ils habitaient le quartier français, *si* Béchir avait retrouvé toutes ses connaissances dans l'île, à travers son travail avec les familles natives, ses camarades-collégiens que ce fut les Challakhi, les Belhadj Ali, les Belkadhi, les Kateb de Mahboubiine, les Djabari, les Anane, les Mokkadem, les Sebaï, les Robbana de Sidouikech et le Caïd de Djerba, *si* Saula Abdelatif, vieille figure Gabésienne d'amitié paternelle. La communauté juive avait ses visages sympathiques dans leurs échoppes dans le culte de La Ghriba.

En se rendant à la poste la population profitait pour échanger des propos ou faire part des aspirations urgentes des Tunisiens. *Si* el Béchir partageait ses idées avec ceux qui répondaient à ses principes nationaux-humains et culturels. Djerba n'avait-elle pas abrité à leur sortie en mars 1936 les éloignés de Bordj Lebœuf ; Tahar Sfar, Habib Bourguiba, Salah Ben Youssef qui s'établiront dans l'île alors que Bahri Guigua, Dr Materi, Mohieddine Klibi, Mohamed Ali Braham et Kadem Bouhafa s'arrêteront à Gabès. Béchir s'ouvrait à sa femme dans les moments de ras-le-bol pour parler de la structure du syndicat postier, des revendications des tunisiens, de la guerre qui s'installait…

« De quoi rêves-tu, rétorquait Soumeya, avec la grande guerre qui nous mobilise tu parles... de noble cause ? Ça y est Kadem s'est affiché, Abed prend la relève et Mohieddine a eu sa part de déboires avec le journal de son frère et toi *yezzi* (ça suffit), tu as des enfants à élever ! Un de ces jours ils viendront te cueillir à la maison, tu parles trop *si* Béchir ».

Le mari s'énervait. « Mais enfin, de quel droit enrôlent-ils ces jeunes qui vont se faire tuer sur les fronts et pour quelle cause toutes ces arrestations ! »

— Qu'est ce que ça te regarde ! As-tu les prérogatives du Caïd ou du Birou-arab ?

— Bien sûr, toi tu ne comprends rien à la politique, les Français sont profondément déterminés à sauvegarder leur prépondérance dans les colonies.

— Et toi tu vas perdre le pot et le lait !

Les colons commençaient à manifester leur panique sous l'occupation allemande. On avait même soupçonné quelques départs clandestins en même temps qu'une recrudescence de racisme et d'agressivité face aux flambées populaires encouragées par la propagande allemande et les nombreux sabotages à caractère anticolonial. Dehors la population vivait dans le conflit permanent qui opposait français vichystes, allemands, italiens, fascistes, anglais, français libéraux et arabes.

Soumeya avait peur pour son mari, il se permettait de critiquer ouvertement le gouvernement ! « *Yakhi, thib timchi lil finga* ? » (tu veux aller au bagne ?) finira-t-elle par menacer. Puis, elle lança à brûle-pourpoint pour détourner la conversation : « Que dirais-tu si on fêtait la circoncision de Farouk et Faouzi à Zarzis en automne ? »

« *Inchallah* ! » répondit Béchir, reprenant son dialogue engagé.

Il s'était rapproché de son frère, de ses sœurs Fatna et Zohra, de ses gendres et du patriarche l'Imam. Béchir adorait ce petit bout de plage, ces palmiers sveltes et nattés, ce coin de paradis qui entourait la résidence de *Dar-el-Bhar*, l'embarcadère qui crevait l'horizon sans fin et Tourou son compagnon de pêche dévoué et simplet. Rien ne valait une randonnée dans la *houaza* vers Ziane dont le sol drainait depuis l'historique des arabes, un oléoduc antique évacuant l'huile d'olive jusqu'à la Mersa Gudima.

« Terre meuble, terre friable, terre douce, terre phénicienne, berbère, romaine, arabe, turque, terre de mes aïeux ! », dit-il dans un moment de paix intérieure. Tout d'un coup, l'esprit amoureux de la nature s'évade vers la voie de la contemplation pour imaginer la péninsule couronnée de jujubiers et d'asphodèles. La personnalité de Béchir, pleine d'ambition intense et débordante, libère le cœur du romantique vers l'air vivifiant humé aux pieds de l'olivier, les senteurs bucoliques, à l'écoute des bruits tour à tour caquetant, mugissant ou roucoulant de mélodies. Son choix sélectionnera ce coin captivant de la

Ragouba au fait de la colline de shanghowet surplombant les coteaux de vigne, de figuiers et d'amandiers face à l'oasis maritime.

L'expérience agraire du domaine Khésim encouragea le postier qui décide de recycler ses économies personnelles dans l'achat des terres. En 1940, Béchir acquit le titre de la parcelle en hauteur pas loin du concasseur et des oliveraies de la famille Djabnoun.

Zarzis. Automne 1941

La circoncision suivit et grand-mère entreprit les préparatifs bien que la guerre s'installât, rompant les liens coupant les routes multipliant les restrictions. La célébration de la fête à *Dar-el-Bhar*, pensa *lalla* Fatma, baignera de baraka cette maison qu'ils n'habitaient pas. Bak Messaoud et Triki le métayer vivaient dans le domaine dont ils assuraient les charges d'entretien et le jardinage ; les maîtres faisaient des séjours éclairs pour des urgences familiales ou occasionnellement au moment des cueillettes et des récoltes. L'administration française inflexible n'admettait aucune absence non fondée.

En consultant les archives, j'ai été saisie par la rigueur qui assignait le fonctionnaire à une assiduité draconienne. À travers les télégrammes et les demandes de congé de mon père et de mon grand-père, j'ai pu déterminer avec exactitude certains faits qui se sont déroulés dans la famille.

MARETH

À partir de Mareth, le bateau mit cap sur le Djorf en direction de la péninsule. La route nationale entre Gabès et Zarzis sillonnée par les engins militaires et les contingents était devenue impraticable. La ligne de fortification, commencée en 1934 en prévision des guerres à partir du Chott-el-Djerid, coupait transversalement le pays pour déboucher sur la mer à Mareth.

Malgré cette incertitude, le chargement destiné à compléter l'ameublement de *Dar-el-Bhar* embarqua les *klim*, *mragim*, batterie lourde de cuisine, ménagères, cuivres, malles de linge, matelas, ingrédients et lampes à pétrole. Khadra et Fadhila, rôdées, bouclèrent le déménagement et souhaitèrent le *mabrouk* pour la réunion familiale. « En pleine guerre, ya madame Bouhafa ? s'étaient étonnées les voisines à Djerba. »

— Que faire ya madame Gilberte ? Dieu est grand et si la guerre ne se terminait jamais, il faut bien circoncire les garçons !

Malgré l'atmosphère tendue on décida de chanter.

Monsieur le postier visita les souks pour palper les tissus, commander les costumes et choisir les broderies. Les juifs excellents artisans confectionnèrent le bijou traditionnel, *Taklila*, et tissèrent le fameux *hrem biskri*, pièce authentique et traditionnelle de Djerba.

— À bientôt ya madame « Baâchir » et *mabrouk* ! souhaitèrent les voisines, nous aurions voulu assister...

— Soyez les bienvenues, dirent en chœur les fillettes.

La voiture stoppa, Henri ouvrit les portières, les enfants prirent place et Faouzi se blottit dans le giron de sa mère.

La société de transport du Maltais Kirouana assurait le trafic entre Houmet Essouk et le point d'eau où un *lynche* faisait la navette entre les deux rives.

— *Bogi*, disaient les rameurs.

— *Bogi*, répétait Faouzi de sa voix enfantine.

دِزْ الكِرْوانة يَا لِيلْ   هَانا جِينا فَرْحانِينْ
انْطَهِّرْ وْلادِي لِثْنِينْ   وِيشِدُّوهُمْ خْوالْهُمْ لِثْنِينْ
الكَاظِمْ وعْلِي بِنْ خْلِيلْ

Traduction :
« Pousse ton tacot ô Kiruana par cette nuit étoilée !
Je suis heureuse de rentrer pour la circoncision de mes enfants.
Leurs oncles Kadem et Ali ben Khélil seront présents. »

La felouque tanguait et Soumeya chantait en berçant Faouzi :

نِشْرِيلِكْ كِسْوَه مَطْرُوزَه
الكُلْ عَنْدِي ومَا عِينِيشْ يَا فَوْزِي تِكْبِرْ وتْعِيشْ
شَاهِيَه تْكَلْيِله بِشْوَاطِحْهَا
عْلَى خَدِّي انْقِدْ نْطَلْقَحْهَا
عْلَى خَجْلِي انْقِدْ انْدَرْجَحْهَا
هَاكِي هِيَّ مَا عَنْدِيشْ
يَا فَوْزِي تِكْبِرْ وتْعِيشْ
زِينُو مَهْلُوبْ وفَوْزِي زَيّْ المَحْبُوبْ
فِي طْهُورْ يِشْرِيلِي ثُوبْ
الكُلْ عَنْدِي ومَا عِينِيشْ يَا فَوْزِي تِكْبِرْ وتْعِيشْ

Traduction :
Bénis sois ton visage beau comme le louis
Pour ta fête, je me parerai de bijoux
Sur mes cheveux, mes créoles orneront mes joues
Dieu m'a comblée sur terre, le bonheur me sourit
Puisses-tu vivre,
Ô Faouzi, mon fils, mon chéri !

LA CÔTE. LA FÊTE

Les blindés circulaient par la côte soulevant des giclées de sable en direction de la caserne d'el Allama. Les soldats coulaient des regards vers cette maison en liesse d'où s'élevaient des chants indigènes. Le quartier mobilisé, les passages d'engins, la guerre tout cela était réalité, n'eût été le bleu de la Méditerranée pour humaniser le décor… Les frères Djabnoun se mobilisèrent, chargés de leurs présents leurs *abid* et leurs montures. *Lalla* Fatma s'organisait pour la fête, elle qui avait tant imploré Dieu pour que Soumeya enfante d'un mâle ! On dépêcha une pléthore de négresses harnachées de soieries et de bijoux pour faire cet agréable porte à porte et transmettre l'invitation.

Elles firent honneur au plat de *acida* succulente préparée par les doyennes. Sitôt le plat dégusté on saluait par des youyous le départ des négresses embaumées de *skhab* et de musc.

Les uns arrivèrent à pied, d'autres en calèche et les autres charriant des présents du terroir sur leurs montures attelées au lever de l'aurore. Au fond du domaine, dans le *khoss* échafaudé par *Dadaï* Massouda et ses habiles acolytes avec des troncs d'olivier et des branches de palmier, la batterie de cuisine fut installée et les moutons, dépecés, reposaient dans leurs ingrédients.

Les mains d'ébène découpèrent les viandes, dosèrent les couscous, surveillant les marmites dont les flancs rougis par les flammes suintaient de bulles de gras. Bak Messaoud se baissait de temps à autre pour attiser le feu.

Responsabilisée tôt à l'accomplissement des tâches, la main d'œuvre devenait performante, éduquée à l'image de ses maîtres. Le nombre des convives n'était jamais précisément défini et les serviteurs ne manifestaient jamais leur embarras. On honorait généreusement tous dans un calme sécurisant. Le retardataire trouvait sa *chkala* servie et son morceau de viande, tenu au chaud sous le *mkeb*.

À une réunion familiale, nous évoquions des souvenirs et la femme de mon oncle Ali Khelil, agée de 96 ans et tout à fait lucide, se souvint de ce *thour* grandiose qui réunit la tribu Khelil, Nattahi et Sraïeb. « Lorsque la fête finissait, dit-elle, on était tenu d'envoyer un plat servi aux absents. » La belle-sœur s'était manifestée à Soumeya en ces termes : « Ô cousine ! Donne les instructions pour préparer les *chkayel* destinés à tes oncles. »

Ma mère releva la tête parée de son bijou *Taklila* si bien décrit dans la poésie ; un cabochon de cornes et de coraux se balançait ostentatoirement sur sa mèche. Bouraq se baissa et chuchota à l'oreille.

— *Yanaal din garnik* (juron plaisantin), dit-elle en plaisantant. « Tu n'as pas fini de parader ? Donne des ordres pour qu'on serve les plats à tes grandes tantes, elles rentrent bientôt ! » *Mart khali* Bouraq ajouta cette délicieuse précision à l'occasion d'un dîner de famille organisé pour pendre la crémaillère dans la villa de Hamadi, son fils.

Cette anecdote me transporta dans ce passé où je me représentais ma mère tellement heureuse de ses deux poulains !

Le groupe folklorique se trémoussa dans les danses traditionnelles, au son du tabal et de la cornemuse.

Breïk bint el Aoudi clamera pour la circonstance :

البْرْطَـالْ يِتْشَقلِبْ بَحْذَاهْ البُوري وْهَاهُمْ البْنِتَهْ لابْسِينْ السُّوري

Traduction :
« Sous la véranda près du rivage et du mulet, se dandinent les filles costumées à l'européenne »

À cette époque, rares étaient les indigènes qui revêtaient l'habit européen. Les sept filles de l'imam, Mdalla Souaï et Aïcha bint el Kurd poétesses aux gosiers claironnants improviseront chants et youyous, défiant le meilleur phono la voix de son maître.

À l'intérieur de *Dar-el-Bhar* bâtisse au style colonial, les deux frères s'étaient assoupis dédaignant les gâteries éparses sur le couvre-lit en crochet. Les petites mains s'agrippaient aux rosaces de cuivre ornant la tête du lit pour dégager leurs jambes engourdies. Le matin, Bak Mohamed, le praticien à la *chéchia*, retourna et coupa l'enveloppe du prépuce avec son rasoir aiguisé ; après la réalisation de l'acte religieux, le docteur militaire pansa et aseptisa les plaies selon les règles de l'hygiène. Breïk bint el Aoudi mettant en exergue la beauté de « l'étoile » chante :

إِسْمِكْ سُمَيَّهْ عْلَى السَّمَيْ فِي السَّابَعْ
وْانْتِ بَيِنْتُ مَرْمِي عْلِيهْ الطَّـابَعْ

Traduction :
Ton nom brille comme l'étoile
Et ta beauté défie l'or et le louis
La grande ourse dans son char royal
T'a bénie pour le restant de ta vie.

Je me suis souvent demandé pourquoi ma mère avait tant d'assurance, ce qui lui valait d'être admirée. Ses qualités humaines et son tempérament gai lui attiraient le respect des autres. Forcément si l'entourage valorise la personne dans des poèmes, l'individu s'épanouit et s'aime. Égale à elle-même, ma mère s'est toujours aimée ; très près de sa propreté et de sa coquetterie, elle refusera de donner sa beauté en pâture à l'altérabilité du temps. Elle a vécu comme une fleur éclatante, elle disparut comme une fleur estompée.

1942 ZARZIS. TERRE D'ACCUEIL

Le 22 juin 1942, Chédlya naquit au foyer de Béchir et Soumeya. La mère, en visite dans la famille, fut prise de douleurs et le bébé vit le jour dans la chambre du grand-père *fi Dar-el-Bhar*. L'événement se revendiqua de l'exclusivité, la première naissance enregistrée dans les annales de cette bâtisse construite depuis 1898. *Si* Djilani prénomma sa petite fille Chédlya pour la sainte baraka de la *tariqa echadhoulya*, dogme du soufiste sidi Belhassen Echadly. L'imam el Boghdadi l'appellera Faouzia, le *faouz* étant toujours l'aboutissement heureux d'une chose. Peut-être ce thème de la victoire sous-entendait-il l'espoir du peuple tunisien depuis l'investiture du nouveau Bey sur le trône de Tunis, le 19 juin 1942 ?

Les Docteurs Boucher et Meunier administrèrent leurs soins au bébé et à la mère en couches. Le Docteur Boucher, homme franc, se distinguait par ses capacités, mais aussi par ses idées libérales et humaines qui imposèrent l'estime de la famille. Le Docteur Meunier Capitaine répondait aux urgences de malades, mais cultivait derrière ses manières réservées, des penchants pour la France de Vichy. Les généraux mitoyens de la résidence familiale se délectaient confortablement en attendant l'éclatement des combats. La mer encore vierge leur offrait la fraîcheur de son eau et les richesses de sa pêche variée parfumée et nourrie de plancton et de varech. La baie des Bibans, concession ravie par un colonialiste, fournissait des espèces exquises de crevettes royales, de pageots rosés, de sparts grisonnants, de rougets, de mérous, de loups argentés, de shelbas dorés, de rascasses rousses et de mollusques nacrés...

À Zarzis, les richesses non encore suffisamment exploitées avaient alléché les premiers envahisseurs. En prospectant le sol le gouvernement français découvrit un important gisement de potasse et reléguant le sol à l'état vierge, avait frappé d'ostracisme les légitimes propriétaires pour ne pas concurrencer le bassin minier d'Alsace-Lorraine. Les colons renflouaient leurs avoirs grâce à leurs domaines parfaitement tenus par le travail journalier des ouvriers indigènes. Morelli, Carlton, Morel, Bredinger, Mattei, Husson et Gaufrettau s'identifièrent au pays qu'ils pensaient avoir acquis pour l'éternité.

Mais ils durent réfléchir à l'impact de la guerre et comment sauvegarder leurs fortunes menacées par les fronts qui s'ouvraient dans le sud de la Tunisie. Manifestant leur panique en restant dans l'expectative, les français déchargeront leur fiel sur les indigènes bouc-émissaires livrés à la hargne de ces colonisateurs. Le peuple misait sur l'élan des destouriens qui s'étouffait dans la mêlée de ces guerres.

« Plus la fange embourbe le fond, et plus vite l'eau de rivière redeviendra limpide », dit l'adage paysan.

Le 9 juin 1942, Ahmed Bey mourut à Tunis cédant le trône à sidi el Moncef Bey. Monarque terne et sans scrupules, Ahmed Bey sera un fantoche entre les mains du gouvernement français. Ne l'avait-on pas agressé le 1er juin 1935 dans les souks, au mois de ramadan alors qu'il se rendait au Djamâa Zitouna pour le sensibiliser à la question des déportés de Borj Lebœuf, pour lesquels il n'avait pris aucune mesure ? Les autorités françaises et le Résident Général Peyrouton lui procureront la protection nécessaire. Le jour de son enterrement, les funérailles passèrent par la casbah précédées de la clique beylicale, recouvert d'étoffes richement frappées aux armoiries husseinites, le cercueil était porté par les scouts du Bey. Les élèves de Sadiki se recueillaient sur le passage du corbillard, l'un d'eux poussé dans la mêlée s'approcha du cercueil, en tapotant sur le bois et souffla à la tête du monarque disparu : « *Khlitha ou jlitha ou mchit* ». (Tu es parti après avoir déstructuré et dilapidé le pays ! Témoignage d'un parent qui a assisté lui-même aux funérailles du Bey de Tunis, et était Sadikien (*si* Tahar).

MONCEF BEY. 19 JUIN - 9 NOVEMBRE 1942

Dix-septième roi de la dynastie husseinite, on l'appelait le Bey destourien le sincère. Populaire bien avant son instauration sur le trône, on raconte comment il s'intéressait à la question nationale, rencontrait les gens pour les aborder simplement lorsqu'il sortait du palais de la Marsa dans sa caroussa attelée. Endoctriné de longue date par ses amis du vieux Destour, il s'affirma au pouvoir pour se dresser contre la politique coloniale de l'amiral Esteva. Moncef Bey n'hésita pas à soumettre à la France perdue dans l'inconsistance de la politique de Vichy, un plan de revendications développé en seize points qui seront dans l'avenir les conventions de l'autonomie interne de la Régence. Si la France éprouvée par son conflit perdait la face en Tunisie, elle demeurait dans l'incertitude se promettant de combattre celui qui s'avérait comme un habile politicien et le véritable chef de la Tunisie. La tension est à son comble lorsque sidi Moncef Bey désigne Mhamed Chenik Président du grand conseil, à la tête d'un ministère nationaliste sans en référer au gouvernement français. La France ne tarda pas à déceler chez le monarque un tempérament d'acier et se confronta à sa forte personnalité : en fervent musulman, il enleva le baisemain, fier patriote il s'oppose à de Hauteclocque. Moncef Bey le pousse à réviser le dossier tunisien pour l'institution officielle de son Destour, à prendre en considération les droits des tunisiens qui aspirent à la justice et la dignité, à reconnaître le parti néo-destourien et accepter de dialoguer avec ses représentants pour la plupart arrêtés ou gardés à vue. Sidi el Moncef demandera enfin, l'élargissement des détenus tunisiens transférés à Marseille au fort Saint-Nicolas.

Je laisse parler la plume de Abed Bouhafa qui retrace cette période historique vécue par lui-même. Rentré en Tunisie, Abed contacte son ami le pharmacien et nationaliste Ben Khlifa pour lui faire part de son voyage éclair et de son intention d'accompagner l'épouse de Bourguiba à Fort Saint-Nicolas ; Abed profita de l'occasion pour rendre visite à son père au Kahialic de Methouia. « J'ai demandé à mon journal la permission de rentrer pour quelques jours à Tunis », dit oncle Abed avant d'ajouter cette délicieuse précision pour m'orienter, « C'était, dit-il, au moment où se jouait la pièce théâtrale "Le procès de Marie Dugand" à Marseille, en 1942 ».

Je n'oublierai pas cet après-midi où, avide de savoir beaucoup de choses, je m'étais dirigée vers la résidence de Gammarth. Mon oncle portait les prémices de sa maladie, mais avec joie et efforts il répondait à mes questions : « Écris Chédlya, écris... », disait-il en me fixant avec insistance comme s'il voulait exprimer son impuissance et sa consolation. Son œil victime d'un début de glaucome le fatiguait et il avait conscience de sa mémoire qui, par moments, défaillait, séquelles d'un petit accident AVC développé et soigné à New-York en 1992. Notre entretien se déroulait tellement bien, oncle Abed était présent, laconique, clair et précis. Il sélectionnait volet après volet les étapes importantes qui ont jalonné sa vie et dont il me faisait part en les ponctuant par des dates. Sa maladie ne l'avait pas totalement réquisitionné et il manifestait agréablement son plaisir de collaborer avec une nièce à qui il pouvait librement confier certaines vérités refoulées et qu'il semblait vivre sur le moment.

L'entretien se termina à mon vif regret en queue de poisson lorsque l'épouse de mon oncle se signifia : « *Oh... my dear*, tu es fatigué, c'est assez pour aujourd'hui », dit-elle en se baissant pour l'aider à se lever de son fauteuil.

Je râlais intérieurement, mais je ne pouvais contre tout respect, objecter cette incursion indélicate.

— Oncle Abed, dis-je pour justifier mon attente, donne-moi des écrits.

— Mais rétorqua sa femme en américain, tu lui as déjà donné *my dear* ! »

Le mari manifesta son courroux et sous l'effet de la contrariété, il lui ordonna de me remettre un autre manuscrit. Gudrun se plia et alla derechef me chercher le document. J'étais très gênée, mais rassurée qu'oncle Abed puisse encore s'imposer avant que les gouffres de la maladie ne l'asservissent. Je le revois encore digne et gentleman dans ses habits bleu marine et blanc s'excuser pour prendre congé et remonter les deux marches du salon. « C'est très bien enchaîna-t-il, continue ! » Et j'ai compris que les grandes douleurs sont souvent muettes. À présent et en sa mémoire, je rassure ce combattant intègre en lui disant que l'histoire lui est reconnaissante puisqu'elle imprima son nom pour la postérité dans les archives de l'Institut du Mouvement National à travers les lectures édifiantes de son parcours intégral.

Marseille 1942 (Abed Bouhafa écrit)

« *J'ai eu l'enviable honneur de rencontrer Habib Bourguiba pour la première fois dans sa prison marseillaise le Fort Saint-Nicolas où il venait d'être transféré depuis la Tunisie, sa patrie, avec d'autres dirigeants du néo-destour, Salah ben Youssef, Mongi Slim, Sliman Ben Sliman, etc. Ce transfert a eu pour mobile, la crainte du gouvernement de Vichy que la capitulation française n'encourage une agitation nationaliste dont que Bourguiba en guiderait piloterait l'opération de sa prison tunisienne.*

Martyre ou nationalisme tunisien sa conscience et son cheval de bataille, Bourguiba avait obtenu l'accord des autorités françaises de recevoir la visite de sa famille son épouse et son fils « Bibi » qui seront confiés à ma charge par les dirigeants du parti.

Précédemment tout a bien contribué à cette fière mission. J'avais décidé au lendemain de l'armistice franco-allemand, de rejoindre Marseille où la chance aidant, on m'a offert un job de rédacteur artistique dans le célèbre journal le mot d'ordre (ex-la justice) de L.O Frossard qui s'est replié à Marseille pour échapper à l'occupation allemande. Je dois mon recrutement à René Gounin, directeur de journal, qui était lié à mon frère, Kadem Bouhafa par une amitié qui remonte à 1935 à Bordeaux dont Gounin était le maire. Ce frère, étudiant à cette date publiant aussi un journal nationaliste et précurseur, le Nouveau Maghreb en collaboration avec Dr Slaheddine Meddeb.

Mon « chaperonnage » de la famille de Bourguiba était plutôt rassurant pour les autorités françaises, un critique artistique est rarement un militant politique ! Il ne peut faire du mal qu'à un film. Quant à moi, j'étais flatté d'être associé à un événement qui débordait du cadre familial. Aussitôt nos visas obtenus, j'ai rejoint Tunis où m'attendaient madame Bourguiba et son fils. Une semaine après, nous étions déjà sur le bateau en direction de Marseille. Nos finances ne permettaient aucun luxe, aucun abus ! L'épouse du leader et son fils ont eu droit à une cabine « deuxième classe ». Quant à moi, je devais me contenter d'une « classe de pont » la quatrième classe qui vous donnait droit à une couverture, les nuits étant fraîches.

Notre arrivée s'est déroulée sans histoire avec discrétion. Nous étions attendus par quatre policiers « civils » et quatre voitures taxi. Nul n'est plus reconnaissable qu'un policier civil... son identité est souvent reflétée sur l'air de faux jeton qu'il se donne. Un agent de sécurité, galonné se présenta à nous et s'informa poliment de notre voyage. il nous accompagna jusqu'au taxi qu'il nous avait réservé. Il s'installa dans une voiture « neutre » et prit la tête de notre petit convoi, suivi de quatre voitures farcies d'agents de sécurité jusqu'à notre arrivée au Fort Saint-Nicolas où nous fûmes accueillis par nos célèbres prisonniers qui nous attendaient impatiemment. Cela va sans dire.

L'accueil a été bouleversant, reflétant les qualités généreuses du leader nationaliste, sa grande sensibilité sa ferveur sa chaleur. Sur son visage coulaient des larmes de joie et de colère. Son honorable épouse d'origine française manifestait discrètement sa joie de retrouver en bonne santé son vaillant compagnon, mais triste néanmoins de le voir une fois de plus impuissant et humilié par un adversaire lâche et sans scrupules. Quant au fils Habib Junior, son jeune âge ne pouvait lui permettre de mesurer ce moment historique, mesurer la dimension humaine et politique d'un événement qui pour le moins aura aidé son père à se rappeler à un peuple tunisien distrait par la guerre et le marché noir. Quant à moi, je dois confesser que je n'étais pas le moins affecté de rencontrer l'homme qui a été depuis mes années de lycée, avec le cheikh Thâalbi, la référence de mon patriotisme.

La psychiatrie aurait quelques difficultés d'évaluer aussi bien les larmes que les sanglots déversés à la suite de ma rencontre avec Bourguiba. Faut-il les imputer à une sensibilité excessive ou à un patriotisme frustre, peut-être aussi à ma compassion avec le martyre d'une noble cause. N'ayant pas connu Bourguiba avant cette visite, ces larmes ne pouvaient être politiques ! La gratitude est une vertu sans frontière et les larmes versées au compte du bourguibisme étaient aussi, un acte de solidarité.

Les embrassades terminées, les larmes séchées et les agents de sécurité évacués, la réunion reprit sa tranquillité, débuta par la lecture des lettres de famille et d'amis avec les commentaires d'usage. Puis, ce fut le tour des « cancans » dont Bourguiba en est si friand.

La politique prit le dessus sous l'impulsion de speaker unique, Bourguiba, une qualité qui vivra avec lui pendant toute sa carrière politique. (Au néo-destour lorsque Bourguiba parle, les autres doivent écouter). On parla de la guerre et il était évident que le leader et ses compagnons étaient impressionnés par la fulgurante avancée des troupes allemandes. Les USA étaient encore absents de la guerre et ce qui manquait d'inquiéter Bourguiba qui bien qu'autocrate, n'aime pas les allemands. C'est ce moment que choisit le leader pour me déclarer : « je sais que l'ancien ministre L.O Frossard est l'ami du Maréchal Pétain ». Peut-il intervenir auprès du Maréchal Pétain pour l'informer de notre disposition de négocier avec le gouvernement de Vichy. Sans attendre ma réponse, Bourguiba m'adressa d'abord des éloges pour mes articles dans Le Mot d'ordre, qui publié à Marseille, était chaque jour lu par les prisonniers tunisiens. Bourguiba me dit la fierté qu'il éprouvait par les succès tunisiens à l'étranger. La liberté observa-t-il, est le moteur de l'homme moderne. Une vérité inattendue de la bouche d'un leader qui, au lendemain de l'indépendance nationale offrira à son peuple un état policier.

La démarche auprès du maréchal Pétain me surprit. Elle trahissait une évaluation erronée du bouleversement auquel l'humanité était soumise. L'estimation que subséquemment Bourguiba, nous fit de la situation internationale, n'était pas digne de sa réputation de politicien, éclairé et analytique. La classe politique tunisienne le considérait aussi, comme un expert des affaires françaises.

À tort ou à raison les adversaires de Bourguiba l'accusent d'opportunisme politique et en donnent la preuve, son ralliement inconditionnel à l'Amérique au lendemain du débarquement allié, quelques semaines à peine après avoir proposé de négocier avec Pétain. Aussitôt débarqué à Tunis libéré par les italo-allemands, avec mauvaise conscience, il proclamera son appui à l'Amérique, champion des droits de l'homme.

Cet engagement pro-américain sera rentable pour le leader tunisien. Ses dernières déclarations antinazies gagneront plus de crédibilité lorsque le consul général des USA à Tunis, M Doolittle intervient lui-même auprès des autorités françaises, pour s'opposer à l'arrestation de Bourguiba à la grande satisfaction des militants néo-destouriens.

Il faut préciser que le département américain n'a pas toujours témoigné au nationalisme tunisien sa sympathie. Pour apaiser le courroux du Maréchal Juin, le département transférera son consul général Doolittle à l'ambassade américaine du Caire, une décision que certains considéreront une sanction, d'autres un avancement en raison du rôle diplomatique et stratégique important que joue l'Égypte au Moyen-Orient surtout après la création de la Ligue des États Arabes au Caire.

L'engagement des USA pour le statu quo en Tunisie trahit une diplomatie opportuniste qui estimait que les américains ne peuvent être concernés que par la conduite de la guerre. Ils refusent de se laisser distraire de cet objectif et de s'ingérer dans les affaires intérieures des pays coloniaux libérés. Cette neutralité, elle ne sera pas violée d'un pouce par les américains lorsque le Maréchal Alphonse Juin, sans honneur, déposera le souverain tunisien Moncef Bey qu'il osera accuser d'« intelligence avec l'ennemi ». Cet acte despotique a été commis au mépris des traités qui faisaient obligation à la France de protéger le Bey, son trône et son peuple et non de les agresser au mépris de la vérité comme le reconnaît tardivement le Maréchal Juin dans ses « mémoires » :

— Il m'est souvent arrivé depuis ces événements (la déposition et l'exil de Moncef Bey) de regretter, en pensant aux circonstances qui les déterminera que dans sa précipitation et disons aussi mon ignorance des données exactes de la situation politique en Tunisie, le pseudo-gouvernement imposera l'exécution d'un acte impolitique au détriment d'un souverain auquel rien de grave à reprocher ».

Un peuple désarmé et paisible n'a pu lui-même échapper à la violence et à l'arbitraire. L'infâme déposition du souverain populaire sera accompagnée d'une répression aveugle, prête à châtier les « amis de l'Allemagne ». Un mensonge comme en témoigne le Maréchal Juin lui-même. « Sans discrimination, les autorités militaires et policières s'appliquaient à la chasse des « pro Allemands Tunisiens » ! Quelques milliers de militants y laisseront leur vie ; des dizaines d'innocents citoyens iront meubler les prisons sans procès ni jugements. Ces actes ont été commis au vu et au su des diplomates alliés. Ceci était d'autant plus attristant que le nationalisme tunisien était en dehors de Bourguiba, sincèrement acquis à la cause alliée et aux principes de Jefferson et de Woodrow Wilson, et ne craignait pas de le proclamer publiquement.

Selon les observateurs, ces contradictions idéologiques qui opposent nationalisme à colonialisme justifient l'intérêt accordé à la proposition de Bourguiba de promouvoir avec Pétain des négociations d'un problème marginal de la guerre.

Médiation de Frossard

Mes relations avec René Gounin, directeur du journal, « Le mot d'ordre » dont j'étais le critique artistique à Nice depuis l'armistice, étaient suffisamment cordiales pour me permettre de l'entretenir de la proposition de Bourguiba et de solliciter son intervention auprès de Frossard propriétaire du « Mot d'ordre », anti-vichyste jusqu'à la moelle. René Gounin a été surpris par la requête de Bourguiba dont il respectait le combat anticolonialiste. Gounin refuse toute légitimité au gouvernement de Vichy et il estime d'autre part, l'offre de négociations franco-tunisiennes constituait alors une gaffe monumentale et inopportune.

Il est indéniable que le débarquement des forces alliées de novembre 1942 viendra extraire Bourguiba d'une situation compromettante pour son avenir politique. Du point de vue français, le Maréchal avait d'autres chats à fouetter ! Qui lui donnerait tort ? Sa patrie divisée et occupée, humiliée et meurtrie s'apprêtait de devenir un immense champ de bataille. Une telle France pourrait difficilement se préoccuper des problèmes du leader tunisien. C'était « une histoire de fous », rétorqua René Gounin. Les adversaires de Bourguiba estiment que c'est plus qu'« une histoire de fous ». C'est une preuve de légèreté lorsque le leader du mouvement nationaliste confiera à un jeune journaliste, mon humble personne, une mission aussi délicate aussi importante. Rédacteur du Mot d'ordre, militant nationaliste et membre d'une famille civique, aucune de ces références ne pouvaient, selon ces adversaires, me qualifier pour une telle démarche. Mais ces critiques n'ont pas échappé à Bourguiba qui justifie son offre à Pétain, comme un ballon d'essai par lequel le leader tunisien espérait, selon ses amis briser l'isolement politique dans lequel il s'était plongé. Ce faisant, Bourguiba espérait ranimer une opinion publique apeurée et traumatisée par une répression brutale déjà confirmée par son propre auteur le Maréchal Alphonse Juin lui-même, dans ses mémoires. Politicien opportuniste, Bourguiba n'avait rien à perdre, peut-être quelque chose à gagner.

Hold

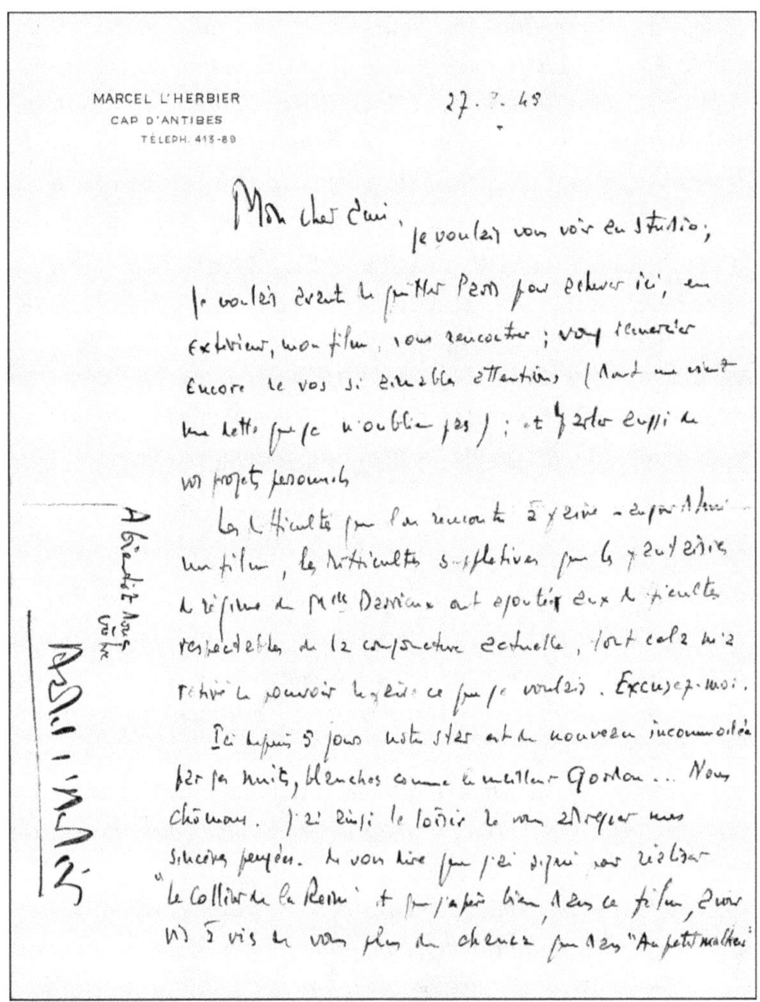

MARCEL L'HERBIER
CAP D'ANTIBES
TÉLÉPH. 413-89

27.7.4[illegible]

Mon cher ami, je voulais vous voir en studio ; je voulais avant le [illegible] pour achever ici, en extérieur, mon film, vous rencontrer ; vous remercier encore de vos si aimables attentions ([illegible] une lettre que je n'oublie pas) ; et [illegible] aussi de vos projets personnels.

Les difficultés que l'on rencontre à [illegible] un film, les difficultés supplétives que les [illegible] de Mlle Darrieux ont ajouté aux difficultés respectables de la conjoncture actuelle, tout cela m'a [illegible] de pouvoir [illegible] ce que je voulais. Excusez-moi.

Ici depuis 5 jours notre star est de nouveau incommodée par les nuits, blanches comme le meilleur Gordon… Nous chômons. J'ai ainsi le loisir de vous envoyer mes sincères pensées. De vous dire que j'ai signé pour réaliser "Le Collier de la Reine" et que j'espère bien, dans ce film, [illegible] plus de chance que dans "Au petit [illegible]"

A [illegible]

Marcel L'Herbier

Lettre de Marcel L'Herbier à Abed

Au lendemain de la guerre mondiale, l'affaire des négociations manquées sera oubliée par tous les partis engagés y compris ma personne, par solidarité avec l'homme dont j'étais, avant notre rencontre du Fort Saint-Nicolas, le disciple inconditionnel déjà !

Le débarquement allié me surprendra avec notre équipe de cinéastes à Oran où nous étions venus tourner dans le sud algérien, les vues extérieures d'un film « Les trois de Saint-

Cyr » appelé « Destin » où on m'avait offert le rôle d'un officier spahi. Pour aider à une lecture intelligente de cet humble témoignage, il faut souligner que le journalisme n'a pas été ma première profession. J'ai fait une carrière cinématographique qui sera hélas courte et marquée d'une malchance implacable dont « Destin » en sera la dernière manifestation.

En ce qui concerne ma carrière cinématographique, j'ai déjà confessé ma passion pour le 7e art, passionné de la critique et non de la comédie. J'estimais que les critiques du cinéma étaient rarement objectifs. Ils étaient souvent manipulés ou corrompus par les producteurs de « navets » à l'exception de Michel Duran du célèbre « Canard enchaîné », un critique intègre et compétent. La vogue du cinéma et l'impopularité des « études » ont largement contribué à mon choix, et pour réconforter un père inquiet, je lui promis qu'en cas d'échec je pourrais toujours retourner à l'université.

Quelques jours après, notre équipe de « Trois de saint-Cyr » se transporta à Gabès dans le sud, pour filmer les vues extérieures sahariennes. À la veille du tournage, j'ai rendu visite à ma famille à Methouia, à quelques kilomètres de Gabès, Je voulais m'informer auprès de mon père d'une chose grave et urgente, comment monter à cheval. La réponse fut rapide :

— En serrant les genoux contre les côtes du cheval, me répondit-il.

Le lendemain après une journée de cavalcades, je suis revenu au foyer familial, cette fois pour exposer à mon père les résultats de son conseil ! Mes cuisses et mes entre-jambes étaient en sang ! J'avais pourtant serré aussi fort que j'ai pu, les côtes de ce pauvre cheval. La vedette masculine Jean Chevrier lui, a eu droit à un Stuntman pour le remplacer dans de multiples chevauchées. Acteur débutant, je ne méritais pas ces égards. Il a fallu me contenter des compliments de mes camarades qui, jusqu'aujourd'hui, refusent de croire que je ne savais pas monter à cheval avant le film.

La malchance qui avait toujours hanté ma carrière cinématographique sera augurée déjà par le film « Trois de saint-Cyr » lorsque son producteur Hunnebel, décida de suspendre le tournage d'un film à Paris, à la suite de la *tension internationale et les menaces de guerre qui émergeaient des chancelleries.*

Les diplomates français, anglais et allemands réunis à Munich, s'interrogeaient du sort de la paix ou celui de la guerre. À Paris, grogneur le personnel du film est mis au chômage et invité à rentrer chez lui pour y attendre les décisions de la conférence.

L'attente fut courte Dieu merci et suffisamment rassurante pour permettre à Monsieur Hunnebel de reprendre les prises intérieures du film « Trois de Saint-Cyr » qui sortira quelques mois après et connaîtra un succès modeste.

Mon apparition dans le film a été courte pour mériter une opinion justicière. Pour aider le public à une meilleure mémoire de mon pseudonyme artistique, j'ai adopté le nom de Lieutenant Spahi Chukry-Bey, avec un trait d'union afin de décourager toute satisfaction beylicale.

La prospection des « rôles » est pour un débutant, un passe-temps passionnant si on est suffisamment argenté pour payer ses repas, ses taxis et surtout les « bars » où logent souvent les régisseurs qui sont les « pères Noël » des petits acteurs et des figurants. Sans argent on ne peut lutter contre le chômage qu'en devenant le gigolo de « quelqu'une » ou la protégée de quelqu'un. Dépourvu de ces deux cartes, il m'a fallu compter sur un ami Claude Dauphin pour m'obtenir suffisamment de petits cachets radiophoniques pour tenir le coup, et survivre dans les « restaurants des chauffeurs de taxi » qui sont devenus plus tard en vogue chez les « snobs » !

La chance ne tarda pas à se manifester pour s'éclipser aussi vite qu'elle s'est offerte. Un des grands noms du cinéma français, Marcel L'Herbier, me convoqua pour m'offrir un rôle important, celui du chef indien-américain dans « La dame de l'ouest » de Pierre Benoît. Viviane Romance en était la célèbre vedette féminine. Le film est produit par Dischina, une firme franco-italienne très réputée. Le film devait être tourné à Rome, un voyage que les acteurs ne feront jamais par la faute incroyable d'un discours, où le dictateur italien Mussolini revendiquera pour l'Italie, la Corse, Djibouti et la Tunisie outragée. La France décide de fermer la frontière italo-française et se faisant, a renvoyé notre film aux archives de Dischina.

On peut noter que la malchance a sévi une nouvelle fois. Elle se manifestera aussi plus tard pour empêcher la réalisation d'un nouveau film « Lyautey Africain », dans lequel je devais tenir le rôle du sultan marocain Moulay Hafidh. Le film a été interdit par le ministère des affaires étrangères de la France qui estimait inopportun, voire cynique de vouloir rappeler aux marocains (à tout le monde arabe) l'agression et la domination dont ils ont été les victimes sous l'ère coloniale. Les producteurs du film ont négligé aussi la possibilité, voire la certitude, que la tension internationale aboutira à une guerre mondiale à laquelle le Maroc avec l'Algérie et la Tunisie seront « invités » à y participer, qu'ils le veuillent ou pas pour la défense de la France.

Le film a été abandonné. Les événements ont confirmé le point de vue du ministère des affaires étrangères. La guerre mondiale est venue et les maghrébins, comme en 1914, ont été mobilisés à nouveau pour la défense de la patrie "française". »

Fin de citation

LA TUNISIE ALLEMANDE

Le 08 novembre 1942 sous le commandement de Von Arnim, les troupes allemandes débarquèrent dans la Régence pendant la nuit à partir du port de La Goulette. Je relate le témoignage oculaire d'un parent, élève dans l'établissement ; « Les élèves de Sadiki passant par la Casbah virent de bon matin des soldats S.S grands, visages fermés, debouts devant les guérites ».

« Ils n'ont pas été agressifs, développa-t-il, mais les S.S allemands avaient systématiquement occupé les moyens de transport, les gares et les casernes. »

Si Tahar nous relata une histoire qui devint au fil du temps l'anecdote qu'on raconte, le sourire aux lèvres. Le jeune élève de Sadiki raconte comment faute de moyen de transport, il avait effectué son voyage vers le Sahel.

« Les routes étaient coupées et je m'étais glissé la nuit tombante sur l'un des wagons transportant le carburant vers Sousse. Retenant mon souffle, je m'étais glissé en étau entre les barils sur le train de marchandises. À l'aurore, j'ai sauté de la micheline dans un terrain vague où je ne savais plus m'orienter ni ne pouvais évaluer la distance qui nous séparait encore de Sousse. La peur aux trousses, j'ai marché en évitant les soldats et les agglomérations. Je ne sais plus dans cette fâcheuse posture comment j'ai pu atterrir à Djemmal ! »

En cette période complexe, le Général Leclerc de Hauteclocque avait débarqué en Tunisie dans les années 1940-1943 pour commander les fronts qui s'ouvraient aux frontières, car la France craignait l'entrée des troupes de l'axe par la Libye et au nord par la mer. Du côté sud à partir de la baie de Gabès, les forces armées déployèrent toutes les tactiques et une bonne partie des contingents élurent domicile dans la péninsule de Zarzis. Toutes ces manigances étrangères touchaient de près la population qui, non seulement se débattait dans ses problèmes, entraînée malgré elle dans l'ouragan des guerres, mais aussi devait, au comble de l'injustice, ménager la présence de ces nations intruses qui se disputaient sur sa terre.

Je rapporte une poésie qui illustre les appréhensions et les comportements des indigènes face à cette guerre mondiale qui arriva jusqu'à leurs portes.

Mdalla Souaï, poétesse populaire et humble voisine de la famille à Dar-el-Bhar, a laissé un patrimoine de poésie engagée extraordinaire qui raconte l'épopée du militantisme et mémorise certains événements qui ont touché à notre histoire. À travers la subtilité de la pensée, le quatrain dénonce les tiraillements auxquels les indigènes étaient confrontés au moment de la guerre mondiale. La réalité des événements inspire et les mots s'annoncent pour le dire.

هِتْلارْ فِي بَارِيسْ شَدْ الكَرْسِي   وْمَا يِقِيلْـهَا كَانْشْ اتْبِيَّعْ مَرْسْ
يَعْطِيكْ الخْلى يَا أَلْمَانِيَا ذُلِّيتِي   وفَكُّو اخْذُو بَرْلِينْ رَاكْ خْلِيتِي

Traduction :
Hitler jura d'envahir la France jusqu'à ce que capitulation s'en suive (Paris)
Sois bannie Allemagne invincible,
Qui fut battue
Sur les fronts, avilie aux portes de Berlin.

— Maman, dis-je, pour qui dirait-elle cela Mdalla ?

— Selon la présence du Français, du Britannique ou de l'Allemand. me répliqua-t-elle sans la moindre hésitation.

Pendant que je collectais les données qui constitueraient la trame de ce modeste témoignage, je ne savais pas si je devais inclure toutes ces poésies qui furent pour moi souvent un repère pour situer un fait ou préciser une date. Le travail avait mûri au fil des années et moi-même transportée dans ce passé extraordinaire vécu par les miens et convaincue par la portée de ces vérités, je fis des efforts pour mieux me documenter et conduire mes recherches. Chaque parole trouva comme par enchantement son chemin et la poésie engagée s'incurva dans le puzzle géant des guerres. Je ne peux que reconnaître à ces femmes, pourtant analphabètes, leur sens analytique et leur verve dignes de grands reporters.

Dans un petit futur, lorsque l'Allemagne digérera sa défaite, les juifs de Zarzis plus indigènes et ignares que les natifs eux-mêmes clameront à l'encontre des arabes : « *ya laarab, ya laarab, lalman alikom harab* ! » (ô peuple arabe les Allemands vous ont lâchés !).

À l'entrée des alliés, Tibra, Sbirsa, Manena, Esther, Nécim et Khlifa l'orfèvre criaient : « *Khammous jana ya lilla, Khammous jana ou ya rabbi itkoun maana* », (Victoire; les alliés sont là, que Dieu nous garde !)

DJERBA. DÉBUT DES COMBATS

Pendant que toutes les décisions se fomentaient entre les puissances impérialistes, le peuple tunisien vivait la vraie guerre. Ma mère me raconta cette période de bombardements où à l'écoute de la sirène annonçant les pluies d'obus, ils se repliaient dans les tranchées et galeries creusées à proximité des maisons laissant le bébé dans la poussette. « Faites mon Dieu que ses anges la protègent lorsque les avions grondent et les bombes éclatent ! », disaient les voisines en s'engouffrant avec madame Béchir et ses enfants dans les refuges.

Contre une mort certaine dans le calvaire des tranchées et l'haleine asphyxiante, on préférait pour le bébé l'incertitude du plein air.

« *Rabbi mâaha* », disait la mère contre son gré en alignant devant elle ses enfants, sa négresse, les uns après les autres. « La Sainte Vierge la protégera ! », disait une voix de temps à autre pour encourager les parents. La peur aux tripes, les dents s'entrechoquant de froid, le visage blême on descendait comme des automates pour remonter vidés, les oreilles abasourdies et le regard absent. Les enfants vécurent perturbés, astreints au couvre-feu, contraints de garder la maison après la fermeture des écoles. Le centre de Houmet Essouk regroupait les administrations et la peur d'un bombardement ciblé radical angoissait toutes les familles.

Lié aux Challaki, dont un membre travaillait dans l'administration des habous mitoyenne à la poste, le père Béchir se réjouit de l'invitation ; son ami proposait d'héberger la famille du postier dans le domaine patriarcal de Mahboubine à l'intérieur des terres.

Le déplacement eut lieu sous les obus presqu'en catastrophe et Soumeya se retrouva dans une grande maison occupée par toute la famille des Challakhi liée aux Kateb.

Ils vécurent dans l'amitié sincère, dans les valeurs de ces *Arouchs* honorables, pieux, généreux et de grande éducation. Pour les uns comme pour les autres, ils se stimulèrent en organisant une ambiance de réconfort et d'entraide pour vivre en convivialité les longs mois de guerre ; Soumeya soumettra ses enfants au règlement de la maison et tout se passa comme dans le meilleur des mondes.

Ma mère me parla de cette cohabitation où on lui offrit l'aisance des lieux et la prévenance des maîtres. Elle se recycla à certaines habitudes dans le domaine culinaire et me rapporta le nom de quelques spécialités : *el acida bil gazoul* ou *chaddekh* (pâte de dattes aigre-douce), *il malthouth bil hout* (chok) (des côtes djerbiennes, couscous d'orge au poisson).

Toumana d'origine turque imposa sa langue. Les trois brus occupant les différentes ailes sortaient sur le perron pour appeler leurs progénitures aux heures de repas. Au nombre de coups de sifflet de leur mère, les enfants répondaient au signal.

« *Hadhi mgharfet sidi Nour, hadhi mgharfet sidi Abid, hadhi mgharfet sidi...* », la négresse distribuait les couverts, se trompait, recommençait. Le soir pour préparer les lits, idem : « *Hadhi mkhadet sidi..., hadhi mkhadet* sidi... ».

La négresse distribuait en s'appliquant couvertures et literie. La journée passait en jeux et en séances de broderie sous les arbres. Les gardiens prenaient soin de contourner la base des murs avec un filet de *gotran* pour éloigner les bestioles rampantes. Avec discrétion, Soumeya mettait en garde ses enfants, mais manifestait malgré elle une peur occulte. Les nouvelles de la guerre s'échappaient d'un poste de T.S.F grésillant et les familles en proie à l'incertitude, noyaient leurs appréhensions dans les banalités du quotidien.

Les attaques des troupes allemandes commandées par Rommel avaient commencé depuis janvier 1942 jusqu'à juillet. Le 23 octobre 1942, la fameuse bataille d'el Alameïn départagea les deux puissances, les troupes anglaises dirigées par Montgomery écraseront les troupes allemandes. Les Britanniques prennent Tripoli et rejoignent les franco-américains en Tunisie. Le 08 novembre 1942, le Général Eisenhower pénètre dans le nord-ouest de la Tunisie à partir d'Annaba et les alliés débarquèrent pour libérer le pays.

Methouia 1942-1943

Kalthoum se trouvait en villégiature chez grand-père lorsqu'elle a été surprise par les fronts qui s'ouvraient de part et d'autre de la ligne de Mareth. La bataille de Oued el Accarit confronta, d'un côté les Allemands et de l'autre l'armée de Montgomery. Les Allemands essuyèrent une défaite en mars 1943 contre l'armée britannique.

La fameuse ligne de fortification construite par les Français de 1934 à 1939 entre le Chott el Djerid et la mer scinda le pays en deux fronts, dans l'intention de barrer la route aux troupes allemandes fortifiées par les régiments des Italiens fascistes qui remonteraient de la Libye. Dans cette Tunisie en guerre, les communications devinrent quasi impossibles entre les deux côtés de la ligne de fortification. La guerre éclata sous une pluie d'obus, le tir des tanks et l'envahissement affolant des unités de guerre. Déportés des îles, engagés, Allemands, Anglais, Africains, Malgaches, tabors Maghrébins, tirailleurs, Sénégalais, les légionnaires provoquèrent l'horreur chez les habitants obligés de subir ces enjeux qui se passaient sur leur sol.

— Mets le *burnous*, disait grand-père à Kalthoum, relève tes cheveux et rabaisse la capuche sur ton visage !

Le Kahia avait terriblement peur pour sa petite-fille et les soldats grouillaient autour du Kahialic jusque dans son jardin, ils les voyaient à travers les interstices des fenêtres de son bureau. Oum Kalthoum fut d'un grand secours pour remplacer durant ces sept mois de guerre Méma qui se trouvait, elle aussi, bloquée. On n'avait plus de nouvelles et l'incertitude qui planait devenait insupportable. Prenant goût aux responsabilités de sa grand-mère, la petite fille donnait des ordres, réceptionnait, dirigeait Khadra et ses filles et dans les moments de tristesse, se faisait réconforter par Fadhila, quand elles ne pleuraient pas en douce toutes les deux. Le sifflement des chasseurs les surprenait et lorsque le faisceau, prémices de l'éclatement des bombes, éclairait le ciel, on disparaissait dans les tranchées creusées en S pour se tapir, debout derrière les sacs bourrés de sable, les yeux aveuglés par la luminosité et les tympans crevés par l'intensité des raids aériens. Cette angoisse faisait imaginer à *si* Djilani des scènes atroces... ces soldats venus des quatre coins du monde brimés, déroutés... et sa petite-fille était tellement belle. « Ne sors jamais Oum Kalthoum ! Et s'il t'arrive de traverser la cour, rabats le *tarbouch* mon petit gavroche ! »

Il la faisait passer pour un petit garçon. Lorsqu'il parlait des siens, *si* Djilani ne disait jamais que sa petite fille était là, il faisait allusion à son jeune fils Sadok, aux garçons de course qu'il avait à son service et qui passaient la nuit, disait-il, à la maison. Après son année en cours complémentaire à Djerba, Kalthoum garda la maison. Dynamique et gaie, elle souffrit de cet isolement inattendu et éprouvant. Elle pensait à maman, à papa et à sa petite sœur, mais se ressaisissait à la vue de grand-père qui, à ses moments de faiblesse, s'ouvrait pour lui faire part de ses soucis : oncle Abed, oncle Kadem faisaient de la politique dans la métropole. La peur de *si* Djilani n'était pas sans fondement. Ce jour-là, le Kahia referma son bureau et il ne lui restait que quelques mètres pour franchir la porte, lorsqu'un peloton de Tahitiens et d'Australiens inonda les aires du Kahialic. Kalthoum raconte : « J'étais derrière le portillon et regardais à travers les fissures éraillées de la porte grand-père arriver lorsque soudain, un soldat l'arrêta pour l'aborder familièrement en lui touchant l'épaule. »

« Comment osait-il, pensa la petite, toucher *Azizi* de si près, mettre la main sur l'autorité suprême de la région dans le Kahialic même ? » Elle crut voir sa chevalière dans la main d'un soldat. Intriguée par leur arrogance, la pauvre petite s'imaginait avec rage que son grand-père était intouchable, invulnérable et imbattable.

Il se retourna et fit mine de ne pas comprendre. En fait avouera-t-il par la suite à Kalthoum, il craignait qu'ils n'envahissent la maison. Il s'arrêta, leur remit la bague, alimenta la discussion tout en gestes et s'assura qu'ils s'éloignent contre la chaîne sautoir en or massif que *si* Djilani portait attachée à la poche intérieure de son *minten*. La montre de forme oblongue, ses chiffres étaient sertis de rubis. Retenant son souffle derrière le trou de la serrure, la petite vécut la scène la peur aux viscères. Le Kahia puisa son courage pour négocier la lâcheté du soldat plutôt que subir les sauvageries et les gestes irréparables.

Complices de cet incident dont le souvenir s'est estompé avec le temps, grand-père et sa petite fille le scellèrent dans la case « dommages de guerre ». Entre deux bombes, la vie reprenait et la jeune fille, soucieuse de la régularité des régimes de son grand-père, se levait pour lui préparer son verre de lait de chamelle qui équilibrait son diabète, à dix heures une mouture au fenugrec et à midi son potage varié de légumes laissant à Fadhila et Khadra le soin d'assurer les plats compliqués, la cuisson du pain d'orge et les besognes harassantes.

Les nouvelles s'espaçaient. Les lettres d'Abed depuis la Côte d'azur n'arrivaient plus. Madame Voison était venue rendre visite gentiment à Kalthoum, elle-même native de Grasse, elles avaient abordé la discussion. Française libre, anti vichyste acharnée elle parla de la zone occupée, des spéculations et du manque de denrées de base qu'on raflait pour les régiments. De temps à autre, une anecdote venait agrémenter la discussion passionnée. « Oui, dit-elle, on raconte qu'à Paris un Tunisien s'était enrichi pendant cette période de trouble. Il eut l'idée miraculeuse de vendre des gousses de caroube en guise de bâtonnets de chocolat. L'astuce flamba et les sous pleuvèrent !

Malgré le contexte épineux, Abed fera un voyage éclair à Tunis, chargé d'accompagner Mathilde, la femme de Bourguiba et Habib junior à Marseille. Ensemble, ils rendront visite au Leader détenu avec ses compagnons au Fort Saint-Nicolas. Abed profita pour aller à Methouia. « *Ya* Abed *oueldi*, avait dit son père, la conjoncture est mauvaise ne te jette pas dans l'incertitude. Après la guerre, les nations dévastatrices ne pourront à l'avenir prendre des décisions sans l'avis de ces peuples qu'elles briment maintenant ».

« En Tunisie comme en Algérie et au Maroc, cette prise de conscience est générale, il faut qu'elle s'homogénéise dans une lutte franche et globale qui verra la promesse d'une Afrique du Nord libre et affranchie. » répondra son fils. *Si* Djilani n'avait-il pas mis en garde son fils de l'avenir incertain et des revirements politiques ?

L'ARRESTATION DE ABED. DÉCEMBRE 1942

Parti pour l'Algérie quelque temps après, Abed sera arrêté à Tlemcen au lendemain de l'entrée des troupes alliées à Alger en novembre 1942, lorsque le Général Eisenhower arriva en Afrique du Nord. Le renfort allié pénétra à partir des frontières de Annaba vers la Tunisie où les fronts s'ouvraient dans cette zone nord-est et dans le reste du territoire, de part et d'autre de la ligne de Mareth. Par ailleurs la politique anticolonialiste américaine et la déclaration de Wilson sur le droit des peuples à disposer d'eux-mêmes, encouragèrent les nationalistes du P.P.A à Alger (amputés de leur leader Messali el Hadj détenu) à rentrer en contact avec les américains pour adresser au Président Roosevelt un manifeste. Dans la capitale algérienne, des prises de contact se multiplièrent autour du Consul Murphy et l'occasion se présentait à Abed Bouhafa qui parlait parfaitement l'anglais de s'intéresser à la question maghrébine et de s'introduire auprès des Libérateurs. Les colonialistes de Tlemcen en prirent ombrage et précipitèrent les événements prétextant une dispute verbale qui eut lieu entre le cinéaste tunisien et des agents de la force mobile (on parle d'une gifle). Aussitôt, Abed Bouhafa sera arrêté et interné tour à tour dans les prisons de Tlemcen et de Colomb Béchar avant d'être expulsé à sa sortie d'Algérie des territoires d'outre-mer en août 1943. « *Je n'ai d'autre part aucun contact professionnel avec les autorités anglo-américaines malgré les affirmations malveillantes d'un commissaire de police fasciste de Tlemcen, aujourd'hui révoqué qui me soupçonnait de travailler avec les américains, avait obtenu mon expulsion d'Algérie. Cette accusation devait lui servir d'alibi pour me punir des articles que j'avais consacrés au Général De Gaulle et au Gaullisme, publiés par le Courrier républicain d'Alger.*»

Passage extrait d'une lettre datée de novembre 1943 à Monsieur le Résident Général à Tunis où Abed Bouhafa demande son rapatriement, après son expulsion des territoires d'outre-mer.

Le débarquement allié en novembre 1942 allait permettre aux militants de se manifester et on assistera à une recrudescence des activités nationalistes. En Tunisie comme en Algérie et au Maroc, la présence des Américains fit renaître l'espoir chez les leaders maghrébins et les déclarations du Président Roosevelt promettront aux peuples opprimés l'octroi de liberté, de droits et de respect. À Alger, les dirigeants présentent une charte qui réunira les revendications, points essentiels rappelant le conflit séculaire qui lie l'autochtone à l'élément colonial et demandent la libération du pays, ses richesses et son administration, du joug de l'impérialisme.

En Algérie, la masse populaire sortit de la clandestinité pour affirmer sa position derrière son leader détenu Messali el Hadj représentant du PPA. Les gros efforts consentis par les hommes du parti, entrés en contact avec le consul Murphy, se concrétiseront par la présentation d'un manifeste. Farhat Abbas, Lamine Dabaghine, Mohamed Khider, Moufdi Zakaria, Taoufik el Madani (Algérien né à Tunis) vivront une période exceptionnelle à savoir que dans cette Algérie sous mandat vichyste, en proie aux obus de la guerre, libérée par les Anglo-américains, reprise par le gouvernement gaulliste, approuvée par les partis de gauche et les communistes, les opportunités leur permettront de parler au nom du peuple. Ces intellectuels seront obligés de se confronter aux responsables du gouvernement français en Algérie qui ne feront pas bonne réception au « Manifeste ».

Dans le livre de Mahfoud Kaddache, « Histoire du Nationalisme Algérien », l'historien développe à merveille l'état d'esprit de cette époque. En parlant du Gouverneur Général (comme disait ma mère « *beyrtoun el ghoul* », il dira : « *Peyrouton se disculpera derrière de fausses promesses.*

L'amiral Darlan n'admettait aucune discussion.

Le Général Châtel dira « la guerre est le seul but et on ne parlera politique que lorsque le baroud sera terminé ».

Giraud, lui qui a destitué Moncef Bey, se réfugiera derrière les slogans tellement humiliants *: « les juifs à l'échoppe et les arabes à la charrue, d'abord la victoire finale, et non à la politique !* »

Abed Bouhafa retenu en Algérie de novembre 1942 à août 1943 vivra ces rebondissements, que ce fut au contact des révolutionnaires algériens détenus à l'intérieur des pénitenciers de Tlemcen, Colomb-Béchar ou en dehors des grilles.

On notera l'entrée de De Gaulle à Alger, l'établissement de la France libre, les querelles entre Français pour embrigader le pouvoir et les harangues des gouverneurs colonialistes. Le hasard et la destinée feront vivre à Abed cet événement extraordinaire qui annoncera « *l'arrestation de l'ogre Peyrouton par de Gaulle, la mise à l'écart du général Giraud (l'autre dictateur) et l'institution de Catroux, nouveau Gouverneur Général d'Alger.* » (Mahfoud Kaddache Histoire du nationalisme algérien 1919-1951)

RÉGENCE TUNISIENNE. RAGE COLONIALE

Comme nous l'avons développé, le moncefisme devint un mythe et Sidi el Moncef le héros. Le mouvement prit une telle envergure dans l'esprit du peuple tunisien qu'il fut considéré, par la Résidence et le Quai d'Orsay, comme un parti politique dont il fallait éradiquer l'existence.

Les Résidents généraux, perdus dans les méandres de la politique de Vichy, s'acharnèrent sur tout citoyen suspecté de patriotisme pour lui coller indirectement l'inculpation de collaboration avec les Allemands.

La famille du postier réintégra le logement à Djerba et les arrestations se multipliaient au sein des nationalistes ; ils disparaissaient l'un après l'autre et Béchir mettait Soumeya dans la confidence ; « ils ont pris Anane, Belkadhi, el Kilani ! »

— La prochaine fois c'est toi ! Ménage les autorités ta langue est virulente, répondait Soumeya à son mari.

— Aujourd'hui, ils ont arrêté Bessrour et Omrane.

— Ce sera pareil pour toi.

L'ARRESTATION DE BÉCHIR. TATAHOUINE – CAMP DE CONCENTRATION. REVOCATION DE SERVICE – MARS 1943

L'agent se présenta : « Mdam Boifa ? », dit-il en avalant ses lettres et en faisant des courbettes.

— Oui msiou !, répliqua Soumeya en retenant le battant de la porte entrouverte.

— Est ce que monsieur Bâachir est là ?

— Non msiou, répondit-elle brièvement, *monsieur Bouafa... birrou...* (au bureau)

— Il a un mandat d'arrêt, reprit l'agent en lui remettant le papier. Soumeya accusa réception, mais s'étonna de la démarche. « Comment, dit-elle, on apporte à un postier un mandat alors que c'est lui qui les manipule ? », même en temps de guerre, le courrier a toujours été distribué au prix quelquefois de gros efforts, en multipliant les effectifs et les heures de travail. Madame la « postière » dérapa sur les secrets du métier ignorant le véritable motif de ce qu'elle avait entre les mains. Elle appela son mentor à sa rescousse ; Kafila arriva, sa mère lui parla du papier, la fillette le lut et son visage blêmit.

« Va vite ma petite fille, va voir au poste de police ce qui arrive, *fissaa*, informe-toi bien *ayech binti essalha* » (Ma fille sage). La journée tirait à sa fin et un étrange pressentiment l'assaillit !

La fillette sortit du bloc-habitation, mais elle n'eut pas à courir longtemps, elle s'était arrêtée haletante croyant évoluer dans un méchant rêve que le prochain nuage, là-bas au crépuscule, allait vite dissiper. Les personnages se mouvaient tranquillement venaient vers elle. Kafila ne sut que faire, ses yeux s'écarquillaient à mesure que les silhouettes s'approchaient, une grande déception s'abattit sur elle si lourde qu'elle en eut le goût étrange entre les dents.

« Oh… papa… papa ! », murmura-t-elle la voix étranglée par l'émotion. Elle distingua son père, son beau papa roi des postiers, élégant dans son costume d'alpaga. Elle le vit silencieux, digne marchant encadré par deux officiers de police, ses mains étaient libres et il releva lentement son bras pour rajuster son *tarbouch majidi*. Lorsqu'ils arrivèrent à sa hauteur, la fillette éclata ; « Donnez-moi papa, donnez-moi papa, je vous en supplie ! » (Lorsque ma sœur arriva à ce passage, je ne pus retenir mes larmes. Je me représentais l'énormité de cet événement et la fragilité de la fillette). Lorsqu'elle comprit l'irréparable outrage, Kafila fit demi-tour s'en référer à sa mère. Elle fit un effort pour dépasser ce moment pénible et courut vers la maison.

— *Mâ*..., dit-elle en avalant ses larmes, papa est retenu au poste de police j'ai insisté qu'on nous le relâche, monsieur Veyrun a un mandat d'arrêt contre lui signifié par l'OPJ du district de Houmet Essouk.

— Ah..., c'est le fameux mandat ! Et moi qui pensais aux *flouss ya bnaïti*, quel malheur ! Visiblement gêné d'affronter madame Bouhafa pour lui confirmer l'ordre d'arrestation de son mari, monsieur Albert s'était présenté en bon voisin. « Ya madam', dit-il en temporisant sa voix, préparez la valise de monsieur Bâachir ».

Le voisinage partageait la consternation de la gentille dame, regrettait pour elle cet acte barbare qui lui ravissait son époux et le père de ses enfants adorables. Lorsque la valise se boucla sur le linge repassé, les costumes pliés et le nécessaire de toilette rangé, monsieur Albert n'osa pas dire à cette épouse prévenante de ne pas se donner trop de peine ! « Allaient-ils emmener le détenu dans un grand palace ou convié pour une soirée de gala ? », pensa-t-il.

L'homme se ravisa en prenant congé, il se fit accompagner par Aïcha bint el Gzouni la négresse. La noire hissa le bagage sur sa tête et la maîtresse de maison sécha les larmes de ses petits. Ils avaient pourtant promis qu'ils interviendraient auprès de l'OPJ pour qu'exceptionnellement, les autorités permettent à monsieur Béchir d'embrasser ses enfants avant sa déportation vers le Grand Sud. « Ce serait une faveur avait répété monsieur Albert, courage ya madame Boiffa ! ».

Ma mère me raconta qu'il y avait eu un incident survenu entre papa et un Français colonialiste, elle se souvint d'une grappe de raisin qui aurait été l'enjeu, mais ne put me développer plus.

— En fin d'après-midi vers le crépuscule, me dit-elle, papa arriva accompagné d'agents de la sécurité. Le front creusé, le postier se demandait s'il allait encore revoir sa famille ». Soumeya ordonna à Aïcha de ramener la *jebba secrouta* (santa-cruz - qualité d'une soie).

— Non, laisse-la à Farouk, avait-il répondu.

— Il grandira, répliqua la mère, pense à toi maintenant ! Pour dégeler l'atmosphère, elle parla d'une voix désinvolte.

Comme en s'excusant, le père hocha la tête et tout se passa très vite. « J'entends encore l'agent habillé en civil marmonner des mots en maltais pour nous consoler », me répéta ma mère en plaçant l'index près de son oreille.

— Ne dites rien ya Madam' Bâachir, madremia, *taoua tit batcha el gouerra ou irjaa messirek ya Kafila*, fais attention à tes petits ya madame Bâachir (La guerre se terminera et ton père reviendra !), terminera monsieur Grimald dans son patois maltais.

Lorsqu'il s'éloigna de la maison, le père avait posé un long regard sur son dernier né qui souriait aux anges endormi dans la poussette vert clair. Le chef de brigade de la gendarmerie Leroy ordonna le départ et le camion démarra avec le lot des détenus djerbiens vers Zarzis el Allama.

Liste des détenus au camp de Tatahouine
Mokhtar El Cadhi – Béchir Bouhafa – Anane Ben Habib Anane
Hmida Besrour – Salah Hantous – Taïeb Ben Achour
Tahar Batikh – Abdelmagid El Cadhi – Amor Anane
Tahar El Kilani

EL KANTARA

حمادي اللواتي:
(الإعتقالات بعد الحرب)
"أبناء جزيرة جربة في الحركة الوطنية: ١٨٨١-١٩٦١"

بعد انتصار الحلفاء على المحور قامت السلطة الاستعمارية بحملة من الاعتقالات شملت عددا من الدستوريين والموظفين بدعوى أنهم ذهبوا مع الألمان وهذا غير صحيح بالنسبة لأكثريتهم وكل ما في الأمر أن هؤلاء المواطنين أبدوا شماتة بفرنسا احتلها الألمان في بداية الحرب سنة 1940 وأبرز ضحايا تلك الحرب ملك البلاد محمد المنصف باي الذي أراد تسيير شؤون بلاده دون استشارة المقيم وأيضا لموقفه الحيادي تجاه المتحاربين.

ومن ضحايا الحرب أيضا بالنسبة لأبناء جربة المقيمين بتونس نجد الأستاذ بشير الفورتي والمناضل عمر حميدة ومن المقمين بجربة حسبما جاء في تقرير المراقب المدني : السادة عبد الرحمان السبعي الذي أخفي ألمانيا في بيته ورمضان بالحاج عبد الرحمان المؤدب هؤلاء الثلاثة ذهبوا مع المحور – مختار القاضي كان ضحية رسالة تلقاها من ابنه الذي كانت السلطة تعتبره من المشبوه فيه – بشير بوحافة-عنان بن حبيب عنان – عثمان بن عمران – حميدة بسرور – صالح حنتوس – طيب بن عاشور– طاهر بطيخ عبد المجيد القاضي– عمر عنان – طاهر الكنيالي وهم من الدستوريين وخاطبهم المراقب المدني يوم إلقاء القبض عليهم بهذا Vous êtes des destouriens. Je veux dormir tranquille

حبيب المليتي– حبيب عنان– بشير بن يوسف وعلى عنان وكانوا معلمين لووا عصا الطاعة فتآمر عليهم مديرهم السيد جان بوتيي بغاية معاقبتهم .

كل المذكورين أبعدوا إلى محتشد تطاوين في أفريل 1943 ولم يطلق سراحهم إلا بعد سبعة أشهر تقريبا.

Le nom de Béchir Bouhafa est souligné.

En grimpant dans la barque, la mère dépourvue de laissez-passer (PCV prononçait-elle) implora son Dieu pour qu'il protège leur traversée.

— Interdit de passer !, cria le gardien de la passerelle.

— Laissez-la, c'est une réfugiée dit le chauffeur Henri, son mari est *kalabouch*.

La mine déçue, les enfants attendaient la permission de passer et l'agent s'attendrit ; « Circulez... ! »

Dans la soirée même où Béchir les quitta, Soumeya réunit ses enfants, prépara un ballot de linge et fit transmettre à *Khali* Messaoud Djebnoun qui habitait Djerba, la nouvelle de l'arrestation pour qu'il les accompagne de Sidouikech à Ajim. Soumeya boucla la maison et appela *Harri,* comme elle disait, à sa rescousse.

En cours de route à chaque barrage la même demande se répétait :

— Laissez-passer "sioupl锓, (s'il vous plaît).

Casque baissé, le militaire promenait un regard de routine sur les passagers. « *Pas combri msiour* ! répondait invariablement la femme en ramenant le pan du *safsari* sur son nouveau-né recroquevillé dans son giron. Tantôt Henri, tantôt *khali* Messsaoud intervenait et la Citroën pétaradait sa délivrance.

Tassés sur la banquette arrière, Kafila, Radhia et Farouk avaient pour consigne de rester silencieux. À l'avant, Faouzi dormait dans les bras du grand oncle. Sitôt embarqués, le lynche démarra en direction d'el Kantara. La chaussée romaine impraticable avait été défoncée par les passages d'engins militaires. La barque remplie à tout-venant débarqua sur l'autre rive ; Italiens, Djerbiens, moutons et choses hétéroclites mirent pied sur la péninsule de Zarzis.

La voiture de service s'arrêta à hauteur d'el Allama. Kafila et Farouk descendirent aussitôt pour se dépêcher vers la caserne, les détenus y passèrent la nuit comme avait prévenu le commissaire à Djerba en attendant d'être déportés à Foum Tatahouine.

Arrivés à hauteur de *Dar-el-Bhar*, une surprise énorme désarma le courage de Soumeya et ses enfants. La maison meublée avec ce que grand-mère avait eu soin d'envoyer de Mareth pour compléter son confort fut envahie par les troupes. Dans le grand terrain, les camions stoppés dans tous les sens et les Jeeps avaient métamorphosé le paysage familial. Les deux ailes de la maison étaient occupées par les soldats, d'un côté les Anglais et de l'autre des *téhiciennes* comme prononçait ma mère : « Petits, râblés, noirauds ils n'étaient pas beaux à voir ! » compléta-t-elle. On leur permit toutefois de traverser le domaine pour se rendre chez tante Fatna et oncle Belkacem.

« Une négresse plus six enfants plus leur mère, quel toit pourrait les héberger sur cette terre ! », murmurait l'épouse de Béchir. En traversant le terrain devenu soudain étranger, ils virent des soldats assis à califourchon sur la balustrade de la véranda interpeller des gosses indigènes.

وْصِيفَه وْسِتَّة أُولاَدْ وأمْهُمْ أنَاهِي دَارْ إلّي تْلِمْهُمْ ؟

— Eh toi… Mus... ta... fa, toi là-bas, viens.

— Oui Msieur ?

— Qui est ce gosse à la mèche blonde ?

— Farouk, répondit le garçon.

— C'est un arabe ?

— Oui, c'est le fils de la famille. Le garçon fit mine de partir puis il revint sur ses pas pour ajouter : « Son père est *kalabouch* ! Béchir Bouhafa ».

Soumeya entendait les propos l'amertume aux lèvres. Ma mère me parla de cette peur réfléchie dans les yeux des autres, irraisonnée et qui les faisait s'éloigner d'elle. Devenait-elle l'intouchable avec ses mioches, parce que leur père était déporté comme on disait en patois de légionnaire *kalabouch* ?

Déjà lorsqu'ils avaient amarré sur la rive d'el Kantra, le surveillant du Bordj zarzisien de souche fit mine de ne pas reconnaître la femme de Béchir et ses petits. Par souci de délicatesse, elle ne me précisera pas le nom de la personne. Tous ces comportements loin de la dissuader la décidèrent à foncer pour protéger ses enfants et affronter l'avenir. « *Ya khsara, il marra hadhi papa ghilbouh* » (Quelle malchance, cette fois-ci papa s'est laissé avoir), dira Kafila en soupirant. Il n'aimait pas la défaite, père aimait se battre, il est vrai, même avec la plume. Que lui reprochaient-ils ces messieurs qu'on nomme grands ? Consciencieux dans son travail, dans l'éducation de ses enfants, dans l'amour de son pays, juste pour le droit des autres, comment pouvait-il être fasciste et anticolonialiste à la fois quand le colonialisme et le fascisme étaient cousins germains ?

Je tire mon chapeau à ma mère qui me certifia que les trois frères étaient prisonniers dans la même période. Je reconnais que je n'arrivais pas à déterminer l'ordre dans les dates d'arrestation ni les lieux pour Kadem et Abed. Lorsque j'ai pu rassembler les documents, ils m'ont confirmé les dires.

On accueillit Soumeya avec un élan pathétique, les noirs commencèrent à se lacérer le visage pour pleurer le malheur qui s'était abattu sur leurs maîtres. Le patriarche Boghdadi, un pilier des Accara disparut, Abed arrêté par les colonialistes dans les prisons d'Algérie, Kadem détenu à Tadjerouine et révoqué de son poste, Béchir détenu à el Allama en partance pour le camp de concentration de Tatahouine et révoqué de son poste, le petit Chaker en proie à une fièvre virulente.

— Qu'ont-ils les Bouhafa ?, diront les curieux du bureau des affaires indigènes.

— Ils se lamentent, reprendront discrètement certains proches, Chaker a le typhus et il est moribond.

Mais Khelil Nattahi et Ali Khelil, respectivement secrétaire au bureau des affaires indigènes et Cheikh el Bled savaient eux la véritable raison qui avait frappé de consternation la famille.

MORT DU PATRIARCHE. 3 FÉVRIER 1943

Le 3 février 1943 dans un contexte perturbé par cette seconde guerre mondiale, le patriarche *si* el Boghdadi rendit l'âme à six heures du matin. La famille fuit la ville pour se réfugier à l'intérieur des terres. Dans une *ghorfa* construite dans l'oliveraie de Ziane, les membres s'étaient accommodés d'un confort élémentaire. Pourtant Kheiria la petite fille de l'Imam raconte que le phonographe « La voix de son maître » continuait à diffuser les airs et qu'à son souvenir, les moments passés au *henchir* étaient des plus heureux, à l'écoute des microsillons d'Oum Kalthoum et de Sayed Derouiche.

« Jeddi el Boghdadi, dit-elle, nous imposait de nous rouler dans des nattes au fond de la pièce si on entendait une colonne de militaires passer au loin, par crainte de la mauvaise réputation des troupes et lorsque les combats s'arrêtaient, les légionnaires en profitaient pour violer, saccager et dilapider ».

La famille fut très affectée par la disparition de cet être cher qui, à lui seul, valait une tribu. Le jour de sa mort, il plut à verse et l'année s'avérait fructueuse malgré la pluie des obus. Le frère de *si* Djilani succomba à une « fièvre espagnole » qui l'avait fait flamber. La saison des récoltes d'olives tirait à sa fin, ouvriers et domestiques assistèrent à l'adieu de leur maître. Dans la péninsule, la tribu Accara pleura l'homme pieux qui savait allier la bonté du cœur avec la pureté de l'âme. L'Imam préféra mourir dans la paix de ses ancêtres, sur cette terre de Ziane qui portait dans son terreau ses titres de noblesse.

1943, L'ARRESTATION DE KADEM

Le 1er juillet 1942 Kadem réintégra son poste à la tête du Kalifalic d'Aïn-Draham. Nul n'ignore que ce poste frontalier servait de passage aux contingents militaires français venant d'Algérie et le nouveau Kalifa affichait son penchant pour la politique de Moncef Bey. À partir de l'hôtel Bellevue tenu par une française madame Delatour, l'autorité arabe s'exprimait librement pour contester les sévices du colonialisme. La sympathie et la confiance acquises à la population musulmane de Aïn-Draham et de Tabarka soulèveront le courroux. Les contrôles civils de la région incriminèrent le Kalifa de sentiments pro-allemands. Je laisse les documents relater l'arrestation du cadet des frères et sa révocation de son poste, exactement un an après sa mutation de Tozeur.

En mars 1943, Kadem sera arrêté alors qu'il était alité. Le 1er avril 1943, il sera suspendu de ses fonctions de Kalifa par ordre du Directeur des Contrôles Civils. Il sera transporté malade dans la circonscription d'el Mérridj pour réintégrer le centre d'éloignement de Tadjerouine. Il écopera ensuite de trois mois de détention dans la grande prison de Tunis, puis sera libéré le 23 décembre 1943.

Circulaire minist. du 26 décembre 1904

COMMANDEMENT SUPÉRIEUR DES TROUPES DE TUNISIE

Légion de Tunisie

SECTION du KEF

BRIGADE d'AIN-DRAHAM

Nos de la brigade 80 / Section...

II Avril I943

PROCES-VERBAL CONSTATANT notification arrêté mise en résidence surveillée à: Si KADEM BEN BOUHAFA, khalifat à Aïn-Draham.

EXPEDITION

Modèle N° 7 (ancien N° 10)

Art. 292 du décret sur l'organisation et le service de la gendarmerie

(1) A rayer dans les arrondissements où il n'y a pas de section

GENDARMERIE NATIONALE

Cejourd'hui onze Avril mil neuf cent quarante-trois à 18 heures 15.

Nous soussignés MERTZ, Jean, Pierre, M.D.L. Chef et RAFAI, Hocine, aux. Ind.

gendarme à cheval à la résidence d'AIN-DRAHAM département de TUNISIE, revêtu de notre uniforme et conformément aux ordres de nos chefs OBJET

Note n°206/S de la Vice-Résidence en Tunisie du 2 Avril I943 et arrêté n°203 du 31/3/1943, suspendant ~~xxxxxxxxx~~ SI KADEM BOUHAFA de ses fonctions de khalifa d'Aïn-Draham et le plaçant en résidence surveillée à TADJEROUINE jusqu'à nouvel ordre et où il devra se présenter à la gendarmerie tous les deux jours (Transmission Compagnie du Kef N°I500/3 du 4/4/I943 et Section n°2096/3 du 5/4/I943.)

NOTIFICATION

~~Notification~~ En tournée au Meridj, nous nous rendons à l'hôtel BELLEVUE et notifions la présente note à l'intéressé. Il nous déclare:

Je me nomme: Si KADEM BOUHAFA BEN DJILANI, Tunisien, âgé de 30 ans, né le 25/I2/I9I2 à Zarzis (Tunisie), khalifat à Aïn-Draham, fils de Djilani et de Fatma bent Djermoun, divorcé, jamais condamné.

S.I. Je reconnais avoir pris connaissance de l'arrêté de Mr. le Vice-Résident de Tunisie me suspendant provisoirement de mes fonctions de khalifat à Aïn-Draham et me plaçant en résidence surveillée à Tadjérouine où je dois me présenter deux fois par semaine à la gendarmerie.

Actuellement je me trouve retenu au lit pour rhumatismes articulaires et je ne pourrais rejoindre ma nouvelle résidence qu'après guérison.

Le Docteur GARNIER de Tabarka m'a visité le 23 Mars I943 et m'a prescrit IO jours environ de repo

Vu transmis par le Commandant ... à M. le Général ... le 19 Avril ...

NOTA. — Lorsqu'il y a lieu de donner un signalement, il est placé à la suite du procès-verbal après les signatures. L'emploi de formules imprimées peut être toléré pour les contraventions, arrestations en vertu de contraintes par corps, recherches, etc., mais seulement lorsqu'il n'y a pas de faits particuliers à relever et sous réserve de la non opposition des autorités intéressées. Il en est de même pour les arrestations d'insoumis, et de militaires déserteurs ou absents illégalement.

BONICI, IMPRIMEUR, TUNIS

Le Docteur SICARD de Tebourba, m'a visité le 31 Mars et m'a prescrit un mois de repos.

Dès ma guérison, je me rendrais à Tadjérouine, résidence qui m'est fixée.

Lecture faite, persiste et, signe.

RENSEIGNEMENTS

Une copie de l'arrêté à été laissé à l'intéressé.

Sur réquisition établie par le Commandant de brigade, l'intéressé a été visité gratuitement par Mr. le Docteur Roland GUILLAUME, médecin de la Santé Publique à Aïn-Draham, qui nous a délivré un certificat médical.

COPIE DU CERTIFICAT MEDICAL

Aïn-Draham le 17 Avril 1943.

Je soussigné, certifie avoir examiné ce jour, sur réquisition de Mr. le Chef de brigade de Gendarmerie d'Aïn-Draham en date du 17 Avril 1943.

Mr. KADEM BOUHAFA, alîté à l'hôtel BELLEVUE que l'état de ce dernier ne contrindique pas son transport en voiture automobile dans sa nouvelle résidence.

Mais nécessite un repos d'une dizaine de jours sous surveillance médicale dans cette nouvelle résidence.

Signé: GUILLAUME

QUATRE EXPEDITIONS : la première à M. le Général de Division, Vice-Résident de France en Tunisie ; la deuxième à Mr. le Capitaine Cdt. le Bureau des Affaires Indigènes à ZARZIS (O.N.) ; la troisième à Mr. le Commandant de la brigade de Gendarmerie à TADJEROUINE ; la quatrième aux archives.

COMMANDEMENT EN CHEF FRANCAIS
CIVIL ET MILITAIRE
-:-:-:-:-:-:-:-:-:
TUNISIE
-:-:-:-

N° 203/S-E.

ARRETE
-:-:-:-:-:-

Le Général de Division, Vice Résident de France en Tunisie, Commandeur de la Légion d'Honneur,

Vu l'Ordonnance n° 64 du 7 Janvier 1943, portant création de la Vice Résidence de France en Tunisie,

Vu la Décision N° 13 du 9 Janvier 1943, fixant l'organisation des services de la Vice Résidence de France en Tunisie,

Vu l'Ordonnance du 5 Février 1943, déterminant les pouvoirs du Vice Résident de France en Tunisie,

Vu le rapport d'enquête de M. le Directeur du Cabinet Civil en date du II Mars 1943,

Sur la proposition de M. le Directeur des Contrôles Civils et de l'Administration Générale et Communale,

ARRETE

ARTICLE Ier : SI KADEM BOUHAFA, Khalifat à AIN DRAHAM, est suspendu provisoirement de ses fonctions à dater du ~~xxxxxxxxxx~~ Ier Avril 1943.

ARTICLE 2 : Le Directeur des Contrôles Civils et de l'Administration Générale et Communale et le Directeur des Affaires Economiques et Financières sont chargés, chacun en ce qui le concerne, de l'exécution du présent arrêté./.

KEF, le 31.3.43.

signé: JURION

P.A. le Directeur des Contrôles Civils et de l'Administration Générale et Communale

le dis: Ier Avril 1943

DESTINATAIRES:

- Directeur des Contrôles Civils et de l'Adon Générale et Communale
- Direction des Affaires Economiques et Financières
- Direction des Affaires Politiques
- Contrôle Civil de Tabarka
- Caïd d'Aïn Draham
- Si Kadem Bouhafa
- Archives

Tunis le 2 Juin 1942.

a Monsieur le Délégué
de la Section d'Etat.
Tunis

Monsieur le Délégué,

J'ai l'honneur de vous adresser, ci-joint, deux certificats médicaux – dont l'un porte l'apostille du Dr Durand – attestant que j'ai contracté en captivité une affection.
Je vous serais obligé de vouloir bien me faire bénéficier d'un congé de trois mois pour me permettre de me faire soigner.
Veuillez agréer Monsieur le Délégué l'hommage de mon profond respect

[illegible] Bouhafa Khalifat de Tozeur

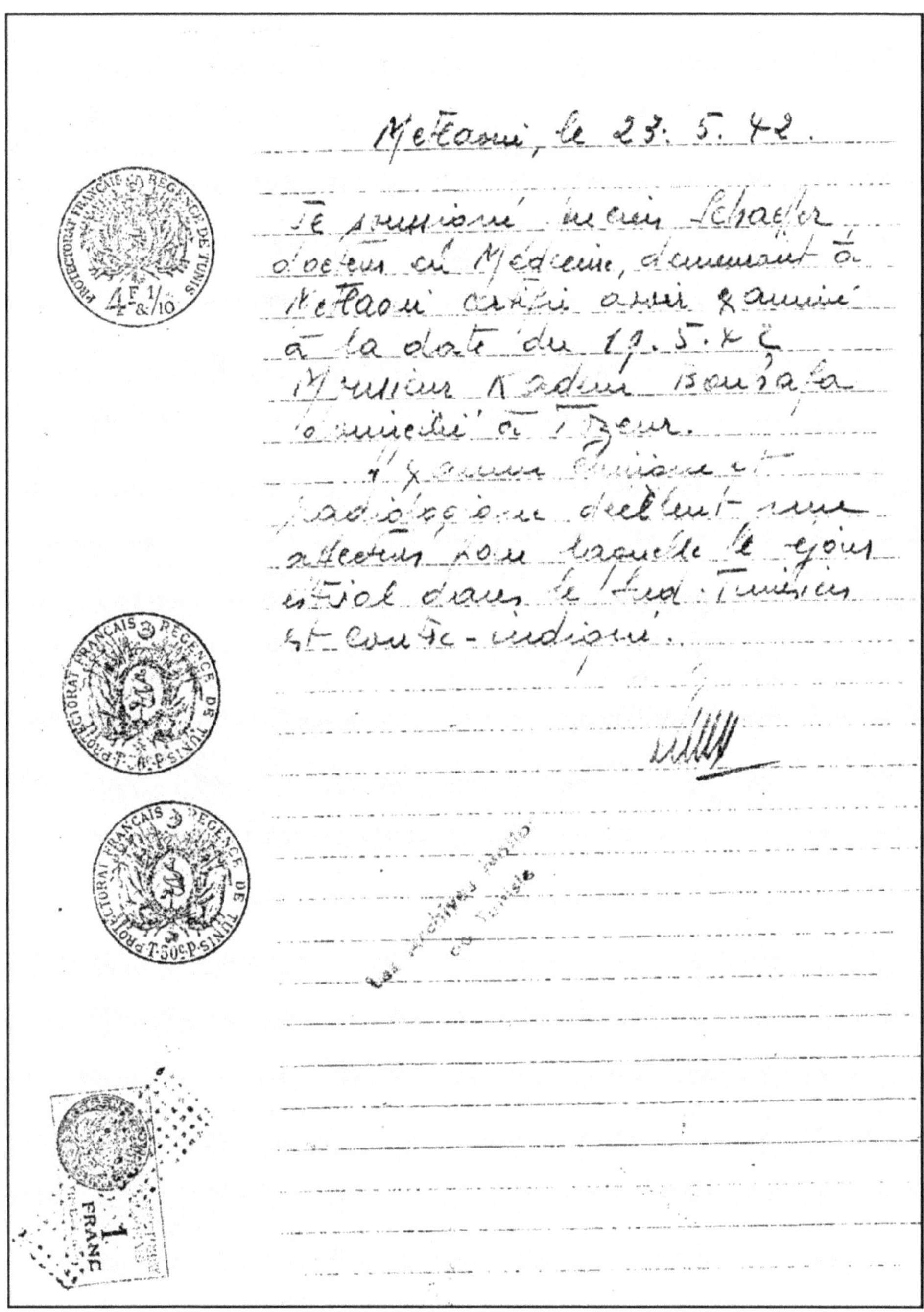

Metlaoui, le 23.5.42.

Je soussigné Mercier Schaefer docteur en Médecine, demeurant à Metlaoui certifie avoir examiné à la date du 19.5.42 Monsieur Kadem Bouhafa domicilié à Tozeur.

L'examen clinique et radiologique décèlent une affection pour laquelle le séjour estival dans le Sud Tunisien est contre-indiqué.

LES DESTOURIENS DE METHOUIA, DE DJERBA

Dans la semaine qui précédait, les familles parentes et alliées assistèrent à la célébration du *Khetm*, soirée religieuse animée par Mohamed el Hafnaoui et les adeptes présents. Le fils succédera à son père aux charges d'Imam à la grande mosquée de Zarzis, Djamâa el Hsar. Les bêtes d'offrande serviront à nourrir le *arch* présent, mais aussi pour la circonstance, le groupe des détenus arrivés à la caserne d'el Allama. Mohieddine emmena les *zelfa*, généreusement remplies de couscous et de viande, destinées à nourrir les déportés de Methouia, de Zarzis; Sâad Essoufi, Dhaou ben el hadi, Kalifa Noueïli et les Djerbiens.

Le même itinéraire avait soumis les déportés de Bordj Lebœuf le 03 septembre 1934 lorsque la rage répressive de Peyrouton éloigna les six nationalistes Kadem Bouhafa, Habib Bourguiba, Mhamed Bourguiba, Youssef Rouissi, Mahmoud el Materi et Mohamed el Aïd Djebari vers le camp de la honte et du mépris à l'extrême Sud des territoires occupés. Tahar Sfar, Bahri Guiga, Salah Ben Youssef, Mohieddine el Klibi, Ali Djerad (natif de Methouia) et autres suivront en janvier 1935, responsables de la manifestation organisée pour obtenir la grâce des internés du sud à Bordj Lebœuf.

Il n'est pas superflu de rappeler, parmi toutes les lois et les décrets ajustés sur mesure par la politique de la Résidence, le décret du 12 mai 1933 qui avait pour charge de réprimer toute propagande politique ou religieuse et toutes les menées de nature à troubler la sécurité générale, (on vise bien sûr tout exercice politique dans la Régence) la justice d'exception, l'assignation à Résidence sans passer par les tribunaux.

Ils s'arrêteront à el Allama, la caserne militaire de Zarzis avant d'être distribués comme des cartes néfastes dans les différents centres d'exil. Tahar Sfar sera dirigé de nouveau à Zarzis où Mohieddine Bouhafa et son oncle l'Imam n'hésiteront pas à tendre la main aux compatriotes de passage, compagnons de Kadem, à une époque où plusieurs coreligionnaires courtisaient l'autorité du Birou-arab et dénonçaient ouvertement les actes de leurs frères. Il suffisait alors d'aborder un nationaliste pour être taxé d'élément perturbateur passible de sanctions. Je cite ces paroles dites en catimini par les serviteurs de la famille, témoins du passage de Tahar Sfar dans notre quartier à cette époque :

الطّاهِر صَفَرْ يَا امَّيلْ الشّاشِيَّه
ويعَارِكْ عَلْ الإسْلامْ بِالحُرِّيَّةْ

Traduction :
« Tahar Sfar ya mayel echachya
Ouiâarik alla el islam billhouria »

La mémoire historique de Zarzis reconnaîtra le courage et l'élan patriotique des membres de la famille Bouhafa qui surent offrir ne serait-ce qu'une parole réconfortante et un geste d'hospitalité aux bannis de ce sud alors que l'autorité vexatoire et humiliante des militaires soumettait à la loi du fer et du talion. Bahri Guiga vous le dira. Tahar Sfar secrétaire général du bureau politique du Néo-destour, disciple d'étude de Béchir Bouhafa, fils de Mahdia, retracera son passage dans la ville. L'exilé de Zarzis entreprendra une étude rétrospective qu'il effectuera à travers les localités pour rendre le vague à l'âme, toutes ses sensations ressenties à travers le vécu de ces journées sans but. Les états d'âme du personnage-poète que fut Tahar Sfar se juxtaposaient, se mêlaient aux spectacles qu'ils rencontraient... la mer, la palmeraie, les intempéries, le souk, le marchand de beignets juif ont été si bien rendus dans *Le journal d'un exilé*, écrit pendant son éloignement. « *Zarzis ! Ciel bleu et clair. Soleil éclatant. La mer toute bleue. Les palmiers élancés vers le ciel avec leurs gracieuses chevelures. Partout des effets de symétrie et de rythme. L'art dans toute sa splendeur. La beauté. Une impression de calme et de paix se dégage de toutes choses et pénètre l'âme par effluves continus. Et au milieu de cette belle nature, des bédouins hâves, déguenillés, qui eux aussi seraient beaux sans les marques de la plus horrible misère qui sont imprimées sur leurs visages : des mioches sales, presque nus. Pourquoi donc, mon Dieu, tant de laideur à côté de tant de grâce ? Tant de misère au milieu d'une si riche nature ? Est-ce que vous vous plaisez pour prouver votre force et votre puissance, à assembler les contraires ?*

Ce soir (11 mars), le vent s'est calmé, seule, la mer, furieuse, mugissante, parcourue d'immenses vagues écumantes, continue à lancer vers le ciel la voix puissante et rude de ses flots déchaînés ; réfléchissant les nuages qui la couvrent, elle apparaît d'un gris presque noir, sauf en certains endroits où sa surface est verte et brillante ; je me dirige vers les phares et me promène quelques temps sur la jetée où se brisent les vagues furieuses ; en face, un bateau amarré attend son chargement ; des barques tirées sur la côte dorment d'un sommeil paisible, penchées sur le flanc, indifférentes à la rage des éléments ; des ouvriers chargent du grignon dans des sacs qu'ils transportent sur un petit wagonnet. Je traverse le lac, desséché en grande partie, sauf quelques lagunes, plissées et frissonnantes ; je gagne la chaussée qui mène du phare à la ville ; le long de cette chaussée, des réverbères rouillés, hors d'usage apparaissent comme d'affreux squelettes suspendus, souvenirs d'un trafic intense et d'une ancienne splendeur ; maintenant la mer est derrière moi ; en face se dresse un rideau de palmiers, au milieu duquel, on entrevoit le clocher d'une église. Près de cette église sans art, sans architecture, se trouve le petit hammam où l'on vient se baigner ; deux petites cabines avec des piscines remplies d'une eau minérale toujours tiède et qui se renouvelle constamment par un système de trous. » (Quartier de la famille Bouhafa). *D'autres sont groupés, avec un grand palmier au centre ; élevant fièrement sa couronne, les autres, plus petits, rangés autour de lui et comme placés sous sa protection avec leurs aigrettes étagées. D'autres groupes enfin mêlent étroitement leurs chevelures et ne se distinguent que par leurs fûts qui ressemblent aux piliers d'un temple, offrant ainsi au regard l'image et, à l'esprit, le symbole de l'union la plus absolue et de la plus parfaite intimité.*

Mais tous ces arbres, vus de loin apparaissent comme formant un même et unique bosquet verdoyant, qui frissonne au vent du même frisson ; seules émergent au-dessus de la masse compacte, les crinières de quelques palmiers géants qui s'élancent vers le ciel bleu.

Ainsi les peuples, vus de haut, dans le déroulement de leur vie historique, donnent l'impression de l'unité et de l'uniformité la plus entière, avec quelques figures qui dominent l'ensemble, mais quand on scrute la vie intime de ces nations, quand on pénètre l'infini détail des relations entre individus, on observe qu'il n'y a que désunion, coalitions, intrigues et à l'uniformité apparente et symbolique fait place l'infinie variété des relations.

Devant moi un panorama pittoresque de palmiers de taille différente, les uns trapus et courts les autres effilés et longs dont les palmes en faisceaux de sabres s'incurvent vers le sol ou s'élancent vers le ciel. À travers cet enchevêtrement, le ciel apparaît traversé de grandes nappes rouges et enflammé et brille d'une lueur d'incendie. Le soleil se meurt dans une grandiose apothéose : mes yeux restent fixés sur ce flamboiement splendide. Puis la surface des nappes rouges se rétrécit et bientôt on ne voit plus que des teintes rosés qui traversent le bleu foncé du ciel ; ces teintes disparaissent à leur tour ; la pénombre de plus en plus s'épaissit et les palmiers vus de loin ne sont plus qu'un amas de nuages noirs qui se détachent sur la pénombre plus claire qui les entoure.

Aujourd'hui, ce matin, je suis entré chez un Israélite marchand de beignets ; juché sur son fourneau de pierre aux faïences rouges, il faisait frire des beignets orientaux dans un bassinet rempli qui bouillait. Dans la petite boutique, des tables couvertes de nappes très propres étaient placées devant des chaises et des bancs de bois; une serviette propre était suspendue au mur par un clou. J'ai pensé que ce marchand israélite aurait pu faire fortune à Tunis, car il aurait pu livrer une rude concurrence à nos marchands musulmans dont les échoppes sont parfaitement ressemblantes au point de vue de l'incommodité. Esprit d'initiative, que de richesses te sont dues ! L'esprit d'initiative ne consiste pas à faire grand, à singer les grands commerçants, les gros agriculteurs et à se remplir la poche d'effets qu'on n'arrive pas à payer à leur échéance. L'esprit d'initiative ce sont ces petits riens, ces petites modifications à notre train de vie, à nos modes de production, ces petites innovations qui coûtent peu et qui rapportent beaucoup, ces conditions infimes à ce que nous voyons autour de nous. La routine, c'est l'imitation servile et aveugle qui dénote l'absence de tout esprit de création, de toutes facultés novatrices. L'esprit d'initiative, c'est la faïence rouge du marchand de beignets israélite. Ce sont les quatre chaises, les deux bancs, les deux tables avec leurs nappes, la serviette propre pendue au clou. Ce peu de choses est immense. Car, parcourez Tunis qui est une grande ville, allez chez tous les marchands de beignets de la capitale, examinez les faïences de leurs fourneaux, elles sont toutes bleues avec des dessins, conçus sur le même modèle, achetées à la même fabrique. Et les boutiques où se vendent ces beignets ? Toutes ont les murs noircis de fumée, offrent au regard à côté d'un amoncellement de hachures de bois, un banc crasseux suintant ».

« Journal d'un exilé »

Tatahouine. Vers le centre de concentration

سالم المقدميني وابنه

تاجران بطاطاوين (القطر التونسي)

SALEM EL-MOGADEMINI & FILS

Negociants - TATAHOUINE (Tunisie)

Téléphone .... تليفون

Doit Mr le Directeur des Affaires Politiques
pour le Camp de Concentration Tunis

Tatahouine, le 30-9-1943 ١٩٤ .... بطاطاوين في

50 kos de savon	17f	850f	
total		850f	

ayant servi à l'entretien des internés du Camp de Tataouine pendant le mois de Septembre 1943

Arrêté la présente facture à la somme de huit cent cinquante francs.

Pour acquit
Tataouine le 30.9.1943
Le commerçant
[signature]

Vérifié par moi Régisseur comptable soussigné
à Tataouine le 30.9.1943
[signature]

Barème du complément familial de traitement ou de salaire

CATEGORIES	TAUX		OBSERVATIONS
Mariés sans enfants....................	5 %	du traitement brut (majoré du supplément provisoire de traitement) ou du salaire brut	Les coefficients de majoration s'appliquent : 1° à la totalité de la rémunération de base pour la tranche allant de 1 à 30.000 francs; 2° à la moitié, au tiers puis au sixième de cette même rémunération pour les tranches allant respectivement de : 30.001 à 60.000 francs 60.001 à 90.000 francs et 90.001 à 120.000 francs
Chefs de famille avec 1 enfant à charge...	10 %		
Chefs de famille avec 2 enfants à charge..	15 %		
Chefs de famille avec 3 enfants à charge..	20 %		
Chefs de famille avec 4 enfants à charge.	25 %		
Chefs de famille avec 5 enfants et plus à charge..............................	30 %		

Les indemnités *mensuelles* qui me sont dues d'après les bases qui précèdent s'élèvent, savoir :

— pour l'indemnité pour charges de famille à (1) 1113 f 3
Mille cent treize fr 3 décimes

— pour le complément familial de l'allocation représentative de l'indemnité de résidence à (1) 291.6 Deux cent quatre-vingt-onze fr 6 décimes

— pour le complément familial de traitement ou de salaire à (1) 630
Six cent trente fr

à compter du (2) 1 Août 1942.

Je m'engage à souscrire une nouvelle déclaration si, dans le cours des mois suivants, il survient quelque changement susceptible de modifier mes droits aux dites indemnités.

Je déclare, en outre, que mon conjoint ne perçoit aucune indemnité pour charges de famille.

Certifié exact, sous la foi du serment, par le déclarant soussigné, et sous les sanctions prévues par l'article 6 du décret du 22 novembre 1918.

A Tatahouine, le 2 Juin 1943
(Signature) :

(1) En toutes lettres et en chiffres.
(2) Effet du premier jour du mois qui suit celui au cours duquel s'est produite la modification dans la situation de famille de l'agent.
Effet immédiat dans tous les autres cas.
(3) A remplir par le chef immédiat de l'auteur de la déclaration.
(4) Directeur de l'Administration ou du Service auquel appartient le déclarant.

Je soussigné (3) LE RECEVEUR DES P.T.T.
certifie, sous mon entière responsabilité, avoir vérifié l'exactitude de la déclaration ci-dessus.

A DJERBA, le 28 JUIN 1943
(Signature) :

Vu pour contrôle à la Direction des Finances :
Tunis, le 16 JUIL 1943
Pr LE CHEF DU SERVICE
DU PERSONNEL ET DU CONTRÔLE DES RÉGIES FINANCIÈRES ET P. O.,

Vu et vérifié :
Le (4)
A Tunis, le ____ 194_
(Signature) :

NE RIEN ECRIRE CI-DESSOUS										
Enfants vivants.	1	2	3	4	5	6	7	8	9	10	Plus de 10
Enfants à charge.	1	2	3	4	5	6	7	8	9	10	Plus de 10
Classement	1	2	3	4	5	6	7	8	9	10	Plus de 10

Depuis le camp, Béchir prenait soin de sa famille.

Il faut préciser que, dans leur route pour le grand sud, on rassemblait les détenus dans la caserne, avant de les diriger vers les centres d'éloignement. (Tatahouine, Ben Gardane, Rémada, Bordj Lebœuf).

Béchir attendit avec ses compagnons le verdict qui les ferait marcher sous des soleils de plomb, de Zarzis la côte jusqu'à Foum Tatahouine. On les regroupa, exténués de fatigue, les phalanges en sang dans le *mohtachad*, déportés pour avoir soutenu le mouvement de protestation dirigé par Moncef Bey contre les autorités françaises, qui enrôlaient sans pitié les jeunes tunisiens pour les offrir en pâture à cette deuxième guerre mondiale. Ces témoignages m'ont été confirmés par Berrached Mohamed écrivain public à Zarzis.

طريق الرُّقْبة، مكان المحتشد : الحديقة العامة قرب مكتب بيرو عرب « Bureau des affaires indigènes» (المتهمون بالانتماء إلى حركة المنصف باي).

Dans le camp, on se promettait de dresser ces militants par le choc de l'éloignement et le régime du pénitencier. Ils vécurent dans un terrain vague entouré de fils de fer barbelés, zigzagués par une claie de branches de palmier séchées. Pour harceler leur endurance, on intimidait les déportés par les grandes privations. Béchir se dévoila vite comme un meneur. « Ne saluez pas le drapeau ! disait-il à ses compagnons arabes, refusez de vous plier aux travaux pénibles du concassage ! »

Ces écarts lui occasionneront des séjours fréquents au cachot dont il nous décrivit l'aspect mortuaire et les relents de décombres. Il subira le choc de la première entrée lorsque le militaire indélicat le poussa pour refermer le loquet. Béchir trébucha dans la pénombre du cachot et le contact d'une chair flasque et tiède le saisit. Il proféra un cri pensant avoir touché un macchabée. « Mais c'est moi monsieur Baâchir ! », dit l'homme d'une voix aphone.

Ce n'était autre qu'un Maltais de Djerba taxé de collabo, qui avait reconnu le postier. Longtemps, papa souffrit de cette angoisse contractée dans un camp de l'injustice et des abus impérialistes. Affaiblie par les mois de chaleur torride puis de froid continental, la santé des détenus avait dépéri. L'eau, principal outil de propreté de civisme et de droit, était contingentée si bien que les poux envahirent les tignasses. Les joues creusées, les regards délavés, les barbes hirsutes, le régime alimentaire réduit à sa plus simple expression ont eu raison de tous ces hommes qui se nourrirent des réserves de leurs corps jusqu'à l'épuisement.

Père leur conseilla de faire bouillir dans une *guedra* noircie par les feux, leur linge pour en éradiquer les microbes. Les pauvres indigènes analphabètes qui purgeaient leurs peines avec ces éloignés politiques se faisaient traiter comme des esclaves de la part des gardes aux grandes gueules et aux godasses pointues ! Mohieddine rendait bien visite à son frère, mais le trajet, la responsabilité de la famille reléguée à ses soins et la conjoncture éprouvante espacèrent les visites.

Béchir envoyait des missives par l'intermédiaire de son cadet et il demandait à Kalthoum de rédiger une lettre de protestation contre ce régime de pénitencier où on avait éloigné les détenus politiques sans procès et pour la réintégration de ces fonctionnaires à leur poste.

J'ai été touchée par la peine que se donnait mon père pour obtenir le droit à ses enfants et grâce à cette demande d'allocation familiale avec sa signature qu'il formula à partir de Tatahouine, j'ai pu déterminer la période de son éloignement. À cette suite d'événements malheureux qui vinrent frapper la famille proche s'ajoutera le plus horrible acte de barbarie répressive commis sous les yeux muselés du peuple tunisien: Le détrônement de sidi el Moncef Bey par les soins des généraux colonialistes.

TUNIS. MAI 1943. ARRESTATION DE SIDI EL MONCEF BEY

Les dirigeants coloniaux mûrissaient le dessein de faire déchoir Moncef Bey de son trône. Le Résident général Peyrouton rappelé des Îles pour être gouverneur d'Alger fait apparaître Moncef Bey, ses ministres et l'ensemble de l'intelligentsia tunisienne comme des collaborateurs fascistes vendus à l'axe. Malgré sa position neutre qu'il observera face aux alliés, en manifestant son désir de ne pas voir de batailles sur son sol, on imputera à Moncef Bey d'avoir voulu profiter de l'occupation pour attenter au prestige et aux intérêts de la France. Le 12 Mai 1943, le Général Juin, Résident Général de France en Tunisie et le Général Giraud avec les alliés, dirigeront minute par minute la destitution du monarque sidi el Moncef Bey, ce héros tant attendu par le peuple en quête d'une ère nouvelle qui devait donner aux Tunisiens une virulence sans précédent.

البَابُورْ إلّي سْرَى عْلىَ النّسْمَه
وشَقْ المُوجْ الحَيْ
هَزْ البَاهِي سِيدِي المُنْصُفْ بَيْ

Traduction :
À l'aube le bateau a quitté le rivage
Emportant sidi el Moncef Bey au doux visage

Article extrait du Périodique « Le Peuple Algérien » mai 1943 :

« *Contrairement à tous les usages de la cour, les décorations ont été apportées par l'amiral Esteva lui-même qui prenait ainsi l'entière responsabilité de la décision, il l'a d'ailleurs reconnue formellement au cours de son procès. Moncef Bey est resté à son poste au milieu de son peuple, malgré les sollicitations de toutes sortes dont il a été l'objet de la part des ennemis en fuite.*

Cependant, après le 14 mai, le Général Giraud le somme de démissionner par suite de je ne sais quel déplorable malentendu.

Sur son refus, Moncef Bey est transporté en avion en plein Sahara, à Laghouat. C'est là que, malade et déprimé, se sentant abandonné par ceux en qui il avait placé toute sa confiance, le cœur meurtri, il finit par abdiquer.

Le général Giraud ordonna alors son transfert immédiatement à Ténès et le fait garder militairement, de là il sera transféré à Pau en octobre 1945 ».

À partir de Methouia, Kalthoum recopiait les textes qu'elle adressera directement au gouvernement de la Résidence pour réclamer la libération de son père et de ses compagnons retenus au camp de Tatahouine et pour leur réintégration dans leurs emplois. Grâce aux déplacements, Mohieddine joua le rôle de vaguemestre et l'éloignement n'empêchera pas le père de faire régulariser certaines pièces par sa signature personnelle à partir de ce camp de la honte…

« Pourquoi papa ? » pleurait Kalthoum. Le destin avait choisi son père comme tous ces boucs émissaires dont la France coloniale s'était servi, afin de maintenir son joug sur l'intelligentsia tunisienne, elle espérait annihiler les forces morales par le courroux des gardes, les propos acerbes des officiers racistes, sous les soleils de plomb, le froid des nuits et l'humidité ténébreuse des sols sahariens. S'ils se sont battus pour les droits, la paix et l'instruction, ces hommes subiront le bagne de l'injustice pour laisser à l'histoire les stigmates de leur lutte combien légitime courageuse et désintéressée.

« Eh ! Toi l'arabe, le bicot… et toi le meneur ? ». Les rires sarcastiques des gradés arborant saharienne et turban suivaient la colonne de ces détenus qui, le dos courbé, les membres engourdis et les fesses bottées par un garde-chiourme vicieux jusqu'à la moelle, concassaient à longueur de journée les tas de pierre ramenés des carrières lointaines, leurs doigts en boudins rougis par les traînées de sang frais.

« Eh ! Toi l'indompté, l'acquis à ta noble cause, la France t'a instruit et maintenant tu la dénigres, pourquoi ne salues-tu pas le drapeau ! »

« L'ombre du cachot plutôt que la servitude ! », diront les fiers décidés à braver les crachats et les injures plutôt que donner leur dignité en pâture.

Dans une rage répressive qui n'avait d'égal que celle de Peyrouton en 1933, la France coloniale de 1943 arrêta, éloigna, déporta, bafoua en redoublant les sévices sur les malheureux indigènes innocents qui croupiront dans ces trous perdus sous le commandement intransigeant des Territoires Militaires. Taxés injustement de collaborateurs, les arabes avaient compris que le fascisme n'était qu'un synonyme de colonialisme et n'attendaient rien des Allemands qui se seraient une fois la guerre finie, emparé de la Tunisie au même titre que les précédents colonisateurs.

L'ORGANISATION DE LA VIE À ZARZIS EN L'ABSENCE DU PÈRE DÉPORTÉ

Directement concerné par tous ces événements, *si* Djilani avait été le plus éprouvé. Le père accusa coup après coup le décès de son frère le patriarche el Boghdadi, l'établissement des combats qui l'avaient coupé du reste de sa famille à Zarzis par la fameuse ligne de Mareth, l'occupation de sa maison front de mer par les soldats et surtout la déportation consécutive de ses trois fils ; Béchir, Kadem et Abed. Resté au pays, Mohieddine supportera les revers et les attitudes désobligeantes de certains natifs acquis à la France et aux insolentes remarques des officiers.

Soumeya fit part à Mohieddine, un soir de ras-le-bol, de son souhait de voir la maison *Dar-el-Bhar* évacuée par ces intrus qui avaient sans doute saccagé tout ! Les aspects extérieurs étaient désolants, complètement ratissés par les lourdes chaînes des engins, çà et là garés jusque sous le nez des maisons privées.

« Dis frérot ! Ne pourrais-tu pas faire valoir notre priorité et faire vider la maison par ces sales *jouayou, ya nari* ! continua-t-elle, les beaux meubles d'*omma* ! »

Mohieddine se rendit un matin au contrôle des affaires indigènes pour tenter une entrevue avec l'auxiliaire. Lorsqu'il pénétra dans le bureau du Lieutenant (*el youtna*, comme on dit en patois accari) et qu'il justifia de sa présence en plaidant la cause des neveux réfugiés, Mohieddine essuya un refus signifié sur le champ ; il insista, le lieutenant sortit de ses gonds pour chasser sous la menace de son arme (braquée d'après ma mère sur l'omoplate) celui qui osait contester la décision de l'autorité. « C'est un Bouhafa pardi ! » répétera le Lieutenant Monnet.

Le fils de *si* Djilani sortit des locaux, de chaque côté des commissures, il bavait son amère impuissance. Malgré l'évident échec de la démarche, la petite Kafila murissait ses plans; elle se promit d'exprimer ouvertement aux cerbères adossés aux gonds du Birou-arab ce qu'elle pensait des *Bayouat fransa* !

Pour le moment, son souci se limitait à se procurer des bons, debout derrière des queues interminables afin d'acquérir au marché noir le lait, le sucre et des céréales pour l'alimentation de ses jeunes frères n'hésitant pas à marchander avec les soldats désireux de vendre leur ration journalière de biscuits, fromage, sardines et pilules de quinine. Le thé, denrée rare, permettra à certains spéculateurs de le contingenter et dit-on les particuliers le revendront à leur tour pour se procurer quelques sous.

Il y eut des journées pleines, des soirées affreusement vides et les mois s'écoulaient. Assis au fond des échoppes les chefs de famille, les aînés enveloppés dans leur ouazra de bure, finiront par connaître la fille de Béchir à travers ses allées et venues.

« Bonjour, oncle ! Bonjour, ô grand-tante, *assalamou alykoum, kheir ! »* Sur son chemin, Kafila saluait toutes ces personnes qu'on disait affiliées à la même tribu. En passant devant les cercles des hommes, elle s'esquivait pour éviter les curiosités gratuites avalant sa peine pudiquement, consciente de la mission à accomplir pour rendre compte à papa uniquement. La petite se sentait meurtrie dans son amour-propre, déboussolée par toute cette haine qui habitait les humains. Sans doute que son allure à la française devait choquer mais « l'appartenance de l'individu à ses origines n'exclut pas, disait papa, l'ouverture des esprits sur le monde de la science et de l'instruction ! ». Kafila eut une petite larme qu'elle ravala vite pour continuer à discuter ses droits, revendiquer ses choix jusqu'au retour de son papa.

Ce jour-là, sa mère la chargea de ramener une *daouara.* À l'entrée du souk, la jeune fillette buta contre l'étalage exposé en trois tas constitués de frissures, de tripes de foies et d'andouillettes. Elle s'attarda, le couffin serré contre ses genoux pour prospecter les trois tas.

— Que veux-tu ?, dit enfin le marchand accroupi dans sa *ouazra* gerboise qui lui couvrait les membres inférieurs comme une bouée mal soufflée. Immobile, il ventilait de temps à autre sa viande à l'aide d'une branchette de palmier pour éloigner les essaims de mouches.

— Ne peux-tu, *ya ammi* me donner le foie du premier tas, la panse du deuxième et les tripes du troisième ?, dit Kafila convaincue de son choix.

Un monsieur qui se trouvait derrière elle se délectait du manège, il observait la fillette depuis son entrée au marché. Il vit comment elle jaugea la marchandise d'un œil sélectif, comment elle s'était baissée pour mieux tester la fraîcheur des andouillettes. Il s'approcha d'elle, un rire strident fit retourner la petite Kafila absorbée par son inspection. « Ah..., dit le monsieur, tu es comme ton père ma petite, tu contestes toujours ! ». Il se tut pour s'oxygéner après ses quintes de rire exubérantes, puis reprit devant la fillette médusée : « peut-être, est-ce une qualité *ya bnaïti*, mais regarde où son caractère l'a mené ! *Ah ya Bachra ya khouya...* », finit-il par dire en hochant la tête.

Rhouma Kliche s'enroula dans son burnous fauve, fit volte-face et s'en alla. Quelques mètres après il se retourna pour recommander :

— Donne le bonjour à Soumeya *ya binti* !

Piquée dans son amour-propre, l'enfant le foudroya du regard. Horriblement choquée par les propos de cette personne qui s'ingérait dans les affaires personnelles des autres, Kafila quitta le souk, l'âme en peine. « Tu sais *ya mâ* ! Un monsieur important par sa corpulence et son habit s'est permis de m'interpeller en jugeant papa ! »

Soumeya vit la mine déçue de sa fille : « Mais ma petite, c'est oncle Rhouma Kliche le frère de grand-mère ! Ne lui as-tu pas manqué de respect, j'espère ? », continua Soumeya, en humant les bottes d'aneth vertes et frisées qui débordaient du couffin. Elle expliqua enfin à sa fillette comment ce « gros gosier », énergumène du rire, incorrigible farceur n'était qu'un être dont la franchise baroudeuse lui occasionnait souvent des situations embarrassantes. « Il ne faut pas te formaliser ma petite, il est tellement plaisantin oncle Rhouma et destourien de surcroît ! »

Kafila ne lui pardonna jamais cette intrusion, elle qui espérait une parole conciliante de la part de son entourage ou une attitude réconfortante. N'entendait-elle pas de temps à autre des réflexions du genre ; « Oh, de toute façon ces destouriens... Que pourraient-ils entreprendre contre les armes et contre le feu ? »

Elle-même subissait un sentiment de défaillance qui lui faisait mettre en doute la portée de l'action militante de sa famille, mais elle se ressaisissait.

Pour préciser au cher lecteur, que cette anecdote m'a été rapportée par ma mère dans la force de ses détails. Sa mémoire infaillible me décrira la scène comme si elle avait été présente au souk, alors que ma sœur Kafila ne put me relater que quelques bribes de cette histoire, dont elle avait été l'héroïne exclusive.

« Ma mère a besoin de se rendre à Djerba pour nous ramener du linge et mon père est prisonnier ! », dit la fillette pointée depuis l'aube devant le bureau de la sentinelle chargée de délivrer les « laissez-passer ». Revenue maintes fois bredouille, la jeune fille apprit à s'acharner pour arriver à ses fins. Elle tenait le bout de papier entre ses doigts et la joie lui fit dévaler le chemin de l'église pour arriver essoufflée. Kafila faillit glisser en enjambant les rigoles puis sa joie calmée, elle ira jusqu'aux oreilles de maman lui annoncer la nouvelle : « *ayech bnaïti ilhanana* », lui dit Soumeya, contente de son petit mentor, de son vaguemestre, de son lien avec le monde extérieur qu'était sa fille !

Le lendemain, Soumeya se rendit à Djerba accompagnée par son jeune frère Sadok. Elle avait quitté précipitamment à l'annonce de l'arrestation de son mari et se souvint qu'elle avait remis à l'orfèvre juif un lot de bijoux appartenant à ses belles sœurs. Elle remercia son Dieu, récupéra le précieux paquet *amana* et se promit de le restituer au plus vite à ses propriétaires.

La vente de quelques bidons d'huile d'olive, ajouté au reste de monnaie collecté dans la tirelire cassée pour la circonstance renflouèrent un peu la bourse démunie de la mère. « Je revins à Zarzis, chargée de provisions de pâtes et de conserves pour nourrir tes frères ». dit-elle pour clore le récit.

Malgré les attentions et l'affection débordante dont on les entourait, les enfants de Béchir se sentaient brimés. Les petits vivaient mal ce dépaysement, après une vie régulée comme un métronome, on les obligeait à se plier aux exigences d'un régime tribal où il ne fallait ni défier l'ordre ni déranger les convenances patriarcales. Combien de fois la maman avait stoppé un élan spontané, une réflexion anodine, mais qui, à son sens, aurait blessé l'amour-propre d'une grand-tante ou d'un grand-oncle ! On mangeait ensemble, les aînés décidaient pour la communauté et supportaient les événements en bloc !

« Mâ... mâ ! répétaient Kafila et Radhia en catimini à leur mère, ne pourrait-on pas faire sortir les soldats de *Dar-el-Bhar* pour mieux nous sentir chez nous ? »

L'habitude leur fit accepter le toit de fortune dans ce monde attaché à la tradition, au culte des ancêtres et au maintien des rites.

« Inchallah », répondait invariablement Soumeya, elle ne voulait pas froisser tante Fatna et oncle Belkacem dont le foyer abrita les neveux et leur mère. Pour chasser ses angoisses, Soumeya s'investissait dans les tâches ménagères tôt le matin et terminait exténuée, les yeux à demi refermés sur le bébé qui buvait à son corsage un lait baratté. Les angoisses et les atrocités commises sur le sol tunisien figèrent les individus dans la torpeur et le pessimisme. Les soldats raflaient tout sur leur passage, l'horreur du mythe du légionnaire. Comment allait-on convaincre les autorités et faire déménager les contingents militaires qui s'imposaient par la force et la brutalité ?

Soumeya tenta de dissuader sa fille, Kafila prit son courage à deux mains et sur le conseil de sa mère revêtit la *lahfa* avant de se rendre aux bureaux. « Tu auras plus de prestance ma petite, lorsque tu te présenteras voilée auprès du *makhzen*, dit la mère. Demande *si* el Hoch, peut-être aura-t-il la clémence de te conduire auprès du lieutenant ». L'homme vêtu du burnous bleu et du turban si spécifique au goum saharien vit l'air décidé de la petite femme qui se présentait à lui, il ne put s'empêcher d'établir un parallèle entre Béchir et sa progéniture.

— Tu es un petit condensé de ton père, finira-t-il par lui avouer.

— Qu'a-t-il mon père, rétorqua la fille sur un ton amèrement surpris.

— Oh ! fit-il, il n'a pas peur d'affronter les obstacles.

Le Meghazni revit le passé, l'année 1923-24, la querelle de Béchir avec le soldat, l'éloignement du jeune postier de Zarzis, les récidives. Il n'osa pas rappeler à la petite l'itinéraire des oncles déportés.

« Ah, pensa-t-il tous bas, le colonialisme ne les a pas matés ! Ils continuent à se heurter à la France qui les a instruits, leur a donné des postes sécurisants dans l'administration et leur fit adopter ses manières de vivre ». Fermement convaincu de l'échec de la démarche de la petite fille auprès de l'autorité, il lui conseilla de se retirer mais ammi el Hoch se heurta à l'opiniâtreté et la résolution de la fillette. Kafila récita en cours de route sa requête qu'elle déversa devant le lieutenant avec toute l'application d'une élève devant l'œil examinateur du maître. La demande dite dans un excellent français ne déplut pas totalement au chef ni les termes élogieux dont la jeune fille illustra le civisme et les valeurs universelles de la nation protectrice.

— Je vous remercie du fond du cœur, monsieur, si vous pouviez donner suite à notre requête. Il voyait dans les yeux de la jeune fille quelque chose de poignant et le lieutenant ce jour-là voulait faire une bonne action...

— Les chrétiens peuvent aussi être de bons apôtres et prouver leur magnanimité, conclut la petite. Le cœur éclaté par la grande nouvelle, elle sentait tous ses membres fourmiller de bonheur. Ammi el Hoch lui lança un regard biaisé lorsqu'elle quitta les aires coloniales. Maintenant, elle se sentait victorieuse. Elle se remémora le visage de son père et crut entendre : « Bravo ma fillette ! », comme à son habitude lorsqu'il encourageait l'élan de ses enfants. Kafila avait reporté dans un mémento secret consciencieusement tout ce qu'elle entreprenait depuis le jour où papa les a quittés : « Mes enfants, disait-il, les paroles s'effacent, mais les écrits restent. »

La belle saison avait fait éclore les boutons d'amandiers, la cime des oliviers frisa ses fleurettes jaunes et blanches, les pousses de blé et de sorgho jaillirent. Dans les jardins potagers les tiges des pois chiches et des lentilles, les queues de blettes jalonnaient les parterres autour des palmiers majestueux et des figuiers aux troncs noueux qui buvaient leur sève dans les rigoles quadrillées. Se promettant de lui faire lire son journal de guerre, Kafila dit tout bas : « Ô Dieu, aide papa et faites qu'il nous revienne sain et sauf ! ».

« Mais après la pluie, le beau temps », dit le proverbe.

Soumeya et sa petite famille vécurent une délivrance dans leur nouvelle demeure. Les précarités engendrent souvent dans l'être humain le désir de se remettre en question, de chercher des solutions à ses problèmes pour pallier aux manques et s'acclimater aux réalités. L'esprit de créativité se développe, le sens des valeurs s'accroît et le courage s'affûte. Les derniers soldats avaient plié casques et pataugas et les régiments disparurent vers les centres de garnison. Leur sortie pourtant ne fut pas des moins bruyantes de loin, sous les yeux médusés de la famille les camions embarquèrent biens et matériels, les beaux meubles rustiques, la desserte sculptée, les matelas de laine crevés, les tapis, les cuivres, les malles remplies de vaisselle à tout-venant.

Les membres de la famille pleurèrent sur les décombres, haïrent les usurpateurs et s'armèrent de courage. Dame Soumeya entreprit des travaux pour décaper, retaper et badigeonner à la chaux vive les locaux laissés dans un état abominable.

« Quel gâchis ! », répétait la mère l'amertume au gosier. Comment faire sortir l'odeur du soldat ? » Dans la confusion, tout disparut avec le départ des légionnaires ; les tentures, les couvertures de laine, les services, les étains, les objets de valeur garnissant le buffet, les cheminées et les dessertes. Les livres et manuscrits avaient servi à allumer le feu des cheminées et du bivouac.

« Ma petite, ordonna la maîtresse des lieux, va vite appeler Triki, ne retire pas l'eau du puits ça sent la pisse, il faudra vider et badigeonner la *fastkya* avant les prochaines pluies ».

Elle s'arrêta un moment, puis continua : « Peut-être *ya bnaïti* tes maîtres seront-ils revenus ? »

« *Inchallah ya lalla* », répondit Massiougha.

La propreté ajouta une note froide à ces lieux dénudés qu'il fallut humaniser par l'apport de quelques literies empruntées çà et là, des couvertures et des ustensiles rapportés de Djerba. Très vite les fillettes retrouvèrent leur spontanéité, évoluant librement dans le terrain dégagé des campements militaires depuis la maison, sa véranda couverte de claies de branches de palmier et sa clôture couverte de mottes de sable charriées par les vents marins.

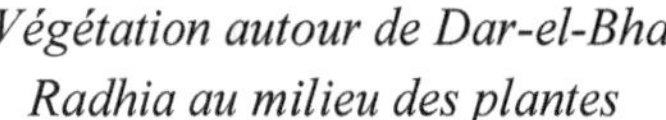

Végétation autour de Dar-el-Bhar
Radhia au milieu des plantes

Farouk au milieu des plants de sorgho

Triki, Bak Messaoud et autres défrichèrent et nettoyèrent les espaces brûlés, retournèrent la terre pour dégager l'ivraie néfaste, taillèrent les palmiers, rectifièrent les balises de terre délimitant les rigoles sous les ordres de la châtelaine qui verra bientôt fleurir son jardin potager, ses plants de sorgho et ses pousses d'orge. Les branches d'oliviers coupées après l'élagage des domaines lui permettront de faire sur place sa charbonnière. Kafila éleva une poule ramenée de la basse-cour naturelle du *Khsim*. Le matin en allant récolter l'œuf du jour qu'on faisait gober à Faouzi et Farouk, Kafila exprimait sa joie autour du nid tout chaud jusqu'au jour où elle ne le retrouva plus, parmi les longues pousses de sorgho et les épis d'orge. Elle me raconta sa déception mais, dit-elle, après les moissons les ouvriers découvrirent dans un creux de rigole desséchée le butin : un énorme tas d'œufs prêts à couver. Les enfants se soumettaient à la discipline intransigeante pour les heures de sieste et de repas. Attention aux insolations, aux pics de fièvre, à la noyade, à la dysenterie et aux piqûres de scorpions.

La nuit mettait trêve aux efforts. Dans l'ombre de la chambre éclairée par la lampe à pétrole, vacillante sur le marbre de la cheminée, Soumeya balbutiait son acte de foi l'index levé vers le ciel, une énorme boule de plomb lui fermant le pylore. Le lendemain lorsque le soleil se levait sur l'eau miroitante et turquoise de la plage, l'espoir rejaillissait. Grand-mère el Ghöla ne disait-elle pas pour prêcher les vertus de la stoïque patience : « Sache taire ton mal en commuant ta peine par la pondération ! ».

يَا حَزِينَة فِي هَمِّكْ كُونِي رْزِينَة

L'été allongeait ses journées tempérées par les zéphyrs venant des trois côtés de la péninsule. Tourou le marin passait, son *chok* de poissons frétillant de varech, les charrettes rentraient en grinçant des *houaza* et les enfants guettaient Bak Messaoud pour s'approcher des bêtes...

Souvent, les grandes tantes faisaient un crochet par la route de la plage pour s'enquérir de Soumeya et de sa petite famille. Rarement, elles parlaient des frères éloignés, seuls leurs regards exprimaient les sentiments qui les liaient à la famille frappée par ces drames.

Lalla el Ghöla qu'endurait-elle ? Ses fils déportés, la santé déficiente de Zohra, son enfant moribond, l'éloignement de grand-père et Kalthoum à Methouia. Le ciel était témoin des souffrances viscérales de cette mère stoïque. Dans le suivi du quotidien, quelques plaisanteries déridaient la mère et la fille, autour d'un *berred* (théière) de thé.

Le toit paternel réunissait les cousines et les doyennes pour une *tabouna* de poissons ou d'agneau. Le soir, les plus éloquentes déclinaient des poèmes improvisés qui s'achevaient sur le chant du coq, lorsque les braises crépitaient dans le *canoun* sur lequel on pétrissait *l'acida.*

Tous étaient soulagés par le départ des soldats surtout Mohieddine, tiraillé entre les charges familiales et les nouvelles-trottoir. Chacun y rajoutait du sien, d'autres par leurs propos disgracieux détruisaient les faibles lueurs d'espoir.

— Que chantent-ils ?

— Le bourguibisme, contre lequel le régime colonial déployait sa virulente répression ?

Ces poltrons reniant leurs origines n'hésiteront pas à dénoncer leurs frères destouriens. Mohieddine souffrait de tous ces aléas pour dépasser les contrariétés il s'évadait vers les champs, participait aux travaux des ouvriers et des moissonneurs partageant humblement leurs repas autour d'un *berred* de thé. Lorsqu'il rentrait du *Khsim,* le terrien pensait à ses frères, l'un retenu à Colomb Béchar, l'autre à Tadjerouine et Béchir à Foum Tatahouine. S'il avait pour lui cet abord affable, jovial reflet d'un caractère généreux, Mohieddine ne pouvait lutter contre l'écrasement moral qui lui ravageait les traits, sa barbe rousse, ses pommettes saillantes, ses joues creusées et son regard bleu pétillant miné par une affreuse tristesse. Il se dirigea vers *Dar-el-Bhar* pour communiquer la dernière à Soumeya. « *Eh Aïcha, ya Aïcha* ! ». appela-t-il.

La négresse apparut sur le perron, le bébé dans les bras.

— *Nâam, ya sidi*, dit-elle.

— Où est *lallek* Soumeya ?

— Je vais la réveiller.

— Dis-lui de venir me voir *fil haouch.* (Dans le grand patio)

Il termina ses recommandations à la noire puis rebroussa chemin. « Oui, dit la patronne, qu'as-tu ? Pourquoi cries-tu, *ya binti*, Faouzi et Farouk sont allés à la plage sans chapeau ? » Bint el Gsouni expliqua comment sidi el Mouhi avait la face rougie, les prunelles de ses yeux brillaient comme deux billes irisées : « Manifestement, dit-elle, la colère lui contorsionnait les traits, d'habitude si sympathiques. »

— Ya *lalla* inchallah kheïr ! termina Aïcha.

La nouvelle vint une fois de plus ombrager le semblant de bonheur et de quiétude que Soumeya et ses enfants commençaient à apprécier. Les langues-trottoir, rapportèrent la nouvelle au souk. Rbâa Bouhafa, prévôt aux abattoirs confirma à Béchir, son frère, l'intention des autorités. Le soir venu, les aînés se réunirent sur le toit de la *fastikya de jeddy* el Boghdadi pour discuter longuement leurs déboires tombés de Charybde en Scylla.

— Je n'ai rien en mon nom, claironna Soumeya, je ne suis que la bru et sidi Djilani est le seul propriétaire de ses biens, qu'ils aillent le chercher à Methouia.

— Oh, dit *ammi* Rbâa, voilà un deuxième Béchir ! (Propos reproduits intégralement).

Grâce à une dextérité d'esprit qui lui permettait de réfléchir la tête froide et de répondre placidement aux avatars les plus fourchus, Soumeya n'extériorisait pas ses problèmes en prenant soin de ne pas perturber le quotidien.

Les circonstances permirent aux deux jeunes cousines de sympathiser et de consolider certaines affinités. Kafila retrouvait sa cousine dans la maison ancestrale où *lalla* Fatma bint Nabhani et ses deux enfants Kheiria et Djamel occupaient l'aile gauche tandis que tante Zohra vivait avec ses deux garçons dans l'aile droite. Les deux jeunes filles conciliabulaient en français, confectionnaient des ouvrages de broderie, se promenaient dans le domaine ou dans la pénombre des pièces, parcouraient une page ressuscitée des armoires des aînés.

Kheiria quitta l'école fermée par temps de guerre en attendant de décrocher son C.A.P de couture. Kafila et ses frères avaient leurs préférences, parmi les membres de la famille. Les émigrés de la Régence manifestaient spontanément leur rejet pour certaines coutumes et les natifs reprochaient aux « beurs » leur inadaptation et leur culture européenne, convaincus que le retour définitif allait contraindre la mère et ses enfants à se recycler pour se dissoudre dans l'anonymat de la tribu. Chaque fois que j'ai posé une question à mes sœurs à propos de ces discordes, leurs réponses étaient unanimes. Les taquineries méchantes et certaines anicroches revinrent aux mémoires ! « Sais-tu comment d'autres nous appelaient ? *Ya bnat il Kalaboush* ! »

RELAXE DE BÉCHIR. SEPTEMBRE 1943
LA RENCONTRE... FANTASMAGORIQUE

Les cousines traversaient les *sénia* pour arriver à sidi Kébir, butant contre les rigoles ramassant de temps à autre une datte *Rtob* tombée des régimes gonflés. Les figuiers n'avaient plus de fruits et les grenadiers pendaient leurs lanternes éclatées de graines rouges. Les domaines sentaient la luzerne taillée et les feuilles de henné qui séchaient. Kheiria dépassa la (*tabia*) haie de figuiers de barbarie, lorsque le cri de sa cousine la fit se retourner et découvrir l'horreur. Kafila en proie à un feu qui lui enflammait les membres venait de marcher sur le telson d'un scorpion. Ma sœur me décrira les sensations terribles et ses veines fourmillant le venin. Prise de tremblements avec une abondante sudation, Kafila se retenait au tronc d'un arbre, vacillante. Kheiria réalisa que le poste-secours avant l'infirmerie indigène était la *zaouia* de sidi ben Aïssa, peut-être pensa-elle, il s'y trouverait des adeptes pour donner les premiers soins à Kafila qui traînait son pied paralysé. « *Echay lillah ya sidi ben Aïssa* (ô marabout, ô saint homme) », dit-elle en franchissant le seuil du mausolée.

Kheiria, réalisant qu'elles s'étaient éloignées, craignit le courroux de tante Soumeya. Tout se passa très vite, le garrot, la succion et les coups de rasoir autour de la piqûre. Elle traîna sa cousine, pâle comme un linge vers le retour où vraisemblablement, elles allaient écoper d'une réprimande orageuse. Mère Soumeya réceptionna sa fille le cœur gros, priant Dieu de la laisser en vie. Dare-dare, elle enverra Kafila vers *el Mhalla*. Bak Messaoud la porta sur son dos (que Dieu ait son âme) jusqu'à l'infirmerie militaire du Capitaine Meunier. Sœur Kafila me raconta comment sa peau s'était boursouflée et la douleur lancinante qui lui ankylosait les articulations. Sa convalescence se fit doucement, dit-elle, l'automne doux et les vignes retardataires mûrissaient leurs grappes pourpres et cuivrées sur les tonnelles. « *Bazzoul Khadem* », me précisa-t-elle pour m'expliquer comment papa aimait cette espèce de vigne qu'on appelait communément « Le sein de la noire ».

Ce jour-là, étirée dans une chaise longue, elle admirait la mer encore tiède mais qui lui était interdite, le bleu turquoise et la face d'huile auraient décidé les plus hésitants. Malgré les conseils de *Méma*, Kafila se décida pour une *ghatssa*, une baignade-éclair dont elle supportera aussitôt les conséquences. Le contact avec l'eau salée lui provoqua des réactions allergiques et le soir même alitée par un accès de fièvre, elle sentit son corps se couvrir de plaques d'urticaire géant. Le Docteur Collières lui administra des potions pour la soulager. Il n'oubliera pas de mentionner à la mère déjà éprouvée que le psychique entretenait cet état maladif chez la fillette qui avait endossé une lourde responsabilité depuis l'éloignement de son père. « Maintenant, précisa le médecin, elle avait besoin surtout de réconfort ! ».

— Que Dieu le miséricordieux entende les prières des petits pour leur rendre leur père, *ya Massieur ettbib*, dira Soumeya entre deux soupirs. « Te souviens-tu, ô sœur, quand papa était revenu de Tatahouine ? J'avais posé la question et ma sœur me rapporta la fameuse histoire de *Taourda* (l'urticaire en langage accari) qui fut, dit-elle, un repère dans ma mémoire pour sceller le souvenir de la relaxe de papa. Je n'avais pas eu la chance encore de consulter les archives et seuls les témoignages oraux me guidaient.

Kafila développa son récit pour me dire : « Je revois encore papa marchant dans l'allée des palmiers qui mène à Dar-el-Bhar, on aurait dit que la terre s'était ouverte à ses pieds pour le faire jaillir devant nous. J'étais saisie de l'image lorsqu'il s'approcha de la véranda, je distinguai mieux ses traits et il me semblait voir un revenant ; à la place de ses beaux yeux clairs au regard si franc, j'apercevais avec horreur deux orbites sombres inexpressives qui faisaient tache sur ses pommettes ressorties et ses bas-joues creuses et livides. Plus il s'approchait et plus l'aversion me regagnait. Ce n'était pas mon père. Lorsqu'enfin je vis ses épaules rentrées sur sa chemise libérant ses bras d'habitude si blancs et si robustes, grillés par les soleils du bagne, ses pantalons flottants sur sa démarche de convalescent mes larmes jaillirent et je m'engouffrai dans la maison ».

Kafila m'expliqua que ses jambes étaient ankylosées et consciente qu'elle ne pouvait courir au-devant de papa, elle s'était traînée pour disparaître à l'intérieur de la cuisine.

J'ajoute le témoignage poignant de mon frère âgé alors de huit ans. Farouk fut le premier enfant qui revit papa à son retour du bagne. Il raconte comment il revenait du souk par une journée grisailleuse lorsqu'une voiture crissa ses pneus en s'arrêtant près de lui, un peu avant la bâtisse de l'église. Farouk se retourna effrayé, la portière s'ouvrit et son père se glissa péniblement. Le fils courut, Béchir se pencha, rires et pleurs suivirent l'accolade et étreints, ils regagnèrent en silence la résidence de Dar-el-Bhar.

Les pétitions écrites pour protester contre les conditions de détention avaient été adressées à l'administration et l'opinion publique et internationale s'attaqua au caractère de « ces écoles d'endurance » dans lesquelles pourrissaient les leaders et les militants dans le Maghreb. Consciente des graves écarts commis et des erreurs préjudiciables pour l'autorité de la France dans ses colonies, l'administration résidentielle prit enfin des mesures urgentes, pour relaxer les détenus politiques et réintégrer les fonctionnaires à leurs postes.

Quelques temps après son élargissement, père reçut sa notification pour reprendre ses fonctions à la recette principale de Tunis le 16 septembre 1943 à la rue d'Italie. L'année se bouclera sur la relaxe en masse qui verra les Destouriens sortir du Fort Saint-Nicolas de Marseille pour être rapatriés par bateau dans la capitale tunisienne, Bourguiba et Messali Hadj en Algérie et de Allala el Fassi au Maroc.

CROISEMENT DE DESTINÉES. ALGÉRIE 1943

À Colomb Béchar, se jouaient les séquences du film « Destin » quand un événement extraordinaire arriva en Algérie. Le Débarquement des Alliés sur les côtes de l'Afrique du Nord avait surpris le groupe de cinéastes français. Parmi eux l'acteur Abed Bouhafa sera arrêté à Colomb Béchar puis à Tlemcen sous prétexte qu'il avait sympathisé avec le commandant de bord de l'équipage américain. Quel destin !

Au bureau de police le commissaire entame l'interrogatoire puis enchaîne sur un ton cynique ; « Ah ! Kadem Bouhafa est-il votre frère ? ». L'inculpé reste coi ! Comment pouvait-il, se trouvant à mille lieux dans le sud algérien entendre pareils propos ? La gestapo coloniale ! La mémoire du temps nous révéla ces vérités écrites par l'auteur lui-même : « J'ai accompagné Kadem jusqu'aux frontières il ya une dizaine d'années », continua l'agent gonflé par l'orgueil des poulets contents d'ajouter à leur palmarès l'arrestation d'une autre tête de turc !

À Bordeaux, Kadem militait au sein du groupe estudiantin et avait l'aval des tunisiens au profit du Maghreb colonisé. Lorsqu'Abed regagna la France pour faire des études dans l'année 1932-33, il ralliera sur les pas de son aîné le mouvement nationaliste prôné par les leaders arabes comme Messali, Khairallah, Chakib Arslan et d'autres.

En 1943, dans des circonstances curieuses et pour des motifs infondés, Abed sera expulsé manu militari des territoires d'outre-mer par le même agent colonialiste qui en 1933 se chargea de renvoyer Kadem à la frontière belge. L'Ambassadeur de France à Bruxelles (dans sa lettre adressée à son Excellence, Monsieur Pierre Laval, Ministre des Affaires Étrangères à Paris), parle de Kadem et rappelle aux autorités : « qu'y a-t-il à reprendre dans un tel langage ? Comment la France ne comprend-elle pas qu'en persécutant un tel homme, elle porte atteinte à son prestige moral et politique dans le monde ? »

161

AMBASSADE DE FRANCE
EN BELGIQUE

Tunis (en ajoutant copie de l'entrefilet) 14/5/35

DIRECTION DES AFFAIRES
POLITIQUES ET COMMERCIALES

Sous-Direction
d'AFRIQUE-LEVANT

N° 500

BRUXELLES, LE 9 Mai 1935

L'AMBASSADEUR DE FRANCE A BRUXELLES,

A SON EXCELLENCE MONSIEUR PIERRE LAVAL,

MINISTRE DES AFFAIRES ETRANGERES.

DIRECTION POLITIQUE ET COMMERCIALE
11 MAI 1935

A.s. Chadly-Khairallah et Kadem Bouhafa

Dès réception du télégramme de Votre Excellence, n°129 en date du 2 Mai, concernant le nommé CHADLY-KHAIRALLAH, je n'ai pas manqué d'en communiquer la teneur à l'Administrateur de la Sûreté Publique à Bruxelles, en le priant de me tenir au courant des déplacements éventuels de l'intéressé en Belgique.

Je saisis cette occasion pour signaler au Département un compte-rendu donné par le journal socialiste " Le Peuple " de la visite qu'a faite à ses bureaux un nommé Kadem Bouhafa. Voici les principaux passages de cet article :

" Notre camarade socialiste tunisien Kadem Bouhafa, doc-
" teur en droit de l'Université de Bordeaux, marié à une Fran-
" çaise, père d'un enfant qui, en vertu des lois et du statut
" de la Tunisie, sera citoyen français, est ici en exil, chassé
" de Tunis sur l'ordre de M. PEYROUTON, Résident Général. Après
" avoir été chassé DE SON PROPRE PAYS, Kadem Bouhafa, sujet

.....

" tunisien, a été expulsé de France. Son père, officier de la " Légion d'Honneur, est le seul Tunisien qui ait, pendant la " guerre, été envoyé en France pour soutenir le moral des " troupes africaines. Pourquoi donc cette attitude haineuse " vis-à-vis du fils d'un tel père ? Il a commis un seul crime " aux yeux de M. PEYROUTON et de la Sûreté Générale : celui " d'être socialiste.

" Dira-t-on que Kadem Bouhafa est un dangereux agitateur ? " On connaîtra son état d'esprit en lisant le compte-rendu " qu'a publié, le 25 Janvier dernier, " La France de Bordeaux ", " journal peu suspect, d'une conférence qu'a faite l'exilé tuni- " sien dans cette ville. "

Après avoir reproduit le compte-rendu que j'adresse ci-joint au Département, le " Peuple " ajoute : " Qu'y a-t-il à reprendre " dans un tel langage ? Comment la France ne comprend-elle pas " qu'en persécutant un tel homme elle porte atteinte à son pres- " tige moral et politique dans le monde ? "./.

P.L'AMBASSADEUR DE FRANCE ET P.A
LE CONSEILLER D'AMBASSADE

LA RELAXE DE ABED - ALGER 1943

Le mois d'août s'installait et les proches désespéraient. La dépêche morsée à l'attention de Mohieddine souleva la curiosité dans le souk. La nouvelle insufflait-elle un renouveau qui annoncerait la relaxe des trois frères ? La sortie d'Abed fut confirmée par *si* Djilani à Methouia et Fatma bint Belkacem Djebnoun alla crier librement son oppressante joie chez les siens.

Abed rentra d'Algérie après la détention. Dans la capitale tunisienne libérée, il établit des contacts avec les Destouriens, les milieux américains et le corps consulaire. Son désir de militer au nom du Maghreb et ses capacités journalistiques ainsi que sa compréhension de la langue anglaise détermineront en lui la décision définitive de se rallier aux rangs du nationalisme actif. La rencontre avec sa future femme se fit dans les salons de l'hôtel des Ambassadeurs et du Tunisia Palace qui réunissaient le grand Tunis ainsi que les délégations étrangères. Abed rencontra cette belle et plantureuse américaine d'origine irlandaise de Dublin. Gradée de sa profession humanitaire, l'infirmière Dorothy Mac Ginn portait admirablement l'uniforme militaire et son insigne de Lieutenant dans la croix rouge américaine. Après avoir participé aux raids de Pearl-Harbour dans les îles Hawaï en décembre 1941, elle s'était repliée avec les troupes anglo-américaines venues dissiper les fronts qui s'ouvraient en Tunisie.

Dans ce petit pays d'Afrique du Nord, la destinée promit à cette Américaine un hasard peu commun puisqu'il lui fit rencontrer le bel étalon arabe parlant la langue d'Oxford. El Abed Bouhafa (Alias Chukry-Bey, Jean Boucher, Abou el Khrass) pour ses différentes activités journalistiques et cinématographiques, entrait par la grande porte pour se mêler à la politique internationale qui allait, d'après Wilson et ses partenaires, remettre en question la présence des colonisateurs en Afrique du Nord et dans le monde. La France n'avait-elle pas promis avec l'Amérique de donner le droit aux peuples une fois la guerre finie ?

LA RELAXE DE KADEM

Le tribunal militaire d'el Méridj signera la fin de la détention de Kadem Bouhafa qui sortit en décembre 1943 avec des séquelles de bronchite devenue chronique, aggravée par les conditions climatiques de Tadjerouine. Kadem rentra sur Tunis pour un séjour de trois mois de détention à la grande prison (*Habs ej-Jdid*). La destinée rapprocha les quatre frères à leur sortie, ils se retrouveront à Tunis pour boucler leurs mésaventures éprouvantes, mais qui auront fouetté dans leur corps et leur cœur le désir de continuer la lutte qui forge l'unité de la nation tunisienne, engage la grande bataille de la liberté, éduque le peuple pour en faire l'artisan de son propre destin pour le sauver de la servitude et la déchéance. J'ai jugé utile de rapporter la déclaration de la France Libre, publiée dans les journaux clandestins et le manifeste diffusé à la radio le 23 juin 1942. En parlant de la France en guerre De Gaulle développe : « *Un régime moral, social, politique, économique a abdiqué dans la défaite. Un autre sorti d'une criminelle capitulation s'exalte en pouvoir personnel. Le peuple les condamne tous les deux. Tandis qu'il s'unit pour la victoire, il s'assemble pour une révolution. {...} La France et le monde luttent et souffrent pour la liberté, la justice, le droit des gens à disposer d'eux-mêmes. Une telle victoire française et humaine est seule qui puisse compenser les épreuves sans exemples que traverse notre patrie, la seule qui puisse lui ouvrir de nouveau la route de la grandeur. Une telle victoire vaut tous les efforts et tous les sacrifices. Nous vaincrons !* »

L'Appel. Mémoires du Général de Gaulle.

Hélas, ces grands principes au nom desquels de Gaulle crie à la liberté intangible de la France pouvaient-ils créditer pareillement le fondé de la révolution arabo-maghrébine quand dans la réalité quotidienne, les indigènes étaient frustrés des grands principes de la révolution française de 1789 et de celle de 1848 dont on leur rabâchait les oreilles sur les bancs de l'école ? L'après-guerre impliqua nos militants dans une lutte dure, sévère, implacable qui s'élèvera contre la voix funeste du colonialisme. Comme leurs compagnons en Afrique du Nord, les fils de *si* Djilani n'abdiqueront pas malgré les chaînes et le bâillon qui tiennent la nation en servitude. Une lutte légitime et universelle s'applique à tous les peuples opprimés qui s'unissent et font converger leurs efforts vers un même but pour recouvrer Liberté, Droits et Souveraineté. Alors la tâche finie, le pays libéré, leurs rôles effacés, les cinq frères pourront dire à la chère patrie comme Charles Péguy à sa douce France : « Mère, voici vos fils qui se sont battus ».

Pour clore cette première partie, je laisse le document résumer la tranche du passé vécu par *si* Djilani Bouhafa et ses cinq fils : Béchir, Mohieddine, Kadem, Abed, et Sadok.

00103

- Septembre 1948 -

SECRET

K.146
7/1

EL ABED BOUHAFA dit " CHOUKRY Bey "

-:-:-:-:-:-:-:-:-:-:-:-:-:-:-:-:-

Alias Jean Boucher, alias Docteur Mohamed Abou Lahrass, alias M'hamed Ali Raouf.

- Fils du Khalifat de Méthouia Djilani Ben Belgacem Bouhafa, originaire de Zarzis, a 3 frères :

- Kadhem : expulsé de France en 1935, interné en 1936 pour propagande destourienne anti-française, Khalifat à AIN DRAHAM révoqué à la suite de son attitude pro-allemande, mis en résidence surveillée à Tadjerouine, puis interné, est libéré le 23.12.1943.

- Béchir - Commis principal des P.T.T. déplacé de Gafsa à Djerba, par mesure disciplinaire, pour affaire politique.

- Sadok : Né en 1923, étudiant à la Grande Mosquée, moncéfiste est très lié avec Hamadi Bádra, les ex-inspecteurs Ben Chaâbane et Hadi Slim, ainsi que l'ex-D.P.J. Facchinetti, tous en rapports avec les services spéciaux anglo-américains.

Si Djilani Bouhafa

LES FRÈRES BOUHAFA

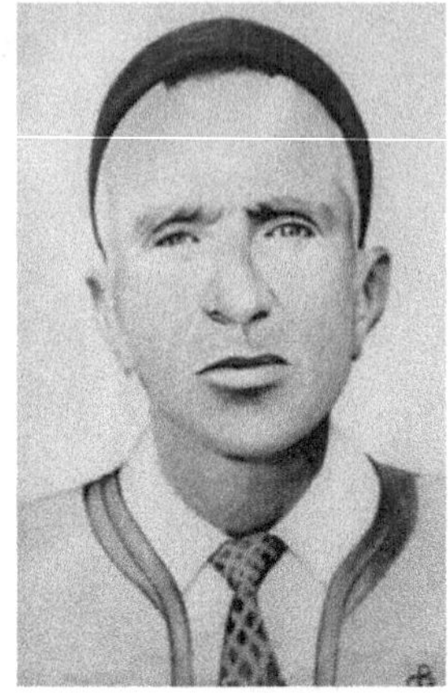

1.Béchir (1903-1973)

2.Mohieddine (1905-1967)

3.Kadem (1911-1963)

4.Abed (1913-1996)

5. Sadok (1924-1995)

L'après-guerre

GRAND-MÈRE. LA STOÏQUE

Femme de dialogue, mère intuitive elle accusait courageusement les aléas, les intempérances des gouverneurs, ne pouvant contrecarrer le cours du destin. Kadem resta suspendu de ses fonctions administratives, cependant il réintégra son foyer à Aïn-Draham et à partir de l'hôtel Bellevue, il crée au sein de la population de cette région limitrophe à l'Algérie française un noyau de résistance.

Abed militera dans la capitale, en attendant la permission de sortir du territoire tunisien pour rentrer en France. Il écrit une requête à l'amiral Esteva sous-couvert du colonel Ribault chef de la région de Gabès où grand-père assurait ses fonctions de Caïd intérimaire. Il rappellera au Résident : *« M'autorisant de la libération de la Métropole, j'ai l'honneur de solliciter de votre haute bienveillance mon rapatriement. Artiste dramatique, je suis réfugié en Afrique du Nord depuis le 07 novembre 1942 où, avec des camarades français j'étais venu tourner le film " Destin ".*

J'appartiens depuis l'armistice au journal collaborateur le « Mot d'ordre » en qualité de chroniqueur artistique. J'ai collaboré à de nombreuses publications tunisiennes et métropolitaines. Membre du comité national de l'empire au sein duquel avec le recteur Cheffaud, je représente la Tunisie. J'ai consacré de nombreuses études et conférences au rapprochement spirituel et artistique de la France et de son empire. En collaboration avec René Winekler, ex-directeur de la presse, j'ai publié une série d'études glorifiant l'œuvre civilisatrice de la France en Tunisie sous la signature de Jean Boucher... »

Dans un proche futur, le cinéaste-journaliste-militant regagnera la Côte d'Azur libérée. Dans la ville de Nice où obédience et profession se conjuguant, Abed et Dorothy jureront de s'unir pour leur bonheur et l'amour commun de la Tunisie.

À Zarzis, Mohieddine jubilera sa revanche, serein de n'avoir pas failli à ses principes loyaux malgré le contexte terrifiant qui environnait la population. Il aura participé à la grande lutte en s'intéressant de près à la condition des leaders éloignés dans ce grand sud. Le fils cadet de *si* Djilani manifesta sa sympathie aux destouriens déportés, par la présence le soutien moral, malgré le poids des servitudes imposées dans les territoires et honoré d'avoir pu les braver !

À titre représentatif, je cite les noms des maîtres tous français qui furent pendant cette période vécue en terreurs et humiliations par les indigènes, les intransigeants représentants de l'autorité militaire dans le sud.

Zarzis, 1944. 27 000 habitants

Kalifa	Sadok Djabnoun
Vice-Président de la Municipalité	Gauffreteau
Chef de Circonscription; Chef de Bataillon	Belenet
Bureau du Contrôle Militaire	Lt Monnet
Receveur des P.T.T	Marot
Receveur des Finances	Monjou
Directeur de l'École Garçons	M. Bouilloux
Directeur de l'École Filles	Mme Bouilloux
Chef de Bataillon et Chef du Bureau des Indigènes	Capitaine Beinet
Chef de Police	Ponson
Médecin	Collières
Ingénieur Travaux Publics	Riffaut et Réveillez

Djerba

Receveur des P.T.T	Tournebise
Chef de Brigade Gendarmerie	Leroy
Directeur d'École Franco-Arabe Houmet Essouk	Potier
Inspecteur O.P.J du District de Djerba	Veyrun
Maître du Port	Casaregola
Chef du centre Arts Indigènes	Combes
Chef du Bureau de Ravitaillement	Cazard
Receveur de l'Enregistrement	Leclanche
Médecin Santé	Pietrini
Vice-Président de la Commune Rurale et Receveur des Douanes	Abadie
Infirmière	Melle Amoroso
Caïd	Saula Abdellatif

SADOK. JAMMAÂ ZITOUNA

Dans la capitale avec la fougue de ses vingt ans, Sadok continuera sur les pas de ses aînés à cultiver dans son cœur l'amour de la patrie et dans son esprit celui des études. Nous ne pourrions passer sans rendre hommage à *si* el Fadhel Ben Achour qui relayant son illustre père le Cheikh Mohamed Tahar Ben Achour planta dans cette jeunesse l'essence du savoir, le précepte des dogmes et un sens profond du devoir patriotique. J'insiste sur la relation amicale étroite qui lia *si* Djilani à la famille honorable des Ben Achour.

Dans le Kahialic de Methouia, poste considéré à juste titre comme un éloignement disciplinaire ayant entravé l'harmonie de sa carrière, grand-père vécut ces épreuves qu'il dépassa grâce à sa piété, à sa foi dans la lutte nationale et à son amour pour ses enfants. Malgré une santé qui commençait à s'altérer ce fonctionnaire de l'état continuera à batailler égal à lui-même, opiniâtre jusqu'au bout pour négocier à cette « fichue administration » miroir d'une bureaucratie et d'un gouvernement général en majorité soumis aux colons, le couronnement de sa carrière. Convaincu que leur lutte encore longue embrigadait ses enfants dans un avenir incertain, *si* Djilani refoulait mal ce sentiment d'appréhension. Lorsqu'il révisait son bilan familial, il finira par se rebiffer contre toute cette culture française dont il respectait l'universalité et la grandeur, mais qui avait en définitive déraciné ses fils. Ils apprécièrent et adoptèrent les belles lettres françaises et les manières européennes à l'instar de leurs camarades d'études qui s'identifiant tellement à la vie dans la métropole, finiront par choisir pour compagnes des épouses étrangères. *Si* Djilani criera son désenchantement, mais prendra la décision ferme de diriger le plus jeune de ses fils vers l'Université de Lettres et de Théologie de la Zitouna, l'école de ses maîtres et amis les Ben Achour. Les Lettres françaises avaient imprégné et endoctriné l'élite tunisienne pour la romantiser par Les Fleurs du mal et les Lettres persanes, pour la gaver des concepts philosophiques de Voltaire et des grands principes de la constitution auxquels ces jeunes arabes ont cru, mais malheureusement dont la nation libératrice les aura brimés.

L'AMNISTIE. KAIROUAN 1944-45

Fort de ses antécédents administratifs élogieux, réhabilité grâce aux mesures édictées par un gouvernement résidentiel soucieux de rattraper sa crédibilité auprès des indigènes, Béchir postulera pour un grade supérieur à partir de la recette principale sise à la rue d'Italie. Il réintègrera la ville de Kairouan où il sera nommé le 16 mars 1944.

Parti en éclaireur, le postier vécut quelque temps dans la capitale des Aghlabides avant de pouvoir rapatrier enfants et femme vers leur nouvelle résidence *fi dar Bchir.*

« Que la paix soit sur vous ô compagnons vénérés du Prophète !

sidi Sahbi Abou Zemâa el Balaoui ! Dormez en paix conquérants de l'Islam, preux chevaliers enterrés dans le Sol Saint de Rakkada ! »

Les enfants eux, formuleront le désir de rêver autour du bassin des Aghlabides et de boire à l'eau de Barrouta.

Ne disait-on pas que celui qui étanchait sa soif à cette source intarissable revenait immanquablement visiter sa terre ? Capitale religieuse centrale ouverte, de tradition séculaire charriée d'un passé civilisationnel et culturel Aghlabide, Kairouan insuffla à ses familles la noblesse des gestes et la délicatesse des sentiments.

Cette après-guerre, dure en restrictions, semblait engageante sur le plan des idéologies sociales. Le langage du peuple se politisait, se familiarisait à l'emploi des termes de scoutisme, syndicalisme, corporation, prolétariat, droits et partis. Dans la Régence, les fonctionnaires éloignés par les mesures vindicatives regagnèrent les postes qu'ils occupaient pendant la grande période de troubles de 1943, décidés à jamais de ne plus taire leurs revendications syndicalistes. Les citoyens assimileront définitivement les symboles du nationalisme représentés par le *hizb, zaïm et l'istiqlal* (parti, leader, indépendance) qui détermineront le désir de s'affranchir.

La signature du traité d'Amnistie mettra fin aux combats et aux misères communes engendrées par la guerre européenne. La libération de la mère-patrie ouvrit de nouvelles perspectives qui verront les sociaux-démocrates et les communistes affirmer leurs tendances alors que l'Afrique du Nord focalisera ses espoirs dans la France libre mobilisée derrière le Général de Gaulle.

Cette nouvelle conception des urgences poussa les militants à s'engager derrière tout mouvement susceptible de parler au nom de l'égalité, la liberté étant l'aboutissement auquel chacun des trois pays du Maghreb aspirait accéder.

« Je ferais plus qu'Abed et Kadem, dira papa à ses deux grandes, si je n'avais le souci de votre avenir ! » (Propos rapportés textuellement par Kafila et Kalthoum).

« Il faut que vous arriviez, disait ce père laborieux, décidé à leur inculquer malgré les évidences et les restrictions économiques, la volonté de se battre pour un idéal meilleur. »

Béchir endurci par les épreuves vécues au pénitencier, était profondément convaincu que seule la voie de l'instruction pouvait affranchir la jeunesse et l'émanciper de ses droits.

Il voyait comment les indigènes analphabètes se débattaient dans leur misère décuplée par les aléas de la guerre et les arbitraires. Il fallait se défaire de ces chaînes qui liaient les ambitions, muselaient les langues, outrepassaient les droits !

« Pour arriver, expliquait-il à ses enfants, il fallait concrétiser par l'effort, l'émulation et le courage de se dire : je suis arabe, mais j'arriverai, car développait-il, en s'armant de ses entités et en apprenant à connaître ses droits, on affirme son identité. »

« Un homme averti en vaut deux ! », terminait le père pour limer l'entendement de ses enfants à l'école de la vie.

Les indigènes étaient bien obligés de composer avec les difficultés d'un pays où l'économie perturbée par les moissons insuffisantes, les cheptels décimés, le ralentissement des échanges entre continents, le manque de blé et d'orge, imposait une organisation de ravitaillement, souvent employée à favoriser la discrimination entre Arabes et Français d'une part et à multiplier les pressions et les abus de l'autre.

Tout le monde vous racontera cette période horrible où la population indigène rationnée avait recours au marché noir pour se procurer quelques mètres de tissu afin de tailler de façon rudimentaire des vêtements.

Kafila fit allusion à ces soucis quotidiens vécus par les familles, en quête de besoins élémentaires devenus denrées de luxe. Elle me raconta comment elle avait surpris un lot de tissus déposé chez grand-père dans le kahialic de Methouia. La petite ne comprenait pas pourquoi les rouleaux avaient atterri dans le bureau de l'autorité, mais savait que Azizi parlait des spéculateurs qui détournaient les marchandises pour les vendre hors de prix au marché noir. Passibles de peines, ils venaient tous les jours crier leurs doléances à l'autorité tenue d'appliquer la loi en multipliant les descentes et les saisies pour prévenir des abus et limiter la corruption.

« Tu sais, développait ma sœur, (non sans me confier le brin de culpabilité qu'elle avait ressenti) que j'ai pris les gros ciseaux et j'ai coupé un bon morceau de tissu pour maman. Papa venait me chercher pour rentrer sur Kairouan et l'aubaine s'est présentée. Je voulais tellement faire plaisir à *Mâ* ! dit-elle, je me revois enfouissant le coupon au bas de ma valise à l'insu de grand-mère et des serviteurs, j'avais peur que Azizi le sache ».

Dans les archives administratives du Kahia, il y a trace de ces plaintes où détournements, spéculations, de livraisons illicites *el bounouet* (de bons) et dénonciations calomnieuses rapportent les humiliations et les oppressions vécues en cette période de restrictions.

La lecture d'un passage qui relate, dans un même ordre d'idée, l'état dans lequel se débattait la population rurale en Algérie à la fin de la guerre, m'éclaira horriblement sur les urgentes nécessités des indigènes, les précarités et le spectre de la famine qui menaçait. Mahfoud Kaddache écrit dans « L'Histoire du Nationalisme Algérien » :

« *Les difficultés économiques*

Le Docteur Tamzali raconte l'histoire suivante au gouverneur Peyrouton : un Caïd est venu le trouver pour lui demander de "se naturaliser mulet" «car le mulet avait droit à dix kilos d'orge alors que le musulman Algérien n'en recevait à l'époque que deux kilos (interview du Docteur Tamzali dans Beghoul, op. cit. p43).

{...} Le spectre de la famine menaçait les campagnes algériennes, "là-bas, il ne faut pas avoir peur de le dire, nous avons la famine et la soudure n'est pas assurée". (Rapport Casagne 8 octobre 1945). »

La distribution des vêtements et des tissus obéissait à une réglementation discriminatoire, les musulmans des campagnes ne pouvaient recevoir que des bons de tissus. Maître Boumendjel rapporte que des femmes étaient restées plus d'un an sans sortir parce qu'elles étaient presque nues ; des pères n'osaient entrer dans leur maison et avaient confié à leur avocat n'avoir pas vu leurs filles depuis six mois. (Interview de Boumendjel dans Beghoul op. cit. p195).

INSTALLATION

Les enfants regagnèrent la vaste maison de Kairouan enterrant derrière eux le souvenir d'une épreuve vécue dans l'injustice. Plus ils s'éloignaient des territoires militaires et plus leur souffle s'oxygénait comme pour chasser ce rêve cauchemardesque passé dans une région qu'ils identifiaient malgré eux à l'intransigeant apanage de ses pouvoirs colonialistes.

La maison appartenait à la famille Bchir (nom connu dans la chronologie citadine de Kairouan) à l'orée d'un quartier nouvellement construit face à une petite colline, à l'horizon de laquelle se profilaient le cimetière et le mausolée maraboutique du *janah lakh-dhar*.

LA POSTE

Père reprit ses fonctions d'inspecteur principal dans la poste et retrouva avec sympathie les aînés des familles citadines, amis et condisciples de la Zitouna. Les Gâaloul, Zarrouk, Mrabet, el Ayouni, el Aouani, Fourati, Negra, Allani, Boughaba, Jaffel, Souiden, Kechrid, Khéchin, Berraq, Fitouri, Razgallah, el Amri, Atallah.

Il se forgea lui-même cette notoriété civique, grâce à un zèle et une transparence constants, redoublant de volonté pour confronter les écueils.

Les études primaient par l'urgente nécessité et le père décida de pallier au retard scolaire en organisant une ambiance de travail dans une *skifa* qui donnait accès sur la cour centrale. Des maîtres, disponibles à cause du chômage, dispenseront l'enseignement qualitatif régulier dans l'espace où sommairement placés chaises et tableaux verront défiler Kalthoum, Kafila, Radhia, Farouk, et Faouzi en attendant la voie d'un avenir meilleur. Ma mère raconte comment ce souci taraudait l'esprit de mon père. « Il parcourait, dit-elle, quotidiennement son journal, jusqu'au jour où la direction de l'enseignement édicta des mesures qui permettront l'inscription de Kalthoum et Kafila au concours d'entrée à l'école normale d'institutrices à Tunis ». Jubilant, le père annonce à ses filles… Eurêka ! Conscient pourtant que ses petites étaient francisantes et que l'enseignement au *Tarchih al mouallimin* serait bilingue. (École normale d'institutrices). La politique coloniale n'avait-elle pas mis en vigueur un programme indigène où il fallait proscrire la langue arabe et donner des cadres français pour gouverner ?

La France dans son optique d'assimilation enraya la langue arabe pour la remplacer par une option de langue vulgaire enseignée en second plan et qu'on appelait langue littérale ou arabe parlé. Mais ne disait-on pas *Aqra oualaou bissini* (abreuve-toi aux sources de la culture même si elles devaient provenir des langues chinoises) en attendant la réhabilitation de la langue arabe dans les écoles et les collèges, droit que ne cessaient de réclamer les intellectuels (Mahmoud el Messadi et autres).

Béchir se chargea lui-même de les initier aux bribes de l'alphabet pour les aider à affronter le concours, prônant la vertu de l'opiniâtreté. « Avec de la bonne volonté, disait-il à Kafila et Kalthoum vous arriverez, *alif, ba, ta, tha, kha*… »

Kafila se trouvait à Methouia et Méma lui aurait dit : « *Ya Béchir ya oueldi*, ramène Kafila à Kairouan pour lui enseigner au même titre que sa sœur *ligraya* (la langue arabe). Ma fille Essalha, reprit-elle, me reprochera un jour de l'avoir retenue : « Si les frères pouvaient en toute circonstance se prêter secours, personne ne regretterait l'absence de son père. » (Propos recueillis et reproduits littéralement).

ÉCOLE, ACTIVITÉS

La guerre, avec tous ses aspects de violence de malheurs et de brimades, réveilla dans les cœurs meurtris le désir violent de militer au nom d'une justice humaine, universelle qui verrait naître le droit de l'opprimé et la liberté de l'assujetti. Ceci engendra une recrudescence des actions militantes et nationalistes. Lasses de subir les provocations, les injures et les menaces du colonialisme, la population indigène se rebiffa et manifesta sa haine. Dans les propriétés privées, ils contesteront leurs droits contre les conditions de privilège et d'assimilation.

Les partisans du communisme tunisien se manifesteront à travers l'organe du P.C.T rédigé en langue arabe. Parallèlement l'hebdomadaire « *L'avenir de la Tunisie* » édité en français apparut le 08 mars 1944. Nous assistons à la constitution du mouvement syndical avec à sa tête Ferhat Hachad et Habib Achour, Amor Riahi représentant le syndicat postier auquel Béchir Bouhafa était affilié. L'union des femmes de Tunisie sera à son tour créée en 1944 sur l'initiative du parti communiste avec pour Présidente Charlotte Joulain, afin de lutter contre le fascisme et d'unifier les efforts pour la tunisification du pays. Les musulmanes adhérentes à l'U.F.T lutteront pour les droits des épouses de soldats ne bénéficiant pas des mêmes allocations que les Françaises. Elles aidèrent les femmes de prisonniers, les mères se débattant dans les problèmes sociaux et économiques, les ouvrières privées de matériaux et dans l'incapacité de réaliser leurs métiers. Les militantes luttèrent enfin contre le marché noir et les spéculations. L'organisation féminine mena des actions caritatives pour aider les ouvrières et les tisseuses. Elle distribua aux indigènes les vêtements usagés, dons envoyés sous forme de ballots géants, à partir de l'Amérique et de l'Australie.

On ne peut passer sans parler de l'action militante de Gladys Adda, juive gabésienne qui fut dès 1944 une patriote sincère et humaine. Gladys milita auprès des musulmanes au nom du parti communiste tunisien et à l'union des jeunes filles de Tunisie. « *Le mot d'ordre du parti c'était la lutte contre le marché noir. Une manifestation commune avec l'U.G.T.T avait pour mot d'ordre la lutte contre la vie chère. C'est là que j'ai connu Ferhat Hachad* », dit Gladys dans « Mémoires de femmes ».

Lorsque ma mère parle de cette époque, plusieurs mots reviennent étoffer son vocabulaire politisé. *Lantrid, Gladys, achouïa, nondifam, Litihad, esskout, essandika* (l'entraide, Gladys, le communisme, l'Union de Femmes, scout, le syndicat etc.). Si les filles de Soumeya se responsabilisaient, l'évolution et la précipitation des événements imposaient à la population et à la jeunesse surtout un état d'esprit nouveau pour les voir s'engager face à une prise de conscience générale et une détermination patriotique sans précédent.

Le postier syndicaliste dut recycler sa petite famille pour la brancher sur les activités féministes, car profondément convaincu de la présence de la femme dans la société et de son rôle actif dans la révolution. À l'avant-garde de ses disciples, il prêchera ouvertement l'évolution de la femme et poussera Soumeya l'analphabète et sa fille aînée à assumer bénévolement ce mouvement d'entraide qui, par son truchement, sensibilisera les mères kairouanaises aux notions de droits et aux revendications sociales et économiques. L'aînée accompagna ses parents à Tunis, voyage-éclair qui leur permit d'assister à la réunion organisée dans la Médina par Fatma Jallouli Bèchr dans le patio de sa maison. Lorsque je posai des questions pour définir l'impact de cette réunion ma mère répondit: « Fatma Jallouli nous a parlé au cours de son meeting du colonialisme mais je me souviens surtout de deux mots qui revenaient inlassablement dans son discours : *il makhsous, il maghloub*, l'opprimé et le démuni ».

HISTOIRE

L'Union des jeunes filles de Tunisie

Créée en février 1945, l'UJFT regroupait dans son premier bureau Mongia Hamidi, Aziza Hanafi, Fatma Djellouli, Kalthoum Bouhafa, Kalthoum Mazigh, Béatrice Slama et Souad Abdelkrim. Elle a publié un magazine : *Feteyet echaab ettounsi* (" Jeunes filles "). Fatma Djallouli B B'chr et Gilda Khiari, interviewées en 1988 par nous-même, nous ont fourni les informations suivantes sur les activités de leur association.

" Notre activité touchait différents domaines : lutte contre l'analphabétisme, défense des jeunes travailleuses qui étaient sous-payées par rapport aux hommes, aide sociale... Nous nous occupions des problèmes liés à la fin de la guerre : visites aux blessés, démarches pour le recasement des sinistrés (...). Nous avons participé au Comité d'action et de solidarité contre la famine, à des ouvroirs, à des collectes, au comité de lutte contre la vie chère. Travail d'éducation afin de faire prendre conscience aux jeunes filles de leur place réelle dans la société et de la nécessité pour elles de participer à la lutte du peuple tunisien pour l'indépendance nationale, pour les libertés publiques. Les aider à s'ouvrir également sur le monde extérieur en les faisant participer aux actions pour la liberté et la démocratie avec les jeunes filles du monde entier. Lors des évènements de Zéramdine, nous avons envoyé sur place une délégation de jeunes filles pour effectuer une enquête. Nous y avons également envoyé un camion avec des vivres pour les familles. Au moment du ratissage de Tazerka, une délégation est allée sur place. Là, nous avons contacté les jeunes filles dont beaucoup avaient été violées, et des articles ont été publiés dénonçant le ratissage. En 1951, nous avons aussi appelé les jeunes filles à participer aux grèves nationales. "

Réalités n° 1054 du 9 au 15 mars 2006

La cellule sera créée à Kairouan et Soumeya endossa la responsabilité de cette Union des Femmes Tunisiennes (U.F.T), l'analphabète madame Bouhafa se fera aider dans l'écriture par sa secrétaire Kalthoum. Derrière les grandes décisions et les directives, papa dirigera comme le timonier ce vaisseau social. Dame Soumeya recevait les représentantes du comité à partir de la capitale simplement, dans sa cour intérieure de la maison Bchir. Parmi ces révolutionnaires arabes, françaises ou juives, Gladys a laissé dans la mémoire de ma mère une impression de valeur combative, de générosité de cœur et de dynamisme fougueux. Une amitié franche rapprocha deux militantes qui, pour la même cause, s'étaient unifiées pour les besoins du pays. Lorsque les souvenirs, guidés par la mémoire indéfectible de ma mère rejaillirent, le tilt visionna certaines images et je me revis dans l'animation qui drainait dans le patio des femmes et des enfants, je les discernais comme très bruyantes, bédouines, miséreuses buvant jusqu'à la lie les commentaires de l'oratrice « Mrabta Yasmina ». Je ne sais en fait pourquoi les voisines appelaient ma mère *Mrabta* Yasmina, était-ce par égard à la portée de ce mouvement dont elle représentait un bon apôtre ou bien par humble civilité envers un être qu'on juge supérieur par ses valeurs, ou l'action bienfaitrice ?

J'ai imaginé la joie de tout le monde, des scènes de distribution de vêtements, d'écheveaux amoncelés en dôme dans un angle de *ouest dar* (patio). Je sus que la laine venait d'Australie et que la pénurie se répercutait sur cette région kairouanaise agricole et foncièrement artisanale. Je regardais ma mère comme la bonne, l'humaine et j'étais fière de savoir combien papa voulait élever sa femme aux tâches supérieures en l'initiant, en la faisant participer, quelquefois malgré elle. Nous évoluâmes les premiers temps dans cette ambiance extraordinaire, diversifiée, engageante et engagée, tellement enrichissante par les contacts humains et si belle par le dévouement et l'abnégation dont faisaient preuve les dirigeantes qui surent apporter l'aide, mais surtout qui éclairèrent l'esprit de l'autochtone démuni et misérable en prêchant la nécessité de s'unifier pour éradiquer le fléau du colonialisme. La famille Souidane, en voisins mitoyens, vous diront combien *Mrabta* Yasmina s'affairait avec l'aide de ses filles pour gérer au mieux ce sens du social dont elle puisait, elle et sa petite famille, un sentiment de noble satisfaction.

Paulette, Ninette, Rosette les trois filles de madame Farrugia vous raconteraient leurs plus amples témoignages vécus directement avec la famille du postier arabe. Leur maison de style français était mitoyenne des offices de la nôtre. Il nous était possible de communiquer par le puits commun de notre cuisine et par les fenêtres hautes qui donnaient sur leur cour.

Les Bouhafir, voisins de quartier, nous faisaient face ; la famille Boughaba plus bas ; Khedija l'aînée ayant sous sa tutelle toutes ses sœurs analphabètes, orphelines et non mariées, ont participé à ces actes de dévotion.

يَا كَلْثُومْ يِجْعَلْ سَعْنِكْ فِي الصَّمْعْ شَاذْ الشَّمْعْ

Traduction :

« Puisse ta chance t'élever haut comme la lumière du cierge dans le dôme d'un minaret », disait-elle pour témoigner de son affection envers les filles.

Une véritable révolution métamorphosa l'aspect nouveau et anonyme de ce quartier à l'orée de la ville. Si certains avaient tiqué contre ce père (les aînées des familles kairouanaises vous le relateront) pour le taxer de *mtaouren* malgré son civisme patriotique, d'autres dans l'expectative attendront de profiter de l'expérience pour se défaire de leur conformisme et permettre plus tard à leurs filles de fréquenter les écoles.

Papa était conscient de l'état d'esprit de ceux qui, bornés, n'assimilaient pas la différence entre émancipation et dévergondage, cependant que les études ne faisaient qu'élever la jeune fille pour lui faire comprendre ses principes et lui dicter ses limites. « Œuvrez, prenez de la peine, c'est les droits qui manquent le plus ! », disait le père pour endoctriner ses filles et par la même occasion leur faire réviser la fable de La Fontaine. En attendant le grand concours, il réussira à obtenir un poste de monitrice pour Kalthoum à l'école de filles.

Voilée d'une toque noire à la mode des Égyptiennes de Sâad Zaghloul, Kalthoum traversait la ville pour se rendre à *maktab* Salsala en pleine karkabia. Zohra Ben Amor qui sera plus tard l'épouse de notre ami *si* Mohamed Jemâa fut une de ses petites élèves. La maîtresse elle-même sortait de la fleur de l'âge, plus belle qu'une rose de printemps, fière d'avoir concrétisé le vœu de son père et d'enseigner au même titre que les Françaises. La monitrice dut braver le regard des autres où tantôt colère, mépris et curiosité exprimaient les sourds reproches des familles arabes.

Si el Béchir se heurtait au conformisme de certains malgré les relations de respectabilité commune. Il se souciera peu des réflexions malhonnêtes car dans un prochain avenir il verra ces mêmes pères se défaire de leurs traditions erronées qui ne permettaient pas à leurs filles de suivre des études et de s'émanciper.

Pourtant n'était-ce pas dans ce bassin aghlabide de sciences et de lettres que les érudits divulguèrent leurs fondements, leur rhétorique à la lumière de leurs découvertes ? Les oulémas qui jalonnèrent les siècles de culture, de grandeur et de spiritualité n'avaient jamais prêché l'isolement de la femme ; l'érudit Ibn Rachiq el Kairaouani, le poète Ibn Toufaïl, le maître de la chirurgie Ibn el Djazar et le doyen de la genèse l'imam Sahnoun. Dans leur sillon, nos cheikhs et oulémas ont brillé dans la Mosquée de l'Olivier et dans les espaces d'el Khaldounia. Plus tard Mohamed Tahar Haddad traitera de l'émancipation de la femme sous le colonialisme. Je m'arrête pour saluer la mémoire de mon père qui toute sa vie combattit pour défendre les vérités universelles. Cette lettre de condoléances, écrite par Othman Kechrid, ministre à cette époque, est un témoignage touchant de l'amitié qui nous liait à l'honorable famille kairouanaise. En parlant de Béchir, *si* Othman rend hommage aux qualités et au patriotisme sincère de son ami disparu.

REPUBLIQUE TUNISIENNE
Ministère des Finances
DIRECTION DES DOUANES

Tunis, le 21-1-78

Très cher Si El Abed,

Suite à une courte absence de Tunis, je viens d'apprendre tardivement la triste nouvelle du décès de Si El Béchir -

Je vous prie d'accepter ainsi que toute votre honorable famille l'expression de nos condoléances à la fois émues et très sincères -

Qui ne regrettera pas le père modèle, l'ami sûr, le syndicaliste dévoué, le patriote sincère et combien modeste !

Que Dieu ait son âme et lui accorde sa bénédiction et sa miséricorde !

Othman Kechrid -

TUNIS MONT-FLEURY SUPÉRIEUR, 1946

Sise dans le quartier de Mont-Fleury, la bâtisse appartenait au Docteur Brakway qui fit don d'un terrain immense entourant sa résidence de style colonial et son infirmerie. En 1903, sous le mandat du Résident Général René Millet, la Direction de l'Enseignement érigea un bâtiment à étage construit pour abriter les pensionnaires de l'école normale d'institutrices.

Le père ressentit comme une consécration morale la réussite de ses deux filles, ne prêchait-il pas toujours la réussite quand il s'imposait le goût du travail et du perfectionnisme ? « À force de limer, on devient forgeron ! Vous pourriez arriver à tous mes enfants, à l'exception du rang d'un prophète ! », disait-il pour nous stimuler.

La préparation du trousseau fut une urgence pour la maman, soucieuse de satisfaire une liste consignée par le règlement du pensionnat. Ma mère me dira que la conjoncture et les précarités ne permettaient pas les écarts et dame Kalthoum dut coudre dans la machine Pfaff, les tabliers et le linge blanc.

جْوَابْ يفَرَّحْ ولا قَعْدَه اتْقَرَّحْ

Traduction :

« Une bonne missive vaut mieux qu'un souci éternel ! », disait la mère pour tromper sa tristesse de se séparer de ses filles.

Pour taire les jérémiades, elle s'efforçait de surmonter ses peines en encourageant l'élan de Kalthoum et de Kafila. Mère au foyer, alias savante-analphabète ayant vécu dans un bain culturel depuis les aînés, elle s'était rodée aux écoutes des récitations déclinées, des leçons apprises sur le bout des doigts et des énonciations des noms d'auteurs. En faisant l'apothéose des hommes érudits, Soumeya se plaisait à tirer de son lexique « el Manfalouti, el Jahidh, Khalil Djobran, ennahou, moudhaf ou moudhaf ilaïh, mafoûlbih... essarf, eddovoir, el calcul, eljabr, eddictée, el incha », ma mère passait de l'arabe au français comme une virtuose, pour rappeler à ses enfants leurs leçons et s'enquérir tous les jours de leurs notes. N'avait-elle pas fui l'école de son mari qui inlassablement lui rappelait la nécessité de savoir lire et écrire ? Coquinement, elle se disculpait prétextant ses obligations ménagères. « Le jour où je t'emmènerai visiter la France, menaçait Béchir, je n'admettrai jamais que tu signes avec ton pouce au mépris d'un petit policier colonialiste ! »

Les parents organisèrent leur vie en fonction des petits, du passage en cours complémentaire, et du départ des grandes aux études supérieures. Si le premier concours s'était soldé par un échec, l'année préparatoire sera couronnée de succès pour les deux filles. Kafila me raconta une petite anecdote, souvenir d'une réprimande orale essuyée par Kalthoum le jour de leur réussite à l'examen final.

L'incident reflète la rigueur de la discipline imposée à l'intérieur de l'établissement et des chefs administratifs imbus d'autorité. Folle à l'annonce de leurs bons résultats, Kalthoum fit irruption dans le hall d'entrée, elle cogna à la porte de la loge en trépignant d'impatience. « Madame Roy, est-ce que papa a téléphoné ? Je voudrais lui annoncer que nous sommes reçues ma sœur et moi ». À cet instant, madame la directrice vint à passer :

— Qu'est-ce que vous faites ici Bouhafa ?

— Je voulais savoir si... mon père... »

Le visage congestionné de Kalthoum et sa voix chevrotante n'émurent guère madame Schusman qui claironna : « Vous serez privée de sortie tous les dimanches de l'année « Manemoisel ! », vous n'avez pas, ajouta l'acariâtre, à pénétrer dans les locaux de la Direction ».

Ma sœur développa : « C'était pour l'année de stage et nous étions tenues de nous rendre dans les différents centres d'application, mais les dimanches, Kalthoum purgea sa peine jusqu'à la fin de l'année ! »

« Madame Schusman était inflexible ! », me dit Kafila.

Pour participer au dialogue, je fis part à ma sœur d'une vision d'enfance qui scella un événement heureux dans la maison de Kairouan. Je devais avoir quatre ou cinq ans et je me souviens des débuts agréables de cette belle journée d'été. Ma sœur Radhia et mon frère Farouk étaient sortis de bon matin passer le concours d'entrée en sixième et le certificat. Retardée à cause des années de guerre, Radhia a été rattrapée par son frère et Kalthoum par Kafila. Je n'étais pas encore scolarisée, mais je revois cette effervescence qui anima l'intérieur de notre maison. Les domestiques Ouedzroud, Baï Ezzaïer et la négresse s'affairaient depuis l'aube ; tout passa sous les jets d'eau additionnée de cristaux et par les coups de brosse trempée dans le savon vert liquéfié. Pendant la matinée un ouragan s'affaira pour déplacer, récurer puis rétablir l'ordre final avant l'arrivée du maître... Dès que l'on entendait ses pas s'engager dans l'infini dédale, chacun reprenait sa place.

— Qu'avez-vous ô voisins ?

— *Ach andkom ya dar si Béchir* ?. disaient les têtes curieuses, qui de temps à autre se penchaient des terrasses pour s'enquérir de la bonne santé de *lalla* Yasmina et de ses filles.

— Radhia et Farouk passent l'examen...

— Mais... il faut attendre les résultats !, objectaient les voisines.

— Ce sera pour cet après-midi, un peu tard si Dieu veut, confirmait la mère.

Pour toute réponse, les femmes regardaient drôlement *lalla* Yasmina qui semblait tellement sûre du palmarès de ses enfants.

— Oh ! coupait-elle, ils sont deux à passer l'examen, il y en aura bien un qui l'aura !, et se tournant vers Baï Ezzaïer l'homme de course : « Fais une virée par la poste chez *si* Béchir et achète les biscuits et le sirop de rose pour fêter la réussite de ce soir. »

— *Qaddim il kheir talka el kheir* ! (autrement dit : « évoque le thème de l'espoir et Dieu t'annoncera la voie du bonheur), décidait l'épicurienne pour se donner des ailes.

Faouzi excellait dans ses devoirs. Béchir adorait ses deux garçons, mais il était intransigeant sur les concepts d'éducation et l'assiduité. Je me souviens, lorsqu'une leçon était mal apprise ou mal assimilée pendant les séances d'études fi skifa, les garçons écopaient d'une réprimande. Si l'un deux manifestait un retard, père reprenait la peine d'expliquer les difficultés de la grammaire ou du calcul mais s'ils hésitaient dans les réponses, il manifestait son courroux dont moi-même j'avais horriblement peur ; il mettait sa main sur la boucle de sa ceinture pour annoncer le déclic de la correction sans jamais aller jusqu'au bout, il lui suffisait d'y faire allusion...

L'ÉCOLE NORMALE D'INSTITUTRICES BILINGUES

Les aires du pensionnat abriteront les élèves dans une cohabitation qui sera bénéfique et sans heurts entre les françaises et les musulmanes. Profondément déterminées par la motivation et l'émulation, les jeunes filles braveront les difficultés des cinq années d'études qui les feront aboutir à la consécration miroitant le stage final dans l'école normale de Saint-Cloud à Chartres. Si le règlement qui régissait l'établissement répondait au caractère ferme et incontournable de madame Schusman, originaire de Fontenay-aux-roses, l'organisation entre élèves se démarquera par des liens de fraternité, de coopération et de solidarité rapportés par toutes les anciennes normaliennes.

Halima Ben Amor, pionnière de la deuxième fournée encadra les plus jeunes. Kafila considéra Halima comme sa grand-mère et Mounira Alleg comme sa mère. À son tour, Kafila sera la mère de Néziha Abdelli, fille de la nouvelle génération et ainsi de suite la pyramide.

À la tête de l'Instruction publique monsieur Louis Paye puis Abed Mzali se sont relayés, l'enseignement devenu bilingue dans certaines institutions comme l'école normale de filles et de garçons. Une relation de travail et d'amitié rapprochait le Directeur monsieur

Paye, originaire également de Fontenay-aux-Roses, à madame Schusman, chef d'établissement.

RÈGLEMENT INTÉRIEUR

« *Tunis, le 21 avril 1947*

École normale d'institutrices. Tunis
La direction

Monsieur BOUHAFA,

Je suis contente que Kafila soit rétablie.

En ce qui concerne la suralimentation qu'elle doit suivre, j'ai l'honneur de vous faire connaître que le régime de l'internat étant substantiel et suffisant pour les élèves en bonne santé, il vous appartiendra de supporter la dépense supplémentaire qui en résultera.

Veuillez me faire connaître si vous désirez faire porter à l'école les aliments supplémentaires. Madame l'économe se chargeant d'en assurer la préparation, ou si vous désirez que ceux-ci soient achetés à vos frais par l'école.

Je vous prie d'agréer Monsieur mes salutations distinguées.

La directrice »

Les deux sœurs avaient pour correspondant l'honorable *si* Mohamed Zarrouk, condisciple de Béchir au lycée Alaoui. Kafila et Kalthoum étaient autorisées à une sortie par mois ; le correspondant se déplaçait en personne pour signer la décharge sur le registre au parloir. Le dimanche passé dans l'intimité familiale régénérait les jeunes filles éprouvées par l'éloignement et les exigences d'une vie nouvelle au sein de la capitale. Les amis les accueillaient avec le civisme des personnes nées dans les valeurs.

Alla Hind, l'épouse, était l'aînée des trois filles de l'érudit *allama* sidi Bohli Ennayel (Il a mené une vie de chercheur, d'historien, de penseur et d'écrivain... Il a conjugué tous ses efforts pour ordonner les archives de la bibliothèque de Kairouan (Rakkada)...).
Alla Naïma la cadette, épouse Ahmed Habbaj, tandis que la plus jeune Soukeïna porte le nom des Ben Zacour, famille d'humanistes et de machayakh connus dans la Médina.

La villa commune sise au quartier Taoufik abritait les trois filles avec leurs parents. Ce fut pour Kafila et Kalthoum une ouverture qui leur permit de se frotter à l'intimité de ces nobles familles aux précieuses manières et à la grande délicatesse de sentiments. Pour répondre à l'invitation les deux jeunes filles revêtaient le tailleur classique du dimanche, taillé près du corps le costume se distinguait par le fuselé de la jupe, les pinces seyantes à la taille et le col rabattu. Les gants effilés et les escarpins noirs termineront la touche élégante qui personnifiait la mode féminine de l'après-guerre.

Après sa réussite au cours complémentaire, Aïcha Radhia regagna la capitale et fut inscrite au lycée Armand Fallières rue de Russie. Père suggérera son souhait de la voir s'intéresser à la noble fonction de sage-femme.

Grâce au suivi méthodique et pédagogique des enseignants, cette période d'études imprima dans l'esprit des normaliennes le sens de la rigueur et de la conscience professionnelle. Les étudiantes assimileront ces cours appliqués qui forgeront en elles le profil de l'enseignant scrupuleux et perfectionniste. Béchir souscrira aux sacrifices pour aider ses enfants à concrétiser leur avenir.

Kairouan le 5 Novembre 1946.

M. Bouhafa Béchir Contrôleur Tunisien
à Mr Le Directeur de l'Office Tunisien des P.T.T.
à Tunis

Monsieur le Directeur

Objet : rétablissement indemnité familiale.

Référence : Décret du 22/3/46. 6e alinéa et 8e Bulletin Tunisien de 1924.

J'ai l'honneur de vous demander de bien vouloir examiner la possibilité de me faire obtenir le rétablissement de l'indemnité familiale pour mes deux filles Oum Kaltoum et Kalila Bouhafa.

Bien qu'elles n'aient pas fréquenté un établissement scolaire par suite des événements de guerre, elles ont cependant poursuivi leurs études sous la direction d'un maître particulier et à titre onéreux.

En effet grâce à un effort continu elles ont toutes deux été admises en Juin 1946 au Concours d'entrée à l'Ecole Normale d'institutrices de Tunis.

Ce qui prouve surabondamment qu'elles n'ont pas abandonné leurs études tout en restant à la maison.

Ci-joint deux certificats de scolarité de l'école Normale de Tunis, et une attestation du maître enseignant.

Me référant au Décret Beylical du 22/3/46. 6e alinéa et suivants qui stipule notamment « La notion d'établissement et enseignement régulier pourra d'ailleurs dans les cas particuliers être interprétée de [illegible]

2 deuxs 1 le 15.11.46 mette retablie 1.10.46
attestation retournée
2 certificats incomplets retournés.

En vertu de ces dispositions réglementaires je crois être fondé pour prétendre au bénéfice du rétablissement pur et simple de l'indemnité familiale depuis la date de sa suppression.

Père de famille de 6 enfants tous en âge scolaire, je fais appel à vos sentiments paternels pour examiner avec bienveillance ma requête et lui donner la solution qu'elle mérite.

KAIROUAN 5/11/46
Vu & Transmis
Le Receveur
[illegible]

Béchir

École Normale d'Institutrices
DE TUNIS

Année Scolaire 1936-1937 1er trimestre semestre

Mademoiselle Bouhafa Kalthoum élève de préparatoire année

MATIÈRES D'ENSEIGNEMENT	NOTES Écrit /40	NOTES Oral /40	APPRÉCIATIONS DE MESDAMES LES PROFESSEURS	SIGNATURES	MATIÈRES D'ENSEIGNEMENT	NOTES /40	NOTES /40	APPRÉCIATIONS DE MESDAMES LES PROFESSEURS	SIGNATURES
Philosophie Pédagogie	11 ½				Grammaire / Dessin	16 ½	23		
Composition française		26			Chant et musique	16 ½			
Littérature Lecture expl.		26	M. Rimet		Gymnastique		23		
Mathématiques		2			Travail manuel	16			
Sciences physiques et naturelles	10 ½				Coran / Rédaction / Histoire (orale) / Stage professionnel	16 / 12	28		
Histoire et géographie					Orthographe / Lecture expliquée (orale) / Conférence pédagogique	15 / 16	32		
(Arabe) Rédaction					Récitation (orale)		36		
Orthographe et gram.		23							
Récitation	12								

Conduite : 15

Travail : 9

Ordre : 12

Moyenne générale, sur 20 en Arabe : 15.37
en Français : 10,75

Classement général 9ème sur 13 Français
2ème " 13 – Arabe

APPRÉCIATION DE MADAME LA DIRECTRICE

Bien

NOTA. — Dans le calcul de la moyenne générale les matières d'écrit, le stage professionnel, l'ordre ont, par rapport aux autres matières, un coefficient égal à 2.
La conduite et le travail ont un coefficient égal à 3.

Moyenne générale : 13,04
Classement général : 5ème

Nous ne pouvons passer sans rendre hommage aux initiateurs qui dotèrent les promotions bilingues d'un enseignement qualificatif exceptionnel, citons *si* Nâachi l'érudit, sidi Abbas Bouterfa, professeur aux capacités reconnues. Bourguiba élève à Sadiki fut son disciple. *Si* Ben Châabane, Féthia Ben Mokhtar (future madame Mzali), mademoiselle Rimet, *si* Goucha, monsieur Bourguignon, monsieur Thomas…

Grâce aux dialogues fructueux, ces maîtres approfondirent l'amour de la langue et déléguèrent les préceptes religieux avec une ouverture nouvelle. Les générations futures rodées à l'instruction de ces Cheikhs de la Zitouna formeront la plate-forme intellectuelle de la Tunisie nouvelle. *Si* Abbas fut le père affectueux, l'éducateur modèle, le maître des sentences et belles manières de la Médina.

« *Naam ya bnaïti* » disait-il en s'adressant à ses élèves.

Le programme éducatif incluait les matières à option pour l'engouement personnel. L'établissement intéressa ses élèves au théâtre, à la musique, aux instruments, au sport et à la danse dérivatifs nécessaires pour équilibrer le corps et élever l'âme selon les aptitudes et la vocation. Les jeunes normaliennes fréquentèrent le théâtre de l'avenue Jules Ferry. L'établissement se chargeait de l'accompagnement effectué par des surveillantes pour visiter les galeries et les vernissages de peinture, les monuments et lieux historiques, les bibliothèques publiques et les aires de sport. On forgera leurs esprits à l'appréciation des œuvres jouées par la Comédie Française. Les professeurs s'ingénièrent à limer le goût des élèves dans la diction des poètes du 19e siècle. L'application du bilinguisme suscita l'intérêt des parents avant-gardistes et ouvrit une perspective de l'enseignement crucial en Tunisie. Kalthoum représenta une belle Leïla et Kafila joua le rôle de Sâad dans la pièce universellement connue *Madjnoun Leïla*.

Ma sœur se souvient de ces séances vécues dans les répétitions et l'euphorie, « nous avons répété sur les planches du théâtre de la ville. Lorsque nous assistions à la représentation des classiques comme Polyeucte, le Cid, Phèdre ou Le Malade Imaginaire, les professeurs commentaient la mouvance et l'art de la mimique pour nous apprendre à se mouvoir sur scène. La rue Boukhriss, poursuivit ma sœur, fut aussi l'espace qui abrita ces manifestations culturelles. La salle représentait à l'époque, dit Kafila, l'embryon du mouvement de jeunesse tunisien. Bir el Bey avec sa plate-forme abritée sous la pinède, au bord de Bordj Cédria, nous permit de faire connaissance avec le père du scoutisme français, Baden Powell qui institua en Tunisie le scoutisme laïque et les mouvements de jeunesse », termina-t-elle.

Halima Ben Amor écrit dans ses mémoires

> L'École Normale vous a permis d'acquérir une formation très variée: langues, sciences, arts, éducation physique, sport, puériculture, soins infirmiers... Vous y avez mis du coeur. Votre volonté était d'acquérir le plus de savoir, savoir faire, savoir être, et ce afin de préparer au mieux vos jeunes compatriotes, vos futures élèves, à la lutte pour l'indépendance et pour le développement de la Tunisie.
>
> En 1947, tu as adhéré à l'Association des Colonies de Vacances Musulmanes présidée par le Docteur Sadok MOKADEM. En 1948, a été organisée la première colonie de vacances tunisienne pour filles à Aïn Soltane.
> De 1947 à 1949, à Bir El Bey, tu as participé aux camps de formation des premiers cadres féminins de la Jeunesse (Scoutisme et Colonies de Vacances). C'est là que tu as fait la connaissance de Khédija BEN MUSTAPHA et qu'une amitié profonde vous a liées.
> D'autres normaliennes ont aussi adhéré aux mouvements de Jeunesse: Kalthoum et Kéfila BOUHAFA, Nabiha BEN ATTAYA... Vous n'avez pas hésité à contacter les parents, à vous rendre chez eux pour permettre la participation des enfants aux colonies de vacances.
> L'École Normale, les camps de formation de Bir El Bey, vous ont permis de côtoyer des jeunes hommes militants comme vous, ambitieux, pleins de rêves et d'amour pour leur patrie.
> En 1948, au camp de printemps, tu as rencontré Abdelmajid ATTIA, un jeune normalien, âgé de 23 ans, originaire de Mahdia, enseignant au Lycée de Sfax depuis 1946. Vous vous êtes unis le 9 Juin 1949. Tu venais de terminer tes études à l'École Normale. Votre voyage de noces s'est déroulé à Aïn Draham, dans le cadre d'une colonie de vacances.

En racontant, ma sœur déclina une suite de termes représentatifs du règlement scout. Elle évoqua les louveteaux, *Safejaouala*, les guides, les formateurs, *Achibel*, les insignes, le salut, les chants, l'uniforme, ainsi de suite. « Ces séances en plein air nous grisaient, reprit Kafila.

Le domaine du chant impliquera le fameux musicien et compositeur monsieur Triki, il avait l'âme d'un poète et le doigté d'un mathématicien lorsqu'il nous enseignait l'échelle du solfège et la valeur des notes. Monsieur Triki nous accompagnait dans les chorales en français et nous initiait aux fondements de la musique classique de la Rachidia. Kalthoum montra des aptitudes au piano et moi, dit la sœur, j'ai préféré la flûte. Nous devons savoir gré à papa qui en fut l'instigateur, il nous encourageait par son dialogue et ses conceptions modernistes. Grand-père se manifesta, jugeant que nos études au cours complémentaire de Kairouan étaient suffisantes ».

Béchir répondit à son père avec toute l'humilité : « Sidi, je ne t'ai jamais désobéi, mais je pousserai mes filles jusqu'au bout dans leurs études ».

الحمد لله والصلاة والسلام على أكمل خلق الله

من [illegible] الجمالي [illegible] الشريعة

إلى ابنتي النجيبتين أم كلثوم و[illegible] حفظهما الله وأدام [illegible]

لهما سلاما واشتياقا.

لقد بلغني مكتوبكما وسررت به أنا وجميع العائلة ودعونا لكما دعاء

صالحا بالنجاح كما [illegible] إن شاء الله. وأقول لك يا ابنتي العزيزة كلثوم

إني معجب [illegible] جدا بتلك العبارات الرقيقة وذاك الأسلوب

اللطيف وتلك العبارات الفصيحة الدالة على حسن ذوقك لجواهر

لغة أجدادك [illegible] الذين أناروا [illegible] العالم بنور

العلم والهداية لديننا الصحيح وبارك الله فيهم [illegible] المصلحين

الذين [illegible] في سبيل العمل والإنتاج [illegible] الأمة [illegible]

من [illegible] الجمود والاعتماد [illegible] حقق الله آمال الأمة الإسلامية بجاه

سيدنا محمد خير البرية.

بهذا وإن جميع العائلة بخير يسلمون عليكما وكلهم يدعون لكما بخير.

[illegible] العائلة [illegible] محمد المصطفى [illegible]

[illegible] وعائلته كذلك [illegible] الصباح (فتو)

في زمن الربيع إن شاء الله [illegible]

وفي الختام تقبلا كامل أشواقي القلبية [illegible]

الحمد لله والصلاة والسلام على أكمل خلق الله

النجيبتين الشيقتين العزيزتين كلثوم وكفيلة

سلاما وأشواقا

[illegible] قلوب فهنئتنا بعيد ميلاد نبينا العزيز رسول

رب العالمين صلى الله عليه وعلى جميع الانبياء والمرسلين

فأشكركما شكرا حارا على احساساتكما [illegible] النبيلة

اسأل الله لكما النجاح والرقي في مدارج العلم والعرفان

[illegible] ان كل العائلة بخير وعافية وان السيد [illegible] العابد

رجع لمقره ووصلتنا منه ورقة بريدية منذ [illegible]

أسبوع وهو بخير وعافية

كما [illegible] أختكما [illegible] الكتب البنات

بخير وان كل العائلة يسلمون عليكما وعلى [illegible]

[illegible] —

وعليكما السلام ورحمة الله من [illegible] الجيلاني

[illegible]

٢٤ جانفي
١٩٤٩

Lettres de si *Djilani à ses petites filles Kalthoum et Kafila*

Je rapporte des lettres que mon père écrivait à ses filles. J'ai médité pour me délecter de l'éloquence du verbe et de la pureté du style, l'écriture me livra le classique de ses déliés et le plein de ses boucles. À travers ces pages-reliques conservées par les soins de ma sœur aînée, j'ai saisi le cœur de l'homme, le sérieux du fonctionnaire. Je me suis prise d'admiration pour les élans généreux de ce maître-conseil qui divulguait ses préceptes avec le langage de l'amour et du respect.

Une complicité et une transparence étonnamment belles émanent de cette correspondance où le père n'hésitait pas à rendre compte à ses filles de tout ce qui touchait à leur intérêt commun. Je transcris une lettre où le père encourage ses filles vers la culture et les arts.

Correspondances

Tunis, 3 novembre 1947

Chers papa, maman,
Radia, Farouk, Faouzi,

Je vous écris ces quelques lignes pour vous faire savoir que nous sommes en bonne santé ! Je vous ai écrit une lettre et nous n'avons pas encore de vos nouvelles.

J'espère que ma lettre vous trouvera en bonne santé.

Ici il fait déjà froid et je n'ai pas quoi porter d'ailleurs vous le savez. Si vous voulez que je vous le dise, mon seul tablier n'a pas été changé deux semaines. Enfin j'attends...

Quand nous sommes parties voir Polyeucte, j'ai demandé une robe à une amie.

Nous travaillons bien, nous avons un nouveau professeur rien qu'en mathématiques. J'ai acheté le cahier à Radia, mais je ne sais pas comment le lui envoyer.

Nous mangeons assez bien.

Comment ça va à la maison ? Y a-t-il quelque chose de nouveau ? Y a-t-il des nouvelles de Zarzis ?

Je termine ma lettre, je suis en un peu fatiguée de travailler, nous allons dormir.

En attendant une longue et vive réponse. 1 000 baisers.

Nous voudrions des sabots pour faire nos ablutions.

Kafila

Nous ne sommes pas sorties pour la Toussaint, nous sommes restées avec la fille de Karoui à l'école, nous avons travaillé pendant ces vacances

Tunis, 7 novembre 1947

Chers papa, maman,
Radhia, Farouk, Faouzi, Chedlia,

C'est avec grand plaisir que nous avons reçu votre lettre dans laquelle nous avons su pas mal de nouvelles.

Cher papa maintenant c'est un soir de dimanche j'en profite pour vous écrire.

Aujourd'hui samedi, nous avons fait la composition de dictée, questions arabes et de dessin, car tout le mois de novembre est pris pour les compositions trimestrielles.

Comme ce soir madame la Directrice est venue nous visiter pour nous donner nos notes de conduite et d'ordre, je me presse de vous donner cette petite nouvelle qui vous fera peut-être plaisir. Comme il y a 4 surveillantes et chacune met sa note, la meilleure note c'est 5, qui représente 20-4 qui représente 16, etc... faisant la moyenne des 4 surveillantes, madame m'a dit que j'avais 5 en conduite c'est-à-dire 20 et 4,75 en ordre c'est-à-dire 19,25.

En nous les donnant, madame m'a félicitée et m'a dit pas mal de mots qui montraient qu'elle était contente de moi et ne m'a fait aucun reproche.

Bref, pour le travail ça va bien presque tous les professeurs sont contents de moi.

Pour la santé tout doucement, j'espère que ça ira mieux (madame m'a parlé des piqûres...).

Tonton Sadok est venu hier au parloir, il va bien, il n'y a pas beaucoup de nouvelles de Zarzis.

Grand-père et grand-mère sont aux oliviers. Pour les livres Kalthoum écrira aux librairies...

Cher papa, hier vendredi une dame est venue en ce qui concerne (les stages au service de la jeunesse tunisienne), elle nous a demandé à toutes les bilingues celles qui voulaient s'inscrire pour ces stages comme nous sommes ou nous serons des futures institutrices.

Il nous est intéressant de faire ces stages (apprendre la pédagogie) pour savoir diriger des enfants, mais pour les bilingues ces cours nous les prenons en langue arabe : ces stages se feront une fois par mois le vendredi la journée où nous sommes libres.

Madame nous supprimera une fois par mois les 2 cours de gymnastique et de musique pour aller (ce sera les filles ensemble) dans un car gratuit par ces services nous irons à Bir el bey le matin et nous rentrerons le soir le plus tôt possible.

Elle nous a distribué des feuilles à remplir (demande d'inscription) toutes les élèves les ont remplies et nous attendons l'autorisation. Maintenant que je t'ai présenté à peu près la situation je te demande de nous inscrire... En attendant la réponse avant vendredi le 1er stage aura lieu le 28 décembre 47.

Il faudra verser une somme de 400 F par an pour tous les frais (nourriture, transport, etc.)

Maintenant comment ça va à la maison ?

Nous avons su le rang de Farouk... il doit mieux travailler. Et Faouzi ? et Chadlia ? Comment va maman ?

Tu diras à maman que je veux un tablier ou de l'argent pour en acheter un. J'attends la veste et la chemisette. Il y a des pull-overs à 500 F ici à manches longues et en laine si cela est possible je demande à en avoir.

Je sais que la situation ne me le permet pas, que les choses sont chères, mais ce n'est que le nécessaire.

Enfin que Dieu nous garde et nous donne une bonne santé. C'est le nécessaire. Pour le moment, il ne reste plus qu'à vous embrasser.

Je vous quitte, nous allons dormir. En attendant de vous écrire une longue lettre qui vous fera plaisir.

Kafila

Kairouan, le 2 novembre 1948

Mes bien chers enfants,

J'ai eu le plaisir de recevoir votre dernière lettre qui a dû se croiser avec la mienne écrite dimanche dernier. J'ai été très heureux d'apprendre que vous avez passé un bon dimanche chez M. et Mme Zarrouk. Si vous avez l'occasion de les revoir une autre fois, ne manquez pas de les remercier et de leur donner notre amical et cordial bonjour. À présent comment ça va, et Kafila surtout, comment va-t- elle ? Tu m'as dit que le docteur lui a prescrit une suralimentation.

Est-ce qu'à l'école on s'en occupe ? Tu feras bien d'en parler à madame ou l'économe pour qu'elle fasse quelque chose. Au besoin s'il est nécessaire que je paie le surplus de viande de cheval ou autre produit que lui a prescrit le médecin, qu'on me le dise. Il ne faut pas rester les bras croisés, (aide-toi le ciel t'aidera). Donc renseigne-toi auprès de l'économe et réponds-moi vite. Il est naturel que si l'école devait la suralimentation sur le budget de l'État c'est bien mieux. Mais j'aimerais le savoir, et je ne reculerai devant aucun sacrifice. Est-ce que le docteur ne lui a pas conseillé l'huile de foie de morue. Je crois qu'avec les colis reçus de Zarzis, vous avez vos goûters assurés en attendant que je vous envoie du lait sucré très prochainement. Ici nous allons tous bien. Farouk travaille bien, Chadlia aussi. En vous souhaitant une bonne santé, je vous embrasse toutes deux.

Remercie mademoiselle Poy, Rimet et *Si* Ben Chaâbane.

Kairouan, le 21 novembre 1948

Mes chers enfants,

C'est dimanche aujourd'hui. Pour la première fois, ma lettre est écrite à la maison. Maman a passé son après-midi en compagnie de Aïcha femme Zlassi et la femme de l'agent de police, Ichoucha, venues lui dire bonjour à la maison. Farouk est un peu fatigué par suite de rhume, mais ce n'est pas bien grave. On lui fait des ventouses. J'espère qu'il se rétablira vite. Toute la journée, il n'a fait qu'étudier en compagnie de son ami Béchir. Je lui ai demandé de vous écrire lui-même, mais je n'ai pu l'obtenir de lui, vu d'abord son travail de classe et son état de santé en second lieu. C'est pourquoi je me suis décidé à vous écrire pour vous dire que nous allons bien. Que j'ai reçu la lettre de Kalthoum qui nous a fait plaisir de vous savoir toutes d'une bonne santé, que vous avez passé un bon dimanche à Bir el Bey. À propos, Radia m'a écrit et m'a demandé de l'autoriser à fréquenter ces cours, personnellement je ne vois pas d'inconvénient, mais étant donné qu'elle est en préparatoire et qu'elle a le temps devant elle, est-il vraiment nécessaire de la faire admettre, surtout que ce n'est pas gratis ? Quel est votre avis ? Je me déciderai après votre réponse. Chadlia travaille bien, elle a obtenu un bon point samedi et ne parle que de madame. En se couchant le soir, elle se met au lit avec son cartable qui lui tient compagnie. Et vous, comment allez-vous depuis. Où avez-vous passé votre journée de dimanche ? Chez *si* Zarrouk ? Vous m'avez demandé de vous envoyer du savon. Très bien, si je pouvais vous le faire parvenir de suite, je le ferais. Mais voilà, il y a la distance qui nous sépare qui m'empêche de le faire. Est-ce que vous n'avez plus rien pour tenir d'ici à la fin du mois. Car d'ici là, nous comptons vous envoyer un peu de lait et provisions et le savon aussi.

Nous avons de bonnes nouvelles de Zarzis. Il a bien plu et tout le monde va bien. Je crois que grand-père vous a envoyé les objets demandés. D'après ce que m'a dit tonton Belkacem ce jour par téléphone.

Radia m'a envoyé une lettre à viser par mademoiselle Rimet me disant que le médecin lui a prescrit des soins dentaires. J'ai téléphoné à la surveillante générale pour que s'il fût vraiment nécessaire qu'elle la fasse visiter par un dentiste et je paierai ce qu'il faut. Elle est très gentille et m'a même dit qu'elle la fait visiter par son dentiste habituel si son correspondant ne pouvait pas l'accompagner le jeudi aux soins. Vous m'avez dit que vous avez un professeur de piano. J'en suis bien content. Mais est-ce à l'école ou en dehors ?

Et ce projet de Kafila que comporte-il de détails à connaître. C'est peut-être une bonne idée car une jeune fille moderne doit savoir et le piano, la peinture et autres qualités n'est-ce pas ? Vous savez que papa est moderne et tout ce qui élève l'âme et rehausse l'esprit est son meilleur ami.

Donc bon courage, bonne santé et bons baisers. Bonsoir.

Papa

Kairouan, le 21 janvier 1949

Mes chers enfants,
Chère Kalthoum,

En attendant le temps matériel pour vous écrire une longue lettre, je vais au plus pressé. Ci-joint le billet de sortie. Si je ne vous réponds pas par retour du courrier, vous ne recevrez pas ma lettre à temps, car le dimanche pas de distribution.

Donc allez-y et donnez bien le bonjour à madame Zarrouk et mes vœux de prompt rétablissement à mon fils Tarek.

Ici grosso modo, nous allons tous bien et ne pensons qu'à vous. J'étais un peu inquiet de n'avoir rien reçu de vous cette semaine. J'aurais voulu vous envoyer un peu de flous, mais bientôt je penserai à vous. Grand-père m'a annoncé une bonne nouvelle. Kheria a été nommée moallama. Écris à tonton Hefnaoui pour le féliciter et féliciter Kheria, tonton Abed va bien, maman va bien et Farouk aussi avec Chédlia. (Voici une lettre d'elle qui vous fera rire.)

« Lipartifican, Lipartifica… », écrit-elle ! Bon courage et bons baisers.

Papa

P. S. : et ces cours de piano ? Tu n'en as pas parlé dans ta lettre… ?

Kairouan, le 1 mai 1949

Ma chère Kalthoum,

Plus d'une semaine s'est écoulée sans que je reçoive de vos nouvelles. J'espère que vous êtes en bonne santé et que vous n'êtes pas fâchées contre papa.

Je vous ai reproché récemment de ne pas me donner le temps d'exécuter vos désirs ; ce qui est exact. Vous êtes souvent comme un gamin qui dès qu'il a désiré une chose, il veut l'avoir tout de suite. Prenez votre temps, réfléchissez avant d'entreprendre, ne vous décidez pas à la dernière minute. C'est énervant pour vous comme pour les autres. Enfin, passons l'éponge là-dessus. C'est la première fois qu'il m'a été donné la possibilité de vous écrire en étant à la maison; parce que rien ne me bouscule et c'est pourquoi je vais être un peu plus long que d'habitude. Il est 8h20. Farouk assis sur sa chaise devant son bureau travaille, Chadlia s'est couchée après avoir fait sa leçon. Elle se met devant le tableau noir et commence la leçon à ses élèves. À l'image de madame Bouissi sa maîtresse « allez les petites ! Prenez vos ardoises et les grands vos livres » dit-elle. Elle travaille très bien, elle s'est classée 2e avec tableau d'honneur. Farouk par contre n'a que 9.50 de moyenne. Je suis navré pour lui, je ne sais par quel moyen y parvenir. Déjà que la santé n'est pas très brillante. Maman va mieux ces jours-ci ; moi également. Il a plu énormément et il y aura une récolte qui sera bonne cette année. Nous avons acheté une chèvre et maman a blanchi la chambre voisine des locataires pour vous.

Et vous, comment vous portez-vous, et ces leçons de piano, est ce que Kalthoum sort toujours le vendredi ou la leçon se fait-elle à l'école, et Kafila que fait-elle ?

Je vous envoie 3 000 F :

– 1 000 à Kalthoum

– 800 pianos

– 1 000 à Kafila

En attendant de vos bonnes nouvelles, je vous embrasse fort

Bisous.

Papa

Ma mère, de son côté, me raconta son bonheur de retrouver ses filles pendant les vacances scolaires. Elle aussi s'intéressait à leurs occupations artistiques et culturelles. Ne les avait-elle pas encouragées à monter la pièce pour la jouer à la maison un été ?

« Mâ ! coupai-je, peux-tu me décrire les préparatifs ? »

Elle me répondit avec une tranquillité surprenante et je compris que ma mère aurait pu, si elle avait poussé des études, rayonner dans plusieurs domaines de la pensée.

« Dans l'alcôve au fond du *majeless*, tes sœurs ont monté la scène. Bay Ezzaïr et Oued Zroud ont échafaudé les planches, Kafila et Kalthoum placèrent les rideaux, j'avais pris soin de blanchir les murs ».

J'observais à travers sa description, les capacités de cette femme non instruite qui appréciait les manifestations d'ordre culturel, alors que le rôle de la femme était encore mystifié par les tabous et les conformismes. Dame Soumeya frayait sur la voie d'avant-garde et les mouvements féministes n'étaient qu'à l'état embryonnaire, même aux États-Unis d'Amérique.

Ma mère rayonnait autour de nous, j'entends l'écho de ses pas sur les dalles de marbre de notre patio, le grincement d'une porte qui se ferme, le roucoulement de la poulie, une parole déformée par l'acoustique des *skifas*, le bruit du balai engorgé d'eau, le silence rompu par l'éternel va-et-vient des domestiques affairés. Je revois la chambre jouxtant l'entrée de la cave ; on y range, on prend les provisions. Les yeux agrandis de l'enfance ont imprimé le souvenir des sacs en jute remplis de céréales, les couffins dégorgeant leurs ingrédients, le sac à demi ouvert répandant à même le sol les petites poires (*boubibis*), succulentes et parfumées que tantôt ami Mohamed Zlassi avait charrié à dos de chameau d'un henchir à Drâa Tammar. Je me revois en continuelle mouvance et j'entends les visites matinales reçues, avec la gaieté au cœur.

J'adorais les incursions dans la cave à un moment d'inattention, la petite servante me suivait partout avec les regards d'une sœur cadette. Je remontais les cils blanchis et la tête saupoudrée de fils arrachés aux toiles d'araignées, cet endroit me captivait, je ne comprenais pas pourquoi. Une collection de livres poussiéreuse à fendre l'âme gisait sur les planches fendillées par la vétusté. Tout ce qui traînait sur les gravats appartenait aux propriétaires et ma mère par souci de ne rien déplacer me sermonnait chaque fois que mes désirs s'échappaient vers ce gouffre hétéroclite. Les interdits étaient nombreux, en premier lieu la pièce qui faisait face au soleil levant et ma mère la fermait pour ses filles. Elle ne l'ouvrait qu'à l'occasion de blanchir les murs ou récurer les poussières, en attendant d'y refaire les lits à l'approche des vacances. La chambre reluisait, elle était un peu le cadeau de Soumeya. (*Traïef ou nadhaïef* = peu et propre), disait ma mère pour expliquer qu'on n'avait pas besoin d'être riche pour être propre et droit.

La consigne était ferme, la porte d'entrée m'était interdite ainsi que l'escalier remontant vers les terrasses et Selma, craignant la réprimande, s'effrayait de me voir courir à travers les antichambres, s'assurait qu'on ne cognait pas car les percussions du heurtoir se perdaient dans l'acoustique des voûtes. « *Bismillah Rahman Rahim* », bredouillait Radhia entre ses dents en me recommandant de lui parler à l'oreille et de lui serrer le cou, lorsqu'on s'engageait dans la *skifa* du milieu, longue et plus sombre que les autres.

Ce sont finalement ces petites anecdotes qui marquent le passage d'une vie et impriment dans nos cerveaux le souvenir, berceau de l'enfance.

TRADITIONS ET COUTUMES

Soumeya s'identifia aux coutumes des familles kairouanaises et porta le *haïk* traditionnel.

La relation fraternelle entre Béchir et Larbi Gâaloul, Baï Khlifa el Amri, agents à la poste, se consolida au fil des ans pour s'ouvrir sur l'intimité réciproque de nos familles. Les maisons au cachet authentique, pudiquement cachées dans le ventre de la citadelle de Houmet Jamâa, ouvriront leurs portes garnies de clous pour livrer les précieuses traditions de leurs maîtres. Je fus témoin moi-même de certains flashs vécus dans la maison d'oncle Larbi Gâaloul. Je me souviens d'une vision féerique au milieu de la foule venue assister au mariage de l'unique fille, la princesse adorée. Le soir des noces, Nfissa paradait dans ses costumes pour la *Jiloua*, la *machta* l'aida à tourniquer, les paumes ouvertes encadrant le visage peinturluré de *barouk* et de *harkous*. La future épouse se mouvait timidement devant les yeux scrutateurs de l'assistance et des *farraget*. On relève que cette coutume spécifiquement bourgeoise, autorisait l'entrée des visiteuses même si elles ne sont pas invitées. Les femmes voilées jusqu'aux dents sous le fameux *haïk* noir ou blanc entrent silencieuses, circulent dans toute la maison, palpent les tissus, s'assurent de la contenance du matelas de laine et évaluent la quantité du trousseau. Personne ne les renvoie, mais elles resteront debout le temps nécessaire pour satisfaire leur curiosité et, demain, leurs commentaires feront le tour de la ville. On jasera sur les motifs du *siroual tarayoun*, des *tebdila* brodées chez les vieilles artisanes de Houmet el karkabia à l'intérieur des remparts. La décoration de la *mertba* retiendra leur attention, elles évalueront les bijoux portés par les belles au décolleté laiteux : « Le *khayaly* de cette autre est en diamant, celui de l'autre quelconque… », apprécieront les gazettes ambulantes.

On observera le *makroud*, le *borj el baklaoua* s'ils sont dans les normes et si le pain servi au dîner a les mamelles bien levées (*khobz bel bzazel*). En reniflant l'odeur des plats mijotés, elles devineront le menu classique de *touajin* et de *mrok*.

Leurs membres tressailliront lorsque Doudia et son orchestre, formé en totalité par des chanteuses aveugles, entameront le premier battement sur la darbouka. Les *farraget* estimeront le coût du mariage et s'assureront que la tradition des *sabâa falạt* ou *falla* ont été bien émargées par la partie masculine à chaque *maoussim*. *Ommi* Khadouja bint el Allani leur frayera le chemin : « Laissez les *farraget* regarder ! »

Cette femme représentait pour nous l'affection d'une grande tante, *ommi* Khadouja, claire de peau et d'esprit, d'une extrême obligeance pour son prochain. Lorsqu'elle nous rendait visite, ma mère réquisitionnait son monde pour bien recevoir l'hôte. La maison de hadj Larbi reflétait une architecture fine avec ogives sculptées; dalles au marbre irisé, galeries supérieures contournant le patio, moucharabiehs ajourés, *mejeless* richement décorés par le poinçon doré des *houanet lhajama*, bois sculpté des poutres et stuc au plafond. L'intérieur se personnalisait par les opalines et les bronzes, les tapis garnis de rosaces du style *alloucha*. La maison Gâaloul aboutissait, après un dédale de couloirs de détours et d'escaliers rattrapant les niveaux, à l'autre bout du quartier.

Le frottement à ces familles dont les aînés adoptèrent mes parents ont contribué à nous faire aimer Kairouan et ses traditions. Une tranche de vie agréable et positive se concrétisait.

SOUVENIRS D'ENFANCE. GRAIN DE POIS CHICHE

Dès le début des chaleurs, ma mère nous astreignait à la sieste. Nous ne pouvions nous dérober sans exciter sa terrible colère. Soucieuse de ses intérieurs tamisés par les jalousies rabattues et les tentures tirées, elle nous faisait pénétrer sur la pointe des pieds pour regagner la *maqsoura* du côté droit. Le *mejeless* avait plusieurs fonctions, l'alcôve centrale avec ses banquettes et ses *marafâa* abritait le salon, les literies s'inséraient dans les deux coins, masquées par les rideaux assortis à *kesouet el beït*. Avant de tirer la porte de la dépendance, ma mère nous faisait l'éternelle recommandation : « Si tu bouges… ! ».

Elle disparaissait pour s'activer, librement installée avec ses dames de compagnie dans l'antichambre ouverte sur la cour. Le verre de thé siroté autour des plaisanteries stimulait l'assistance laborieuse et tout passait ; les amandes à décortiquer, les ingrédients à trier, les céréales à tamiser, la laine à carder et les ourlets à piquer dans la fameuse machine à coudre Pfaff que maman actionnait par une manivelle sous les pieds. Toujours disponibles, les voisines proposaient spontanément leurs services.

À un moment où l'éternelle envie de gambader et de fouiner dans la cage des adultes s'emparait de nous, le sommeil imposé était ressenti comme une contrainte.

Mes mains ne cessaient de s'agripper aux rosaces du lit en fer forgé, je ne pouvais discerner ce qui m'entourait à travers les ouvertures, mes doigts plongèrent dans l'un des paniers remplis de pois chiches. Un, deux, trois… l'infini ! Je pris une poignée et un grain se logea dans une de mes narines. J'eus peur de crier... personne n'aurait pu m'entendre et je pleurais en silence sur ma solitude. Je ne réalisai pas la gravité jusqu'au moment où en reniflant fortement, je sentis le grain obstruer l'orifice nasal m'empêchant de respirer. Une véritable panique s'empara de moi et je me revois juchée sur les épaules carrées de Ouedzroud bédouine du Zlass. Le docteur Abid m'ausculta dans son cabinet, jouxtant la source Barrouta. Le praticien entreprit un geste chirurgical pour extirper le grain logé profondément dans les sinus. L'incident clos, une série de petits malheurs sans gravité s'enchaîna. Je n'étais pas irrespectueuse des interdits, mais ma nature dynamique de garçon manqué (sans dépasser le seuil supportable) m'imposait les gestes libérés, la course à travers la cour, les corridors et cela pouvait occasionner de petits accidents sans gravité. Nous étions tellement grisés par l'environnement que nos forces nourries au lait de vache, au miel des monts s'épuisaient dans les courses, les sauts, les gambades et les roulades au tapis. L'appétit décuplait malgré les genoux griffés, les paumes raclées et le nez boursouflé.

Un matin alors que ma mère effectuait une visite sainte, je fis une chute malencontreuse sur les marches du mausolée sidi Sahbi. L'arête en marbre poli me taillada le front, occasionnant une blessure sanguinolente, j'avais 3 ans et demi, secours, agrafes à l'hôpital et l'incident laissa une belle cicatrice.

Sousse le 6 décembre 1945

Chers amis,

Nous avons bien reçu la lettre de Mademoiselle Kaltoum. Nous sommes heureux de vous savoir en bonne santé et nous espérons que la petite Chedlia est complètement remise. Pauvre mignonne elle a dû souffrir ! Embrassez-la bien pour nous.

Nous allons bien tous deux. Toujours beaucoup de travail. Aujourd'hui Madame Couderc a congé.

J'ai été prendre le tissu et le fil chez Fitoussi. Je comptais le remettre à Mr. Essoussi, mais il n'est plus à Sousse. Je vais donc voir le convoyeur de la Stah, cet après-midi même. Je pense que vous recevrez le paquet demain. (Réflexion faite je vous l'envoie par la poste).

Nous vous envoyons nos sincères amitiés.

Bien à vous

A. Couderc

Nous passions les vacances à Sousse, un morceau de verre traînant sur la plage de Boujâafar me traversa la plante du pied droit. De retour à Kairouan, mon pied gauche blessé par la pointe d'un clou rouillé acheva le palmarès et l'impotente garda le lit. Ninette, Paulette et Rosette, les filles de madame Farrugia se relayèrent pour me tenir compagnie et leur maman, une brave italienne rondelette et noiraude, priait tous les jours la Sainte Vierge pour éloigner l'œil de la chkoumoun, autrement dit le mauvais sort dans la superstition maltaise.

Elle faisait le signe de la croix cent fois par jour madame Farrugia ! « Oui ya madame Bou… ha… fa, disait-elle en traînant sur l'accent tonique, tes filles sont bien éduquées comme les Européennes, ajoutait-elle. Il faut mettre des amulettes à la petite Chéd, elle est tellement vive ». Pauvre créature dévote, elle ne parlait que de problèmes du quotidien, des maléfices et de son ouvrage de crochet. Elle aurait payé fort pour changer le tempérament de son mari. Que pouvait- elle contre son irascible colère et ses sautes d'humeurs démentielles ?

L'épouse irréprochable s'appliquait depuis le lever du jour avec ses trois filles à lustrer la maison, à laver blanc comme neige, à confectionner les bons civets, les excellentes blanquettes, les choucroutes faisandées et les rôtis aux odeurs appétissantes. Tantôt la table sera dressée comme aux cérémonies. Le vase sempiternel abreuvera les fleurs de saisons et la bougie, le soir, donnera une lueur respectueuse à la madone veillant sur le marbre de la cheminée. Monsieur Farrugia rentrait tard, routier de carrière dans la compagnie de la S.T.A.S, l'italien moustachu et poilu aux aisselles décompensait le stress des longues distances en buvant le soir. Si par moment la goutte de vin était gaie, souvent le véritable caractère acariâtre se libérait pour annoncer la fureur. Que de fois nous entendions par nos fenêtres les cris de la mère et les filles appeler au secours. La table garnie avec ses plats mijotés et sa faïence étincelante se renversait sur les débris de verre et les éclaboussures de gras. Tel un ouragan, un simple geste de la main balayait la table qui ruait son pied de chêne sur le chaos jonchant le sol. Comme des poussins les trois filles fuyaient avant de pouvoir se baisser pour récurer et ramasser les miettes ! Pauvre dame, j'imaginais son désarroi et la profonde amertume qu'elle devait ressentir face aux réactions caractérielles de son époux. Pourtant, jamais madame Farrugia n'a quitté sa maison même après les coups que lui administrait son mari. Il lui suffisait de parler à madame Béchir qui transmettait le message. Monsieur Bouhafa en bon voisin sermonnait gentiment le routier, manifestait sa vive sympathie à sa famille et la vie continuait.

Je parlerai de nos voisins mitoyens. La famille Souidane se composait de nombreux enfants, les filles majoritaires nées pour la tâche, la confection du tapis, le colportage et l'attente d'un mari. L'écho de leurs voix stridentes parvenait jusqu'à nos oreilles lorsqu'elles se chamaillaient pour le partage des besognes quotidiennes. Dès l'aube, tout passait par les sauts d'eau tirés du puits. Maniant les balais à petit manche comme des virtuoses, les filles Souidane passaient d'un bout à l'autre de la cour en frottant carré après carré, assises sur les genoux pliés, balançant une fesse après l'autre comme une oie sortant de la mare.

Je me souviens d'un mariage dans cette fameuse cour. La soirée masculine animée par l'*aouada* et *raqqassa* draina la gent voisine. Les hommes dansèrent entre eux sans complexe, quelques-uns se retirèrent dans la pénombre pour siroter des verres en catimini. Dans un moment, l'effet du *spirit* libéra la timidité. À partir des terrasses, les femmes voilées regardent silencieusement le spectacle animé par les rires, les chants et les gesticulations ; discrètement les dames se concertaient, mimant tantôt les gestes de la danseuse, tantôt commentant les écarts de leurs maris devenus soudain des inconnus.

Minuit sonne l'heure de Cendrillon et les colombes se faufilent l'une après l'autre pour se frayer, de terrasse en terrasse, le chemin du clair de lune *dem il farh... dem il farh !* (c'est terminé !).

La fête s'arrête instantanément. Les hommes sortent, d'autres empilent sur le camion chaises et tables qui tantôt étaient dressées pour servir le festin. On n'hésitera pas à retirer une chaise sous les fesses d'un retardataire pour embarquer en un temps record l'attirail loué pour la circonstance. Cette façon de procéder nous semblait bizarre, presque choquante, au début de notre installation à Kairouan. Pourtant, chez les dignitaires comme pour le commun du peuple lorsque la fin s'annonce, le barrah (crieur public) commence à brailler pour annoncer à l'assistance le fameux *dem il farh... dem il farh* !

LA POSTE, ACTIVITÉ, SYNDICALISME, ÉCHELON

J'appris par ma mère le rôle important joué dans les coulisses des services postiers. En encourageant les fonctionnaires à s'affilier au syndicat, Béchir militait au nom de la justice, du travail et des revendications sociales, plate-forme sur laquelle se greffera en 1946 l'Union Générale des Travailleurs tunisiens représentés par Farhat Hachad, Ahmed Tlili et Habib Achour. La lutte nationale concernait tous les citoyens et se pratiquait à tous les niveaux. Pour militer tous les moyens sont bons ! disait papa. Vous avez un chemin, le plus simple pour vous affirmer ; maintenir de bons résultats dans vos études... courage mes petits ! Un bon point acquis à l'école vaudra une récompense à la maison », terminait-il.

Âgée de sept ans, dans la classe préparatoire deuxième année, j'avais cumulé bon point sur bon point espérant mériter le premier rang. Le plaisir de se voir placé devant la maîtresse représentait l'extrême consécration pour une élève studieuse et appliquée.

J'attendis longtemps, mais à aucun moment madame Bouissi ne manifesta le désir de me voir devant elle. Le goût de la désillusion n'a pas d'âge, mais peut enfanter très tôt une rage haineuse contre le sentiment d'injustice. Je me souviens avoir compris la signification du mot ségrégation, car pour nous autres indigènes nous ne pouvions aspirer aux favoritismes réservés aux petits Français, quand bien même nous étions méritants. J'en fis part à mon père qui me dit de persévérer ! L'instruction me permit comme à d'autres indigènes de pouvoir lire un jour : « *Alors par quoi est-ce que nous sommes inférieurs ? {dit Tahar SFAR dans "L'exilé de Zarzis"} et vous vous trompez fort quand avec votre mépris habituel vous nous prenez pour des primitifs... prenez le moindre bédouin... {...} C'est que ce misérable bédouin... ne diffère de vous que par la misère et par l'instruction, non par les aptitudes ou les dispositions.*

La meilleure preuve est que nos enfants placés sur les bancs des écoles, lycées et facultés réussissent dans les mêmes conditions que leurs jeunes camarades français, manifestent des dons d'assimilation parfois surprenants qui réjouissent bien des professeurs, mais font bougonner parfois quelques proviseurs... regardez les palmarès et les résultats des examens... je me rappellerai toujours de ce proviseur du Lycée Carnot, d'esprit quelque peu clérical, qui une fois appelant devant lui les élèves de première D pour proclamer devant eux les moyennes générales et leur adresser ses observations et ses éloges, nomme un à un les élèves : « Luisada moyenne 12 c'est très bon, mon garçon ; je vous félicite pour votre travail, de vos progrès, de vos aptitudes. Résultat magnifique, etc. ». Puis arrive mon tour : « Tahar SFAR... moyenne générale 17 $^{1/2}$*... Ah ! Évidemment ! Puis il* *me regarde avec un visage contristé comme avec l'air de dire ! « C'est bien malheureux que vous soyez arabe et que vous arriviez en tête de la classe ». Je m'assieds, déçu : je m'attendais évidemment aussi à un meilleur accueil.*

{...} À la fin de l'année tandis que les élèves attroupés consultaient la liste des admissibles au baccalauréat et que j'écarquillais les yeux pour voir si mon nom figurait sur la liste, je reçois un formidable coup de poing qui me jette en avant ; je regarde en arrière pour voir celui qui m'a fait cette caresse que j'ose qualifier de rude ; c'était mon proviseur qui s'écrie : « Mais ne vois-tu pas que les examinateurs t'attendent pour l'oral, imbécile ! » et se rendant compte de sa rudesse injustifiée, il s'efforça d'esquisser un sourire qui fut une grimace. J'ai appris quelque temps après que Luisada avait échoué à l'écrit, le malheureux, ce qui m'a expliqué dans une certaine mesure le dépit de mon aimable proviseur ; n'empêche qu'il m'a paru qu'il y avait de la haine dans ce coup de poing du vieillard, proche de la retraite... Cette impression de haine je l'ai toujours ressentie, plus ou moins, chez un certain nombre de prépondérants, hauts fonctionnaires ou colons, comme ce juge de paix de Mahdia au lendemain des événements de septembre. »

L'ange du ciel. Kairouan, le 19 octobre 1948

Ce jour-là, mère décida d'aller récupérer les pull-overs qu'une italienne finissait de tricoter à la main pour mes sœurs. La lettre était arrivée et Kalthoum mentionnait au bas de la page l'urgence de recevoir des vêtements chauds.

Les sœurs revenaient de Aïn-Draham où elles avaient passé quelques jours agréables à l'occasion de l'Aïd chez oncle Kadem. La dernière lettre écrite par Kalthoum à ses parents décrit merveilleusement le voyage et rien ne présageait le drame qui allait frapper la famille, deux jours plus tard.

Nous sortîmes, ma mère et moi, accompagnées de mon frère qui venait d'avoir dix ans. Beau comme un ange dans sa culotte à bretelles qui lui arrivait aux genoux et son blouson blanc boutonné à la taille, Faouzi ressemblait à sa sœur aînée : tignasse cuivrée, prunelles irisées, teint clair et coloré. Nous allions à l'école ensemble et je me souviens de son cartable au dos tressé de joncs vert et jaune comme les nattes des mosquées. Papa discutait tellement de l'affaire palestinienne et de la guerre sioniste que Faouzi s'identifiait à l'aviateur syrien Faouzi el Qaouaqji. Béchir faisait l'apologie de ce militant et accusait le laxisme des chefs arabes, le lobby juif et la traîtrise des dirigeants anglais, après la défaite de 1947 en Palestine.

— Tu seras dans l'avenir un aviateur célèbre !

— Oui papa ! répétait Faouzi.

À chaque passage d'engin militaire dans le ciel, il levait les yeux et criait en brandissant la main : « *Ana Faouzi ana el Qaouaqji !* » (Je suis Faouzi, je suis el Kaouaqji !).

En cours de route, mon frère manifesta son désir de se rendre au siège des scouts, « Dommage, dit-il, c'est fermé, pourrais-je aller à la poste voir papa et Faouzi prit congé de nous. Nous sûmes par la suite qu'il s'était rendu au bureau, papa lui avait remis un billet de cinquante sous, lui interdisant formellement de fréquenter les jeux de manège dans la placette. Il aurait même prévenu le gardien de ne pas faire monter Farouk et Faouzi dans ces barques meurtrières.

À la maison où nous étions rentrées plus tôt, la soupe grésillait laissant échapper des grains de *bourghol*. Le potager sentait le parfum des poivrons grillés sur la braise pour la salade. Maman quitta les cuisines, la servante terminait de ranger en me surveillant. Je pouvais participer aux préparations et il me semblait rayonner sur l'espace qui se trouvait comme par enchantement à mes pieds. Je me souviens que ma mère m'avait acheté une petite *tanjra* et *kaskess* en terre cuite pour me permettre de cuisiner...

La porte d'entrée cogna et la force des percussions ne semblait pas habituelle. Aïcha me porta sur son dos, elle détala vers la *skifa* ouvrir la porte cochère. « Oui ? », dit la négresse en répondant aux deux garçons, leurs yeux exorbités annonçaient un malheur.

« Où est la mère de Faouzi ? », dirent-ils en chœur.

Ma mère nous avait suivies intuitivement et je l'entends encore dire derrière nous : « Pourquoi ? Mon fils est mort ? »

Jusqu'à présent, j'essaye en vain de comprendre comment ma mère avait pu sentir comme une télépathie le décès de son enfant. Elle fit pourtant volte-face pour disparaître et retourner voilée jusqu'aux dents avec son haïk kairouanais qu'elle avait adopté depuis notre installation dans la ville.

On ne marcha pas loin, à l'autre bout de la rue apparut mon père traîné par deux commis, atterré par l'énormité de la nouvelle il semblait glisser sur la chaussée, ses genoux rebondissaient sur les cailloux et sa veste de *kameraya* blanc, traînant son ourlet dans la poussière. De part et d'autre, les agents lui soutenaient les aisselles, son *tarbouch majidi* retombait. Il lui restait quelques pas à franchir et ma mère sidérée par le spectacle revint dignement cacher son immense douleur dans les espaces de sa maison. Elle s'affala sur le lit, consternée et muette devant cet acte du ciel qui venait par la volonté divine lui ravir subitement son jeune fils, foudroyé dans un accident de manège.

Je ne me souviens pas comment la maison se remplit, je revois des personnes marchant dans tous les sens. Mais l'ordre se rétablissait grâce au suivi méthodique et coutumier des familles, la présence des amis et des relations de travail. Le Coran psalmodié par les voix des adeptes Barrak, Razgallah et Attallah résonnent encore à mes oreilles à partir du *mejless* où mon frère gisait dans une chaise longue rabattue comme un lit, en attendant le dernier soupir, vidé de son sang.

Si mes parents étaient de ce monde, ils exprimeraient mieux leur reconnaissance pour ces familles nobles et vigilantes dont les membres s'étaient mobilisés, comme des frères pour partager le deuil. L'événement circula dans la ville, Français et Arabes s'étaient manifestés par leurs services et leur présence. Cette mort subite et affreuse marqua les annales de la ville et le guide du manège a failli être lynché par la population. Nous sûmes par la suite qu'il s'était enfui, laissant la petite victime gisante sur l'estrade, se vider de son sang. Son inconscience criminelle n'avait d'égal que sa tare d'ignorant.

Précédé par les rangs des élèves et des scouts qui pleurèrent en silence le départ de leur petit camarade, Faouzi fut transporté jusqu'au *Djenah el Akhdar* où on l'inhuma dans la sépulture de la famille pieuse et prévenante de feu *si* el Hadj Larbi Gâaloul.

Je passerai sur l'immense douleur de mes sœurs choquées par la nouvelle, tue par oncle Kadem jusqu'à leur arrivée à Kairouan et la vision du corbillard garé devant la porte. Une page noire se plia, laissant à la mère les séquelles d'un choc qui la mobilisera près d'une année. Elle souffrait en silence, sans parler du défunt, j'étais totalement inconsciente moi-même, amputée de l'affection de mon frère, et mes questions l'harassaient. « Il est au paradis, disait-elle, il ne faut plus parler de lui ».

Tous se plièrent à la volonté de Dieu, les choses reprirent leur cours léguant à mes parents, à Azizi et Méma, une douleur incommensurable.

En relisant les lettres de papa, je découvris son extrême délicatesse. Malgré l'horreur du drame qui venait de les frapper un mois à peine s'était écoulé et papa s'adressait à ses filles avec la même sérénité. Dans sa première lettre, j'imagine l'effort stoïque du père qui parle normalement pour donner des nouvelles de chacun sans faire allusion à la perte de son fils adoré. Le souvenir de la petite Jémila disparue dans l'affection du berceau ne cessait de lui tarauder l'esprit, Béchir implorait la miséricorde divine pour qu'elle épargnât ses enfants et les laissât sains et saufs.

Dans la lettre suivante, l'oncle fait allusion à la perte cruelle.

221 West 10th Street
New York, N.Y.
February 15, 1949

Ma chère Kaltoum,

J'ai retrouvé à mon retour du Caire ta charmante lettre qui m'a donné mille joies.

À Paris, *si* Ahmed Ben Kalifat, notre meilleur ami et peut être notre futur parent m'avait apporté des fraîches nouvelles des Bouhafa. Je crois inutile de rappeler une tragique histoire qui m'a été révélée par *si* Ahmed. La volonté des Dieux est indiscutable et je prie pour votre bonheur et santé. (décès de Faouzi)

Dorothy vient de vous envoyer un colis de vêtements qu'elle ne peut plus mettre car ses enfants ont arrondi ses formes… Si les robes ne sont pas à votre goût vous pouvez les offrir au Croissant Rouge. Envoyez-moi vos mesures (épaules, bras, taille et longueur de la jupe.) Tu comprends bien que nous ne pouvions pas, sans connaître vos mesures, vous acheter des vêtements neufs, en particulier des robes. Envoyez-moi aussi votre pointure.

La vie à New York continue, difficile et très remplie. Faris et Moncef se portent bien, Dieu merci. La Tunisie et sa tragédie guident toujours mes pensées. Que Dieu sauve notre pauvre Patrie, de ses ennemis et de ses mauvais enfants qui sont hélas très nombreux. Mais l'avenir est néanmoins notre salut ? Et nous savons y mettre le prix. Travaillez bien car avec tes camarades tu es aussi l'espoir de la Tunisie.

Affectueusement
Abed Bouhafa
A.B 164, 15 Avenue Sea-Cliff, Long Island New York

August, 3rd 1950

École Normale

Ma chère Kaltoum,

Tes succès scolaires me réjouissent, et tes vœux me touchent profondément. Mes préoccupations variées et pénibles, seules m'ont privé du plaisir de répondre plus tôt à ton aimable lettre. La vie à New York est infernale et il est difficile de trouver un moment de loisir pour écrire. Le métier de journaliste n'autorise aucune distraction. Tu sais aussi que j'ai d'autres soucis en dehors de ceux d'un père et d'un époux.

Dorothy et moi aimons beaucoup lire tes lettres, leur affection et leur sincérité me font un peu oublier le silence des autres « Bouhafa ».

Le triomphe de Kafila ne me surprend pas, car je sais que son avenir sera aussi brillant que celui de madame Curie ! Elles se ressemblent d'ailleurs. N'oubliez pas que vous devez contribuer à notre Tunisie et que votre rôle sera plus fructueux. N'ayez pas peur de vous pencher dès maintenant sur les misères de votre propre nation et vous rallier à ces rares femmes qui, depuis quelques années, essayent de mener un mouvement féministe en Tunisie. Nul ne peut être neutre le jour d'épreuve et je suis sûr que les femmes sont plus héroïques et courageuses. Elles l'ont prouvé au Pakistan, en Indonésie et en Allemagne. Le rôle de la femme est d'autant plus grand que la plupart de nos hommes sont des lâches. La vue d'un gendarme leur donne la jaunisse.

Ma vie à New York est fatigante et monotone. Dorothy et les enfants sont à la plage où j'ai loué pour eux une petite villa. Leur santé est, Dieu merci, excellente. Je vais souvent à Washington où je rencontre des amis qui s'intéressent à la Tunisie. Tu sais peut être que j'ai été élu le meilleur journaliste des pays arabes et que j'ai été élu Vice-Président par les 248 journalistes diplomatiques des Nations-Unies.

Je répète, tes lettres nous manquent beaucoup. Elles me permettent d'oublier mon exil car je donnerais volontiers quelques années de ma vie pour revoir notre Tunisie. J'ai d'ailleurs décidé de vous rendre visite l'été prochain. Advienne que pourra !

Dorothy s'intéresse beaucoup à la cuisine arabe et voudrait des recettes. Peux-tu m'en envoyer quelques-unes. Merci.

Affectueuses pensées pour ta mère et ses sœurs et *si* Farouk.

Bien à toi.

P S: Quand tu rentreras à Tunis, va voir madame Ali Belahouane Leila. C'est une bonne amie de Dorothy.

ZARZIS. 1948-49-50. DAR-EL-BHAR

DECRET du

nommant M. DJILANI BOU HAFA, Caïd honoraire

-:-:-:-:-:-:-

Louanges à Dieu !

NOUS, MOHAMED LAMINE PACHA BEY, POSSESSEUR DU ROYAUME DE TUNIS;

Considérant qu'il est équitable que Nous invitions les bons serviteurs de l'Administration à jouir du repos honorable auquel ils ont droit, à l'issue d'une carrière entièrement et loyalement consacrée au Service de l'Etat;

Considérant les longs et loyaux Services rendus par SI DJILANI BOU HAFA dans l'Administration Caïdale et, en dernier lieu, en qualité de Kahia à Methouia;

Sur la proposition du Secrétaire Général du Gouvernement Tunisien et la présentation de Notre Premier Ministre;

AVONS PRIS LE DECRET SUIVANT :

ARTICLE PREMIER

Le Délégué au Ministère d'Etat

SI DJILANI BOU HAFA est nommé Caïd honoraire et, à ce titre, dispensé, à l'avenir, de tout service.

ARTICLE 2.-

Le présent décret prend effet à compter du 1/er Janvier 1947./.

VU
Le Secrétaire Général
du Gouvernement Tunisien

VU pour promulgation et mise à exécution

Tunis, le

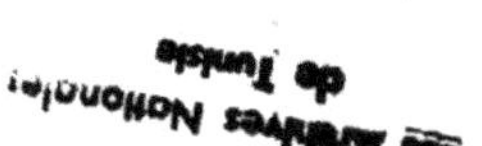

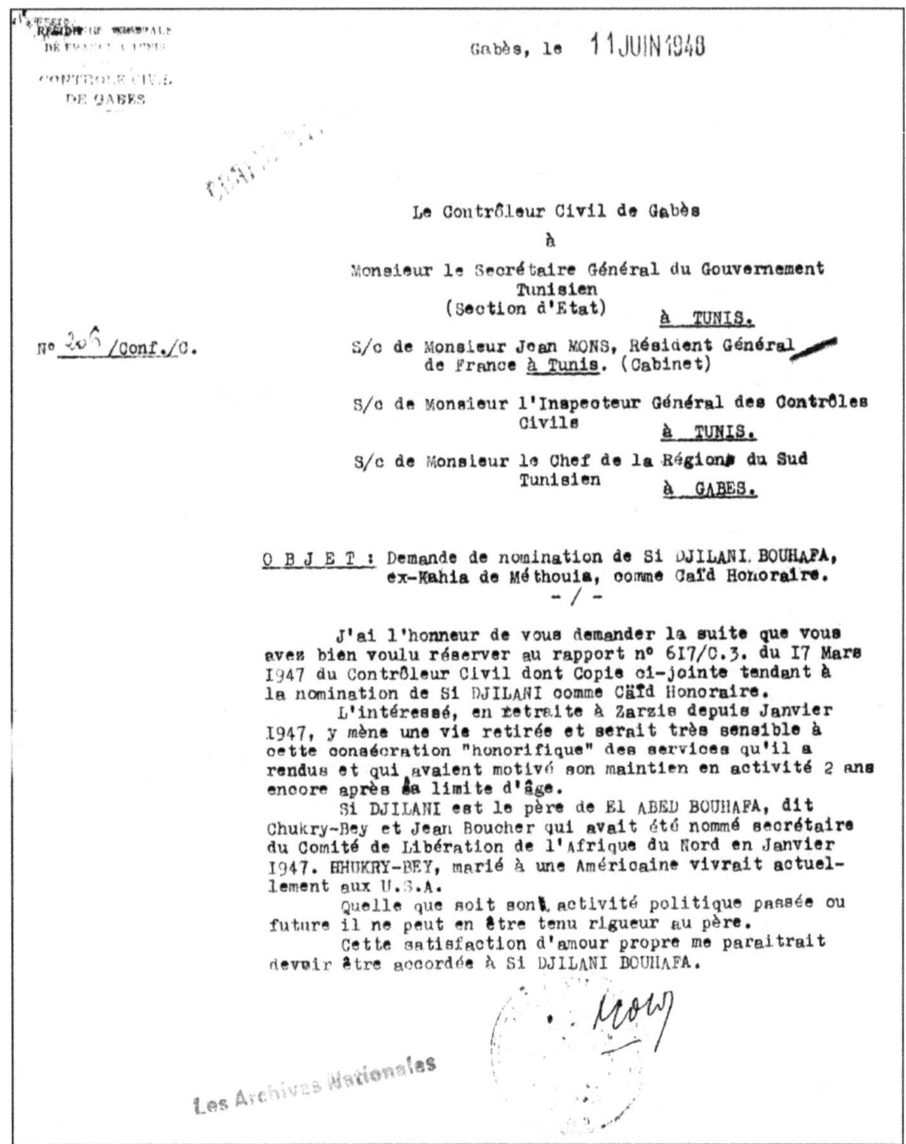
RÉSIDENCE GÉNÉRALE
DE FRANCE A TUNIS
CONTRÔLE CIVIL
DE GABÈS

Gabès, le 11 JUIN 1948

Le Contrôleur Civil de Gabès
à
Monsieur le Secrétaire Général du Gouvernement Tunisien
(Section d'Etat) à TUNIS.

N° 206 /Conf./C.

S/c de Monsieur Jean MONS, Résident Général de France à Tunis. (Cabinet)

S/c de Monsieur l'Inspecteur Général des Contrôles Civils à TUNIS.

S/c de Monsieur le Chef de la Région du Sud Tunisien à GABES.

OBJET : Demande de nomination de Si DJILANI BOUHAFA, ex-Kahia de Méthouia, comme Caïd Honoraire.

- / -

J'ai l'honneur de vous demander la suite que vous avez bien voulu réserver au rapport n° 617/C.3. du 17 Mars 1947 du Contrôleur Civil dont Copie ci-jointe tendant à la nomination de Si DJILANI comme Caïd Honoraire.

L'intéressé, en retraite à Zarzis depuis Janvier 1947, y mène une vie retirée et serait très sensible à cette consécration "honorifique" des services qu'il a rendus et qui avaient motivé son maintien en activité 2 ans encore après la limite d'âge.

Si DJILANI est le père de El ABED BOUHAFA, dit Chukry-Bey et Jean Boucher qui avait été nommé secrétaire du Comité de Libération de l'Afrique du Nord en Janvier 1947. CHUKRY-BEY, marié à une Américaine vivrait actuellement aux U.S.A.

Quelle que soit son activité politique passée ou future il ne peut en être tenu rigueur au père.

Cette satisfaction d'amour propre me paraitrait devoir être accordée à Si DJILANI BOUHAFA.

Mons

LE RETOUR DU KAHIA

Grand-père venait de rendre ses lettres de confiance et les clefs de la responsabilité à l'administration résidentielle pour clore une carrière déployée dans l'effort et l'endurance. Le gouvernement reconnaîtra à *si* Djilani Bouhafa le grade de Caïd honorifique lui décernant ce titre convoité depuis tant d'années de labeur. Le fonctionnaire était arrivé au terme de ses batailles avec la hiérarchie coloniale, néanmoins épuisé par le dynamisme déployé et les contrariétés subies.

Méma organisa sa vie à *Dar-el-Bhar* dans ce cadre nouveau face à la Méditerranée, à l'ombre des palmiers et des explosions de pourpre des soleils levants et couchants. Son bonheur irradiait et grand-mère le manifestait au nom de sa retraite anticipée. Fille de terriens, elle ressentait comme une bénédiction ce retour au bercail originel. On ne badinait pas, bint Djebnoun comme l'appelait *si* Djilani idolâtrait sa tribu.

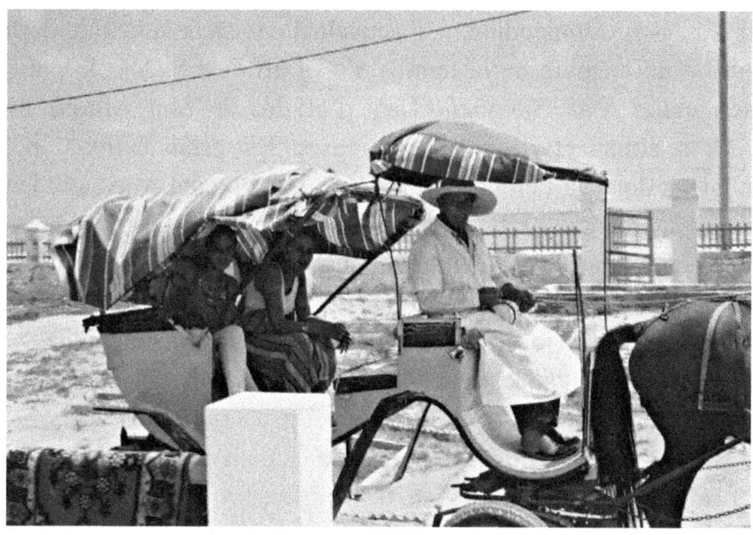

Lalla s'entoura de ses domestiques décidée à se recycler aux modes du pays. Bak Messaoud et ses fillettes Meriem et Fatma, nées sur cette terre, encadrèrent les maîtres rentrés en quête d'une vie paisible au sein de la grande famille. La présence du patriarche donnait une autre dimension aux lieux. Grand-mère réunira son monde, reconnaissant également aux autres le droit d'aspirer à la retraite. À Methouia, Fadhila, l'aînée des filles de Bak Messaoud, décéda subitement et la douloureuse disparition affecta la tribu noire et blanche.

Le Kahia se promettait une cure de décompression dans la péninsule. On se rendait à son chevet pour solliciter ses conseils et son expérience dans le domaine de la juridiction. L'analphabétisme réduisait l'être, et aider son prochain en lui lisant une lettre ou en lui rédigeant un acte, revêtait une importance cruciale à l'époque !

Pour les destouriens, le chemin de la lutte se traçait inexorablement, il fallait jongler, jurant de ne pas faillir à l'appel de la patrie. À savoir que dans certains postes on pouvait être facilement corrompu et basculer dans le camp miroitant grades et échelons. *Si* Djilani jugera en son âme et conscience, avec la ferme assurance et la transparence des êtres honnêtes. Il supporta les conséquences du parcours de ses enfants militants face à la France qui brandissait son glaive. Il ne les blâmera jamais, remettant leur destinée entre les mains miséricordieuses de Dieu.

Dans son bled, grand-père lisait dans le journal certains articles écrits par Kadem à partir d'Aïn-Draham à l'encontre des procédés injustifiables et corrosifs de la politique française. Le père n'avait-il pas envoyé un écrit au gouvernement sollicitant la grâce pour son fils incriminé dans « l'affaire du drapeau rouge » au tribunal de Bizerte en 1948 ?

Ne vivait-il pas les comportements de Béchir, le syndicaliste baroudeur qui, après avoir rédigé un rapport pour une éventuelle allocution, relisait l'écrit avec passion et gesticulations devant sa tante ignorante et illettrée. À la fin de l'audition, Mbarka tapait des mains :

« *Ouallahi ya oueldi tâaref t'akkra ou tiktib, ma kiffek hadd* » (Je jure par Dieu que tu as des dons d'orateur !). Mohieddine ne s'activait-il pas dans la cellule destourienne créée en 1945 où plus d'un membre de la famille s'était affilié ? Sadok, le plus jeune des fils, poursuivait ses études à la Zitouna. Dans l'affaire de Son Altesse Moncef Bey, il concrétisera des relations et des rencontres avec les personnalités politiques et les dignitaires religieux dont la famille Ben Achour. De son côté Abed aux U.S.A multipliait les contacts pour l'internationalisation de l'affaire maghrébine. Les différents chefs militants avaient confié la représentation du Comité du Maghreb à Abed Bouhafa.

Ma mère arrêta son récit et partit d'un rire cristallin avant d'agrémenter le passage, « sidi s'apprêtait à quitter la fonction publique dit- elle, les personnalités religieuses, les notables *ouel ahaly* passaient au kahialic témoigner leur sympathie et exprimer leurs regrets pour le départ du Kahia ».

Si Mohamed el Fadhel Ben Achour en tournée dans la région aurait rendu une visite de courtoisie à *si* Djilani condisciple et ami de son père l'illustre Cheikh *si* Mohamed Tahar Ben Achour. Il entreprit avec Sadok le voyage à Zarzis et à son arrivée le Cheikh aurait demandé une paire de sabots pour faire ses ablutions. Je ne sais pour quelle raison, poursuivit ma mère, les serviteurs ne purent les lui procurer. *Si* el Fadhel se serait retourné pour manifester son embarras :

— Ah ya *si* Djilani avait glissé le Cheikh en souriant, vous avez tout dans votre maison même certaines choses d'Amérique et des tromblons, vestiges récents de la guerre et il n'y a pas une paire de sabots pour faire ses ablutions ? *Si* el Fadhel faisait allusion à son ami Abed installé aux U.S.A avec qui il collaborait dans l'affaire Moncef Bey.

— Oui, continua-t-elle, Abed envoyait des colis à ses parents les coupons de nylon, matériaux nouveaux qu'on ignorait encore chez nous surtout après les restrictions de la guerre.

À LA DÉCOUVERTE DES ARCHIVES

Un jour comme par magie, un long dossier se déplia devant mes yeux. Je lus saisie : « Abed Bouhafa activité politique de 1945 à 1955 », mon cœur bondit. Le moment d'étourdissement passé, il me semblait entendre l'écho des battements se répercuter dans la salle feutrée et silencieuse de ce centre d'archives. J'eus un malaise qui se commua en un plaisir intense dont je ressens les sensations chaque fois que je pense à la mémoire de mon oncle, ce patriote qui passa la première partie de sa vie à batailler contre le colonialisme pour se retrouver contraint au moment de l'indépendance de se taire et d'oublier sa profession de journaliste. Il « sera prisonnier de ses idées » dans une Tunisie libre dégagée du joug de l'impérialisme.

Le livre d'Abed Bouhafa « Les Pages Noires de la Tunisie » présenté à Zin el Abidinne Ben Ali, trace avec force détails et documents la contrariété subie. « Non merci, avait dit Bouhafa, je n'ai pas besoin de ce domaine qu'on me propose à Grombalia, je ne suis pas un fermier ! ». « En ma présence, le Ouali (grade de préfet) Salah Ayech destourien et ami de Kadem proposa à *si* el Abed l'ancien domaine de colons italiens où on hébergea le Duce Mussolini pendant la guerre » (Témoignage de *si* Mohamed Belkhiria).

Les responsables avaient proposé, au lendemain du retour définitif du militant Abed Bouhafa, de lui donner une ferme de colons pour négocier sa promesse de vivre écarté de toute activité politique et journalistique. On dit que la « Révolution mange ses hommes ! » Pour ma part je réalisai combien ma tâche allait être difficile pour restituer cette histoire et cette vision de l'écran semblait m'engager pleinement. Je n'espérais pas trouver autant de documents dans cet océan de données, pour reconnaître à l'administration française le mérite de nous avoir préservé ces archives inestimables.

Mon père avait été déporté à Tatahouine et nous n'avions pas de documents à fournir pour compléter son dossier, lorsque le Président Ben Ali au lendemain de son investiture reconnut aux militants écartés ou restés dans l'ombre leur juste mérite.

Tous mes efforts convergeaient vers cette soif d'écrire ces vérités et de réhabiliter les membres de ma famille qui travaillèrent en toute sincérité pour le bien du pays. Guidée par une intuition personnelle, je m'étais dirigée un jour vers les locaux de l'Institut Supérieur du Mouvement National en haut de Omrane el Aâla.

التجمع الدستوري الديمقراطي

لجنة التنسيق بتطاوين
الهاتف : (05).60.371
3200 تطاوين

تطاوين في 11 افريل 1996

96 / 237

من الكاتب العام للجنة التنسيق بتطاوين
الى الاخت سعية بوحافة
48 نهج الكويت تونس

تحية تجمعية

الموضوع : حول طلب شهادة سجن لمناضل

المرجع : رسالتك المؤرخة في 5 افريل 1996

/ / /

وبعد، اتشرف باعلامك كما هو معلوم ان تطاوين كانت ابان الكفاح التحريري تحت سيطرة ما يسمى انذاك بنظام التراب العسكري، حيث يتم اعتقال الدستوري واد خاله السجن او المحتشد دون محاكمة، وقد تضرر من هذا الاجراء كل من سجن بهذه الربوع بسبب مساهمته في الكفاح الوطني، علما وان السلط الاستعمارية لم تترك اي اثر لهؤلاء المعتقلين بسبب نضالهم يمكن الرجوع اليه عند الحاجة.

لهذه الاعتبارات يتعذر علينا مدك بالوثيقة المطلوبة، واشير عليك في هذا الصدد التوجه بمطلبك لادارة السجون بتونس لانارة سبيلك.

والسلام%

الكاتب العام
علي العلوي

« C'est la première fois que quelqu'un entreprend un travail sur ce dossier », dit la dame, professeur de recherche…

Tels des pions les noms des personnes devenaient dans ce centre, de simples boutons informatisés, en les manipulant ils vous livrent des choses surprenantes. Ce fut pour moi un instant d'hébétude et la voie de l'éclairement. La réflexion de la responsable m'offusqua, mais sans me formaliser j'ai compris qu'elle s'adressait à mon désarroi avec l'assurance de l'être informé. « Ce n'est pas comme ça, la recherche est un océan et nous n'avons rien sur Béchir ou Kadem Bouhafa ».

Elle s'adressa néanmoins à la bibliothécaire pour marmonner, « il faut peut-être chercher dans le P. P. A... » et je n'entendis plus la suite car la dame s'esquivait.

Un moment après, elle revint et me tendit une page sur laquelle je lus 'Notice sur Kadem Bouhafa'. Je lui sus gré de n'avoir pas demandé le degré de mes études, avec une année en licence d'anglais, avait-on le droit de prétendre à l'accès dans ce domaine supérieur ? Je compris que seule ma volonté et mon amour pour les miens pourraient m'introduire dans ce monde informatisé dont il est vrai je n'avais aucune notion et ma franchise d'expliquer pourquoi je voulais écrire. « Un livre pour mes enfants qui leur parlerait de leurs racines », répétais-je invariablement.

J'ai été touchée par la manifestation de sympathie des dirigeants dans ces centres d'archives et je les remercie d'avoir compris mes limites et accepté de m'éclairer en me faisant oublier avec beaucoup de tact, mon ignorance de ce monde muet.

La politique appliquée en Afrique du Nord à partir de la Métropole semblait, malgré l'effort des démocrates des socialistes et du P.C.F, trahir les espérances des arabes. De Gaulle considérera la Tunisie, l'Algérie et le Maroc comme partie intégrante du territoire français. Les leaders maghrébins sortis de leur clandestinité tenteront de légitimer leurs actions soutenues et encouragées par la voix d'un peuple mûri politiquement et convaincu de la portée du mouvement nationaliste, organe défenseur de ses droits.

Toutes les violences et les excès engendrés par les haines accumulées et contenues pendant des années de colonialisme pousseront les arabes à l'insurrection. La France répondra par une flambée de la répression qui aboutira aux événements dramatiques tels que ceux de mai 1945 en Algérie. Les représailles massives dans la Régence tunisienne auront pour but de mater les nationalistes et suspendre toute activité politique et projet de réforme.

Les leaders se trouveront dans l'obligation de quitter leurs pays respectifs pour s'expatrier volontairement en Égypte.

L'armistice du 4 mai 1945 venait de ratifier la fin de la guerre et condamner les servitudes et les atrocités.

Reconnaîtrait-on aux pays du Maghreb le droit de se définir politiquement par eux-mêmes ?

La machination des dirigeants poussera les Nord-Africains à s'autonomiser dans une lutte dont les indigènes n'avaient ni les armes nécessaires ni la structure soldatesque. Cette tactique diabolique conduira à la répression sauvage, criminelle perpétrée par les mains sales des généraux à Guelma, Sétif et Kharrata, au Maroc et en Tunisie.

LA LIGUE ARABE

La constitution de la ligue arabe présidée par Azzam Pacha au Caire attira la sympathie des militants assoiffés de crier leurs doléances à un organisme qui développait le pana-arabisme et défendait la question maghrébine. Bourguiba, à l'instar de ses compagnons de lutte algériens, tentera de fuir par le sud tunisien vers la Libye en 1945. Je m'arrête ici pour relater les coulisses de cette évasion racontée par les miens et vécue par la Tribu Accara.

Le scénario de fuite sera programmé par les aînés des familles destouriennes du grand sud. Pour faire part au cher lecteur de l'historique d'une certaine période où plusieurs natifs de la ville de Zarzis avaient immigré à Tripoli pour s'y installer définitivement avec leurs familles.

Ce phénomène d'exode fut vécu également par certains Libyens fuyant l'entrée des Italiens et la guerre avec les Ottomans. Une fraction de la famille Bouhafa immigra et el Méliane fonda un foyer avec une épouse Tripolitaine. Son fils appelé Mustapha formé en Angleterre, commandant de bord dans l'aviation civile libyenne est lui-même marié à une Tunisienne. Mohamed el Méliane se revendiqua l'honneur (pour inscrire ce fait dans la mémoire collective) d'avoir hébergé Habib Bourguiba lors de son itinéraire de fuite vers le Moyen-Orient.

Après avoir passé les frontières tunisiennes, Bourguiba sera réceptionné par le Zarzisien qui lui prêtera asile dans sa maison à Tripoli.

Ma mère déclina des détails. « L'hospitalité n'était-elle pas de coutume et héberger un hôte n'était-il pas de principe ? dira le mari laconiquement. Enfermé dans la *maqsoura*, Bourguiba sera tenu en secret. « Le lendemain, dit Soumeya, revêtu à la mode *libyenne, babouche, kabbous, lahfa et ouazra*, l'hôte était méconnaissable ».

La femme qui avait ouvert ses intérieurs et l'intimité de ses literies ne sut jamais jusqu'à la libération de la Tunisie l'identité de cet éphémère convive. Mohamed el Méliane transportera sur son *calis* le fugitif Tunisien, discrètement au lieu du départ. Bourguiba arrive sain et sauf dans la capitale égyptienne conscient et réconforté de savoir que même hors frontières, il y avait des personnes convaincues de la portée du mouvement nationaliste dont il représentait le symbole.

Ma mère continua ; quelques années après l'indépendance de la Tunisie, el Méliane Bouhafa projeta de rendre visite au pays pour féliciter le premier Président et lui exprimer combien il avait été honoré d'héberger le « Combattant suprême » au moment de l'occupation. Afin de sceller cette complicité, oncle el Méliane devait remettre à Bourguiba une savate sculptée en or et ciselée à la façon libyenne.

Lorsque le personnage s'était présenté au *ksar* de Carthage pour demander audience, la réponse fut rapide et expéditive ! « Le Président n'avait pas le temps de le recevoir, mais il donnait ordre qu'on remette au *krarsi* une calèche neuve en témoignage de reconnaissance de la part du *Moujahed el Akbar* pour le geste noble accompli au moment de la lutte ».

Avec tout le civisme des personnes propres et désintéressées, Mohamed el Méliane se leva de son siège pour répondre dignement aux cerbères du palais : « Je ne suis pas venu demander l'aumône, Dieu merci ! Je me suis simplement langui de mon pays et de son Président », dit-il avec son léger accent tripolitain.

Les échelles des valeurs n'avaient plus les mêmes proportions et la notion de civisme pouvait manquer quelquefois, même au plus illustre des hommes pour lui ravir le plaisir d'exprimer son humilité envers son prochain.

Fuite de Bourguiba

* Le <u>8 Avril</u> les deux voyageurs cheminent les pieds en sang jusqu'à <u>Zaouia</u> où ils parviennent à 9h30. Là ils prennent l'autorail à destination de Tripoli. Vers 11h l'autorail stoppe à <u>Tripoli</u>.

* Un des guides conduit le Président et Haouas chez un natif de Zarzis <u>Mohamed El Méliane</u> cocher de son métier.

* Le furoncle dont souffre le Président, sous l'effet de la fatigue et de la chaleur a crevé de lui même. Mohamed El Méliane conseille au président un bain à « Hammam Guerguerichè » dans une eau chaude très sulfureuse. Le lendemain le furoncle est guéri.

* Le Président et Haouas par <u>l'intermédiaire de Mohamed El Méliane</u> font la connaissance d'un commerçant du nom de <u>Youssef Ben Zarah</u> qui entretient des relations avec les militaires soudanais.

* Youssef Ben Zarah présente le Président à quelques amis. <u>Mustapha Hassine Bey</u> commerçant, un neveu de ce dernier. <u>Mahmoud Ben Néticha</u> speaker à la Radio de Bari.

* Survient alors un notable un commerçant : <u>Hadj Hassen Maghour</u> qui conseille au Président de contacter un certain <u>Ahmed Bey Souihli</u> une haute personnalité de Masrata (ancien ministre de la défense nationale libyenne durant la guerre italo-turque)

* Le Cheikh Sadok Ben Zaraâ abrite les deux Tunisiens. Le 10 Avril l'arrêt à Tripoli s'achève. Le prochain est prévu à Benghazi soit à 1050 km après une halte brève à Masrata à 240 km.

* Le Président et Haouas prennent un autocar vers Benghazi. Mustapha Hassine Bey recommande au chauffeur du véhicule de prolonger son arrêt à Masrata afin que les deux passagers qu'il lui désigne aient la possibilité de contacter Ahmed Bey Souihli. L'anonymat est respecté : le Président s'appelle maintenant Mohamed El Méliane et son compagnon Haouas se nomme Youssef Ben Zaraâ.

* Parti de Tripoli à 7h le car arrive à Masrata à 11h30 mn. Là le Président et un guide improvisé rejoignent Ahmed Bey Souihli dans une « Ouhala ». Ahmed Bey Souihli reçoit de son visiteur la lettre du Cheikh Sadok Ben Zaraâ.

* Les deux évadés sont les hôtes d'Ahmed Bey qui les présente à des amis sans révéler leur véritable idendité.

* Le 11 Avril Ahmed Souihli et ses hôtes se rendent à la « Zaouia de Sidi Ahmed El Madani ». Là des discussions animées s'engagent entre le Président et les Libyens.

* Le 12 Avril après la prière de la Jomaâ, le Président, Khelifa Haouas et Ahmed Bey montent en camion à destination de Benghazi.

Tunis

ABED, ACTIVITÉS

Pour revenir au parcours d'Abed au lendemain de son retour en Tunisie, les documents témoignent largement de ses activités militantes au sein de la capitale tunisienne à partir de mai 1943, période pendant laquelle Abed établit des contacts permanents avec le Cheikh el Fadhel Ben Achour, les représentants ; Hamadi Badra, Mohamed Ali el Annabi et participa ardemment à la constitution du mouvement moncefiste qui englobait les nationalistes, les cellules, les mouvements syndicaux et culturels. L'activité déployée à travers les liaisons directes et secrètes de Abed Bouhafa avec le consul des États-Unis lui vaudra ce témoignage de reconnaissance de la part de ses amis. Sur la recommandation personnelle de l'ingénieur Mohamed Ali el Annabi, Lamine Pacha Bey nomme Abed Bouhafa commandeur du Nichan al Iftikhar.

La collaboration de Abdelaziz Ben Hassine est citée dans les papiers personnels déposés selon le bon vouloir du militant Abed Bouhafa, à l'Institut du Mouvement National. Abdelaziz Ben Hassine lui-même, cinéaste connu sous le pseudonyme de Salem Driga, fut un agent de liaison avec les services spéciaux américains au profit du nationalisme. Abed Bouhafa organisa une manifestation pacifique, au lendemain de la mort du Président Franklin Roosevelt le 4 avril 1945 et sera l'auteur de la pétition rédigée en américain et signée par 80 militants du parti adressée au gouvernement américain pour exprimer les condoléances du peuple tunisien attristé.

Abed remettra lui-même en mains propres l'énoncé du télégramme au consul américain de Tunis, monsieur Doolittle.

Ce dernier sera muté en Égypte à la même période où Abed se rendra au Caire pour rejoindre Abdelrahman Azzam Pacha, Secrétaire Général de la Ligue des États Arabes.

FRANCE. PARIS 1945 – 46

Abed bien qu'occupé par son action politique et journalistique à travers le monde, resta en relation avec les siens dans l'espoir, un jour, de retourner dans son pays libre et indépendant.

Il regagnera la France où il s'engagera pleinement au profit des trois pays du Maghreb.

« *Notice sur Abed Bouhafa*

En février 1946, Abed Bouhafa regagne la capitale française et devient l'un des animateurs du comité moncefiste.

Au début de juillet 1946, il se rend à Pau auprès de Moncef Bey en compagnie d'un agent consulaire américain (un centre de propagande tunisien).

En août 1946, le Comité pour la libération de l'Afrique du Nord créé à Paris (sous l'instigation et l'assentiment de Bourguiba) et de Moncef Bey est placé sous la direction de Abed Bouhafa et Docteur Barket Amin, assistés du Docteur Hachicha et de l'étudiant Lamine Bellagha.

Ce comité, qui a son siège 63 rue Jouffroy (Paris 17e) se tient en liaison constante avec le groupe moncefiste de Tunis (Chenik, Badra, Skandrani, Aziz Djellouli), qui dirige et finance son activité ».

Abed Bouhafa raconte :

« En 1945-46, j'entretenais avec Bourguiba des relations politiques en ma qualité liaison clandestin entre les dirigeants nationalistes et les diplomates américains et britanniques. On se souvient peut-être qu'en 1947 toute la Tunisie était mobilisée derrière Moncef Bey, prisonnier à Pau, et Bourguiba, exilé volontairement au Caire, le leader du

Néo-destour par intérim, ne pouvait ignorer, lorsqu'il évoque mon pseudonyme cinématographique, que :

a- L'année précédente en 1946, j'avais à Paris créé « le Comité de libération de Moncef Bey » avec l'aide d'étudiants et de commerçants destouriens. J'étais le rédacteur et le distributeur de tous les tracts et brochures consacrés aussi bien à cette cause célèbre qu'à la mission « Bourguibiste au Caire ».

b- Que ce n'est pas à Hollywood, mais au quai d'Orsay que j'avais soumis un livre blanc sur l'affaire Moncef Bey qui eut un grand retentissement diplomatique et journalistique. L'impression de ce livre a été payée par la vente de ma voiture et une contribution de 80 000 F par le regretté Hamadi Badra. Une semaine après cette déclaration, les agences de presse étrangères avaient diffusé des extraits d'un long article publié par le « New-York Times » le 30 décembre, quinze jours seulement après mon arrivée en Amérique. Cet article expose pour la première fois dans un journal américain l'exploitation et la répression coloniale française en Afrique du Nord.

L'activité que je menais à Paris sous de multiples pseudonymes (Jean Boucher, Dr Abou el Khrass, M'Hamed Ali Raouf) se recommandait d'une double revendication : « Restaurez Moncef Bey et négociez avec Bourguiba ».

Le livre blanc était illustré d'un portrait de Bourguiba ainsi que la brochure « Opinions sur le malaise tunisien », entièrement rédigée par moi-même. Imprimée par les étudiants destouriens, cette brochure publiait aussi le premier manifeste politique de Bourguiba après son évasion au Caire :

"La France devant le problème tunisien" ».

Fin de citation

Abed donna à Paris en 1946 une conférence de presse clandestine au cours de laquelle il révèle la publication du "*Livre Blanc*" consacré à la déposition arbitraire et illégale du grand souverain avec l'appui des princes husseinites et des leaders nationalistes. Bouhafa soumet ce document au ministre des affaires étrangères français. Ci-dessous l'avant-propos intégral du "*Livre Blanc*" qui fut traduit en arabe :

"*Avant-propos*

À l'heure où se ranime la Conscience française et où après de difficiles alternatives de confusion et d'héroïsme, la patrie d'Aristide Briand retrouve au sein des nations démocratiques, la place de sa distinction et de son génie, le Peuple tunisien par la voix de ses Princes authentiques comme de ses représentants autorisés, juge opportun de soumettre à la justice et à la clairvoyance française et mondiale, un livre blanc sur les événements qui ont précédé la déposition, la déportation et... l'abdication de son souverain S.A. sidi Mohamed ALMONCEF PACHA BEY.

Pour fixer les esprits, il convient de faire un retour en arrière.

Alors que le peuple tunisien, blessé tour à tour par ses ennemis et ses amis, et terrorisé par l'ARBITRAIRE COLONIALISTE dont la Victoire alliée, bien loin de l'avoir contrarié, avait au contraire, par un phénomène paradoxal, accentué la rigueur tandis que le consternation fraternelle universelle dont les cendres symboliques retombaient sur le pur et tragique visage d'une France, encore, sous le frémissement de son combat pour la Liberté.

Certes, depuis trois ans les Tunisiens pleurent l'intime et inexprimable deuil qui les afflige ; mais en regard il faut bien convenir que malgré eux, malgré l'opinion mondiale arabe, et par la seule faute de ses faux génies, la Nation protectrice a perdu du point de vue juridique et plus encore du point de vue de la morale qui fait la force des contrats, les privilèges que lui reconnaissait le traité du Bardo.

En effet, par cette mesure, aussi malheureuse qu'imprudente, M. le Général Giraud a non seulement violé les droits de la souveraineté tunisienne, mais, a aussi rendu « caduque » la convention du Protectorat dont l'article 3 qui dispose :

« LE GOUVERNEMENT DE LA REPUBLIQUE FRANÇAISE PREND L'ENGAGEMENT DE PORTER UN CONSTANT APPUI À SON ALTESSE LE BEY DE TUNIS CONTRE TOUT DANGER QUI MENACERAIT LE PERSONNE OU LA DYNASTIE DE SON ALTESSE OU QUI COMPROMETTRAIT LA TRANQUILITE DE SES ÉTATS » n'a pas été respecté par lui.

Au dossier noir des maladresses colonialistes, il nous déplaît d'ajouter aussi la confusion créée au lendemain de l'occupation italo-allemande par le départ en Algérie de M. le Général Barré dont la qualité de Ministre de la Guerre de S. A le Bey lui imposait, au contraire, de rester auprès du Souverain pour assurer la... « protection de sa personne et de ses États » ; comme par la « collaboration » de l'amiral Estéva, résident général de France en Tunisie dont le titre traditionnel de Ministère des Affaires étrangères du Gouvernement tunisien, lui créait le devoir de veiller à une application loyale et stricte de la politique de neutralité adoptée par le Souverain en accord avec les partis représentatifs du peuple.

De tout cela le LIVRE BLANC en attestera. Point de verbiage ni de littérature. Toute la lumière. Celle de la vérité, seule. Aux consciences libres et véritablement imprégnées d'idéal humain et de libéralisme démocratique, il révélera l'authentique personnalité de notre Prince, son hostilité aux forces du mal, son profond amour pour son pays et pour son peuple, comme, il manifestera sa loyauté envers la France.

Chacun y lira les détails sur l'arbitraire commis par M. le Général Giraud que ses qualités de héros de la résistance et de persécuté du fascisme auraient dû prédestiner à une meilleure gloire. Il est vrai que Joseph de Maistre a pu écrire : « Il n'est point d'homme qui n'abuse du pouvoir et l'expérience prouve que les plus abominables despotes, s'ils venaient à s'emparer du sceptre, seraient précisément ceux qui rugissent contre le despotisme ».

La lumière faite, il appartient aujourd'hui au gouvernement de la République française de prendre la seule initiative qui, confirmant la souveraineté de notre Dynastie, permettrait à cette vieille amitié franco-tunisienne de devenir – enfin – une affirmation positive, sincère et consistante.

Il lui revient le noble devoir de dénoncer, à son tour, par projection, dans la vérité historique, de la légalité tunisienne, cette INJUSTICE en libérant notre souverain bien-aimé dont tous les sujets demandent et attendent le retour.

Ainsi, peut-être, pourrait-il convaincre le peuple tunisien, les républicains français et le monde démocratique de sa volonté d'aider et de participer à l'émancipation et la prospérité de la Tunisie, son amie et son alliée.

Jusque-là, forts de la sympathie et de l'appui de la Ligue des Droits de l'Homme, des Associations démocratiques françaises, arabes ou étrangères, nous continuerons à protester contre l'incroyable et inadmissible COUP DE FORCE par quoi fut amenée la déposition de notre Prince.

Inlassablement, nous protesterons pour voir se restaurer, chez nous aussi, la Légalité, la Liberté, la Justice, la Paix.

Afin que la DÉMOCRATIE devienne aussi un fruit tunisien !"

Docteur Mohamed ABOU-LAKHRASS

En raison de la longueur du Livre Blanc, j'ai hésité de le transcrire. Peut-être, devrais-je l'insérer sous la rubrique documents, pour les plus assoiffés, à la fin de ces écrits.

"Notice sur les activités de Madame Dorothy Bouhafa.

Dorothy Mac Ginn sa femme visitera à Pau le monarque détrôné et la presse française du 9 mai 1946 « Quatre et trois » reproduira la photo de madame Bouhafa remettant à Moncef Bey un présent de la part des Tunisiens de Philadelphie.

Abed quittera Paris pour les États-Unis d'Amérique après l'arrestation de son ami le Docteur Hachicha, président du comité pour la libération de l'Afrique du Nord.

Au début du mois de novembre, il se rend à New York où, en relation avec l'Institut of Arab American Affairs et le journaliste américain Khairallah, d'origine syrienne, fournit à la presse américaine de langue arabe des articles de propagande nationaliste. Secrétaire du « comité de libération de l'Afrique du Nord » créé au début 47 à New York, il publie un manifeste selon lequel les « habitants de l'Afrique du Nord réclament l'envoi d'une commission d'enquête sur les actes de répression des Français dans ce pays ».

Au début du mois de mai, il adresse au nom du P.P.A, du parti du manifeste algérien et du parti de l'istiqlal marocain, une requête pour être entendu par la commission de l'O.N.U sur l'affaire palestinienne."

Avec l'appui de la ligue arabe, les leaders maghrébins réfugiés au Caire contribuèrent à diffuser une propagande au profit de la cause palestinienne et maghrébine, afin d'attirer l'opinion mondiale sur les graves problèmes qui secouaient l'Afrique du Nord et le Moyen-Orient.

Abdelkrim el Khattabi, ramené en France de l'Ile de la Réunion où il était exilé, s'évade et regagne en 1947 l'Égypte. Dans la capitale cairote, il se met en relation avec Abed Bouhafa pour le nommer porte-parole de la cause maghrébine dans la défense des intérêts du Maroc aux États-Unis d'Amérique à l'O.N.U.

Les dirigeants du P.P.A en font de même. En septembre 1947, Abed Bouhafa devient le correspondant officiel à New York et auprès de l'O.N.U. du journal El Misri, organe du parti wafdiste.

« En 1947, dira Abed Bouhafa, à la requête de Abdelkrim et des leaders algériens (Messali el Hadj, Farhat Abbas et Cheikh el Ibrahimi), et des leaders marocains (Allal el Fassi, Ouazzani et Torrès), j'ai assuré la représentation de l'Afrique du Nord aux États-Unis.

Ma coparticipation, écrit-il, (mémorial adressé au gouvernement algérien indépendant) dans le grand combat algérien est d'autant plus naïf que c'est en Algérie que j'ai connu les prisons colonialistes (Colomb-Bechar, Tlemcen, Alger) et que nulle cause n'a été pour moi plus engageante que celle de Messali el Hadj et son peuple martyr. »

À partir de New York, Abed continue d'œuvrer pour la restauration de sidi el Moncef Bey. Devant le refus du gouvernement français de restaurer le Monarque, Abed Bouhafa estime avec l'accord de Abderrahman Azzam et les Princes husseinites qu'il conviendrait de porter l'affaire de l'ex-souverain devant la haute cour internationale dont l'Égypte est membre, (déclaration confirmée dans une interview au correspondant *al Assass*, quotidien du Caire appartenant à S.E Nokrachy Pacha. Il écrira à Maître Henri Cadier pour le saisir de l'affaire.

Les autorités françaises manifestèrent le souci de déjouer la procédure judiciaire, en exerçant des pressions sur l'avocat représentant des droits de l'homme dans les Basses-Pyrénées. Dans l'intention d'intimider les démarches de Abed Bouhafa, ils alléguèrent le contenu d'une lettre où le journaliste chroniqueur artistique aurait fait l'apologie de l'œuvre civilisatrice et culturelle en Tunisie en collaboration avec M. Cheffaud, membre de l'empire…

Arvieux en Queyras (Hautes Alpes)

HENRI CADIER
AVOCAT A LA COUR D'APPEL
24, RUE SERVIEZ

TÉL. 31.26

~~PAU~~, LE 2 juillet 1947

El Abed Bouhafa
221 West, 10 Street
New York – N.Y.

Monsieur,

La poste me fait suivre votre lettre du 19 juin qui accompagnait votre remarquable article sur son Altesse Moncef Bey. J'ai pu le traduire moi-même et ne vous cache pas qu'il m'a ouvert certains horizons nouveaux sur "l'affaire". Plus exactement, il va m'obliger à certaines précisions, en ce qui concerne notamment les deux messages adressés au Président Roosevelt au moment du débarquement des troupes alliées dans l'Afrique du Nord.

Vous me faites le grand honneur de me demander d'accepter de préparer "une "étude juridique sur l'illégalité de l'acte "Girand et son incompatibilité avec les

" obligations reconnues par la Puissance
" protectrice dans l'art. 5 du traité de
" Ksar - Es - Saïd."

C'est en qualité de Secrétaire du comité de Libération de l'Afrique du Nord que vous me sollicitez pour ce travail.

Je dois vous dire, tout de suite, que bien volontiers j'entreprendrai cette étude, mais que je ne saurais me placer sur le plan politique = exclusivement la question "droit" et "justice" retiendra mon attention.

Je pense être de retour à Pau vers le 20 juillet. En attendant, je fais transmettre à Pau à Son Altesse votre article, en lui faisant part de votre demande et de ma réponse.

Veuillez agréer, Monsieur, l'expression de ma considération très distinguée,

H Ladier

حمدا وصلاة وسلاما

اختي الفاضلة

أتشرف بالتكاتب الأميري المناط عوضة بأخيك هذا في
الرد على معايدتك اللطيفة التي حلت من قلبي محل العطف والإرتياح
لما يشعر من خلال هاته عبقرية تونسية ابتدأت تنتشر في أوساطكن
أيتها اللواتي أنتن وقعتن الآن ولج في الميدان الوطني معززات بالقوى
الأنفسية الظاهرة الفعالة وها أنا قد أديت واجبي هذا مشفعا
بمعايدتي الخاصة والمزدوجة بمعايدة الأخوين الوفيين
قائد السبسي والشاذلي النيال
ودمت نموذجا للإحساس الشريف
والسلام ختام من أخيك الروحي محمد الرؤوف باي
وكتب في: تونس في ١٧ شوال المبارك عام ١٣٦٧

الرؤوف
محمد باي

De Son Altesse Raouf Bey
à mesdemoiselles Kalthoum et Kafila Bouhafa

Après sa visite à **S. A. Sidi Moncef Bey, Abed Bouhafa** — dont les dernières déclarations à Lake Success ont fait couler beaucoup d'encre — a entrepris son action en Amérique, mandaté par le parti de l'Istiqlal et par Ferhat Abbas.

En Tunisien, il avait le droit de parler de la Tunisie sans avoir besoin de l'assentiment de quiconque.

A noter à son avantage qu'il n'a jamais demandé quoi que ce soit aux partis politiques de Tunisie ne comptant que sur ses seules ressources pour remplir une mission qu'il tenait de son patriotisme.

Dans «Trois et Quatre», sous le pseudonyme de Jean Boucher, il a publié un reportage photographique sur S.A. Moncef Bey.

Sous le même pseudonyme, il est également l'auteur du tract illustré intitulé : Une seule solution en Tunisie, libérez Moncef Bey. Ce tract a été publié par Le Peuple Algérien.

C'est grâce à lui et à sa connaissance de la langue anglaise qu'une requête a été introduite à l'O.N.U. en faveur du Maroc.

نشرت جريدة « لوموند » المؤرخه في ٩ ماي الجاري خبرا مفاده ان اللجنة الفرعية بجامعة الدول المتحدة المكلفه بفحص المطالب المقدمه بمناسبة الدورة الحاليه المخصصة للقضية الفلسطينية قد رفضت ثلاثة مطالب استماع منها مطالب لجنة تحرير شمال افريقيا بامريكا المتقدم الى رئيس الجامعه السيده لي « من طرف مواطننا المفضال الاستاذ العابد بوحافه سكرتير اللجنه بالنيابة عن الحزب الحر الدستوري التونسي وحزب البيان الجزائري وحزب الشعب الجزائري وحزب الاستقلال المغربي .

وقد نقلت بعض الصحف الفرنسيه الصادرة بتونس هذا النبا ورات ان تعرف بشخصية رئيس لجنة الدفاع عن شمال افريقيا بامريكا بانه ممثل سينمائي كان يعرف بالسينما تحت اسم شاري لك وقد قام في شريط « ثلاثة المتخرجون من مدرسة سان سير » بدور عون من اعوان الجوسسة الحكوميه من القسم الثاني .

وبصرف النظر عما ترمي اليه الصحيفة المذكورة فالتونسيون يعرفون جيدا الاستاذ العابد بوحافه ابن الشيخ الجيلاني بوحافه من

MISS MAC GINN, de la Croix-Rouge américaine remet au bey un envoi des Tunisiens de Philadelphie.

MORT DE SIDI EL MONCEF BEY

LES OBSÈQUES. TUNIS, LE 5 SEPTEMBRE 1948

Le peuple Tunisien fut saisi par l'annonce dramatique. Le Bey sidi el Moncef rendit l'âme au lever du 1er septembre 1948 dans sa chambre d'exil à Pau en France. Le jour des obsèques du monarque bien aimé, la population donna libre cours à ses haines refoulées depuis la destitution du Bey le 8 mai 1943. Une foule rugissante sortit depuis la Médina pour crier sa douleur ; les bras levés vers le ciel, les citoyens scandaient le nom de leur Bey disparu. Était-ce la fatalité ou le subterfuge d'une France qui voulait clore le dossier et sortir de l'ornière ?

L'affaire Moncef Bey allait se traiter prochainement devant la cour Internationale de La Haye présentée par les soins d'Abed Bouhafa en commun accord avec les Princes husseinites à Tunis et les représentants de la Ligue arabe au Caire.

Dans une capitale endeuillée, l'hystérie s'empara des personnes qui engorgèrent l'Avenue Jules Ferry, les autorités françaises déployèrent un dispositif armé pour encadrer la foule déchaînée. Derrière les visages masqués par la *Khama* noire et les voiles ramassés sous l'aisselle, les femmes s'étouffaient en sanglots et lamentations.

En tête de file les représentants du gouvernement, les dignitaires et les religieux s'exprimaient par leur démarche lente et consternée. Cette disparition brutale et inexpliquée jetait le désarroi au sein de la population musulmane. J'étais jeune, mais à l'écoute de tout ce qui se traitait autour de moi. Les paroles des adultes criaient au crime, dénonçant le geste arbitraire et criminel de la France "des Généraux". « Ils l'ont empoisonné, ils l'ont assassiné ! »

Pour se rendre à Tunis les citoyens avaient pris d'assaut les moyens de locomotion à partir des coins les plus reculés. Pour rappeler qu'en 1943 toutes les couches s'étaient mobilisées derrière l'action moncefiste devenue un mouvement à caractère nationaliste dont le héros venait de disparaître ! De Kairouan à Tunis, mes sœurs me racontèrent à quel point les coulisses familiales avaient tremblé à l'annonce de la triste nouvelle. Le dossier Moncef Bey devenait un peu l'histoire de la famille et les frères suivaient avec attention les différentes étapes de la défense.

Nous fûmes hébergés par l'honorable famille de l'ancêtre Amor el Mareghni et son gendre Saïd Belhadj, figures coutumières d'humble générosité. Qui donc, parmi les proches ou alliés ou même des relations recommandées par des tiers, n'a transité par la demeure sise au cœur de la Médina, voisine des familles Ben Abdallah, Ladgham et autres. Dans ce quartier si spécifiquement citadin avec ses manières de gérer les rapports humains, ses *Drébas* constamment ouvertes, ses *skifa* chaudes de dialogues, ses portes cochères aux clous vissés ouvertes à tout venant, Bab-el-akouass (la porte aux ogives) était au rendez-vous de tous, descendus de l'arrière-pays pour une visite médicale, une inscription aux institutions de la capitale ou pour le simple plaisir de visiter l'avenue de Paris et le colisée. Que sais-je d'une tradition de vie où on se devait de servir et de fraterniser avec quiconque franchissait le seuil !

Je revois ce théâtre grouillant autour de la margelle du puits. *Ommi* Fatma servait et honorait les convives, fussent-ils de l'envergure de la petite fille que j'étais, les conviait même pour une *chakchouka* fumante de carvi, accompagnée du sempiternel pain maison pétri d'anis et d'écorces d'oranges.

Je la revois pincer le pan de sa *fouta* pour la retrousser à sa taille et libérer ses pantalons de dentelle ajourée. Elle s'assied devant son arsenal de braseros aux cendres mûries, rectifie le nœud pour cacher ses cheveux lisses sous son foulard de soie. Le regard circonspect et gargarisé d'antimoine se promène tantôt sur les marmites de cuivre, tantôt sur le couvercle sous lequel un délicieux *tajine bounarine* se dorait. Succulents et réduits, les ragoûts d'*Ommi* Fatma s'accompagnaient de verdure et de salaisons multicolores.

Khalti Aziza, ce jour-là, décida malgré la morosité de la journée de me percer les oreilles. Je me souviens qu'on avait marchandé ma soumission en faisant miroiter l'or des jolies boucles. J'avais pleuré chaudement, mais sidi Abderrahmane sécha mes larmes avec beaucoup de friandises. Les moments de peine et de joie étaient vécus en commun et nulle période n'a été aussi agréablement gérée dans la concorde et l'amitié des foyers ; nous passions du rire aux pleurs avec une facilité qui nous semblerait à présent déroutante ! Ce jour-là, Bab-el-Akouass portait le deuil de son Bey disparu. Par fidélité à l'histoire et le devoir de mémoire, je rappelle que la famille de *ammi* Saïd Belhadj Mareghni était profondément nationaliste, en l'occurrence *si* Abderahman fut le pilier de la cellule de Bab Souika et *si* Djilani, destourien actif. Combien omni Fatma, aidée de ses brus, avait-elle cuisiné les grands plats qu'on destinait aux Zouamas enfermés pendant les rages répressives dans la prison Habs Djedid ! (Ben Ali a préféré raser ce monument historique pour d'autres visées). Parmi les présents, Mohamed Sadok, le plus jeune fils de *si* Djilani s'était prévalu de son action auprès de la famille beylicale. Quelque temps avant l'annonce de la mort, en relation avec les membres du comité Moncef Bey ; Chenik, Badra, Skandrani et Aziz Djellouli, Sadok en reférait à son frère Abed à New York.

En ce jour de deuil les frères Bouhafa rendirent un dernier hommage à la dépouille de celui qui fut, pour ses compatriotes et sujets, l'homme sincère et destourien. Sidi el Moncef avait été déporté en mai 1943 à Laghouat en Algérie alors qu'Abed se trouvait à Colomb Béchar depuis novembre 1942. Abed s'était manifesté par un télégramme condamnant l'acte criminel.

Au port de La Goulette, le bateau militaire rapatria le cercueil de l'illustre alors que sur les quais, les gosiers s'éclataient en chants patriotiques en saluts au suprême, Allah Akbar ! Jamais bain de foule ne fut aussi dense aussi grondant. Le peuple dont la révolution avait endurci les ressentiments s'exprimait dans un engagement incontournable. Sidi el Moncef reposera enfin dans sa terre bien aimée qu'il dut quitter bafoué et forcé à l'exil durant cinq années. Selon ses dernières volontés, la sainte dépouille fut inhumée parmi ses fidèles dans le cimetière du Djellaz, loin de la crypte beylicale sise à Tourbet el Bey.

Abed ressentit douloureusement la disparition de sidi el Moncef. Un sentiment de mutuelle affection avait établi la confiance entre le Bey et son défenseur et, jamais, cause ne fut pour lui aussi déterminante que l'affaire du monarque destitué. En hommage à l'illustre homme qu'était ce souverain, Abed prénomma son fils né le 4 janvier 1948 à New York, Mohamed el Moncef.

Durant les années d'exil qui éloignèrent le Bey à Pau en France, Abed Bouhafa s'activa pour dresser l'opinion internationale contre le Général Giraud et le Maréchal Juin, principaux responsables de la destitution de son Altesse. Le geste arbitraire et criminel de la France stigmatisera à jamais une page sanglante de l'histoire coloniale d'Afrique du Nord.

KADEM. Aïn-Draham. VIE PRIVÉE ET CONTRAINTES. 1948-1950

Le militant souffrit des vicissitudes politiques. Il subit la déportation à Bordj Lebœuf, l'expulsion des territoires d'outre-mer, les décisions arbitraires d'éloignement, l'assignation à résidence et les arrestations fréquentes. Toutes ces frustrations alimentèrent dans le cœur de l'étudiant, un sentiment de répulsion contre l'impérialisme et l'injustice gratuite.

Derrière la lutte personnelle qu'il entreprenait contre la politique coloniale de certains frangaoui aux intentions malhonnêtes, n'y avait-il pas aussi un ressentiment contre l'esprit raciste d'une belle famille de bourgeois bordelais ? Au verso d'une photo datée de 1938 et dédiée à son fils, une phrase m'exprima combien le père avait été éprouvé par la douloureuse séparation de Raouf-Yves. Le militant se mettra en ménage avec une dame française, Simone affichait ouvertement sa sympathie pour les arabes et reniait les abus dont faisaient preuve ses compatriotes à Aïn-Draham. Ces derniers lui manifestaient une haine sourde, conscients des agissements de l'ancien Kalifa, venu perturber leur quiétude dans ce fief nord-ouest. Un témoignage recueilli auprès de *ammi* Salah qui travaillait aux frontières, me précisa que Simone était la veuve du commandant de Latour.

La proximité des territoires frontaliers vouait à Aïn-Draham une importance stratégique par le passage d'engins militaires entre l'Algérie et la Tunisie. Son altitude, ses belles forêts, son type d'habitation et son cloître représentaient les particularismes du gros village montagnard français où on dansait le samedi soir, se rendait à l'église le dimanche et le reste de la semaine au centre d'apprentissage artisanal tenu par les sœurs congréganistes.

Les ressortissants et les estivants venaient passer leurs congés dans ce lieu de prédilection pour fuir les chaleurs torrides des régions centrales. Les familles de bourgeois montaient de la capitale pour s'aérer et boire à l'eau des sources.

D'après certains témoignages, les estivants algériens arabes et français fréquentaient la région, madame Ben Yacoub Guech me révéla les moments agréablement passés dans cette petite ville de cure. Elle me parla des familles natives d'Annaba, de certains colons de la plaine comme les Begain et les Tucci qui se déplaçaient pour se rendre au Kef, deuxième Résidence française. La famille Ben Yacoub, *si* Mohamed Guech et *si* Taïeb Shili de Guelma rapportèrent certaines anecdotes autour de la convivialité des lieux, l'hospitalité des patrons et l'accueil des serviteurs.

La narratrice poursuivit son dialogue, la pommette illuminée elle me confia : « C'était le bon temps, *ya hasra* ! Les rencontres, les familles qui affluaient des régions basses ». Elle sourit à l'évocation de ses souvenirs puis ajouta : « La femme du Caïd du Djebel el Labiodh m'a demandée en mariage un été et mon père sévère, nous imposait de revêtir le *safsari* comme les Tunisiennes. J'étais belle et fiancée... ».

Elle se tut pour ajouter : « Je ne sortais qu'accompagnée. Mohamed Sadok lui, allait danser tous les soirs ».

— Mon frère estimait *si* el Kadem et une franche amitié s'était soudée entre nous, monsieur Bouhafa était un homme distingué, ajouta-t-elle.

Kadem découvrit l'ouvrier qui faisait partie du personnel des cuisines et l'introduisit dans l'intimité de son foyer. Tarzan joua un rôle important dans l'exécution de certains ordres et la réalisation d'actions militantes.

Kadem saura comment mobiliser et transcender la population. Tarzan remplit des missions secrètes auprès des dirigeants, fit le vaguemestre à travers la région. Pour la famille, le souvenir de Tarzan resta gravé. Grand-mère lui confiait ses soucis causés par l'éloignement de ses fils militants, il adulait *si* Djilani et je regrette pour ma part, de n'avoir pu l'interroger sur certains faits dont il était peut-être le seul témoin avant sa disparition de ce monde. La dernière fois que je le revis, il regrettait profondément de n'avoir pu assister aux funérailles de Sadok et, en notre présence, Tarzan donna libre cours à ses larmes pour pleurer ses anciens maîtres disparus. Ce fut touchant !

Je transcris une lettre de Kalthoum écrite la veille d'un jour tragique alors que les sœurs étaient en villégiature à Aïn-Draham, chez oncle Kadem.

Tunis le 18 octobre 1948

Très chers parents,
Frères et sœurs,

Nous voilà de retour à Tunis après avoir passé un agréable séjour à Aïn-Draham qui fait le sujet de carte suivant :

Tout d'abord, je tiens à vous dire que nous sommes en très bonne santé et ne pensons qu'à vous. Nous serons très heureux de vous savoir heureux et de santé assez bonne.

Comme je vous l'ai dit, tonton Kadem est venu nous voir. Seulement il devait rentrer à Aïn-Draham ne pouvant attendre jusqu'à lundi soir. Il chargea tonton Sadok de la commission. Celui-ci vint nous chercher lundi soir (jour et heure de sortie) et nous prîmes la T.H.B mardi matin à 6 heures. Nous avons couché, comme tu dois le savoir, chez les Mareghni. Ils furent très gentils entre parenthèses.

Nous sommes arrivés là-bas à 10 heures et demi. Nous eûmes l'occasion de connaître en chemin, Béja qui vraiment n'est pas mal. Les paysages ont un type européen. Tout y est vert.

Tonton Kadem et sa femme nous reçurent vivement et avec beaucoup de joie. L'hôtel est à quelque distance du village, au milieu de la forêt. Il fait un peu frais. Il y a en ce moment des champignons et toutes sortes de produits forestiers. On s'y sent vivre comme en France. Bien…

Tante Simone est une femme très gentille, aimable et serviable; elle aime et respecte beaucoup la famille Bouhafa. Elle a un penchant pour les musulmans, chose étonnante, et hait les Européens d'Aïn- Draham.

Enfin, bref…

Tonton Kadem a tué un mouton et nous avons passé l'Aïd heureux. Nous nous promenions à travers la forêt tout en pensant à vous.

Leurs domestiques sont très serviables et nous respectent énormément. Ils nous servent comme des princes. C'est elle-même qui préparait avec eux les repas. Nous occupions une chambre de 2 lits et tonton Sadok une autre.

Les enfants sont très polis. Ils ne sont pas très grands : comme Farouk et Faouzi. Eux aussi le plus grand est maigre. Ils mangent seuls avant nous pour ne pas nous déranger. Nous avons été très polies et reconnaissantes envers tous.

Mais si vous voyez comme tout le village tremble devant tonton Kadem !... et le respecte. Je vais vous raconter ce qui s'est passé pour la piqûre de Radia : le médecin n'est pas en accord avec tonton Kadem et le craint beaucoup. Il a eu peur de tonton Sadok quand il lui a ramené Radia. Il a dit qu'elle était fatiguée par le voyage et qu'il valait mieux la laisser reposer.

Alors tonton Kadem a voulu le faire venir à la maison. Il envoya tonton Sadok, un serviteur et un cuisinier : Tarzan (on l'appelle ainsi car il est aussi grand et fort que lui), pour le faire venir. Il a recommandé à Tarzan de lui donner une bonne correction s'il refusait de venir. Seulement tonton Sadok insista. Il lui demanda d'attendre un peu. Puis dans son auto, il alla chercher avec lui deux gendarmes. Et il se rendit avec eux chez tonton. Ceux-ci restèrent près de lui et le docteur, tremblant de peur, vint voir Radia (c'était pour le faire venir). Enfin il s'en alla. Mais nous nous sommes mis à rire, à ne plus pouvoir nous retenir. Je vous dis aussi que les musulmans de là-bas l'aiment énormément. Sur les murs ils écrivent « Vive Bouhafa ». Un jour que le Résident ou je ne sais qui vint y rendre visite, il lut ceci et s'en étonna.

Je crois vous avoir envoyé un petit journal. Il vous distraira un moment.

Ah ! J'ai oublié de vous dire que nous avons passé la demi-journée du vendredi à Tabarka avec tante Simone. On s'est promené au port il y a un endroit très joli, nommé « les aiguilles » ; ce sont des rochers.

Nous avons dîné ensemble, elle nous acheta des gâteaux et bonbons puis prit les billets pour le départ. Nous primes le train à 1h ½ et arrivâmes à Tunis à 7h ½. C'était très long, mais la lecture raccourcit le trajet.

Il me restait avec Kafila 1 000 F ; c'est-à-dire 500 F chacune. Nous avons acheté une broche que nous lui avons offerte. Quant au voyage d'ici, c'est Radia et tonton Sadok qui l'ont payé.

C'est dans les 500 F la place, je ne sais pas exactement alors je te prie, cher papa, envoie-nous 500 F seulement pour arriver à la fin du mois pas plus. Dis à maman d'envoyer le pull-over de Kafila avec la chose, si c'est près ainsi que le bracelet en argent. Nous vous embrassons tous bien fort.

Kalthoum

RÉGENCE, COMPORTEMENTS, LUTTE ARMÉE

Kadem assista régulièrement aux réunions du parti, souscrira aux grands principes en donnant des directives à Tarzan pour drainer les indigènes dans des mouvements de protestation. L'activité sera tout à fait désapprouvée par l'opinion résidentielle.

Le pays vivait une période critique, pour dénoncer l'autisme de la France dans la révision du dossier national, la population manifeste son ras-le-bol. Les incidents perpétrés à l'encontre de l'administration française, les grèves de la faim, les manifestations d'étudiants, les réunions à caractère patriotique dans les mosquées, furent autant de directives pour traduire la colère et l'indignation du peuple tunisien face à l'absentéisme de la France et son refus de négocier l'autonomie interne de la Tunisie. Les signalements systématiques et les suspicions pernicieuses contribueront à ternir l'image de ces militants par des inculpations fallacieuses.

Un document retrouvé dans « *Fonds de la Résidence* » rapporte l'incident traité au tribunal français de Bizerte où plainte, requête expéditive et défense claire entreprise par Hedi Nouira aboutira à une assignation de peine de six mois pour Kadem, commuée en sursis après interventions.

ic.
SECTION D'ETAT
N° 98 SE/Cab

Tunis, le 21 DEC 1948

CONFIDENTIEL

N o t e

à l'attention de M. le Secrétaire Général

J'ai l'honneur de vous rendre compte que j'ai reçu la visite de Me Chadly KHALLADI à l'occasion de l'Assignation, ci-jointe en copie, à comparaître devant le Tribunal Correctionnel, adressée par le Parquet de Bizerte contre le sieur KADHEM BOUHAFA, Khalifat révoqué, domicilié à Aïn-Draham, prévenu d'offense à S.A. le Bey, de violences, voies de fait et outrages à agent de la force publique et de dénonciation calomnieuse.

L'affaire doit venir à l'audience du 18 Janvier 1949.

Me KHALLADY estime qu'il serait inopportun dans les circonstances présentes de permettre que cette affaire vienne à l'audience publique et m'a demandé d'intervenir, soit auprès de vous, soit auprès de M. le Résident Général, en vue de l'obtention d'un renvoi sine die, à l'instar de ce qui a eu lieu pour d'autres affaires politiques.

J'ai fait observer à Me KHALLADY que le délit politique est assorti, ici, de trois délits de droit commun, mais que je vous entretiendrais de cette affaire sans faire état de sa démarche auprès de moi, puisqu'il en exprimait le désir.

-:-

J'ajoute que j'ai eu l'occasion dimanche dernier, alors que j'accompagnais au Palais M. MONS, de mettre au courant de cette démarche M. le Résident Général, qui a estimé qu'il convenait de laisser cette affaire suivre son cours normal./.

SG cab 24/12/48 n° 1307 A(a)

TRIBUNAL CORRECTIONNEL
DE BIZERTE

N° 971-I-4515

ASSIGNATION A PREVENU

Paul VALLECALLE, Huissier
Béjà (Tunisie)

L'An mil neuf cent quarante huit et le treize Décembre.

A la demande de Monsieur le Procureur de la République près le Tribunal de Première instance de Bizerte, qui élit domicile en son Parquet, sis au Palais de Justice de la dite ville, avenue de Paris

Je soussigné Paul VALLECALLE, Huissier près les Tribunaux de Bizerte, en résidence à Béjà,

Ai averti par le présent acte Monsieur KADDEM BEN DJILANI BEN BELGACEM BOUHAFFA, Publiciste, demeurant à Aïn-Draham, Hôtel Bellevue, où étant et parlant à son épouse (A.D.)

Que Monsieur le Procureur de la République de Bizerte l'assigne à comparaître en personne le Mardi Dix Huit Janvier 1949 à Neuf Heures du matin par devant le Tribunal Correctionnel de Bizerte, séant au Palais de Justice de la dite ville, avenue de Paris.

Pour :

Etre présent à l'instruction qui s'y fera, être interrogé et se défendre comme prévenu d'avoir

1° - Le 5 Avril 1948 vers 16 heures 30 à Aïn-Draham Canton de Béjà, arrondissement judiciaire de Bizerte, dans les locaux du Caïdat, directement ou indirectement offensé Son Altesse le Bey par le discours suivant : "Je me moque de vous et de toutes les Autorités et de tous les Corps au pouvoir; que Dieu vous maudisse ainsi que le Bey, car Notre Seigneur El Amine Pacha Bey n'est pas le Bey légal. Si vous avez un décret beylical, on ne reconnait pas ce décret!...

2° - a - A Aïn-Draham, Canton de Béjà, arrondissement judiciaire de Bizerte, le 13 Juillet 1948, en tout cas depuis un temps non prescrit, exercé des violences et des voies de fait sur la personne du sieur DESO Sauveur, Gardien de la Paix, agent de la Force Publique, dans l'exercice de ses fonctions;

b - Dans les mêmes circonstances de temps et de lieu, outragé par paroles le sieur DESO Sauveur Gardien de la Paix, agent de la Force Publique, dans l'exercice de ses fonctions en lui disant :

.../

/..."Je ne vous suivrai pas au Poste de Police, mais c'est moi qui vous aménerai; je refuse catégoriquement de vous donner mon identité. Je n'ai pas peur d'un gabarit comme vous et vous aurez de mes nouvelles!... Vous aurez de mes nouvelles!..."
3° - A Aïn-Draham, Canton de Béjà, arrondissement judiciaire de Bizerte, le 15 Juillet 1948, en tout cas depuis un temps non prescrit, fait par écrit une dénonciation calomnieuse, en dénonçant à M. le Chef de Poste de Police d'Aïn-Draham, Officier de Police Administrative, ou Autorité ayant le pouvoir d'y donner suite ou de saisir l'Autorité compétente, ou encore Supérieur hierarchique, le sieur DESC Sauveur, Agent de police à Aïn-Draham, comme ayant commis une faute professionnelle, qualifiée par le prévenu abus d'autorité, en faisant preuve d'incorrection dans son interpellation et de parti pris manifeste dans l'exercice de ses fonctions, à seule fin d'humilier un Tunisien.

Faits prévus et punis par les articles 24 alinéa 1° et 21 alinéa 1° du décret beylical du 6 Août 1936 tel que l'ont modifié ou complété les décrets beylicaux des 17 février 1937, 5 juillet 1937, 28 Juin 1938, 25 Avril 1940, 17 Octobre 1941, 30 Avril 1942, 19 Août 1944, 21 Février 1946, 12 Septembre 1946 et par les articles 228, 230, 224 et 373 du Code Pénal.

Et en outre répondre aux conclusions qui seront prises contre lui, par Monsieur le Procureur de la République d'après l'instruction à l'audience et s'entendre condamner aux peines prévues par la loi et aux frais.

Défaut sera prononcé contre lui s'il ne se présente pas. Néanmoins, si la présente signification est faite à personne, le prévenu pourra nonobstant son défaut être jugé contradictoirement (Article 149 alinéa 4 et 188 du Code d'Instruction Criminelle).

La France coloniale par ces moyens détournés tentait de maintenir sa suprématie, mais la cohésion et l'unité d'action des habitants s'avéraient de plus en plus difficiles à maîtriser. Comment était-il possible d'empêcher le déroulement d'une fête religieuse ou d'une cérémonie, même avec les restrictions et les obligations, lorsque les convives profitaient de la circonstance pour se concerter ou faire circuler des tracts et donner des directives ? Pouvait-on empêcher les bardes à travers lesquels passait le message ? Les paroles poétiques rapportaient les sources de l'entité arabo-musulmane. La musique nostalgique et suggestive touchait le tréfonds de l'être pour le sensibiliser à ses origines et à ses traditions séculaires. Comment pouvait-on imposer à un citoyen, de saluer le drapeau lorsque dans l'intimité de son foyer, sa mère couturière laborieuse assemblait couleur et motif pour confectionner l'emblème du drapeau rouge destourien ? Comment empêcher de faire circuler à l'intérieur des médersas manuels et documents, manuscrits ou amulettes à caractère nationaliste, dans le but de les vendre pour la collecte des fonds ? Comment lutter contre un peuple fier qui misait sur sa détermination pour accéder à la dignité et la libération du pays ?

Nous avons vécu jeunes cette période et savons mieux que quiconque le sentiment patriotique qui étreint les viscères et vous donne une sensation grisante de bonheur. Comment soustraire du cœur d'un scout les valeurs qui souscrivaient le devoir, l'abnégation et l'honneur de la patrie ? De quelle manière faire courber l'individu aux dimensions chevaleresques et tribales pour le soumettre délibérément à la loi du fer et du talion ? Comment rassurer l'intellectuel indigène rompu à la culture et la civilisation de la France chantant Égalité-Liberté-Fraternité lorsqu'on lui ravissait ces traités de droit et de civisme ? Ce harcèlement d'injustices, les ruades colonialistes des administrateurs, les hostilités affichées ne pouvaient que brimer l'individu et le pousser à se rebeller. Ceux qui pourront à travers leurs écrits dénonceront les exactions commises sur le peuple maghrébin et tenteront d'attirer la sympathie de l'opinion internationale.

Kadem entretiendra une correspondance régulière avec Abed représentant du Comité de Libération de l'Afrique du Nord aux U.S.A et restera en relation avec Azam Pacha de la Ligue Arabe, Chadly Khairallah, Chekib Arslan et d'autres représentants qui œuvraient pour la libération des pays colonisés.

ARRESTATION. AÏN-DRAHAM, AOÛT 1950

Aïn-Draham s'apprêtait à recevoir le Résident général pour une visite des contrôles civils du nord-ouest. La population ne lui réserva pas l'accueil conséquent et inscrivit sur les murs « vive Bouhafa ». Les autorités formulèrent un ordre d'arrêt contre le publiciste, on portait atteinte au prestige de la France et au « moral de l'armée ! »

Alors que les années successives annonçaient dans le pays une nouvelle forme de lutte déterminante et généralisée, la répression redoubla, répondant par des salves et des exactions semblables à celles de 1911, 1932 et 1943. La rage coloniale s'acharnera dans l'arrestation de masse. La population innocente et démunie subit l'horreur des actes criminels perpétrés par l'armée, la police et les organisations secrètes. Après l'affaire du « boycottage », on suspecta Kadem Bouhafa d'être l'instigateur du mouvement mené à l'encontre du Résident Général à Aïn-Draham.

La foule transcendée criait des slogans en brandissant le drapeau tunisien. L'euphorie patriotique s'empara des habitants, les plus courageux s'avancèrent pour déchirer le drapeau tricolore Français et le piétinèrent avant d'en brûler les lambeaux en plein centre. Kadem sera impliqué dans « l'affaire du Drapeau ». Un convoi de camions de provisions destiné à la population arrivait dans Aïn-Draham. Les dirigeants coloniaux pensaient gagner la confiance du peuple par ces actes de charité et de dévotion en prévision de colères vindicatives.

Tarzan conduisit l'action de boycottage, les sacs de semoule et de sucre seront crevés et renversés à travers la chaussée. L'incident souleva la colère et la presse colonialiste imputa à des rebelles indisciplinés et sauvages la responsabilité. Le soir même, Kadem encouragea les soldats allant en Indochine à déserter les rangs.

Des officiers de l'armée française venant d'Algérie, s'arrêtèrent à l'hôtel Bellevue. Le contingent s'apprêtait à quitter l'Afrique du Nord pour l'Indochine. Kadem dialogua avec eux. L'intrépide interlocuteur aiguillera la discussion sur le problème des guerres et les absurdités des États-majors. « La guerre, aurait-il insinué à son auditoire "gradé", sera vouée à la défaite et les militaires condamnés à la capitulation, autant s'abstenir de rallier les rangs, car une mort certaine les attendait en premier lieu, les soldats constituant le Thabor maghrébin. Diên Biên Phu sera votre tombe, lâche-t-il, et un échec pour la politique française dans les départements d'Indochine. »

La rapidité et la repartie ont d'abord surpris puis dérouté les militaires ! L'entretien tourne à la diatribe. Pour ces délits taxés « d'atteinte au moral de l'armée», Kadem sera arrêté à Aïn-Draham avant d'être écroué dans la grande prison de Tunis près de l'hôpital Charles Nicole.

Dans le pénitencier, Kadem retrouve ses compagnons de lutte, Sadok Mokaddem, Wassila Ben Ammar, Neila Ben Ammar, Chadlia Bouzgarou, Azouz Rabaï, Bellagha, Georges Adda, Asma Belkhodja, Khédija Tabal, Ali Trad condamné à mort et exécuté et d'autres dont la liste s'élevait à deux cents. Ils purgeront leur peine sans procès, regroupés dans la cellule des Zouama (les leaders).

TÉMOIGNAGE DE LA NIÈCE DU MILITANT

Radhia, pensionnaire à l'école Normale d'Institutrices qui vécut cette période de « Grande détention des Leaders », raconte comment elle se rendait à la prison du Boulevard Charles Nicole pour voir son oncle Kadem détenu politique.

« Je me présentais le dimanche, dit ma sœur, devant les grilles. Je montrais le permis et pénétrais dans le parloir, l'oppression au cœur. Oncle Sadok venait me voir à l'école Normale le samedi, un jour au parloir, il m'annonça la nouvelle : « Tonton Kadem est arrêté, il se trouve au *habs jedid*, je t'apporte un laisser-passer pour que tu puisses lui rendre visite. Fais gaffe à la surveillante et mets-le en lieu sûr ! »

Mon oncle avait guetté le moment opportun pour me glisser le papier officiel, je l'enfouissais dans une de mes socquettes en feignant de renouer mes lacets et conservais le papier jusqu'à la fin de semaine. J'étais terrorisée à l'idée d'être signalée à madame Schusman, surtout que la Directrice avait une dent contre moi depuis la grève.

J'étais la cible, reprit Aïcha Radhia, la brebis galeuse comme disait madame Schusman et j'avais fait des promesses pour me tenir en sursis jusqu'à mon diplôme de fin d'année.

Si Djilani était intervenu auprès de personnalités influentes et sur l'avis du médecin, Kadem fut transféré pendant quelque temps au pavillon d'ophtalmo à l'hôpital Charles Nicole. Une fois sa santé rétablie, il rejoignit la cellule des Zouâmas. Les nationalistes inculpés de complot contre la sûreté de l'état croupiront sans procès à la merci des décisions expéditives et démentielles de la Résidence.

Lorsque le parloir s'ouvrait, me confia ma sœur, je les entends encore entamer l'hymne *Houmat-al-Hima* sans faire cas des regards en biais des gardes-chiourmes.

« Bonjour Dédé ! » me disait-il derrière les grilles, il s'avançait en refermant le pan de sa robe de chambre sur son pantalon targui.

Tonton Kadem, continua Radhia, me recommandait de contacter certaines personnes. J'étais fouettée par l'élan communicatif, mais j'avais peur en pensant à exécuter ce qu'il me demandait de faire.

« Lorsque tu écris à grand-mère, dis-lui que je me porte tout-à-fait bien », me recommandait-il, avant la fin du parloir.

Fin de témoignage d'Aïcha Radhia

La militante Gladys Adda dont le mari fit partie des lots des détenus, parle de cette période historique et décisive. Elle développe dans « Mémoires de femmes » page 67 et 68 les noms des Leaders et leurs comportements au sein de la grande prison.

Djemmal 1950. Béchir

Résident Général de Hauteclocque 24 décembre 1951
Résident Général Louis Périllier juin 1950

Infirmités (1) néant, Santé très bonne

CONGÉ DE MALADIE (2)			
ANNEE	NOMBRE	DUREE	MALADIES
1949	–	–	
1950	–	–	
1951	–	–	

NOTES OBTENUES POUR LES CINQ DERNIÈRES ANNÉES sur la feuille de carrière (sous la rubrique : manière de servir)

1947	1948	1949	1950	1951
4	4	4	4	4

ÉLÉMENTS GÉNÉRAUX D'APPRÉCIATION	1er DEGRÉ (3) NOTES	1er DEGRÉ (3) COTES	2e DEGRÉ (3) NOTES	2e DEGRÉ (3) COTES	3e DEGRÉ (3) NOTES	3e DEGRÉ (3) COTES
Culture générale, éducation, tenue	TB	19			TB	19
Instruction professionnelle	TB	19			TB	19
Activité, sûreté de travail, rendement	TB	18.5			TB	18
Qualités de jugement, d'initiative et de décision	TB	18.5			TB	18,5
Qualités d'organisation	TB	18.5			TB	18,5
Aptitude à la direction d'un personnel	TB	18.5			TB	18
Aptitude à l'emploi sollicité	TB	18.5			TB	18

APTITUDES SUPPLÉMENTAIRES DES CANDIDATS AUX GRADES DE RECEVEURS HORS CLASSE, DE 1re, 2e, 3e, OU 4e CLASSE (6)

APTITUDES SUPPLÉMENTAIRES	NOTES (4)	COTES (4)
a/ Sce téléphonique	1	16
b/ Sce télégraphique	1	16

Le candidat est-il apte à gérer un centre de groupe automatique rural ? (7) non

Aptitudes particulières (*Voir Titre II, Chap. III. Paragr. h et i de l'Instruction Pe 5 relative à l'avancement (6)*).

APPRÉCIATION LITTÉRALE D'ENSEMBLE

1er DEGRÉ (3)	2e DEGRÉ (3)	3e DEGRÉ (3)
Très bon receveur de 4e classe Très bonne candidature A Tunis, le 15 octobre 1951 (Qualité et Signature) L'INSPECTEUR PRINCIPAL	A , le (Qualité et Signature)	[illegible] A , le 29 OCT 1951 (Qualité et Signature)

SUITE DONNÉE A LA CANDIDATURE PAR :

	L'AUTORITÉ CHARGÉE DE NOTER EN DERNIER RESSORT	LA COMMISSION DE CLASSEMENT DE L'OFFICE TUNISIEN DES P.T.T.
Candidature	~~Éliminée~~, retenue (5)	~~Éliminée~~ retenue (5)
Classement au mérite	3/3	3/3

(1) Indiquer si les infirmités ou maladies résultent d'accidents de service, d'évènements de guerre ou d'un état général maladif.
(2) Indiquer les congés obtenus durant les trois années précédentes et la nature des maladies d'après les certificats médicaux produits.
(3) Voir le tableau des autorités chargées de noter le personnel à divers degrés.
(4) Pour toute note H.L. (Cote 20) attribuée *pour l'aptitude à l'emploi sollicité* ou les *aptitudes supplémentaires* par l'autorité chargée de noter en dernier ressort, joindre un rapport spécial.
(5) Rayer les mentions inutiles.
(6) Cadre à remplir par l'autorité chargée de noter en dernier ressort.
(7) Répondre par oui ou par non à cette question qui ne concerne que les candidats aux grades de receveur de 1re, 2e, 3e et 4e classe.

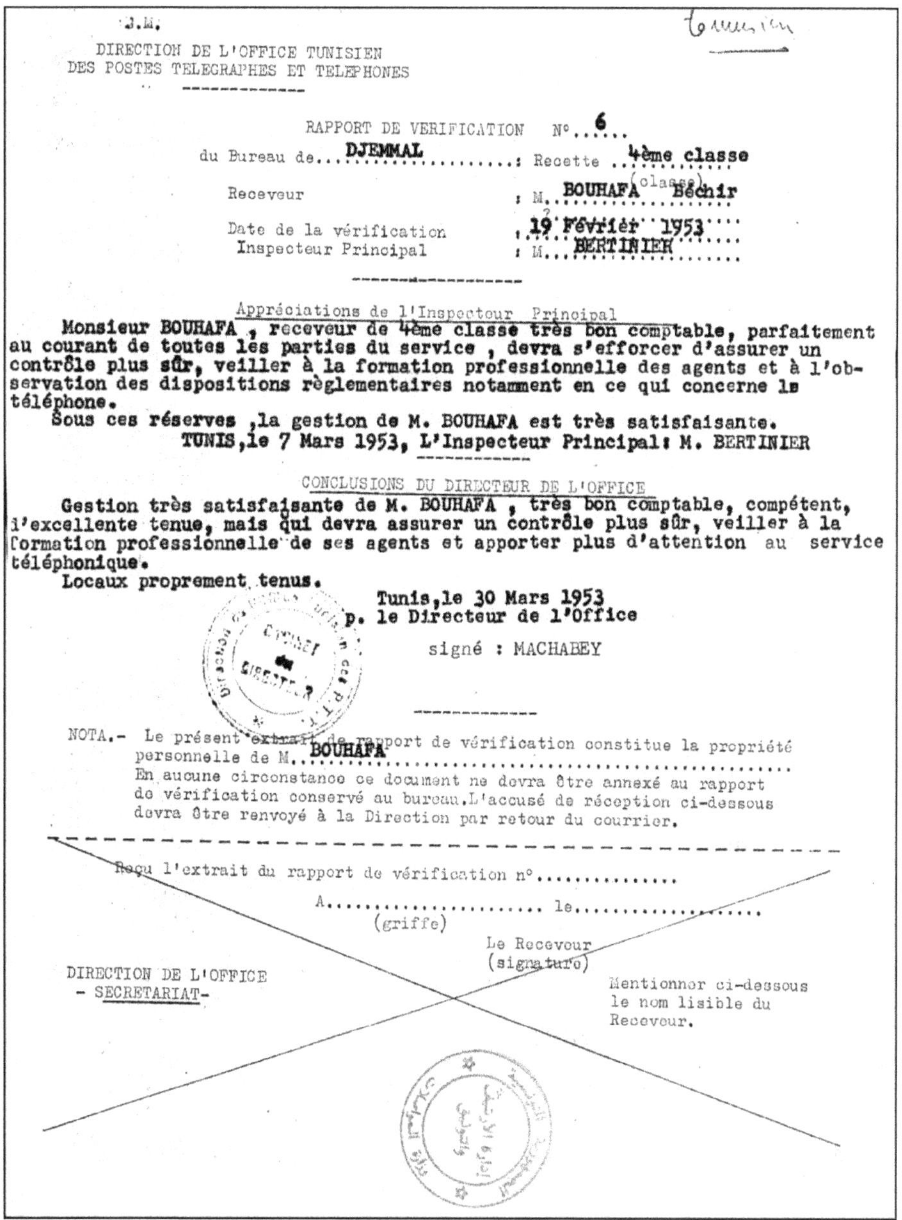
S.M.

DIRECTION DE L'OFFICE TUNISIEN
DES POSTES TELEGRAPHES ET TELEPHONES

RAPPORT DE VERIFICATION N°..6..

du Bureau de...DJEMMAL.........: Recette ..4ème classe

Receveur : M..BOUHAFA Béchir

Date de la vérification : 19 Février 1953

Inspecteur Principal : M...BERTINIER

Appréciations de l'Inspecteur Principal

Monsieur BOUHAFA , receveur de 4ème classe très bon comptable, parfaitement au courant de toutes les parties du service , devra s'efforcer d'assurer un contrôle plus sûr, veiller à la formation professionnelle des agents et à l'observation des dispositions règlementaires notamment en ce qui concerne le téléphone.

Sous ces réserves ,la gestion de M. BOUHAFA est très satisfaisante.

TUNIS,le 7 Mars 1953, L'Inspecteur Principal: M. BERTINIER

CONCLUSIONS DU DIRECTEUR DE L'OFFICE

Gestion très satisfaisante de M. BOUHAFA , très bon comptable, compétent, l'excellente tenue, mais qui devra assurer un contrôle plus sûr, veiller à la formation professionnelle de ses agents et apporter plus d'attention au service téléphonique.

Locaux proprement tenus.

Tunis,le 30 Mars 1953
p. le Directeur de l'Office
signé : MACHABEY

NOTA.- Le présent extrait de rapport de vérification constitue la propriété personnelle de M..BOUHAFA......
En aucune circonstance ce document ne devra être annexé au rapport de vérification conservé au bureau.L'accusé de réception ci-dessous devra être renvoyé à la Direction par retour du courrier.

Reçu l'extrait du rapport de vérification n°..............

A...................... le...............
(griffe)

Le Receveur
(signature)

DIRECTION DE L'OFFICE
- SECRETARIAT-

Mentionner ci-dessous le nom lisible du Receveur.

D'inspecteur-adjoint promu principal le 27 mai 1949, Béchir grimpe d'échelon pour le titre de Receveur quatrième classe (les documents et les procès-verbaux déposés dans le dossier administratif attestent de la compétence du fonctionnaire et rapportent les notes et les appréciations de service des inspecteurs de l'office des postes). Sa nomination reçue le 21 mai pour la recette de Djemmal, il effectue l'intérim de Receveur à Ebba Ksour en juin 1950.

L'épouse dut se rendre à l'évidence et quitter ses repères ancrés dans une ville aghlabide où des liens d'amitié avaient scellé sept années de cohabitation. Soumeya quitta avec regret la ville de Kairouan, ses traditions séculaires, ses mosquées, ses mausolées de sahabas vénérés, son souk pittoresque, son bain maure antique propriété de la famille

Gâaloul *fi* souk el karkabia. Elle assistera l'âme en peine au démontage du métier à tisser *sadaya* avec son impressionnante charpente et ses portiques s'élevant jusqu'au plafond. Khdaïja s'affairait et ses gestes précis témoignaient de la grande dextérité de la tisseuse, mais ce jour-là elle était triste ! N'avait-elle pas initié Kafila et Kalthoum à confectionner pendant les vacances scolaires le tapis multicolore souvenir de leur passage à Kairouan ? Ce Kairouan, inégalable dans ses manières de fêter les Aïds et le Mouled, au sein de l'authentique cité de Houmet ej-Jamaa parée pour la circonstance de ses coloris, de ses écheveaux et de ses divers tissages !

Le déménagement précéda et la mère pleura, le regard dirigé vers le cimetière du Djanah el Akhdar. Son esprit mémorisait séquence après séquence, elle revoyait ses jeunes filles, leur adolescence s'épanouir dans des traditions de finesse et de délicatesse au sein de cette médina, mais rien ne devait entraver une carrière à laquelle le père souhaitait accéder dans des moments décisifs. Ne disait-il pas sur un ton pragmatique : « service, service... camarade après ! »

La femme du postier relégua ses nostalgies pour entamer une vie nouvelle où s'imposait d'abord le souci d'organisation pratique et la bonne humeur pour dissiper contrariétés et fatigues passagères.

Je me souviens de notre première nuit passée à l'étage de la bâtisse administrative. Le balcon du salon et la fenêtre de la chambre à coucher donnaient sur cette petite rue asphaltée qui zigzaguait dans le village. Nous discernions les voisins évoluant simplement dans leur cour mitoyenne à la *zriba* bâtie de torchis.

Levés au chant du coq, ils dînaient avec le coucher. L'ânon, la brebis, la chèvre et une vache aux flancs creux cohabitaient avec leurs maîtres. Un vague relent de foin et de bouse nous annoncèrent les prémices d'un mode de vie rural... Nos voisins nous envoyèrent le dîner pour manifester la sympathie et honorer l'arrivée de leur premier Receveur arabe à la poste de Djemmal.

Au crépuscule, oncle Ahmed Najar porta jusqu'à notre porte, la traditionnelle *chkala* de couscous fumant, recouverte de gros morceaux d'agneau, de pois chiches et de raisins jaunis par le curcuma.

Grand de taille, fluet, sec dans son *kadroun*, les mollets enserrés dans le pantalon traditionnel, *ammi* Ahmed revendiquait le droit, en bon voisin, de mettre son grain de sel chaque fois que bon lui semblerait.

Le lendemain mon père signa son PV de passation et je fus scolarisée dans l'unique école de la bourgade. D'abord accompagnée, je dus apprendre à m'y rendre seule. En passant par le souk, j'évitais Ifa le fou chaque fois que je traversais la placette, ma frayeur décuplait et mes foulées se faisaient pressantes. Je souffris de mon dépaysement regrettant madame Boissy, ma maîtresse, mes petites camarades Nicole, Chantal et Jemila Mrabet avec qui je partageais le chemin du retour. Le tableau pourtant continuait à reporter une même date 1950 et pour avouer, je n'avais pas encore maîtrisé la notion du temps. Ce chiffre écrit tous les jours par l'institutrice semblait me sécuriser et créer un lien psychologique avec l'école de Kairouan. Madame Xuerèf, fausse blonde à la Martine Carol, aux joues rosacées de poudre et aux cils papillotants de rimmel, semblait entreprenante dans cette direction. Le nom inspira mon père qui décida de lui trouver des consonances juives (chouiref), par ailleurs, il la soupçonnait d'être à la solde des colonialistes (témoignage de ma sœur). Les autres maîtresses étaient françaises.

LE BUREAU DE POSTE

Le nouveau Receveur fit le compte-rendu de sa première journée, il regroupa raconte-t-il à sa femme, les agents pour leur faire part de son désir de les voir sérieux et appliqués. Il leur promit de sanctionner de mérite leur conscience professionnelle et à protéger leurs droits. Monsieur Béchir fit comprendre qu'un travail à jour et bien fait rentabilisait le rendement et ouvrait des perspectives aux Tunisiens pour briguer un jour les postes de responsabilités. Ses recommandations faites, le chef signifia fermement aux commis de s'aligner dans la conduite avec la bénédiction d'Allah.

OCTOBRE, 1950. L'ÉCOLE

Mes sœurs terminaient l'année de stage final à Chartres. La cadette Radhia réintégra la même branche d'études après deux années passées au lycée Armand Fallières à la rue de Russie. Kalthoum sera autorisée à se rendre en France. On ne pouvait permettre d'office aux deux sœurs et pour ne pas faire de jaloux, on procéda à un tirage au sort. Cette période fut vécue intensément. Béchir tenait un véritable journal à ses enfants où l'esprit d'une époque s'esquisse son mode de vie, ses aspirations urgentes, les mouvements de jeunesse, les courants idéologiques, l'impact des tendances socio-politiques et la question primordiale de la Tunisie colonisée.

Djemmal, le 26 octobre 1950

Ma chère Kalthoum,
Très chers enfants,

Depuis 3 jours, nous n'avons pas reçu de courrier, à cause de l'arrivée tardive du train de Sousse qui nous emmène le courrier. Il y a eu de la pluie, et ensuite la grève. Enfin la lettre nous est parvenue hier seulement.

Nous sommes en bonne santé et ne pensons qu'à vous et à votre avenir qui commence à sourire (...). Je suis très content de votre bon début, et je te demanderai d'être mon interprète auprès de madame Chamakhi et *si* Djami pour leur donner le bonjour. Je me souviens très bien avoir connu ces bons maîtres.

Continuez donc votre stage dans les meilleures conditions. Vous n'en avez plus que pour un laps de temps. Après et très bientôt, vous récolterez les fruits de bonnes semailles. À propos de cette grève des fonctionnaires tunisiens avez-vous été tentées d'y participer ? Certainement oui. Mais du fait que vous n'êtes que stagiaires encore à l'état de début, et que vous n'êtes pas syndiquées, vous n'avez pas à prendre part au mouvement. Plus tard, lorsque vous serez mures, anciennes dans les fonctions, cela pourra vous porter préjudice. Quant à présent, je sais que vous êtes non seulement sages, mais intelligentes, pertinentes pour ne rien faire qui peut nuire à vos intérêts, qu'en plus vous ne faites rien sans connaître l'avis de Papa, qui a plus d'expérience. Je sais que tous les membres enseignants ou presque ont fait la grève. C'est pourquoi je vous en parle.

Je suis en train à présent de m'occuper de l'entretien du jardin. (Semailles et propreté etc.)

Merci de tous les renseignements relatifs à l'enrichissement de notre patrimoine. C'est très joli, très beau, mais trop cher pour le moment. Il faut pour vivre heureux savoir se contenter de ce que l'on a et harmoniser ses recettes avec ses dépenses. Papa doit payer beaucoup de choses : vos costumes, ceux de Radia. Pension Farouk, bois de chauffage pour l'hiver nos dépenses journalières, etc.

De sorte que je suis encore en déficit en gêne perpétuelle. Vous croyez que je ne pense pas à tous ces petits détails. Si j'y pense, mais on est tellement assailli d'une foule de besoin qu'on est obligé, servir, comme on dit, le problème… par ordre d'urgence.

Puisque vous y tenez pour la vaisselle je ne vois pas d'inconvénients de sacrifier 7 500 F. si j'étais assuré que vous sauriez vous en servir en évitant de les casser ou les faire casser par Selma ou autre, et qu'elle arrive ici en bon état. Alors puisque Kalthoum s'est engagée et elle a eu tort de ne pas me consulter avant l'engagement, qu'elle me fasse venir par la voie du chemin de fer contre remboursement. Je crois que c'est la meilleure méthode, pour le reste de nos besoins, je n'ai pas encore pris de décision. Discutons d'abord avec la mère douairière.

PS: merci d'avoir écrit à Farouk, faites-le 2 fois par mois si possible.

Bien à vous. Papa

Djemmal, le 6 décembre 1950

Ma chère Kalthoum,

J'ai reçu tes deux lettres et ai traduit la teneur de la deuxième à ta mère. Il ne faut pas être pessimiste dit-elle, rien d'officiel n'a été conclu. C'est une simple démarche comme tant d'autres. Si grand-père t'a écrit, c'est, comme tu l'as bien compris, qu'il été était influencé par le devis de X. il n'y a pas à l'en froisser, ni à l'inquiéter de qui que ou quoique ce soit, c'est de notre devoir de te présenter et c'est là à toi de fixer ton choix, chacun prendra ses responsabilités. Nous nous devons de t'éclairer le chemin et c'est à toi, en toute lumière et indépendance, de dire oui ou non. Il faut peser les avantages et inconvénients dans chaque cas et résoudre le problème.

Donc en conclusion, inutile de t'inquiéter et pour le présent donne-toi entièrement à la marche de tes études.

Pour ce qui concerne la deuxième question, maman désire aller à Zarzis car grand-père est ici depuis deux jours. C'est moi qui l'ai fait venir dans son intérêt. Au point de vue pension et en second lieu pour dégager ensemble un plan d'attaque pour Kadem. Grand-mère et Badra sont allées directement à Tunis sans passer nous voir ; seul grand-père est descendu à Djemmal.

Je t'adresse ci-joint un montant de 2 000 F pour acheter une paire de souliers à ta sœur. J'espère que vous pourrez en avoir une bonne paire. Dieu sait comment j'ai pu réussir à le lui adresser.

Je regrette de ne pouvoir t'adresser autre chose, tu connais la raison. Plus rien à te dire, sauf que Farouk va bien, prend goût au travail, et parait-il a eu deux tableaux d'honneur.

Bonne chance et courage.

Papa.

Cher papa,

Je te prie de bien vouloir demander à maman de me préparer pour le plus tôt possible les échantillons que je lui demande. Dis-lui de ne pas trop se tracasser, car il me faut très peu de chaque sorte. À peu près un échantillon de la quantité d'un écheveau de coton à broder et un peu de laine lavée avec les bouts de bois etc. l'autre.

Merci cher papa
grosses bises
Kalthoum
PS : ainsi qu'un peu de laine de tapis en couleur si elle en a.

Maman
Échantillons de laine
1/ laine brute lavée
2/ laine brute arabe
3/ laine filée :

1- pour tapis.
2- pour gandoura et burnous.
3- et pour couvertures.

Photos
1/ une dame de Djemmal voilée avec sa couverture marron (prenez la même dans la rue)
2/ une dame habillée avec le حُولِي en laine.

Djemmal, le 16 janvier 1951

Mes chers enfants,
Chère Kalthoum,

Enfin voilà tes vœux exaucés .Tu iras à Paris. Tant mieux pour toi et tes collègues. Raconte-moi un peu les détails sur le voyage : date, départ, nombre… ; les professeurs en feront-ils partie ?

J'ai reçu une lettre et photo et l'en remercions, nous allons en bonne santé, Dieu soit loué.

Bonne santé et affectueusement,

Papa

PS : j'ai reçu ce matin à Kairouan les effets commandés, je te les adresse par la même occasion.

Sousse, le 21 janvier 1951

À mes chères sœurs,

J'espère que cette lettre arrivera.

Je commence par demander de vos nouvelles et si vous vous portez bien, car je suis un peu fatigué du travail, du froid et de la soupe du collège.

Votre lettre est arrivée il y a longtemps.

{…} Ah ! Parlez-moi un peu de Férid. J'ai signalé que les femmes ont plus de veine que les hommes. Férid est venu à Sousse, il est resté le mardi et le mercredi il n'a chanté que 5 chansons. À cause de lui beaucoup d'élèves se sont échappés et voilà dans quelles circonstances: La nuit vers 9 heures de grands élèves ont lié des draps et sont descendus par les fenêtres du 1er étage, ils ont pu descendre sains et saufs, mais le malheur c'est qu'en revenant la nuit les surveillants les ont pris pour des voleurs et finalement ils ont été découverts à cause de Férid et au fond de Samia Jamal, la 1re danseuse d'Égypte.

Bref, dis à Radhia de m'envoyer sa photo. Moi je travaille bien. Pour ma chère Kafila, si tu vas aller en France, n'oublie pas de m'apporter quelques choses, parmi elles, n'oublie pas un képi sport en toile blanche pour le football.

Je veux que cette lettre soit envoyée qu'avec une petite somme car je vais acheter un pantalon long Zazou – 21 et des gants. Si maintenant vous n'avez pas, attardez votre lettre au mois prochain. Tonton Abed nous a envoyé une lettre, il est en bonne santé avec toute la famille et il va venir en été. Je crois qu'il va envoyer 2 paquets.

Devinez le rappel de grand-père c'est 600 000 F et encore il lui reste. Le reste, c'est 800 000 F.

Chère sœur Kafila, il faut m'envoyer un dessin que tu m'as promis avant le 15 du mois prochain, ce dessin sera une tempête en mer !

Papa a acheté à 20 000 F des coupons de tissu pour costume et tailleur. Quant à ma chère Kalthoum, je lui souhaite bonne chance d'aller en France et qu'elle aussi va m'apporter quelque chose.

Rien à vous dire, votre cher frère vous passe le bonjour !

Farouk Bouhafa

PS : n'oubliez pas d'écrire votre adresse.

Djemmal, le 24 janvier 1951

Mes chers enfants,

Mes vives félicitations aux beni-Kalthoum, soyons tolérants et modestes vis-à-vis de vos infortunées camarades qui n'ont pas eu le même privilège d'aller en France. Je vous adresse ci-joint un mandat de 10 000 F. D'autre part, je me suis flanqué sur le dos pour 20 000 F de tissus à vous destiner, des coupes de 3 m (7 coupes).

Je crois avoir fait une bonne affaire, c'est un italien de passage qui est venu me l'offrir. De telle sorte que le complet vous reviendra moins cher, combien demandent-ils pour la façon ?

Je vais vous envoyer avec le colis de linge demain chacune une coupe du tissu très chaud. Vous pourrez en faire quelque chose avant votre départ, de sorte que vous aurez un tailleur pour l'échange.

D'autre part, je suis en train de travailler pour le reste des formalités de passeport de Kalthoum.

Dès que ça sera prêt, je vous l'enverrai.

Ici nous allons tous bien et vous donnons tous le bonjour. Je vous enverrai également le burnous avec le linge, mais uniquement pour le voyage en France. En fait de correspondantes, je ne connais personne à Chartres, chacune de vous sera la correspondante de l'autre. Il y a une chose à laquelle j'attire votre attention et dont vous ne m'avez pas parlé c'est que, durant votre stage, vous avez droit à des frais de déplacements. (Au moins 1 000 F par jour). Renseignez-vous et dites-le moi.

Bon courage et baisers. Papa

Djemmal, le 25 janvier 1951

Mes bien chers enfants,

La journée d'hier a été consacrée au lavage de votre linge et l'emballage et expédition de votre ballot, auquel j'ai joint 2 jolis coupons de 3 mètres du tissu très chaud, à vous d'en décider l'usage que vous voulez lui affecter.

Je n'ai pu vous envoyer le burnous de Farouk parce qu'il se trouve au collège chez lui.

J'ai expédié le colis par la micheline jeudi matin à 7h 30. Il sera à Tunis vers 11 heures. L'envoi a été fait à domicile en grande vitesse. Dites-moi si on vous l'a remis aujourd'hui : jeudi ou demain vendredi. Je crois que ce mode d'envoi est plus rapide que par la poste. En prévision de votre voyage tâchez de prendre de bons sous-vêtements car il fait froid en France. J'espère que vous êtes heureuses et que Radia n'est pas jalouse. Dites-lui que j'ai également pour elle une bonne coupe.

Bonne santé et courage.

Papa

PS : le mari de Zarga s'est présenté ce matin sous *ouazra* pour prendre sa femme.
En fait de négresse de Zarzis point. Alors aide-toi le ciel t'aidera...

Chartres, le 02 février 1951

Chers parents,

Nous remercions papa d'avoir pensé à nous. Nous avons justement reçu le mandat samedi qui nous a permis d'aller à Orléans. C'était grande sortie, nous pouvions sortir samedi après les cours et rentrer le dimanche soir. Nous avons pris le car d'Orléans à 5 heures nous sommes arrivées à 7h15 nous avons trouvé la Beauce ; ce sont d'immenses terres cultivées, c'est un plaisir à voir surtout du travail. Tous les 5, 7 ou 3 km, il y a un village. Enfin arrivées à Orléans, nous avons trouvé madame Durand et Michèle à l'arrêt. Elles ont été très contentes de nous voir ; à la maison, elles nous ont reçues comme si elles nous connaissaient depuis une éternité. Elles ont été plus que gentilles et nous ont mises à l'aise. Nous avons emporté 2 pots de fleurs et avons dit à madame Durand que c'était de la part de papa pour mettre sur la tombe de monsieur Durand et que les gâteaux étaient de la part de maman. Elles ont trouvé ça très gentil et ne savaient comment nous remercier. Kafila toussait un peu alors madame Durand l'a bien soignée : tisane, bouillotte, sirop etc. elle nous a donné des gâteaux et le sirop que nous avons rapporté à l'école. Nous avons passé une bonne nuit. Madame Durand nous a empêchées de nous lever avant 9 heures et, après le déjeuner, Michèle nous a promené dans Orléans, c'était justement l'anniversaire de la libération de Verdun. Nous sommes allées à la cathédrale et à la mairie où se tenait la cérémonie. Les vitraux de la cathédrale représentent tous des scènes de Jeanne d'Arc. Sa statue se tient debout à l'entrée de la mairie. Une autre statue, là elle est à cheval et se dresse au milieu d'une très grande place. De hauts reliefs l'entouraient et représentaient 8 scènes de Jeanne d'Arc. Nous avons enfin connu la ville de cette patriote et ceci nous a encore inspirées d'elle. L'après-midi on s'est promené sur la Loire. Il y a des paysages très beaux. Nous avons pris des photos sur la Loire par temps gris ; espérons qu'elles seront réussies, nous vous les enverrons. Le soir nous sommes rentrées à 7 heures et quart en prenant le car de 5 heures, la journée fut bonne seulement les souvenirs de notre départ de la maison m'en gâchaient le plaisir. Enfin, je m'efforce d'oublier, mais c'est difficile nous pensons bien à vous. Pourvu que vous vous portiez bien, c'est l'essentiel. Comment se porte Chédlia? Travaille-t-elle bien ? Nous l'embrassons bien fort et vous aussi. Le bonjour à tout le monde.

Kalthoum.

Djemmal, le 7 mars 1951

Chère Kalthoum,
Chère Kafila,
Mes chers enfants,

J'ai reçu votre dernière lettre et j'ai été très heureux de vous savoir en bonne et parfaite santé.

Sahalikouma fil voyage *ila* Orléans.

Cela a dû enrichir vos connaissances de l'histoire et de la vie des Nations.

J'ai écrit ce jour à nos amis d'Orléans pour les remercier très vivement de la bonne réception et du chaleureux accueil qui sont les caractéristiques du bon esprit de France.

Ici tout va bien. Nous avons du nouveau à l'hôtel... Tata Zohra, Tonton Ifnaoui et Fatma Nebhani sont passés à Djemmal – via Tunis. Seule Zohra est restée ici 9 jours, et est partie hier avec grand-père et grand-mère pour une cure paraît-il à Hammam-Lif. Grand-mère profitera pour soigner ses yeux et grand-père également. Chedlia travaille bien et a progressé, elle s'est classée 5e. Farouk aussi en bonne santé, semble prendre du goût à son travail. Je ne sais pas jusqu'à quand vous restez à Chartres. Et après Chartres, que deviendrez-vous ?

En vous souhaitant une bonne santé et bonheur. Je vous embrasse.

Papa

PS : depuis une semaine le temps a changé et il fait bien froid, faites bien attention à votre santé.

Le Trait du 22 mars 1951

Ma chère Kaltoum,

J'ai reçu avec plaisir votre lettre écrite en France et je m'empresse d'y répondre pour vous redire ma joie de vous savoir si près d'ici.

Comment avez-vous fait la traversée ! Sans incident vous concernant j'espère ! Toutefois j'aimerais avoir des précisions et aussi je voudrais savoir comment vous trouvez la France.

Il m'est absolument impossible de me rendre à Chartres et ce n'est seulement que lorsque vous serez à Paris que nous déciderons d'une rencontre. Paris en effet est seulement à 2h d'ici en chemin de fer et j'ose espérer que vous viendrez me faire la surprise chez moi avec votre sœur.

À midi je reçois une lettre de Denise qui me demande de lui transmettre vos lettres, car elle aussi a grande hâte de faire votre connaissance.

J'espère que vous ne souffrez pas trop de cette différence de climat, car chez nous l'hiver n'est pas terminé et spécialement en mars, nous avons différentes épidémies. La semaine passée, j'ai été sérieusement grippée et je crains bien que mon mari à son tour le soit.

Dimanche dernier, nous sommes allés à Louny chez mes parents où je retrouve mes frères et sœurs et maintenant les petits qui sont charmants. Les journées passées parmi eux sont toujours trop courtes et revient toujours hélas le moment du départ. Nous y retournerons aux Rameaux.

À Pâques, j'espère vous recevoir ou alors vous rencontrer à Paris, car je ne voudrais pas vous laisser rejoindre la Tunisie sans seulement vous avoir embrassée.

Chère Kaltoum, mettez moi donc un petit mot pour me dire comment vous vous trouvez à Chartres. Tenez-moi au courant au sujet de vos sorties et de votre arrivée à Paris afin que de mon côté je prenne mes dispositions, car je voudrais en même temps recevoir ma famille.

J'ai reçu une gentille lettre de votre cher papa la semaine dernière.

Bien chères petites amies, en vous souhaitant un heureux séjour dans notre belle France, je vous envoie à toutes deux l'expression de notre affectueuse et fraternelle amitié.

Un sympathique bonjour de mon mari et mes meilleurs baisers !

À très bientôt.

Madame Gérard Maze
61 rue Jean Bart.
Le trait.
Seine

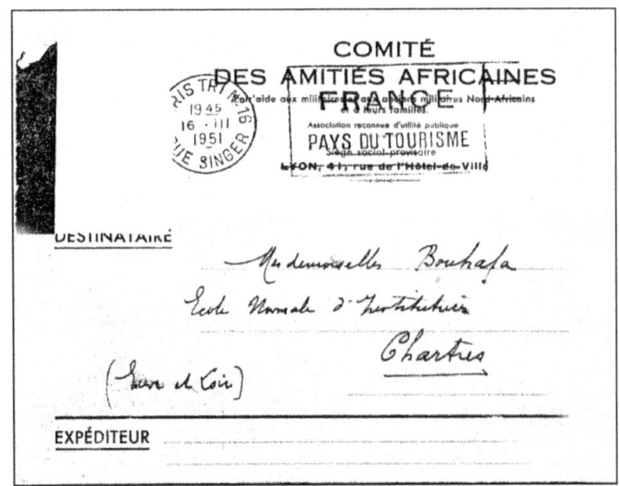

Lettre d'Armand Guillon

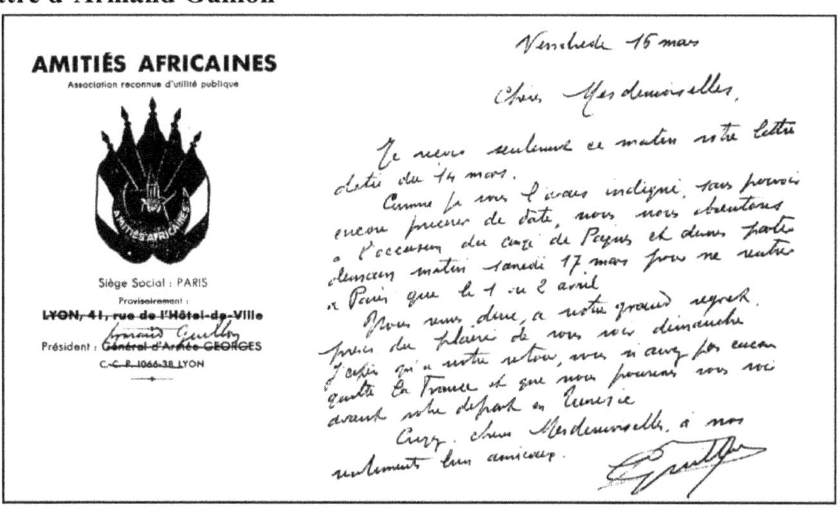

AMITIÉS AFRICAINES
Association reconnue d'utilité publique

Siège Social : PARIS
Provisoirement :
~~LYON, 41, rue de l'Hôtel-de-Ville~~
Armand Guillon
Président : ~~Général d'Armée GEORGES~~
~~C. C. P. 1066-38~~ LYON

Vendredi 16 mars

Chères Mesdemoiselles,

Je reçois seulement ce matin votre lettre datée du 14 mars.

Comme je vous l'avais indiqué, sans pouvoir encore préciser de date, nous nous absentons à l'occasion du congé de Pâques et devons partir demain matin samedi 17 mars pour ne rentrer à Paris que le 1 ou 2 avril.

Nous voici donc, à notre grand regret, privés du plaisir de vous voir dimanche. J'espère qu'à notre retour, vous n'aurez pas encore quitté la France et que nous pourrons vous voir avant votre départ en Tunisie.

Croyez, chères Mesdemoiselles, à nos sentiments bien amicaux.

[signature]

Cie Gle TRANSATLANTIQUE S/S Gal CHANZY
Société Anonyme au Capital de 216.044.250 Francs
Registre du Commerce Seine no 64.483

RADIOTÉLÉGRAMME

Reçu de MARSEILLE RADIO
Le 28 MARS 1951 à 11h 50 GMT.

Mod. 5247. - Imp. Transatlantique - Paris — 2-46

NATURE du TÉLÉGRAMME	ORIGINE	NUMÉRO	NOMBRE de MOTS	DATE de DÉPOT	HEURE de DÉPOT	MENTIONS DE SERVICE
RADIO	DJEMMAL	1	14	28	1145	—

MESDEMOISELLES BOUHAFA Caravane Normalienne
SS CHANZY MARSEILLE RADIO

MARHABA MARHABA BINNAJULI KIRAM BONNE
TRAVERSÉE = PAPA.

Djemmal, le 18 avril 1951

Ma chère Kalthoum,
Mes chers enfants,

Enfin, vos nouvelles ont fini par nous parvenir hier seulement depuis que vous êtes parties : (15 jours de silence).

Si je ne vous ai pas écrit plutôt vous savez pourquoi. Mon travail ne me laisse pas beaucoup de loisir, mais je n'en pense pas moins à vous et êtes présents à chaque minute dans nos pensées. J'ai été très heureux de votre bonne santé. Toutes, et plus particulièrement du stage de Kalthoum dans le domaine médical et de savoir-vivre. Toutes ces connaissances vous serviront à l'avenir et vous… davantage pour mieux combattre dans la nouvelle vie sociale qui vous attend.

De même que les conférences auxquelles vous avez assisté, combien elles sont utiles en enseignement de toutes sortes. C'est ce que papa dans son adolescence juvénile prisait le plus : les joutes oratoires et les jeux de l'esprit : ce sont les meilleurs et durables plaisirs de la vie d'ici-bas.

J'espère que la famille Zarrouk aille toute bien et que vous lui avez passé notre bonjour.

J'ai écrit à madame Durand pour la remercier avec ses enfants du chaleureux accueil trouvé auprès d'elles. Le leur avez-vous écrit ?

Comment va Radia dans ses études ? Farouk va bien et il est allé passer le dimanche 15 à Tunis-Carthage, en excursion avec ses camarades. C'est étonnant que vous ne l'ayez pas vu, puisque je crois que le professeur Ben Salah qui a soutenu la contradiction est professeur à Tunis, et était, je suppose, de la compagnie des excursionnistes.

Bref, pour ce qui a trait à votre affectation future à Djemmal, ne vous faites pas de soucis. Papa règlera cela à temps opportun. J'ai vu *Si* Babbou qui m'a dit pour le moment, elles n'ont qu'à bien travailler pour réussir à leur examen. Vous avez la possibilité d'être affectées à l'école des filles tenue à présent par une dame (Xueref) pour le français et un instituteur pour la langue arabe. Donc vous serez appelées à prendre leur succession en choisissant entre deux la langue à professer. N'est-ce pas que le titre est déjà préparé par l'effet de la bonté divine. À quoi sert donc de vous inquiéter et vous lamenter ? Vous ne pouvez être mieux et dans un meilleur milieu : population calme, gentille un peu fruste, paysanne, mais n'empêche qu'en vous voyant à la tête de l'enseignement féminin, vous aurez un grand succès et un grand effectif à tel point que l'école des filles finira par être scindée, c'est-à-dire séparée des garçons et une de vous en sera la directrice respectée et vénérée. À Djemmal, vous pouvez faire des économies loin des tentations des grandes villes etc. Vous pouvez en un laps de temps préparer votre trousseau et, partant, avoir votre auto. Le tout est de savoir être patient et attendre. Pour le moment ne pensez qu'à 2 choses : votre santé et votre travail. Papa vous garantira avec l'aide de Dieu tout le reste. Votre linge est en lessive aujourd'hui et vous parviendra de suite. Bien à vous toutes.

Papa

Lettre d'Abed à ses nièces

221 West 10th Street.
New York 10, N.Y.
May 8, 1951

Ma chère Kalthoum,

Je m'excuse de ne t'avoir pas écrit plutôt. Tu dois connaître les raisons de mon silence. La vie à New York est trop pleine et fiévreuse pour penser à des obligations familiales. Néanmoins je pense toujours et affectueusement à mes deux charmantes nièces dont je suis, crois le bien, très fier.

J'ai reçu ta carte postale de Paris et je pensais te répondre. Hélas, nous avons eu l'histoire du Maroc qui m'a préoccupé. Dorothy et moi, nous avions préparé un colis de vêtements pour toi et Kafila, mais votre retour à Tunis a retardé son envoi. Les postiers à Tunis sont malhonnêtes et un colis contenant des jolies robes pour vous deux a déjà été intercepté par les postiers de Zarzis ou ceux de Tunis. Peux-tu me donner l'adresse de ton père, je lui enverrai le colis, à moins que tu ne penses qu'il est plus sûr de l'envoyer à l'école.

Dans ce colis, j'ajouterai le costume et chemises de Kadem. Dis-moi si son affaire s'est arrangée. J'espère néanmoins qu'il profite de cette nouvelle leçon. Dis-lui aussi que j'ai des amis sûrs à Tripoli et qu'il lui suffira de se présenter à Bachir Sadawi pour être reçu et aidé. Toutefois, j'espère qu'il n'aura pas besoin de cette alternative.

Dorothy est aussi favorable à l'idée d'acheter une petite villa à Tunis (ou une vieille maison style arabe) ou à Sidi Bou Saïd, mais hélas je ne peux compter sur personne. Parles-en à Sadok et dis-lui que Dorothy ne dispose que de 400 000 F. Dis-lui aussi de dire à *si* Mohiaddin que je ne peux pas lui répondre parce que toutes mes lettres sont lues… par la censure. Qu'il me donne l'adresse d'un ami de confiance à Paris.

Faris et Moncef sont en excellente santé, Faris est un deuxième Kadem, quant à Moncef, il est simple, généreux et candide, mais très intelligent… Dieu merci.

Écris-moi longuement car je souffre beaucoup de mon éloignement et je n'ai pas de loisirs. Dis à Sadok d'écrire aussi. Travaille bien et que Dieu te protège. Mes baisers à mademoiselle Curie alias Kafila.

Bien à vous.

Abed

PS : peux-tu envoyer à Dorothy des recettes de cuisine arabe.

Orléans, le 15 mai 1951

Chère amies,

Nous étions vraiment bien contentes de recevoir votre gentille lettre ce matin. Nous avions peur que Kafila soit malade, heureusement il n'en rien et nous espérons que vous pourrez garder un beau souvenir de votre voyage à Chartres, malgré le temps gris et les giboulées de mars. Vous devez vous réjouir à l'idée de revoir vos camarades de promotion et de pouvoir visiter tranquillement Paris, car les séjours que vous avez fait jusqu'à maintenant, quoique intéressants, sont trop courts pour pouvoir jouir pleinement de Paris.

Nous vous remercions beaucoup d'avoir pensé à nous envoyer deux photos prises sur le bord de la Loire. Vous les avez très bien réussies, étant donné le temps couvert. Cependant, je dois avouer que je me sens honteuse au sujet des photos que j'avais essayé de prendre avec votre appareil. Maladroite comme je suis, je m'excuse vraiment d'avoir gâché deux pellicules et je vous prie de vouloir m'excuser.

Ce matin, nous avons reçu les photos que Madeleine avait prises lors de votre voyage à Paris, ainsi avec maman, nous profitons un peu de l'agréable journée que vous avez passée avec Madeleine.

Je vous envoie quelques cartes d'Orléans, mais la statue de Jeanne d'arc n'est pas bien prise à mon avis.

Je regrette vraiment de ne pas avoir su trouver une autre vue mieux prise.

J'espère que vous continuez à recevoir de bonnes nouvelles de votre famille. Nous avons reçu ces jours-ci des nouvelles de votre papa.

Profitez bien de vos vacances.

Je suis bien contente que Madeleine vienne à Orléans pendant les vacances; délaissant toutes les deux un peu le travail nous pourrons gâter maman.

Maman s'excuse de ne pas avoir pu vous écrire à midi, mais elle était très pressée.

Elle se joint à moi pour vous embrasser bien affectueusement.

Michèle Durand

Tunis, le 13 septembre 1951

Cher ami,

Je vous remercie de votre aimable carte postale et j'espère que vous êtes déjà parmi les vôtres en bonne santé après la cure que vous venez de passer en France.

Au mois d'août, j'ai pris mon congé annuel au Kram. À mon retour, j'ai appris que la nomination de mesdemoiselles Kalthoum et Kafila à Djemmal est impossible. Il paraît que c'est monsieur Signoret qui avait donné cet ordre. J'ai voulu vous téléphoner au début de septembre, mais vous étiez en France. Seule la nomination de l'une d'elles est possible. Je ne connais pas vos préférences pour les autres régions et c'est pour cette raison que je n'ai pas voulu intervenir pour le choix du second poste. L'administration a choisi Djerba. Je ne sais pas si ce poste vous conviendrait. J'aimerais connaître votre avis. Monsieur Mzali est encore en congé.

Mes amitiés à toute la famille.

Béchir Boughenim à Béchir Bouhafa

Dans ces pages-reliques, le père s'adresse d'égal à égal, parlant à ses enfants avec un ton mûr et substantiel qui fera allusion aux urgences nouvelles et au souci de leur insertion prochaine dans la fonction publique. Le syndicaliste expliquera aux futures fonctionnaires la façon de revendiquer leurs droits, comment s'imposer par la compétence ! Dans cette Tunisie à l'orée de sa libération, il explique à ses filles la façon de conduire les grèves en se couvrant d'abord de son statut et de ses droits.

Armées de leur diplôme ne représentaient-elles pas pour le pays une génération combative, soucieuse de concrétiser le message pour le passer aux futures promotions de Tunisiennes libérées et instruites ? Chaque parent ressentait comme une plénitude l'aboutissement de ses enfants.

Après leur stage en France, mes grandes sœurs rentrèrent à Djemmal. La deuxième promotion des jeunes lauréates venait d'obtenir le diplôme d'institutrice bilingue. Leur père jubilait, ses fillettes avaient suivi docilement ses conseils et ses principes.

Mère attendait la consécration. Combien elle avait tu ses douleurs causées par l'éloignement, combien elle avait confectionné de colis de linge de provisions destinés pour ses filles !

Je vivais l'événement avec les dimensions d'une petite écolière devenue importante. La présence de mes grandes sœurs nommées par la Direction de l'Enseignement à l'école de Djemmal me transportait de joie, me débordait de fierté. Je m'étonnais de les voir rivaliser avec les maîtresses françaises et je les admirais comme deux belles poupées.

Il est difficile d'évaluer l'importance de l'événement, quand les esprits étaient complètement soudés par le conformisme et la société ignorante et fermée sur ses principes. La présence des deux enseignantes éveilla la curiosité des habitants en commençant par le badaud jusqu'au notable. La gazette villageoise rapportait journellement, les allées et venues des filles du Receveur. On les observait, on détaillait leurs habits, on commentait leur allure, on décrivait leur *khama masri*. Assis sur les trottoirs *flen ou flen* les cillaient, du regard lorsqu'elles traversaient le souk pour se rendre au travail.

« Que veux-tu, disait la cadette à l'aînée, gênée par ces regards inquisiteurs de mâle, les femmes ne sortent que le soir, voilées jusqu'aux dents avec la *ouazra* marron, c'est normal que notre présence gêne un peu ! ».

« Tu verras répliquait la sœur, nos petites élèves grandiront s'épanouiront et émanciperont à leur tour leurs mères analphabètes et rustres ». Kafila et Kalthoum répondirent par le zèle, l'assiduité et une affection débordante pour leurs premières élèves issues des familles de *si* Taïeb et Brahim Belkhiria, Boudegua, Najar, Ben Dhiab, Hamza, Babou, Ben Mechlia, Changal, Mili, Bélaïd, Abdelwahed, Ben Ahmed et autres...

La population mégère se lassera et la curiosité fera place à l'intérêt car les éducatrices s'imposèrent et gagnèrent la sympathie des élèves. Ceux qui au départ critiquaient se courbaient d'éloges et encourageaient leurs filles à fréquenter l'école.

Les notables réfléchiront et peut-être un jour envisageront-ils de contracter alliances avec le chef de postes ?

Je vivais en benjamine ces évènements et je copiais les attitudes des aînés, obligée moi aussi d'être un modèle... Je mûrissais, n'eut été l'échappatoire de la cave où spontanément, mes jeux foufous reprenaient sans contrainte ni regards désapprobateurs.

Il me fallait être sage, avec dans mes devoirs infailliblement dix sur dix. La petite sœur devait être aussi à l'image des grandes ! Que sais-je de cette éducation de principes et de perfectionnisme, si difficile à supporter maintenant au sein d'une jeunesse libérée. Nous luttions contre les tabous qui font régresser et le désir de se défaire des tares de l'ignorance, la compétitivité imposée par le système colonial et une oscillation entre le modernisme et le *safsari* !

Un jour, j'ai rapporté la réflexion de madame Xuéref qui reprochait ouvertement notre attitude pro nationaliste, et je me souviens que l'expression de papa avait viré au rouge ! J'étais un peu effrayée par toutes ces questions fomentées par les adultes et mon père continua : « Tu dois lui répondre que l'école et l'enseignement sont laïques ! »

Je ne retins que le mot sans en comprendre le sens, pour le sortir à brûle-pourpoint devant la maîtresse médusée.

Je me voyais déjà héroïne d'une cause que tous les membres de ma famille défendaient.

Au bureau, le Receveur établit des contacts avec les familles, les notabilités nationalistes à travers la région. Djemmal, Zeramdine, Bouhjar, Benihassen, Ouardanine, Karkar, Bimbla, Ksibet el Madiouni, localités proches et diversifiées dans leurs traditions, mais unanimes dans leur engagement. Les forces mobiles quadrillaient les villages soumis à une surveillance continuelle. La population interrogée, interpellée, fouillée à tout moment décupla sa haine poussant Hassen ben Abdelaziz de Ouardanine à regagner le maquis.

Dans ce contexte des plus tendus, le Receveur n'était-il pas responsable d'un office où le morse, la centrale téléphonique et la réception du courrier revêtaient un intérêt stratégique et secret ? « *Rod balek min sir el bousta ! » ?* (attention au secret de la poste). disait l'épouse pour le mettre en garde.

Première personne avertie lors de l'apparition du croissant lunaire à travers les ciels du pays, le Receveur devait en référer à l'autorité suprême, le Caïd ou le Kalifa qui, à son tour, avait la latitude d'annoncer la fête de l'Aïd essaghir, l'Aïd el kebir ou le mois de jeûne.

Tout cela exigeait de la part des agents une grande discrétion, branchés sur la table d'écoute et pouvant intercepter les conversations. Lorsqu'il rentrait après une journée de bureau, Soumeya lisait sur son visage la fatigue ou la grosse contrariété. Un agent l'avait fait sortir de ses gonds...

— Pour quel motif ?, questionnait ma mère.

— Parce que la circulaire arrivée depuis la veille traînait, l'inconscience du commis ! Béchir devait composer en fonction des aptitudes et sa femme trancha : « *Oh ya râjel* (oh ! bonhomme), ne t'énerve pas, ton ulcère s'agrandit et le *chourklar* (circulaire, en argot) n'est pas perdu ».

— Tu n'as ni la notion de l'exactitude ni du travail effectué à temps, répondait le Receveur comme s'il s'adressait au laxisme des agents.

— Oh ! insistait Soumeya sans prendre ombrage connaissant le caractère soupe au lait de son mari, sois plus diplomate *ya rajel !*

— Je vais le sanctionner sur le champ ! J'ai horreur de la médiocrité dans une période où les arabes doivent saisir l'opportunité pour se libérer par leur compétence.

Sa femme l'interrompait en balayant l'air d'un geste négatif : « Va prêcher les préceptes ! Les gens sont encore ignorants et rustres et fais gaffe à la population d'un village, ils sont solidaires et les mouchards qui déforment les nouvelles sont nombreux ! »

« Je m'éreinte à former leur esprit dans les lignes du syndicalisme, la sauvegarde de leurs droits et les secrets du métier ! »

Soumeya l'intercepta; « *Akhtak ya si Béchir* ! C'est la loi du plus fort, c'est la France qui gouverne ! Tu contestes le laisser-aller des arabes, tu contestes les Français, *ya khouia jib el khoubs louladek fih el barka* ! (Apporte le pain à tes enfants, cela suffit !) ».

Bien qu'il manifestât son énervement, l'entretien, comme une psychothérapie, lui permettait de déverser sa mauvaise humeur dans le catalyseur de madame la postière !

Le contact se noua plus fort avec le corps enseignant de la ville. Abdesslem Babbou et Mohamed Hamza, directeurs d'école, entrèrent dans l'estime de *si* Béchir. *Si* Fradj Abdelouahad l'ami d'enfance élève de Alaoui, *si* Amor Belkhiria disciple de Djilani Bouhafa à la Zitouna, *si* Dardour, Ben Dhiab, Chengal, la famille de *si* Mohamed Mili, Rachid Mili dont le père avait été magistrat à la *Mahkma*. La population fusse-t-elle arabe ou française, le fonctionnaire accomplissait son travail avec le souci de bien servir tous.

Mes souvenirs d'enfance sont nombreux. Je vécus notre passage à Djemmal plus intensément, car mes huit – dix ans me permettaient de mieux comprendre, frottée à ce monde d'adultes, branché expressément sur la question tunisienne, quand je ne jouais pas avec mes petites camarades dans la *skifa* de la famille Najar nos voisins, avec Soufia, Fatma et leurs grandes sœurs.

BABA SIMBEL

Papa m'appela à haute voix, « Oui papa ? » dis-je.

Je lus dans ses yeux limpides et clairs l'expression d'une joie où l'annonce d'une nouvelle satisfaisante. Il sortit de ses mains croisées derrière le dos, l'énorme enveloppe beige et me dit avant de me la remettre : « Tiens ma petite ta surprise de la journée, elle vient d'arriver de Tunis par le fourgon postal ».

— Oh papa !

— Tu as eu de bonnes notes en classe et le bon Dieu t'envoie une récompense».

J'avais envie de dire à papa que si le Suprême nous enveloppait à partir du ciel de sa miséricorde, sur terre père était notre petit Dieu ! J'étais impatiente et il faisait durer le plaisir pour m'avouer : « C'est Baba Simbel qui t'envoie ce cadeau ! ».

L'émission passait les dimanches à la radio et mes sœurs m'avaient encouragée à participer au concours. Je me souviens parfaitement du croquis de la Tunisie sur le papier canson et les réponses aux questions diffusées à travers la T.S.F. J'étais lauréate du concours, ma joie indescriptible et je me suis jetée dans les bras de papa !

Essia 1950

« *Oukhti* Soumeya ! dit un jour au téléphone ma tante paternelle Fatna, à partir de Zarzis, j'ai quelque chose à te demander, veux-tu sœurette garder Essia pour l'éduquer avec tes filles ? ». Maman avait répondu par une salve de rire : « Toi, te défaire de ton enfant unique ? »

Tante Fatna attendit pour reprendre : « Je remarque justement qu'elle commence à en avoir les défauts ! J'aimerais tant *ya oukhaïti* qu'elle se mêle à ta progéniture, son caractère s'épanouira dans la générosité et l'altruisme, Essia est esseulée... », dit la tante sur un ton triste. Ma mère ne pouvait rien refuser à sa sœur d'adoption et sa belle-sœur en titre. La nature l'avait dotée d'un seul enfant et la décision de se défaire de sa fille pour lui procurer une éducation plus sociable avait quelque chose de poignant. N'avaient-elles pas profité, elles, les filles du Kahia des égards de personnes mandées sur place pour leur apprendre à maîtriser la broderie, la cuisine, le tissage et le savoir-faire ? Maintenant ces critères ne suffisaient plus et le rôle de l'école s'imposait pour donner à la fille une culture et un enseignement modernes. Fatna souhaitait voir Essia s'émanciper à l'école de ses cousines fraîchement débarquées de France.

Oncle Béchir inscrivit sa nièce et nous fréquentâmes depuis ce jour l'école ensemble. La présence de ma cousine semblait bénéfique et nous nous amusions à travers rues, dédales et souk. Les vendeurs accroupis finissaient d'étaler leurs marchandises déchargées des *charrias*, les ânons frémissaient et piétinaient leur délivrance. Les mandarines couvraient d'une odeur tenace, les légumes aspergés de rosée, quand surprises par la sonnerie nous détalions vers les grilles de l'école. De retour, nous nous amusions au jardin, à la marelle, la corde et au ballon sous la tonnelle de vigne. Parfois en relevant la tête, nous apercevions père qui nous observait à travers le vitrage, nous cessions notre jeu bruyant craignant ses remontrances. Ma cousine s'arrêtait et je râlais de la voir s'échapper. Enfant timide et renfermée, elle était silencieuse et n'aimait pas les jeux d'action. Mon caractère dynamique et mes penchants pour courir et sauter la contrariaient, nous nous fâchions en silence et la cave était pour moi le refuge de ces moments de ras-le-bol. L'espace m'appartenait, je rangeais, dérangeais les vieilleries, essuyait en traçant des lettres sur la poussière des vieux meubles, tirais un chapeau, ouvrais une malle pour enfiler une chaussure à talon et une jupe à volants traînant d'une corbeille.

Par la lucarne le soleil entrait, les particules poussiéreuses et dorées voltigeaient éclairant mon monde de chimères. La poupée subissait mes recommandations dites à voix haute, je récitais mes poèmes, je chantais, je m'écoutais répéter les sentences et les interdits formulés à longueur de journée dans le monde des adultes; tu ne dois pas faire ceci, tu dois faire cela ! Avec le recul du temps j'imagine mieux le bonheur de cette petite fille qui récitait à voix haute l'innocence et la joie d'une enfance comblée !

« Chédlya ! À ta sortie d'école, n'oublie pas de ramener le pain, répétait ma mère... » Nous avions un garçon de course et je ne comprenais pas pourquoi on m'imposait cette corvée, j'adorais me rendre à l'école, mais pas à la boulangerie. Il me semblait injuste de devoir, moi seule, remplir cette obligation. Essia vivait avec nous.

« Pourquoi, dis-je un jour à ma mère, Essia ne ramène-t-elle pas le pain ? ». Je me souviens comme d'aujourd'hui la réaction de ma mère. J'étais au bas de l'escalier dans le hall où s'ouvrait le bureau de papa. Je ne la vis pas dévaler les escaliers, je ne réalisai que lorsque sa main me prit par le tablier pour me remonter. Je n'oublierai jamais la bastonnade reçue et j'espérais fort que père entende mes pleurs. « Essia n'ira jamais chercher le pain, me lança enfin ma mère. Elle est gâtée ! ». Illico-presto depuis cet incident le pain arrivait brûlant sans consigne, mais je continuais à formuler intérieurement un sentiment de frustration.

Je n'oublierai pas l'intervention malencontreuse de *ammi* Ahmed Najar qui n'hésita pas à déranger le Receveur pour lui rapporter ma sortie dans la rue ce qui me valut une correction magistrale. « *Ah ya si* Béchir ! Chédlya est sortie chercher le ballon et une *karahba* a failli la toucher ! »

Il fallait vivre dans cette bourgade pour chronométrer le passage d'une voiture se mouvant à la vitesse d'une charrette "*barra ouassaâ, barra ouassaâa* (ôte-toi de la chaussée)". Papa était tellement contrarié de la démarche du voisin qu'il m'administra la seule gifle que je reçus de lui durant toute ma vie.

LES RENVOIS

1/ FAROUK, LYCÉE DE SOUSSE

"Sousse le 29 Mai 1951

Mes chères sœurs,

Il y a longtemps que j'attends une réponse de vous, mais en vain. Jusqu'ici je suis en bonne santé. Je travaille très bien. J'ai une moyenne de 15/20.

Maman et papa vont très bien. Tu sais que tonton Hifnaoui a donné sa fille au fils de Douib et que grand-père s'est fâché car il voulait Kéria pour tonton Sadok et je crois leur mariage va se dérouler cet été. Bref ! Est-ce que vous avez appris quelque chose sur les élèves de la mosquée et des destouriens. Il paraît qu'ils se sont battus à Carthage et que la France a donné de l'argent et des armes aux élèves de la mosquée. Le Bey a dit 3 choses :

1- il faut fermer la mosquée pendant 10 ans ou bien…

2- enlever Fadhel Ben Achour ou bien...

3- enlever *Saout Taleb*

J'ai entendu ça, est-ce vrai ? Quand est-ce que vous allez passer votre examen. {...}

Ton frère Farouk qui embrasse bien fort ses sœurs.

Bises.

de la mosquée et des destouriens
Il paraît qu'ils se sont battus
à Carthage. et que la France
a donné de l'argent et des
armes aux élèves de la mosquée
Le Bey a dit 3 choses.
1/ Il faut fermer la mosquée
pendant 10 ans. ou bien
2/ enlever. فاضل بن عاشور ou bien
3/ enlever. صوت الطالب.
J'ai entendu ça est-ce vrai.

Scolarisé après le cours complémentaire de Kairouan au lycée classique de Sousse, Farouk rentrait du pensionnat les fins de semaine. Staline ou Chbil, les chauffeurs des fameuses berlines noires (*marka sandouk*) ramenaient régulièrement le fils du Receveur. Pour s'annoncer Staline sortait le bras par dessus la portière et tapait fort sur la carlingue : « *Barra ouassaâ* (pousse-toi de la chaussée », clamait-il pour effrayer les rares passants.

— Massik ya am Béchir ! disait-il, je te ramène *ettaras* !

— *Allah yahfdhek* ! Je suis à votre service à la poste, promettait papa en guise de remerciement.

Il était tellement soucieux de leur avenir ! Dans cette période de troubles qui se répercutaient sur la jeunesse et le suivi des cours, Béchir craignait l'esprit de certains professeurs rigides. Une parole dissidente pouvait occasionner des heurts entre arabes et français. La promiscuité des internes les soudait dans une prise de position solidaire surtout que l'élément arabe était toujours sur la défensive. Les élèves renvoyés ou passés en conseil de discipline, se voyaient collés le motif d'agitateurs et de perturbateurs par la Direction de l'Établissement et leurs études pouvaient s'entraver.

Ce jour-là, Béchir fit irruption dans l'appartement pour annoncer à sa femme :

— Ton fils est renvoyé !

— Pourquoi ? dit Soumeya étonnée.

— Monsieur a participé au soulèvement des élèves au lycée !

— Comment ?

— Avec ses camarades, expliqua le père le regard éraillé.

— *Ellotf, ellotf... bismillah ala oueldi*, n'est-il pas blessé ?

— *Echitan* !

— Ah... *ya si* Béchir, temporisa la maman, il faut d'abord comprendre !

— Les chiens policiers ont été lâchés à l'intérieur du lycée, c'est grave !

— *Ouah.. ouah* !

— Oui Mdam ! La direction a cru que les terroristes étaient rentrés ! Tout le lycée est saccagé, adieu l'avenir de ton fils, termina le père éreinté.

Soumeya temporisa le flux de sang de son mari et s'enveloppa de son *safsari*.

— Madame Boifa ! Nous vous avons convoqué pour vous mettre au courant des faits ! dit monsieur Matteis, c'est très grave.

Malgré sa contenance le Directeur pétait l'énervement. Il invita avec tout le civisme la mère à s'asseoir avant de se lancer dans une joute accusatrice.

— Farouk, reprit le supérieur, Basly, Harmassi, Saâdaoui, Mohamed Djemâa et Consort ont manigancé le mouvement de contestation. Ils sont sortis les premiers dans la cour et ont entraîné les élèves de tout l'établissement.

Ma mère se découvrit la tête, laissa glisser son voile sur les épaules avant de répondre : « Moussio, dit-elle avec cérémonial, mon fils est jeune il n'a que quatorze ans. Il n'est pas responsable encore de ses actes. La *boulitik*, enchaîna « Mam Boifa », n'est pas du ressort de ces moutons de Panurge qui copient les attitudes des adultes pour s'amuser de leurs prouesses, ils sont inconscients ! Ces enfantillages méritent une privation de sortie même d'un mois, décida l'interlocutrice, mais pas le renvoi définitif, *ya msiou el moudir* ! ».

Mon père traduisait et monsieur Matteis (enfant du pays, descendant de la famille Matteis dont le premier parent fut consul en 1850 à Sousse et entreprit des fouilles archéologiques à Ziane dans la péninsule de Zarzis) feignait ne pas comprendre...

Lorsque monsieur Bouhafa eut traduit les propos de sa femme, le Directeur remarqua l'assurance de la mère qui plaidait la cause de son fils devant son bourreau.

« Contrairement à ce que vous pensez, reprit le supérieur, Farouk fait partie du groupe d'instigateurs. Il comprend parfaitement la politique et ils parlent entre eux de la position du Bey, des écarts de la Résidence. Tous leurs propos ont été rapportés. », dit-il.

Soumeya comprit la gravité de la situation, elle changea de ton pour implorer la clémence de l'ouragan.

— Votre fils n'a pas peur de participer aux manifestations à caractère nationaliste.

— Écoutez *ya monsio Matis*, mon fils a été frappé par les surveillants et je dois le soigner pour son rhume. Permettez-moi de le sortir aujourd'hui de pension.

— Je vous parle au nom de la discipline intérieure, rétorqua le Directeur, « Mam Boifa », vous devez comprendre qu'ils n'ont pas suffi de chahuter, ils ont cassé les vitres, les bancs, les ampoules, les barbares, il a fallu l'intervention de la force de l'ordre pour arrêter les responsables.

L'angoisse coulait le long de l'échine et la mère s'imaginait son fils déchiqueté par les chiens, arrêté par les policiers et malmené par la garde mobile. « Je préfère récupérer mon fils sain et sauf, se dit la mère, plutôt le renvoi, que le risque de livrer mon fils aux inconnus ! » Arrivés à Djemmal, papa vociféra son courroux : « Voilà, dit-il, tu as récupéré tes deux enfants ! »

— *Il hamdou lillah*, ils sont en bonne santé.

— Oui, mais quel palmarès ! Sanction et renvoi marquent leur dossier d'une tache noire. Farouk a participé et mené la manifestation et Radhia aurait brûlé, *tbarkallah aliha*, le labo de chimie. *Ithamam doussihom* (Leur dossier est noir).

Le peuple attendait l'indépendance. Les grèves se multipliaient, l'éveil politique, les réunions du parti et le Bourguibisme n'étaient plus un sujet tabou. « *Ya si el* Béchir ! dit la mère, pourquoi reproches-tu à tes enfants leur comportement lorsque vous êtes impliqués jusqu'au cou. Puis elle ajouta : « *Ah ! Ya Kadem Khouya ou ya Abed Khouya, allah younsorkom ala laadou* ! (Ô Frères, Kadem et Abed, que Dieu vous aide dans votre lutte !) ».

Dans les années trente, Abed n'avait-il pas marqué son passage au lycée classique de Sousse avec les premiers nationalistes ?

2/ RADHIA, L'ÉCOLE NORMALE

La grève des filles suivit celle dirigée la veille par les garçons normaliens. Les pensionnaires regroupées dans la cour scandaient des slogans à l'encontre de monsieur Paye, Directeur de l'Enseignement français en Tunisie.

Le Mouvement était structuré à partir des Sadikiens et les Normaliens qui poussaient leurs sœurs à l'action. Les manifestations flambèrent à l'intérieur des lycées et à l'extérieur, les regroupements se sont soldés par des arrestations. L'histoire du mouvement national retiendra la participation des lycéennes qui manifestaient les bras levés : « Abas Paye... à bas Paye ! ».

Les pensionnaires semblaient avoir rompu le cordon ombilical qui les soudait à la discipline de fer de madame Schusman et mademoiselle Salais. La Directrice sortit pour arrêter le désordre qui, tout d'un coup, enflammait l'établissement. Son visage cyanosé trahissait sa grande déception ; plus les battements des pieds et des mains lui agressaient les oreilles et plus la stupéfaction se lisait sur le visage de la Supérieure. Un soulèvement au sein-même de son territoire privé ? Quelle aberration ! « Petites sottes, dit-elle, écervelées ! Rentrez donc dans vos études, qui a pu vous inciter à crier comme de vulgaires lessiveuses ? » Les cris montaient crescendo et la présence du cerbère n'effraya nullement les pensionnaires. Quelques francophiles seulement avaient regagné l'étude...

Madame Schusman fit appel à ses subordonnées et comprit pour la première fois de sa carrière de chef d'établissement que l'appel était unanime et décisif, les élèves qu'elle avait formées ne lui appartenaient plus. Un idéal patriotique plus fort que les liens de la cohabitation venait rompre l'harmonie trompeuse.

« Ah les petites pimbêches ! pensa fort madame Schusman, dire qu'elles sont de bonne éducation et qu'elles appartiennent à des pères notables ».

Leur geste dissident les rendait soudain arrogantes, effrontées… inconnues. Que demandent-elles ? La démocratie de l'enseignement contre l'assimilation et l'enrayement de la langue française ?

Mais la Directrice savait pertinemment que ce mouvement prétextant des revendications à titre culturel, couvrait en réalité un profond remous politique et nationaliste.

Fomentées à partir des directives du parti Néo-destourien, les manifestations se multipliaient pour atteindre les écoles et les institutions de la capitale. Après Sadiki, Alaoui, Carnot, la Zitouna, el khaldounia, la rue du Pacha, l'École Normale de jeunes filles suivit.

« Quelle est la responsable de l'étude qui a signé le registre et permis la sortie des élèves ? Ouartani, Fatma Benmansour, Leïla Dâaloul, Radhia Bouhafa, Jacqueline Bouet, Manoubia Chabbi, Souad Mazigh, Laghmani, Farhat... vous passerez en conseil de discipline ! » Pendant ce temps, les classes de deuxième et troisième année sortirent à leur tour; Sibaï et Bouattour traversèrent le premier bâtiment pour rejoindre Chabbi, Gharbi et d'autres réunies dans le couloir face aux salles d'études.

« La première… la grande ! vociféra madame Schusman à Radhia Bouhafa, venez par ici la brebis galeuse, vous criez plus fort que les autres ! » (Propos transcrit textuellement d'après les témoignages).

Lorsqu'elle arriva près des rangs, la Directrice gifla l'élève du revers de la main. Sa bague (une chevalière énorme) blessa la joue de la gréviste lui occasionnant une boursouflure qui vira au bleu aussitôt. « Allez-vous habiller Bouhafa ! Je vous mets dehors ! » D'après les témoignages, il y aurait eu des élèves francophiles derrière les faux propos rapportés pour impliquer Radhia Bouhafa. Monsieur Goucha professeur de physique certifia pourtant que la fuite de gaz n'était due qu'à une fausse manœuvre de la vanne et le laboratoire avait pris feu.

Si Mohamed Zarrouk, Rédacteur aux Finances mit son ami au courant de la participation à la grève et l'incendie du laboratoire de chimie qui valurent à Radhia son renvoi sur le champ.

Les parents arrivèrent en catastrophe dans la capitale.

Dans les couloirs de l'administration, le père faisait les cents pas ruminant sa réponse en attendant d'affronter la Directrice. Sa colère contenue depuis l'annonce du renvoi éclata : « Madame, dit-il dans un français excellent, où est ma fille ? Je vous rends responsable de ce qui peut lui arriver en dehors des grilles ! J'ose espérer que si je vous l'ai confiée pour faire partie de vos élèves pensionnaires, c'est pour que vous preniez soin d'elle, preuve de notre confiance en votre noble institution et non de la renvoyer sans avertir son père ! De quel droit madame, avez-vous renvoyé Radhia après l'avoir frappé sur la joue ? »

La mère intervint pour calmer son mari et s'adressant à la Directrice lui dit : « *Ya madam chouchemana*, mettez-vous à notre place, si on vous renvoie votre fille à son diplôme de fin d'année, que feriez-vous ? », puis se tournant vers son mari dont les yeux rougis exprimaient sa profonde contrariété : « *Tarjem lilmadam* ! » (traduis à madame.)

« Je l'accepterais », répondit la Française contre toute attente. Dans cette atmosphère tendue, madame Soumeya décida de jouer sa dernière carte : « *Oh... ya Madam !* dit-elle en mimant le geste d'applaudissement, Radhia *lijoué apapaï apapaï* (à bas Paye !), Radhia *betite*, Radhia *combronba boulitik...* ! » et en pointant l'index vers la supérieure elle expliqua : « Toi... madam' Chouchemana ou moussiou Boifa... *tifahmou boulitic...* Radhia *lijoué* ! », elle enchaîna : « Traduis *ya si* Béchir ! ». (Toi, madame… et monsieur Bouhafa, vous comprenez la politique, Radhia elle joue en tapant des mains !). D'après les témoignages, madame Schusman aurait souri ce qui dérida l'atmosphère et appela la clémence !

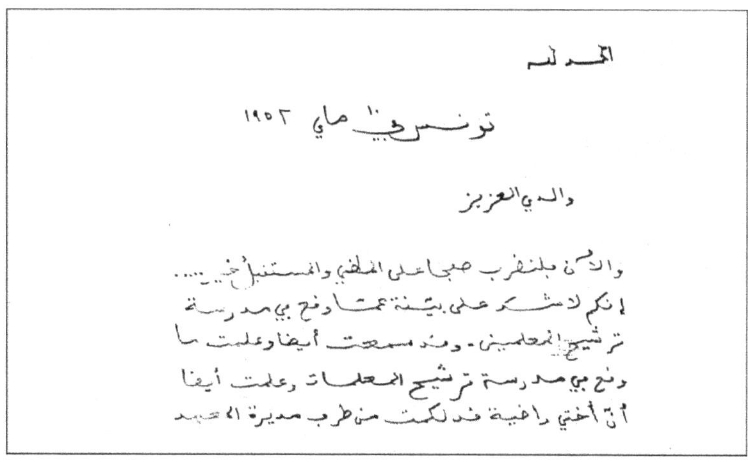

الحمد لله

تونس في ١٠ ماي ١٩٥٢

والدي العزيز

والآن فلنضرب صفحا على الماضي والمستقبل خير....
لأنكم لا شك على بيّنة مما وقع بي بمدرسة
ترشيح المعلمين. ومنذ سمعت أيضا وعلمت ما
وقع بي بمدرسة ترشيح المعلمات وعلمت أيضا
أن أختي راضية قد لكمت من طرف مديرة المعهد

وأنا أتوجه إليها قائلا: "ليسحق الله لكرهاتك البدائية
تجرأت على ضرب بنت عصبية تفكر التفكير الحسن نحو
وطنها!" وأقول لها بيتا من أبيات عنترة بن شداد:
«سقى الله عمي من كأس الموت جرعة، وشلت يداه بعد قطع الأصابع»
فأقول:
«سقى الله هاته المديرة من كأس الموت جرعة وشلت يداها بعد
قطع الأصابع» وإني لمسرور لهاته الكلمة التي بها ساهمت
أختي راضية أخواتها وأخواتنا التونسيين الذين هم الآن
تحت الضغط والضرب والتعذيب.

والسلام إليكم، إلى الجميع
من ابنكم الودود
البشير الورتاني

Adresse : Béchir Ouertani
Ecole Normale d'Instituteurs
Tunis

Lettre de soutien au père après le renvoi de Radhia

DJEMMAL VACANCES FORCÉES

Les vacances forcées permirent à tous les membres de la famille de se retrouver. À Djemmal, les institutrices titulaires organisèrent la grève entraînant les petites arabes à quitter l'école, les directives de *anisaty essghira ou anisaty lekbira* n'étaient-elles pas suivies à la lettre ? Le reste des enseignantes et l'effectif français râlaient sur les lieux désertés par les indigènes. La nouvelle arriva par télex et le Receveur la réceptionna avec rancœur. En brandissant à Kafila et Kalthoum le bordereau, leur père dit en articulant les syllabes : « Monsieur Paye, Directeur de l'enseignement public a signé votre ordre de licenciement ».

Mère profita pour les gâter à sa manière. Ses occupations journalières l'absorbaient et elle sortit sa panoplie de recettes culinaires pour contenter le menu d'un grand-père, le passage des oncles transitant par le Sahel et les amis réfugiés au bureau de poste après les remous et l'installation du couvre-feu.

En se rendant dans la capitale, le camion s'arrêtait pour débarquer des nouvelles fraîches, ingrédients du pays et poisson frétillant. Mohieddine assurait son commerce de fruits de mer et poissons à partir de la péninsule, spécimens des Bibans. De retour, le camion ramenait vers le sud, légumes, fruits et finesses pour le palais des gradés de l'armée : endives, betteraves, asperges, chicorée, à Djemmal, on suspendait le régime de bananes et la caisse de pommes encore verts dans l'espace hétéroclite de la cave.

Ma mère s'arrêta, partit d'un rire qui me déconcentra et j'attendis le dénouement. « *Essougher... essougher* ! » dit-elle en hochant la tête (C'est la jeunesse… désinvolte, inconsciente !) puis elle enchaîna pour raconter, « Oh ! dis-je, je me souviens parfaitement de cette juive miséreuse qui nous rendait visite à la Poste ».

« Une pauvre crédule, reprit ma mère, elle se rendait de maison en maison dans les familles pour rapporter les potins du village. Elle parlait l'arabe bien sûr, ne connaissait rien d'un Israël fictif ou du départ des juifs. Farouk un jour décida de la tester :

« Ton frère s'est caché derrière le paravent, et Radhia actionna la manette du poste T.S.F. L'émission grésillant couvrait la voix qui diffusait les appels à l'immigration... Ô... Juifs, immigrez en Israël ! Penchée sur l'amplificateur, Tibra écoutait la voix : « *min faleschtin ya azzi, min faleschtin ya azzi* ? » répétait-elle sans comprendre.

Plus la voix s'amplifiait, plus la peur crispait le visage de la pauvre fille et tes frères se tenaient les côtes de rire. »

« *La.. la* ! *Ya Dôna*, nous autres juifs nous restons ici dans notre village, *anna zemmalia... bint lalla oum zine ou sidi belkhiria* » (Je suis Djemmalienne, fille du marabout, *lalla* Oum ez-Zine ou sidi Belkhiria ez-Zanati.)

Farouk éclata de rire et Radhia tourna la manette pour amplifier les ondes et couvrir la voix du speaker. Lorsque la juive se calma, ta sœur lui posa la question suivante : « Qui préfères-tu, les Arabes ou les Français ? « Je me range du côté des vainqueurs *ya azzi* ! », dit la juive. « *Ya hasra alla falistin ou ala larab* », soupira ma mère pour clore l'intermède ; s'ils gagnent la sympathie des peuples, ils sont en train de supporter les défaites ». « Mais, répondis-je, pour une bataille perdue on ne perd pas la guerre, maman ! »

« Oui, répondit-elle pensive, Faouzi el Qaouakgi était un héros, Abed l'a rencontré en Syrie avant de présenter la requête en faveur de la Palestine en 1947 à l'O.N.U. »

Elle se tut un moment, puis glissa remontant loin dans ses souvenirs : « *el marhoum* s'identifiait à lui, en disant, lorsque je serais grand j'irai combattre dans le ciel de Palestine !. Depuis 1947 nous espérons sa libération, mais à Dieu nous appartenons, dit-elle et à lui nous revenons ! » Ma mère n'aimait pas parler du défunt. Le choc l'avait ébranlée et père promettait de l'emmener en France pour une cure de rétablissement.

J'ignorais encore où mon destin allait me transporter et je ne savais pas que j'allais vivre un jour une rencontre extraordinaire au Liban. Les circonstances ont voulu que, dans ma belle-famille à Tripoli, je fis la connaissance de la sœur du leader syrien. J'eus un moment d'émotion intense qui ne regardait personne. Je le vécus seule en pensant à mon frère disparu, à ses paroles engagées, à son penchant pour un nationalisme pan arabe bu au contact des aînés. Faouzia, la nièce de Faouzi el Qaouakgi, et son mari Nechâabi avaient terminé leurs études de chirurgie dentaire à Annaba et sa mère me parla de son illustre frère qui représentait, pour nous autres maghrébins, l'image du héros révolutionnaire.

DJEMMAL AUTOMNE 1951. L'ARRIVÉE DE DOROTHY

— *Abchir* !, dit le Receveur à sa femme, Abed vient de me télégraphier l'arrivée imminente de Dorothy avec les enfants.

— *Ybachrik bil kheïr ya si* Béchir ! répondit Soumeya ravie, nous ne connaissons pas Faris et Moncef, quelle joie pour Méma, *alham-dou lillah* ! »

— Pourvu que tout se passe bien ! ». rétorqua l'époux sur un ton sceptique, Abed vient le mois prochain si Dieu veut et si les autorités le permettent ! »

— *Sabaq el kheïr ya rajel* !

— Les services secrets sont vigilants, marmonna-t-il entre les dents et la conjoncture politique tendue.

— Mais, ajouta Béchir en haussant la voix, Abed est décidé à rentrer quoiqu'il lui en coûte !

Je me réfère encore une fois aux archives qui sont la mémoire de l'humanité, des peuples et des nations. Dans l'itinéraire révolutionnaire d'Abed Bouhafa (1947-1955) j'ai retrouvé précisément les documents qui mentionnent l'esprit des dirigeants colonialistes, reflet de cette période de terreur vécue par la population indigène en Tunisie. Dans une demande formulée aux autorités françaises, à Paris, où il sollicite la permission de rentrer au pays, Abed fait allusion à sa crainte « des petits policiers colonialistes ».

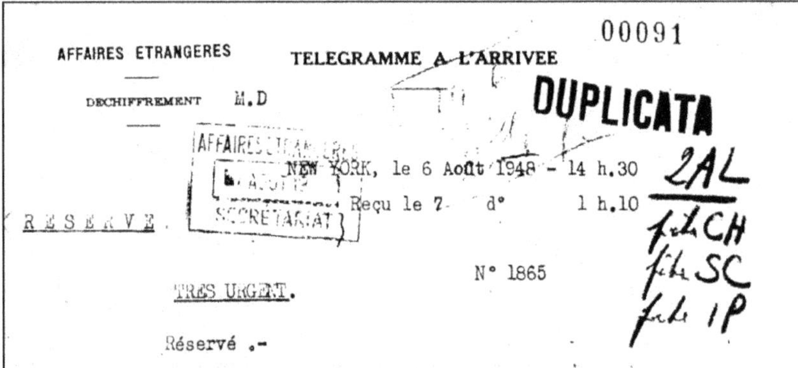

00091

AFFAIRES ETRANGERES

TELEGRAMME A L'ARRIVEE

DECHIFFREMENT M.D

DUPLICATA

AFFAIRES ETRANGERES

SECRETARIAT

NEW YORK, le 6 Août 1948 - 14 h.30

Reçu le 7 d° 1 h.10

RESERVE.

2AL

f. CH

f. SC

f. IP

N° 1865

TRES URGENT.

Réservé .-

Mon attention a été appelée sur la demande présentée au Consulat Général de France à New-York, par M. EL ABED BOUHAFA de nationalité (~~égyptienne~~), qui souhaiterait obtenir le (renouvellement) (de son) passeport français N° 84072, délivré le 24 Juin 1946 par la Préfecture de Police, en vue de se rendre à Paris à l'occasion de l'Assemblée Générale. L'intéressé est en effet correspondant accrédité des journaux égyptiens " Al Assas " et " Al Misri" qui seraient édités au Caire.

EL ABED BOUHAFA qui utilise également les pseudonymes de CHOUKRY BEY MOHAMED RAOUY ABDUL AMRASS et Jean BOUCHER se prétend représentant officiel à New-York du Comité de libération de l'Afrique du Nord. Il semble en tout cas bénéficier d'une aide financière qui serait fournie par le parti marocain AL MAROCAINAL ISLAM. Il est tenu en médiocre estime dans les milieux des Nations Unies où son activité a eu peu de retentissement.

Marié à une Américaine, DOROTHY MACPALMENN, il a des attaches familiales en Tunisie en la personne de ses parents domiciliés à Zarzis et de son frère SADOK BOUHAFA qui habiterait 131 rue El Kadim à Tunis.

Craignant que le voyage de Tunisie qu'il compte faire

......

AFFAIRES ETRANGERES

TELEGRAMME A L'ARRIVEE

DECHIFFREMENT

M.D

00092

- 2 -

durant l'Assemblée ne lui soit rendu impossible, du fait de ses antécédents, BOUHAFA avait offert à un de mes collaborateurs de souscrire un engagement écrit de ne se livrer à aucune activité politique pendant cette période. Il a ensuite présenté discrètement sa demande au Consulat.

La présence de BOUHAFA en France et en Tunisie, (même) pour un court séjour, ne présente pas du fait des indications mentionnées ci-dessus un caractère particulièrement souhaitable. Cependant, si un refus lui est opposé, sa qualité de correspondant accrédité auprès des Nations Unies, pourrait lui permettre de se livrer à une exploitation de l'attitude adoptée à son égard par le Gouvernement français.

Je réserve, bien entendu, l'hypothèse où le passeport français dont il est titulaire aurait une origine frauduleuse.

Je vous serais obligé de vouloir bien me faire connaître la décision qu'il vous aura paru souhaitable d'adopter./.

PARODI

DIFFUSION:
PRESIDENCE DE LA REPUBLIQUE
PRESIDENCE DU CONSEIL
M. CHAUVEL
M. CLAPPIER
M. de BOURBON-BUSSET
DUPLICATA./.

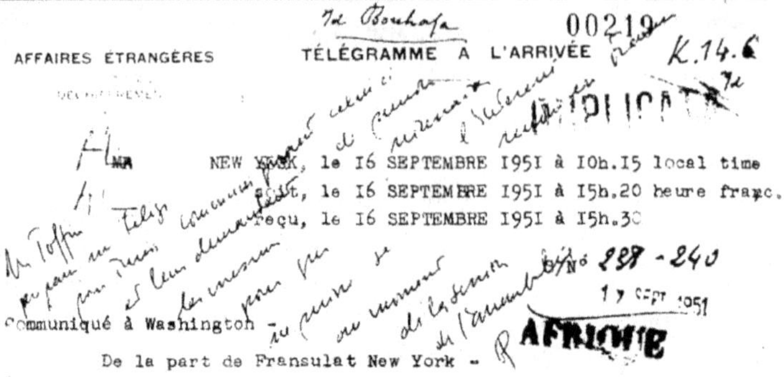

AFFAIRES ÉTRANGÈRES — TÉLÉGRAMME A L'ARRIVÉE — 00219

NEW YORK, le 16 SEPTEMBRE 1951 à 10h.15 local time
...ú, le 16 SEPTEMBRE 1951 à 15h.20 heure franc.
reçu, le 16 SEPTEMBRE 1951 à 15h.30

N° 238 - 240

17 SEPT 1951

Communiqué à Washington –

AFRIQUE

De la part de Fransulat New York –

J'ai reçu aujourd'hui, sur sa demande, BOU HAFA qui venait de retirer à ce consulat général son passeport arrivé à expiration, il part incessamment pour Ottawa et s'embarquera la semaine prochaine sur le Liberté. Il compte s'arrêter 48 heures à Londres pour des raisons, m'a-t-il affirmé, exclusivement vestimentaires. De là il se rendra à Paris d'où il prendra l'avion pour Tunis. Après un séjour de trois semaines environ dans son pays natal, il reviendra à Paris où il a l'intention d'arriver le 3 Novembre pour assister à l'Assemblée des Nations Unies.

BOU HAFA a cherché manifestement à me voir pour faire connaître à la résidence son désir de conserver à son voyage un caractère strictement (I gr.faux). Sans doute compte-t-il, dès son arrivée à Tunis, aller saluer le Bey et voir quelques amis dont certains sont membres du gouvernement de la régence. Mais son séjour y sera de courte durée et il ira dès que possible à Zaris pour assister à la circoncision de ses enfants et revoir ses parents dont l'état de santé lui inspire des inquiétudes.

Mon interlocuteur m'a semblé éprouver quelques appréhensions sur l'accueil que lui réserveraient aussi bien les autorités françaises que certains de ses compatriotes. Il craint surtout une surveillance excessive de la part des "petits policiers" qui, m'a-t-il dit, outrepassent toujours les instructions en général tolérantes de leurs supérieurs. Sa femme, a-t-il prétendu, n'aurait pas joui d'une totale liberté de mouvement. D'autre part, plusieurs médecins tunisiens, craignant de se compromettre, auraient refusé de soigner son fils légèrement souffrant et il aurait fallu faire appel à un docteur israélite.

A l'issue de cet entretien qui a été essentiellement un monologue entouré de [illegible]. BOU HAFA a repris un de ses thèmes favoris

AFFAIRES ÉTRANGÈRES — TÉLÉGRAMME A L'ARRIVÉE — 00220

consistant à mettre en opposition les bonnes intentions du gouvernement français et l'obstination farouche des colons à l'égard de toute réforme.

Au moment de clore cette visite, j'ai indiqué à BOU HAFA que je ferai connaitre à la résidence générale de France à Tunis le caractère apolitique qu'il désirait donner à son voyage dans la régence ./.

SEYDOUX

Note du Bureau du Chiffre : Le n° de ce télégramme sera communiqué par NEW YORK ultérieurement ./.

A.B.
AFFAIRES ÉTRANGÈRES
DÉCHIFFREMENT

00214

3 SEPT 1951

TÉLÉGRAMME A L'ARRIVÉE

TUNIS, le 31/8/1951 - 13 H 10
Reçu - - - - - 22 H 30

N° 424/5

Adressé Département, communiqué Washington.

Je réponds à votre tg n° 359 du 18 août.

Aucune mesure n'a été prise à l'encontre d'Abed Bouhafa. Je n'ai donc pas d'objection à ce qu'il rentre en Tunisie. D'ailleurs sa femme Dorothy Mac Gink se trouve déjà dans la Régence avec ses deux enfants qui vont être baptisés à Zarzis suivant la loi coranique. L'intéressée a pris contact avec des dirigeants nationalistes et elle a remis un message de son mari au secrétaire général du Vieux Destour.

Sur le plan politique la venue d'Abed Bouhafa n'est pas trop gênante, dans les circonstances présentes, étant donné que l'intéressé appartient au clan hostile à Bourguiba. De plus il pourra se rendre compte par lui-même de la situation actuelle en milieu musulman et de l'opposition entre les deux partis destouriens.

Il est à espérer que son attitude, au cours de la prochaine session de l'ONU, sera conditionnée par ces constatations./.

BOISSESON

Si grand-mère remerciait son Dieu en dépêchant les offrandes aux saints patrons sidi Sayah et Jeddi el Aoudi, la nouvelle de l'arrivée des New-Yorkais l'avait quelque peu effrayée, consciente de la conjoncture et la peur de l'inconnu ; Kadem purgeait sa peine avec les Leaders à la prison centrale et Abed, émigrant dans un pays lointain pour défendre une cause maghrébine qui semblait à la mère tout à fait utopique. Cependant qu'elle souhaitait revoir son fils, elle ne cessait de trembler en pensant aux procédés pernicieux de la milice française. N'avait-elle pas vécu en septembre 1934 l'arrestation de Kadem débarqué de Bordeaux, en plein Kalifalic de Fériana ? « Fasse que tous soient impliqués dans la cause pour sentir l'acuité du bagne ! », lançait-elle souvent par dépit ?

Je revois avec les yeux de l'enfance les coulisses de cet événement qui changea notre train-train pour nous faire vivre des moments intenses par les effusions de tendresse, la joie des retrouvailles, mais aussi une sensation indéfinie qui semblait compromettre ce bonheur. Était-ce une peur qui se réfléchissait dans les yeux des adultes ?

Je comprends mieux ces regards coulés entre deux embrassades et qui reflétaient un malaise général. Je me souviens d'avoir pleuré dans la cave, contrariée de ne pouvoir effectuer le voyage qui, à mes yeux, revêtait les proportions du périple... Tante Dorothy intervint pour me consoler, mais il n'y avait plus de places dans les voitures !

Je m'imaginais à Zarzis, arrivée aux confins de cette contrée sous les palmiers majestueux au bord de la mer qui gronde ! Mon esprit s'était évadé vers les champs d'oliviers, parés de leur frondaison prête pour la cueillette et l'extraction des huiles.

J'imaginais l'effervescence des serviteurs, les préparatifs à *Dar-el-bhar* ; la grande vaisselle et l'argenterie sorties pour recevoir la belle-fille américaine et honorer sa première visite aux territoires du sud, la joie et la fierté des membres de la famille, la curiosité des autres... J'étais trop jeune pour évaluer la crainte qui assaillit les proches dans ce fief dirigé par les patrouilles militaires au pied-levé.

Ma mère répétait avec un ton grave lorsqu'elle parlait du sud : « Territoires et commandements militaires.». Contre toute attente, et bien que tenu secret, le voyage éclair entrepris par Abed le mois suivant, précisément le 7 octobre 1951, déboucha sur un accueil et des retrouvailles grandioses. La présence d'Abed et Dorothy ne passa pas inaperçue ni par la population ni par les autorités. Dans son itinéraire, il rendra visite à Kadem et aux Leaders détenus.

Le circuit de surveillance auquel Dorothy a été soumise dès son arrivée à l'aéroport d'el Aouina, est rapporté par le document. Les visites qu'effectuera Abed à travers la Tunisie sont signalées dans un rapport détaillé communiqué aux autorités Résidentielles !

À Zarzis, les dignitaires, les Cheikhs et les partisans représentant les cellules destouriennes se rendront à *Dar-el-Bhar* dans une marche organisée à partir du souk.

Le meeting s'improvisa dans l'aire attenante au domicile de *si* Djilani Bouhafa, malgré la mitoyenneté de la caserne. Impressionné par ces élans de sincérité et de fraternelle confiance, Abed dut monter sur une chaise dans la véranda pour dominer l'auditoire. Coiffé du *tarbouch majidi*, le Représentant du comité de libération de l'Afrique du Nord à l'O.N.U. exprima avec une voix chevrotante son réconfort et son amour pour les siens. L'accueil fut passionné... voire alarmant. Par ce geste courageux, la population des Ouled Bouali réitéra son appartenance au Bourguibisme et reconnaîtra au militant Abed Bouhafa son action patriotique à travers les frontières.

Le chef de la lutte armée sudiste, le révolutionnaire Mosbah Djarboua se manifesta par une visite rendue au domicile du Patriarche *si* Djilani. Le "hors la loi" se faufila la nuit tombée pour rencontrer Abed, discrètement veillé par ses patriotes cachés sous les palmiers du domaine. Sa tête, mise à prix par les autorités françaises, valait son poids et l'image de « l'insurgé-rebelle-brigand de frontières-fellaga-criminel-mythe de l'insaisissable-belligérant-dangereux-terroriste » ne cessait de tarauder la communauté européenne des territoires militaires.

Mosbah Djarboua s'entretiendra avec Abed pour débattre des points essentiels mis en cause dans la lutte nationale. Toutes ces prises de contact inattendues et ces échanges fructueux valorisèrent aux yeux du Représentant les efforts entrepris par les habitants du sud dans leur encadrement du destour.

Abed déduisit avec conviction combien la famille Bouhafa et la population Accara étaient fidèles aux principes et à leur attachement au chef suprême Bourguiba.

Ensemble, ils discutèrent de la lutte armée à laquelle, Bourguiba en personne, avait fait allusion dans une de ses lettres destinées à Abed et envoyées à partir des points d'exil de la Galite et du château La Ferté et l'île de Groix en Bretagne.

Dorothy, présente à l'entretien, suivra avec intérêt le dialogue analysant le comportement engagé de tous ceux qui, ce soir-là, entouraient le patriarche. Je citerais

Mohieddine, Dhaou, Mohamed el Hafnaoui, son fils Jamel, Mohamed el Béchir, Rabaï, Belkacem et autres fils Bouhafa, Mokhtar el Ouryemi fondateur de la cellule du P.S.D Arch Ouled Bouali. Madame Zohra bint Djilani Bouhafa, militante était présente.

L'Américaine fut subjuguée par la taille du rebelle. Elle détailla son regard bleu acier, sa face rougeaude, ses pommettes saillantes, ses sourcils en arc d'épée, ses moustaches tranchant sur un teint clair de « boche ». Son crâne découvert et rasé à la Tarass Boulba libérait une tresse. Les témoignages certifient que Djarboua dormait avec son arme qu'il enroulait avec une *ouazra* grise. Qui pouvait se vanter d'avoir côtoyé Ben Djarboua, symbole d'un courage inégalable ?

Abed brossa un aperçu de ses activités journalistiques et militantes au sein des Nations Unies pour la cause du Maghreb. Bouhafa n'avait-il pas ouvert son intérieur à New-York pour rencontrer Bourguiba lors de sa première visite aux États-Unis depuis le Caire, où il était réfugié en 1946-1947 ?

Dorothy n'avait-elle pas accompli spontanément les gestes de cordiale bienvenue pour le servir fraternellement et traduire ses propos comme une interprète ? N'avait-elle pas passé des nuits blanches avec deux bébés sur les bras à taper des rapports et des traductions de textes écrits par la plume de son mari pour les insérer dans la première rubrique des grands journaux : le *New York Times*, *Washington Post*, afin d'internationaliser l'affaire maghrébine et attirer l'opinion mondiale sur le dossier tunisien ?

Lors de son deuxième voyage à New-York, le Leader n'avait-il pas chargé Abed de rédiger en langue anglaise un discours que Bourguiba devait tenir à l'occasion de la réunion des syndicalistes à San Francisco dans le but de dénoncer les abus et les exactions de la politique française dans ses colonies ?

Alors que Farhat Hachad représentant du mouvement syndicaliste tunisien devait lui-même prononcer le discours du 20 septembre 1951, le combattant suprême se disculpa en dernier lieu jugeant les propos écrits par Abed Bouhafa comme virulents face à une nation française qu'il pensait pouvoir ménager par le dialogue modéré. L'article avait été envoyé à la presse pour paraître à la une des journaux américains alors que son instigateur se déchargea ostensiblement de toutes responsabilités. Pour plus de précision, lire le discours de San Francisco écrit par Abed Bouhafa.

00227

ANNEXE

"Malgré l'enchevêtrement actuel de la politique américaine avec le colonialisme européen, les Peuples d'Asie et d'Afrique ne peuvent trouver meilleur soutien que dans la démocratie américaine.

"Après six ans d'exil involontaire, j'ai décidé de retourner dans mon pays, la Tunisie. J'y séjournerai quelques semaines avant de repartir pour Paris où je dois assister à l'Assemblée Générale des Nations Unies en tant que correspondant du journal égyptien "Al Misri".

"Mon voyage ne cèle pas de buts politiques; mon seul désir est de voir mes parents et de renouer mes anciennes relations avec les gens de mon pays. Je dois reconnaître que le Consul Général français à New York s'est montré très compréhensif et je n'ai rencontré aucune difficulté pour obtenir mon passeport. J'espère trouver la même attitude auprès des Autorités Françaises de Tunisie.

"Il est vrai que les leaders nationalistes m'ont averti du danger qu'il y avait à retourner en Tunisie à cause des mesures de représailles que pourraient prendre les Français. Néanmoins je suis décidé à courir le risque et à faire face à leurs menaces éventuelles. Le seul reproche que l'on puisse me faire c'est d'avoir lutté avec les moyens dont je disposais, pour les droits à la liberté, la paix et le bonheur de mon peuple. J'estime que personne ne peut me priver du droit de revoir mon pays.

"Je profite de cette occasion pour exprimer ma gratitutde sincère pour l'hospotalité généreuse des Etats-Unis durant ces quatre dernières années où il m'a été donné pour la première fois de jouir du statut d'un homme libre dans le cadre des lois d'une vraie démocratie.

"J'apprécie d'autant plus ce privilège, que mes activités en faveur de la liberté de l'Afrique du Nord comprennent souvent des critiques violentes à l'égard de la politique américaine et sa méconnaissance des problèmes nord-africains.

"Toutefois, si la politique étrangères américaine est loin d'être parfaite, surtout en ce qui concerne les prolbèmes coloniaux, on est obligé de reconnaître en toute objectivité que la position incomparable occupée par les

.../

00228

2.

Etats-Unis dans les affaires du monde offre les perspectives les plus prometteuses de l'histoire de ces cinquante dernières années.

"Malgré le caractère confus et regrettable de la politique américaine de l'après-guerre face à un colonialisme buté et sans pitié et malgré les obligations de la propagande communiste, je suis convaincu que les peuples d'Asie et de l'Afrique ne peuvent trouver actuellement meilleur soutien que la démocratie américaine pour comprendré leurs aspirations nationales et les aider à les réaliser".

El Abed Bouhafa.

ZARZIS. LA CIRCONCISION

Les parents profitèrent du séjour pour organiser le baptême de Faris et Moncef. Sidi Djilani et *lalla* Fatma organisèrent une fête dans les traditions du pays. Ce fût une petite réplique du *t'hour* (la circoncision) de Farouk et du regretté Faouzi dix années plutôt. Grand-mère souffrait de l'éloignement de ses fils, se contentant d'une simple missive porteuse de bonnes nouvelles. Elle cachait comme une relique les quelques mots libellés par son petit-fils Raouf-Yves dans le *sandouk* incrusté de nacre et de clous pour préserver la précieuse correspondance. Lorsque l'occasion se présentait, elle s'investissait pour gérer la dynamique du groupe et organiser généreusement les cérémonies.

Bordeaux, le 19 Mai 51

Très chers Azizi et Mima,

Tout d'abord, je m'excuse de ne pas vous avoir répondu plus tôt. Ma négligence, seule, ne saurait être accusée, car, je prépare, en ce moment les examens de fin de trimestre. La lettre de tante Zohra m'a comblé d'aise de recevoir des nouvelles de toute ma famille que j'aime affectueusement. Maman m'a très souvent parlé de vous lors de notre séjour à Methouia où vous nous avez comblés de gentillesses.

Je fus très heureux de recevoir des nouvelles de mon père et de tonton Sadok, et de pouvoir renouer les liens d'affection avec ma famille

Tonton Sadok a eu la bonté de nous envoyer un superbe colis de dattes, que nous avons hautement appréciées, et dont nous le remercions avec gratitude. Je vous envoie ci-joint une de mes photos, prise l'année dernière. Maman vous remercie de tous les bons souvenirs que vous lui avez adressés par l'intermédiaire de tante Zohra, et vous prie de croire en sa plus sincère amitié.

Croyez chers Azizi et Mama à la plus tendre affection de votre petit-fils.

Mes affectueux baisers pour vous tous, et toute la famille.

Raouf

Le 7 mai 1952, la naissance d'une fillette dérida l'atmosphère esseulée des grands-parents. Sidi Djilani donna le prénom de Hadjer au nouveau-né et grand-mère offrit ses espaces et son affection à ses belles-filles. Dans cette euphorie tribale, les petits débarqués se plièrent à l'acte chirurgical qui scella leur appartenance aux entités arabo-musulmanes.

L'événement fit tache d'huile dans la ville, arriva aux oreilles de la communauté européenne et des officiers du Birou-arab qui contestèrent le comportement de la population venue témoigner sa sympathie.

L'autorité contrecarrait l'élan de solidarité en entretenant un climat de terreur et une politique « Diviser pour régner ». Plusieurs témoignages rapportent le malaise des indigènes partagés entre le devoir patriotique et l'épée des lieutenants !

Si Djilani formula la crainte de voir son fils arrêté… Abed venu embrasser ses parents ne devenait-il pas l'élément perturbateur qui mobilisa les sympathisants reçus ostensiblement dans la maison paternelle ?

Ma mère me relata comment les docteurs de la colonisation refusèrent de se rendre au chevet du petit Faris après la circoncision.

Le médecin juif, natif et respectueux de la famille, daignera se déplacer et prodiguer les premiers soins au petit-fils de « *sidi Zilani* ».

Pour ma part, je rends hommage à madame Dorothy Bouhafa d'avoir, depuis son pays libre et émancipé, accepté de se rendre aux confins de cette Tunisie rampant sous le joug et de se plier au rituel pour le meilleur et pour le pire au sein d'une belle-famille tribale et destourienne. En toute confiance, l'étrangère revêtit l'habit régional avec l'assurance des êtres nobles élevés dans les valeurs. Fatma el Ghöla offrit à sa bru un beau bijou. L'Américaine le conserva avec amour en témoignage des liens affectifs qui lièrent leurs destinées.

« Tu sais Chédlya !, me dit tante Dorothy, ce bracelet je le garde en souvenir de *Méma* ».

Je pris le bijou entre mes mains, un gros paillasson d'époque appelé le « bracelet autorail » et mon cœur se referma sur l'image de grand-mère.

Nous fîmes en 1983, un voyage en Amérique et tante Dorothy nous reçut ce jour-là pour laisser libre cours à ses souvenirs refoulés et enfouis dans une terre d'Afrique qu'elle aimait.

DJEMMAL ANNÉE 1951-1952

Moncef demeura à Zarzis sous les auspices de ses grands-parents et des serviteurs. Faris retourna à Djemmal et la Mummy soucieuse de l'avenir politique de la Tunisie, accepta de nous confier son petit avant d'entamer son périple à travers les capitales mondiales.

La petite école communale accueillit le benjamin habillé du tablier beige obligatoire et objet des premières curiosités villageoises. Les moments de perturbation causés par la séparation avec ses parents s'estompèrent au fur et à mesure que Faris commençait à s'intéresser aux lettres et balbutier ses premiers mots de français tout en acceptant difficilement l'environnement nouveau. Je passerai sur l'effort et l'affection particulière dont père et mère entourèrent le fils d'Abed. Je revois les gestes attentionnés de mes grandes sœurs, des maîtresses, des relations proches qui adoptèrent spontanément « le petit américain ». Comme toute période de révolution rapproche les individus et soude les liens d'amitié, l'année scolaire 1951-1952 se marquera d'un phénomène sympathique qui fera choisir aux jeunes mamans, le prénom de Faris.

Moncef passait ses journées à gambader dans les terres à Ziane et Khsim. Il assistait, sans trop comprendre, à la cueillette et son impact sur le vécu de la population lorsque les hordes d'ouvriers touazines, venus des contrées environnantes, s'activent comme des essaims agrippés au faîte des oliviers.

Il mangea l'*acida* avec eux, dégusta les beaux poissons tirés du large d'el Kantara, habillé du pantalon saharien Targui, la tête coiffée d'un turban pour éviter l'insolation. Il vécut un far west sudiste dont il acquit vite le particularisme régional. Si les consignes étaient formelles pour la surveillance au pied levé, Triki et Bak Messaoud manifestaient leur impuissance :

— Toc… toc… toc ! Le petit américain se sauvait de sénia en *sénia*, pour cogner aux portes des demeures familiales.

يَا عَمْتِي ! يَا عَمْتِي ! أعْطِينِي عَبُّوذْ بْسِيسَه

Moncef assimila le patois en singeant les enfants. Il fut le point de mire pendant ces longs mois passés dans l'affection des grands-parents. Les deux frères vécurent les débordements affectifs et un suivi quotidien qui leur permit d'acquérir la base de langue arabe au détriment de l'américain dont ils auront (au désespoir de la mère) oublié l'alphabet après sept mois de sevrage.

On ne peut passer sans situer les recueils dans leur contexte humain et social et parler de cette période où le régime militaire et colonialiste avait atteint son maximum.

En fait, derrière une hargne affichée, les autorités cachaient mal leur crainte face à la flambée du patriotisme comme l'exemple de madame Mennussa Geauffretteau, propriétaire de fermes oléicoles modèles qui fut tellement contrariée par l'euphorie des indigènes venus accueillir le militant dans le fief familial.

La douairière pourtant en très bons termes avec la famille, n'hésita pas à dénigrer l'action patriotique des fils. « Si on en rayait, dit-elle, deux de la liste en l'occurrence Bourguiba et Bouhafa, il n'y aurait plus de crainte pour nous autres colons ! » (Témoignages rapportés par les proches de Ménussa).

Les relations conviviales se détériorèrent pour dégénérer en véritables polémiques contre la *Mouamra*. Le courage révolutionnaire du peuple s'exprimait à travers le barde dont les paroles ont bravé le temps pour marquer les mémoires collectives.

Meftah Souaï, avant le départ d'Abed pour la réunion des Nations Unis à Paris le 3 novembre 1951, mit en apothéose l'action militante des Leaders :

اِلعَجْ مَضَحْكَهْ زَي الغْزال اعْيُونَــهْ
والعَابِدْ احْضَرْ اليُومْ رَبِّي يصُونَــهْ
الكبّوس تُرْكي والنْوَاشِنْ خَمْسَهْ
والـيُومْ فِي بَارِيسْ عِنْدَه جَلْسَهْ
العَابِـدْ وبُرْقِيبه شْهِيرْ اسْمَاهُمْ
ومَاهْنَاشْ مِنْهُ رَاقِبْ عْلَى اكْتُبّاهُمْ

Traduction :
Abed coiffé de son fez
Auréolé d'un sourire franc et un regard de faon
Le militant se rend à Paris pour assister à la Réunion
Nationalistes notoires et chevronnés
Abed et Bourguiba œuvrent dans le secret (la clandestinité)

الديوان السياسي
الحزب الحر الدستوري التونسي
جامعة التراب العسكري
شعبة بن فتايل
جرجيس

الحمد لله جرجيس في ١٩٥

Zarzis le 5 novembre 1951

حضرة الفاضل الماجد
à Monsieur Abed Bouhafa
Hotel Elysées Star
63 Rue Galilée
Paris

Cher Monsieur

J'ai le plaisir de vous adresser ci-dessous une copie du télégramme adressé par Son Excellence le premier Ministre d'Egypte en réponse à notre dépêche qui lui a été adressée le 26 écoulé

Ramlehbulkeley N° 154 mots 81 dépôt 30 heure 11 10

« Profondément ému par dépêches envoyées en votre nom des tribus héroïques stop Egypte apprécie beaucoup nobles sentiments vous remercie cordialement stop Peuple Egyptien fermement décidé continuer lutte subir toutes sacrifices pour que Vallée du Nil recouvre ses droits par volonté tout puissant stop Notre cause est juste solide grâce nobles sentiments appui que nous trouvons frères anxieux réaliser leur liberté et sommes certains que ce jour ne demeure plus loin »

Signé : "Mustapha Nahas"
C.O.T.P.

D'autre part je vous signale que les cinq chaâba destouriennes de Zarzis ont adressé des plaintes à Son Excellence le Ministre de la Justice au sujet de l'affaire locale

Je vous serais très obligé de vouloir bien nous appuyer auprès de Monsieur le Ministre qui se trouve actuellement à Paris

Nous vous serons très obligé de nous signaler les résultats en ce qui concerne la Tunisie en particulier et le monde Arabe en général

Nous vous souhaitons un bon séjour à Paris.

Veuillez agréer Si El Abed avec nos hommages respectueux et nos meilleurs sentiments

مسلم ابن الحاج السعيد

adresse : Mtahen Hadj Said
Zarzis

« *Archive n° 00230*
7 novembre 1951
Objet : au sujet de la présence à Paris d'un Tunisien suspect

On sait que le nommé Bouhafa El Abed avait pris place à bord de l'avion transportant les personnalités tunisiennes : Salah Ben Youssef, Général Faathalah et Mohamed Badra, arrivé à Paris le 3 novembre.

Bouhafa El Abed dit "Chukry Bey" né le 5 août 1913 à Zarzis (Tunisie), de Si Djilani et de Fatma BENT Djabnoun, serait marié à une américaine.

Résident habituellement à New York, il demeure présentement 25, rue Vernet (Paris 8e).

Il est journaliste et délégué du "Comité de libération du Maghreb arabe" aux États-Unis.
Les milieux tunisiens de Paris le présentent comme un des plus ardents défenseurs de l'indépendance tunisienne et le considèrent comme un agent de liaison tout désigné entre les représentants égyptiens à l'O.N.U et les leaders nationalistes nord-africains.
L'intéressé, soupçonné de nourrir des sentiments anti-français, jouirait d'un certain crédit dans les milieux diplomatiques américains. »

Meftah faisait souvent un tour à *Dar-el-Bhar* et grand-père se délectait de ce patrimoine de culture bédouine souscrivant l'honneur, la dignité et chantant les péripéties de la Révolution depuis sa préparation, son déclenchement à son triomphe, composantes d'une philosophie humaine universelle. Pour taire ses ressentiments envers une France qui éloigna ses enfants, bafoua les droits et continuait à s'acharner sur les pauvres autochtones, *si* Djilani écoutait en éprouvant un sentiment de légitime fierté par fidélité à l'histoire, aux sacrifices des martyrs et au combat des personnes intègres comme ses cinq fils. « L'homme n'a de mérite que parce qu'il entreprend ». dit le Coran.

« *Labor omnia vincit improbus* »… {Virgile}. Le travail opiniâtre vient à bout de tout.

Mdalla Souaï, poétesse, clamera à l'encontre du chauvinisme de madame Geauffretteau et de la francophilie des frères.

Traduction :
Si le silence est d'or, la parole est d'argent !
Ô locataire dont le bail s'achève !
Restitue aux arabes leurs titres de propriété !
Bourguiba et Bouhafa œuvrent
Pour te chasser de nos propriétés.

عِنْدِي بَاطْنَه غِييتْ مِنْ سُكَاتْهَا
انْـرُدْلِكْ مُضَدْ كَلامِـــــكْ
وَإِلَى الدِّنْـيَـه عَزَاهَا سُكَاتْهَه
يَا كَـارْيَه هَـاهْ قْـرْبْ ارْحُولِكْ
وَالـعَابِدْ وبُـرْقِـيـبَه بْـدُوا يَلْـجُولِكْ
يَـا كَـارْيَـه الأيَّامْ بِيكْ تْبَرّصْ
والـعَابِدْ وبُرْقِـيـبَه عْلِيكْ يِقْرصْ

La francophilie est rapportée aussi :

Traduction :
Que la poudre emporte Bourguiba et les leaders !
Que la jeunesse destourienne porte leur deuil.

يَعْطِيكْ لَغْمْ وَادْ الزَّازْ يَا بُرْقِيبَه
تْمُوتْ الزَّعَامَه وتَحْزِنْ الشَّبِيبَه

Mdalla répond à son antagoniste en termes virulents :

Le pays va bientôt être indépendant
Et le burnous de ton spahi jeté au loin

الاسْتِقْلالْ هَاهْ لافِي
وبَرْنُوسْ هُوشِكْ نَعْمْلُوهْ اكْتَافِي

Que ta langue fourchue soit envahie par la petite vérole.
Bourguiba est le maître et nous, ses serviteurs !
Ô Mennussa !
Bourguiba est toujours présent
Adieu résidence, huileries et moulin à vent !
Bourguiba est le maître et nous ses serviteurs !

يَعْطِيكْ طَالْعَه تْيَبِّسْ عْرُوق لْسَانِكْ
تِذْعِي عْلِيهْ السيد مِنْ يَبْغَالِكْ!
نَارِكْ عْلَى البَلاصْ يَا مَنُّوسَه
جَاكْ الحَبِيب نَحَّاكْ زِي السُّوسَه
ونَارِكْ عْلَى البَلاصْ والخُرِّيرَه
وجَاكْ الحَبِيبْ وطَيْرِكْ فِي لِيلَه

Madame Gauffretteau habitait à sidi Kebir pas loin du domaine de l'honorable famille Kateb et de la résidence d'Audoin Dubreuil.

RÉGENCE TUNISIENNE. LES ÉVÈNEMENTS DU 18 JANVIER 1952

Le proconsul de Hauteclocque hostile au projet de réouverture du dossier tunisien, prit des mesures qui aggravèrent la situation politique, livrèrent le pays à l'inquiétude et la peur de la répression.

Le gouvernement français fit dissoudre le cabinet de Mohamed Chenik où nombre de responsables étaient tunisiens (Salah Ben Youssef, Bahi Ladgham et Aziz Djallouli). Le Résident donnera plein pouvoir aux autorités pour arrêter, fouiller et questionner. Les Leaders sont déportés vers le sud et la Régence soumise au couvre-feu. Le parti du Destour relégué aux oubliettes sombra dans la clandestinité. Dans ce cadre de rage répressive, le Cap-Bon vécut les plus graves incidents, les journées les plus sanglantes et les plus meurtrières des annales du colonialisme. Tazarka, Kélibia, Korba avec d'autres localités environnantes subirent un véritable carnage.

Le 18 janvier 1952, l'armée française profana les mosquées, les cimetières et s'attaqua aux citoyens. Ses légionnaires s'acharnèrent pour piller les maisons, violer les femmes et tirer sur les enfants. Surpris dans leur quiétude et sans armes, les habitants useront de stratagèmes pour se défendre contre les tanks qui envahissaient les rues. À Tazarka, dans un geste d'ultime désespoir, les femmes montèrent au-dessus des terrasses pour jeter sur les régiments déchaînés des couffins de piment rouge et tenter de les faire s'éloigner de leurs murs. Plusieurs anecdotes d'un humour grinçant alimentèrent les conversations autour des réactions des soldats surpris par la douleur et titubant, les yeux en larmes dans les ruelles.

Pour plus de précision, se référer aux archives où nombre de documents rapportent les listes des morts des estropiés et des porteurs de séquelles. Le futur démontra qu'à ce titre, les exactions loin de dissuader l'intérêt de la population qui réclamait un peu plus de droit à la France ne firent qu'élever le culte du Zaïm et sublimer la lutte patriotique.

Dorothy revint en Tunisie pour récupérer ses enfants bravant cette période tumultueuse et trouble avant de pouvoir rejoindre son mari rentré du Caire avec le sénateur Mahmoud Abou el Fath, Directeur du journal égyptien Al-Misri. Ma mère me parla d'un petit incident survenu à la descente d'avion. À Paris déjà avant de s'envoler pour la Tunisie, Dorothy Mac Ginn rencontre les dirigeants néo-destouriens. Madame Wassila Ben Ammar lui remit une lettre écrite par Azzam Pacha (Président de la Ligue Arabe au Caire) et destinée au combattant suprême. Dorothy eut pour mission de la faire parvenir à Bourguiba exilé à Tabarka et l'Île de La Galite.

« Archive n° 00029 / du 4 au 12 février 1952.

{...} Bourguiba ne paraît pas hostile à un accord avec la France, mais il répète qu'il faut avant toute chose la suppression du poste de secrétaire-général du Gouvernement tunisien que le Résident ne doit plus être Ministre des Affaires Étrangères "et il y a un tas d'autres bêtises. Tout cela nous n'en avons plus besoin" (12 février). Il prescrit à ses acolytes de Paris d'envoyer des lettres de remerciement à diverses personnalités de l'Inde et du Pakistan (notamment directeur du Journal (...) Nehru – 12 février.

Sa maîtresse Ouassila Bent Ammar est sa représentante à Paris. Elle assure notamment la liaison avec Azzam Pacha et charge madame Bouhafa de remettre au chef du Néo-destour une lettre du secrétaire général de la Ligue Arabe (12 février). {...} »

Dès son arrivée à l'aéroport de Laouina, madame Bouhafa décline son identité puis esquive les questions des agents de frontières en se rendant aux toilettes. Là, elle cache la lettre au-dessus de la chasse d'eau avant de retourner, le visage enflammé pour exprimer à la police toute sa contrariété : « Vous m'avez embêtée avec vos détours... dites monsieur... vous me permettez de retourner aux toilettes ? Je pense avoir fait tomber mon gant ! »

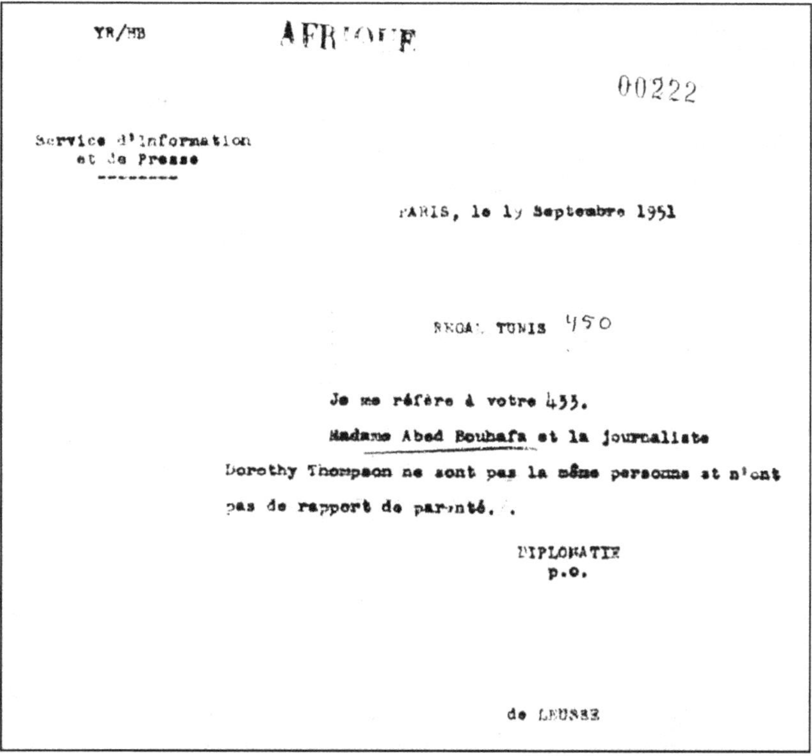

YR/HB AFRIQUE

00222

Service d'Information
et de Presse

PARIS, le 1? Septembre 1951

RESAL TUNIS 450

Je me réfère à votre 455.

Madame Abed Bouhafa et la journaliste Dorothy Thompson ne sont pas la même personne et n'ont pas de rapport de parenté.

DIPLOMATIE
p.o.

de LEUSSE

Lorsque les formalités s'achevèrent et que le passeport fut visé, l'Américaine revint sur ses pas. Elle récupéra discrètement la lettre, la dissimula dans son porte-jarretelles et passa imperturbable devant les cerbères… Dorothy sera accueillie à sa sortie par son beau-frère Sadok, Slim Drigga et le fidèle Tarzan.

L'Américaine se décide et Tarzan le dévoué se charge d'accompagner madame Bouhafa dans son itinéraire courageux et risqué. Sur la route de Tabarka, les nombreux barrages de la Gendarmerie française vérifièrent les papiers et confondirent l'identité de l'étrangère avec la pseudo-journaliste américaine.

Parallèlement dans les coulisses, sidi avait pris la décision de rendre les insignes de la Légion d'honneur à cette France dont les exactions bafouaient la dignité d'un pays souverain en s'attaquant sauvagement à ses régions paisibles. De bons souvenirs avaient lié le parcours administratif de *si* Djilani avec la population dévouée et respectueuse du Cap-Bon.

« Père, dit Abed avant de s'envoler pour Paris, je me charge de porter moi-même les insignes d'une décoration qui n'a plus de signification après les affres subies par nos peuples d'Afrique du Nord. »

Soumeya précisa : « Abed *Khouya* (mon frère) récupéra la médaille pour la cacher derrière ses costumes dans sa valise souple qu'il prit à la main ».

Le père libelle une lettre pour accompagner sa décision et le fils remettra aux autorités de l'Élysée en personne le pli.

Le geste du « Vieux Bouhafa » comme le commente l'archive portait atteinte au prestige de la France. Le quai d'Orsay et la Résidence Générale accusèrent leur crainte d'un esclandre au niveau médiatique. Abed Bouhafa, en tournée au Moyen-Orient, ne manquerait pas de donner toute sa dimension à l'acte historique accompli par son père ! Les milieux journalistiques du Caire et de New-York prôneront l'image d'une figure historique du Mouvement Nationaliste qui osa défendre à un âge avancé et une mauvaise santé l'honneur, la liberté et la justice. Par ce geste courageux, Djilani Bouhafa a mis Zarzis sur la carte du monde arabe en rendant à la France sa Légion d'honneur pour protester au sujet des crimes de Tazarka.

Zarzis, 1er février 1952

A Monsieur le Président de la République Française

Palais de l'Elysée, Paris – FRANCE

M. le Président,

Au moment où la légion étrangère s'acharne sur le peuple tunisien, luttant pour recouvrer ses droits à l'honneur et à la liberté, viole les femmes au Cap-Bon, massacre les nourrissons à Tazerka, dynamite les mosquées de Maamoura et profane notre religion en foulant les livres sacrés et vénérés par des centaines de millions de Musulmans, j'ai l'honneur et le regret de vous remettre sous pli l'insigne et le diplôme de la légion d'honneur que le gouvernement français a bien voulu m'accorder le 6 juin 1923 au titre de la guerre 1914-1918 et de mes services administratifs.

Vous conviendrez, Monsieur le Président, qu'il m'aurait été difficile d'arborer une décoration que portent les profanateurs de nos mosquées et de nos mausolés, ainsi que de l'honneur de nos femmes et nos filles.

J'étais de ceux qui pensaient que de telles violations appartenaient à une époque révolue, surtout que la France a voté la constitution de 1946 dont vous êtes le gardien et depuis qu'elle a apposé sa signature au bas de la déclaration des droits de l'homme.

J'ai dû hélas me rendre à l'évidence que tel n'est pas le comportement de ceux qui prétendent représenter la France dans notre malheureux pays et qui viennent d'écrire la page la plus sanglante de son histoire et la plus déshonorante dans les annales du Protectorat.

Ma foi de musulman et mon cœur de père de famille se révoltent à l'idée que de tels actes aient pu s'accomplir impunément sous la France démocratique et me dictent mon devoir de l'honneur qui est de renvoyer à la Chancellerie de la Légion d'Honneur, une décoration devenue sans objet ni signification.

Veuillez agréer, Monsieur le Président, les assurances de ma très haute considération.

Jilani BOUHAFA
Kahia en retraite
Zarzis — TUNISIE

18 FEV. 1952

DUPLICATA

AFFAIRES ÉTRANGÈRES

DÉCHIFFREMENT

TÉLÉGRAMME A L'ARRIVÉE

AFRIQUE

00231

2 AL
3 SP

TUNIS, le 16 février 1952 à 14 H 45
reçu le 16 " " " 23 H 30

N° 392/94

A l'attention du Service du Protocole.

Certains journaux locaux ont annoncé, le 15 février, que dans un communiqué à la presse M. Djilani-Bouhafa, Kahia en retraite, a déclaré avoir retourné aux autorités françaises "Es Sabagh" précisément à M. Vincent Auriol - son insigne et son diplome de la Légion d'Honneur pour "protester contre la répression au cap Bon".

L'intéressé est le père :

- de Kadem Bouhafa, Khalifa destitué en 1943 pour sa collaboration avec l'Axe et qui vient de purger une peine de 18 mois d'emprisonnement pour attaques contre l'armée française et incitation de militaires à la désertion.
- de Abed Bouhafa Secrétaire Général du "comité de Libération de l'Afrique du Nord à New York", représentant du bureau du Maghzen arabe à New York, délégué personnel d'Abdel Krim, correspondant officiel à New York et auprès de l'ONU du journal égyptien "El-Misri" ; marié à l'Américaine Dorothy Mac Ginn".

Abed Bouhafa, se trouvant actuellement au Caire, il est à prévoir que, par son entremise, le geste de son père reçoive une grande publicité tant en Amérique qu'en Egypte.

Dans ces conditions, et si ces faits sont exacts, j'estime qu'il conviendrait de faire prononcer d'urgence la radiation de Djilani-Bouhafa de l'ordre de la Légion d'honneur. D'autre part, cette décision devrait recevoir la même publicité que celle donnée au geste de Djilani-Bohafa..

Je serais reconnaissant au Département de bien vouloir me faire connaître son sentiment sur ces deux propositions./·

BOISSESON

Actualites Nationales

Dans le discours qu'il a prononce a l'occasion de la celebration des evenements du 3 septembre 1934

BOURGUIBA :

« L'ACTION » — JEUDI 5 SEPTEMBRE 1974

Je dois signaler à ce propos qu'à la suite des exactions de l'armée française à Tazarka, un seul Tunisien titulaire de la légion d'honneur a renvoyé sa décoration au Président de la République, avec une lettre d'un ton admirable et qui a été publiée par « l'Action ». Il s'agit de feu Jilani Ben Haffa, Kahia en retraite et ancien combattant de la guerre 1914-1918.

Dans cette lettre il disait notamment qu'ils se sentirait déshonoré s'il continuait à porter la même decoration que les officiers de l'armée française qui acceptaient que soient foulées au pied les valeurs les plus sacrées et que des atrocités soient commises sur des femmes et des hommes désarmés. Jilani Ben Haifa a été seul à accomplir ce geste symbolique. Nombreux étaient pourtant les personnalités tunisiennes, membres du Grand Conseil ou du corps caïdal, qui étaient titulaires de la même décoration et qui n'avaient pas eu le courage de prendre la même initiative.

RETOUR À NEW-YORK

Les sept mois passés en Afrique du Nord permirent aux petits New-yorkais de s'entretenir couramment dans la langue de leur origine.

Une page se plia et Abed rapatria sa petite famille vers les États- Unis. Dans les coulisses, Aïcha la fille aînée de Mohieddine aura pour mission de converser en arabe avec Faris et Moncef. Son séjour et les deux années consécutives lui permettront d'enseigner les bribes de la langue arabe à ses petits cousins et parallèlement elle assimila l'américain pour le parler à son retour fluently.

DJEMMAL. ÉTÉ 1952. LE MARIAGE DE KALTHOUM SOUS COUVRE-FEU

En Tunisie, cette période engagée avait soudé la population qui devint une grande famille solidaire. Mes parents hébergèrent pendant la période de ratissage de 1952, la famille de *si* Mustapha Hamza Directeur de l'école de garçons à Zaouiet Kontech. Ftouma, Jemila, Kmar, *lalla* Khadija cohabitèrent avec nous craignant la présence des gardes mobiles qui avaient investi l'espace de l'école. « Nous vécûmes ensemble des journées merveilleuses... », dit ma mère.

Nous préparions en discrétion le mariage de ma sœur aînée prévu pour l'été et elle enchaîna : « *si* Mohamed Mili, ingénieur et responsable des Télécommunications à l'office des postes était descendu expressément demander la main d'Oum Kalthoum pour son frère *si* Taher ». « Parmi les nombreuses demandes en mariage que nous avons reçues pour Kalthoum *el miziana* (la belle), dit-elle, papa scella son accord à *si* Mohamed el Mili qu'il respectait » (premier ingénieur arabe tunisien en Télécommunications internationales en 1945).

Le mariage eut lieu le 28 août 1952. Famille et amis conviés de Zarzis et de Tunis assistèrent même *si* Naâchi, le professeur de l'École Normale. Pas de youyous ni de chant à cause des événements dramatiques.

— Je me souviens, dit-elle, qu'une fois la fête terminée j'ai préparé les lits pour les invités. Ce jour-là, je m'étais esquivée pour descendre dans le bureau de papa.

— Pourquoi faire maman à une heure si tardive ?

— Pour dormir *ya bnaïti* ! J'étais vannée, je me suis hissée sur le bureau et le bloc de dossiers me servit d'oreiller, il n'y avait plus de place dans l'appartement. Soumeya savait être conciliante face aux impératifs. La fête m'avait marquée…

Je me souviens d'une robe froufroutante en plumetis rose, confectionnée chez madame Mannuscalki. Madame Germaine Zeïtoun avait cousu les tenues largement décolletées de mes sœurs comme des ballerines. Je rêve à l'esplanade érigée sous la tonnelle et la reine assise au milieu d'un parterre de fleurs que père avait fait confectionner par les meilleurs fleuristes de Sousse. Je voyais à travers un voile opaque, mes yeux en proie à une conjonctivite et j'étais malheureuse avec mon mouchoir à la main !

Le mariage de ma sœur se termina par une promesse commune.

LE VOYAGE EN FRANCE

À la fin du mois notre voyage en France s'annonçait, nous embarquâmes sur le paquebot *Le Ville de Tunis*. Marseille – Dijon – Vittel – Vichy – les Vosges virent défiler « *La famille treize à la douzaine* » de monsieur Béchir.

Mes souvenirs sont nombreux ; l'embarcation, le mal de mer, le bal où ma sœur mariée avait revêtu sa cape de velours noir brodée de cantil, le Golfe du lion, le voyage par train, les sandwichs farcis de tranches de porc et jetés dans la première poubelle, l'arrivée à Plombières, l'hôtel de la Paix, la suite, les repas pris dans la grande salle à manger, les regards de ma mère, son geste sous la table pour nous rappeler le bon maintien, les cures :

« *Torné madam'... torné madam'* (tournez madame !) », répétait Soumeya après sa douche écossaise.

Je ressens l'air vivifiant, le goût des laitages crémeux, le parfum des draps pur fil (fleur bleue) blanchis sur pré. Je revois à Épinal les brodeuses portant lunettes et mantilles, l'achat du trousseau des filles et du menu trousseau pour Soumeya. Je me souviens de nos voisins de l'aristocratie marocaine dont la prestance n'avait d'égal que leur gentillesse. « *Hakda essibsi.. hakda essibsi* » disait le père en parlant du peuple soudé par l'ignorance et en mimant le geste du fumeur de narcotiques (*takrouri*) avec son calumet.

Tantôt, le poulet égorgé par papa continuait à se promener la gorge sanguinolente, j'assiste à la fête de la Vierge, la procession dans la forêt, les chants liturgiques, l'Ave Maria.

« *Aavi... aavi... Marria...* », chantait ma mère avec sa bougie dans la main en feignant de lire la partition que lui présentaient les dames attentionnées marchant devant.

J'entends l'allocution de Paul Boncour à Plombières-les-bains sa ville natale. Je revois l'assistance réunie devant l'Hôtel de Ville, les applaudissements, le plaisir de mon père, son sens poussé de l'humanisme et ses speeches faisant l'apologie des grands noms de l'Académie française.

Je me souviens de mes prouesses dans la piscine. Je m'entraînais avec mon frère, lui à descendre en nageant les 25 m et moi à réaliser le « cochon pendu » au-dessus de l'eau glacée charriée des montagnes.

Notre passage à Gérardmer mémorise la randonnée au ballon de Guebwiller, la montagne ronde des Vosges. Nous eûmes droit à un cours traitant de l'origine tertiaire des roches, le bassin minier de l'Alsace Lorraine et la discussion dérapa sur les problèmes syndicaux pour aboutir aux répercussions de la guerre mondiale sur cette région déchirée entre Allemands et Français.

Que sais-je d'un programme ciblé, instructif dont Père voulait nous faire profiter et fixer à jamais l'image de notre voyage en France.

Madame Kalthoum et son mari allèrent à Vichy pour profiter de leur voyage de noces. Paris sera la nouvelle destination dans le suivi de notre programme.

« *Hatta fit-trinou ou Bariz lazem essror* ! », disait le père à sa femme soucieuse d'assurer le repas à la famille embarquée dans un compartiment réquisitionné par papa, maman, Kafila, Radhia, Farouk, Chédlya, Essia et oncle Belkacem.

Le poulet fit son apparition, la nappe jetée sur les genoux faisant fonction de table. Les artichauts bouillis, vinaigrés... les... les... les...

— Oh maman tout est appétissant !, reconnut papa après s'être rassasié.

— Ce sont les ballots de l'analphabète !, dit-elle nullement formalisée par les remarques de son mari dites du bout des lèvres.

Nous arrivâmes à Paris gare de l'Est, l'hôtel, les sorties, les visites. Nous sortions le matin et rentrions exténués, les pieds boursouflés de notre itinéraire. Nous devions impérativement voir les monuments et les lieux historiques commentés par notre guide qui ne cessait de nous élever à la grandeur spirituelle de la France.

LE PANTHÉON

— Oh ! ponctuait ma mère à son retour de France, j'ai vu même le tombeau de *Nabilioun* (Napoléon) ! et lorsqu'elle était en présence de certains « infatués de leur personne », elle remarquait moqueuse : « Oh… Parce qu'il a fait ses études *fis-sorboun* (à la Sorbonne) ? ». N'avait-elle pas posé pour une photo au pied de la statue du Penseur à l'entrée ?

Le programme de visites incluait le Jardin des Plantes, les Tuileries, l'Obélisque, le Louvre, le musée Grévin, Versailles, la Tour Eiffel, Saint-Germain des Prés, le Panthéon, la Sorbonne, Montmartre, Les Halles, le Théâtre de Dix-Heures, les chansonniers (mon père adorait Bourvil), Deauville, le Châtelet et le grand spectacle animé par Tino Rossi et son « soleil de Mexico ». Nous terminions par une visite qui tenait à cœur mon père : « Vous allez descendre non aux catacombes, nous dit-il, mais dans les égouts de Paris ».

— *Elloutf...*, disait ma mère tout bas, *ya rabbi hatta fil gouma* !

— Oui… vous allez découvrir cette réalisation extraordinaire, *al Oumam errakia* !, enchaînait mon père en manifestant son intérêt pour les technologies nouvelles.

Nous descendîmes lui en éclaireur pour monter dans les petites barques et il commença l'historique de ces égouts de Paris, témoins d'évasions et refuges pendant les frondes. Un cours magistral suivit sur la prise de la Bastille et la Révolution Française. « Écoutez... écoutez... les vibrations de morse à travers les voûtes ». La pirogue avançait et je revois mon père l'oreille aux écoutes, essayant de capter l'alphabet morse pour décrypter le message.

À la sortie des bouches, père continua son speech pour nous rappeler la splendeur des monuments, le style gothique, la cathédrale Notre Dame... Il nous parla de la Révolution française à travers les rues de Paris, il nous cita des hommes d'état, nous fit l'apologie d'un Robespierre, de Richelieu l'humaniste qui fonda l'Académie française. Il semblait transporté, précis dans ses dates, passionné dans ses descriptions suaves de la civilisation française et des humanistes du dix-neuvième siècle.

Lorsque nous retournâmes en Tunisie, nous semblions proches d'une nation qui avait déteint sur notre culture et notre façon de vivre, n'eût été le comportement colonialiste des autres Français pour rappeler le fossé qui nous séparait de cette aigre-douce France !

Un mois après, nous subîmes une frayeur nocturne qui nous fit oublier les agréables moments passés en France.

DJEMMAL. LA BOMBE OCTOBRE 1952

La porte sonna en fin de matinée. Aïcha Bent el Gzouni descendit pour ouvrir;: « C'est *amti ya lilla* ! », dit-elle à partir du hall en tâchant d'étouffer sa voix de peur de déranger le maître, la consigne c'est la consigne !

— Fais-la entrer ! murmura la maîtresse de maison.

La sœur de l'oncle Fradj Abdelouahed notre voisin pénétra sur la pointe des pieds irradiant autour d'elle la sympathie et la joie de vivre.

— *Marhaba bi amti* ! Quel bon vent t'amène ? Soyez la bienvenue, dit Soumeya.

— *Sabah el Kheir ya miziana, ya khoudoud el ouard* ! répondit l'hôte en présentant le *mathred* fumant (bonjour ô jolie frimousse aux joues rosées !).

Son mot gentil, son extrême obligeance et son honnête franchise valurent à *amti* le respect des cœurs. Soumeya remercia et *amti* acquiesça : « J'ai égorgé un dindon, j'ai voulu vous faire goûter notre spécialité salée-sucrée, le *bazine* ».

Elles s'installèrent au salon pour conciliabuler, en sirotant un verre de *gazouz*.

En parfaite citadine, *amti* rapportait toute la chronologie des familles dans un compte-rendu tellement agrémenté d'anecdotes que, chaque fois qu'elle manifestait son désir de repartir, ma mère la priait d'allonger les séances de rirothérapie.

Soumeya raccompagna la dame, puis lui glissa : « Dis *amti*... le *makhzen* est-il toujours fréquenté ?

La sœur de *si* Fradj ne pouvait se soustraire au devoir patriotique souscrit par les siens. Elle cligna des yeux, son sourcil noir se cabra : « Tous les soirs ils se rencontrent dans mon *makhzen*, dit-elle, et la population sait que le garage sert aux réunions nocturnes des membres du parti ».

— À la lueur d'une bougie, précisa la voisine jusqu'au matin, *rabbi Yostorhom* !

Personne ne faisait allusion au sujet tabou. La nuit, les loups sortaient rasant les murs pour éviter couvre-feu et patrouilles. Babou, el Mili, Boudega et d'autres.

Ce soir-là, ma mère décida d'aller au bain maure, la veille d'un jour férié. Les femmes ne sortaient qu'à la tombée de la nuit pour se rendre dans les maisons ou au hammam ! Soumeya soucieuse de se ranger dans les habitudes du village projetait de rendre visite au mausolée de la sainte *lalla* Oumezzine.

Ses filles rentrées, l'occasion méritait d'être honorée par une offrande aux pauvres. Grand-père ne disait-il pas « soyez généreux, le Bon Dieu vous le rendra ! ».

Elle prépara les draps de bain aux franges tressées qui sentaient les carrés de bleu et l'encens brûlé sous le *sakhane*. Les morceaux de Kaolin aromatisés d'eau de rose et de géranium fondaient doucement dans la *taffela*. La batterie de cuivre astiquée et la valise en rotin renfermant le linge précéderont pour annoncer à *moulet el hammam* l'arrivée de la famille de *Dar el Bousta*. On n'oubliera pas le brin de *souék* et la jatte de henné pour tanner les lèvres et enduire les chevelures drues.

Aïcha et les filles réprimèrent un sourire à l'écoute de l'accent si spécifique de la région, vite sermonnées par le regard coulé en biais de leur mère. « *Saba bnet* ! (Une moisson de filles !) », évalueront les curieuses en détaillant les pommettes rosées. La mère en implorant son Dieu pour qu'il éloignât l'œil de Juda revêtit sa fameuse *tebdila*, enfila ses anneaux de pieds et son voile de soie. La consigne était formelle, lorsqu'on retournait du bain, ma mère nous faisait servir au pied du lit des bols de lait frais accompagné de miel et de beurre. Père éteignait les lumières aux dernières informations de neuf heures et le marchand de sable trop pressé, faisait rabattre les paupières.

Vers deux heures du matin, un cataclysme ébranla nos murs. Le fracas de vitres et de ferraille nous arracha au plein sommeil. Nos gorges s'étranglaient, Mâ... papa... papa ! Les débris continuaient à s'égrener et des déflagrations pétaient sporadiquement. Kafila se hasarda dans le noir vers la chambre de mes parents. Je dormais avec ma sœur et nos fenêtres donnaient sur la cour intérieure des offices où stationnaient les voitures de service. Un bruit mat de coups de feu à peine perceptible nous indiqua le chemin du poseur de bombe qui sans doute se sauva en direction de l'oued et des vergers, mitoyens à la maison Changal.

Une fumée aux relents de souffre et de ciment nous prit à la gorge, entre deux quintes, les voix s'interpellaient dans l'angoisse.

« D'abord une bougie ! » cria l'une.

Kafila se dirigea vers le fond du couloir craquelant sur les débris. Soudain, la lueur de la bougie éclaira le visage d'Aïcha plus noir que la nuit. La pauvre fille tremblait, de grosses gouttes de sueur perlaient sur son font. Les disjoncteurs avaient sauté. Papa manifesta sa peur de l'incendie, il se précipita et mère arrêta son élan : « Où allait- il ? S'il y avait une autre bombe ? Ce chuintement sourd et continu quelle avait perçu à partir de son lit, présageait-il d'autres grenades qui allaient éclater ? « Je suis responsable ! Quelle catastrophe ! ». dit- il, les bureaux, les dossiers, les caisses, le coffre-fort, la centrale téléphonique... ah.., soupira-t-il, *ach kâad ya mra* ? (Que reste-t-il, ô femme ?) ».

Kafila fit irruption dans le salon, elle vit Assia projetée, les genoux découverts : « Tu n'as rien cousine ? ». Sous l'effet du choc, elle ne répondit pas. Kafila s'approcha d'elle : « Dieu merci, tu respires encore ! ».

Essia était boursouflée d'égratignures, figée au pied du lit comme un pantin désarticulé et poussiéreux au milieu du chaos. L'air charriait jusqu'aux narines, les particules polluées par la déflagration qui fit sortir la porte-fenêtre de ses gonds.

Ma grande sœur balaya du regard l'espace et la lumière intermittente éclaira le miroir réduit en éclats, le revêtement de la cheminée fissuré… ma cousine avait frôlé la mort.

— Papa, ils ont dû placer la bombe à l'entrée de la poste sous le balcon, déduisit Kafila. Ma mère se remettait de ses émotions en répétant avec une voix cassée : « *al hamdou lillah…* ».

— Naji ! hurla le Receveur dans la cage d'escalier, m'entends-tu ?

L'ombre du veilleur de nuit se précisa, il titubait son corps, blanc de poussière.

« Au secours ya *si* Bachir ! » répondit l'agent avec une voix chevrotante. Des gravats de vitres, de poutrelles, de casiers éjectés et de paperasse fumante couvraient le sol. Plus loin, le Receveur s'approcha du standard dont le tableau déchiqueté libérait un enchevêtrement de fiches. Il pétarada sa colère et pensa à ses heures de peine, au précieux temps investi dans le suivi des opérations, au secret de l'intimité violé et à son amour-propre bafoué !

« Quel gâchis !, soupira-t-il, *oualech ya rassoul Allah* ? ». Soudain, il réalisa que Dieu avait épargné les vies !

Béchir se souvint de la provision d'huile d'olive dans les sous-sols. « Faites mon Dieu que les jarres soient restées intactes ! », dit-il en dévalant les marches. Dans la cave, les récipients profilaient leurs anses et leurs ventres énormes.

— C'est miraculeux ! dit le Receveur en prospectant les lieux. Il s'approcha, toucha le kaolin, cogna les jarres pour s'assurer qu'elles n'étaient pas fêlées. « *Rizk halel ! »*, dit- il en remontant.

Le jour se leva pour éclairer ce qui restait des bureaux déjà dans la nuit les camions militaires avaient bouclé les rues et encerclé la bâtisse postière.

Le village était soumis au couvre-feu, décrété avant l'attentat. Une lassitude rompait nos membres endoloris, la clarté nous fit découvrir les visages émaciés et des narines poussiéreuses. Dans la ville, la nouvelle consterna les habitants, la population arabe était consciente des répercussions. On entama l'enquête au niveau des commissariats et du Contrôle civil. La rage répressive se lisait à travers le comportement des officiers, des gendarmes en patrouille et des familles françaises.

La machine de guerre se déclenchait donnant suite au processus classique de rafles et d'accusations arbitraires.

On portait atteinte à la suprématie française par ce genre d'attentats perpétrés sur les réalisations industrielles et administratives, et les autorités coloniales devaient agir en fonction des composantes d'une population complice.

Si la famille du Receveur subit le choc de la bombe, tout le monde savait qu'on visait l'hégémonie française en s'attaquant à ses institutions. *Si* Béchir affichait une contrariété, mais l'afflux des citoyens venus exprimer leurs regrets intensifia les liens de sympathie et les bons rapports.

Les mois passèrent, l'enquête aboutit dans l'impasse et lorsque les choses se décantèrent, les travaux de rénovation succédèrent aux moments de béatitude. Au sein de la communauté musulmane les langues commençaient à se délier. Tous savaient que la nuit tombée, les dirigeants longeaient les murs pour se rendre en secret dans le *makhzen* où se tenaient les réunions entre nationalistes et se fomentaient les directives.

Un jour propice alors que *lalla* Turkia la femme de *si* Abdesselem Babou, Directeur de l'école passait l'après-midi, la discussion dérapa et Soumeya prit les devants : « *ya lilla Turkia*, dit-elle, pleine de tact, Allah nous a épargné d'une mort certaine, mes enfants sont sains et saufs *el hamdou lillah* ! Que Dieu, le tout puissant, entoure de sa miséricorde celui qui a réalisé cet acte ! »

La réflexion colportée de bouche à oreille alimenta les conversations d'un village particulièrement friand de nouvelles-trottoir. Dans une prise de position unanime, les familles musulmanes apprécieront la sagesse et la pondération de la femme du Receveur.

Nul ne doute, on savait qui a commandité mais dans une conjoncture pareille la fin ne justifiait-elle pas les moyens, même si l'enjeu valait les proportions de la bombe ! La libération d'une patrie s'arrache et le prix consenti est souvent fort cher !

« *Enfants du nord, réveillez-vous et combattez sans répit, apportez votre grande part à cette lutte définitive, lutte de la libération. Dieu observe ce que vous faites et mesure votre patience. L'âme des martyrs vous incite à poursuivre le combat et la chère Tunisie fait appel à vous pour activer la délivrance de ses chaînes et de ses liens... Faites sauter les ponts, détruisez, incendiez et déchiquetez les corps de vos colonisateurs... Faites tout ce qui est susceptible de causer des ennuis aux colonisateurs et de leur rendre la vie impossible...* » (Document 00047, Passage d'un tract diffusé dans la région de Bizerte.)

UNE JOURNÉE TYPE

Ma mère décida d'oublier l'événement. Sa philosophie de la vie ne s'arrêtait pas aux échecs ni aux incidents noirs pour nourrir le présent par les petits malheurs du passé. Sa gaieté de vivre et le plaisir d'effectuer ses besognes ravigotaient son entrain qu'elle communiquait spontanément à l'entourage. On aurait dit qu'elle se ressourçait en chantant les mélopées qui lui sortaient nostalgiques et langoureuses, en dégustant son café au son du T.S.F actionné en sourdine et en attendant de planifier son programme de la journée.

L'époux rentrait accompagné du garçon de course, portant sur la tête le couffin. La négresse le réceptionne, le présente à *lalla* et commence à décharger.

« Quelles sont tes appréciations pour les achats d'aujourd'hui ? ». demandait alors l'époux. Soumeya jaugeait les spécimens, humait les parfums du maraîcher, caressait une mandarine joufflue, soupesait une botte de radis, s'attardait au violet de l'artichaut, au vert tendre de la romaine bien tassée, au rouge écarlate de la tomate, au bouquet d'aneth... « Oh ! Ces blettes accompagneraient bien une *hergma* de veau et ces tomates succulentes, un coulis parfumé au basilic, comme la daube de madame Manuscalki. »

Puis en continuant de trier l'étalage, elle ajoutait : « le hachis d'oignon et de persil garnirait bien l'épaule d'agneau braisée dans le four palestinien bien équilibré sur le kanoun... »

— Oh *ya lilla* ! répliquait Aïcha, regarde ces asperges comme elles sont blanches !

— Oui, rétorquait Soumeya, arrosées de *lim beldi* elles auraient alléché le palais de *sidek* Jilani, *ya bnaïti* !

Papa aimait les bons plats et maman savait le satisfaire. J'ai toujours entendu mes parents dialoguer autour du couffin et le rituel matinal se terminait en dialogue à bâtons rompus.

— Procure à la marmite les denrées nécessaires, elle te donnera de la bonne soupe ! dit la maîtresse de maison.

— Nous ferons égorger la veille du vendredi saint le mouton dans l'aire du mausolée de *lalla Oumezzine*, répondit le père.

— *Chay lillah bissalhin et-taybin !* (paix soit sur vous ô marabouts saints apôtres !).

— Nos traditions sont belles et l'acte de générosité, reprit-il, est cité dans le Coran. Le don aux pauvres est un devoir. Notre religion se base sur la loi du partage et de l'équité.

— Que Dieu garde mes enfants *ya sidi* et que le Seigneur accepte notre aumône ! dit Soumeya. Sur ce fait, grand-père, de passage, entra pour donner toute sa bénédiction l'index pointé sur son acte de foi.

Tunis 1952

RELAXATION DES LEADERS

Après deux années consécutives de détention passées avec ses compagnons de lutte, Kadem fut libéré pour retrouver comme un célibataire endurci le foyer paternel. Bien que relaxé, il sera soumis, à l'instar de tous les Leaders à une haute surveillance. Ses activités de résistant s'accompliront dans la clandestinité et une chambre d'hôtel sise rue de Barcelone lui servit de refuge. Les remous survenus à Aïn-Draham valurent à Kadem l'arrestation occasionnant la rupture de ses relations maritales avec Simone. N'était-elle pas en définitive la veuve de guerre du Commandant Delatour qui mena les troupes françaises en guerre d'Indochine ?

Inflexible devant le sens du devoir patriotique et déterminé plus que jamais, Kadem s'investit jusqu'au bout dans la cause nationale. Afin d'illustrer les coulisses de cette solitude affective vécue, mais dont jamais il ne fit part d'une manière ostentatoire, j'ai recueilli le témoignage de deux sœurs militantes qui connurent cette période déterminante dans l'histoire de la Révolution Nationale.

Khédija et Zakia Tabal, enseignantes de formation normalienne et qui continuèrent à œuvrer dans le cadre de l'Union de Femmes Tunisiennes après l'indépendance, me rapportèrent les détails vécus dans leur parcours d'agent de liaison qui les avait rapprochées du militant.

— Je lui apportais les lettres et les coupures de journaux cachées sous une serviette de table au fond du couffin rempli de provisions. J'étais jeune, continua Zakia, et les regards pas toujours vaillants surtout que le personnel de l'hôtel était français !

D'après certains témoignages dont celui de Tarzan, l'hôtel de France aurait appartenu à un Commandant de l'armée qui habitait Aïn-Draham.

— Le Charisme de sidi el Kadem, reprit la militante, m'impressionnait, je pénétrais dans la chambre, il me remerciait en me confiant des messages destinés aux compagnons *si* Sadok Mokaddem, Docteur el Materi, Azzouz Rebaï, Neïla Ben Ammar, Bahri Guiga et d'autres quand ce n'était pas des articles à faire parvenir clandestinement aux journaux.

— Fais attention ! me recommandait-il, puis *si* el Kadem plaisantait pour rompre le silence oppressant afin de gagner le droit de rire des moments les plus dramatiques.

— Que Dieu ait son âme, reprit respectueusement Zakia, cet homme œuvrait pour réaliser le vœu de toute la population tunisienne. Il lutta avec beaucoup d'abnégation et d'humilité. Il connut des moments durs, sa santé commençait à s'altérer et il fumait beaucoup. Zakia termina son témoignage la gorge serrée, elle se tut un moment pour s'investir dans ce passé dont elle vécut, comme plusieurs femmes tunisiennes, les rebondissements, les angoisses, mais certainement aussi un sentiment de grandeur.

— Je signalerai au passage, se souvint Zakia Tabal, le souvenir d'une personne qui prit soin de *si* el Kadem pendant son séjour à l'hôpital. La brave infirmière Naïma prodigua avec le dévouement d'une sœur ses soins au militant. Il portait de grosses lunettes teintées pour tamiser la luminosité lorsqu'il se trouvait en traitement dans le pavillon d'ophtalmologie à Charles Nicole surveillé par deux officiers de police. Je témoigne au nom de la foi de tout ce que j'ai pu transmettre comme paroles et écrits entre ces pionniers du *Kifah* !, dit enfin Zakia pour ses réminiscences.

LE FUJITIF. DJEMMAL 1952

Grand-mère confia le sort de son fils à la clémence divine priant tous les jours le Miséricordieux pour qu'il allège les maux et secourt les opprimés. Le reste de la famille obligé de taire son désarroi et son amère impuissance, face à ce bras de fer qui tentait par tous les moyens d'annihiler les forces vives des hommes de la Tunisie.

À partir de New-York, Abed manifestait son inquiétude quant à Kadem qui purgeait sa peine.

« *Dis-lui, écrit-il dans une lettre adressée à sa nièce Kalthoum, que j'ai des amis sûrs à Tripoli et qu'il lui suffira de se présenter à Béchir Sadawi pour être reçu et aidé. Toutefois, j'espère qu'il n'aura pas besoin de recourir à cette alternative.* »

Tous, finalement souhaitaient que Kadem s'évade et quitte le territoire une fois sa liberté recouvrée !

Malgré mes jeunes années, il m'en souvient d'avoir vécu parfaitement les instants cruciaux dont les retentissements provoquèrent un grand désarroi dans notre famille. Oncle Kadem transita par Djemmal au cours de son voyage vers le Sud. La berline noire conduite par Ridha Ouled Zlassi s'arrêta et il descendit lentement pour camoufler la tétanie de ses membres aux regards de l'assistance.

Je désire rendre hommage aux personnes fidèles qui furent intimement liées au parcours de grand-père. Ammi Mohamed Zlassi et ses enfants, au nom de cette amitié viscérale, continuèrent à manifester leur dévouement. D'une discrétion absolue, père et fils bravèrent la peur n'hésitant pas aux moments les plus critiques à prodiguer leur soutien. Que Dieu les entoure de son infinie miséricorde !

Car le devoir nous incombe de dénoncer les défaillances de l'histoire, ces petites choses vécues, quelque peu effacées par le temps comme gommées !

À Djemmal, depuis l'arrivée intempestive de l'élargi, nous vivions une euphorie silencieuse et angoissée. Je saisis mieux pourquoi ce comportement de mon père qui, après l'accolade, mit son frère en garde car l'apanage de ces organismes policiers et secrets guette le moindre écart pour l'arrêter de nouveau.

Kadem passa une nuit dans notre appartement où à chaque percussion, il nous semblait entendre le passage des agents de la force pour des vérifications d'identité routinières. Il est vrai qu'en sortant de Habs Jedid, Kadem Bouhafa avait fait la promesse de « s'auto-déporter » vers les Territoires du sud.

Zarzis

Ils arrivèrent aux portes de Médenine, passèrent sans encombre. Zarzis les accueillit dans la fraîcheur tiède de ses crépuscules colorés. La dernière vague se retirait, le flux caressait le sable de la plage par intermittence.

Kadem huma la brise odorée de plancton et de varech. Il s'arrêta un moment pour fixer le spectacle éblouissant du disque solaire qui fit vibrer en lui l'âme du poète. Son esprit oscillait entre le rêve et la réalité d'une nature empourprée, grandiose et étrangement libre. Sa muse dérivait sur le romantisme d'un Lamartine, les descriptions bucoliques d'un Hugo, les Clairs de Lune de Werther, la musique houleuse de Richard Wagner, les poésies suaves et lyriques de Paul Verlaine.

Il aperçut la caserne d'el Allama, se souvint de la déportation à Bordj Lebœuf et de l'hymne chantant la gloire et la grandeur de la France… décliné par les indigènes depuis la petite école.

L'enfant du pays se délecta de la splendeur du paysage, natté de palmiers majestueux. L'horizon se détachait sur un fond cramoisi, esquissé dans une palette où les bleus indigo, les faisceaux dorés, les verts sombres et les ciels empourprés se confondaient dans une harmonie spectaculaire.

La mer, ce ciel infini visionnèrent l'image nostalgique des années de l'enfance dans une communion de sensations virtuelles et épidermiques. Kadem retrouva sa muse, la poésie enchanteresse assimilée et déclinée sur les bancs de l'école.

Je confesse au nom de cette culture subtile et romantique dans la langue de Voltaire de tout l'amour qu'éprouvait cet homme à la lecture des philosophes et des humanistes du dix-neuvième siècle.

À l'instar de tous ces Tunisiens et Maghrébins qui eurent la même formation humaniste et le même endoctrinement cartésien. Ils s'imbibèrent de la culture française, troquèrent sa « manière de vivre » et supplantèrent bien des européens n'eût été leur cœur qui battait fort l'appartenance aux entités arabo-musulmanes.

En passant par Zarzis, Tahar Sfar n'a-t-il pas médité sur toutes les impressions ressenties et les sensations complexes que sa muse transposa en concepts philosophiques, nourris par les intempérances d'un exil forcé ?

Tahar Sfar avec la finesse de ses traits, l'intelligence du regard et la fougue de ses vingt ans représentait l'image de l'intellectuel indigène, fils de bourgeois et d'excellente éducation. Ces jeunes arabes dont la personnalité double oscillait d'une part vers l'ambition débordante et d'autre vers un désir intense de vie médiatique, s'exprimèrent à travers leurs écrits et furent déportés vers les galères.

L'horreur du bagne et la misère des geôles n'épargnèrent point ces pousses dont la délicatesse de la physionomie, la fraîcheur de l'expression et l'honnêteté intellectuelle les destinaient plutôt au rang de maîtres dans la rhétorique et la jurisprudence.

Kadem revenu dans son fief originel, finira-t-il par se raisonner à la réalité d'un présent qu'il tentera lui aussi de dépasser par une fuite spirituelle dans les livres et les écrits ? Le nationaliste se vit écarté de tout activisme, parachuté dans une ville où sévissait la loi du fer et du talion.

REFUGE À DAR-EL-BHAR

Kadem s'installera dans l'aile ouest de *Dar-el-Bhar*. Ses relations humaines et ses rapports avec l'entourage se limiteront au cercle privé. L'abord de l'homme au caractère réservé et au profil d'intello francisé intimidait les plus entreprenants. Il se referma durant la saison sur sa correspondance et ses méditations jusqu'au moment où il pourra renouer des contacts avec les membres représentatifs des cellules destouriennes de la péninsule.

Les dirigeants prendront l'habitude de faire un crochet par la corniche pour s'infiltrer le soir tombé dans le domaine de *si* Djilani.

Cette période d'alternative permit à Kadem de découvrir l'engagement des natifs et leur ralliement à la cause. Il s'intéressa de plus près à la vie sociale et relationnelle des personnes qui gravitaient autour du noyau patriarcal. Lui, qui vécut hors frontière et eut à répondre plus que d'autres membres du bureau politique devant les tribunaux, se trouvait obligé de donner une impulsion à sa vie dans un contexte familial différent où l'individu doit se recycler aux règles coutumières d'une justice tribale, reposant fondamentalement sur l'idée d'arbitrage et d'accord des deux parties.

D'homme politique, Kadem virait vers l'étude sociologique de la péninsule et ses juges de l'approbation mutuelle !

Le Sud connut des moments décisifs, échelonnés sur les différentes étapes de luttes et de rages répressives. Zarzis fut le point de rencontre des nationalistes dans leur itinéraire vers les centres de déportation de Tatahouine, Remada et Bordj Lebœuf, la plupart glanés du lot d'intellectuels Tunisiens, fils de familles honorables. Ils laissèrent une empreinte indélébile dans la mémoire collective de ces fiers Accara qui se sont relayés sans laisser de répit aux colonialistes et furent depuis l'entrée de la France les authentiques militants.

GRAND-MÈRE FACE AUX RÉALITÉS

« Face à ce bras de fer, pourquoi se buter ? ». Elle comprenait intuitive que la politique du pays débouchait sur l'impasse ! Les dialogues et les discussions gravitaient autour de cette réalité dont elle dressait quotidiennement le bilan politico-familial.

Lalla Fatma pensait aux Leaders repliés à l'étranger, aux autres militants dont l'éloignement systématique prouvait l'attitude acharnée et négative de la France. Par ailleurs, la position du Bey avait dérouté les dirigeants du Néo-destour bien qu'auparavant Lamine Bey lui-même manifesta son soutien au peuple et à son destour. Son Altesse Royale proclama, le 15 mai 1951, sa volonté d'accorder une constitution démocratique à son peuple, mais le volte-face de la France freina le parcours des négociations.

Le nouveau Résident Voisard imposa des réformes dont les visées assimilationnistes ne faisaient que maintenir l'hégémonie dans tous les secteurs du gouvernement tunisien. Une psychose se créait au sein des dirigeants et le Parti semblait se déliter.

— *Ya Rabbi oustor oueldi el Kadem ou jib Abed ala Kheïr* ! (Ô Dieu ! Protège mes enfants et faites qu'ils me reviennent sains et saufs !), implorait *lalla* Fatma en catimini.

— Qu'as-tu, ya *lalla* ? coupait Massiougha intriguée par la voix de sa patronne qui conciliabulait avec elle-même.

— *Ah ya bnaïti* ! répondait la mère évasive, *ma ihes el jamra kan illi yaâfiss aliha* ! (Ne ressent la brûlure que la plante du pied qui foule la braise ! Ô ma petite).

— *Essaber ma kifou doua lilgaleg ou ma issir chay illa bi idhen el khaleg*

(La patience est mère des remèdes et rien ne se décide sans la volonté de Dieu !), répondit Massiougha pour apaiser le ras-le-bol.

La maîtresse soupirait et la servante s'éloignait, l'index posté sur l'acte de foi : « *ichidda fi Rabbi ya lalla* (Que Dieu nous accorde sa miséricorde !) ».

Massiougha servait son maître avec une affection et une patience viscérales. Elle veillera au repos de Kadem, jouera le rôle du cerbère pour éviter des incursions malheureuses et le soir venu, elle invoquait les esprits pour qu'ils réservent un meilleur futur au fils de sidi Djilani !

ZARZIS 1953. LE MÉDECIN DE LA COLONISATION

Ce matin-là *si* Djilani eut un entretien téléphonique avec Béchir et lui fit part de l'incident qui confronta Kadem au médecin de la colonisation. Craignant une réaction violente de la part du Birou arab. *Lalla* Fatma vécut les coulisses dans l'expectative du pire, qui menaçait la liberté de Kadem. Elle espérait pourtant que son fils troquerait une vie plus sereine dans le bled, mais ses chimères déchantaient face aux réalités du quotidien.

Sa présence même pouvait lui occasionner des problèmes irréversibles face à l'esprit subversif des maîtres de la geôle de plein air. Kadem ne mettait pas de gants pour dire les vérités, son caractère indépendant et entier lui valut la galère et les éloignements.

À présent, le commandement militaire le soupçonnait d'inspirer l'action de résistance auprès de la population de Zarzis. Plus grand-mère vivait son calvaire et plus elle envisageait la fuite de son fils vers l'étranger… loin des territoires. La réflexion de Massiougha détourna l'attention de sa maîtresse.

— Sidi est souffrant, dit-elle, je lui ai fait boire une tisane d'armoise avec un peu de miel. Kadem la coupa, la voix enrouée, un imperceptible sourire aux lèvres : « Il vaut mieux un grog avec une cuillerée de Rhum ya Massiougha ! »

— Veille à ce qu'il ne manque pas d'Évian, avait dit grand-mère pour toute réponse.

— Sidi refuse de s'alimenter *ya lalla,* chuchota la servante peut-être doit-on lui faire un enveloppement pour qu'il transpire ?

— Petite sotte ! Prépare plutôt le *broudou* et propose-lui un bol. C'est sa bronchite qui reprend avec l'air marin, ah... *ya hanana,* Kadem a beaucoup souffert dans les geôles de…, sa gorge se noua comme si le terme de prison avait le pouvoir maléfique d'un telson de scorpion. Elle marqua un temps d'arrêt, plia la jambe en tailleur, puis renifla bruyamment pour remplir ses bronches d'air avant d'ajouter « *ya bnaïti, sidek wajah mghagher fransa* (Sidek a bravé les trous de la France) ».

VISITE MÉDICALE

Le médecin refusa de se rendre au chevet du malade. Le fils Bouhafa dut rejoindre l'aire coloniale malgré la fièvre qui lui raidissait les membres. Triki affréta le cabriolet et ils s'engagèrent dans le chemin qui menait vers le quartier des orfèvres juifs. Nécim, Esther et Khlifa assis sur le seuil des échoppes, saluèrent Kadem en demandant des nouvelles du patriarche "*si* Zilani".

En me racontant l'incident, ma mère dira simplement que les paroles avaient dégénéré en dispute et qu'ils en étaient venus aux mains.

Kadem reprocha au médecin son comportement indigne de l'éthique et du civisme.

Ma mère termina ses confidences avant que ses pommettes roses ne virent au pourpre. À l'évocation de ces souvenirs, elle détourna son regard pour se prostrer dans une attitude mystique.

« *Allah yarhmek oukhay* ! » (que Dieu ait ton âme frérot !)

Je comprenais qu'elle était saturée, nous reportions les contes jusqu'au moment où « Soumeyazad » reprenait sa muse pour déballer ses récits avec exaltation et une exactitude phé-no-mé-na-le.

LA FUITE

En début d'après-midi, grand-père dépêcha une voiture conduite par son neveu Belkacem pour transporter Kadem souffrant à Djemmal. Mes grands-parents évaluèrent la gravité des faits et attendaient, d'un moment à l'autre, l'incursion des autorités du Bureau des affaires indigènes.

« Ô fils, expliqua *si* Djilani à Kadem, même s'ils manifestent l'intention de t'arrêter, les agents réfléchiront quant à la présence de tes neveux Kamel, Chaker et Essia pendant le voyage. Belkacem fera le nécessaire pour passer les barrages, il a la sympathie du Lieutenant, Dieu vous protège !

Les territoires de Médenine dépassés, les occupants de la voiture soufflèrent avant de s'engager sur la route de Sfax. Père et mère attendaient le convoi avec, dans le cœur, la pondération inhérente aux croyants qui se plient à la volonté divine face aux aléas pour reconnaître à Béchir et Soumeya, leur rôle d'aînés et leur sens de la responsabilité dans les problèmes qui touchèrent les membres de la famille.

Aussitôt arrivés, Kadem se rendit à Sousse pour contacter ses amis les nationalistes du Sahel. Je citerai au passage quelques noms liés au souvenir de nos aînés : Zahouani, Skandrani, Ben Hlima, Nabli, Razgallah, Ben Chrifa, Souaa, Bouzouita et d'autres.

Kadem n'était pas de retour quand la brigade se présenta dans le bureau du Receveur. Je revois parfaitement ces scènes qui m'ont marquée et qui justifiaient une cause à laquelle la petite fille commençait à adhérer.

Toutes ces discussions gravitaient autour des activités de mes proches pour devenir dans le suivi, notre souci quotidien.

« Mon frère n'est plus là, avait-il répondu et je ne suis point responsable de ses actes. Il est vrai qu'il m'a rendu visite, mais je ne réponds pas de ses allées et venues ! »

Lorsque le brigadier insista, Béchir irascible lança : « Kadem est majeur et puis si vous voulez allez le chercher à Sousse, Msieur ! ».

Père en eut ras-le-bol de toutes ces contorsions verbales et ces formules caoutchouc dont usaient les policiers pour ruser dans leurs questionnaires ! Une fois partis, il monta prévenir ma mère et donna libre cours à sa colère et la peur de l'avenir sombre…

« Il faut absolument que Kadem fuie, ajouta Béchir, c'est l'unique moyen de brouiller la piste et de lui éviter l'arrestation. Je l'avais prédit ! ».

Il battit des mains, puis s'exprima dans les termes du terroir : « *ya hleli, ya hleli* ! ». en pensant à la main rouge qui cernait les militants pour leur dresser des guet-apens !

En se remémorant ces scènes éprouvantes, ma mère me parla de la longue nuit qu'ils passèrent à cogiter le stratagème de fuite, pour le concrétiser dès le lendemain.

Père organisa le scénario pour aider son frère à s'évader dans la camionnette des services techniques. Le chauffeur se gara sous la tonnelle et s'assura qu'il n'y avait pas de patrouilles ou des regards curieux. Kadem prit place par l'arrière, déguisé en agent d'exploitation et vêtu de la combinaison bleue des techniciens téléphone-télégraphe. Des lunettes sombres et le chef recouvert d'une casquette compléteront l'accoutrement.

Il s'assit sur un tabouret au milieu des rouleaux et des échelles en tournant le dos à l'ouverture arrière. Les grilles s'ouvrirent et le camion démarra en direction de Sfax, destination du courrier, le reste de l'itinéraire du fugitif voué à la volonté de Dieu. À la fin de l'opération mes parents étaient blafards presque aphones.

Je revois mon oncle rattrapé par sa destinée et l'inquiétude de mon père qui n'avait d'autre issue que le concours d'un Dieu toujours présent ! Pour nous transposer dans le vécu de cette période tellement grave, Charles André Julien écrit : « *En effet l'année 1953 compte parmi les plus néfastes de la politique française dans les protectorats maghrébins* ».

Mohamed Sayah retrace avec force détails l'esprit de cette période dans son livre "Le Néo-destour face à la troisième épreuve 1952 – 1956".

"*Dans le bulletin d'information n°3 du Néo-destour paru le lundi 12 janvier 1953, on rappelle que « Bourguiba est, et demeure, l'expression de la conscience nationale et, sans cesse présent dans toutes les mémoires. Aucune personne ne pourra l'en effacer.*

{...} Le nouveau Président du conseil René Mayer, confia le portefeuille des affaires étrangères à Bidault dont le catholicisme sectaire aux nationalistes rassurait pleinement les prépondérants.

{...} La partie réservée aux protectorats dans la déclaration d'investiture prononcée devant l'assemblée nationale, le 06 janvier 1953, par le Président désigné est semblable à celle de son prédécesseur Antoine Pinay.

{...} Non seulement, il n'est plus question d'autonomie interne, mais ni le délai probatoire ni même les étapes ne sont fixées pour aboutir à un mode d'administration sur lequel il n'est fourni aucune précision.

Devant le congrès radical socialiste de Batna René Mayer (rapporte Charles André Julien) se montra plus libre et plus explicite.

La France ne s'est pas donné de congé en Tunisie et au Maroc, et elle interdit aux Français vivant dans ces deux protectorats de se donner congé à eux-mêmes, car, dans ces deux protectorats, il ne saurait être question d'une gestion politique et administrative excluant une participation française".

Le gouvernement du Quai d'Orsay n'avait-il pas manifesté son courroux lorsque son excellence sidi Mohamed Chenik changea son cabinet ministériel sans en référer au gouvernement ce qui provoqua la réaction violente d'une France acharnée et épidermique.

Sa volte-face et les impondérables décisions de la Résidence, loin de dissuader le comportement des Néo-destouriens auront pour effet d'électriser la population par un regain de patriotisme malgré la situation politique très tendue. Kadem comme les autres quittera le territoire pour rejoindre les Leaders repliés sur le Caire.

Dans le même ordre d'idée, Mohamed Masmoudi écrit à Abed :

> Paris le 15 Mars 1912,
>
> Mon cher frère Abed
>
> J'espère que ma lettre te trouvera bien à New York. Je ne t'avais pas écrit uniquement parce que je ne savais pas que tu allais prolonger ton séjour au Caire. Je sais que tu y as mené une activité intense et que tu ne t'es pas arrêté aux agaceries et mesquineries du syndicat des envieux que hélas tu rencontres partout sur ta route. Je te remercie du fond de mon cœur et très fraternellement de ta gentille lettre. Je saurai mériter de ton estime, de ta confiance et de tes nobles sentiments à mon égard. Je ne peux naturellement que te remercier plus vivement du rapport que tu as établi sur les événements du Cap Bon que tu as remis au Secrétariat de la Ligue et que tu as signé en mon nom en y collant pour les besoins de la publicité et de la cause l'étiquette pompeuse de Secrétaire permanent de la délégation ministérielle tunisienne. Ce qui a permis aux amis du Caire de fulminer contre moi et de déverser bêtement leur fiel et leur bile. Tout cela parce que j'aurais usurpé le titre de Secrétaire permanent dont je m'en fous éperdument. Au lieu de tirer profit de la diffusion et de la large et fructueuse publicité que tu as donnée aux opérations de ratissage dont tu as su dégager admirablement les aspects abjects et horribles, au lieu de juger le rapport [illegible] résultats [illegible] leur importance

LA VALISE D'ÉCRITS

Après le départ en catastrophe du fugitif, Soumeya ressentit une véritable angoisse. Grand-mère lui avait confié une valise de documents appartenant à Kadem.

Lalla Fatma avait tremblé toujours en quête d'un endroit sûr pour cacher la paperasse personnelle de son fils. Coupures de journaux, *La Voix de l'Étudiant*, articles prohibés, manuscrits, numéros de *L'Action tunisienne* reliés (d'après le témoignage de Kafila) dans un grand registre, lettres d'Abed, de Bourguiba, photos de militants, cartes d'adhésion au Néo, traces de procès… que sais-je d'un bataclan compromettant pouvant occasionner un véritable malheur !

AU BUREAU DE LA POSTE

Ce jour-là, père vaquait à ses dossiers, mais il avait l'esprit ailleurs. Les soldats occupaient le jardin, l'état d'alerte et le couvre-feu décrétés à travers le pays. Les agents au guichet manifestaient de la nervosité. Des militaires louvoyaient pour assurer la garde de l'édifice administratif français.

« Que peuvent bien faire les filles là-haut ! » s'inquiéta Béchir depuis son bureau. La peur, lorsqu'elle étreint, est dure à ingérer comme un sentiment qui avilie, froisse l'amour propre et dérange les repères. Loin de se douter de ce qui se fomentait à l'intérieur, les légionnaires sifflotaient, clinquaient des armes et dialoguaient par intermittences. »

« Il faut un mandat de perquisition, dit le père pour calmer l'inquiétude, il vaut mieux détruire les écrits de Kadem car les autorités, dans des moments de rage répressive, pouvaient outrepasser les droits. » De son côté Soumeya pensant réduire les dégâts, envoya un paquet ficelé dans un vieux tissu pour le mettre en lieu sûr dans la famille de *si* Fradj Abdelouahed. Aïcha sortit discrètement, chargée de son précieux paquet, à la barbe des sénégalais. Elle ignorait l'importance de ce qu'elle transportait et tira pudiquement le voile noir sur sa poitrine grossie.

« N'oublie pas, recommanda sa maîtresse, de porter aussi le tamis à lellak Ftouma ».

Les camions garés en face bouclaient le quartier. Aïcha les contourna et continua son chemin. L'image de “la Fatma-allant-rouler-son-couscous-chez-les-voisins” faisait partie intégrante du folklore et se prêter des ustensiles entre villageois tout à fait usuel.

Aïcha déballa son mot de passe et *Ommi* Ftouma réceptionna discrètement le paquet.

— *Hahou tarf souak ou chid illi jak* (Voilà le brin de tannin, garde-le précieusement), te fait dire *lalla* Soumeya.

Au passage, rendons hommage à Aïcha et reconnaissons-lui comme à toutes les autres le rôle actif qu'elles remplirent au sein de la Révolution Nationale, car le concours des femmes contribua à établir les liaisons entre les différents points de résistance.

En Afrique du Nord, elles furent des agents incontrôlables, transportèrent sous leurs voiles, dans leur giron où soigneusement cachés au fond des couffins messages, écrits, armes et munitions.

En haut de l'appartement, l'opération se poursuivait.

— Il y a de quoi envoyer tous les hommes de la famille à la potence ! dit l'une.

— Il ne faut pas brûler les papiers dans l'âtre du poêle, conseilla Kafila, il y aurait beaucoup de fumée.

— Oui ma petite, l'odeur du brûlé nous trahira par la gaine de la cheminée…

Mère et fille se concertaient à pas feutrés en s'entretenant par des hochements de tête et des regards cillés. Je revois l'attitude de ma mère assise sur un tabouret au milieu du couloir face aux Water-Closet. La cadette triait et Soumeya allumait un papier après l'autre, à l'aide d'une bougie. Lorsque le document finissait de se consumer entre ses doigts, elle l'effritait au-dessus de la bassine remplie d'eau. Kafila déversait délicatement le liquide brunâtre dans la fosse septique. Ma mère accomplissait ses gestes, mais semblait absente et désabusée. Toute la paperasse qu'elle manipulait, avait-elle le droit de la faire disparaître ?

« Des deux côtés, mes flancs brûlent ! » dira-t-elle en soupirant.

L'enjeu était grave et la destruction des écrits entamée. Kadem avait pu prendre la fuite certes, mais avec l'escalade de la répression, la découverte des documents pouvait compromettre plus d'un membre de la famille en premier lieu, ceux qui les recelaient.

La décision prise hâtivement soulageait, mais un étrange sentiment de culpabilité assaillait Soumeya. Kadem était présent à travers ces papiers épars, jusque dans l'incandescence des cendres et la bougie qui vacillait. Soumeya retourna un éditorial du journal *Le Nouveau Maghreb* à demi consumé et une larme suinta.

Il avait tant fait à Bordeaux pour l'éditer avec la fougue de sa jeunesse et l'ambition patriotique ! D'autres images pénibles lui flagellaient l'esprit ; Fériana, la réaction brutale des autorités dès la parution du journal, la position de *sidi* blessé dans son amour propre.

Elle poussa un ouf de soulagement alors que tout s'envolait pour se déliter dans une vulgaire cuvette…

Je demandais souvent à ma mère si elle avait conservé des écrits ou certains documents se rapportant au parcours de mon oncle et qui justifieraient ce qu'elle me relatait. Ma question la dérangeait car un jour elle me répondit le visage contorsionné : « Le jour de la mort du regretté Kadem, j'ai pensé aux documents qui immortalisent leur auteur. Je le regrette ! reprit-elle. Sous la contrainte, j'ai dû accomplir l'irréparable contre l'irréparable outrage de la répression. La conjoncture était des plus tendues, avec l'apparition de la Main rouge nous ne savions plus quel était notre ennemi. Je suis consciente d'avoir brûlé des pages précieuses, authentiques, l'histoire de mon frère ». Soumeya se tut puis ajouta laconique : « n'avait-il pas la veille de sa mort demandé à ta sœur aînée de prendre un stylo et une feuille de papier ? Pourquoi avait demandé Kalthoum ? Prends la peine de m'écouter ma chère, je vais te dicter l'histoire ! », avait-il répondu.

Ma mère comme la plupart des indigènes au moment de l'occupation, savait l'existence de ces fiches signalétiques que le deuxième bureau préservait afin de cerner, filer et arrêter en temps voulu les militants. Mais elle ignorait que la nation colonisatrice conservait ces archives « pieusement » pour les transporter en Métropole au lendemain de l'indépendance. La Tunisie racheta les documents imprimés sur des films. Les bobines reposent maintenant, pour la postérité, dans les nouveaux systèmes informatisés à l'Institut du Mouvement National. Les fils Bouhafa dorment en paix, répertoriés dans ces centres d'archives qui témoignent de leur dévouement souscrit pour donner tout son sens et son contenu, au combat pour que vive la Tunisie.

1952 – 1953. L'APANAGE DE LA MAIN ROUGE

Les réformes municipales imposées à la population consacraient la co-souveraineté et préparait l'intégration totale de la Tunisie. La France désireuse de maintenir son autorité était consciente que ses adversaires devenaient plus vindicatifs et plus endurcis.

La Métropole multiplia l'effectif militaire pour contrer la guérilla, réprimer l'insurrection et traquer les chefs maquisards.

On cite à titre d'exemple : Hassen el Ourdani qui tint la dragée haute contre les militaires français dans le Sahel, Lazhar Chraïti se distinguera par ses prouesses dans la région du Chott et du Djérid, les frères Haffouz laisseront leur épitaphe gravée dans l'histoire de la région basse Kairouanaise, Mosbah Djarboua, le guépard aux yeux bleus des Touazines fera trembler la colonie Française dans les territoires !

Dirigée par le ramassis d'italiens-maltais-corses-pieds-noirs, l'abominable mafia de la Main rouge fit son apparition pour s'acharner, en tandem, avec certains gouverneurs racistes sur les nationalistes destouriens et même sur les bons français.

Ces Al Capone du crime connus pour leur cynisme corrosif opéreront sans foi ni loi en terrorisant le pays.

En décembre 1952, Farhat Hachad, chef syndicaliste tombe dans le guet-apens, on l'achèvera quelques mètres plus loin à la bifurcation de Radès. Le mois d'août 1953, Hédi Nouira échappe à une tentative d'assassinat jusque dans son domicile à Tunis. En octobre de la même année, Hédi Chaker fut éliminé froidement par ces pourvoyeurs du crime. L'abominable Colonna fut le principal défenseur de la caste des colons et l'administrateur de leurs privilèges. Sénateur raciste jusqu'aux os, il défendra la présence de ces français criminels sur la terre tunisienne. La population arabe vécut mal cette période tumultueuse face aux harangues des gouverneurs et l'apanage de la Main rouge. Un véritable climat de terreur et de chasse à l'homme régnait dans le pays.

Les représentants du Néo-destour durent sortir de leur clandestinité pour s'expatrier, s'ils n'étaient pas déjà éloignés ou gardés à vue ! Tout cela assenait un coup psychologique terrible au sein de la population militante.

— Tu veux être éliminé comme eux ?, avait dit grand-mère un jour à Kadem en lui conseillant de s'écarter de l'activité destourienne.

— Et si c'était inscrit dans ma destinée ?, avait-il répondu calmement.

Grand-mère adorait son fils et partageait les plaisanteries dont certaines pouvaient être amèrement ressenties.

Le chapitre développé aura pour principale héroïne *lalla* Fatma Ghöla qui composa avec l'aide de ses frères Djabnoun, le processus de fuite de son fils retourné du Sahel, la police à ses trousses.

Le devoir nous incombe d'immortaliser ces témoignages pour les transmettre à nos générations futures, afin de rappeler les horreurs commises par les forces de l'ordre à la solde de colonialistes criminels et assoiffés.

ZARZIS. LA DÉCISION

Grand-mère revint à *Dar-el-Bhar* et *si* Djilani lui posa une curieuse question : « Quand est-ce qu'on envoie le *bsat* (tapis persan) ?

Elle ne répondit pas, s'approcha du patriarche lui couvrit les membres, puis s'assit en tailleur sur la banquette. *Si* Djilani était souffrant, en proie à un accès de tension artérielle, doublé d'un pic de diabète. Bint Djebnoun orienta la discussion sur le sujet urgent et parla des préparatifs. Son frère Dhaou partait en pèlerinage et *lalla* Fatma s'était concertée avec lui pour organiser en catimini la fuite de Kadem. Les frères Djebnoun d'une discrétion absolue étaient à la dévotion de leur sœur. Le stratège décidé conclu et tu, *lalla* Fatma chargea Triki le jeune métayer d'affréter la charrette et de ligoter l'agneau, destiné à l'offrande au mausolée de sidi Sayah el Bouali el Accari.

Ma mère précisa que son oncle Dhaou pratiquait le commerce et le troc et qu'il connaissait parfaitement les régions limitrophes. Il se déplaçait pour traiter les marchés; la marchandise s'affrétait à partir de l'Égypte et de la Turquie via la Tripolitaine à dos de chameaux.

La caravane rentrait *flaga* par les points frontaliers où Dhaou avait de bonnes relations avec les tribus, particulièrement Arch Ben Khédher et Arch Ouled Chandoul.

« Pourquoi donc, pensait grand-mère dans son bled militarisé, être plus royaliste que le roi et s'entêter à vivre dans la clandestinité ? »

LE SCÉNARIO DE FUITE

Ce jour-là, grand-mère fit des instructions à Bak Messaoud afin qu'il soit vigilant en cas de passage de gardes par la route de la plage.

Le père Messaoud se jucha sur le faîte d'un palmier dont il commença à élaguer les branches. Telle une vigie accrochée au mât, le noir coulait des regards furtifs sur les résidences des militaires. Rien ne semblait déranger le calme de couvent qui planait sur les aires coloniales. Les capitaines repus festoyaient autour d'un verre de digestif dans la pénombre rafraîchissante de leurs intérieurs mitoyens à la résidence *Dar-el-Bhar*.

Lorsque ma mère Soumeya bent Khelil Chetioui me décrivit la scène, je repensais aux moments agréables de l'enfance, je contemplais Bak Messaoud qui grimpait comme un singe sur les arbres. Je revois ses gestes, la mouvance de son échine sur les troncs, j'écarquille les yeux, la boule d'ébène se détend comme un jouet mécanique, j'entends la faucille tanguer dans l'azur fauchant les palmes l'une après l'autre, grand-mère l'interpelle pour le solliciter à quelqu'autre besogne, il répond en chantant avec un sourire cristallin. Les passants s'arrêtaient pour s'enquérir des nouvelles de *Dar-el-Bhar* :

— Messaoud... ô Messaoud, *chenni halak* ?

— *Zaï el acida fil assel ou smèn fil kouz* ! (Parfaitement, comme un Baba qui nage dans un puits de miel et de beurre). répondait-il sans se détourner de sa tâche.

Les oiseaux roucoulaient, la voix langoureuse faisait écho dans le calme sécurisant. Les scies crissent, s'arrêtent, une palme tombe, Bak Messaoud tait sa mélodie essuie du revers de la main la sueur puis reprend sa besogne de barbier. Les branches grisailleuses et détériorées par l'érosion marine et les vents sahariens serviront au montage des huttes. Décapité, le palmier fera le délice des gosiers; une gargoulette scellée par une corde servirait de réceptacle à la sève blanchâtre. La subtilité exquise du goût, la consistance laiteuse du *joummar* fouette les papilles à l'instar de la madeleine de Proust « *À la recherche du temps perdu* ».

Les dérapages sont la trame de ces recueils et cette évasion vers les impressions ressenties dans la convivialité procure des sensations inégalables de bonheur et de tendresse filiale.

Bak Messaoud savait que l'amour de ses maîtres était plus grand que cette nature, cette mer irisée et le ciel cosmique qu'il regardait du haut de son mât. Ses yeux scrutèrent les alentours, rien à l'horizon ne semblait rompre la quiétude habituelle. Le nègre éleva sa mélodie, le mot de passe donna le coup d'envoi à l'action.

L'ÉVASION

Midi sonnant, grand-mère se couvrit de son voile blanc dont elle piqua le pan avec sa fibule dorée puis grimpa sur la charrette et ordonna le départ. Derrière ce convoi conforme aux traditions rurales du pays, un homme vêtu d'une blouse blanche, coiffé d'un chapeau de palmes et chaussé d'espadrilles suivait en traînant sa bicyclette. Habillé d'une blouse d'infirmier, Kadem Bouhafa avait pour consigne de suivre à distance la charrette jusqu'à la fin de la corniche, chemin de patrouilles et passages de convois militaires. Dans la voie menant vers la Sabkha, la charrette faisait crisser le gravier sous ses roues caoutchoutées. L'infirmier suivait, chapeau baissé et lunettes teintées. Puis le convoi s'engagea dans une piste conduisant au domaine de Rhouma Kliche, frère utérin de *lalla* Fatma. Triki lâcha les rênes et tanty Dhraïfa monta discrètement. Un peu plus loin le convoi se retrouva nez à nez avec Fatma bent el Boghdadi.

« Où vas-tu frérot ? » remarque la cousine germaine, étonnée de voir Kadem vêtu d'une blouse blanche et passant par ce chemin.

Il répondit laconique… craignant la logorrhée de la cousine : « Dans la *sénia* des Dhouib où je dois faire une piqûre à Khéria.

Grand-mère se raidit et invoqua le Suprême pour qu'il bénisse l'opération de son infinie miséricorde, elle avait peur que la nouvelle ne s'ébruitât et face au dramatique cocasse, l'être pris au dépourvu prétextait n'importe quoi !

Quelques mètres plus loin, la silhouette de Béchir Khénéchil se profila derrière le talus de figuiers de barbarie. L'intervention fut rapide, le fils de Dhraïfa aida Kadem à monter sur la charrette, récupéra l'accoutrement, enjamba la bicyclette. Kadem troqua la blouse pour revêtir une *jebba*, il se coiffa du *kebous* et s'enroula tant bien que mal dans la *ouazra* traditionnelle. Grand-mère lui noua, à la corsaire, un foulard dégoulinant d'huile et d'herbes, lui jaunit la face avec du safran dilué dans l'eau de rose et le malade posa sa tête sur la jambe pliée en tailleur, parmi les bêlements et les senteurs de kort. Pour chaque étape franchie *lalla* Fatma remerciait son Dieu, en souhaitant que son fils acceptât docilement toute cette mascarade.

Dans la nature, des cavaliers invisibles quadrillaient le convoi qui trottait librement sur la route asphaltée, en direction de Ben Gardane. Soumeya narrait et mon esprit pensait à grand-mère, à son endurance avec pour seul soutien, un ciel clément et un soleil de plomb !

— Pour un cœur vaillant rien n'est impossible ! », m'expliqua-t-elle. Ma mère racontait les faits tels qu'ils s'étaient passés, mais il lui plaisait de se distraire à bâtons rompus.

— Sais-tu ce qu'a dit un jour Dhraïfa en passant par *Dar-el-Bhar*, alors que les servantes s'activaient en plein ménage et récurage, vas- y les seaux d'eau et les brosses de chiendent.

— Ô Tribu B ! Vous passez votre temps à frotter la pierre, profitez de la vie, faites comme moi, un coup de balai et la terre est tamisée avec le régime du palmier !

Bien que la vie ne l'avait pas gâtée, la spirituelle la glanait comme elle se présentait dans le sommet ou dans la dèche, héritage de gènes que Dhraïfa partageait avec son frère Rhouma Kliche. Pour rappeler que ses neveux vécurent en sa compagnie une véritable apothéose.

À bord de la charrette, les deux sœurs conciliabulaient, mais Kadem paressait silencieux et résigné. De temps à autre, il questionnait Triki sur les différentes étapes franchies et le métayer répondait avec réserve. Le patron lui avait recommandé d'expliquer aux éventuels contrôles de route, qu'il conduisait simplement une famille dont le fils était moribond au mausolée du vénéré sidi Sayah. Bien sûr, le cocher préciserait dans son français « cassé » que la mère était aphone la tante sourde et le malade comateux !

Le métayer semblait entendre des voix qui lui commandaient de s'arrêter et de décliner les identités. « Eh toi… où vas-tu comme ça ? »

— Et si les gardes de Choucha Touila et de sidi Touaï, nous rattrapaient ? La voix de la maîtresse lui pulsait du courage et il claquait du fouet en imaginant d'autres dialogues plus rassurants : « Et quand bien même ils nous rencontreraient en présence de la famille le bon officier du Goum Saharien ordonnerait magnanimement : "Allez, c'est un convoi de tribu, pardi ! Laissez passer… circulez vous autres et n'oubliez pas de nous demander la baraka dans votre Marabout ! "»

— Pour qu'Allah guérisse leur malade ? Ah… Ces indigènes, ces *ras marbout* (ces têtes d'ignares!).

— Ah… ha...ha… !, ironiserait l'autre, arborant chèche et pantalon saharien, le sourire en coin si spécifique au rictus colonialiste.

Le métayer chassa pour un moment ces idées saugrenues et l'espoir même fictif donnait du fouet et régulait le trot.

La charrette s'écarta un moment de l'asphalte fendillé pour s'engager dans une piste qui serpentait à travers les alignements d'oliviers. L'après-midi s'estompait, le crépuscule illumina l'espace quadrillé de frondaisons vert olive.

Lalla Fatma harassée par la fatigue somnolait d'un œil, vigilante à tout écho. « Qu'à Dieu ne plaise, l'opération pouvait échouer à tout moment, se dit-elle, en réfléchissant aux directives données par son frère Dhaou. Les cavaliers intrépides pourraient-ils effectuer à temps leur mission ? »

À partir de Zarzis, Dhaou Djabnoun téléphona la veille à la personne concernée pour l'aviser du départ imminent du *bsat*.

Arch Ouled Ben Khedher et Ouled Chandoul s'étaient mobilisés pour réceptionner le fugitif comparé au tapis volant (mot de passe). Au fur et à mesure que les roues réduisaient la distance, le cœur de la mère chavirait et son esprit grisé par l'environnement réfléchissait au nombre de personnes qui foulèrent ces contrées désertiques. Combien de brigands, de cavaliers intrépides, de caravanes de chameliers avaient transité ? Son fils victime de son destin foulerait ce chemin enserré entre la mer de Ras Djedir et les étendues miroitantes des Sebkhas.

« Le flux d'hommes, qui passèrent par ces régions limitrophes, charria des civilisations ou annonça des guerres ! » dit *lalla* Fatma. Grand-mère s'était transposée dans la mémoire collective et tirait les faits héroïques répertoriés dans son lexique de femme tribale. Soudain elle fit part à Kadem attentif, des épopées tirées du *Tarikh ejdoud* : « Ô fils, dit-elle ce sont les Accara et les Touazines qui aidèrent le combattant suprême à pénétrer en Libye lors de son évasion de Tunisie en 1945. Mohamed el Méliane, continua-t-elle, lui prêta asile dans Tripoli, avant de le présenter secrètement aux personnalités influentes qui se chargèrent de le faire transiter jusqu'aux portes du Salloum ! Dieu t'aidera, Abed a prévenu Béchir Sadawi qui prendra soin de toi en Libye ».

Grand-mère ignorait qu'un jour sa petite fille consulterait les centres d'archives et que les documents corroboreront ces dires.

— *Inchallah ya oueldi* !, tu trouveras toi aussi les âmes charitables qui t'aideront dans ton périple. Tes tantes, les sept filles Douihech, n'avaient-elles pas aidé leur neveu Amor Bouaïcha à fuir la répression coloniale par ces mêmes contrées ?

— Les *jdoud*, intervint Kadem, savaient ô… mère qu'une Révolution se mûrit et la vengeance des indigènes ne saurait tarder !

— En annexant le Sud, continua l'interlocuteur et en pacifiant ses tribus restées au fond d'elles récalcitrantes, la France et ses visées assimilationnistes planifia sa réussite, sans prendre en considération les ressentiments de la population, mais le volcan explose un jour !

— Sauve ta peau, trancha *lalla* Fatma, et à l'avenir d'en décider ! Sans l'écouter, le militant enchaîna : « La prise de conscience des indigènes se concrétise par toutes ces formes de lutte et la France sera obligée de céder ». Il fit une pause puis s'adressa dans la langue du terroir pour la dérider : « *Omma* ! Le message transmis depuis les aînés se perpétue… peut-être verrons-nous la libération de l'Afrique du Nord, ce Nouveau Maghreb qui s'unifiera un jour !

— *Inchallah* ! répondit évasivement la mère.

Kadem continua sur un ton plus bas comme s'il s'adressait à lui- même :

— Souviens-toi, car le souvenir est une conquête des croyants, avait dit Mounir Erraïss !

Il se tourna vers sa mère pour lui expliquer la pensée du Leader Syrien et comment celui-ci envoya un manifeste en 1946 aux Tunisiens pour soutenir la cause Maghrébine.

— Tu ne fais que perpétuer le souvenir des luttes entreprises par les générations antérieures, *ya oueldi*, mais, supplia-t-elle, prends garde à toi le pays est dans l'insécurité, c'est la France l'intransigeante ogresse qui gouverne, comme le destin est amer, ô fils !

Ils avaient arrêté leur dialogue, chacun investi dans ses pensées lorsque soudain deux chevaux firent leur apparition, la jument piétina d'énervement et Triki tira sur le mors.

Deux cavaliers armés, masqués de chèches continuaient silencieusement à encadrer le convoi ; en fait ils guettaient le moment opportun pour arrêter la charrette et faire monter Kadem sur l'une des montures. Le militant remarqua les yeux irisés de l'un d'eux. Pour des raisons impératives de sécurité, il ignorait les noms. L'un d'eux, le cavalier au beau regard n'était autre que Ahmed Ben Dhaou Djabnoun neveu de *lalla* Fatma. L'autre, Ben Khedher camouflait son visage rouquin et fin, type de l'homme des tribus urbaines. Lorsqu'ils jugèrent l'endroit adéquat, ils arrêtèrent le convoi et le cavalier à l'œil frangé descendit de son cheval. Il se saisit lestement de Kadem sans proférer un mot, lui mit le pied dans l'étrier puis sauta en le maintenant devant lui sur la selle. Les deux sœurs coites remarquèrent la vélocité des intrépides et l'opération bien menée eut l'effet d'un rapt. L'adieu silencieux se fit très vite et les chevaux fulgurèrent leur galop. La mère regardait l'œil embué, le tourbillon de poussière s'engorger et voiler l'arrière du peloton, à la vitesse d'un songe, ils s'étaient éloignés et le point s'estompa dans l'infini.

— *Fi Dhmanet Allah, ya Kadem oueldi ! Ya hanani !* (Va mon fils que la miséricorde divine t'accompagne !).

Une main levée fouettait timidement l'air dans un geste d'adieu. Laminée, *lalla* Fatma donna libre cours aux décharges émotionnelles qui court-circuitèrent ses entrailles et les sanglots jaillirent. « Oh comme l'adieu est pénible Dieu ! Quel malheur, on me ravit la prunelle de mes yeux ! »

آه مُرْ الفُرْقَه يَا بِينِي   ومِن الشُّوشَه هَزُّو قُرَّةْ عِينِي

Lorsque le trot reprit, les esprits se confortèrent et l'expédition menée sous un ciel miséricordieux arriva à bon port.

Personne, pensa tout bas grand-mère, ne saura le nom du passeur, pas même le métayer ni Dhraïfa. La complicité équivalait à la condamnation et *lalla* Fatma tremblait pour la sécurité de son neveu Ahmed. Les nobles fils des tribus Chandoul et Ben Khedher prêtèrent sans retour leur soutien.

Ils traversèrent l'arrière-pays, contournèrent en connaisseurs les zones à haut risque. Au petit matin ils rentrèrent en terre libyenne après la dure randonnée nocturne, première étape avant la traversée de la Cyrénaïque et l'arrivée en Égypte.

Là-bas à l'orée de la plaine de Ben Gardane, la coupole du saint se profilait sur un petit monticule. En franchissant le seuil du mausolée vénéré, les femmes commencèrent par saluer les esprits.

يَا سِيدِي الصَّيَاحْ ويَا جِدِّي العُودِي بُومُغَّارَه
تْكُونُوا مْعَ وِلْدِي الكَاظِمْ
شَاقْ البْرُورْ والصّْحَارِي في اللّيَالِي

Traduction :
Ô Marabouts vénérés, fasse que votre Baraka accompagnât mon fils Kadem dans son dur périple à travers les contrées désertiques !

Après avoir embaumé le *thabout* (sépulture), elles distribuèrent les quartiers de viande, puis se prosternèrent en direction de la Mecque.

Ils passèrent la nuit à l'intérieur de la Kouba, au petit matin le convoi partit pour se diriger vers Zarzis. Leur mission accomplie, les deux sœurs se sentaient euphoriques, comme dégagées d'un fardeau qui leur enchaînait le pied.

Lorsque le *Khammas* déposa sa patronne près de l'huilerie khénissi, *lalla* Fatma dut rendre compte des péripéties à son frère Dhaou, commanditaire du processus. *Ya Dhaou aïni* (lumière de mes yeux), l'appelait-elle !

De retour à *Dar-el-Bhar*, Triki attacha sa mule et se dirigea vers la chambre du patriarche.

— *Sidi, el Hamdou lillah, el bsat ousal* ! (Que Dieu entende nos prières, le tapis est arrivé à bon port !)

La veille, *si* Djilani attendait leur retour.

— Dieu merci, Kadem est loin, dit-il, en maintenant l'index posté sur son acte de foi.

Le patriarche passa sa journée à prier en psalmodiant les versets du Coran. Massiougha lui administra les dernières médications, il refusa de s'alimenter, tout lui semblait insipide. La souffrance latente qu'il éprouvait et les craintes de voir son fils arrêté ou tué avaient fait perdre l'appétit à *si* Djilani.

Les destinées de ses enfants échappaient à son contrôle et il ne pouvait chasser ces idées qui lui flagellaient l'esprit. La France, dans son acharnement ne reconnaîtra pas à ces valeureux militants leur participation légitime à l'émancipation de leur pays. Elle bafoua leurs droits, les malmena, les emprisonna et les éloigna. Puis il se retourna vers la servante : « *Allah ikader el kheïr ya bnaïti* (Que Dieu brouille leurs investigations et nous protège ! Ô fille !) ».

« Faites Dieu ! Ya sidi », avait répondu Massiougha en se retirant.

LALLA FATMA, DHRAÏFA, TRIKI, LA MULE, AU BANC DES ACCUSÉS !

Malgré les précautions et l'extrême secret dont on entoura l'affaire, la fuite de Kadem Bouhafa s'ébruita comme un feu de paille le surlendemain et provoqua dans Zarzis, un véritable esclandre.

Pour savoir comment la nouvelle filtra et remonter le fil d'Ariane, ma mère fit ses confidences.

— Lorsqu'il arriva à Tripoli, Kadem se mit en relation avec Béchir Sadawi (relations d'Abed) qui l'hébergea. Le lendemain, pensant à l'inquiétude des siens, il téléphona à Ben Gardane.

— *Khali*, je te prie de dire à ma mère que le *bast* est arrivé, elle comprendra.

Soumeya ne précisa pas le nom, je compris l'effort qu'elle faisait. Comme si l'omission d'un fait l'eût culpabilisée envers ce passé tabou si facile à évoquer et à l'époque tellement difficile à vivre. La vérité historique revêtait une importance capitale pour le récit et la couardise de taille !

— Tout est éphémère *ya bnaïti*, il n'y a d'éternel que le visage d'Allah, dit-elle, fort heureusement Kadem se trouvait de l'autre côté des frontières !

— Que fait votre garde mobile et les patrouilles du goum saharien?, insinua la voix pour informer les autorités du *Birou-arab* de la fuite de Kadem.

Sitôt avertis, les capitaines Bellot et Ziller, le lieutenant Galopin se concertèrent pour prendre une mesure contre tous ceux qui aidèrent à faire fuir le dangereux nationaliste.

INVESTIGATIONS

La voiture militaire stoppa devant la véranda de *Dar-el-Bhar* et le lieutenant demanda à voir *si* Djilani Bouhafa ; on lui répondit qu'il était alité, madame, en visite dans sa famille. En fait, grand-père excédé par les machinations et le va-et-vient des autorités françaises fit attendre le lieutenant avant de le recevoir au pied de son lit. Avec la déférente courtoisie (tout à fait coloniale) on annonça le motif de la visite : « Kadem recherché et l'enquête ouverte ».

— Mon fils est adulte et jouit de ses facultés, il habite certes l'aile gauche de la maison paternelle, mais j'ignore, depuis mon lit, savoir où il est mon lieutenant !

En réalité, l'autorité ne sut comment conduire l'affaire et engager le procès. Le fils s'était volatilisé grâce à la complicité des siens, il fallait agir avec coercition pour acculer la tribu responsable.

Sur une simple dénonciation de langues trottoir, de propos rapportés par les indicateurs comme el Meejilik et sur l'appréciation d'un coup de fil, ils constitueront la trame d'une enquête bidon qui fera remonter les officiers jusqu'à la maison paternelle. L'inculpation gravitait autour de la mère, l'héroïne du scénario.

— Allez, pétarada le lieutenant Galopin, tout le monde à l'interrogatoire, la mère, les noirs, la charrette, la mule, le métayer et les témoins... tous au banc des accusés ! Une commission rogatoire interpella tour à tour les différents membres des familles Bouhafa, Djebnoun, Rhouma Kliche, Ben Khedher, khénichil, les Chouachines Ouled Boubi, le noir el Ouderni, Triki le Khammas pour déterminer leur part de complicité dans l'affaire.

— Oui, reconnurent les domestiques unanimes, nous avons effectué une pérégrination au marabout et nous avons tué le mouton du sacrifice pour une *Ziara*. Nous y sommes rendus en charrette et mule.

— Et le maître ?

— Nous ne l'avons plus revu.

Les instructeurs militaires impuissants devant le mutisme des interpellés et leur sens poussé de la solidarité tribale pétèrent l'énervement. Lorsque ce fut au tour de madame Fatma el Ghöla de répondre au questionnaire, grand-mère dit-on, joua le tout en se faisant passer pour une sourde muette. Ma mère s'était arrêtée, elle n'arrivait plus à contrôler son rire, prémices de l'anecdote croustillante qui suivait même si l'enjeu au moment des faits avait été autrement pénible.

— *Omma*, dit-elle, avait répondu en gesticulant ! L'interrogatoire commença au domicile de sidi puis dans le bureau du médecin colonel qui dut ausculter la mère de Kadem afin de déterminer le seuil d'incapacité auditive et trouble du langage, s'il y avait lieu !

Personnellement, je ne pus m'empêcher de rire tant l'image de ma grand-mère, grimaçant aux yeux du toubib, m'avait semblée pétillante de malice.

— Le docteur, dit-elle, lui demanda de former un "O" avec les lèvres après avoir mimé lui-même la voyelle !

Bint Djabnoun gonfla ses « mandibules » puis, trop contente de mûrir sa revanche, lâche une série de pouet-pouet-pouet...

Qu'avait-elle à prouver, elle, qui se fichait littéralement de l'autorité et de ses procédés abusifs ; le lièvre courait la garenne en territoire Tripolitain advienne que pourra maintenant !

Cependant *lalla* dut affronter la routine coloniale et la pression des gardes qui s'acharnèrent à lui tirer des aveux bien que certifia ma mère, tout se passa dans les règles de la bienséance par égard et pour ménager l'opinion générale des Arch Ouled Bouali, car l'affaire aboutira dans l'impasse.

— Je passerai, expliqua ma mère, sur le harcèlement et les tergiversations subis par l'oncle Dhaou Djabnoun dont les allées et venues aux convocations devenaient quasiment quotidiennes au bureau des affaires indigènes.

À un moment de ras-le-bol, sa colère éclata en présence du *Kmanda* (commandant) qui voulait à tout prix l'acculer et condamner son fils Ahmed.

— Je suis prêt, vociféra le terrien, à vendre une *houaza* pour mander le meilleur avocat de France qui défendra la cause de mon fils, tout illettré que je suis ! Vous n'avez aucune preuve. (Témoignage recueilli auprès des proches et reproduit intégralement).

L'affaire s'enflamma comme un fétu de paille et les investigations allèrent bon train. En assénant un coup psychologique au Destour dans le Sud, les autorités n'en étaient pas moins conscientes de l'ampleur provoquée et de la vindicte tribale. Cheikh el Bled qui tirait son pouvoir de l'autorité de la coutume et de la tribu dont il symbolisait l'unité et la direction politique, conseilla aux supérieurs d'éviter la colère des Arouchs, tous apparentés à la mère de Kadem. « Ils sont solidaires », confia-t-il en médiateur.

En fait, les aînés de la cellule des Accara s'étaient concertés pour dépêcher Cheikh Ali Khelil auprès du commandant du Secteur.

Ces mêmes officiers avaient mené la vie dure à Kadem lorsqu'il se trouvait à Zarzis, selon les dires d'oncle Ameur Sraïeb, ayant été lui-même commissaire, il reconnaissait que Fourche Dallo et le capitaine Bellot cherchaient toujours des biais pour ennuyer Kadem…

En faisant allusion à la solidarité tribale, ma mère termina par cette poésie. :

مِنْ صَابْ خُوتِي ثْلاثِينْ ووْلادْ عَمِّي بْزَايِدْ
لا نَاكِلْ لُقْمِة الذلّ ولا نِلْبِسْ الجَرْدْ بَايِدْ
العِرْسْ يِبْغِي الدّوِيلَه والعَرْكْ يِبْغ المَشَالِي
وإلِيّ خَرَجْ مِن العَرْشْ يُرْخُسْ ولَوْ كَانْ غَالِي

Traduction :
Je souhaite avoir trente frères et plusieurs cousins
Pour vivre dans la dignité et la quiétude
Car celui qui s'écarte de ses racines
Perd ses valeurs, ses titres et sa notoriété.

Le lendemain, ma mère se rappela d'un complément de l'histoire. En l'observant, je compris qu'elle vivait des émotions qu'elle allait concrétiser par des paroles. Sans la harceler, j'attendis et sa muse se manifesta au scribe. « Kadem passa une longue période au Caire où il retrouva ses amis de parcours. » Les Leaders continuaient leur lutte, soutenus par la Ligue Arabe. Abed retrouva son frère et je me souviens, dit-elle, que les lettres portaient l'entête du Sémiramis Hôtel. Bien sûr, ils ne mentionnaient rien, de peur de la censure. Et

Résident Général Boyer de Latour du Moulin

elle commença à débiter des noms : Bourguiba, Salah Ben Youssef, Aboul Fath, Azzam Pacha, Habib Thameur, Mohieddine Kélibi et autres.

« Lorsque les années passèrent et que la Tunisie accéda à son indépendance, dit-elle en soupirant, sidi Djilani dut garder le lit, immobilisé par un début de paralysie des membres inférieurs, malgré les soins et le concours permanent des infirmiers qui se relayaient à son chevet. »

Le 11 juin 1961, le patriarche décéda. Je fus la première à l'annoncer à mes parents. Je me trouvais dans la chambre avec ma grand-mère lorsqu'*Azizi* proféra un son guttural ; *Méma* accourut lui fit boire quelques gouttes d'Évian, puis se tut. J'ai compris par la suite qu'elle ne voulait pas me choquer par la nouvelle de la mort. Elle me fit asseoir sur le petit fauteuil, me recommanda de ne pas faire de bruit car grand-père dormait.

Je la voyais s'affairer dans le silence, ranger, plier, enlever les instruments et les paquets de médicaments, tirer sur les rideaux, éteindre le magnétophone qui tantôt grésillait en sourdine les *Ouslate* d'Om Kalthoum. Lorsqu'elle eût fini, elle me regarda dans les yeux pour me dire calmement : « Viens embrasser grand-père, il nous quitte ».

Je n'oublierai jamais l'instant où je compris l'horreur du départ. J'éclatai en sanglots, mais consciente du rôle qui m'attendait, je me suis précipitée au dehors pour rattraper le trolley n°7 et descendre à l'avenue Bourguiba prévenir mes parents.

AU BELVÉDÈRE, FIN D'APRÈS-MIDI, AVENUE DE LESSEPS

Ma mère reprit l'alinéa : « La grande famille, dit-elle, s'était déplacée pour assister aux funérailles. Ses fils Béchir, Abed, Kadem, Mohieddine et Sadok recevaient les condoléances dans le jardin. À l'intérieur, l'imam Ifnaoui avec les adeptes psalmodiaient les versets du Coran et nous autres, pleurions le père probe et affectueux que fut sidi Djilani. Ses connaissances depuis les Cheikhs de la Zitouna, aux fonctionnaires d'État qui accompagnèrent son parcours administratif étaient venus lui rendre un dernier hommage jusqu'au Djellaz.

Après l'accolade, Kadem remarqua un membre de la famille qui prit place parmi l'assistance masculine à l'ombre des arbres. Il crut le reconnaître et jetait de temps à autre un regard furtif dans sa direction. Cela n'échappa pas à la perspicacité du cousin qui s'approcha, spontanément ils s'embrassèrent et soudain Kadem dit : « mais, je reconnais ces yeux, leur regard me laisse perplexe, je ne sais où je l'ai rencontré, il me semble tellement familier ».

— Oui, répondit le cousin avec humilité, te souviens-tu du cavalier masqué sur la route de Choucha Touila qui te fit traverser le désert, au temps de l'occupation... ô... fils de ma tante el Ghöla bint Mohamed Djabnoun !

FÉRIANA. AOÛT 1953

Le 11 octobre 1950, Béchir effectua un détachement dans la région des Ouledouazzaz avant la mutation définitive à Fériana en 1953.

Mes parents retrouvèrent la sympathie des familles natives, les amis de parcours dans une région tout-à-fait engagée. Plusieurs souvenirs vécus en commun ressurgirent rappelant le passage de grand-père, noyau affectif autour duquel toute la famille gravitait.

Si Père se familiarisa avec la dimension de ses bureaux, l'école primait l'urgence. Faouzia bint Berrabah et moi-même étions les deux filles scolarisées parmi une classe de garçons (les fillettes Sarfati et Saïem dans l'autre), haut perchés sur leurs jambes d'adolescents fluets et duveteux. En les sermonnant d'un retard ou pour une absence injustifiée monsieur Wieshman s'écriait : « Allez les grands *jadours* ! ». L'Alsacien d'origine avait une face rougeaude, le crâne rasé à la brosse et des yeux bleus. Monsieur le Directeur représentait le charisme de l'éducateur empreint de conscience professionnelle qui fouettait le goût du travail et de l'assiduité.

Nous étions studieuses, les garçons nous jalousaient, nous parlions un français correct, ils jasaient. Si monsieur Wieshman n'était pas commode, il comprenait parfaitement l'effort que fournissaient certains élèves pour se rendre à l'école depuis les coins reculés du douar. Combien de fois après les pluies diluviennes les plus nécessiteux arrivaient trempés, leurs pantalons retroussés et les pieds nus. Ils riaient pourtant dépassant ainsi la misère par fierté et par crânerie, tournant en dérision cette condition d'indigène dégradante. À l'époque le recours au calembour grinçant et aigre n'était pas un jeu gratuit, mais traduisait la rancœur du peuple et renvoyait au colonialisme toute sa virulence.

En passant par l'oued en crue, les *jadours* attrapaient des couleuvres dont ils recousaient le museau à l'aide d'aiguilles de cactée, pour les lâcher plus tard sous les bancs alors que l'instituteur s'occupait d'une opération au tableau.

Au lecteur d'imaginer la scène, le chamboulement des rangs et la frayeur des filles. La région était infestée de reptiles et les *jadours* creusaient leur « imagination » pour occasionner le chahut.

Les cours reprendront, monsieur Wieshman entretiendra sa marotte : « Prenez une feuille de papier, éructera-t-il, recopiez la leçon cent fois ! Demain, vous apprendrez par cœur six pages de lecture ! ». Les cancres écoperont de coups de règles sur leurs doigts réunis.

Nous n'avions, nous les filles studieuses, comme échappatoire que notre place méritée au premier rang et l'aile paternelle des enseignants Wieshman et Guérin.

LE PÂTÉ DE MAISON

L'école s'incurvait au sein d'une cité nichée en amont du village et qui regroupait la caserne, le dispensaire, le Kalifalic, la recette postale et une toute petite chapelle. Il suffisait d'entendre la cloche pour me rendre sur les rangs. La Recette de Fériana devait son importance au commerce de l'alfa et des céréales. Gabison Roger, Mimoun, Albert Sarfaty et la famille Berrabah en avaient le monopole. Les nomades collectaient les touffes à partir des steppes environnantes et les charriaient à dos de chameau ou d'âne jusqu'à la gare. Les balles expédiées vers le port de Sousse étaient réceptionnées au profit de Gino Khayat, Abdesslem Nabli et Ali Abbes qui expédiaient la marchandise vers les usines européennes et l'Angleterre pour la confection de la pâte à papier, la cellulose. Je précise en passant que monsieur Gino Khayat fut un excellent ami de mon père.

Par ailleurs, les marchés de céréales en été dynamisaient la rentabilité. L'accumulation du travail et la réquisition du personnel saisonnier, conjuguées aux efforts déployés pendant deux années consécutives concrétiseront le passage de la Recette à l'échelon trois, le 14 avril 1955.

Le bureau de mon père jouxtait nos appartements, suite de pièces rectilignes se déversant l'une dans l'autre, prototype de recasements de la France militaire.

Ma mère, qui avait le sens de la dynamique de groupe, gérait ses intérieurs avec un suc particulier. Je ressens l'ambre et le musc, l'odeur des délicieux confits aux coings et aux grenades, la senteur des rôtis cuits à l'étuvée dans le creuset parfumés de safran et de gingembre, je hume la patate, la châtaigne ou la truffe, reléguée selon les saisons dans les cendres de la cheminée ; que sais-je d'une multitude de sensations épidermiques et odorantes où se mêlaient la touche orientale et les saveurs occidentales dans un environnement bio ? Papa, ne l'appelait-il pas sa fée par allusion à son sens de la propreté, « Ô la suissesse ?, et lorsqu'il en avait ras-le-bol des achats de produits d'entretien, ne disait-il pas au noir qui était à notre service : « Mais, vous mangez le dinol, les cristaux et le grésil ? »

La cuisine, domaine électif de ces femmes maîtresses s'ouvrait en toute simplicité sur le perron. Les plats se cuisinaient sur les foyers à charbon, incurvés dans le potager en terre cuite sous la hotte traditionnelle aux bords rabattus. Dans l'angle, mon père fit construire un haut fourneau alimenté par des copeaux de bois imbibés de produit inflammable. Nous avions l'eau chaude. À l'odeur du bois se mêlait le goût de l'agneau printanier et du couscous aux truffes.

Je travaillais bien en classe, mon père m'encadra en multipliant exercices et dictées tirés des *Annales de sixième* de Fernand Nathan qu'il commandait chez le libraire Saliba à Port de France.

Les *jadours* tenteront de se rattraper, mais discréditeront l'effort des filles bien que les bons éléments répondaient aux noms de Cheikh el Abed, Harmassi, Ben Ali Sghaïer, Touhami, Lakhdar, Lazhar Saâdaoui…

En fin de semaine j'avais droit aux étrennes. Le chauffeur ramenait les revues hebdomadaires avec le courrier de la poste. Je me gavais d'histoires fantastiques, un monde vécu en chimères par une imagination puérile s'identifiant aux fées et aux princesses… Blanche-Neige, Peter Pan, Lucie, Cosette, Fillette, Lisette, La fée Carabosse… Tintin et autres.

Père prônait l'effort de l'autodidacte, afin de parfaire notre langage, il nous conseillait de feuilleter le dictionnaire à défaut d'autres lectures. Si la bibliothèque rose et verte fut la base de nos premières intelligences, Père nous imposait les œuvres classiques même si la lecture ardue dépassait notre entendement. « À force de forger, on devient forgeron ! », disait-il pour limer en nous la soif et la curiosité intellectuelles. Lui-même adulait les manuels écrits dans un français académique, reflet d'une nourriture de l'esprit nécessaire et universelle », disait-il.

Je me souviens de "*La vie des fourmis*" et "*La vie des abeilles*" de Maurice Maeterlinck, livres aux belles reliures que mon père m'offrit à ma réussite au concours d'entrée en sixième. "*Le Père Goriot*" d'Honoré de Balzac suivit de "*Le Petit Prince*" de Saint-Exupéry, "Kalila ou Dimna", une des sources d'inspiration des fables de La Fontaine, traduite du perse à l'arabe. Que sais-je d'un monde où la constante de la lecture fut notre environnement évolutif ? Les moyens de communication modernes et les sites internet viendront supplanter ce monde livresque.

Père fut l'artisan de notre penchant pour la littérature et les belles lettres, matières principales dans une époque qui prêchait le classicisme que ce fut en arabe ou en français.

L'EXAMEN DE SIXIÈME.

Le premier examen fut l'ouverture d'un monde nouveau. L'inexistence d'établissements centralisés dans les grandes villes poussera mon père à m'inscrire au Collège de Jeunes Filles de Sousse comme pensionnaire. Je me souviens de Gafsa, de la chambre d'hôtel, du square ombragé de palmiers, de la calèche harnachée qui nous conduisit très tôt vers mes bourreaux les examinateurs. Père me fit promettre, la pupille resserrée, de ne rien omettre. À l'heure de la récréation, j'étais dégagée de la peur morbide qui m'assaillait depuis la veille de l'examen, fusse-t-il préparatoire comme celui-là. Mère s'interposa : « Donne-lui plutôt la banane et la pomme, qu'elle reprenne ses forces ! »

Je tendais en tremblant les pages de brouillon gribouillées et attendit l'haleine coupée que mon père se prononce. Face à une copie qu'il corrigeait, il était intransigeant et son évaluation tombait comme un couperet. Nous n'avions pas le droit de jeter nos brouillons. « Tu seras reçue ! » finit-il par conclure le visage investi, dans le sérieux des écrits.

— Dis *Inchallah* !, répliqua ma mère.

Pour toute réponse, Père fit allusion à son aînée Oum Kalthoum qui, elle aussi, avait décroché son certificat d'études à Gafsa en 1938 veille de la guerre mondiale !

— *Ichay lillah... ya sidi Ahmed Zarroug ou ya rjel tarmil* (ô sidi Ahmed Zarroug et esprits du termil) intercéda ma mère avec piété.

— La fille du Receveur a été reçue à l'examen de sixième ? Bien sûr, répéteront les *jadours*, son père introduit auprès des autorités a dépêché une tête de bétail à l'inspecteur régional de Sbeïtla ! Barbaria, la gazette du village rapporta les propos dits dans le langage du terroir : « *Oh... yèra... oh... yèra... bint el khaznaji éddit essizième... mahou babaha darba allouch lillmouraqeb elam* ! »

بِنْتْ الخَزْنَاذْجِي إدّتْ السِّيزْيَامْ؟
مَاهُ بَابَاهَا وَاصِلْ دَرْبَ عَلـُّوشْ لِلْمُرَاقِبْ العَامْ

Pour certains, on était lauréat grâce à une prestation faite aux autorités ; l'obscurantisme murait les esprits et les tribus avaient recours à la fameuse *Rachoua lill hakem* (Pot de vin), bien que nous fussions presque à l'orée de l'indépendance !

D'un autre côté, le dialecte régional ponctué d'idiomes et manié avec verve se prêtait aisément à la plaisanterie et la critique acerbe (*tahakkoum*), si spécifique au caractère de l'individu et à une culture tribale, alimentée par les chroniques des réalités quotidiennes.

L'impact du colonialisme permit aux autochtones de baragouiner le français et les ressortissants le patois indigène.

FÉRIANA, REMOUS, CONTEXTE POLITIQUE 1954 – 55

Cette période retrace la scission qui opposa les deux Leaders Habib Bourguiba et Salah Ben Youssef. Leurs optiques divergeaient quant au processus de l'autonomie interne de la Tunisie. Les Youssèfistes ont été écartés et dans l'impossibilité de s'exprimer démocratiquement se livrèrent à la lutte armée sous les directives du Secrétaire Général Salah Ben Youssef et du dissident Tahar Lassoued.

Les Néo-fellagas en tandem avec les résistants algériens circulaient sur toute la frontière tuniso-algérienne et le Sud. Pour rappeler au lecteur que l'oncle Hadj Béchir Bouhafa fit passer pendant la guerre d'Algérie les armes qui provenaient de l'Égypte via la Tripolitaine (centre d'entraînement des fédayins) et transitaient par le sud tunisien. Ses services lui ont été reconnus par le sceau du G. P. R. A. à l'époque. Que Dieu entoure son âme de son infinie miséricorde ! Le clan Ben Youssef prônera une lutte armée pour déstabiliser le pays.

Nous avons vécu ces remous à Fériana. Bien que région destourienne, elle bascula dans le clan des Youssèfistes par le truchement de certaines familles qui seront passées à tabac sous le régime de Bourguiba.

Si Rabah Ben Younes particulièrement eut à répondre de ses actes devant l'intransigeant comportement de la nouvelle République. Plus tard, il sera réhabilité par le gouvernement du 7 novembre. (Dans une lettre écrite de New York, en 1955, Abed Bouhafa demande des nouvelles de *si* Rabah, ami d'enfance).

Les frontières limitrophes d'une Algérie insurrectionnelle, théâtre d'accrochages depuis la salve du 1er novembre 1954 engageront la France à déployer les effectifs pour contrer ce qu'elle appelait la guérilla des maquisards repliés sur le territoire tunisien, depuis Bouchebka, Dernaya, Moulares, le Kouif, Majen, etc. Les nouvelles transmises par le poste T.S.F transcendaient l'élan des Nord-Africains à travers la voix enflammée et patriotique du speaker *Saouet-el-arab*.

L'armée française circulait au pied levé entre les deux pays, mobilisant ses troupes dans les villages limitrophes. Pour nous situer dans le contexte humain, je préciserais que sur la simple présentation de la carte d'identité de mon père, toute la famille passait les frontières, combien de fois nous avions fait nos courses à Tébessa, petite ville coquette aux magasins achalandés et aux monuments historiques que mon père nous fit visiter illico-presto.

La nuit à partir des retraites dans les grottes, les fellagas se mouvaient pour commanditer les accrochages du lendemain. Le soir mettait trêve aux va-et-vient interdits par l'instauration du couvre-feu et des rondes militaires.

L'écho de tirs et de salves atténué par les versants parvenait jusqu'à nos oreilles pour alimenter les chroniques trottoirs du lendemain. À l'intérieur de la poste, nous vivions une euphorie nerveuse, lorsque les lignes du standard téléphonique étaient saturées ou dérangées intempestivement... Malgré tout, nous étions craintifs surtout que notre famille était logée à l'enseigne Bourguibiste et mon père, chef d'une administration pouvant être ciblée en tant qu'unité française. Combien de postes avec l'arsenal téléphonique et télégraphique avaient été plastiquées (pour rappeler la bombe à Djemmal), ce qui nous fit prendre certaines précautions, car sous l'effet d'une intrusion armée, on pouvait acculer le Receveur à forcer les coffres.

Nous entendîmes un soir cogner sur nos persiennes et le scénario se répéta avec un échange de dialogues qui nous fit penser au pire. Ma mère, l'ingénieuse, trouva l'astuce et tous les soirs que Dieu voulait, mon père enfouissait les liasses d'argent dans les sacs grège du courrier postal, nous les trainions ma mère et moi pour les cacher sous les banquettes.

Le Receveur laissait une petite somme dans le coffre-fort pour tromper toute vigilance et minimiser les dégâts. Après le départ des agents, je rejoignais mon père dans son bureau. À la lueur des lampes à pétrole, il arrêtait ses comptes et m'apprenait à trier les liasses en effeuillant les billets entre le pouce et l'index. Avant d'entreprendre l'opération, père enfilait les emmanchures noires retenues au poignet par des élastiques.

— Le contact crasseux est porteur de germes ! m'expliquait-il, en palpant les billets. Nous discutions, Père s'arrêtait, pensait à l'erreur. Il reprenait ses comptes, vérifiait ses multiplications, additionnait de nouveau, soustrayait, faisait sa règle de trois, sûr de sa maîtrise du calcul mental. « *Hani Chaditek* ! » (Je te tiens ô fuyarde) disait-il en localisant l'erreur qu'il personnifiait comme pour mieux la neutraliser. Il le disait avec le sourire et la satisfaction de l'être honnête malgré la saturation qui lui comprimait le front.

Si la rigueur de l'administration française ne permettait aucun dérapage, Père accomplissait ses tâches, fort de ses aptitudes innées, son sens de la responsabilité et son respect de la conscience professionnelle. En me remémorant ces instants en compagnie d'un être soucieux d'élever sa fillette au sens du travail accompli et à la notion cruciale d'intégrité, je ressens l'empreinte d'un souvenir vécu dans le respect et l'adulation. La leçon de calcul se transmettait comme par magie du maître à l'élève avec le langage de l'affection et de la complicité.

LE QUOTIDIEN

Ma mère se blessa en trébuchant dans l'allée du jardin. Le capitaine médecin de la colonisation arrêta l'hémorragie et sutura l'énorme entaille de la paume droite. Le dispensaire jouxtait la bâtisse militaire et madame Liévin, infirmière du secteur, prodigua ses soins jusqu'à la cicatrisation de la blessure. Madame Bouhafa, lorsqu'elle retrouva la fonction totale de sa main jura de confectionner dare-dare le gâteau promis au docteur *roumi* (français). Le cake sentait bon les raisins secs et l'écorce d'orange. La maîtresse le réussissait levé et floconneux, braisé sur le canoun dans le moule à couvercle perforé.

Nous ne pouvions nous dérober à cette ambiance tout à fait coloniale qui nous entourait et participions à la vie soldatesque depuis le lever du drapeau au son du clairon et de l'angélus du soir tiré par le seul moine de la paroisse. Les jeunes soldats rêvaient à leur mama dans la Métropole et à leurs jeunes printemps ravis dans ces guerres. Les appelés, ceux qui n'ont pas voulu participer à cette guerre lancée contre les peuples d'Afrique se souviennent encore de la peur viscérale qui les torturait lorsqu'ils manipulaient en tremblant leurs mitraillettes. Ils chantaient au repos, grignotaient leurs rations, retournaient leur casque pour y placer blaireau et rasoir.

« *Quand la Madelon nous servait à boire !*
Les bleus resteront pour laver les gamelles.
Les bleus resteront pour laver les bidons ! »

« Le déserteur » de Boris Vian, chanté par Mouloudji, décrit d'une façon poignante la misère des soldats.

Monsieur le Président
Je vous fais une lettre
Que vous lirez peut-être
Si vous avez le temps
Je viens de recevoir
Mes papiers militaires
Pour partir à la guerre
Avant mercredi soir

Monsieur le Président
Je ne veux pas la faire
Je ne suis pas sur terre
Pour tuer les pauvres gens
Ce n'est pas pour vous fâcher
Il faut que je vous dise
Ma décision est prise
Je m'en vais déserter

Si l'hiver rigoureux et neigeux nous imposait l'allumage quotidien des cheminées, la saison du printemps autrement belle s'éclatait dans une profusion de feuillage et de gazouillements. À l'école, nous faisions du jardinage au même titre que les garçons, la matière à option, couture et travaux ménagers, ne pouvait être honorée !

Boutures-biseau-greffe-pédoncule-pousse-terreau-semences... toute une étymologie apprise au contact de la nature... Nous évoluâmes dans l'espace parfumé des jardins à travers les rigoles admirablement réparties. Le fellah endiguait l'accès avec une motte de terre pour dévier l'eau vers d'autres vergers à irriguer.

Sarfaty et Bouhafa

Hamma Djéridi, notre jardinier, faisait allusion à l'hydraulicien historique Ibn Chabbat maître de la répartition des eaux à travers le Djérid et ne jurait que par lui ! Selon les humeurs, il vaquait au soin des plantes en chantant ou en fumant son *sebsi* clignant, une paupière ravagée par le trachome.

Mohamed dérangeait ses repères, le Djéridi libérait sa grogne et la *kalba bint el kalb* lui courcircuitait l'esprit au point de lui faire proférer des blasphèmes : « *Ismaâ ya lazreg*, disait-il en pointant l'index en direction du ciel et du Suprême. Pas même le prêche ne l'aurait converti sur le moment. Hamma était brave, sympathique mais entêté.

C'était peut-être méchant, mais la niaiserie de Mohamed me contrariait. Nous nous disputions comme chien et chat. Il ne me prêtait pas son *skate-board* confectionné avec des planches repêchées dans les buanderies. Père nous traitait avec les yeux de l'indulgence et me rappelait que Mohamed était limité, contrairement à Fatma, sa sœur réceptive et pondérée. Le soir venu, il régulait les mèches des lampes à pétrole faisait reliure les cuivres.

L'hiver, il enfournait l'âtre avec les bûches les plus dévoreuses qui sentaient la résine des conifères du Chaambi et de Dernaya.

Nous nous disputions le banc, ma mère mettait le holà, Mohamed roulait des yeux de bille en jubilant ! Il s'installait confortablement, se coulait dans l'encoignure de l'âtre et ronronnait, sa peau noire illuminée par les flammes. À l'autre bout de la table, je terminais mes devoirs en lui lançant des regards de rogne. Nous faisions bon ménage avec les Chouachines issus de notre patrimoine tribal. Lorsque les jeunes filles appelées à notre service formulaient le désir de se marier, ma mère leur offrait généreusement ce qu'elle pouvait pour constituer un petit trousseau et quelques bijoux. Les témoignages de ceux qui sont encore en vie rapportent la fraternité qui gérait nos rapports mutuels.

Nous passions un été à Zarzis, Ameur nous aborda depuis sa petite et coquette pâtisserie du centre-ville. Les yeux embués, il évoqua comme un frère les moments vécus auprès de mes parents dont il partagea les peines et les joies. Ameur fit allusion aux bonnes manières éducatives acquises auprès d'eux.

On dit que les domestiques sont à l'image de leurs maîtres et j'étais heureuse d'entendre ces réminiscences évoquées en hommage au souvenir des disparus. Mes petites filles, Rania et Dina, ont eu droit à leur citronnade offerte par Ameur avec la prévenance des racines qu'il avait côtoyées.

SOUSSE. PENSIONNAT DÉCHIRURE

En octobre de l'année scolaire 1954 - 55, la petite lauréate fut inscrite au Collège de Jeunes Filles de Sousse, fief encore investi par une majorité française. Je me remémore ma première nuit passée au dortoir, le dépaysement et la cuisante injustice subie.

À neuf heures du soir, la surveillante ordonna l'extinction des lumières. Sa voix nasillarde nous souhaita un 'bonsoir les filles' très sec. Dès cet instant je me suis sentie étrangère à un environnement dont je n'avais aucune approche. Je pleurai sous mes draps dans cette ambiance glacée. Ma compagne proféra un cri qui fit écho aux ordres de la pionne. Je n'étais pas rôdée à la malice des éléments perturbateurs « pro » de l'internat et revêches à la discipline !

Personne ne se dénonça et la pionne dormit sur sa rage. Le lendemain les françaises se solidarisèrent autour de ma voisine de lit et je fus le bouc émissaire de l'affaire du dortoir…

Jamais je n'ai ressenti une injustice aussi violente. La plupart des pensionnaires était issues de familles de colons de la plaine ou des militaires des territoires du sud comme Chantal, fille du Capitaine Métivier, de Remada et Zarzis. On ne pouvait contester la parole d'évangile de la pionne contre une petite « bleue ».

Cette injustice gratuite me mûrit et agit comme un vaccin radical qui détermina en moi une nouvelle faculté d'adaptation dans ce Collège jugé a priori hostile. Le contact avec les externes musulmanes temporisait nos ras-le-bol et contrebalançait les tiraillements de certaines à l'esprit colonialiste. Cela fulgura en nous le désir de nous comporter en bloc et d'imposer notre leitmotiv pour la Tunisie profonde. La présence de mon frère pensionnaire au lycée classique de garçons me rassurait, il me rendait visite au parloir.

Jacqueline Castagne, ma compagne préférée, se parait de qualités humaines, traits beaux et ourlés et d'un esprit large. Son père ancien ingénieur des travaux publics dut fuir la région du Medjaz, théâtre d'exactions de la France de Vichy qui taxait arbitrairement les gens de « collabos » avec les Allemands.

Jacqueline était orpheline de mère, ils vécurent à Pékin et ses récits sur l'Indochine m'emballaient. Elle racontait avec l'accent suave d'une Pearl Buck et nous rapportait l'amabilité des gens, leur simplicité, leur délicatesse et leur sens du travail perfectionniste. Son linge fignolé par les mains laborieuses justifiait assez ce que Jacqueline nous racontait du peuple asiatique. Elle-même s'imprégna de cette touche eurasienne douce et orientalisée qu'elle nous fit découvrir et apprécier.

Je suivais la section "B" moderne qui mène vers les Sciences X, elle choisit la section technique et le dessin industriel. Nous faisions du sport ensemble, mais ses membres potelés l'essoufflaient. Je lui parlais de mes professeurs, elle m'enseignait les bribes de la sténodactylo et me croquait des figurines de mode.

Nous faisions râler les surveillantes de l'internat avec un œil complice, je me découvrais apte au « chahutage » sympathique et tellement innocent, à comparer à certains comportements de jeunes maintenant !

À L'EXTERNAT

Nos professeurs (mademoiselle Azoulay, madame Shiffo, madame Uzan Boyer, mademoiselle Santucci...) nous délivraient un enseignement qualitatif et valorisant. Les matières humanistes élaborèrent en nous le goût des lettres et de l'histoire. L'antiquité dévoila à notre esprit encore vierge et réceptif, la splendeur de l'Iliade et l'Odyssée, la mythologie grecque et latine et ses approches dans la représentativité, les arts, la sculpture et le théâtre antique.

J'apprenais par cœur les tirades, les déclamais avec une diction précieuse et emphatique à la Maria Casarès et Louis Seigner sur les planches de la Comédie Française. Notre esprit se rôdait à la lecture des premiers orientalistes, nous découvrions la beauté de notre culture et de notre patrimoine, on jonglait avec les "*Lettres Persanes*", "*Zadig*"et les premières pièces de Molière et Racine. Notre vocabulaire se renflouait de mots nouveaux. Nous étions tenus de les relever dans un carnet-répertoire pour fixer leur signification propre et figurée.

Nous nous affirmions de plus en plus, disputant le rang aux Françaises-Italiennes-Israélites malgré les leçons ardues et la notation sévère. Le désir de nous émanciper et l'émulation déterminèrent notre choix vers les disciplines chasse-gardée des arts, du sport, de la danse et du piano ! Nous possédions la langue assimilée en toute facilité et nous rêvions en français. Le patriotisme et notre attachement à Bourguiba nous imposaient un retour constant pour rester égales à nous-mêmes ! Cependant que les fondements de la culture étrangère s'enracinaient.

Quelle fierté m'avait fouettée le jour de l'audition à la maison de la culture de Boujahfar ! Madame Zeïtoun couturière juive des cérémonies me confectionna la robe en moire, taille basse, agrémentée d'un col en piqué de soie blanc. Je rivalisais avec les françaises et ce sentiment était le plus fort.

Le professeur de piano et d'orgue, mademoiselle Poissenot, décela très vite mes aptitudes et l'amour foncier de l'instrument. Elle passait de longues heures à jouer de la musique religieuse.

Après trois mois d'initiation, je pianotais une valse de Strauss en partition simplifiée. Ce fut le plus beau jour de ma vie, je dépassai le trac et cette sensation d'infériorité morbide ! De retour au réfectoire, je rêvais à la vélocité des sœurs Guetta, à la grande musique de Beethoven, peut-être un jour mes doigts courront sur le clavier comme les concertistes virtuoses !

— Oh… mon petit… tenez-vous droite et mastiquez la bouche fermée ! La réflexion de la générale me fit sortir de ma torpeur. J'étais bel et bien au réfectoire à l'heure du dîner.

— Oui Mzelle ? dis-je, cependant que le rêve continuait, le concert, la mélodie de Strauss…

Mon égarement n'avait pas échappé à la surveillance de mademoiselle Merlet au chignon poivre et sel vissé sur le crâne. Sans doute suivait-elle depuis un moment les oscillations et mon regard qui balayait les fresques de la Grèce antique reproduits sur les frontons du réfectoire.

Nous admirons l'ornement entrelacé de grecques, le profil typé des figurines au nez aquilin, l'harmonie des bustes drapés de toges diaphanes, les dégradés de pastel et de bleu. Le rêve nous transportait vers les histoires invraisemblables de Vulcain, de Troie, du Péloponnèse, d'Aphrodite et de Jupiter-Zeus. Comme dans une bande audio-visuelle, la vie antique se dévidait à travers ces personnages que tantôt les profs d'histoire et géo nous racontaient.

Si nous profitions pour piailler un peu au réfectoire, la discipline nous interdisait le mauvais maintien du corps et des coudes, le bruit du couvert au contact de la faïence et « laisser quelque aliment dans notre assiette ». Il fallait mastiquer, rire, parler, gesticuler la bouche fermée et le dos droit.

Pour les petites adolescentes, la contrainte était de taille. Nous nous comportions souvent en victime, mais nous ne savions pas l'effort que déployait ce personnel réquisitionné pour nous encadrer, nous protéger et nous éduquer au comportement de groupe. Rendons hommage à ces personnes qui nous assistèrent à l'intérieur de ces établissements exceptionnels et de grande éthique.

« Sousse le 13 octobre 1955

Mon très cher papa, ma très chère maman,

Je crois que vous avez reçu ma lettre et je n'ai pas eu encore de réponse, je suis très inquiète. Moi, je suis en très bonne santé, j'espère que la vôtre sera de même et j'espère cette fois-ci recevoir quand même une lettre.

Mon cher papa, je crois t'avoir bien parlé la première fois pour l'argent, écoute je n'ai pas un sou et quand même il faut bien qu'on achète quelque chose alors il faut m'envoyer l'argent des cahiers que je me suis fait acheter par mademoiselle Motillon, une surveillante, c'est-à-dire 800 F et quelques sous. Je te remercie d'avance ; dis à maman de m'envoyer des provisions, car elle m'a acheté que du beurre quand elle était venue avec moi. Je ne suis pas partie le dimanche dernier et je ne suis pas sortie ce dimanche… je n'ai pas de correspondant ! Comment je vais faire...

Madame Daoud est venue me voir avec Amel, elle a été très gentille. Maintenant je crois que je n'ai plus rien à vous dire.

Au revoir. Bons baisers.

Chédlia »

Sousse le 8 novembre 1955

Ma chère sœur,

Ça fait déjà longtemps que je ne vous ai pas écrit une lettre eh bien en voilà une. Je demande de vos nouvelles, les miennes sont assez bonnes. Chère sœur j'ai quelque chose à te dire j'espère que tu diras oui. Voilà j'ai demandé au professeur combien c'était les cours de danse. Il m'a dit qu'il fallait donner 200 F pour l'assurance et toute l'année on prend des cours sans rien. Et alors pour danser il faut des chaussons. Ces chaussons je les ai mais c'est à une fille et elle m'a dit de les lui payer c'est-à-dire 1300 F. Je te demande de m'envoyer 2000 F ceux que tu m'as promis dans la lettre et puis ça je te demanderai plus rien, rien, je t'en prie envoie les moi par retour du courrier car la fille les veut par urgence.

Merci d'avance. Va envoie-les moi dans une lettre, pas en mandat et dis à papa de m'envoyer de l'argent pour acheter des provisions car je n'ai rien, rien. Merci mille fois et surtout n'oublie pas de me les envoyer par retour du courrier car j'en ai bien besoin. On a congé à partir de mercredi soir et on rentre samedi matin mais moi je ne sors pas je reste au collège parce que j'ai à réviser pour les compositions.

Maintenant je n'ai plus rien à te dire qu'à te faire rappeler. Merci.

Bons baisers

Chédlya

il est absolument interdit de porter des insignes à l'intérieur du Collège.

Consigne contre le port de toute chose pouvant rappeler le Destour, le drapeau tunisien ou l'affiliation à un mouvement nationaliste.

Des noms me reviennent : Djamali Zohra, les sœurs Djelassi, Zeîneb Knani, Nefissa Babou, Hamza, Mârouf Jamila, Nédra Bécheur, les sœurs Mzabi, Bouraoui, Zinelabinne...

Les Françaises étaient majoritaires : Réfalo Christiane, Castagne Jacqueline, Luce Marie-Odette, Smadja Nicole, Pianelli Mireille, Bajada Nadine, Paoli Christine, L'Herbier Françoise, Raimondi Jeanne, Guetta Danièle, Stemer Marie...

Un jour au réfectoire, les musulmanes avions refusé de manger. La viande sanguinolente de la choucroute nous sembla bizarre, ce fut l'occasion de nous entêter dans un refus catégorique (ne sommes- nous pas des musulmanes ! Nous étions en droit d'imposer nos croyances religieuses lorsque pour les Françaises la carafe de vin et la choucroute aux saucisses, les jours de fête étaient posés sous notre nez. Nous respections bien leur cours de catéchisme auquel elles se rendaient en dérangeant les heures d'études. Le vendredi saint, nous étions tenues de partager le menu du jour « maigre » conformément à leur jeûne.

À travers les externes, les internes du Lycée classique de garçons le surent et l'incident déboucha en une polémique entre Françaises et Musulmanes. Les nouvelles nous parvenaient par le truchement des externes surtout que la majorité appartenait à des familles destouriennes et Bourguibistes du Sahel.

Les Françaises apprirent à baisser le caquet : « Oh… vous les arabes ! » Nous avions droit continuellement à ce genre de réflexions expéditives à travers lesquelles elles tentaient de nous dévaloriser.

— Vous, vous vous cachez sous le voile, mais vous montrez autre chose ! lança un jour une Maltaise de Mahdia, vulgaire et grande gueule dont je ne me souviens pas du nom, mais de la réplique cinglante de la Monastirienne Djelassi Najet, excellente élève en français et la querelle dégénéra… Madame Caine eut le geste impartial qu'il fallait, elle la réprimanda et lui reprocha son langage de voyou !

LA MARCHE À SOUSSE EN 1954 – 55

La maturité acquise au contact des autres nous permettra de réaliser certaines directives édictées à partir des élèves externes. Dans l'année 1954 – 55, les négociations tuniso-françaises étaient entamées. Les organisations scoutes, Chabiba ou associations sportives et autres se mobilisèrent pour effectuer une marche à travers les rues de Sousse depuis Boujahfar. Mon frère Farouk et ses camarades nationalistes organisèrent le meeting. Il vint me sortir de l'internat en mars 1955 et nous défilâmes à partir du centre en brandissant les calicots bardés de slogans patriotiques.

LES WEEK-END EN FAMILLE À DJEMMAL

Depuis le départ de mes parents, nous passions le dimanche chez ma sœur. Madame Kalthoum Bouhafa Mili fut une des premières enseignantes en Tunisie (2e promotion des normaliennes) à la direction de l'école de filles avec un effectif d'enseignantes françaises et juives.

Militante de la première heure, fille de militants et femme de militant, Oum Kalthoum sera la première directrice d'école à la rue de Marseille après la libération de la Tunisie. Elle sera la 3e sur 4 à avoir le permis de conduire en 1951 avec Neïla Ben Ammar.

Sans complexe, elle montera à bicyclette pour se rendre à l'école avant de pouvoir conduire la Citroën. Madame Kalthoum continua son parcours et recevra dans sa maison sur la route de Zéramdine les hôtes de marque représentants du Parti et futurs hommes du gouvernement de Bourguiba (Monji Slim, Ali Belahouane, cellule de Ksar-helal). Lors du meeting qui regroupa le Leader avec la population de Djemmal en 1955, Kalthoum s'affranchit de son voile, une simple toque turque, décidée à poursuivre la lutte contre l'analphabétisme et aider la femme à s'émanciper.

Pour rappeler que la maison de feu Mohamed Ben Belkacem Mili fut le point de rencontre des militants destouriens du Sahel où les tracts ont été cachés au profit de la lutte par *Ommi* Fatouma, que Dieu ait son âme. Ses enfants Tahar et Rachid se distinguèrent par leur engagement à la tête de la cellule destourienne, la Chabiba et les scouts arabes à Djemmal.

Le retour à Fériana.

LA NAISSANCE DE KAOUTHAR.

Première petite fille, Kaouthar naquit le 24 novembre 1955 dans la clinique du docteur Bishler à Sousse. La naissance nous combla. Le dimanche, je pus cajoler, changer le bébé, lui donner le biberon, mais sous l'œil vigilant de la mère pointilleuse sur les notions d'hygiène appliquée (cours de puériculture à l'École Normale).

Le bébé dormait dans son nid d'ange. Mes parents annoncèrent la neige à Fériana. On m'installa dans le compartiment avec Kaouthar dans les bras. Ma sœur Kalthoum et son mari se dépêchèrent d'aller récupérer la robe de fiançailles de Radhia pas loin de la gare à Sousse.

Retard ou avance, le train démarra et la sirène me confirma le départ. À la vision de la campagne, mon sang se figea. Le moment d'hébétude passé les quelques passagers se manifestèrent, ils ne comprenaient pas pourquoi une fillette voyageait seule avec un nourrisson dans les bras. Je ressentis la frousse de ma vie.

Lorsqu'ils virent le train quitter la gare, les parents détalèrent vers les voitures de louage. Par bonheur, Rachid ouled Zlassi était présent, ils s'engouffrèrent pour tenter de rattraper le train aux points d'arrêt qu'ils ratèrent. Ils roulèrent à tombeau ouvert jusqu'à Kairouan pour prévenir à temps le chef de gare. Lorsqu'ils montèrent dans le compartiment ce fut pour moi la délivrance après le calvaire. Ma mère le sut à notre arrivée et fit une réflexion époustouflante;

— Oh… ce sacré train, il en connaît comme histoires ! Depuis 1924, tous les membres de la famille ont vécu avec la micheline de Fériana des moments remarquables !

LES FIANÇAILLES DE RADHIA

Baba Amor Belkhiria, *Ommi* Zoubeîda et les aînés avaient formulé la demande officielle au père depuis Djemmal.

Les fiançailles eurent lieu à Fériana, *si* Mohamed Belkhiria nommé entre temps à la tête du Kalifalic. Malgré le contexte politique, Père tint à honorer la soirée par de la musique. L'après-midi, les chefs d'établissements, quelques amis assistèrent à la Fétiha et la soirée fut animée par un petit orchestre juif ramené avec la famille Mrad de Gafsa. La fête se termina lorsque ma mère présenta aux lueurs boréales, les beignets chauds dégoulinants de miel et des chopes de lait de notre vache.

DERNIERS INCIDENTS – TÉMOIGNAGE DE *SI* MOHAMED BELKHIRIA

Après l'accord de l'autonomie interne, le Gouvernement tunisien prit des mesures pour imposer la souveraineté du pays avec ordre à l'armée française de se replier sur les bases de Bizerte à l'intérieur des casernes. Sous l'égide de son premier Ministre Mongi Slim, le Ministère de l'Intérieur ordonna aux autorités régionales de déployer une garde mobile aux points stratégiques pour empêcher le passage des contingents français vers l'Algérie. « La circulaire arriva au Kalifalic de Fériana », me dit *si* Mohamed Belkhiria dans son témoignage vécu.

— Je pris les mesures en conséquence pour organiser la garde aux entrées de Fériana. Ce jour-là au crépuscule, le convoi des militaires français s'annonça pour transiter en direction des frontières, Bouchebka et Dernaya. Aussitôt la garde mobile tunisienne s'interposa, les soldats armés de fusils et de carabines de chasse barrèrent le passage et les sommèrent de s'arrêter.

Halte… halte ! » cria l'un d'eux en direction de la première voiture. Précédé d'une Peugeot 203 noire portant l'immatriculation de l'armée française, le convoi passa outre l'ordre lancé par les patriotes.

Un coup de feu partit, la salve atteignit de plein front les passagers du premier véhicule; la Peugeot dérapa crissant des pneus sur le bas-côté de la route venant de Thélepte. Sous l'effet de la surprise, personne ne comprit l'envergure de l'incident. Le colonel Giard gisait, baignant dans son sang, le tympan éclaté. Depuis la caserne, les militaires au repos affluèrent, les gendarmes mitoyens et l'alerte fut donnée au commandement de l'État-major ».

Si Mohamed Belkhiria, Kalifa de la ville se rendit aussitôt sur les lieux pour constater les faits. Le décès du Colonel Giard, chef de la 8e division du Régiment des Tirailleurs allait provoquer une véritable affaire d'état entre les deux gouvernements et réveiller les hostilités, à la veille des négociations tuniso-françaises pour l'évacuation des bases de

Bizerte et du Sud. Le geste malencontreux mettait l'autorité du village en mauvaise posture. Une animosité émanait des regards lancés de part et d'autre. Le Receveur des P.T.T., mon père, réceptionnait les missives télexées et qui se contredisaient à tout instant, le village vécut sous tension.

Le Kalifa lui-même, autorité agissante dut subir l'interrogatoire de routine et répondre du geste criminel perpétré par le spahi sur le Colonel Giard. « Je ne leur ai pas dit de tirer, dit *si* Mohamed, je n'ai fait qu'appliquer l'ordre donné par le ministre de l'Intérieur qui stipulait l'emplacement d'un barrage à l'entrée de la ville ! »

Le Caïd de Sbeïtla un gars des Ouled Ayar arriva sur les lieux. Dans son langage recherché, il tenta de temporiser la colère des Français. Le Général (*si* Mohamed ne mentionna pas le nom), cinglant, répondit ironiquement au Caïd.

— Monsieur le Caïd, vous êtes distingué et vous parlez un français excellent, mais le mal est fait !

— Ne retournez pas le couteau dans la plaie, monsieur le Général, répondit-il.

— Je ne sais comment la catastrophe a pu être évitée. L'armée française faisait face et les patriotes étaient armés, résuma *si* Mohamed Belkhiria.

La France, en maintenant sa présence à Bizerte et dans le Sahara tunisien, avait des visions expansionnistes, peut-être même nourrissait-elle le rêve de reconquérir la Tunisie surtout que la guerre d'Algérie lui donnait des atouts… Les moudjahidines se repliaient sur les terres sœurs pour échapper au contrôle de l'armée. La population de Sakiet sidi Youssef en subira les frais en 1958, bien que la France se donnait la légitimité de poursuivre les fédayins en terre tunisienne.

Pour sauver ceux qui méritent de ne pas dépérir et que leur bon souvenir résiste aux atteintes pernicieuses du temps, rendons hommage aux aînés de Djemmal, dans le Sahel.

Si Mohamed Ali et Amor Belkhiria furent de bons destouriens sur les pas de leur père, l'honorable *si* Mohamed el Hadj Ali Belkhiria, Caïd du temps des turcs. Condisciple du Cheikh Mohamed el Karoui, cadi charaïque à Djemmal, il fut un homme généreux et un fervent nationaliste. En 1922, le jour de ses obsèques son cercueil fut recouvert du drapeau tunisien et porté en liesse par les bras de la foule. Les passants crièrent des slogans patriotiques qui soulevèrent l'alerte au sein des autorités coloniales.

J'ai retrouvé, dans les archives de grand-père *si* Djilani, deux télégrammes de félicitations envoyés à la même date, à sidi Mohamed Chenik lorsqu'il constitua son ministère sans en référer à la France. L'un expédié de Zarzis signé Bouhafa et l'autre de Djemmal signé Dardour Belkhiria.

N° 701 Le port est gratuit

TELEGRAMME

Le facteur doit délivrer un récépissé à souche lorsqu'il est chargé de recouvrer une taxe

SON EXCELLENCE SIDI MOHAMED

CHENIK TUNIS

A DECHIRER

178

Timbre à date

TUNIS-CENTRAL 21-9-50 11.20 TUNISIE

L'Etat n'est soumis à aucune responsabilité à raison du service de la correspondance privée par la voie télégraphique (Décret du 11 Juin 1888).

97 DJEMMAL 987 13 21 0945=

Nombre de mots	Date de dépôt	Heure de dépôt

MEILLEURS VOEUX DE BONNE FETE = DARDOUR BELKHIRIA

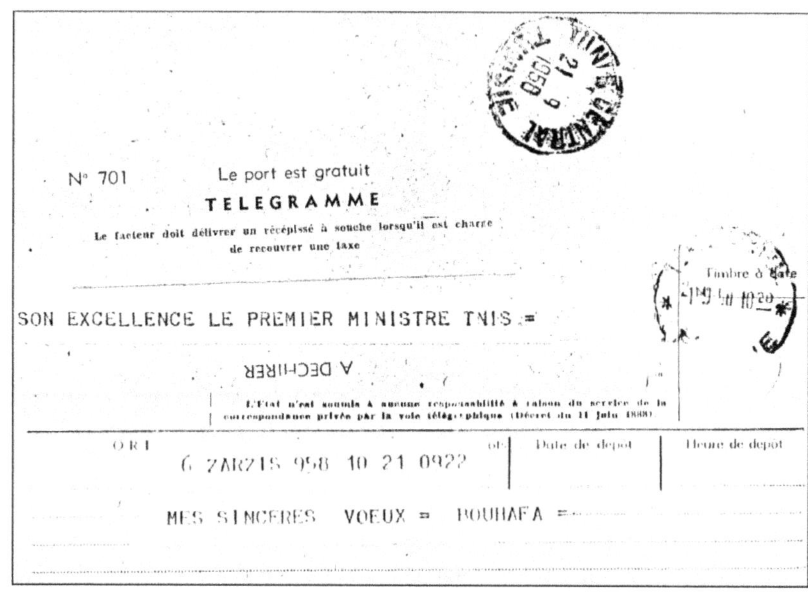

TUNIS-CENTRAL 21 9 1950 TUNISIE

N° 701 Le port est gratuit

TELEGRAMME

Le facteur doit délivrer un récépissé à souche lorsqu'il est chargé de recouvrer une taxe

Timbre à date

SON EXCELLENCE LE PREMIER MINISTRE TNIS =

A DECHIRER

L'Etat n'est soumis à aucune responsabilité à raison du service de la correspondance privée par la voie télégraphique (Décret du 11 Juin 1888)

ORI

6 ZARZIS 958 10 21 0922

Date de dépôt	Heure de dépôt

MES SINCERES VOEUX = BOUHAFA =

Départ pour Zarzis. Septembre 1955

À LA RENCONTRE DE BOURGUIBA

COMITE DE LIBERATION DE L'AFRIQUE DU NORD
48 West 73 Street
New York 23, N.Y.

COMMUNIQUE DE PRESSE — N. 28 - Tu-3
Le 14 Novembre 1955

EMBARGO: Mrs les correspondants sont priés de noter que ce texte ne peut etre reproduit ou cité que dans les journeaux du 15 Novembre.

Declaration faite à la presse par El Abed Bouhafa, membre de néo-Destour et représentant du Comité de Libération de l'Afrique du Nord concernant M. Salah Ben Youssef, ex-Secretaire General du ce parti.

-.-.-.-.-.-.-.-.-.-.-.-.-.-.-.-.-.-.-

L'interet national exige que je responde, à la veille du Congres National du néo-Destour à la campagne de mensonges et de demagogie que M. Salah Ben Youssef mène, depuis quelques semaines contre M. Habib Bourguiba et les Conventions Franco-Tunisiennes dans l'espoir de faire oublier ainsi, fut-ce au prix de combats fratricides, son expulsion du nèo-Destour.

Il serait présomptueux pour ma part de défendre le Président Bourguiba. Le monde entier et la Tunisie ont déjà rendu hommage au patriotisme, à la sincérité et à la clairvoyance du leader du néo-Destour. Par contre, on ignore que l'agitation de M. Ben Youssef est principalement due au fait qu'il n'a pas été admis à participer aux négociations.

En vérite, nul, en Tunisie, n'est moins autorisé que lui à se réclamer de l'indépendance, puisque, jusqu'à son exil involontaire, il a été le partisan le plus actif d'un accord franco-tunisien bien plus restreint que les conventions actuelles.

Tel était certainement le but des vaines négociations de Novembre 1951 dont il a été le participant le plus responsable.

D'autre part, on peut reveler aujourd'hui qu'en Mars 1952, à l'insu du groupe arabo-asiatique qui avait précédemment décidé de porter la question tunisienne devant le Conseil de Sécurité, M. Ben Youssef s'est secretement mis en rapport avec le President Pinay en vue de reprendre les négociations, non pas sur la base de l'independance, mais sur celle d'un plan d'autonomie plus limitée, dit le plan Ben Ammar.

A cette époque, M. Ben Youssef se montrait si conciliant que l'ex-Resident General, M. Perillier, le proposa pour la Legion d'honneur.

Si les conventions n'impliquent pas, comme il le suggère, l'adhésion de la Tunisie à l'Union Francaise, il est par contre indéniable que le 31 Octobre 1952, à New York, dans une déclaration stupéfiante, M. Ben Youssef avait généreusement proposé l'inclusion de la Tunisie dans le Pacte de l'Atlantique!

Il a aussi invoqué sa mission à l'étranger, l'appui de la Ligue Arabe et son action en faveur de l'Algerie, dans le but de glorifier sa présente agitation. Tout cela appartient au domaine de l'imagination.

Sa mission n'a été un succes que dans les écrits d'un journal Tunisien de langue arabe; et, dieu merci, il n'a joué aucun rôle dans la question algérienne.

En ce qui concerne le crédit dont il jouirait aupres de la Ligue, M. M'hamed Chenick pourrait attester, qu'en décembre 1952, le Sécrétaire Général a refusé à M. Ben Youssef le patronage de la Ligue pour porter la question Tunisienne devant les Nations Unies.

Il est significatif que le lendemain, le même Sécrétaire Général approuvait une requête semblable de la part de M. Bourguiba qui venait d'arriver à Paris. Aujourd'hui, la Ligue appuie la politique de M. Bourguiba et désapprouve l'agitation criminelle que M. Ben Youssef fait sous le couvert de l'indépendance.

Lorsque l'ex-Sécrétaire Général du parti invite les falaghas à la révolte, on aurait préféré qu'il s'expliqua d'abord sur l'usage qu'il a fait des sommes enormes, contribuées par certains pays à la resistance nationaliste.

Cette grave affaire sera d'ailleurs soulevée devant le congres national par les ex-combattants du centre et du Sud tunisiens pour qui l'aide "exterieure" n'a été qu'un mirage!

- 2 -

La mystification que constitue cette agitation est particulièrement manifeste dans son appel à la Grande Mosquée pour l'inviter à "lutter pour le salut de la religion".

M. Ben Youssef a été jusqu'à ce jour un adversaire implacable des milieux traditionalistes, persécutant leurs adhérents et qualifiant leurs dirigeants de "traitres".

La sincerité de sa récente ferveur islamique est dementie aussi par sa sympathie au sionisme. N'avait-il pas, en février 1952, au Palais Chaillot, suggéré au Ministre libanais, Maitre Jamil Makaoui, d'associer Israel aux initiatives du groupe arabo-asiatique an faveur de la Tunisie?

Enfin l'heureux dénouement de la question du trône Chérifien rappelle naturellement à nous, tunisiens, la question de Moncef Bey. Seul le souci de preserver l'unité et le prestige du mouvement nationaliste nous a empêché, jusqu'ici, de révéler publiquement, que c'est M. Ben Youssef qui a été le principal saboteur de la restauration du souverain regretté.

Il serait utile que ceux, surtout, qui, de bonne foi, participent aujourd'hui à l'agitation démagogique de M. Ben Youssef, examinent ces faîts et en tirent les consequences qui s'imposent. La mesure d'expulsion prise par le parti leur paraitra alors indulgente.

Quant à nous, cette agitation constitue une raison nouvelle d'appuyer la reconciliation Franco-Tunisienne et ces conventions qui ne peuvent être, pour nous, qu'une transition ordonnée et une préparation nécessaire aux lourdes responsabilites de l'indépendance. Nous devons prouver d'abord, à nos allies et à nos adversaires, que nous sommes capables de nous gouverner nous-memes, dans la democratie et la tolerance, la justice et l'integrité. Ce test passé, nous reclamerons et obtiendrons notre independance sans l'aide des demagogues et des charlatans.

El Abed Bouhafa
representant aux Etats Unis
du Comite de Liberation de
l'Afrique du Nord.

This material is being filed with the Department of Justice where the registration of El Abed Bouhafa as the representative of the Committee For Freedom of North Africa, 32 sharia Abdel Khalek Sarwat, Cairo, Egypt, is available for inspection. The fact of registration does not imply approval or disapproval of this material by the United States Government.

Bourguiba entreprit une tournée à travers le pays indépendant depuis mars 1955. Cette prise de contact sera la première visite qu'effectua le Leader dans les territoires militaires depuis le traité de l'autonomie interne signé par Pierre Mendès-France et le retour à Tunis le 1er Juin.

L'itinéraire officiel incluait la région du Grand Sud ; Médenine, Tatahouine, Ben Gardane et Zarzis, villes qui étaient encore sous allégeance militaire française.

Le futur Président tunisien arriva dans la Péninsule qui prouva hautement sa fidélité au « Moudjahid-el-akbar » depuis l'avènement du Destour et de son précurseur Thâalbi. Alors que tout le sud s'était rallié à Salah Ben Youssef, la population Accara reçut en liesse le combattant suprême, grâce à l'ascendant des premiers militants zarziciens et aux directives édictées depuis New York par Abed Bouhafa.

En témoignage de vieille amitié envers ses compagnons de parcours, Kadem et Abed Bouhafa et, parce que tout Leader qu'il était, Habib Bourguiba ne pouvait transiter sans faire une visite de courtoisie au « vieux Bouhafa » qui fut le premier Tunisien et le seul à rendre les insignes de la Légion d'Honneur à la France pour contester les exactions commises sur les civils et les innocents enfants du Cap-Bon, le 28 octobre 1952.

Bourguiba formula le désir de se rendre au chevet de *si* Djilani Bouhafa, alité dans sa résidence *Dar-el-Bhar*. Le cortège des voitures se rendit d'abord sur le terre-plein où furent érigées les tribunes.

Les dirigeants des cellules destouriennes organisèrent le circuit à travers la ville. Une foule dense, heureuse et motivée s'était massée à travers l'étendue miroitante de la Sebkha en limite des rivages et de la baie turquoise. *El Moudjahid-el-Akbar* prendra place au centre de la tribune garnie de branches de palmier et rutilante de banderoles rouges et blanches.

Si Lahbib arbora les couleurs nationales par le port d'un képi et du foulard scout noué à la gorge. Autour de lui, les cris passionnées réitéraient leur appartenance au Parti par les slogans suivants : *« Yahya Destour... yahya Bourguiba... tahya Zouâama ! »*

Le patriarcat Accara, les membres actifs des cellules destouriennes et la famille Bouhafa, riveraine des flots, se manifesteront par leur patriotisme et la générosité sudiste.

Le Leader n'était pas le premier militant reçu dans cette ville qui fut le point de transit des exilés, déportés vers les centres du Grand Sud et pour lesquels les natifs offrirent spontanément leur soutien. Pour sublimer cette rencontre historique et la situer dans le cadre d'une Tunisie libérée du joug colonialiste, Bourguiba prendra la parole face à une population fière de rencontrer l'homme derrière lequel toute la nation s'était mobilisée. L'auditoire assoiffé de dialogue passionné et patriotique crépita sous des tonnerres d'applaudissements et d'ovations. Il termina son discours conduit avec la verve habituelle conscient d'une population aux écoutes.

Dans les coulisses familiales et sur l'instigation de Kadem, Père décida de la page de cordiale bienvenue que présenterait sa fille Radhia en hommage au futur Président. Ils quittèrent Fériana la veille et prirent la route pour regagner un Zarzis rutilant et euphorique, honoré par la visite historique.

Aïcha Radhia, enseignante bilingue à l'école de Fériana, rédigea l'essai en arabe, bribes d'une poésie engagée et touchante reprise et assemblée par un humaniste du Djérid. La jeune s'avança pour accéder aux tribunes et chanter le jour de gloire au Leader lorsque Abderrahmane Bouaoudja s'interposa dans l'intention de dépêcher une certaine Mathlouthi : « Depuis quand sont-ils des destouriens ? », dira-t-il pour se justifier de son geste et discréditer l'action patriotique des frères Bouhafa dont il est vrai, il n'avait aucune approche.

Les paroles malvenues parvinrent à l'oreille de Kadem assis aux côtés de ses compagnons de parcours. Radhia Bouhafa s'avança et d'une voix sûre entama l'allocution au Président ; Bourguiba écoutait heureux et profondément touché par le sens suggestif des phrases rimées.

الأخت راضية بوحافة ألقت هذا القصيد أمام المجاهد الأكبر عند زيارته للجنوب

بِالعِزِّ جِئْتَ فَمَرْحَبًا يَا أَمْجَدُ   قُلْ مَا بَدَا لَكَ فَالطَّرِيقُ مُعَبَّدُ

بِاسْمِ جَرْجِيسَ وَمَنْ سَكَنُوا بِهَا   قَدْ قُمْتُ أُنْشِدُ الشِّعْرَ وَأُنْشِدُ

شَتَّانَةٌ بَيْنَ الأَمْسِ وَاليَوْمِ   زُرْتَ دِيَارَنَا لِنَسْعَدَ

أَنْتَ الهُدَى لِلْمَغْرِبِ العَرَبِي   وَفِي كُلِّ المَوَاطِنِ فَضْلُكُمْ لَا يُجْحَدُ

أَنْتَ الحَبِيبُ المُرْتَجَى لِخَلَاصِنَا   مِنْ ظُلْمِ أَقْوَامٍ عَلَيْنَا تَمَرَّدُ

إِنِّي مِنْ أَرُومَةِ بُوحَافَة   فَفِي المَوَاقِفِ فَضْلُهَا لَا يُجْحَدُ

سُجِنَتْ وَأَيُّ سَيْفٍ لَا يُغْمَدُ

Il ne cacha pas son enthousiasme, les yeux de Bourguiba pétillaient de fierté. Le profil de la femme émancipée pilier de la Tunisie nouvelle se précisait. Grâce à une maturité d'esprit, à son engagement patriotique et l'accès à l'instruction la jeune promotion portait ses fruits ! Le Leader fut grisé par les ovations et la foule transcendée par les paroles. Bourguiba formula ses félicitations à Aïcha Radhia et sa profonde reconnaissance pour l'accueil chaleureux des Accara. Si les années de lutte étaient supportées en commun pour l'accès à l'indépendance, il faut reconnaître à tous leur participation, fut-elle minime, au sein de cette Révolution qui impliqua le rôle de la mère tunisienne aussi !

À Zarzis, Bourguiba reconnaîtra à madame Zohra Bouhafa les activités qu'elle déploya depuis la création de l'Union des Femmes en 1945 et l'encadrement caritatif social et humain.

Bourguiba nomma madame Zohra Bouhafa Présidente de l'Union des Femmes de Zarzis dont elle fut pionnière de sa création. Elle s'affranchit pour représenter l'exemple de la femme émancipée et révolutionnaire dans la ville de Zarzis. À la fin du meeting, le cortège officiel s'engagea dans le chemin de la plage qui donne accès sur la résidence de *si* Djilani Bouhafa. Depuis l'esplanade jusqu'aux limites de la Sebkha engorgée, les fiers cavaliers Accara exprimaient leur joie. *Dar-el-Bhar* en liesse s'apprêtait à accueillir (fait historique gravé dans les annales de la famille) Bourguiba et ses compagnons, futurs hommes du gouvernement autonome.

Kadem Bouhafa les reçut aux pieds du perron. Ce fut un moment miraculeux, inégalable, le temps semblait se figer pour offrir l'instant sublime de consécration morale. "*Ô temps ! suspends ton vol et, vous heures propices, suspendez votre cours* !" Imprimez à l'évènement sa valeur historique, prenez une revanche sur ce passé de luttes qui fut si proche, mais qui, soudain, se dissipait… Trêve d'angoisses, trêve de contraintes, nous arrivons à nos peines mes frères et Bourguiba est là pour le prouver. Si le Général de Guillebon était encore présent dans sa résidence nichée en bordure du rocher, tabou des pêcheurs de *lalla* Meriem, de l'autre côté de la mer les destouriens festoyaient...

En recevant Bourguiba ce jour-là, les fils Bouhafa méritèrent le couronnement de leur lutte ; Kadem, Mohieddine, Fadhel, Béchir, Belkacem, Ifnaoui, Jamel, Sadok, Abdallah,

Dhaou, Hédi, Rabâa et autres acclamèrent les hôtes de marque alors que les poétesses Mdalla et Roukaya Souaï se surpassèrent dans la diction du *Chïr el malhoun* retraçant en exergue les étapes de lutte, les prouesses et courage des pionniers.

Osman le fameux et fantastique photographe qui immortalisa les grands évènements, apposant sa signature sur chaque cliché, faisait partie du cortège. Toutefois, il semblait qu'il eût pour consigne, une fois les pellicules développées de ne pas donner une envergure médiatique à la visite de courtoisie effectuée par Bourguiba au Kahia et Caïd honorifique *si* Djilani Bouhafa. Les photos disparurent, la dernière ligne du poème fut-elle censurée le lendemain sur les journaux ? Pourtant la famille Bouhafa dans son élan sincère soutiendra jusqu'au bout la politique de Bourguiba dont l'autoritarisme avait commencé bien avant… Trente ans après, Abed Bouhafa écrit dans « *Les Pages Noires* » présentées au Président Ben Ali : « *…deux célèbres Leaders du Nationalisme Tunisien dont j'étais respectivement le disciple (Bourguiba) et le camarade (Ben Youssef) et qui n'ignoraient pas mon appartenance à une humble famille dont le patriotisme était l'attribut distinctif et qui a donné au nationalisme ses premiers francs-tireurs sudistes, Kadem Bouhafa mon frère cofondateur du « Nouveau Maghreb » publié à Bordeaux en 1933 a été le benjamin des prisonniers de Bordj Lebœuf.*

Feu Djilani Bouhafa, notre père, a été le seul à renvoyer à la France sa Légion d'honneur au lendemain du ratissage de Tabarka. Mon fils Faris Bouhafa est le porte-parole du comité américain contre la discrimination. (document I et II) »

Dans la véranda, Gmar bint Souaï, les bras largement ouverts en signe de cordiale bienvenue récita le poème en l'honneur de l'hôte et des personnalités présentes, Allala el Aouiti, Mongi Slim, Ali Belhaouane, Hassen Ben Abdelaziz, Mosbah Djarboua et autres précédés par la négresse gabésienne qui leur emboîtait le pas son canoun embaumé porté à bout de bras.

مِنْ صَابْنِي فِي بَابْ الْبَحَرْ وْقُوفِي
انْشُوفْ الْحَبِيبْ وانْصَافْحَه بكُفُوفِي
تُونِسْ عَرُوسَه دَخْلِتْ ابْدِتْ تْجَلِّي
يعِيشْ سِيدْهَا عُمُرْ اجْدِيدْ ايوَلِّى
مِنْهُ الذَّكَرْ يَرْمِي على بُورْقِيبَه
يدُورْ دُورَهْ والزَّمَانْ يجِيبَهْ
تُونِسْ عَرُوسَه زُوزْ يَا رَاجِلْهَا
فَرْحِتْ وزِهِتْ اللَّيلَهْ فِي حِنِّتْهَا

Bourguiba pénétra dans la chambre du patriarche. Les Zouama prirent place sur les banquettes. *Si* Lahbib se pencha sur le lit où *si* Djilani effectuait sa convalescence depuis son accident cardio-vasculaire survenu au printemps 1955. Il m'en souvient que toute la famille s'était réunie autour du patriarche, mon frère et moi avions quitté nos collèges respectifs pour nous rendre au chevet de grand-père qui avait sombré dans le coma. Il gardait le lit, ses yeux d'azur grands ouverts m'impressionnèrent. Tout le monde pensait au pire.

Je pleurais à chaudes larmes de le voir dans cet état d'immobilité et brusquement j'avais dit : « Il faut chuchoter à *Azizi* que ses asperges sont prêtes sûrement il réagira… ! Je me souviens de ma spontanéité et le rire des autres m'avait fait mal.

En ce jour mémorable, *si* Djilani aurait souhaité recevoir Bourguiba au pied du perron, comme il se doit, avec sa prestance habituelle et son sens de l'hospitalité. Mais nous ne sommes pas maîtres de notre destinée. Il aurait voulu revêtir ses habits traditionnels pour froufrouter dans l'authenticité de ses jebbas *Khomri* et de ses burnous *sousti* et de son *minten*, chaussé selon la circonstance de mocassins ou de brodequins en chevreau ! « *Hat el courno* (chausse pied) *ya* messiougha ! », disait-il avant de commencer le rituel de l'habillement chaque matin.

En tête à tête, Bourguiba embrassa *si* Djilani qui lui retint les mains serrées contre les siennes, scellant ainsi l'importance cruciale de l'évènement et la profonde sérénité mutuellement ressentie. Il y eut un dialogue spontané, aimable, sans gloire aucune, l'un reconnaissant à l'autre les épreuves endurées et les étapes décisives auxquelles la nation accédait. Aïcha Radhia lui présenta une tisane, Bourguiba remercia sans la consommer. Zarga (Gmar) clama le panégyrique de Bourguiba à huis clos. Toutes ouïes, le *Moudjahid-el-Akbar* se projetait dans les thèmes de bravoure, d'endurance et d'espoir que déballa la poétesse avec une verve inégalée. Dans l'arrière-cour, les chants patriotiques et les youyous faisaient écho au bruissement des vagues. Un homme s'avança : « mais à qui ai-je l'honneur ? » demanda Kadem debout devant l'entrée.

— Abderrahmane Bouaouadja… répondit l'enfant du pays. Kadem s'interposa : « Où vas-tu *ya si… flen ?* »

— Je viens rendre visite à oncle Djilani, dit-il en s'engageant sur le pas des militants.

Kadem lui barra poliment le passage et s'expliqua : « Tu lui rendras visite lorsque nous autres deviendrons destouriens ! »

Témoignage de madame Zohra Bouhafa présente lors de la visite de Bourguiba à *si* Djilani son père, un mois avant sa disparition en 1998 (que Dieu ait son âme).

Bak Messaoud et ses filles, Triki, Fezzani harnachèrent la pergola et tamisèrent le grain de sable des allées jusqu'à la véranda. Ils jubilaient de la joie de leurs maîtres face aux demeures coloniales encore occupées par les officiers de l'armée française. Lorsque *Dar-el-Bhar* libéra ses hôtes illustres, le cortège s'ébranla, la mer se tut et les oiseaux diurnes regagnèrent leur nid. Un bruissement, à peine perceptible, fit frémir les têtes des palmiers majestueux ; Bak Messaoud éleva son chant, un fado guttural et nostalgique lui sortit comme une plainte en canon avec l'écho : « Ô… terre bien-aimée, terre de nos ancêtres ; raconte ta Légende, le ciel est libre maintenant ».

SOUSSE MARS 1956. COLLÈGE DE JEUNES FILLES

« LES ENFANTS DE LA TUNISIE, LE JOUR DE GLOIRE EST ARRIVÉ ! »

La révolution convergeait malgré les tiraillements vers l'Indépendance ! Nous étions en cours de maths. Madame Shiffo, héritière des fameux « Cafés Shiffo » faisait ses opérations au tableau, avec un amour pour les chiffres rarement égalé. Engoncée dans son éternelle blouse, elle ressemblait à un fût ceinturé. Sa tignasse poivre et sel servait de refuge aux crayons et aux lunettes.

Je n'oublierai jamais le fou rire qui nous comprima le plexus, lorsqu'un jour, le professeur entra avec une chaussure marron et l'autre noire. De même calibre, elle devait sans doute avoir une série de souliers plats à lacets qu'elle enfilait au petit bonheur la chance, le matin.

Madame Shiffo jonglait avec les chiffres et les équations, elle nous captivait comme le magicien face au public. Ce jour-là pourtant, nous n'étions plus motivées, la nouvelle était trop importante, tellement souhaitée que les esprits flottaient entre le rêve et la réalité.

La Tunisie accédait à son Indépendance… nous n'osions prononcer le mot *Istiklal* alors on disait *Sitta Klal* ستة قلال pour tromper toute vigilance. Les externes nous annoncèrent la nouvelle et notre cœur éclaté par la grande joie ne pouvait s'exprimer librement que par des chuchotements, auxquels la matheuse répondait par un regard de Juda et nous n'avions d'issue que notre patience pour ruminer nos imprécations avant la sortie en récréation.

Au fond de nous-mêmes, nous nous rebiffions contre les procédés de la France colonialiste qui dépêchait ces missionnaires payés pour nous matraquer l'esprit et limer notre personnalité à la culture étrangère, qui vrillait en nous comme l'ivraie tenace et envahissante. Nous ne savions pas que ce serait un jour notre arme, cette langue à travers laquelle nous nous imposions face à l'ennemi et c'était LA VICTOIRE !

Chédlya à la marche du 22 mars 1956

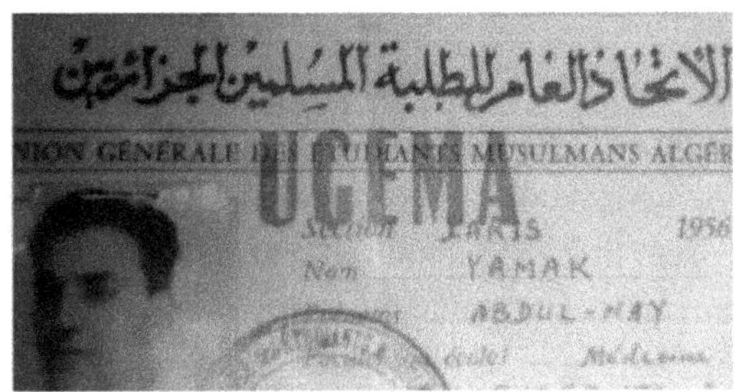

Abdul-Hay Yamak Étudiant en médecine en 1956

Deux militants aux trajectoires parrallèles

Hommages

En développant cette saga familiale, je me suis heurtée aux interférences pour illustrer les personnages dans leurs différents parcours. Je saurais gré au lecteur de ne retenir que le message !

Avec une participation personnelle qui s'inscrit dans l'action générale et militante de tous les citoyens engagés, ces héros ont œuvré pour l'édification d'un État national souverain. Si Bourguiba prônait le dialogue modéré pour tenter de convaincre la France et sensibiliser ses dirigeants aux urgences de la Tunisie, on ne peut que louer l'intervention des autres citoyens qui furent les émissaires chargés de la diffusion de la propagande nationaliste à travers la presse, à l'étranger, dans la rue, auprès des élèves des médersas, auprès des jeunes sportifs et des scouts musulmans, au sein des familles.

Les chants patriotiques embellissaient l'historique et l'amour de la Patrie sublimait l'image du Leader et le sens de cette lutte. Si les indigènes instruits ont représenté la voix du peuple par le concours des hommes de lettres, des journalistes, des juristes et des personnalités religieuses, ces humanistes donneront une forme intellectuelle et théorique à leurs articles pour exprimer la détresse d'un peuple soumis aux lois scélérates et au Code de l'indigénat. Les fils de *si* Djilani contribuèrent à cette lutte nationale combien noble et désintéressée : Béchir le postier syndicaliste, Mohieddine le terrien militant, Kadem le publiciste, Abed le journaliste, Sadok le juriste, Ifnaoui le fonctionnaire d'État, Béchir et son frère Rabaâ, Dhaou ben Abderrahman, Mohamed el Hadi et d'autres membres de la Tribu.

Rendons hommage à l'action des femmes qui ont participé dans les coulisses. Elles ont encadré les actes de leurs frères, leurs maris et leurs fils. Grand-mère en premier lieu, sa fille Zohra, Fatma Bint Djilani, Badra Bint Med Said Belhadj (la première femme de Sadok Bouhafa), Aïcha Bint el Hadj (la généreuse), Moghlia Bint Ali Ben Salem, Fatma Nebhani, Khamsa Bint Smâali, Emna Souaï et Smia bint el Kourd (les poétesses révolutionnaires), la femme de Béchir, Turkia Bint Sifaou (Accara de Libye), les épouses de Hadj el Bachir et son frère Rabâa (Gamoudi Djabnoun et Rabiaa Bint Bouhafa), Meriem Bint Amor Bouhafa, les femmes de Abdallah et Hadi (Harbacha Bint Djabnoun et Chouikha Bouhafa), les épouses Aoudi, Chraïef, Sohbani et Bouhafa (filles de l'Imam Mohamed el Boghdadi), la famille Bouhafa *Zingia*, Massiougha, *Daday* Meriem, *Daday* Fatma, Ghozala, Mabrouka, Fatma et Jazia (les filles de Bak Messaoud Ouled Boubi).

Rendons hommage à leur engagement dans la lutte nationale. Elles eurent à supporter les contraintes, les revers, les abus des autorités du *Birou-arab* à l'encontre de leurs hommes et de leurs maîtres, elles se distinguèrent par leur discrétion et leur parfaite dignité.

La Tunisie Nouvelle

GROMBALIA 1956-57

Après son retour à Fériana, Béchir reçut sa mutation comme Receveur à l'échelle 3. L'ordre de mutation signifié, le couple déménagea à Grombalia, région agricole où une forte densité de colons était propriétaire de fermes viticoles et de vergers d'agrumes. Dans la quête des origines n'a-t-on pas fait allusion à la noble famille d'Andalous qui se sont établis au moment de l'exode en Afrique du Nord et furent les premiers artisans des plantations et des magnifiques jardins du Cap-Bon ? L'Émir el Kouroumbaly donna paraît-il, son nom à la petite bourgade. D'autres diront en plaisantant sur l'onomatopée *al-kouroun al-balia* (les siècles révolus).

Le déplacement n'était pas une fin, mais un suivi tactique avant de pouvoir accéder au poste de seconde dans la recette de Gabès. Il accepta d'assurer les intérims dans les coins reculés comme Gâafour et Dahmani, deux villages indigènes à forte proportion de cheminots italiens, siciliens et français.

Le Séjour à Gabès détermina la décision pour le retour définitif à Tunis. Si la poste revêtait une importance capitale dans le suivi des transmissions, le Chef assurera avec brio toutes les prestations de services face à une population et un environnement humain des plus sécuritaires. Nous rappellerons au passage les familles gabèsiennes qui nouèrent pour le père et le fils une véritable amitié. Citons les aînés des Hamrouni, Ben Jaber, Kilani, Saula, Guerfel, Farhat, Chaïeb, Hayder et autres.

J'évoquai ces souvenirs et ma sœur aînée enchaîna : « Grand-père, dit-elle (se souvenant de la période de guerre 1939-40), assurait l'intérim à Gabès et nous habitions chez le Caïd Belhiba dans les intérieurs de l'honorable famille Hamrouni. Je me souviens, dit-elle, du conformisme qui gérait nos rapports humains. Lorsque les hommes manifestaient le désir de traverser le couloir, ils claquaient des mains, aussitôt la gent féminine se retirait pour leur permettre le passage. Grand-père, continua Kalthoum, exigeait que je me couvre d'un burnous en présence des aînés. Nous leur devions le respect, conclut-elle, et ces gestes du quotidien maintenaient les bonnes relations. Nous les acceptions sans nous formaliser car, expliqua-t-elle, la maison représentait un élément fondamental de notre équilibre familial ».

Les citoyens lui témoignèrent beaucoup de gratitude pour les services rendus et l'aide à l'emploi. Je citerai la réflexion d'une voisine dont la fille avait été recrutée au service postal. Tous les jours, madame Madar, humble femme de la communauté juive de Jara se rendait à la maison postière pour solliciter si Béchir. Lorsque sa fille réintégra la fonction d'agent surnuméraire au standard téléphonique, la juive était tellement réconfortée par la noble démarche qu'elle pria ses dieux : « Ô *si* Béchir, Dieu fasse que tu ne tombes jamais malade et que tu ne gardes point le lit pour donner l'occasion de jaser à autrui ! »

يَا سِي البَشِيرْ الله لا يقَعْدِكْ فِي الفَرَاشْ ولا يشَمَّتْ فِيكْ نَاسْ.

Si dans la ville de Gabès, il y avait ce particularisme qui divisait la ville en deux quartiers Jara et Menzel (Bachia et Houssaynia), la communauté juive elle, vivait en parfaite tolérance et en forte proportion à Jara. Les évènements et le pogrom de 1940 supportés en commun démontrent à quel point les Israélites fusionnaient dans la terre d'accueil. Si les heurts violents des fascistes occasionnèrent des morts parmi eux, on rappellera que les Arabes s'étaient manifestés corporellement pour les protéger et le payèrent durement face au colonialisme. Plusieurs destouriens furent arrêtés. Deux mois après, la communauté juive put réintégrer le quartier initial de la Hara grâce à la vigilance de *si* Djilani Bouhafa.

Dans le cadre humain, une corporation d'artisans orfèvres, tailleurs, petits commerçants et tisserands tenaient leurs échoppes aux souks et la synagogue était leur point de rencontre privilégié. Parmi la Communauté juive gabésienne, il y eut aussi des notables dont les fils se démarquèrent par leur profil intellectuel engagé et leurs convictions patriotiques. Telle madame Gladys, n'avait-elle pas eu pour époux Georges Adda ? Elle s'était engagée depuis les années 1940 dans l'union des jeunes filles de Tunisie, tout comme les premières arabes telles que Fatma Bécher Jallouli et Kalthoum Bouhafa, qui s'affilia en 1944 à l'Union des Filles Tunisiennes de Kairouan. En faisant l'apologie de Paul Sebag, Juif tunisien combattant de la liberté et du savoir, Georges Adda développe (en parlant de patriotisme) : « *Dans quelques mois, cela fera soixante-dix ans que j'ai connu Paul Sebag. Nous vivions un moment faste. Le printemps 1936 voyant toutes les portes de toutes les prisons et de tous les camps de concentration s'ouvrir pour que tous les patriotes, destouriens, communistes, syndicalistes, simples citoyens, victimes de la répression colonialiste se remettent à vivre normalement en hommes libres. Chacun a immédiatement choisi son chemin ou rejoint son organisation. Le 1er juin 1936 le Parti Communiste tunisien réunissait sa première conférence nationale.*

En parlant de la guerre, il développe : « Cinquante millions d'êtres humains sans aucune distinction, de l'atlantique à la mer de Chine ont été exterminés. Pendant ces cinq ans, de nombreux et très importants évènements ont traversé, bouleversé et marqué la Tunisie.

Le massacre du 9 avril 1938 et la féroce répression qui le suivit, les prisons étaient pleines de destouriens, de communistes et d'autres fascistes, la misère et la famine s'étaient généralisées, mais partout aussi des hommes et des femmes se sont levés pour résister et défendre leur pays, leur honneur et leurs idéaux. Ils et elles développèrent des activités multiformes et clandestines des plus difficiles, s'exposant aux arrestations en série, aux tortures raffinées et aux condamnations aux travaux forcés.

Paul Sebag fut de ceux-là et a vécu intensément tous ces évènements en tant que témoin et très souvent en tant qu'acteur... Plus loin, il est difficile aujourd'hui poursuivit George Adda de se représenter et de mesurer le courage, l'abnégation, la conviction, la détermination, et aussi l'ingéniosité de tous ces volontaires de la liberté avec lesquels Paul Sebag faisait corps.

Pour préciser que « pendant deux longues périodes, il sera rédacteur en chef des journaux communistes de l'Avenir social, puis l'Avenir de la Tunisie, ainsi que membre du comité central du parti communiste tunisien... (Pour rappeler Ali Djerad qui militait derrière ce même Parti)... Lui, dont les origines ancestrales prennent leurs sources dans la Tunisie profonde, a été un des sociologues, un des historiens, un des universitaires, un des chercheurs, mais aussi un des militants de la liberté de la Tunisie moderne marchant vers le progrès et dont la trace et l'influence sont indélébiles. Je dirai que son œuvre fut un feu d'artifice de tunisianité ! »

Nous rappellerons que Paul Sebag, Georges Adda, Gabison Roger et d'autres tunisiens communistes, socialistes et syndicalistes et destouriens se sont retrouvés éloignés et enfermés dans les mêmes bagnes, victimes de leurs idées libérales et de leur amour du juste. À l'occasion du 35e anniversaire de l'indépendance en 1991, Georges Adda a été décoré de l'ordre de la République. L'association d'idées capitales, au moment des faits, peut nous faire revivre d'autres images, qu'on croyait effacées par les traces du temps. Je me souviens des deux étés passés à Gabès après la fin de l'année scolaire.

En face de la poste se nichait le petit atelier de Darmon, le tailleur juif. À la veille des retours, mon père me rappelait d'aller le voir pour d'éventuelles retouches de mon uniforme bleu marine, tenue obligatoire pour les pensionnaires. J'avais quinze ans et je me projetais dans l'idéal de la bataille révolutionnaire. Tous les organismes où nous pouvions accomplir des activités comme les scouts, la Chabiba destouria, nous attiraient. Le thème de l'abnégation et du bénévolat se conjuguait à tous les temps.

La maison paternelle nous procurait l'équilibre affectif qui stimulait en nous le désir de nous pencher sur l'autre. Je réalise à quel point nous fûmes élevés dans le culte de l'aide à autrui et du sens de l'amour du prochain. Si j'employais mon temps au bénévolat, je me sentais satisfaite, importante... entière. J'alternais avec les randonnées dans les oasis ou les visites à l'intérieur des maisons citadines, tellement hospitalières ouvertes à tout venant.

La plaine était débordante de verdure et d'odeurs exquises de légumes et de fruits, elle pouvait aussi être le théâtre d'épidémies de trachome par exemple et d'accès de paludisme. On recrutait des bénévoles parmi l'organisation des scouts musulmans et la Chabiba destouria dirigée par la regrettée Majida Guerfal Haydar (fonctionnaire à la poste). Après le dîner et sur autorisation de mon père, je descendais à la centrale téléphonique et les opératrices de garde m'apprirent comment manipuler les fiches, surveiller une communication, connecter les abonnés. Telles des tisseuses sur leur métier, elles enchevêtraient, dévidaient les fils avec une dextérité nonchalante...

Souvent, elles étaient les premières à recevoir les nouvelles importantes et tenues par le secret du métier, devaient en référer au Receveur qui, à son tour, annonçait au Gouverneur ou aux gradés de l'armée : Aïd, fêtes importantes, décisions urgentes, tout transitait par le bureau du Receveur, les décisions familiales aussi.

Les fiançailles de la cadette eurent lieu un été à Gabès. On lut la Fatiha dans le bureau en présence de quelques aînés des familles du jeune fiancé, brillant professeur, élève de Sadiki de la première promotion de l'indépendance *si* Hassin Aleya, originaire de Moknine. L'été suivant marqua le premier anniversaire de Fakher que père appelait *Fakroun* et on fêta la naissance de Lotfi (*Pappoufa*). Petites coulisses et joies familiales scellèrent cette tranche vécue simplement et sereinement. La douairière décida de l'offrande et le mouton fût sacrifié aux pieds du Marabout dans l'aire qui abrite le Mausolée de Saydina Abi Loubaba al Ansari compagnon du vénéré prophète. Que la paix soit sur lui !

RETOUR DÉFINITIF. TUNIS MARINE : RECETTE COLIS POSTAUX - PORT

L'ordre de mutation fut vécu comme un instant de plénitude, l'accès au hors-classe couronnait la carrière commencée en 1922 pour l'agent surnuméraire indigène Béchir Bouhafa. La passation eut lieu en présence de l'ancien Chef de poste français, arrivé à sa mise en retraite anticipée !

La Tunisie libérée, les étrangers commençaient à retourner vers la Métropole. Je sus la nouvelle alors que je m'apprêtais à quitter Maxula pour passer le weekend en famille. Mes sœurs enseignaient à la rue de Garros à Tunis et mon frère Farouk préparait son bachot au Collège Sadiki. Ce samedi soir, nous passâmes la nuit dans le salon où pêle-mêle s'amoncelaient les ballots et tout le bataclan tantôt déversés du camion. Mon père ronflait doucement, repu de fatigue et ma mère ressourçait son énergie par quelques heures de repos avant d'entamer ses rangements. Était-elle arrivée au terme pour aspirer enfin à la quiétude? Certes si tous ces déplacements ont forgé en elle le profil de la femme expérimentée, elle les brava avec courage et pondération malgré les grosses fatigues et les aléas.

Notre joie fut telle que, nous aussi, nous ne trouvions plus le sommeil. Nous conciliabullions en sourdine et mon frère me rappela le match de basket du lendemain au parc des sports contre la Compagnie du Gaz, équipe féminine de joueuses exclusivement françaises. Il me tardait que le jour pointe pour revêtir mon beau survêtement bleu et blanc siglé des couleurs de l'A.S.P.T.T. (association sportive créée sous l'auspice de mon père, dans le terrain attenant à colis postaux).

Mon frère avait veillé un peu et soudain il se mit à siffler. « Pourquoi ? », dis-je de crainte de réveiller mes parents harassés par la fatigue. « Il paraît, répondit mon frère, que lorsqu'on siffle le dormeur cesse de ronfler ! » Je le crus et nous passâmes la nuit à attendre que les ronflements s'arrêtent. La complicité entre frères pouvait atteindre la petite folie...

En arrivant à Tunis, ma mère ignorait qu'elle aurait le privilège d'habiter successivement dans cinq immeubles siégeant autour de la statue de l'ex-avenue Jules Ferry devenue avenue Habib Bourguiba. Nous restâmes deux mois dans la bâtisse surplombant l'angle de l'avenue de Carthage, puis nous déménageâmes au Foyer du Combattant dans le pâté d'immeubles limitrophe à la station du T.G.M. Mon père traversait la rue pour se rendre à son bureau. Nous eûmes comme voisins la famille de l'honorable feu Maître Mohamed Abdelmoula, nous nous rendions visite et Zeineb sympathisa. Nous ignorions que la fille du poinçonneur du T.G.M. Claudia Cardinale ne vivait pas loin et qu'elle empruntait le petit train pour aller danser à l'Hacienda. Le troisième, sis au 7 rue de Vesoul derrière le Claridge, occupé auparavant par *si* Mahmoud Khiari, Président de la fédération des fonctionnaires en 1955, nous livra ses espaces.

Bien que ce fût un appartement de standing, mon père y entreprit des travaux de réfection afin de nous assurer à chacun son espace. Mère eut à supporter les revirements, mais il faut reconnaître que père lui assurait au pied levé la salubrité des lieux avant les déplacements. Même s'il fallait étoffer le récit de longueurs, il nous incombe d'immortaliser ces détails qui animèrent des vies de labeur et de bonheur !

Il n'y avait pas de logement de fonction pour le Receveur au-dessus de la poste Tunis-marine et les services attribuèrent un appartement vacant, sis à l'angle 8 avenue Gambetta et n°1 Jean Jaurès. L'immeuble fut construit depuis la France par un architecte que le hasard nous fit rencontrer en Algérie en 1964. Il nous expliqua comment la bâtisse s'enfonçait dans l'eau chaque année de quelques millimètres.

Perspective de l'avenue Gambetta (1953)
{l'actuelle Avenue Mohamed V} "3e étage à l'angle (dans le cercle)"

J'eus un entretien avec madame Zine, sœur de l'ancien Ministre de la santé Dali Jazi. Je ne sais pourquoi je lui ai posé cette question, elle habitait dans cet immeuble et elle me confirma le phénomène.

— Oui, dit-elle, lors du ramadan lorsque nous dressons la table et servons la soupe, on remarque que le liquide penche d'un côté au risque de se déverser sur la nappe.

— Eh bien, dis-je, même penchée, cette tour de Pise représente pour moi les meilleurs souvenirs que j'ai vécus avec mes parents avant de les quitter le 22 décembre 1962 en me mariant.

Soumeya, après le périple entrepris, jugea son bonheur légitimement mérité, le pays libéré, le plafond administratif atteint, la quiétude retrouvée, il ne fallait que remercier le Suprême !

Ses programmes de travaux ménagers incluaient ceux qu'on effectuait les jours ensoleillés sur les terrasses. Aidée de Tshombé (Mohamed el Gzouni) ; père l'appelait ainsi car il ressemblait à ce chef africain, tout y passait, les grosses lessives, les tapis, la laine, le cirage des meubles jusqu'à l'abattage de moutons les jours de fête.

La terrasse ouvrait sur un panorama magnifique, les palmiers de Gambetta encore petits, la statue de Jules Ferry et Bourguiba, le lac de Tunis, le Boukornine et les montagnes d'un Sidi Bou-Saïd qu'on devinait au loin. Au crépuscule, les oiseaux nocturnes se repliaient en nuées sur la frondaison de l'avenue illuminée par l'établissement Shell, le Claridge, le Colisée, le Palmarium et le théâtre municipal.

Mon père s'attablait à 7 heures du matin au Claridge, lisait le journal en sirotant un café avant de se rendre à ses bureaux à pied. Le dimanche matin, il se rendait au marché central avec le garçon de courses. Père manifestait son plaisir à la vue des paniers bavant leur verdure, des fromages frais dégoulinant leur eau et des poissons encore frétillants. Gare à l'oubli ! En réceptionnant les paniers, dame Soumeya remerciait en souriant « *Aati lil borma taatik.* » (Donne ce qu'il faut à la marmite, elle te procurera les délices du palais).

Le dimanche, on dressait généreusement la table qui réunirait ses enfants et ses petits-enfants ; aux Aïds comme aux fêtes scolaires, tout le monde se réunissait chez Béchir. Que Dieu soit témoin de tous les services que le frère ainé rendit auprès des membres de sa famille lesquels il faut le dire – n'entreprenaient aucune démarche avant de se référer à son expérience des rouages administratifs.

Les dernières années, Kadem en effectuant sa promenade passa pour nous embrasser avant sa visite à Kalthoum à la rue de Marseille. Soumeya adorait son frère et je comprends maintenant pourquoi elle s'inquiétait de lui outre mesure ! Je n'oublierai jamais le jour où ma grand-mère adorée me proposa de lui donner quelque chose à repriser. Elle avait horreur de l'inactivité. « Mais *Méma,* je n'ai rien de déchiré », dis-je.

— N'importe quoi chère fillette, répliqua-elle, ça me fait passer le temps.

— Tiens, dis-je en riant, voilà une combinaison, mais tu ne pourras rien raccommoder c'est une passoire...

Le soir lorsque je rentrai des cours, grand-mère me tendit un vêtement complètement refait comme un patchwork, la combinaison reléguée aux oubliettes venait d'être ressuscitée par les mains de fée ! Que Dieu lui accorde son infinie miséricorde, nous l'aimions tellement. Je me souviens des promenades de Soumeya qui, pour se rendre dans sa famille, remontait à pied l'avenue Gambetta, puis l'avenue de Lesseps au Belvédère ; les rues étaient désertes et peu animées. Souvent, lorsque je matchais au palais de la foire, nous faisions ensemble le chemin et ma mère terminait sa randonnée accompagnée par Ameur, ou Tschombé.

La marche à pied faisait encore partie du vécu et je la revois enveloppée de son *safsari* de soie immaculé, les anneaux d'or sonnant ostentatoirement à ses chevilles. Qui peut se vanter d'accomplir l'aller-retour depuis la place Bourguiba jusqu'au Belvédère pour retourner alerte et dresser le dîner à son époux intransigeant sur la régularité des repas.

Dame Soumeya maria ses filles à l'hôtel Saint Georges (en vogue dans le temps), on célébra les deux mariages à vingt jours d'intervalle. Salha Kafila épousa *si* Hassine Aleya et Aïcha Radhia *si* Mohamed Taïeb Belkhiria. L'orchestre de la Rachidia, Youssef Temimi et la cantatrice Saliha s'étaient surpassés pendant les deux soirées mixtes (fait rare à l'époque). Aux lueurs de l'aube Fakher naquit, après une des fêtes, dans la clinique Magenta tant sa mère Kalthoum se trémoussa entre les convives et la danse.

Je garde personnellement un excellent souvenir de notre voisinage convivial dans l'immeuble de l'avenue Mohamed V. Nous étions six familles occupant les deux paliers. Pour citer, *si* Mohamed Djemmaa (ancien camarade de banc au lycée classique de Sousse) et sa charmante épouse Zohra Ben Amor (qui fut l'élève de Kalthoum Bouhafa à Kairouan en 1946). Hedi Toumi et Khedija Miladi (fille du bâtonnier, ami de la famille), *si* Kamel Bachhamba et Jouda Ghrab (bel exemple de finesse et de notabilité), *si* Smaïel Zouiten et sa femme aux précieuses manières et au grand civisme. La Française madame Penet notre voisine mitoyenne s'était liée à la grande famille, mais son retour définitif l'obligea à quitter la Tunisie et *si* Hedi Toumi occupa son appartement.

FIN DE CARRIÈRE. TUNIS MARINE. MINISTÈRE DES P.T.T. ASSURANCES LA STAR

L'accès au poste hors classe couronna ses années de labeur mais détermina aussi un désir de se rapprocher de la dynamique de la capitale. Ses compagnons de parcours, Amor Riahi, Rachid Driss, Méchri, Mahmoud khiari, Othman Kéchrid, *si* Mohamed Zarrouk et d'autres avaient œuvré dans le domaine syndical, charnière du mouvement nationaliste.

Au boulot, l'administrateur encadra les jeunes, les besoins urgents du pays imposaient le recyclage des agents tunisiens. Le départ des européens vers la métropole déstabilisa les administrations, on fit donc appel aux éléments arabes qui avaient fait carrière dans le système français pour tunisifier complètement les institutions.

Béchir sera détaché au Ministère des P.T.T. sous l'égide de Rachid Driss. Pendant deux années consécutives, il assura le poste de gestionnaire principal. Au terme de sa retraite, il sera sollicité par la direction de la compagnie d'Assurances LA STAR pour le poste de rédacteur en chef.

Connaissant le caractère entreprenant de mon père, il lui était vital de pouvoir encore exercer. Il aimait tant l'engagement, la satisfaction des résultats probants. Ne disait-il pas en portant la main sur son cœur : « Oh... mes filles, papa mourra debout ! Tant il avait du nerf ».

En sortant du Ministère, *si* Béchir faisait un détour en quittant ses bureaux, pour saluer l'honorable ammi Taïeb Robbana, armateur à la rue Charles de Gaulle. Père adorait la chasse et c'était autant d'instants volés à la routine quotidienne que de parler de nature et de volatiles ! La destinée voulut aussi que le Docteur Abdulhay Yamak et le fils *si* Mahmoud Robbana se rencontrent.

La demande en mariage se fit à l'intérieur du magasin, rue Charles de Gaulle, en présence de *si* el Hadj Ali Khénnissi et d'autres notabilités du sud. Mon père souhaitait pour mon avenir une carrière noble et des études brillantes au sein de la faculté de Lausanne en Suisse, où mon frère m'avait précédé, le destin en décida autrement...

— Mais père, dis-je pour dérider son front, en épousant le médecin, j'entreprends la moitié de ma carrière ! Je ne pus le convaincre, il hocha la tête et me souhaita toute sa bénédiction !

Pour la mémoire de mon père, je m'étais promis de relater le dernier évènement qui lui pesa sur le cœur, avant qu'il ne disparaisse de ce monde. J'avais quitté mes parents et la Tunisie après mon mariage, nous habitions depuis le 24 décembre 1962 Annaba, en Algérie.

Vers les années 1970, Mohamed Ben Salah, Ministre de plusieurs portefeuilles (dont celui en charge de la fameuse réforme agraire à l'ère Bourguibienne) vint rompre la quiétude de mes parents dans l'appartement qui devait leur revenir en location-vente. Mon père accusa mal cette décision arbitraire.

Béchir avait programmé, une fois à la retraite, de se déplacer entre Tunis et Zarzis pour superviser ses biens et aspirait enfin à la quiétude après avoir bataillé d'arrache-pied contre les abus de la France coloniale.

Si Mohamed Ben Salah venait rendre visite à son coreligionnaire Hedi Toumi et nous ignorions la raison qui lui fit commettre l'ignominie jamais admise par mon père.

L'immeuble avait deux façades, celle qui donnait sur l'Avenue Gambetta représentait deux étages de la C.N.R.P.S. et la nôtre s'ouvrait sur l'avenue Jean Jaurès. Nous occupions les six appartements du troisième et quatrième étage, les deux premiers présentant des murs aveugles sur les paliers.

Monsieur le Ministre pensa adjoindre nos deux étages aux bureaux de la caisse de retraite et nous déloger... Mon père s'opposa et sur son instigation fit signer une pétition par tous les locataires.

Ben Salah avait proposé en troc l'immeuble de l'administration sis au 48 rue du Koweït à Lafayette (quartier juif par excellence et bruyant) d'après ma mère.

Lorsque les autres se désolidarisèrent, mes parents préférèrent déménager en location libre dans le même immeuble s'ouvrant sur l'avenue Mohamed V. Après deux années, l'appartement fut repris par les propriétaires, contrariés par le divorce de leur fils. Les aléas continuaient et Béchir supporta mal cette décision qu'il jugea injuste.

Lorsqu'il fit part de ses déboires au ministre de l'habitat, Mohamed Fitouri, ce dernier lui répondit textuellement : « Oncle Béchir, acceptez ce petit appartement car la famille qui l'occupait a cinq enfants en bas-âge, vos filles sont mariées et vous vivez avec Khalti Soumeya. Je vous promets dès qu'un appartement de cinq pièces se libère je vous l'accorde. »

Père connaissait personnellement la famille kairouanaise Fitouri et des liens excellents d'amitié le nouaient au père du ministre. Il ne put contester sa parole ni la promesse, mais comme il n'y a que Dieu qui trace les destinées, père ne survécut que six mois dans le petit appartement qu'il jugea comme une entorse à ses ambitions. La providence voulut qu'après avoir dit adieu à sa femme et sa sœur parties pour leur pèlerinage, il décéda loin dans une autre contrée chez la plus jeune de ses filles le 12 janvier 1973. « À Dieu nous appartenons et à Dieu nous revenons. »

Parcours de femmes engagées

ZOHRA BOUHAFA, PIONNIÈRE DU MOUVEMENT FÉMININ

Pour nous transposer dans le contexte social et culturel des années 1930, on note la fondation d'organisations créées par les femmes.

* Wassila Ben Ammar et Manoubia Wertani fondent la société des dames musulmanes.

* Néjiba Ben Mrad, puis Bchira Ben Mrad œuvrèrent dès 1929 pour créer des organisations féminines. La première réunion féminine et patriotique eut lieu en 1936.

* De 1936 à 1941, il y eut la parution du journal Leîla, première revue féminine tunisienne.

* En 1938, les femmes protestent contre la répression le 9 avril.

* En 1944, la fondation de l'Union des Femmes de Tunisie, Parti Communiste Tunisien de femmes françaises, juives et musulmanes.

* En 1944 – 45, création de l'Union de Jeunes Femmes Tunisiennes en collaboration avec l'U.F.T.

* Kalthoum et Soumeya Bouhafa présideront la cellule de Kairouan en rapport avec Fatma Djellouli dans la Médina de Tunis.

* En 1951, le Parti Communiste devient Tunisien présidé par Nabiha Ben Miled.

* En 1956, la mise en place de l'Union Nationale des Femmes de Tunisie sous l'impulsion du Néo-destour (cette Union supplante les autres organisations existantes).

À l'instar de ces avant-gardistes, Zohra s'engage tôt dans la voie du militantisme prôné par les siens.

Elle prêcha autour d'elle les valeurs de l'enseignement parce que la véritable émancipation commence par l'ouverture des esprits pour aboutir au travail et à l'égalité. Zohra organisa à sa façon, des rencontres dans ses intérieurs, bénévolement pour impliquer les femmes, les initier, leur parler simplement du travail ménager, des méthodes nouvelles, composantes du civisme et du progrès.

Zohra s'ingénia à inculquer aux esprits la nécessité de dépasser les tares de l'ignorance, de créer des ateliers de couture, broderie, tissage, crochet, tricot, poterie, de s'intéresser à la langue d'ouverture pour savoir lire une ordonnance, déchiffrer une adresse ou gribouiller une signature !

Ce bénévolat et ce sens du social cultivèrent en elle la trame de la femme combattante et patriote que fut Zohra Bouhafa.

Endoctrinée de bonne heure par ses frères militants et ses cousins partisans du Destour depuis le Cheïkh Thaâlbi, Chadly Khairallah, Mahmoud el Materi, Taoufik el Madani, jusqu'à l'avènement du Néo avec Bourguiba, madame Zohra ne ménagera ni sa santé ni son modeste pécule pour lutter avant et après l'indépendance de la Tunisie. (souvent grand-mère lui reprochait sa façon de proposer et de donner sans retour ses objets personnels).

Les proches et les compatriotes vous relateront le gabarit sincère et dévoué de cette militante, alors même que le contexte qui régissait les Territoires du sud était des plus contraignants. Au nom d'une religion chrétienne érigée en idéologie d'aide et de construction, les colonialistes tenteront de dissoudre les entités arabo-musulmanes au profit des tabous fétichistes et paganistes, afin de murer la femme et l'éloigner du rôle positif qu'elle pourrait briguer grâce à l'instruction et l'émancipation.

Le 9 avril 1938 les femmes tunisiennes protestèrent d'une manière véhémente contre la répression n'hésitant pas à sublimer la lutte par des slogans, sous le tir des roquettes de l'armée française.

Le jour où Zohra sortit dévoilée et déterminée à se défaire du conformisme, personne ne sera étonné par l'élan de cette avant-gardiste fille Ouled Bouali.

ZARZIS 1939 – 40

LA GUERRE ÉCLATE ET LA FEMME TUNISIENNE S'ENGAGE. Pendant la guerre, le gel des pouvoirs économiques, les restrictions et la mobilisation des indigènes entraîna la lutte du peuple.

Les femmes se soulevèrent contre le rassemblement en masse des jeunes arabes et leur enrôlement dans les rangs de l'armée française.

Le mouvement moncefiste draina la foule et Zohra vécut les déportations successives de ses frères Béchir, Kadem et Abed.

Elle se mobilisa corps et âme dans cet après-guerre qui, malgré les points négatifs, donna naissance à une prise de conscience générale. Les Partis se forment, des alliances se créent, syndicalisme, scoutisme, communisme, socialisme et destour convergent vers l'unification du pays. Les écoles s'ouvrent, les mouvements féminins se créent, des revues féminines sont éditées. L'effectif féminin à l'école de filles de Zarzis se multipliera, élèves habillées à la manière traditionnelle ou, pour certaines, en costume européen : Khenissi, Khéria Bouhafa, Khartoum Gana, les filles Ben Salem, Sraïeb, Dhouib, Kliche, Djebnoun ont été les pionnières de l'école qui commença avec une seule classe à Zarzis en 1908.

Aider son prochain, soutenir la cause du juste, demander ses droits, apprendre ses devoirs, parler au nom de l'opprimé, l'assujetti, dénoncer les exactions seront autant de thèmes qui justifieront l'élan des destouriennes, car on ne pouvait dissocier émancipation et indépendance.

Dans le monde entier et dans le Maghreb surtout, les femmes représentèrent le moteur d'une évolution qui préparait la grande révolution de l'Afrique du Nord. Duran Anglivel dira, à propos de la participation de la femme au suffrage universel : *« Elles assistent aux meetings, prennent la parole en public, acclament ou conspuent les orateurs, par contrainte? Non par discipline comme les hommes, qu'elles fassent ou non partie de sections ou cellules politiques. Elles adhérent déjà par cotisation, présence réelle ou morale à des groupes politiques dont elles reçoivent, comme des hommes, les enseignements et acceptent spontanément les instructions et les disciplines. Elles sont de toutes les manifestations et ce n'est pas le courage qui leur fait défaut.*

La femme tunisienne joue depuis longtemps un rôle considérable dans la vie familiale des Tunisiens, même dans les foyers les plus humbles. Ce serait le rendre plus honorable encore de l'honorer d'un prestige nouveau, civique et social. Ce serait plus équitable.

En 1956, la Tunisie votera pour une constituante. Elle votera au suffrage universel et direct. Mais les femmes ne voteront pas. Pourquoi ? S'il s'agit de religion, d'un canon de l'Islam, je n'ai rien à dire. Autrement, nul n'ignore qu'elles se sont déjà intégrées dans le corps électoral. »

Pour revenir au parcours de Zohra Bouhafa pionnière du Mouvement Nationaliste Féminin à Zarzis, je reporte une interview que la militante a accordée à une journaliste française, Françoise Wasserman, conservateur en chef de l'écomusée de Fresnes, ville jumelée avec Zarzis, en 1997. La représentante de la ville-sœur fut étonnée d'entendre Zohra Bouhafa parler à son âge un français correct.

— Les gens disaient de nous, ceux-là sont comme les Français, leur fille travaille, elle s'en va, elle sort..., dit la militante zarzicienne.

— Notre famille est de vieille tradition, elle ne voulait pas que les femmes se dévoilent.

Pour expliquer comment elle commença son activité destourienne et féminine, elle dira : « Cela a commencé avant l'indépendance. On a d'abord commencé par la scolarisation de la femme, des jeunes fillettes, c'était un grand pas ! Après le changement, il y eu pas mal de femmes instruites, des professeurs, des médecins, des institutrices partout ! J'ai dit, puisqu'à Tunis, ils ont créé des journaux sur les histoires des filles, moi aussi je vais faire un journal de femmes, je l'ai donc fait. J'ai tout fait, et j'ai fait un jardin d'enfants ».

Pour répondre aux questions de Françoise Wasserman, Zohra précise : « C'est Bourguiba, le jour de sa visite à Zarzis qui m'a enlevé le voile et qui m'a dit : "Tu vas être Présidente de l'Union de Femmes de Zarzis !" ». La femme continua, « la militante doit travailler puisqu'elle a ses droits, elle a été privilégiée si l'on peut dire. Elle doit travailler, prouver qu'elle existe, qu'elle est là et qu'elle est capable d'être au niveau de sa mission ».

SALHA KAFILA

L'École Normale, tremplin de la génération nouvelle, donna à la Tunisie ses premières promotions de jeunes filles instruites et engagées. L'enseignement public prônait parallèlement les activités d'ordre culturel, artistique et sportif et bon nombre d'élèves se sont ralliées aux rangs du scoutisme. En 1949, Kafila sera détachée par l'enseignement public dans le cadre de la formation de moniteurs scouts et monitrices de vacances et chef scout à Bir el Bey.

Après les deux premières années passées à Djemmal, la jeune institutrice bilingue regagnera la capitale pour un poste à l'école Rolland Garros, avant d'être nommée au Préventorium de l'Ariana. L'institution sociale privée était dirigée par les Docteurs Khayat et Cohen, pneumologues pour les enfants juifs atteints de primo-infection tuberculeuse non contagieuse.

Le dicton israélite dit:

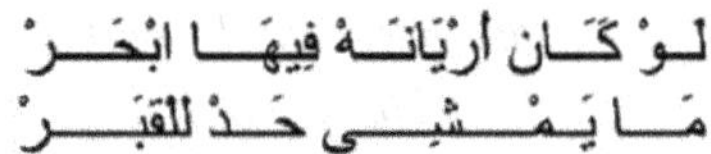

Traduction :
« Si à l'Ariana il y avait la mer
Personne n'irait à la tombe »

Dans la seule et unique classe ouverte pour déléguer aux élèves l'enseignement en langue française, Kafila encadra ce groupe d'enfants de confession juive pendant une année.

Le bus s'arrêtait à l'orée de l'Ariana et la jeune fille terminait le trajet à pied ; à travers champs un petit raccourci serpentait par le cimetière jusqu'à la bâtisse juchée en haut de la colline. « Sous mes pas, dit Kafila, j'ai failli marcher sur une vipère, je l'ai évitée de justesse par Allah ! »

Le Docteur Khayat, personne civique et humaine reconnaîtra à la jeune fille, son courage et son assiduité malgré les problèmes du quotidien et lui permettra de rester à midi manger au réfectoire, dirigé par une surveillante générale juive-italienne.

Les deux sœurs vécurent à Mont Fleury à la rue d'Arles. Après la mutation le couple Aleya rejoignit Bizerte au Lycée de garçons et Aïcha Radhia, le Cap-Bon, son mari nommé délégué. Kafila enseigna à l'école des filles et *si* Hassine occupa le poste de professeur au lycée de garçons.

Pour résumer le parcours de la cadette, la maîtresse titulaire de son poste enseignera tour à tour dans des écoles d'application dans le grand Tunis avant d'accéder au poste de directrice.

Au collège de Radés Mongil, elle remplit les fonctions de surveillante générale d'internat, madame Mabrouk qui dirigeait l'institution fut une des premières directrices, chef d'établissement secondaire (elle-même agrégée de lettres et de sciences humaines de la Sorbonne).

J'étais élève, pensionnaire à Radés. La nouvelle me réjouit, mais je me rendis vite compte que la Générale appliquait à la lettre la discipline et ne pouvait, face au règlement intérieur, me faire bénéficier d'un régime d'exception.

Je me faufilais à son insu pour monter les escaliers qui menaient à l'appartement. *Ommi* Hbiba m'ouvrait, j'embrassais à la sauvette Lotfi, l'adorable bébé Cadum à la toison dorée et aux yeux d'azur.

L'œil circonspect de *Ommi* Hbiba et son sourcil relevé en accent circonflexe me rappelait à l'ordre et je dégringolais les marches pour rattraper l'étude.

Au collège technique de Bab Djedid, madame Aleya assura aussi la direction administrative sous la baroudeuse syndicaliste madame Messaâdi, épouse de l'éminent homme de lettres *si* Mahmoud.

« Le Bon Dieu t'a dotée de trois garçons », dit père pour la sermonner gentiment.

Kafila pleurait doucement dans la chambre de la clinique, l'infirmière présenta le beau bébé et son grand-père implora la miséricorde de Dieu pour une bonne santé et longue vie. La mère souhaitait une fille et elle continua à revêtir à Karim des vêtements roses. Lorsque sa belle tignasse blonde se boucla, elle lui orna les couettes avec des rubans de couleur. Samy pensait qu'il avait une petite sœur.

J'avais quitté la Tunisie lorsque ma sœur continua le périple dans les écoles de Tunis. À l'école de Beausite qu'elle constitua depuis la première pierre, elle planta les cyprès pour délimiter la clôture inexistante de la petite école ; elle en assura la direction pendant plusieurs années et les arbres ont atteint, depuis, une hauteur vertigineuse, en bordure de ce qui est devenu le Lycée Beausite à la place Suffex de Notre-Dame.

L'effectif scolaire se composait, dans les années 1960 à 70, d'un côté des élèves de Mutuelleville et de l'autre des enfants du Djebel Lahmar. L'inscription dans les écoles de l'État n'était-elle pas devenue obligatoire pour l'enfant du peuple au même titre que le fils de notable ?

Un joyeux évènement marqua le passage des parents dans la petite école : ils fêtèrent la circoncision de leurs fils dans l'intimité. Je me souviens que nous étions en voyage au Liban.

AÏCHA RADHIA

Parallèlement à sa fonction d'enseignante bilingue, Aïcha Radhia continua d'œuvrer au sein de l'Union des Femmes Tunisiennes sous l'égide du Parti Socialiste destourien.

Nommée Présidente de la cellule de Grombalia par madame Radhia Haddad, elle assumera la responsabilité pour mener cette noble action grâce à son approche des familles et son contact direct avec les parents d'élèves.

Les membres de la famille Bouhafa à Zarzis comme à Tunis continuèrent à œuvrer sous un régime destourien et Bourguibiste.

Radhia assuma deux mandats, élue en tant que membre actif au sein de la municipalité de Grombalia.

Dans le Cap-Bon, les femmes se mobilisèrent pour mener des activités multiples, caritatives, informatives et culturelles.

Elles encadrèrent la lutte contre l'analphabétisme en sensibilisant les mères de famille, elles créèrent des ateliers de couture, de broderie et de poterie avec des petits moyens et des collectes auprès de la population. Cette initiative permit aux jeunes rurales et analphabètes d'apprendre un métier. Parmi les ouvrages, ma sœur m'expliqua comment les tapis et les *mergoum* étaient confectionnés à partir des retombées de tissus, de fils de laine et les draps fabriqués avec les sacs de farine et de semoule (don des Nations-Unies) préalablement lavés et javellisés. La toile de jute des sacs de blé servait de canevas aux brodeuses de point de croix.

Pour célébrer les fêtes nationales et religieuses, on organisait avec le concours de médecins et infirmiers bénévoles un baptême collectif pour les enfants des familles nécessiteuses. Si l'enseignante finalisa l'ouverture du premier jardin d'enfants, madame Radhia Belkhiria présida des réunions à travers le Cap-Bon, se déplaça pour organiser des meetings, œuvra dans les campagnes électorales. De sa propre initiative, la jeune directrice encouragea la création d'un club de musique classique Maâlouf et fut l'instigatrice de la création des premiers ateliers de confection (Jeans) sous l'égide de *Si* Salah Aïach Gouverneur à Grombalia. Ce fut une première dans les annales de l'U.N.F.T., à savoir que dans cette foire-exposition organisée à l'échelle de la *wilaya* du Cap-Bon, les ouvrages étaient l'exclusivité des jeunes filles analphabètes.

Madame Radhia Bouhafa Belkhiria eut l'honneur de recevoir le Président Bourguiba et de lui remettre la gerbe inaugurale. Ma sœur me rappela que la table du Président à la *wilaya* fut recouverte d'une nappe pur fil et son lit fut fait avec la paire de draps qui lui appartenait, draps brodés ton sur ton par les vieilles brodeuses et ramenés des Vosges. En 1961, la jeune militante fera partie du premier voyage officiel effectué par les femmes tunisiennes aux États-Unis d'Amérique. Le groupe se déplaça à travers les États pour représenter dans les congrès et les réunions officielles la Délégation Féminine Tunisienne. Le Président Kennedy les reçut à la Maison Blanche, elles seront les hôtes de la première ambassade tunisienne représentée par Bourguiba Junior et sa femme Zouiten à Washington. Radhia partit pour l'Amérique et Kalthoum fut envoyée en délégation officielle à Moscou.

Au retour, la valise de Radhia contenait de beaux vêtements destinés à la petite Mouna et Slim et toutes sortes de nouveautés créées par le pays capitaliste et consommateur ; des postes transistors, colliers en perles baroques de San Francisco, soieries, produits de luxe etc. Alors que la valise de Kalthoum revenant de Russie était remplie à tout venant de brochures, de livres, faisant l'apologie du régime socialiste soviétique, de photos de Kroutchev, de poupées russes et de calottes brodées d'Ouzbékistan.

Nous passâmes la journée à établir le parallèle entre Kroutchev et Kennedy, socialisme et capitalisme !

En revenant, ma sœur me rappela la date combien douloureuse de Sakiet-sidi Youcef et la guerre de Bizerte en 1961.

« Cet été-là je me souviens, dit-elle, des tas de sacs que le comité exécutif nous envoyait pour confectionner les draps destinés aux soldats mobilisés sur les fronts. Des tonnes de céréales ont été grillées par les bénévoles pour la mouture de *bsissa*. Les sacs aux odeurs d'ingrédients étaient acheminés vers Bizerte pour nourrir les volontaires ».

Ma sœur fit une pose pour me rappeler l'action de ses collaboratrices : « Portons-leur notre hommage, celles qui œuvrèrent aux côtés de la Présidente jeune et dévouée, les sincères patriotes de Grombalia. Saluons feu Habiba Mornaguia, Souad Hadad, feu Mémia Hassen, Zahida Attrouss, Salha Bensalem et d'autres… Que Dieu bénisse leur action et leur accorde miséricorde. »

Si, en définitive, Bourguiba prônait l'émancipation de la femme, l'acquisition de ces droits est le résultat de la collaboration des femmes tunisiennes qui ont aidé dans la lutte nationale. Certaines ont même connu les prisons et sont sorties pour manifester leur mécontentement à l'encontre du colonialisme. Elles aidèrent les militants, dirigèrent des collectes au profit des nécessiteux et des maghrébins étudiant à l'étranger, elles ont tenu des discours patriotiques, osèrent réclamer les droits de civisme à la France colonisatrice.

PARCOURS DE MADAME MILI BOUHAFA OM KALTHOUM

Tunis 1957...

Après cinq années effectuées dans la ville de Djemmal dont les parents d'élèves lui sont encore gré, madame Mili assura la direction de l'école primaire de Radès-Bir Tarraz. Moi-même, interne à Maxula, et mon cousin Mohamed Khelil au collège de garçons, nous sortions les dimanches chez ma sœur, notre correspondante.

Je dirais simplement avec ma vision d'enfance que j'étais très fière de recevoir mes grandes sœurs au parloir. Je n'oublierai jamais l'audition de piano, fière de leur beauté qui n'échappait pas à la circonspection des élèves et des professeurs.

J'étais heureuse...

En 1957 – 58, madame Mili réintégra l'école de Bab-Souika el Biga, énorme bâtisse à l'effectif important, car elle regroupait la population des souks. Après deux années consécutives, la jeune directrice fut mutée à la tête de l'établissement de la rue de Marseille. Elle s'armera de volonté, du sens du devoir patriotique et de sa conscience professionnelle pour encadrer les élèves d'une école encore francisée. Elle aura pour mission de la mener vers la tunisification du système, échelonné sur 6 années d'enseignement. (Dans son bureau, elle avait d'un côté l'inspecteur français et de l'autre l'inspecteur tunisien).

Jeunesse destourienne au Colisée D'El Djemm.

Ma sœur sourit lorsque je lui demandai de me résumer son parcours administratif, sans doute consciente qu'il lui fallait matière à développer pour rapporter les détails d'un itinéraire de quarante années de labeur vécu à l'intérieur de ces édifices qu'elle dirigea avec amour et brio. Dans une école pilote *Saïdati* maintiendra une discipline ferme pour l'assiduité et le port du tablier obligatoire enjolivé d'un col blanc. Les passants pourraient vous relater ces moments bruyants où, lorsque la grille s'ouvrait, une masse chatoyante de minois enrubannés se déversait dans la cour ensoleillée.

Derrière, les mères laborieuses et matinales s'en allaient, satisfaites d'avoir inscrit leurs petits dans un établissement des plus cotés du temps des Français.

Madame Mili fut la première Directrice arabe nommée à la rue de Marseille. On fit appel aux écoles du périphérique et de Bir Ali Raïs pour remplir l'effectif d'élèves.

Elle y imposera une discipline de rigueur qui donnera les meilleurs résultats des écoles de la Capitale. Madame la directrice encadra ses élèves comme une maman, grâce à son approche du problème humain et sa formation pédagogique, elle instaurera des cantines à l'intérieur de l'école, des distributions caritatives en vêtements, effets scolaires et denrées. Madame Mili suivra de près l'hygiène de ses poulains qu'elle transportait pour les cas urgents dans sa propre voiture vers les centres hospitaliers.

Le corps enseignant arabe et français formait une corporation autour de madame la Directrice qui multipliait les réunions avec son personnel et les rencontres avec les parents d'élèves. Les plus déshérités auront son aval et satisferont *Saïdati* par leurs résultats probants.

Pour nous transposer dans le contexte de ces premières années de l'indépendance, il faut rappeler que la condition de l'indigène était précaire et les efforts de madame Mili lui vouèrent, entre autres, l'estime et la reconnaissance des parents nécessiteux. Que ce fut ces braves laveuses de lessive de Djebel Lahmar, modèles de courage et d'humilité ou de simples citadines issues de la petite bourgeoisie de la Médina, le même rapport les liait avec *Saïdati* Kalthoum qui les gratifiait des mêmes égards sans distinction de rang ou de titre ! Depuis l'institution de la première République, la scolarisation devint obligatoire pour les garçons comme pour les filles. D'autres analystes diront après un quart de siècle que cette mesure aida à l'exode des ruraux attirés par la capitale qui faisait miroiter ce qui n'existait pas dans les milieux campagnards.

Mais la population, frustrée sous le colonialisme, ressentait une véritable délivrance grâce aux directives du Président Bourguiba et les Tunisiens misaient sur l'avenir de leurs enfants scolarisés, défaits à jamais des tares de l'ignorance. Il faut avoir vécu cette époque pour mesurer le sentiment de gloire et de joie profonde ressenti par les parents ! Lorsqu'un père venait s'enquérir des résultats de son enfant, il proposait humblement à l'instructeur : « Sidi, je te le confie, qu'il y laisse sa peau ! »

La rue de Marseille, véritable nid fécond d'élèves brillants, studieux et de bonne éducation, représentait le tremplin qui éleva les futurs cadres de la nation vers les grandes maîtrises.

Même les Algériens bénéficieront des mêmes droits que les Tunisiens et seront scolarisés sans papiers ni bulletins dans un pays qui ouvrit ses portes à la révolution des frères mitoyens. Madame Mili eut droit à leurs égards et leur reconnaissance à la fin de la révolution. Les familles issues du sud et de Zarzis scolarisèrent leurs enfants à la rue de Marseille, chez la fille des Ouled Bouali !

La famille Beder, à partir de Annaba et d'autres de Constantine du sud ou d'Alger témoignent encore du bon souvenir qui les lia pendant les années d'école à la jeune et dynamique militante.

Pour illustrer ce côté noble, nous rappellerons que madame Mili remplit la fonction, au sein du Comité exécutif de l'Union des Femmes Tunisiennes en servant son pays avec amour et abnégation.

Conférence au Club Aziza Othmana
Madame Kalthoum Mili Bouhafa
Monsieur Hamadi Badra
Madame Habib ba Zaouche

Madame feu Radhia Haddad pourra vous certifier le charisme de sa compagne de labeur. À travers les capitales mondiales, Kalthoum aura pour mission de représenter l'image digne de la Tunisienne libérée. Nommée première femme conseillère à la municipalité de l'Avenue de Carthage, elle remplit avec dévouement son rôle de bonne citoyenne.

Lors de festivités et des passages de cortège officiel, l'école de la rue de Marseille était la première mobilisée en rangs, ordonnés et fleuris pour saluer les Chefs d'États et honorer le Président par des chants et des acclamations patriotiques.

La R.T.T en direct commentait l'évènement et la rue de Marseille fut la première école dont les élèves passèrent à l'antenne à l'occasion de la création son premier club de chant.

Elle glanait tant cette rue de Marseille, à l'avant-garde des écoles avec ses activités culturelles, artistiques et sportives copiés sur les mouvements d'ensemble des pays de l'est, l'organisation de sa kermesse annuelle !

Si les Français en avaient le monopole, à l'avènement de l'indépendance les Arabes montrèrent toutes les aptitudes pour investir ces disciplines. Il est difficile d'évaluer certaines choses qui ont contribué à l'éveil de la Nation, à présent que l'accessibilité aux domaines de la pensée, de la technicité et du savoir est un droit acquis.

Pour couronner les trimestres d'études, la Directrice, avec l'aide de son corps enseignant, organisait la fête annuelle. Souvent les plus méritants honoraient leur milieu populaire. *Saïdati* les félicitait pour ce palmarès immortalisé dans la photo classique prise par le fameux Ben Osman, photographe des « premières ».

En menant de front le programme de l'école, les activités de la Chabiba destouria au sein de l'U.N.F.T, madame la Directrice s'astreignait au suivi de son calendrier de fêtes scolaires et destouriennes. Après force répétitions et encadrements, les jeunes pouvaient exceller dans la déclinaison des poèmes, le chant des chorales et l'interprétation de tableaux de danse rythmique et de pièces théâtrales. Madame Mili faisait partie du Comité exécutif du club culturel Aziza Othmana présidé par madame Habiba Zaouche.

Pour célébrer les fêtes de la jeunesse le 22 mars, la Chabiba se surpassait dans l'accomplissement de figures et mouvements d'ensemble synchronisés sur la musique de grands compositeurs, à l'instar des nations évoluées dans les pays socialistes dont il est vrai, on a copié la politique de la jeunesse sportive et culturelle au début de l'Indépendance.

Madame Mili encadrait cette horde de jeunes filles qui se déplaçaient à pied le long de l'avenue Mohamed V pour honorer la présence du Président Bourguiba au stade Géo André.

Tout ce déploiement, souscrit au développement du pays, lui fera gagner l'estime de toutes les couches sociales. Jusqu'à l'instauration du Gouvernement du 7 novembre, madame Kalthoum Mili terminera son itinéraire d'éducatrice au sein de l'enseignement et de l'organisation de l'U.N.F.T. Que ce fut avec madame Radhia Hadad, madame Mzali ou autres, le même dévouement et honnêteté intellectuelle illustreront la personnalité de cette patriote.

Madame Mili Kalthoum aura l'honneur et pour mission de représenter la femme tunisienne militante et engagée aux séminaires à travers la Tunisie et aux congrès internationaux que ce fut à Helsinki, en Ouzbékistan, Stockholm, Moscou, Alger, dans les pays d'Afrique, en Iran, au Koweït, à Bagdad, en Irak, en Jordanie, au Liban, en Syrie, en Pologne, au Maroc, au Caire, en France, en Suisse...

Rencontre avec la jeunesse deTachkent (Ouzbékistan)

Lors des commémorations officielles, l'Union des Femmes sous l'égide du Président Ben Ali, le Gouvernement fera appel à ses précieux témoignages. Le 13 août, jour anniversaire de la femme, plusieurs personnalités politiques représentant le gouvernement honorèrent madame Mili par des décorations, madame Yasser Arafat, madame Naziha Mezhoud, Faïka Farouk... en reconnaissance d'un parcours de pionnière commencé en 1945 dans la ville des Aghlabides à la tête de l'U.F.T.

MABROUKA, UNE FEMME HÉROÏQUE

Il faut peut-être se reporter aux grandes synthèses des historiens.

RÉMADA

Imaginez le calme immuable qui entoure les contrées sahariennes, la quiétude d'une famille retirée dans un logis de fonction, une école, une petite agglomération de civils et militaires vivant autour du Fortin !

Lorsque Neziha Djabnoun, la nièce de feu madame Béchir Nebhani me dit : « *âachaith-thouar tbazzaâ* », cinquante ans étaient passés sur la date de ce crime collectif perpétré par l'armée française, mais une rage douloureuse se réveille à chaque fois qu'on y fait allusion !

À l'intérieur de sa cuisine, Mabrouka préparait le repas, aidée par sa servante noire. De temps à autre, un bruit de rafales rompait le silence, mais la maîtresse continuait son travail, avec une dévotion appliquée, consciente du devoir d'hospitalité et de générosité inhérent aux traditions séculaires. Mais ce jour-là l'enjeu dépassait la dimension d'un fait divers. Les révolutionnaires se positionnaient à l'intérieur de l'école dont le Directeur Hadj Béchir Nebhani et sa femme, la fille de l'ancien Caïd de Kébili, Rhouma Belhiba, étaient originaires de Zarzis.

Dans la soirée du 24 mai, le crépuscule rosé descendait sur l'horizon autour du village de Rémada. À l'intérieur du Bordj se concentraient les troupes françaises, qui se manifestaient par des escarmouches et des tirs sporadiques à la roquette. Hadj Béchir ne pouvait qu'être honoré d'offrir refuge aux maquisards et à Mosbah Djarboua, personnalité qui prouva son énergie morale et sa discipline guerrière à la solde de son pays. Tandis que la maîtresse de maison s'affairait, Salima, Abdeljalil, Azzedine et Abdelmajid, les uns répétant leurs devoirs, les plus petits jouaient dans le calme.

La sauce grésillait et, de temps à autre, la négresse attisait le feu sous la marmite familiale.

Autour de quel thème dialoguaient-elles, alors que personne ne se doutait que l'école serait la cible des combats entre l'armée française et les soldats tunisiens !

Mabrouka humecta la semoule et passa la graine à travers le tamis avant de la replacer à l'intérieur du couscoussier qu'elle venait juste d'équilibrer ,quand elle entendit des crépitements de rafales qui s'amplifiaient, l'angoisse semblait planer...

Comprit-elle qu'un destin implacable allait sans coup férir renverser sa marmite et faire rentrer la mort dans la petite maison si paisible ? Une salve s'abattit comme la pluie, les troupes à l'extérieur misèrent sur l'effet de surprise.

Dans une synchronisation meurtrière spécifique, la bataille s'engagea, les tirs se multiplièrent, la cour de l'école s'engorgea, bloquant la sortie à celui qu'aucune force coloniale n'avait pu réduire. La surprise fut violente, tout éclata, murs, objets et cervelles humaines provoquant un véritable carnage d'innocentes victimes atterrées.

Le 25 mai 1958 commémore ce massacre où Béchir Nabhani, sa femme Mabrouka bint Rhouma Belhiba, leur servante noire et les quatre enfants (dont l'aîné Abdeljalil né en 1948 n'avait pas dix ans) périrent d'une mort atroce.

L'arme au poing, le maquisard Mosbah Djarboua gisait dans une classe parmi les bancs culbutés et les tableaux réduits en passoire.

La population de Zarzis, consternée par la nouvelle, sortit dans les rues pleurer ses défunts et les tribus dénoncèrent l'acte criminel qui venait de ravir une famille entière et ses sept membres !

Le Gouvernement tunisien dénonça l'exaction criminelle au Conseil de Sécurité et le peuple appela à l'évacuation des territoires occupés.

Le sud depuis l'établissement du protectorat a été décrété Territoires Militaires. Les tribus récalcitrantes furent matées par les armes, le feu et les condamnations à mort, comme Saâd soufi, Nouêli et d'autres, la déportation aux camps de concentration comme les fils Bouhafa, l'envoi au suicide le 7 juin 1907 de la flotte Accara pour encercler un bateau de contrebande plein de munitions et le drame qui ravit trente-trois pères de famille. Pour rappeler le triste souvenir de ces dates subies par la population de Zarzis lors de l'occupation.

La tribu Accara continue à pleurer ses orphelins et ses victimes mortes par l'arbitraire du fer et du talion. On doit reconnaître à Mabrouka son courage et sa dignité, à Hadj Béchir son engagement nationaliste jusqu'à la mort. Que Dieu accorde aux martyrs de Rémada toute sa Miséricorde !

Rémada a été portée sur la carte mondiale, par cette date combien douloureuse et qui aura conduit la France à réviser ses positions, engager l'évacuation de ses troupes militaires des bases de Bizerte et du sud tunisien. Les guerres pour des enjeux qui dépassent l'entendement humain souvent n'épargnent pas les innocents alors que l'amitié spontanée et le besoin de communiquer peut naître même entre deux êtres d'obédience et de race différentes.

L'AMITIÉ N'A PAS DE COULEUR

L'histoire de Rémada me rappela la période où nous étions pensionnaires au Collège de jeunes filles de Sousse en 1954-56, toutes les deux élèves novices à l'internat, soumises aux mêmes exigences de discipline et d'enseignement.

Chantal était douce, blonde comme les sables des dunes sahariennes avec des yeux noirs de gazelle ; elle s'identifiait à ce Sud qu'elle habitait et qui nous semblait si loin !

Dans les Territoires, son père le capitaine Métivier encadrait les troupes du goum saharien, concentrées au Bordj de Rémada.

Chantal se substituait à cet espace colonial implanté dans notre désert et j'étais au fond jalouse de ce sentiment d'appartenance qu'elle affichait vis-à-vis des terres sudistes dont j'étais issue, mais qui lui appartenaient plus.

Elle me décrivait le Fort avec fantasme, générosité et nostalgie. Était-ce l'appel des vastes contrées de ce Sahara, le dénominateur commun qui nous rapprochait ou simplement une amitié spontanée, humaine qui dépassait le cadre de toutes ces guerres ? Pourtant lorsqu'elle me montra des photos prises à l'intérieur du Bordj où elle évoluait, je ne pus m'empêcher de remarquer le drapeau français hissé haut dans le ciel. Ni elle ni moi ne faisions allusion à toutes ces choses.

Notre amitié se consolida davantage autour des leçons, et des jeux éducatifs, dans les aires restreintes du pensionnat. Pour la fête de fin d'année, nous présentâmes une pièce théâtrale de Georges Courteline. On me choisit pour interpréter le rôle de l'émancipée et Chantal dans le rôle de la Baronne. La pièce avait pour cadre un bateau où des personnages différents ont cohabité pendant cette croisière. Françaises et musulmanes se sont côtoyées dans une réplique aisée et une repartie excellente des textes appris.

Plus d'un événement scella des souvenirs du vécu communautaire et discipliné dans ce collège de Sousse et il me semblait que Chantal était proche de moi. Lorsqu'elle partait en vacances dans la voiture conduite par un agent portant casquette et uniforme couleur kaki mon cœur s'en allait avec elle, je revoyais le sable, les palmiers, Zarzis comme dans un rêve dont j'étais exclue et elle, se rendant dans la résidence des gradés mitoyenne à la maison patriarcale qui donnait face à la mer.

Avec le recul du temps, je me suis demandé comment elle aurait réagi si elle savait qu'un certain soir de l'année 1955, Mosbah Djarboua se trouvait à côté dans la maison de *si* Djilani Bouhafa. Le soir tombé, le guépard aux yeux bleus s'était faufilé pour contacter Abed Bouhafa. En 1951, ils s'étaient déjà rencontrés au même endroit, pour discuter de la lutte armée dont Bourguiba avait lancé l'appel dans une de ses lettres destinées à Abed.

Le père de Chantal, capitaine Métivier se rendait souvent à Zarzis. Se trouvait-il par hasard ce soir-là, en reconnaissance à la grande caserne de Zarzis el Allama alors que le rebelle insaisissable se trouvait juste à côté ? Qu'aurait-il pu arriver ?

Nous ne sommes pas maîtres de nos destinées, peut-être que la providence accorda un sursis à Mosbah avant qu'il ne tombe en martyr, lors de la bataille de Rémada pour payer de son sang la libération totale de la Tunisie après la décision du Conseil de Sécurité.

Nous nous étions quittés, j'étais de nouveau pensionnaire à Radès et je ne sus rien des événements malheureux qui s'étaient déroulés à Rémada. Chantal avait-elle quitté la Tunisie, son père avait-il participé aux combats lors de la bataille ?

Je préfère l'ignorer. Nous n'avions peut-être que l'amour de ce sud qui nous rassemblait. Certaines amitiés perdurent malgré les divergences ; pourtant qu'y avait de commun entre Chantal et moi ? Elle, la Française, fille du gabarit militaire colonial par excellence et moi, la génisse arabe, buvant le patriotisme prôné par une famille militante et nationaliste dont les origines reviennent à ce grand sud.

LES MARTYRS DE REMADA. MAI 1958

Zarzis qui les a vu naître et que leur cœur adore Zarzis pleure ses enfants et les honore !

À l'orée de l'Indépendance, la Tunisie vécut une période de tension et de transition politique ; la querelle entre Bourguiba et les tenants du youssėfisme avait déstabilisé la sécurité dans le pays et le Gouvernement prit des mesures pour engager un processus de désarmement.

On se souviendra des dérivations politiques graves qui firent flamber le pays et la lutte intestine entre partisans de Salah Ben Youssef et Bourguibistes, parallèlement à la révolution armée contre l'occupant. Les fellagas acquis au youssėfisme opérèrent librement sous l'appellation de Néo-fellaga aux limites des frontières. Pour éviter que le pays ne dérive dans une guerre civile, Bourguiba tente de freiner "la faconde guerrière" des fellagas dont certains, imbus de leur idéal d'éthique glorieux, constituaient une entrave. Mal en prit aux autorités tunisienne de mater les foyers insurrectionnels et le gouvernement décréta *L'Amen* signé et adressé par le Résident Général. D'autres versions controversées rapportent les différentes réactions des maquisards, certains n'avaient d'obéissance qu'à leur arme, qu'ils vénéraient.

Mosbah Djarboua n'accepta jamais de la rendre, elle faisait corps avec lui, en a-t-il payé le prix ?

La bataille de Rémada survint dans le cadre d'une Tunisie qui venait de recouvrer son Indépendance, contre la reconnaissance d'un Traité qui permettait aux troupes françaises, concentrées dans des endroits stratégiques, de rester dans leur position jusqu'à l'engagement de négociations futures.

Dans le document suivant en date du 29 mai 1958, la Tunisie adresse au Président du Conseil de Sécurité une plainte au sujet d'actes d'agression armée commis par les forces militaires françaises stationnées sur son territoire et en Algérie depuis le 19 mai 1958.

« Le Gouvernement tunisien reproche à la France de rester attachée dans ses rapports avec lui à des conceptions dépassées et d'avoir une attitude statique.

La France reproche aux autorités tunisiennes de subir des influences, les incitant à ne pas respecter leurs engagements.

En 1957, l'Ambassadeur de France en Tunisie reçoit instruction de s'efforcer de renouer la négociation sur l'ensemble des problèmes franco-tunisiens interrompus à la suite de l'incursion en territoire français le 11 janvier 1958 d'une bande rebelle soutenue par des éléments tunisiens.

Le fortin ou Bordj Rémada à 40 kilomètres de la frontière algérienne fait partie du petit village où habitent les familles des 600 méharistes motorisés qui constituent cette unité dite "groupe saharien du sud tunisien" dont le trafic d'armes et patrouille dans tout le secteur profond de centaines de kilomètres de désert.

Le gouvernement tunisien qui ne cesse de revendiquer l'entière liberté sur son territoire prit l'initiative d'étendre à tout le sud certaines mesures de contrôle qui étaient déjà en vigueur sur le reste du Territoire ».

Lorsque la révolution armée éclate en Algérie en 1954, la Tunisie, en tant que pays frère et limitrophe, était en mesure d'offrir le droit de repli et l'asile aux Moudjahidines algériens. La France redoutait et savait que des armes transitaient par le sud tunisien. Après l'accord de l'autonomie à la Tunisie, elle restera sur ses réserves dans les positions stratégiques surtout au Sahara pour mieux incorporer les frontières algériennes et contrôler l'acheminement des armes.

Dans le document soumis aux Nations-Unies en 1958 monsieur Georges Picot représentant la France signale :

« 1) La quantité d'armes que le F.L.N a fait livrer en Tunisie, parfois via la Libye, par véhicules tunisiens, a triplé entre la fin de 1957 et la date où nous sommes.

2) Le volume des bandes FLN établies à la frontière, Tunis a doublé en novembre 1957, a triplé en janvier 1958 et quadruplé en février 1958.

Monsieur Georges Picot signale : ...mais je note que la question du stockage et de la distribution des armes destinées aux rebelles algériens est considérée par la Tunisie comme une question d'ordre intérieur (p.7- Alinéa 56) ».

La France désireuse de contrôler l'espace du Sahara, impute à la Tunisie la responsabilité d'une rupture du statu quo et a déclenché l'incident de Bir-Amir. Le 18 mai, des éléments des groupes sahariens face à un barrage établi par l'armée tunisienne le forcent et capturent huit soldats tunisiens. Bien qu'ils aient été relâchés, d'importants éléments de l'armée tunisienne se positionnent à la hauteur de l'oued Dekouk, face à un élément motorisé français et sur l'ensemble du territoire tunisien, réservistes et civils armés sont sur la défensive et manifestent leur hostilité. Un échange de tirs autour de Gafsa, Gabés et dans le grand sud conduit aux événements dramatiques qui enflammèrent le village de Rémada.

Le 24 mai le commandement français local regroupant son dispositif sur Rémada se confronte à l'armée tunisienne, renforcée de civils armés positionnés autour du village. L'échange de tirs provoque une véritable bataille qui coûta la vie à une famille entière. Les martyrs de Rémada, Hadj Béchir Nebhani, sa femme, leurs quatre enfants et la négresse périrent, pris entre les tirs d'obus et les bombes larguées.

Le jour de deuil rappelle à la mémoire collective le drame vécu par les proches et la portée de cet événement criminel qui conduit le gouvernement tunisien à adresser une plainte au Conseil de sécurité sous l'autorité de Mongi Slim.

Imputer la responsabilité à qui et comment, regarde, certes, les courants de l'histoire, les rares documents qui ont franchi la censure sont fort édifiants, mais impliquent la rectification même de l'esprit de certaines archives. Dans la séance du 2 juin 1958 (Council official records – 820e séance : 2 juin 1958) la France se décharge de la responsabilité et impute la mort de la famille Nebhani à une riposte : *"(Alinéa 28) Au cours des combats l'école de Rémada a été utilisée par des éléments armés tunisiens pour effectuer des tirs contre le Bordj occupé par les troupes françaises. Celles-ci se trouvaient dans l'obligation de riposter pour se défendre. Les éléments tunisiens se sont alors retirés de l'école et ont à leur tour, déclenché des tirs d'armes automatiques et de mortiers sur ce bâtiment que, à la suite de leur repli, ils croyaient occupés par les Français.*

40) Il apparaît donc que Béchir Nebhani et sa famille ont été ainsi pris entre deux feux et ont malheureusement été atteints par certains des projectiles échappés. Nous le déplorons vivement.

Les corps du directeur de l'école de Rémada et des membres de sa famille ont été retrouvés par le lieutenant Lichtlen, commandant le 10e bataillon du groupe Saharien du sud tunisien dans la journée du 26 mai...

41) D'autre part, les emplacements des tombes ont été montrés, le 28 mai, par les autorités militaires françaises aux membres d'une mission envoyée sur place par le croissant-rouge tunisien.

43) L'ambassade de France a protesté auprès du gouvernement tunisien contre les interprétations erronées par celui-ci et qui tendent à présenter la mort de Béchir Nabhani et des membres de sa famille comme un "assassinat" délibérément commis par les soldats français ».

Correspondances

J'ai jugé important d'éditer les lettres d'Abed Bouhafa à la famille, en ce qu'elles retracent comme points de vue sur les urgences et ses aspirations pour le futur d'une Tunisie nouvelle, affranchie et vulnérable. Je regrette pour ma part de n'avoir pas eu le privilège d'éditer la correspondance de Kadem que ma mère a complètement détruite en 1953 à Djemmal de peur d'une perquisition...

D'autres vérités importantes et cruciales auraient pu éclairer les générations futures sur l'histoire de la Révolution tunisienne face à l'impérialisme.

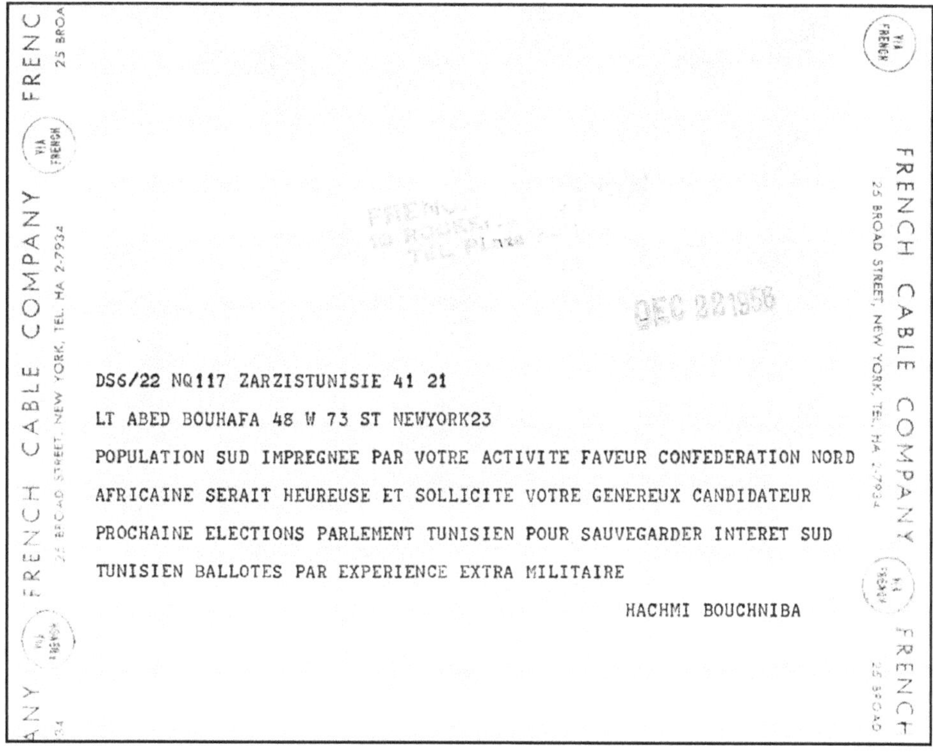

FRENCH CABLE COMPANY
25 BROAD STREET, NEW YORK, TEL. HA 2-7934

DEC 22 1956

DS6/22 NQ117 ZARZISTUNISIE 41 21
LT ABED BOUHAFA 48 W 73 ST NEWYORK23
POPULATION SUD IMPREGNEE PAR VOTRE ACTIVITE FAVEUR CONFEDERATION NORD AFRICAINE SERAIT HEUREUSE ET SOLLICITE VOTRE GENEREUX CANDIDATEUR PROCHAINE ELECTIONS PARLEMENT TUNISIEN POUR SAUVEGARDER INTERET SUD TUNISIEN BALLOTES PAR EXPERIENCE EXTRA MILITAIRE

HACHMI BOUCHNIBA

De gauche à droite :
Habib Bourguiba, Abdallah Farhat, Mondher Ben Ammar, Md El Karoui et Abed Bouhafa

Abed décoré par SM le roi Hassan II du Maroc

MAROC SOIR

MERCREDI 11 JUILLET 1984

Directeur administratif
Drissi El ALAMI
Directeur politique
Ahmed ALAOUI
Directeur responsable de la publication
Abdellatif BENNIS

12 CHAWAL 1404

N. 4.425

1 DH

Distinctions Royales à des Casablancais

Elles ont été décernées par le Souverain au cours d'un déjeuner offert au Palais Royal

SM. le Roi Hassan II a offert mardi un déjeuner au Palais Royal de Casablanca à l'occasion de la Fête de la Jeunesse.

Ben Ali décore Abed après l'avoir réhabilité.

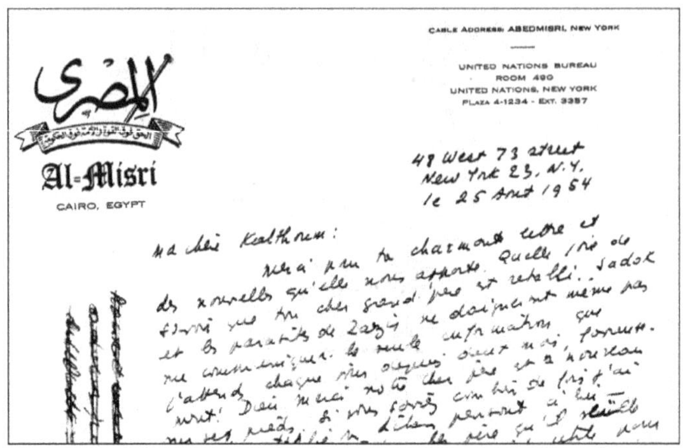
CABLE ADDRESS: ABEDMISRI, NEW YORK
UNITED NATIONS BUREAU
ROOM 490
UNITED NATIONS, NEW YORK
PLAZA 4-1234 - EXT. 3357
Al-Misri
CAIRO, EGYPT

48 west 73 Street
New York 23 N.Y
Le 25 août 1954
Al-Misri. Cairo, Egypt

Ma chère Kalthoum,

Merci pour ta charmante lettre et des nouvelles qu'elle nous apporte. Quelle joie de savoir que ton cher grand-père est rétabli. Sadok et les parasites de Zarzis ne daignent même pas me communiquer la seule information que j'attends chaque jour depuis deux mois, furieusement ! Dieu merci, notre cher père est à nouveau sur ses pieds. Si vous saviez combien de fois j'ai pleuré en Italie, au Liban pensant à lui, sinistrement. Dis à ton cher père qu'il veille sur lui et lui accorde toute aide utile pour sa santé et son bonheur. Un jour, c'est la fin de toute vie humaine. Il nous quittera et nous serons tous foudroyés de remords car il a été si bon envers nous TOUS. Dis à ton père que je suis prêt à partager toute contribution financière à cette fin. Je vais essayer de lui envoyer 36 000 F pour se retaper. Que *si* Bachir en fasse de même. Je compte sur lui. Merci aussi pour tes conseils me rappelant d'être « sur mes gardes ».

Seuls, ma chère Kaltoum, les hommes ambitieux et malhonnêtes, les démagogues et les corrompus, les faux prophètes doivent toujours « se garder » « contre » « DEMAIN » et compter leur pas. Pour mon compte, je ne suis entré dans cette guerre que pour satisfaire un devoir et prouver à nos adversaires que notre dignité humaine ne pouvait pas être froissée sans dégâts pour eux. La politique est « un autre » commerce et je ne suis pas commerçant... Je laisserai aux autres, les lâches et les baveux, le soin de s'écraser sur les rochers de leur ambition malsaine et de la Justice Divine. Lorsque le cœur est pur, les mains blanches, Dieu est à vos côtés, vous n'avez pas besoin de compter vos pas ou de protéger vos flancs !

Ce que j'ai fait pour mon peuple, je l'ai fait en vérité pour moi-même, car Dieu merci le sort a voulu qu'à mon tour, bien que fièrement, je subisse les souffrances de mon peuple. Dans le nationalisme, seuls les Leaders sont altruistes et les Leaders sont rares. Nous, les militants, notre nationalisme n'est qu'une expression sophistiquée de notre instinct de conservation que même les animaux possèdent. Ne t'inquiète pas, les ennemis du bien et des hommes perdront toujours – et j'ai déjà dit à mon seul rival – ce petit commerçant que

Bourguiba a aidé à devenir un nationaliste, Salah Ben Youssef qu'il était maladroit de s'attaquer à quelqu'un; (1) dont le nationaliste est sans tâche ; (2) sa vie privée est intouchable ; (3) qui connaît tous les secrets de sa corruption politique et en même temps capable de faire circuler ses attaques dans la presse nationale. Le petit commerçant pensait qu'il avait à faire à un de ces pauvres bougres, ces militants obscurs qu'on redresse, qu'on insulte tout en se servant d'eux.

Personne, ma chère Kalthoum, ne s'est servi de moi, mais je me suis servi d'eux pour ma fin – celle de ma Tunisie libre. Demain, nous reprendrons un autre combat, cette fois pour une Tunisie démocratique où chacun petit et grand aura son droit au soleil et à la Justice. Excepté Sadok Mokkadem, un homme vide qui est entré dans la lutte par l'escalier de service grâce à Salah, un autre Djerbien. La plupart des néo-destouriens dans le cabinet sont des hommes abonnés à la cause nationale et il faut leur faire confiance. La critique a toujours été l'un des grands « mal » des Tunisiens. C'est à force de forger qu'on devient forgeron et nous devons apprendre à être tolérants les uns avec les autres. La jalousie et l'envie sont « les deux cancers » de la société tunisienne et c'est à vous les jeunes d'y remédier. Tu me parlais d'un poste avec les sudistes ! Mais je ne travaille pas pour le moment, excepté une activité nationaliste, cette fois-ci en faveur de l'Algérie. J'ai eu la promesse du Roi Essaoud, dont j'ai été l'invité, de m'aider dans cette affaire.

Et ta grand-mère comment va-t-elle ? Et ta chère maman, pour laquelle, tu le sais bien, j'ai toujours eu un faible. J'espère que ton père n'a pas trop souffert pendant ces années de défi et que sa santé est bonne.

Je vais m'occuper de tes disques (j'ai peur de la casse) et attendre une longue réponse.

Notre affection pour *si* Tahar et toi, je suis sûr que vous êtes heureux. Dis-moi si *si* Tahar a besoin de quoique ce soit d'ici. Il me payera un jour ! Bien à vous tous.

Abed

PS: peux-tu m'envoyer la liste de tous les membres du conseil national du Parti. On m'a demandé un article et Rabah Ben Younés. Comment va-t-il ? A-t-il été libéré ? InChallah !

Tél. : Trafalgar 3.9007

Committee For Freedom of North Africa
Liberty, Democracy and Federation
CAIRO EGYPT

Le 1er décembre 1955
U.S. Office le 48 West 73 rd Street
New York 23, N.Y.

Ma chère Kalthoum,

Je m'excuse de n'avoir pas répondu à ton aimable lettre consacrée au cas de Ben Youcef alias le « Fouché » Tunisien. Il était plus important que je m'occupe de l'Algérie ; tôt ou tard la vérité sera connue de tous – et je reste convaincu que le peuple tunisien ne se laissera pas bafouer plus longtemps par ce fumiste qui passa toute sa carrière « nationaliste » à conspirer contre ses amis ou ses camarades de lutte ou à trahir les causes nationales, tout cela pour satisfaire une ambition que seul un physique taré, une âme corrompue et le fait d'avoir toujours été « le second de Bourguiba », peuvent psychologiquement expliquer. En vérité le cas de Ben Youssef appartient aux psychiatres.

La déclaration que j'ai faite (ci-jointe), bien que brève, te permettra de comprendre sa présente mésaventure. Des hommes pareils ne peuvent longtemps résister à la justice divine. Il faut remercier Dieu que ce petit salopard – pourtant très intelligent – n'a pas su profiter de toute la mise en scène qui a été déployée en juillet et jusqu'à la veille de son retour par le parti et de nombreuses « personnalités » qui ont été à Genève et au Caire pour flatter sa vanité et lui demander de venir à Tunis et de faire son choix pour n'importe quel honneur. Dieu l'a aveuglé et a défait ses misérables manœuvres. Tu peux être fière de savoir que seul ton oncle, déjà en 1951 et 1952, a eu le courage de le démasquer publiquement. En août, j'ai été à Genève, non pas pour l'honorer, mais pour déclarer une fois pour toutes que c'était un démagogue, un commerçant et que la Tunisie et le CONGRESS approuvera la politique de Bourguiba et du Néo- destour.

Il est également inexact que ce monsieur ait joui du moindre prestige au Caire et dans les pays arabes. Hamadi Badra et même ce pauvre bougre – un honnête, mais faible militant, Bahi Ladgham – savent que je l'ai discrédité parmi tous les milieux influents. Eux-mêmes me l'ont dit. J'ai vu le Secrétaire général de la ligue qui m'a dit avoir prévenu Ben Youcef contre toute agitation qui pourrait nuire à l'unité et à l'ordre national.

Un jour, tous les Tunisiens réaliseront que c'est parce que nous sommes des extrémistes et pour l'indépendance de notre pays que nous suivons et appuyons Bourguiba. Certains appuient le Néo-destour et Bourguiba « pour leur part du gâteau » – en ce qui me concerne je suis depuis 1946 avec *si* Habib parce que son intégrité, son courage et sa sincérité sont rares et des garanties qu'il ne trahira jamais la cause nationale. Si tu veux un exemple pourquoi je suis avec le second et contre le premier : À New York en 1951, *si* Habib habitait un petit hôtel médiocre, sa valise pleine de documents avec trois chemises (une sale) et un costume, prenant sa nourriture dans une cafétéria (restaurant populaire). Le salopard de Djerba habitait en 1953, un palace, l'hôtel Delmonico, portait des chemises de soie, fréquentait les boîtes de nuit, whisky compris, dépensant une fortune sans avoir UN SEUL ARTICLE publié dans la presse américaine. Je répète, pas un seul article sur la cause nationale – mais bien sûr Es-Sabah était plein de louanges pour l'activité débordante du Zaïm. Voilà pourquoi je suis contre ce salopard.

À ce moment-là les fellaghas mourraient de faim.

J'ai écrit à Kafila et à Sadok – sans réponse. J'espère que ton grand-père est en bonne santé ainsi que ta pauvre grand-mère. Puisque tu es la plus sérieuse de la famille, alors je te demanderai de m'écrire longuement – sans te fatiguer – sur les nôtres et les faits politiques. A-t-on fait des commentaires sur ma déclaration, et lesquels ? *Si* Tahar pourrait t'aider car il y est plus mêlé.

Tante Dorothy a réussi à son examen et elle commencera cette semaine à enseigner. Faris se révèle déjà un écrivain de valeur, avec beaucoup d'imagination; passant ses soirées à écrire des histoires de 20 pages, vraiment intéressantes. On se demande s'il en est l'auteur ! Cela est indéniable. Quant à Moncef, il a des difficultés subjectives. Comme Ben Youcef. Il doit souffrir d'être toujours comparé à son frère. Nous essayerons de l'aider ne serait-ce que pour épargner à la Tunisie, une autre escroquerie politique !

J'ai écrit en juillet à ton père que Azzam veut un cheval (2 ans) pur sang, pour son écurie. Il a promis de faire le nécessaire. Mais Azzam est à New York et il me demande des comptes. C'est très embarrassant car j'ai toujours eu une seule parole. Peux-tu lui téléphoner et le lui rappeler ? Je lui enverrai l'argent immédiatement. Azzam est le seul homme responsable pour tout ce qui concerne la Ligue arabe et les Nations-Unies pour notre cher pays. Un peu de gratitude, ne fait de mal à personne.

Veille sur ta santé, et que Dieu vous protège tous les deux. Affectueusement

Abed

CABLE ADDRESS ABED MISRI, NEW YORK

UNITED NATIONS BUREAU. ROOM 490
UNITED NATIONS NEW YORK
PLAZA 1-1234 - EXT. 3357

48 West 73 Street
New York 23, N.Y.
Le 21 Février 1955
CAIRO. EGYPT

Ma chère Kalthoum,

Je m'excuse de ne t'avoir pas écrit plutôt. La correspondance familiale est encore un luxe que je peux rarement m'offrir au vu de mes soucis quotidiens. Nous sommes contents d'apprendre que *si* Tahar et toi, êtes en bonne santé ainsi que le reste de la famille. J'espère dans ta prochaine lettre tu me donneras plus de précisions sur la santé de ta grand-mère et grand-père car leur santé déterminera la date de ma visite à notre cher pays. Je te prie de garder cette information pour toi et *si* Tahar. Il est inutile de donner une fausse joie à mes parents sans savoir si je pourrai financièrement et politiquement faire ce voyage.

En ce qui concerne X je dois t'assurer que ton oncle n'a pas du tout souffert de toutes les mille saletés qu'il a essayé de me faire. Au contraire, il s'est discrédité et personne à l'étranger n'a de respect ou de confiance pour lui. <u>En ce qui concerne la situation à l'intérieur tu dois te rappeler qu'un peuple qui a pu produire le « falaghisme » et l'insurrection féminine, ne peut être trompé longtemps sur la valeur réelle de ses éléments</u>. Le peuple n'est pas stupide et notre jeunesse est trop éveillée pour permettre aux faux prophètes, aux parasites, aux commerçants, de s'imposer à eux. N'ayant aucune ambition politique – et l'avenir le prouvera à tous – <u>et ayant servi mon pays et l'Afrique du Nord loyalement et inlassablement,</u> il me sera toujours possible de me dresser contre tous ceux qui voudraient exploiter à leurs fins la victoire de notre peuple. <u>Dans une Tunisie libre, seul le peuple est souverain et c'est la majorité et la minorité qui profiteront des fruits de cette</u>

victoire. Mais la victoire est encore trop loin, notre combat est encore dans son enfance – c'est pour cela que nous devons maintenir notre unité et oublier provisoirement ces salopards et ces marionnettes. Sois tranquille, le jour des comptes viendra ; en attendant nous devons continuer à soutenir Bourguiba (son honnêteté, sa foi, sa sincérité, sont les garanties de notre confiance) et à prier Dieu de nous aider pendant ces heures difficiles. La gloire des journaux est triviale et provisoire, le plus important est de faire son devoir jusqu'au bout, et trouver satisfaction dans la conviction d'un devoir bien accompli.

Je ne sais pas si *si* Tahar est très religieux; avec sa petite expérience, je peux dire qu'il n'y a de confort que dans notre religion et de salut que dans notre foi en Dieu et ses prophètes.

Soyez bons musulmans car c'est le meilleur atout pour votre bonheur et la condition d'un nationalisme éclairé. Un jour on découvrira que la principale raison de notre retard et de nos souffrances est l'athéisme de ces messieurs qui, ayant traversé la Méditerranée et connu de la civilisation française que les vulgarités du quartier latin, sont revenus chez eux dénationalisés et avec un complexe d'infériorité plus épais.

Je te remercie pour les conseils donnés pour notre chère Kafila, hélas je suis trop loin pour agir immédiatement. Nous avons parlé avec Dorothy très longuement. Et Sadok peut-il faire quelque chose ? J'ai confiance en lui.

Avec Dorothy, j'ai discuté d'un projet que je voudrais soumettre, à toi et à *si* Tahar. En peu de mots, pourriez-vous venir passer l'été avec nous. Nous nous occuperons de tout, excepté votre voyage. Si vous manquez d'argent pour payer votre retour, je vous prêterai l'argent que vous me rembourserez plus tard. Évidemment, l'invitation couvre Kafila qui pourrait suivre ici des cours sur le scoutisme américain. J'essayerai de la faire inviter par l'organisation nationale. *Si* Tahar et toi pourrez aussi suivre des cours dans votre branche ou simplement apprendre l'Anglais, et découvrir ce pays unique, qu'est l'Amérique. Si vous êtes d'accord – et la seule difficulté est la position de *si* Tahar dans le Parti, mais peut-être trouvera-t-il quelqu'un pour le remplacer pendant ce voyage. Écris à Kafila, qui, certainement, peut faire ce voyage. Qu'elle m'écrive (puisque je ne connais pas son adresse), je lui fournirai toute l'information nécessaire. Dans le cas où vous ne pourriez pas entreprendre ce voyage, il sera possible peut-être à Radia d'accompagner Kafila. N'en parle à personne, surtout. En attendant, vous ne perdrez rien en renouvelant vos passeports, et de déposer une demande de visa au consulat d'Amérique.

Affectueusement à tous.

PS : envoie-moi des coupures de presse.

Tu peux corriger les fautes car je n'écris et ne parle plus le français depuis 1946.

A. Bouhafa
48 West – 73 Street
New-York 23
Tél. Trafalgar 3.9007

Committee For Freedom of North Africa
Liberty, Democracy and Federation
CAIRO EGYPT

Le 24 Décembre 1956
U.S. Office le 48 West 73 rd Street
New York 23, N.Y.

Ma chère Kalthoum,

Nous avons été très heureux d'apprendre l'arrivée de mademoiselle Kawther – que Dieu lui prête longue et heureuse vie ainsi qu'à ses chers parents. Inch'Allah. D'après la description que tu en donnes, je suis sûre qu'elle aura toutes les chances du monde pour décrocher le titre de Miss Univers. En 1974, la Tunisie sûrement indépendante, sera assez évoluée pour envoyer une représentante au tournoi mondial, avec son père et sa mère voyageant aux frais de la princesse. Il est même possible que le concours ait lieu à New York.

La réception de Zarzis ne m'étonne pas, ayant depuis 1951 et surtout en 1954 fait tout pour éclairer les gens de cette région sur la véritable personnalité du démagogue de Djerba et sur celle de notre cher *si* Habib.

Si Tahar se rappelle ce que je vous ai dit à cette époque sur ce fumiste – réfugié aujourd'hui derrière le plus noble des slogans politiques. Quant à *si* Habib, je lui ai écrit en février 1954 une lettre de 9 pages où je présageais toute cette affaire.

Quelle prophétie ! Ça t'amusera aussi de savoir que toutes les actions qui ont été prises par si Habib depuis son retour, je les lui avais recommandées dans mes lettres ou entrevues à Paris.

Tu me conseilles de solliciter la représentation du Parti ici et, observe que mes déclarations ne pouvaient intéresser que mes amis ou ceux qui me connaissent, peut-être. Mais tu oublies que mon nationalisme n'avait aucun but sinon servir mon pays et aider à sa libération. Ma lutte a toujours été personnelle et inspirée par mon honneur et limitée par la liberté de l'individu dans son pays. Je devais faire payer aux colonialistes le prix de l'humiliation soufferte et subie dans leurs prisons à Colomb Béchar, Tlemcen et Alger en 1943. Je ne suis pas un politicien ou un commerçant du nationalisme. Ma seule vanité est d'avoir servi mieux que tous ces bonshommes qui aujourd'hui paradent en toute vanité. Je ne demanderai jamais rien, car je ne peux me diminuer – et on se diminue lorsqu'on tend la main. Si ces messieurs désirent oublier leurs complexes et penser à la Tunisie. Ils devraient eux-mêmes me demander ce service. Un homme ne peut être humble qu'avec les gens humbles, hélas tous les zèbres du bureau politique excepté *si* Habib, Nouira, Masmoudi, Farès, Slim sont des constipés.

Puis-je demander une faveur – une telle faveur – à Bahi Ladgham qui, hier à New York était témoin de mon activité et de mon impuissance. Non, ma chère Kalthoum, il vaut mieux laisser aux grenouilles le temps d'éclater. Un jour viendra où, dans l'intérêt de la Tunisie, on fera appel à mes services. Ils savent ce que je vaux et ce que je peux faire pour mon pays. En attendant, je lutte pour l'Algérie, sans ambition, aussi, mais peut-être plus ardemment car au moins Messali Hadj et son parti sont moins mesquins que nos compatriotes pour qui j'ai été depuis 1946 une bête noire uniquement parce que je servais mon pays.

L'important est que mes enfants soient assurés d'un petit avenir – et je suis sûr que Dieu m'aidera à cette fin car Dieu est plus généreux. Tu dois aussi savoir que je n'ai pas appuyé Bourguiba pour des raisons personnelles. Je suis avec Bourguiba et le Destour depuis 1945 et tout cela est enregistré dans mes documents ; je suis avec lui, particulièrement depuis 1950 lorsqu'il m'a écrit une lettre s'excusant pour le passé (un homme qui sait s'excuser est un homme courageux et honorable). J'ai commencé ma campagne contre Salah depuis notre déjeuner en octobre 1951 au Majestic où j'ai découvert que, pour ce monsieur, le ministère était une fin en soi et l'autonomie aussi. Il est vrai que je savais aussi son dossier dans cette affaire Moncef Bey – qu'on a oublié. N'a-t-il pas en 1946 pris contact avec Lamine qui était à cette époque, notre Abou Arafa ? Les Tunisiens oublient vite – mais j'ai bonne mémoire et on dit bien qui vole un œuf, vole un bœuf, etc. Dans ce cas Moncef Bey était bougrement un œuf immense… Et Dieu a imposé sa justice. Tu te souviens des honneurs rendus à Ben Youcef à Genève où tous les grands du Destour et des organisations syndicales ont été baiser sa main et le supplier de venir. Au Caire, on a été lui proposer la Présidence du Gouvernement. Il a été aveuglé par Dieu et aujourd'hui, en tremblant et le visage pâle et en téléphonant à la police française, il joue les gandhis.

À Genève, seul ton oncle y a été pour l'attaquer à une époque où tous les messieurs faisaient des courbettes – ces mêmes messieurs qui, aujourd'hui, pour vivre lui ont tourné le dos. Exemple le petit Ahmed Ben Salah – pourtant une créature de Salah qui d'ailleurs attend la première occasion pour poignarder Bourguiba, s'il est sûr de la victoire.

Non, ma chère Kalthoum, la vie serait vide sans honneur et sans dignité. Si j'ai lutté loyalement et positivement pour mon pays, Dieu, et non les hommes, me récompensera. Le plus grand défi d'une vie humaine est l'honneur – tout le reste est facile à obtenir.

Affectueusement à vous trois...

Abed

Tél. Trafalgar 3.9007

Committee For Freedom of North Africa
Liberty, Democracy and Federation
CAIRO EGYPT
U.S. Office le 48 West 73 rd Street
New York 23, N.Y.

Le 09 Janvier 1958

Ma chère Kalthoum,

Je te remercie pour ta charmante lettre qui est arrivée à un moment opportun, avec des nouvelles et des commentaires précieux. Tu sais combien je suis resté attaché au pays et à la famille, et combien pénible est devenu mon exil. Sais-tu que même Sadok ne m'a écrit que trois fois pendant 14 mois. Ton père a été plus généreux et hélas, je ne pouvais maintenir notre correspondance. Les autres ne m'écrivent que pour demander des faveurs.

Je suis déçu d'apprendre que Farouk a échoué à son oral, et je vais lui écrire pour lui dire ce que je pense de ce genre de conduite. Cette information est compensée par les bonnes nouvelles que tu donnes de Kafila et Radia ainsi que de ta petite et chère famille. *Si* Tahar est un homme honnête, droit, loyal et timide – il est facile aussi de dire qu'il est nerveux et direct (malgré les conseils qu'il me donne, d'être souple, diplomate et réaliste, des qualités ou des défauts dont nous sommes, tous les deux, très pauvres !). Je suis convaincu que vous serez tous les plus heureux de la bande. Inch'Allah. Les honneurs de Chedlia ne me surprennent pas, car elle est comme on dit « la fille de sa mère ».

Et ton grand-père, comment se porte-t-il ? Et ta grand-mère ? Tu devrais t'occuper de sa santé et lui acheter tout ce dont elle a besoin – je te payerai dès mon arrivée. Je lui ai envoyé quatre colis de Suisse et de France (un ami a posté ce dernier paquet) et personne, je répète personne, ne m'a jamais confirmé son arrivée. Il y avait 5 *foutas*, 15 mouchoirs, deux paires de pantoufles, quatre tissus de soie et de fin coton etc. Si elle a besoin de quoique ce soit, écris-moi vite.

Tu sais que j'ai décidé de rentrer définitivement, laissant ici Dorothy et les enfants en attendant la solution de ma situation. Je compte aussi me présenter aux élections puisque j'ai été privé d'autres moyens de servir mon pays. Naturellement, je suis conscient des réalités, et j'ai écrit à *si* Habib lui offrant ma coopération et le priant d'intervenir auprès de ses amis (de Bahi) pour mettre fin à cette situation. Je vais aussi écrire une lettre de « réconciliation ou d'avertissement » au seul adversaire que j'ai dans le parti, non seulement en raison de mon attachement à *si* Habib, mais aussi de mon accord avec la politique intérieure et extérieure du Gouvernement – mais je ne suis pas prêt à jouer les martyrs. On verra quelle décision sera prise.

Naturellement, je désire que le Parti patronne ma candidature – est-il possible pour ce parti de présenter un autre candidat sans créer le doute dans l'esprit des populations sudistes et renforcer le Youcéfisme – car enfin tout le monde, dans le sud, se rappelle de ce que j'ai fait pour la Patrie, on sait aussi que j'ai été le premier défenseur du Bourguibisme et que, hélas, les compétences manquent beaucoup à ce pauvre sud. Si le Parti s'oppose à moi, eh bien, je lutterai seul, laissant à Dieu et à l'intelligence des hommes le soin de faire le reste. En tout cas, la responsabilité de cette dissension ne sera pas mienne, puisque j'aurai fait toutes les concessions, amour-propre y compris.

Je te prie de dire à Sadok de déposer le fond électoral et de mobiliser les sudistes de Tunis pour appuyer ma candidature auprès du parti et des populations locales (parents, etc.). Il pourrait faire une pétition demandant que je me présente pour aider les sudistes, et organiser un comité (deux de Zarzis, deux de Medenine et deux de Ben Gardane, des jeunes destouriens éloquents et respectés). Il ya aussi cette question d'argent pour préparer des affiches et des tracts – et j'espère que ton grand-père y contribuera.

Je compte quitter les États-Unis vers la première quinzaine de février. Qu'en pense *si* Tahar auquel tu demanderas aussi de te dire des informations sur la préparation et la conduite des élections – il a eu l'expérience des précédentes élections.

Tante Dorothy se joint à moi pour te souhaiter le succès dans ta nouvelle carrière et bonheur à vous deux.

Affectueusement

Abed

Tél. Trafalgar 3.9007

Committee For Freedom of North Africa
Liberty, Democracy and Federation
CAIRO EGYPT

Le 10 janvier 1958
U.S. Office
48 West 73 rd Street
New York 23, N.Y.

Mon cher Farouk,

J'ai été très déçu d'apprendre que tu as échoué à ton oral, et cela pour une raison égoïste. La famille souffre depuis longtemps d'anémie et je comptais sur toi pour lui redonner un peu d'énergie. Je suis certain que tu es le plus déçu de nous tous, et que tu répareras cet accident cet été. Inch'Allah.

Kalthoum m'a écrit me donnant des nouvelles de tous, des nouvelles qui me sont réconfortantes. Il est vrai que la Tunisie est en grande effervescence, et cela ne pouvait pas affecter les Zarziciens, qui sont des patriotes aussi. Tous ces incidents prouvent que la famille n'a pas perdu sa vitalité.

Et mademoiselle Kafila, et *lalla* Radia, sont-elles heureuses ? Je l'espère car elles sont les plus méritantes de la tribu. Et ta chère maman ? J'ai appris avec joie son retour ainsi que la présence de tes grands-parents à Tunis, auprès de ton oncle.

La vie à New York est toujours très agitée, et je compte prendre congé de mes soucis et tracas dans un prochain avenir. Je sais que tu es plein d'orgueil (tu m'as dit un jour à Zarzis que tu n'avais pas besoin de mon argent pour m'accorder ton estime, ne sachant pas que, malgré les apparences, j'étais le plus pauvre de tous tes oncles), mais je voudrais néanmoins savoir si tu as besoin de quoi que ce soit. Je compte sur ta franchise ne serait-ce que pour me prouver que je suis « un oncle d'Amérique ».

Écris-moi et raconte-moi ta vie à Bizerte ainsi que tes impressions sur notre chère République qui, malgré tous ses soucis, est aujourd'hui un des États arabes et asiatiques les plus respectés. Les Tunisiens ont le défaut d'être trop critique et je me demande s'ils apprécient tout ce qui a été fait en si peu de temps. On doit être objectif même si on est la victime des évènements.

Affectueusement

Abed

Le 29 Janvier 1958

Cher Ifnaoui,

Ifnaoui Bouhafa dans son bureau aux Contributions directes
Zarzis dans les années 1948 – 1950

Je te remercie pour ta lettre et pour les dispositions envers cette question d'élections. Tes informations et tes conseils sont d'autant plus précieux qu'il m'a été impossible d'obtenir la moindre réponse de mes frères, y compris monsieur Sadok qui est sans doute trop occupé. Pourquoi dois-je me plaindre du traitement ignoble de mes adversaires politiques lorsque je suis même oublié par mes frères, auxquels, et tu es témoin, j'ai rendu tous les services que je pouvais.

J'ai appris pendant ces longues années à lutter SEUL, et je n'ai pas peur de continuer, laissant à Dieu de juger mes adversaires et mes frères ingrats. Tu me dis dans ta lettre que la campagne électorale sera facile après avoir obtenu la bénédiction de *si* Habib. Cela est exact car *si* Bahi et, à travers lui le Parti, ne s'opposaient pas à ma candidature, je sais que je serai élu même sans avoir à quitter New York. Car nos populations savent ce que j'ai fait pour la libération nationale et que nul, aujourd'hui, ne peut mieux défendre leur intérêt à Tunis. Je sais aussi que *si* Habib a une sincère amitié pour moi – et que c'est uniquement pour des raisons de cuisine intérieure qu'il m'a oublié.

Mais dans la vie, Mon cher Ifnaoui, il faut prévenir toutes les situations et ne compter d'abord que sur soi. J'ai écrit à *si* Habib et je prépare un rapport pour le bureau politique où je lui expose toute la situation et lui tends la main pour une coopération sincère et loyale. Supposons que monsieur Bahi veuille continuer sa vengeance, dois-je pour cela m'incliner et pleurer dans la *fouta* de ma mère. Non, mon ami, l'injustice je ne l'ai pas tolérée sous les Français – et ils étaient puissants – je ne la tolérerai pas de mes ex-camarades de lutte. Il serait tout de même pénible que Zarzis subisse un tel arbitraire dans une Tunisie libre. Leur loyauté et leur confiance doivent d'abord aller à leur voisin, surtout lorsqu'ils (les Zarziciens) savent que leurs intérêts seront défendus avec intégrité, compétence et dignité.

Nous devons par prévoyance envisager aussi la possibilité que Bahi refuse une réconciliation et influence *si* Habib contre moi. C'est pour cette raison que j'ai suggéré que discrètement, toi et mes amis à Zarzis, à Tunis, Abdallah et Sadoc à Tunis, vous suggéreriez que l'on me demande d'aller participer aux élections dans l'intérêt du sud, ayant fait tout mon devoir envers l'Algérie. Le sud doit être présenté au parlement par quelqu'un qui sera écouté par le Gouvernement et non pas un beni-oui-oui ou par quelqu'un qui, sans expérience et sans relations, serait ignoré (ainsi que les intérêts de notre misérable région) par Tunis, comme ça été le cas de l'ex-député... auquel on a donné une licence de transport pour le réduire au silence et à l'inaction. Il faut cultiver et stimuler l'orgueil de nos pauvres patriotes qui, hier opprimés dans le bureau arabe, sont aujourd'hui traités comme des citoyens de seconde classe. Il est utile, si l'on peut, de faire signer une lettre par des sudistes à Zarzis, Medinine et Tunis me demandant de rentrer pour les élections.

Peux-tu me dire en quoi consiste une campagne électorale dans le sud ? Faut-il des tracts, des panneaux et peut-on les imprimer à Gabès et combien de temps faudra-t-il pour leur impression ? Tu sais que, pendant treize ans d'exil, j'ai rarement eu l'occasion de parler ma langue maternelle. Il est donc important que nous ayons des hommes éloquents pour aider dans cette campagne – des hommes sans tache, destouriens et indépendants. Je suggère aussi que pendant la campagne électorale nous organisions avec des amis aisés des dîners ou des déjeuners à travers la région au cours desquels des hommes prendraient la parole pour parler de ma lutte nationaliste et de mon programme politique. À ce propos, je te demanderai d'écrire à notre cher père pour retaper cette petite maison à Zarzis, en vue de ces élections et du voyage de ma famille. Nous devons aussi disposer de voitures d'amis et disposer de micros (Sadok pourra s'occuper de cette dernière question ainsi que de l'impression des tracts. Peux-tu lui demander de préparer déjà trois ou quatre petits articles de propagande avec ma photo et celles où je suis photographié avec les diplomates arabes que je lui envoyées. Le temps passe trop vite et nous devons, si vous m'aidez, commencer immédiatement le travail.

Je te remercie de l'aide offerte pour la préparation de ce programme politique. Peux-tu m'envoyer, avec ta prochaine lettre, les renseignements suivants : nombre de pieds d'oliviers (exploités par les étrangers et exploités par les indigènes), superficie terre cultivable (pourcentage étranger et pourcentage zarzicien), impôts (payés par les Zarziciens et par les étrangers), revenus de la pêche, des éponges et autres ressources de la ville. Budget de la municipalité et budget du Gouvernement (avec détails sur la distribution). Évaluation du trafic du port de Zarzis et du service postal (Zarzis-Gabès) sur la base des impôts. Peux-tu me donner déjà une idée sur les besoins et les revendications des populations pour me permettre de les analyser <u>en relation avec les remèdes apportés par les Américains à ces mêmes problèmes</u>. Donne-moi, s'il te plaît, le prix des éponges (au kilo) vendu à Zarzis. Quel est le chiffre d'affaire annuel et combien de personnes dépendent de ce commerce pour vivre. Chiffre d'affaire annuel pour les poissons ? Peux-tu évaluer l'importance de la pêche au thon ? Le nombre de chômeurs.

En attendant ta lettre, et avec mes remerciements, je reste fraternellement

Abed Trafalgar 3-9007

Algerian National Movement
48 West 73 rd Street
New York 23.N.Y.

Le 3 Mars 1958

Ma chère Kalthoum,

J'ai trouvé ta lettre à mon retour d'une tournée de conférences sur le problème algérien, à travers les états de l'Ohio et de l'Illinois.

Tu as raison. Il est difficile de traiter de telles questions par correspondance surtout lorsqu'on est privé d'appui sérieux. Je ne sais pas si Ifnaoui peut être utile, mais il est indéniable qu'il a été au moins plus courtois que monsieur Sadok qui, lui, traite avec mépris mes lettres. Ma vie a été pleine de déceptions, mais je t'assure, je n'aurai jamais cru que Sadok se comporterait ainsi.

Peux-tu me dire, puisque tu es ma seule correspondante, à quelle période se tiendront les élections. Je déciderais de la date de ma rentrée aussitôt que je serai en possession de cette information.

La tragédie de Sakiet-sidi-Youssef ne sera pas perdue pour la Tunisie. Elle marque une nouvelle date dans l'histoire de la lutte nationale. Rappelle-toi qu'à la veille de cette infamie, il était question de laisser les français à Bizerte ! Rappelle-toi aussi que ton oncle était seul, il y a quelques années, à prêcher la solidarité avec l'Algérie et à souligner l'indépendance Nord-Africaine (et non Franco-Tunisienne). À toute chose malheur est bon.

Je te remercie pour les numéros de l'Action et des autres journaux. Il est inutile de m'envoyer le Petit Matin, je le reçois par avion. J'ai constaté que l'Action milite, timidement, en faveur du neutralisme et contre l'OTAN. On m'accusait d'extrémisme lorsque je faisais campagne contre les armes américaines et l'OTAN. Tu te souviens de ma polémique avec Ben Youssef qui voulait que la Tunisie adhère à l'OTAN. L'intérêt de la Tunisie veut que nous nous gardions de faire le jeu des grandes puissances, de nous mêler à leurs bagarres, et que nous nous contentions de faire une politique de collaboration avec tous ceux qui, sans ficelles, veulent coopérer avec nous. Nous sommes anti-communistes, mais cela ne veut pas dire que nous devons devenir une base de la guerre froide pour l'Occident.

Dis mes amitiés à *si* Tahar, et embrasse tes grands-parents pour moi.

Affectueusement.

Abed

Le 18 Mars 1958

Ma chère Kalthoum,

Quelques lignes pour te prier de m'envoyer, lorsqu'il te sera possible de trouver un moment de loisir, la liste des membres du Bureau Politique du Parti et, si possible, leur adresse personnelle.

Tu as oublié de me donner des nouvelles de ta grand-mère et ton grand-père. J'espère qu'ils se portent bien. Je t'avais dit de leur demander s'ils ont besoin de quoique ce soit.

J'attends d'être fixé pour les élections pour décider de la date de mon retour. En attendant, peux-tu, et je m'excuse de demander tant, enquêter sur la possibilité de trouver un appartement ou une petite villa à louer. Les Zarziciens sont des courtiers de certaines propriétés étrangères ou françaises. Bien sûr le prix doit être raisonnable. J'ai toujours eu un faible pour une maison orientale que nous pourrions fixer avec quelques frais. Mais ces maisons deviennent rares ou elles sont dans des quartiers bruyants.

Tante Dorothy ne t'a pas écrit, uniquement parce qu'elle est toujours très fatiguée. Sa santé n'est pas toujours excellente et elle travaille matin et soir. Faris terminera cette année l'école élémentaire pour rentrer au lycée l'année prochaine. Il est l'intellectuel (écrivain et auteur de pièces de théâtre), Moncef indiscipliné est néanmoins le brillant de la famille. Hélas je ne sais comment arranger leur futur... Ils ne me rejoindront à Tunis, avec la mère, que lorsque j'aurai trouvé une position.

Je m'excuse une fois de plus de te causer tous ces ennuis. Hélas, comme je te l'ai déjà dit, tu es ma seule correspondante. Comment va mademoiselle Curie et notre sportive ? Et ta maman, va-t-elle mieux maintenant ? Dis-lui que je pense à elle tous les jours, car elle est une grande dame. A-t-elle besoin de quoi que ce soit. Tu sais que j'ai toujours eu un faible pour elle et ta grand-mère. Elles sont « le sang bleu » de cette famille.

Affectueusement à toi et *si* Tahar.

Comment va *si* Aziz Djellouli ?

Le 28 Avril 1958

Mon cher Farouk,

Je réponds immédiatement à ta charmante lettre pour mieux te prouver la joie immense qu'elle m'a donnée. Malgré certains trous, dus à une information incomplète, tes réflexions sur le tout national et le particulier familial révèlent une grande maturité et un esprit honnête et clairvoyant. J'ai été très impressionné. Et je suis même fier de toi.

L'affaire de Sakiet-sidi-Youssef a été riche d'expériences. Elle a prouvé la limite pathologique de notre adversaire ; et par ce fait, elle a démontré l'irréalisme ou les risques d'une politique basée sur une coopération française. On s'amuse avec les fous, mais on ne commerce pas. C'est là une importante leçon pour ceux qui, bien inspirés, ont pris trop au sérieux la « réconciliation » franco-tunisienne.

Nous avons aussi découvert, hélas, l'immaturité de nos gouverneurs qui malgré la stabilité et la popularité du régime ont, dans ce premier test, leur sang-froid, faisant ainsi le jeu de l'adversaire français et autre. L'extrémisme est facile ainsi que la démagogie et nous savons que les ventres creux préfèrent le cirque au travail. Nous aurions dû, comme je l'écrivais à notre Président (tu vois, je ne suis pas rancunier) limiter le différend franco-tunisien à cet acte barbare, au lieu de l'élargir, affaiblissant ainsi notre position intérieure et extérieure puisque nous n'avions pas les moyens, physiques et diplomatiques, pour faire valoir ces revendications légitimes. Le monde entier était avec nous sur cette question du village mutilé, mais nous étions, seuls, dans la défense de Bizerte ou de l'Algérie. Il suffit de lire les termes ultimes de la médiation pour se rendre compte que nous avions, *i.e*. nos gouverneurs, commirent une grave erreur de tactique. J'espère que nous profiterons de la leçon.

La troisième leçon est d'avoir découvert, grâce à la stupidité ou à l'arrogance de la France, sénile, que notre solidarité avec l'Algérie n'était pas seulement un acte de charité musulmane, mais une conception réaliste des responsabilités nationales. Tu me pardonneras de te révéler que c'est en janvier 1955 que j'ai averti nos gouverneurs contre cette éventualité. À cette époque, Tunisiens et Marocains, grisés par une indépendance que nous devions à l'Algérie martyr, se disputaient le privilège d'être francophiles !

L'Algérie n'était pas notre problème ! Eh bien la montagne a été à la mer... et aujourd'hui bon gré, mal gré, la dispute entre Rabat et Tunis est d'être le plus algérianophile.

Nous devons nous réjouir devant les efforts actuellement déployés pour un Maghreb fédéré. Cette vague fédéraliste qui souffle sur le monde arabe me rappelle l'époque où notre Prophète, relayant la parole divine, a autorisé la polygamie. Par cette procédure, on a voulu, à la fois, accéder et légiférer les émotions. En vérité, le Coran rejetait la polygamie. La Tunisie, le Maroc, l'Iraq et la Jordanie ont obéi aux mêmes nécessités. L'unité n'est pas encore réalisable et les problèmes qui accablent chacun des pays frères le prouvent. L'union doit commencer par la base, par la destruction des passeports entre les états arabes, un échange libre dans le domaine commercial, l'unification de l'éducation, de la diplomatie et de l'armée.

Cette Union doit être homogène, positive et populaire, hélas tel n'est pas le cas des mouvements unionistes qui viennent de se cristalliser au Moyen Orient et en Afrique du Nord. L'union de la Syrie et de l'Égypte, aujourd'hui deux états policiers, est le produit d'un marchandage entre le colonel Nasser et des politiciens syriens. Les peuples n'ont pas librement (élections falsifiées ou intimidées) donné leur bénédiction. La Jordanie et l'Iraq se sont unis parce qu'ils auraient commis un crime, aux yeux des masses mal informées, de ne pas imiter l'exemple Syrien-Égyptien pour nous, Tunisiens et Marocains, nous n'avions pas d'autre choix si nous voulions désarmer les démagogues et les éléments subversifs, d'autant plus que les peuples du Maghreb sont plus liés que leurs frères du Moyen Orient.

Au lieu d'une Union par la raison, nous avons été forcés dans une Union par la démagogie. Tout cela aurait été évité si notre peuple, le peuple arabe, était éclairé et mûr. Hélas, le colonialisme et le féodalisme l'ont réduit à une ignorance lamentable, et exposé ainsi au « fumisme ». Souviens-toi du proverbe, « il ne manque à un pendu que quelques bonbons ». Nous devons d'abord aider à la libération de l'Algérie, trouver du pain et du travail aux millions de nos frères tunisiens et marocains, nous libérer de la présence étrangère. Alors, nous pourrions parler d'UNION et elle sera facile. Tu sais que depuis 1947, le slogan du Comité que je représente est « liberté, démocratie et fédération ». L'aspiration est donc ancienne, et elle est enracinée dans l'histoire et la religion de notre monde. Mais aujourd'hui nous devons être réalistes, et procéder par ordre de priorité. Un mariage d'un couple malade n'a jamais donné un foyer heureux ou des enfants sains. La véritable UNION sera faite par ta génération.

Tes réflexions sur la famille sont intelligentes et justes. Il me plaît de lire que tu as espoir en cette tribu, ce qui veut dire que tu as confiance et espoir en toi. Je suis convaincu de ton succès, non seulement parce que tu es aussi atteint de cet orgueil « qui est une vertu lorsqu'il est silencieux », mais aussi parce que tu as l'avantage de pouvoir profiter des erreurs ou de l'expérience de tes aînés. Notre grand atout, n'est pas mon humble personne, mais le TOUT PUISSANT et la conviction que nous avons tous malgré nos défauts, vécu conformément sinon aux traditions, au moins aux principes de notre religion. Tu sais que je ne suis pas un marabout… mais je te conseillerai pour ta réussite et ton bonheur de vivre en contact permanent avec ton Créateur et son Livre.

La Tunisie vivra pendant des années, une agitation profonde parce que son élite s'est éloignée de l'islam, sous l'influence du matérialisme occidental ou de la pensée intellectuelle et politique d'un libéralisme français nihiliste ou cynique ou subversif. J'ai toujours cru que la Tunisie serait entièrement sauvée et libérée le jour où elle sera dirigée par l'élite sadikienne. Aujourd'hui, elle est l'exclusive du « Lycée Carnot », et la grande mosquée riche spirituellement est privée, hélas d'outils modernes.

Dans une prochaine lettre, je te parlerai de l'Algérie. Aujourd'hui, l'essentiel est qu'elle soit libérée. Les partis ne m'intéressent pas, je n'admire que ceux qui combattent dans les montagnes et les vallées.

Tante Dorothy et Farès et Moncef t'embrassent aussi ! Donnez-moi des nouvelles de tes oncles Kadem et Sadoc, de ta mère qui est une grande dame (ton père est le plus digne de nous tous). Kalthoum m'écrit, mais Radhia et Kafila sont silencieuses. J'espère voter prochainement. Je compte sur ton succès, car ta réussite rajeunira ton père de quelques années. Tu lui dois ce service.

Affectueusement

Abed

Le 28 Mai 1958

Ma chère Kalthoum,

Je t'écris à nouveau pour t'informer que je quitterai New York, si Dieu le veut, le 1er Juin. J'irai d'abord à Frankfurt, en Allemagne, où je dois rencontrer des amis égyptiens, ensuite en France pour rendre visite à ce grand martyr algérien.

Ce dernier voyage dépendra de la situation en France (tu sais que Dieu a ses moyens pour aider ce peuple vaillant algérien. La France est entrée, définitivement, dans une nouvelle phase de son histoire, elle est prête à payer pour tout le mal qu'elle a fait aux innocents de l'Afrique et de l'Asie, la justice divine est irrésistible).

Je te prie d'aller voir grand-mère et grand-père et de leur demander s'ils ont fait le nécessaire pour retaper la maison de Zarzis. Je ne resterais que quelques jours à Tunis, le temps de voir quelques amis et *si* Habib. Il en sera de même pour tante Dorothy et les enfants qui doivent commencer, aussitôt arrivés, à prendre des cours de français.

J'ai pensé que, pour qu'ils rentrent immédiatement au lycée français, ils doivent apprendre le français. Ils apprendront l'arabe ensuite. Déjà à New York, on leur a donné des cours de français. Naturellement, je suis prêt à payer cet instituteur conformément au tarif... Je compte sur toi car, comme je te l'ai déjà expliqué, je ne puis compter sur tes oncles. Ton père est loin à Gabès et il ne peut être utile.

J'ai reçu de ton père une lettre aimable et sa réaction à ce document a été très utile, j'attends de savoir votre (Tahar et toi) réaction.

Ton père m'a dit qu'il est important que ce document soit traduit en arabe car à Zarzis, rares sont ceux lisent le français. Aussi je te prie (avec ou sans l'aide de tonton Sadoc) avec *si* Tahar de le faire traduire immédiatement en payant le traducteur, un homme qui doit être capable et intelligent. J'espère trouver ce document traduit à mon arrivée. Naturellement, je payerai à *si* Tahar l'argent qu'il aura déboursé pour la traduction et pour le faire taper (en plusieurs copies). Tu sais qu'en Tunisie, nous sommes plutôt paresseux aussi il faut trouver un homme sérieux qui doit le terminer en une semaine.

C'est très important et je n'ai pas besoin d'insister là-dessus. Tu me diras dans tes lettres si ton grand-père a besoin de quoique ce soit. (chemises, mouchoirs, tricots, chaussures, médicaments ou autres) ainsi que ta grand-mère. Une fois de plus, je m'autorise à vous dire, si toi et *si* Tahar avez besoin de quoi que ce soit. Je vous promets que je me ferai rembourser, si le prix des achats est important. Donne-moi les mesures de Chadlia (robe et lingerie. Dis-moi ce que Farouk voudrait que je lui apporte. Il est trop fier). Et ta mère ? Et Kafila ? Et Radhia ? Je ferai tout mon possible pour satisfaire leurs désirs. Tu sais à quel point je suis attaché – et comme Bourguiba ! J'ai le défaut de beaucoup aimer mes nièces – dont je suis fier.

Dis à Sadoc que son silence insolite me peine, car j'avais pour lui beaucoup d'affection.

Affectueusement

Abed

PS: écris-moi à cette adresse X,A,B. C/O Raoul Fatso

41, Wasser Shopfi, Zurich, Suisse.

Le 29 Janvier 1959

Chère Kalthoum,

Merci pour l'article publiant la loi fondamentale que je vais étudier. C'est un compromis entre la Constitution française et l'américaine, épicé par la Déclaration des droits de l'homme. J'ai lu que les élections sont prévues pour le mois de juin et cela m'a fait plaisir. Nous avons tout le temps nécessaire pour nous y préparer sérieusement. Et les femmes voteront-elles ? En juin, nous pourrions compter sur la participation de madame Radia et d'Ève Curie, alias Kafila, pour nous gagner des voix féminines !

Peux-tu m'envoyer un exemplaire des journaux, en arabe ou en langue française, publiés en Tunisie (Dépêche, Matin, La Presse exclus).

Je voudrais aussi un compte rendu objectif sur l'influence du Youssèfisme, Communisme et vieux Destour qui, je suis sûre doivent travailler ensemble. Peux-tu savoir par l'intermédiaire de *si* Mohamed Mili qui est responsable de ma censure ? Tu sais que je soupçonne *si* Bahi.

Et tes grands-parents comment vont-ils ? Ont-ils besoin de quoi que ce soit. Si toi ou *si* Tahar avez besoin de quoi que ce soit. Si c'est trop cher pour ma bourse, vous me rembourserez. Dis à ta maman toute mon affection, car elle est la seule dont je suis fier.

Bien à vous deux

ABED. RETOUR AU PAYS.

SAIDA, TUNISIE

Francfort
Le 20 Mai 1959

Mon Cher Président,

J'ai l'honneur de venir attirer votre bienveillante attention sur la lettre, ci-jointe, que je viens d'adresser à Si Bahi Ladgham, en sa qualité de Sécrétaire Général du Parti.

J'espère que votre Excellence accueillera avec sympathie ma décision de me présenter aux élections législatives, et, qu'elle l'appuiera comme vous avez voulu me le promettre l'été dernier.

Aquis à votre personne et votre politique, et soucieux de servir positivement les intérêts de ma région, je crois opportun de vous informer, déjà, que je ne maintiendrai cette candidature que si elle a votre accord et celui du Bureau.

Respectueusement

EL ABED BOUHAFA

Abed Bouhafa projeta de quitter les États-Unis et de rentrer définitivement au pays. Dans les lettres destinées à Kalthoum, il développe ses projets et fait part de ses points de vue quant à l'avenir de la Tunisie nouvelle. N'avait-il pas, selon les archives françaises, participé jusqu'au processus de négociations franco-tunisiennes de libération ?

Dorothy accepta de s'éloigner de sa patrie et de sa famille pour retourner vers une terre qu'elle aimait... Ainsi Faris et Moncef, nés en Amérique, âgés respectivement de douze et dix ans accomplirent leur voyage entre les deux continents, trop jeunes pour saisir l'étendue de la détermination de leurs parents.

Pour faire part au lecteur de certaines vérités, je dirais simplement que seul l'amour du pays et des siens ont pu convaincre Abed de prendre cette décision.

Les membres de la tribu continueront avec la même conviction et le même élan, d'œuvrer dans le cadre du parti socialiste destourien et des directives du Président Bourguiba, bien que l'annonce de cette sanction vindicative et inexpliquée dérouta le politicien fraîchement débarqué, on lui interdit d'exercer sa profession de journaliste ou de s'immiscer dans les affaires politiques intérieures de la nouvelle République.

— *Ya Khouya*, lancera Soumeya à Abed, regarde-les comme des pions, ils montent, ils descendent, ils culbutent et ils disparaissent.

Pourtant, l'année suivante et dans le cadre de la politique bourguibienne, Abed Bouhafa participera au congrès destourien tenu en 1959 (lettre datée du 29 janvier 1959 à Kalthoum). Abed gardera dignement la face, rencontrant aisément ses anciens compagnons de parcours, en l'occurrence, les Belhouane, Djelouli, Daoud, Ben Khélifa, Chleïfa, Ben Chrifa, Razgala, Ben Achour, Ben Ammar et autres qui se rendront régulièrement chez leur ami à la Résidence de Sidi Bou Saïd plus tard à Gammarth.

La petite famille dût s'intégrer, se recycler aux coutumes tunisiennes ; il fallut préparer les enfants à la langue arabe et à améliorer leurs aptitudes dans la langue de Molière.

Abed dira, par fidélité à ses principes et à ses origines : « Qu'importe ! Je suis revenu dans mon terroir, il est libre maintenant, dussé-je manger de la bouillie de plombs ! (Mhamsa) ».

Il y eut bien cette proposition qui paraîtrait alléchante maintenant que le matérialisme est au-dessus de toute autre considération, elle aurait doré le plastron à Faris et Moncef sur les pas des anciens colons. Mais Abed répondit sèchement qu'il n'était pas revenu pour jouer au fermier !

Le Wali du Cap-Bon, *si* Salah Ayech (ami de Kadem et compagnon d'internement) proposa à Abed la propriété de 300 hectares de vignobles qui entourent la colline où Mussolini s'était réfugié pendant la guerre à Bou Argoub.

Pour rappeler que le militant Abed Bouhafa a soutenu la politique du Leader suprême, mettant en exergue la politique éclairée de Bourguiba à travers des articles édités dans la presse étrangère et souvent cités par les journalistes tunisiens.

Lorsque le Sud s'enflamma et qu'une scission grave divisa les dirigeants du Parti Socialiste destourien, Bouhafa donna des directives aux responsables (les membres de la famille entre autres) et des cellules pour se solidariser autour de Bourguiba. Zarzis fût la seule ville tunisienne des territoires militaires à réitérer son appartenance au Bourguibisme contre le Youssésfisme ! Abed avait mis en garde le responsable du Parti et dénonça les « impairs » de Salah Ben Youssef (bien qu'il lui reconnaissait l'envergure intellectuelle).

Dans une lettre écrite à Kalthoum Abed, déçu, fait allusion à l'attitude désobligeante et au comportement de ces messieurs à l'étranger qu'il jugeait indigne du civisme patriotique. Abed avait critiqué la politique de Ben Youssef bien avant Bourguiba ! S'il eut le courage de dénoncer les prises de positions frauduleuses du secrétaire du Parti, sur la scène internationale, Mohamed Sayah reconnaîtra : *« À l'époque, après plus de vingt ans d'action bourguibiste, la majorité des Tunisiens savait faire la part des choses et distinguer entre la solidarité arabe ou maghrébine et l'exploitation qui pouvait en être faite dans d'obscurs desseins. Commentant la décision prise par le Comité de Libération du Maghreb à l'encontre de Bourguiba et du bureau politique, Abed Bouhafa, connu depuis des années pour son militantisme anticolonialiste et sa profession de foi pro-maghrébine, la qualifia de « bouffonnerie ».*

Dans une déclaration à la presse, il précisait le 1er octobre : *« la réalisation de nos aspirations nationales ne se fera pas par la violence des marionnettes ou par les combattants du micro. Elle ne se fera pas non plus avec l'aide des commerçants du nationalisme et des faux chefs fellaghas. Elle se fera par l'action et l'unité, intelligentes et effectives des militants à l'intérieur et à l'extérieur de l'Afrique du Nord. La seule politique du Comité approuvée par la Ligue Arabe est de continuer d'appuyer sincèrement l'expérience franco-tunisienne, les accords d'Aix-les-Bains et le mouvement nationaliste en Algérie. »*

Quelques semaines plus tard, il rappelait au sujet de Salah Ben Youssef : *« qu'il a été jusqu'à son exil, le partisan le plus actif d'un accord franco-tunisien bien plus restreint que les conventions actuelles.*

En mars 1952, révélait encore Abed Bouhafa, Salah Ben Youssef s'était mis en rapport avec les autorités françaises en vue de reprendre les négociations, non pas sur la base de l'indépendance, mais sur celle d'un plan d'autonomie plus limitée, dit le plan Ben Ammar. Nul donc en Tunisie n'est moins autorisé que lui à réclamer l'indépendance. »

Cette déclaration a été publiée dans le Petit Matin du 15 novembre 1955. Ce qui provoque l'animosité des partisans de Ben Youssef.

À l'Indépendance, Bourguiba prit les rênes et ce fut l'occasion pour certains d'en écarter d'autres. Toutefois le Président confirmé dans son pouvoir ne parlera d'Abed Bouhafa qu'en termes élogieux, lui reconnaissant son envergure journalistique et son rôle dans la Révolution maghrébine. En 1956 Bourguiba en personne, dans le cadre de l'éducation de masse, donnera des cours aux étudiants des facultés de sciences humaines pour retracer les grandes étapes du mouvement National. Il rappellera le parcours des frères Bouhafa depuis leur adhésion jusqu'à leur affiliation au Néo-destour en 1938, mais il taxera de « lutte personnelle et indépendante », leurs actions initiées, dès le lycée de Sousse pour Abed et à partir de 1926 pour Kadem. Jalousie ou culte de la personnalité, l'histoire le prouvera ! Kadem n'était-il pas l'ami du docteur Materi qui défendit jusqu'au bout Thaâlbi ?

En définitive, toutes ces participations ont œuvré à l'édification d'un pays souverain, partie intégrante d'une Afrique du Nord dont les provinces constituaient l'Union du Grand Maghreb : question soulevée par Kadem Bouhafa dans son journal édité à Bordeaux en 1932.

Hamadi Badra avait reconnu publiquement : « Bouhafa détient la clé de l'Amérique », grâce à sa maîtrise de la langue et son introduction dans le milieu journalistique international, Abed n'avait-il pas internationalisé l'affaire du Maghreb arabe et soulevé la question palestinienne pour mériter le Prix du Roi Farouk dans la presse internationale (Nokrachy Pacha et Abou el Fath) au Caire en 1949 ?

Bourguiba alors convaincu, avait dit : « Oh ! Bouhafa remplira bien le rôle d'un ministre des affaires étrangères ou celui d'un premier ambassadeur aux U.S.A ». Lorsque la Tunisie accéda à l'Indépendance, Bourguiba dépêcha Junior pour briguer le poste et représenter la Tunisie à Washington. Poussé à faire des études anglophones, il sera le premier ambassadeur à présenter ses lettres de créance à Kennedy.

Bourguiba avec l'honorable sénateur et propriétaire du Journal Al-Misri (Le Caire) Mahmoud Aboul Fath (mort en exil à Genève et inhumé dans Torbet Bouhafa au Djellaz)

LA DEMEURE, 7 AVENUE FERDINAND DE LESSEPS

On ne peut pas passer sans parler du pôle affectif qui réunit les membres de la famille dans cette demeure. Lorsqu'elle rentrait de ses visites dans sa famille, grand-mère indiquait l'adresse en fonction d'un énorme agave qui poussait haut sa corolle de l'autre côté de la chaussée face à la maison. « Arrête-moi en face de la *sabbara*, lançait- elle au chauffeur du taxi-bébé qui s'engageait dans la Place Pasteur.

La colline à gauche profilait son versant de terre sienne à l'orée de l'enceinte du stade Géo André. Grands arbres et plantations typiques du terroir verdissaient les coteaux avant que les jardins sophistiqués ne gagnent du terrain dans le cadre nouveau de l'urbanisation ; plans de cactus disparurent, touffes de rassoul et d'aloès furent déracinées, barrières épineuses furent démolies au profit de constructions nouvelles qui, (puisque nous héritions de l'impact architectural des Cacoub et Consort) européanisèrent les versants de Beau-site et Notre-Dame avec le concours des premiers paysagistes férus de plantes exotiques importées et protégées. Je rappellerai que je me suis fortement amusée de voir qu'après tant d'effort et d'ingéniosité, déployés à garnir la place Suffex à Notre-Dame, la nature et la tourbe réclamèrent leurs origines. Au fil du temps, la sécheresse galopant, on préféra déloger les faméliques boutures japonaises, les plants subéquatoriaux de mousse et gazon, belles de jour, belles de nuit pour replanter nos chères cactées et notre noble aloès si résistants et combien sobres ! La place, un lendemain revêtit son costume du terroir et s'entoura de *ghassoul hendi ou sabbar*.

Je n'ai pu m'empêcher de repenser à ma grand-mère qui balisait ses repères par cet arbuste fût-il amer comme l'aloès !

Mon père, après sa sortie des bureaux, se plaisait à remonter l'avenue Gambetta pour se rendre à la maison patriarcale où brus, enfants et parents cohabitaient depuis quelques années. En poussant la grille, on se dépêchait de surprendre le regard de grand-père, *Ahlan oua sahlan*, disait-il, en nous accueillant. Depuis son lit, il donnait sa bénédiction en nous souhaitant la bienvenue.

Malgré l'arsenal médical qui l'entourait et dont seul l'infirmier de garde et grand-mère faisaient usage, Azizi ne parlait jamais de son handicap ni de l'accident cardio-vasculaire qui lui avait paralysé les membres inférieurs (pris en charge par les docteurs Kuynan, Corcos, Demirlot et autres). Le patriarche continuait de recevoir parents et amis avec lesquels il discutait à bâtons rompus de nouvelles, de culture et de théologie. *Si* el Fadhel et Cheikh Tahar Ben Achour lui rendaient visite avec d'autres condisciples de la Zitouna. Son Coran et son chapelet l'occupaient une partie de la journée, mais en mélomane, *si* Djilani demandait qu'on lui actionne en sourdine le phonographe pour écouter les microsillons d'Oum Kalthoum, Saliha et les classiques de la Rachidia. N'a-t-il pas été lui-même élève de ces quartiers de la Médina profonde et ses édifices historiques où on enseignait indifféremment les lettres, la langue arabe et les fondements de la religion, mais aussi, les arts et la musique arabo-andalouse de Mouachahat ? Il rêvait du passé, des espaces de sidi Belhassen Chadely, des airs du *dhikr*. Lui- même adepte de la confrérie du Soufi vénéré, il passa cette passion fervente au plus jeune de ses fils dont la formation zitounienne cultiva en lui plus qu'à ses « frères francisants » l'élan mystique vers les *zaouias*.

Je me souviens de ces moments sublimes, dans la chambre au calme sécurisant bien qu'elle ne désemplissait jamais. Nous guettions ses yeux au regard clair pour mesurer à quel point grand-père était heureux, reconnaissant à tous ses enfants et petits-enfants qui l'adulaient.

La rigueur d'une carrière vécue intensément et un profil charismatique n'avaient pas émoussé son côté jovial. Son approche des problèmes humains et un abord généreux élaborèrent en lui cette faculté initiale de comprendre l'autre. S'il lui fallait étayer son vocabulaire de tournures éloquentes et de paroles recherchées en présence des Cheïkhs de la

Zitouna ou condisciple de culture, il usait de simplicité et de modestie pour répondre aux plus démunis.

Nous avions parfois recours à ses connaissances dans le domaine de la pensée et de la chariaa islamique. Je me souviens lui avoir demandé la veille d'un examen, comment maîtriser et comprendre la poésie antéislamique. Je citais quelques-uns de ses héros : Achanfarah, Kaïs, « récite-moi une tirade de l'époque *el jahilia*, me dit-il « laquelle Azizi ? ».

Grand-père me laissa le choix au gré de mon savoir. Comme un répétiteur, il m'expliquait les mots ardus et revêches auxquels nous étions rebelles.

Au courant de l'entretien, grand-père fit allusion à la poétesse el Khansa tout en sachant pertinemment ma prédilection pour la littérature française malgré mon profil de bilingue sadikienne. Il ne s'en offusquait pas, mais misait sur la persuasion et un suivi dans le dialogue. Pour plaisanter, je lui rappelais à brûle-pourpoint « Ma douce Normandie » ou l'éternelle chanson « Sur le pont d'Avignon ».

Il souriait de ma taquinerie pour reprendre en cœur le refrain de ce pont qui avait vu défiler pendant la guerre 1914 – 18 les troupes Nord-africaines, les fameux tirailleurs, la plupart arrachés à leurs mères ou leurs jeunes épouses.

Grand-père me sermonnait de nous être éloignés du sujet et nous reprenions notre débat culturel ! Le Zitounien me parlait avec passion de la littérature arabe, mentionnant au hasard d'un alexandrin une citation subtile, s'exclamant de la verve des poètes qui rapportent l'esprit de l'époque, analysant les dérivatifs dans la syntaxe, la puissance du mot dans la fameuse classification de *al Balagha oual aaroudh.*

— Mais, dis-je, grand-père, soucieuse d'endiguer poliment le discours, il ne faut pas oublier le rôle que les rixes, querelles et cérémonies tribales jouèrent dans le vécu. El khansa composa les plus beaux poèmes illustrant les tragédies de ses enfants morts au combat.

— Oui, dit-il, elles furent souvent l'origine de cette explosion de culture bédouine si imagée dans ses tirades (ghazal), d'épopées ou de diatribes orales.

Il y eut une pause, puis je l'entendis reprendre avec une délectation discrète le début de la tirade et je compris que grand-père voulait me tester. « C'est le poème où *el khansa* pleure son frère Amroou el Kaïs, dis je d'un trait, une sorte d'oraison funèbre à travers laquelle la poétesse décline les qualités et pleure la prouesse du disparu. Grand-père continuait comme pour lui-même, parfois le timbre de sa voix ténue s'éclaircissait dans un effort propulsé par la volonté de se savoir encore utile. Je n'osais l'arrêter. Certains mots, qui lui plaisaient, roucoulaient dans son gosier, l'intonation se faisait plus appuyée, plus subjective ; j'écoutais, moi-même transportée dans l'expression des métaphores, des onomatopées dont el Khansa usait pour illustrer le glaive du guerrier et le courage chevaleresque du défunt. La voix émue du patriarche trahissait une certaine mansuétude que je ressentis moi-même en relisant el Khansa. Jamais complicité ne fût aussi grande entre un grand-père et une de ses petites filles comme ce jour-là. J'avouai que notre professeur sidi Bouraoui Mlaouah (qui nous disait souvent pour décourager toute question « Je n'ai aucune parenté avec Kaïs Ibnoul Moulaouah ») était de ceux qui, maître en leur spécialité, n'admettaient aucune faille dans la diction, la syntaxe ou l'écriture. Il sanctionnait par les

« zéros » qui, disait-il (camouflant un éclair de sourire par une grimace bourrue tant il avait l'air sévère), nous permettraient d'aligner une belle « collection de pneus Michelin » !

Je m'ouvris à grand-père pour lui rapporter ce que nous endurions. Invariablement il m'encourageait en m'expliquant que les bons professeurs étaient exigeants : il fallait persévérer et être laborieux pour améliorer son vocabulaire et assimiler les leçons, me disait-il avec dévotion...

Je m'étais appliquée sur le sujet qui, bien entendu, traitait de l'époque. Le succès me fouetta et mon devoir circula dans les classes.

Pour confesser au lecteur de l'élan qui se déclencha et la réceptivité à toute cette littérature où je découvris les thèmes de l'éloquence verbale, des descriptions imagées, les styles suaves des phrases mélodieuses et balancées... ma foi, s'il fallait buter contre les mots ardus à la signification dure, maître Bouraoui, puits de savoir, était toujours prêt à décortiquer l'étymologie du terme pour le rendre accessible.

Si Bouraoui décela mes nouvelles aptitudes et il sut, avec tact, me redonner confiance, grâce à sa méthode de « jongleur du vocable », épris lui-même de sa culture de parfait bilingue, il maîtrisait l'art de le passer aux autres. Lorsqu'il délivrait ses cours magistraux avec la verve impressionnante et l'exactitude grammaticale, nous ressentions une élévation spirituelle telle que nous nous plongions dans l'action même des personnages !

Les jeunes de Radès se surpassèrent pour mériter le niveau sinon égaler leurs camarades élèves du collège Sadiki.

J'ouvre une parenthèse pour parler de la réforme qui fit de nous la première promotion de sadikiennes au sein du collège de Radès. Nous étions soumises au même programme avec autant de matières en français qu'en arabe, le profil du parfait bilingue. Je n'oublierai pas le refus qu'on me signifia le jour où, munie de la première partie du Baccalauréat, je m'étais présentée à la direction de Sadiki pour m'inscrire en deuxième partie.

On ne m'avait jamais expliqué pourquoi. Était-ce par souci de garder l'éthique de Sadiki ou par le refus de l'élève qui réussit en candidate libre ?

Je rappellerai simplement que les filles prouvèrent leurs aptitudes et si nous, les pionnières avons défriché le chemin, le savoir à présent n'est pas à sens unique et dans les statistiques récentes, on recense un nombre croissant d'étudiantes qui prirent les meilleurs titres d'Université.

Néjiba n'avait pas besoin de brouillon pour traiter d'un sujet ou peaufiner une dissertation. Le stylo courait comme le furet... tellement vite que l'écriture s'en ressentait, en lettres vaguées et hachurées pour rattraper l'imaginaire riche et le vocabulaire élaboré !

Ces professeurs marquèrent les générations et, en leur mémoire, j'ai illustré une dette que nous devons à un de nos maîtres du corps enseignant de Radès.

Professeurs Rades Monjil – classe de 1re partie
Messieurs Tahar Gharsa, De Perretti, mesdames Ramel, Delfraissy, Barbieux

J'annonçai à ma sortie de pension fièrement le résultat et je me souviens de l'expression radieuse de grand-père, comblé de pouvoir encore rayonner malgré son immobilité, sur le domaine de l'esprit et de la pensée. La joie me fit de nouveau déraper et j'expliquai : « Sais- tu Azizi, comment les élèves de Radès appelaient leur professeur ? "Dix heures dix" ».

— Ah! Méchantes langues ! me répondit-il, souriant.

Monsieur Mlaouah, pas très grand de taille, avait la foulée rapide et lorsque nous étions en récréation, il marchait en écartant les pieds dans un angle identique à celui du cadran indiquant 10 h 10. Dans la cour, le professeur de physique *si* Hassib Ben Ammar donnait la réplique en marchant comme une oie.

Mes grands-parents ravis de la présence de leurs enfants réunis, après tant d'années de galère, occultaient les autres problèmes de santé et les contrariétés. Leur vie organisée à Lesseps, gravitait en fonction de la grande famille. Grand-père vécut trois années de bonheur depuis le retour d'Abed. Le plus jeune des fils de *si* Djilani passera le concours de la jurisprudence pour entreprendre une carrière au barreau dans l'année 1956.

Sur les pas de son père à la Zitouna et grâce à son action patriotique complémentaire à celle de ses frères, Sadok se forgea une notoriété parmi les gens de la Médina et l'élite militantiste. Il remplit le rôle de médiateur entre personnalités et ses frères Kadem et Abed.

— *Ya bint Djabnoun* ! disait *si* Djilani en s'adressant à sa femme par égard à sa famille.

— Nâam, ya *si* Djilani ! répondait-elle en présentant potions, livres ou le fameux *Broudou* quasi-journalier avec impérativement la cuillère en argent lourde pour équilibrer la main un peu tremblante. Si bien qu'un jour de grosse fatigue, grand-mère répliqua sur un ton désabusé : « Ya *si* Djilani, lorsque je quitterai ce monde, je ferai sortir mon bras de la tombe pour préparer le potage et les asperges ! »

Sacrée grand-mère, vive d'esprit comme de gestes, elle adorait cuisiner, parfaire, raccommoder. Lorsque les belles filles, pensant la décharger, prirent la relève, elle souffrit en silence de son inactivité sans jamais y faire allusion. Au repos, elle tuait le temps assise dans le jardin guettant la grille. En la poussant, on la surprenait méditant sur une poignée de gravillons ramassés dans sa paume. Nous rompions son silence avec l'enthousiasme des retrouvailles. Parallèlement à l'amour que lui vouaient ses enfants, il est incontestable de rappeler l'affection dont l'entouraient ses neveux et la famille Kliche et Djabnoun. Je citerai Ahmed, Ali, Dhaou, Fethi et autres qui se disputaient le privilège d'être les favoris de leur tante paternelle.

La réunion tribale rassemblait émigrés et immigrants. Ce jour-là, Faris fêtait son anniversaire avec un repas en famille. En présence de *lalla* Rabiaâ et ses deux petites Hala et Fatma, tante Dorothy actionna le magnétophone et fit glisser une bobine. L'ère de l'informatique n'était qu'à son état embryonnaire et les ondes grésillaient captant paroles et effusions, l'enregistrement destiné à la *Great Mother* d'Amérique. Ce fut l'occasion pour les petits déracinés de s'épancher et donner libre cours à leurs émotions refoulées. Faris s'empourpra en petit adolescent, d'un naturel timide il martelait ses mots en s'adressant à sa *Mummy*, puis d'un coup détona, horrifié : « The horses on the street ! »

Pouvait-on lui en vouloir de crier son désenchantement dans un nouvel environnement ? Le petit New-Yorkais à peine débarqué vivait les anachronismes qui le déroutaient et un parallèle qui lui taraudait l'esprit entre des origines paternelles et les gratte-ciels de sa *Mummy* ? La vision de la statue de la Liberté toute fraîche dans son esprit remonta des abîmes pour sourire l'adieu au petit voyageur accoudé sur le bastingage du Queen-Mary. Faris imaginait défiler les Chrysler, les Plymouth, les Thunderbird dans les grandes artères de la *City*. Il revoyait comment ses camarades l'attendaient pour une partie de base-ball, sa tante maternelle au Michigan. Son père voulait retourner à sa Tunisie libérée et tout bascula irréversiblement.

Faris déversait à sa *Mummy* ce mal-être qui s'alimentait jour après jour, son esprit s'était focalisé sur les chevaux de trait dont les fers cliquetaient en pleine ville. Le choc entre les cultures, les coutumes différentes, les contraintes et les idiomes nouveaux, les embrouillèrent dans un blocage psychologique tout à fait justifié.

Le passage des bêtes charriant les tombereaux de légumes et de fruits semblait inconcevable, loin de tout civisme, véritable far West, à travers *the Capital* !

Grand-mère recouverte de son étole, observait son petit-fils avec une attention affectueuse, elle ne saisissait pas les paroles, mais acquiesçait, conciliante pour toute cette euphorie. Loin de se formaliser, elle était heureuse de constater que Faris, sur les pas de son père, montrait des aptitudes d'orateur en américain. Elle décelait tout à fait intuitivement, la cause de ces comportements qu'elle vécut avec ses enfants francisés et leurs épouses de surcroît étrangères. Tout à fait égale à elle-même, elle les acceptait avec fairplay, elle la grand-mère, si noble dans son habit traditionnel, ses tatouages verdâtres et son langage du terroir sudiste. *Lalla* Fatma misait sur son affection et son tact pour conquérir le cœur des étrangères et des petits. Elle coula un regard vers Abed discrètement et remarqua dans son immobilité une certaine gêne. Peut-être, avait-il mesuré l'arbitraire qui les frappait. Pourtant la musique, le piaillement des cousins égayait l'atmosphère et la famille tantôt retirée de table, sirotait le verre de thé après la dégustation des spécimens de mérous et de dorades, charriés depuis les rives des Bibans par Mohieddine, qui se trouvait parmi eux ce jour-là. Les palais de Moncef et Faris s'habituaient aux goûts épicés du terroir ; ils montrèrent une prédilection pour les plats mijotés de grand-mère lorsqu'elle se rendait à Sidi Bou Saïd. Ce jour-là, Faris porta son choix sur la pâte d'harissa onctueuse et cramoisie. Elle semblait facile à déglutiner, tellement prisée par les tunisiens. Il manifesta son désir d'y goûter, son père le dissuada. À table, Faris releva le défi et s'empiffra d'une cuillerée pleine. Le feu au palais, il sentit ses pommettes s'empourprer, mais il s'efforçait d'avaler l'horreur qui lui vrillait l'arrière-gorge. Ses yeux exorbités, il cria victoire et mon petit cousin gagna le pari. L'expérience détermina le caractère de Faris qui, sous des aspects de force tranquille, transpirait une volonté affirmée.

Au lycée de Carthage, les camarades de bancs jouèrent incontestablement un rôle positif sur le comportement de Faris et Moncef, grâce à leur amitié, à une gentillesse tout à fait citadine. La musique et d'autres activités culturelles meublèrent les *hobbies*, bien que les deux frères ne se sentaient pas encore tout à fait concernés par le nationalisme et l'appartenance aux origines. Certes, cette terre d'Afrique fourmillait dans les veines de leur père et Dorothy donna ses preuves, mais la décision aléatoire perturba l'harmonie du foyer, réduisait leur père à chercher d'autre fonction que la sienne. Je passerai sur certaines frictions engendrées par ces déceptions vécues, malgré le cadre de vie agréable dans les espaces d'une villa aux contours précieux, vestiges d'un passé beylical. Nichée en promontoire des coteaux verdoyants, elle dominait la baie cristalline de Sidi Bou Saïd. Dans les intérieurs d'une architecture ourlée et pittoresque, l'ancien politicien dût lui aussi vivre l'expectative d'un lendemain meilleur.

La Presse page 9

TENNIS : M. ABED BOUHAFA, PRESIDENT DE LA FTLT

"Huit ans pour faire du Tennis un sport tunisien"

Il n'y a qu'à consulter les résultats techniques des compétitions qui s'étaient déroulées ces dernières années pour se rendre compte de l'immense effort entrepris pour vulgariser et promouvoir cette belle et athlétique discipline sportive qu'est le tennis.

Cet effort est le lot quotidien d'une poignée d'hommes croyant en leur sport et en leur mission. Pour que leur œuvre sorte de l'ombre, nous avons contacter M. Abed Bouhafa, président de la Fédération Tunisienne de Lawn Tennis, afin d'en savoir le plus possible sur ce sport.

Le Président de la F.T.L.T. M. ABED BOUHAFA

lement ? En 1973, notre équipe nationale, victorieuse de l'Algérie, a failli battre celle du Maroc, réputé. Quelques mois après, nos internationaux inauguraient notre participation à la coupe GALEA, par une victoire sur le Danemark.

« En mars dernier lors de la Coupe du Président de la République, disputée par les champions juniors de sept nations méditerranéennes notre équipe se classa troisième après la France et l'Italie, battant l'Espagne, l'Egypte, le Maroc et l'Algérie.

« Comment envisagiez-vous la démocratisation du tennis ?

« Malgré ces petits succès, le tennis tunisien est loin d'avoir démarré ... Il ne pourra aspirer à une dimension démocratique que le jour où :

1. Il sera adopté par nos grands clubs sportifs qui eux ont les moyens d'en assurer la promotion et la popularité. Eux seuls peuvent aussi hâter l'avènement d'un autre Belkhodja, ou Naocache, même d'un Newcombe, d'un Ashe tunisien, assurant ainsi à ce sport sa radiation locale, et, à la Tunisie, une nouvelle référence internationale.

les. Déjà membre de la coupe GALEA, la Tunisie inaugurera cette année sa participation à la célèbre coupe VALERIO. Nos meilleurs juniors et cadets seront inscrits aux qualificatifs des internationaux de Rome, Roland Garros, de Wimbledon et Brest Hills. L'année prochaine l'équipe de Aziz Zouhir, Raouf Ben Farhat et Rafik Kaddour, fera ses débuts dans la COUPE DAVIS.

Le journal *La Presse*, 9 mai 1974

Cours de Tennis – Alain Savary – Cité Jardins.
On voit sur la photo Abed (3e à droite)
et le petit Djilani Bouhafa (3e à gauche).

Remise du trophée par le Président de la Fédération de Tennis Abed Bouhafa.
On reconnaît à sa droite M. Fouad Mebazaa (Ministre de la Jeunesse et des Sports)

Abed prit du recul, loin des premières années d'intrigues ministérielles. Il se consacra à ses écrits, à ses parties de tennis occupant tour à tour, le poste de conseiller dans la société Gammarth, puis de P.D.G de la société Guigoz. « Tant va la cruche à l'eau qu'à la fin elle se brise ! » N'était-il pas légitime pour Dorothy d'exprimer son ras-le-bol pour une situation ambiguë où elle se sentait bafouée dans son amour propre et sa parfaite dignité lorsqu'en contrepartie, elle avait en toute sincérité œuvré pour le bien de la Tunisie ? N'avait-elle pas continué à rencontrer les nièces du Président, les Ben Khalifa, Nouira, Ben Ammar, Belhaouane, Farès et avait introduction à l'Ambassade des États-Unis ?

Il lui suffisait de se remémorer les instants cruciaux de la lutte pour rappeler aux consciences le rôle que jouèrent Abed et Dorothy au sein de ce Comité de Libération à l'O.N.U. Bourguiba, Farhat Hachad, Taïeb Slim et d'autres personnalités politiques transitèrent impérativement par les intérieurs de madame Dorothy Bouhafa à New York, dans l'intimité de son foyer où elle veillait jusqu'aux lueurs du matin pour taper les écrits avant la parution des journaux.

Paris, Londres, Genève, Francfort, le Caire dans toutes les capitales Dorothy voyagea pour établir des relations, contacter des représentants du Parti et aider son mari. Lorsqu'elle rentra à Tunis après une longue période, l'américaine eut à subir les comportements des agents colonialistes « fins gourmets » des contorsions verbales et des filatures. Elle répondait calmement en attendant de pouvoir les semer intelligemment. Un document trié au hasard, mentionne une liste de militants destouriens dont le nom de Dorothy Bouhafa.

L'américaine acculée entre deux choix éprouvants prit la décision de retourner avec Faris et Moncef pour leur assurer un avenir d'études à New-York. Le Gouvernement tunisien écarta leur père de la consécration légitime à laquelle aspire tout partisan de la cause. Lorsqu'elle rentra à New-York Dorothy retrouva ses repères, sa famille et put grâce aux relations de son mari avec l'Ambassade saoudienne inscrire ses enfants dans les meilleures universités. Mais dans l'intimité, madame Bouhafa Mac Ginn gardera la blessure dans son cœur, le souvenir amer d'un pays qu'elle adopta et dont en ce novembre 1943 elle avait survolé le ciel pour la première fois avec les Alliés venus le libérer. La destinée voulut qu'elle y rencontre l'étalon arabe… Chukry Bey,… Alias… Abed pour devenir madame Dorothy Bouhafa.

AVENUE DE LESSEPS. KADEM (1955-63)

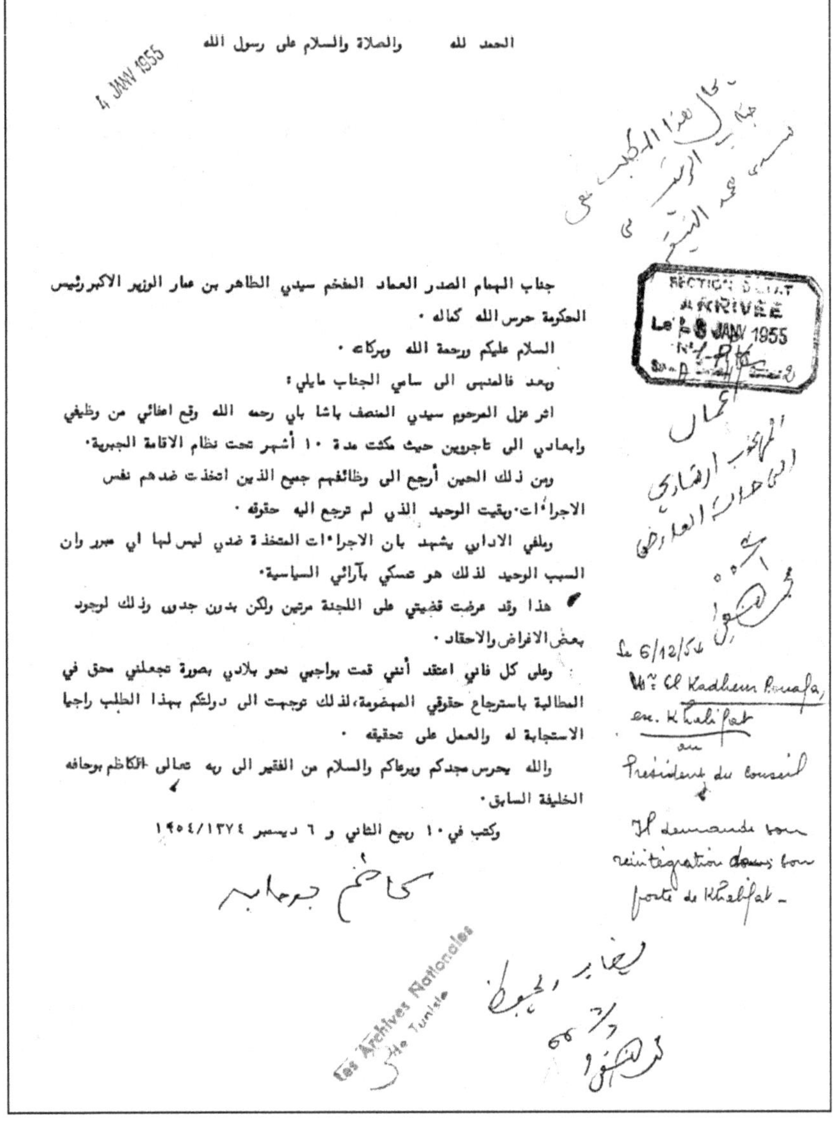

4 JANV 1955

الحمد لله　　والصلاة والسلام على رسول الله

SECTION D'ETAT
ARRIVEE
Le 8 JANV 1955

جناب الهمام الصدر العماد المفخم سيدي الطاهر بن عمار الوزير الاكبر رئيس الحكومة حرس الله كماله ٠

السلام عليكم ورحمة الله وبركاته ٠

وبعد فالمنهى الى سامي الجناب مايلي :

اثر عزل المرحوم سيدي المنصف باشا باي رحمه الله وقع اعفائي من وظيفي وابعادي الى تاجروين حيث مكثت مدة ١٠ أشهر تحت نظام الاقامة الجبرية٠

ومن ذلك الحين أرجع الى وظائفهم جميع الذين اتخذت ضدهم نفس الاجراءات٠بقيت الوحيد الذي لم ترجع اليه حقوقه ٠

وملفي الاداري يشهد بان الاجراءات المتخذة ضدي ليس لها اي مبرر وان السبب الوحيد لذلك هو تمسكي بآرائي السياسية٠

هذا وقد عرضت قضيتي على اللجنة مرتين ولكن بدون جدوى وذلك لوجود بعض الاغراض والاحقاد ٠

وعلى كل فاني اعتقد أنني قمت بواجبي نحو بلادي بصورة تجعلني محق في المطالبة باسترجاع حقوقي المهضومة، لذلك توجهت الى دولتكم بهذا الطلب راجيا الاستجابة له والعمل على تحقيقه ٠

والله يحرس مجدكم ويرعاكم والسلام من الفقير الى ربه تعالى الكاظم بوحافه الخليفة السابق٠

وكتب في ١٠ ربيع الثاني و ٦ ديسمبر ١٣٧٤/١٩٥٤

كاظم بوحافه

Le 6/12/54
Mr El Kadhem Bouafa, ex. Khalifat
au
Président du Conseil
Il demande son reintégration dans son poste de Khalifat.

حمدا وصلاة وسلاما

جرجيس في نوفمبر ١٩٥٥

سعادة وزير الداخلية للدولة التونسية حرسه الله.

اسمح لنفسي بان اتقدم الى سعادتكم - وبكل احترام - لاعرض عليكم ما يلي :

انه في مارس ١٩٤٣ أوقفتني السفارة الفرنسية الحالة اذاك بالكاف عن وظيفي الذي كان خليفة بطريقة مع جملة من الزملاء وذلك لمجرد احساساتي الوطنية وتعلقي بجلالة المرحوم المنصف باي، ثم وقع ابعادي الى تاجروين واجباري على الاقامة بها طيلة تسعة اشهر. ولما وقع ارجاع زملائي الى وظائفهم لم يشملني ذلك لنوازل سياسية اخرى تعلقت بي ببنزرت والتي كان رافع فيها الاستاذ الهادي نويرة.

واني لست في حاجة الى بسط وعرض كل ما قمت به من نشاط سياسي في صالح وطني لان كل ما قمت به في هذا الغرض هو مبسوط ومعروف لدى سعادتكم واكتفي بان اذكر لكم وبكل اختصار تواريخ ما قمت به من اعمال في هذا الغرض :

- في نوفمبر ١٩٣٣ قمت باصدار جريدة « المغرب الجديد » وانا بعزمنا لتقوم مقام جريدة العمل التي وقع ايقافها اذاك من طرف بيرطون.
- في سبتمبر ١٩٣٤ وقع ابعادي ببرج البوف.
- في ٥ مارس ١٩٣٥ وقع طردي من فرنسا ونفيي الى بلجيكيا.
- في مارس ١٩٤٣ وقع توقيفي عن وظيفي وابعادي الى تاجروين
- في ديسمبر ١٩٤٣ وقع سجني بالسجن المدني بتونس لمدة ثلاثة اشهر
- في ١٩٤٨ تعلقت بي نازلة ببنزرت كلفتني ستة اشهر سجنا وذلك في قضية العلم التونسي.
- في نوفمبر ١٩٥٠ سجنت لمدة عامين لنيلي من ادبيات وكرامة الجيش الفرنسي

Parcours du militant et dates d'internement

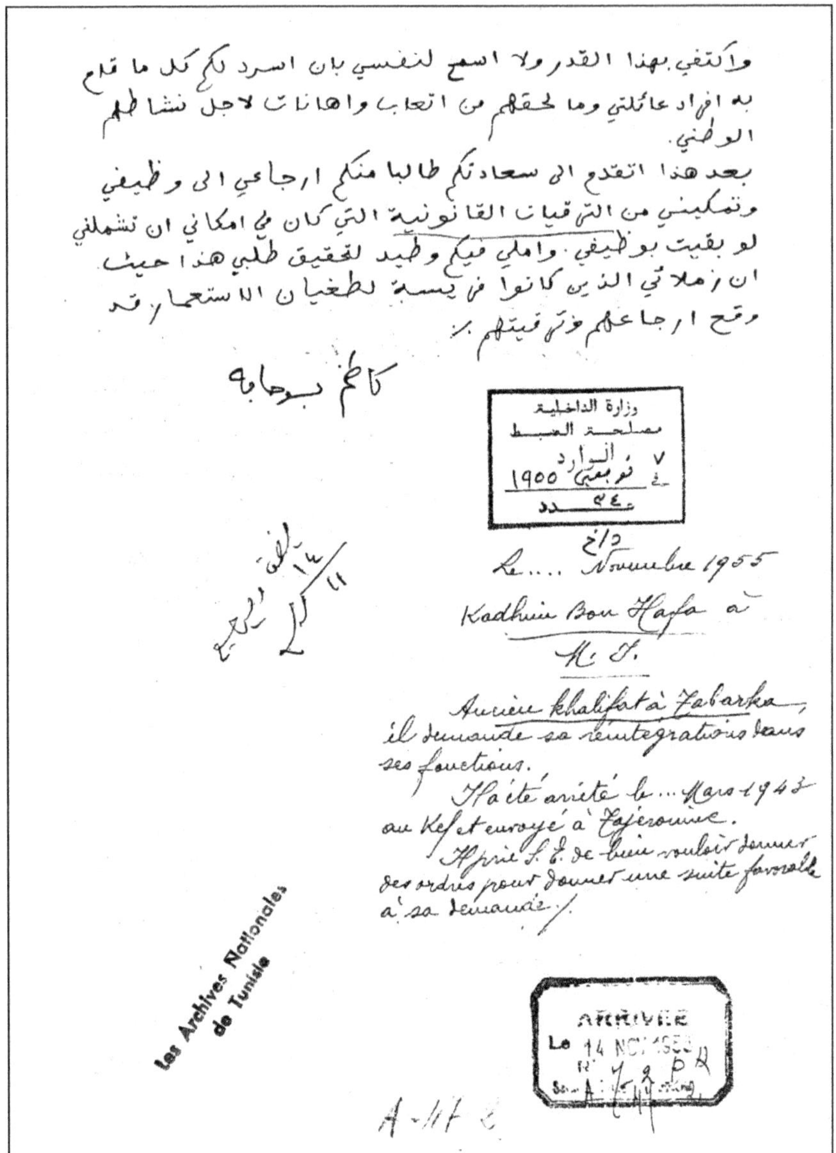

واكتفي بهذا القدر ولا اسمح لنفسي بان اسرد لكم كل ما قدم
به افراد عائلتي وما لحقهم من اتعاب واهانات لاجل نشاطهم
الوطني.
بعد هذا اتقدم الى سعادتكم طالبا منكم ارجاعي الى وظيفي
وتمكيني من الترقيات القانونية التي كان في امكاني ان تشملني
لو بقيت بوظيفي. واملي فيكم وطيد لتحقيق طلبي هذا حيث
ان زملائي الذين كانوا في نسبة لطغيان الاستعمار قد
وقع ارجاعهم وتم تسميتهم.

كاظم بوحافة

وزارة الداخلية
مصلحة الضبط
الوارد

Le.... Novembre 1955
Kadhum Bou Hafa à S. E.

Ancien khalifat à Tabarka, il demande sa réintégration dans ses fonctions.
Il a été arrêté le ... Mars 1943 au Kef et envoyé à Tajerouine.
Il prie S. E. de bien vouloir donner des ordres pour donner une suite favorable à sa demande.

Les Archives Nationales de Tunisie

ARRIVÉE
Le 14 NOV 1955
N°

Dans l'année 1955 Kadem se rendit à Sfax pour participer au fameux meeting présidé par les membres du Parti. Il rappellera aux compagnons de parcours qu'il avait été relevé de ses fonctions de Kalifa le 23 mars 1943 à Aïn-Draham et qu'il demandait simplement sa réintégration. (document précité)

Après la déclaration de l'autonomie interne, le militant assistera à la mise sur pied d'une Tunisie nouvellement indépendante, mais ne sera pas sollicité à prêter ses services. Ses compagnons d'hier s'aligneront sur la politique d'un Leader déterminé à faire diligence seul ! Les divergences anciennes qui divisèrent le Vieux et le Néo-destour furent autant d'atouts pour se désister des principes fondamentaux du Père du Nationalisme le Cheikh Abdelaziz Tâalbi. Le docteur Materi, ami de Kadem, et d'autres disciples du père du Destour ont payé chèrement le prix de ce dévouement.

En 1946 Bourguiba n'avait-il pas fait allusion au penchant que manifestait Abed Bouhafa pour les vieux alors que le mouvement nationaliste reposait encore sur l'envergure et l'image de Thâalbi aux yeux de l'opinion mondiale et des pays arabes ? Dans ses lettres, Abed insistait sur le fait qu'il fallait taire les divergences et les sauces intérieures et que Thâalbi représentait le flambeau du patriotisme, comme Messali Hadj était le père du nationalisme algérien.

Le dévouement des frères “B” pour la cause s'abreuva très tôt aux fondements et même s'il fallait auréoler l'image de Bourguiba du prestige d'un Leader, on ne pouvait se désister complètement du fondateur du destour tunisien, le Cheikh Abdelaziz Thâalbi qui tint tête au colonialisme français depuis 1895, date de la création du premier Parti.

Lorsque Bourguiba vint au pouvoir personne ne devait contester ses paroles ni ses décisions, le favoritisme entrait par la grande porte. Que pouvait-on reprocher d'autre aux membres de la tribu “B” que leur civisme patriotique et la loyauté de leurs principes quand même la France colonialiste a retracé leur parcours dans ses archives combien précieuses et détaillées.

Au cours des premières années de l'Indépendance les Ben Ammar, les Ben Flen et Ben Felten, les anciens amis se regroupèrent autour du Moujahed-el-Akbar pour devenir les piliers de la cour monastirienne. Ces mêmes personnes continueront pourtant à apprécier la courtoisie et la prévenance de leurs camarades, reconnaissant à Kadem son « franc-parler » et à la famille son parcours nationaliste.

Simplement, la destinée qui fit d'eux les pionniers du mouvement révolutionnaire maghrébin les écarta du droit à l'édification de ce cher pays qu'ils ont défendu jusqu'au bout. Les docteurs Materi et Ben Miled, Kawel, Ben Salem, Abdelmoula, Daoud, Djalouli Farès, Salah Ayech et Guiga, amis et autres compagnons vous relateront leurs témoignages vécus avec Kadem Bouhafa.

L'autoritarisme en vigueur semblait instaurer une politique monopoliste dont les dirigeants briguèrent le pouvoir. Bien après, lorsque le Moujahed-el-Akbar s'érigea en tant que bâtisseur de la Nouvelle Tunisie l'Atatürk des jeunes générations, l'éducation de la masse fut une de ses priorités. Il s'enivrait du contact avec la foule qu'il continuait de transcender par sa verve et ses *Taoujihat Saïd Erraïs* à la radio tous les matins. Dans les amphithéâtres des facultés de sciences humaines et juridiques il débitait ses allocutions soigneusement préparées pour retracer l'historique du mouvement national. Il fera allusion (vérité s'impose !) à l'envergure de celui qui fût le Benjamin et le premier éloigné politique au fort de Bordj Lebœuf. Nous passerons sur l'activité hors frontières de Kadem et ses participations au sein du Parti destourien auquel il s'était affilié en 1938, lorsqu'il y eut scission entre Vieux et Néo que ce fut aux côtés de Bahri Guiga, Bourguiba, Materi, Sfar, Wassila et Neïla Ben Ammar que Kadem connaissait personnellement. J'ajouterai cette précision pour laisser à l'histoire ses propres franchises. Pendant l'arrestation en masse qu'il y eut entre 1950 et 1952 la grande prison abrita les grands noms de la révolution. Neïla Ben Ammar, Chadlya Bouzgarou et Asma Belkodja, femmes engagées, furent emprisonnées à la même période. Qui, parmi le grand Tunis ignorait le penchant que ces dames de « la crème citadine » manifestaient envers le distingué Kadem et, ce, bien avant que Bourguiba pense à se rehausser au niveau des notables !

Kadem dira aux cerbères du pouvoir, après toutes ces preuves d'alignement sur la politique de Bourguiba : « Nous avons œuvré pour le bien de notre pays, nous n'avons rien demandé ! ». S'ils ont lutté avec la dignité contre l'arbitraire et les brimades colonialistes, les frères accuseront mal le comportement de leurs anciens camarades et les manigances dans un pays qu'ils n'ont jamais cessé d'aimer et de défendre. L'accession au pouvoir s'imposait et, ma foi, s'il fallait éradiquer X ou Y, Abed lui-même dira dans une de ses ponctuations : « Ils veulent avoir le monopole de la lutte nationale ! »

Dans la capitale, Kadem se plia à la volonté de Dieu pour gérer la maladie latente qui commençait à l'affaiblir. Il vécut calmement entouré de ses livres, de souvenirs présents, d'aspirations non réalisées et d'une blessure profonde qui lui rappelait son amour de la Tunisie et des siens. Pouvait-il, au crépuscule de sa vie en définitive très courte, offrir à Raouf-Yves le visage d'un homme déchu par la maladie et déçu par le manque de loyalisme de ses compagnons de parcours ? Il préféra mourir seul face à la miséricorde de l'éternel qui donne à chaque être humain son ordre de mérite. L'épitaphe sur sa tombe reprend l'article du journal el Amel qui rend hommage à Kadem Bouhafa.

توفي في 7 جويلية 1963 مولود في 1911
عرفه الوطن وهو صغير السن وأول من عرفه (برج الباف) وهو أصغر المعتقلين وسمى جريدته "المغرب الجديد" 1932.
وبمناسبة وفاته كتبت جريدة العمل عنه "وكان الكاظم بوحافة منذ شبابه من المواطنين الذين عرفهم الجنوب التونسي إبّان انطلاق الحركة الوطنية وعندما كانت منطقة الجنوب تعد منطقة عسكرية في نظر الاستعمار الفرنسي وكانت مشاعر الكاظم مشاعر الوطني الذي يعوّل عليه الوطن في أحوج الظروف وأقصى المحن".

Traduction :

Kadem Bouhafa, décédé le 7 juillet 1963 et né en 1911, a été l'un des plus ardents défenseurs de la cause nationale. Il fut le benjamin des déportés de Bordj Lebœuf après avoir édité son journal *Le Nouveau Maghreb* en 1932 en France.

À l'occasion de sa disparition le journal *El Amal* écrit : « Kadem Bouhafa fut un sincère patriote, il a été un des premiers francs-tireurs dans les territoires sous allégeance militaire française. La nation lui reconnaît le parcours d'un militant qui s'engagea avec ferveur et abnégation aux moments les plus durs de la lutte nationale. »

Le fils de Kadem, Raouf-Yves – Bordeaux

Raouf-Yves

Tunis, le 23 décembre 1962

En fin d'après-midi, la coccinelle quitta l'avenue Bourguiba pour s'engager vers le côté septentrional du pays. C'était dimanche, lendemain de la soirée nuptiale au Claridge.

La Forêt de Kroumirie pliait sous un manteau d'hermine, après la bourrasque, l'air sentait la fougère et la résine des pins. J'admirais la beauté du site montagneux. Je le visitais pour la première fois, tantôt le cœur éclaté de bonheur et tantôt assaillie par un sentiment de nostalgie. Bientôt le nord du pays, Aïn-Draham, l'hôtel des fougères, ancien fief des Français, le Kef étant la deuxième Résidence générale après Tunis.

J'identifiais malgré moi toute cette région à l'apanage du colonialisme comme une allégorie qui ressuscite. Étaient-ce ces mêmes routes qui furent témoins des passages de Kadem à cette période ? Combien de fois ces contrées rappelant fortement le Jura et la Provence furent-elles sillonnées par les contingents des militaires, les jeeps des commandants, les militants clandestins et les passages d'une population rurale qui dut subir la spoliation de son territoire pendant soixante-quinze ans. Une foule de ressentiments me comprima la gorge et je gardai pour moi une mélancolie intérieure, je quittai mon pays libéré et il était si beau !

Une nuit passée dans l'auberge de madame Vieu nous réchauffa autour de l'âtre embrasé, l'accueil fut chaleureux avec les odeurs appétissantes du cru. Dans la salle conviviale, quelques têtes d'animaux empaillés décoraient les murs dans une statique figée. Balayées par les flammes intermittentes, ces pauvres bêtes au regard absent semblaient consigner leur regret d'avoir servi de cible aux fusils et de gibier pour honorer les bringues des gaouri !

Aïn-Draham se leva sous un soleil miroitant, les cimes déversaient, goutte après goutte, la neige fondue ; montagnes et vallées défilèrent, puis nous débouchâmes sur un point culminant, une baraque qui servait de contrôle aux frontières.

L'Algérie nous accueillit dans sa terre similaire à celle que nous venions de quitter. Des balises placées au gré du prépondérant ont été érigées par le génie colonialiste dans le but d'enclore de part et d'autre deux peuples frères pour mieux les diviser ! La base de Bizerte n'était-elle pas encore occupée ?

La France toujours présente comme un dénominateur brouillait nos équations et son souvenir nous taraudait, plus fort que la quiétude de nos vingt ans, plus fort que le bonheur investi de deux êtres réunis. Nous n'étions pas encore sevrés, bien que notre pays était souverain et notre gloire recouvrée.

La guerre de Bizerte, combien sanglante, avait à peine bouclé l'année et l'évacuation des troupes françaises s'entamait.

En pénétrant en terre algérienne le 24 décembre 1962, j'étais dans l'expectative de voir des villes en ruine, des routes défoncées par les bombardements.

Depuis le 1er novembre 1954, date de la première salve tirée à l'encontre du colonialisme, la voix du *speaker Saouet-el-Djazaier-el-arabia-ech-chaquiqua* rapportait le bilan des raids aériens et des exactions de la France sur la population algérienne face aux échauffourées des moudjahidines qui tentaient des percées puis se repliaient en terre tunisienne.

Certaines étudiantes algériennes travaillaient au pair à Maxula-Radès en tant que pionnes d'internat. En rentrant le soir de Tunis par train, elles nous communiquaient des nouvelles qui transcendaient notre patriotisme débordant. Le GPRA et ses responsables opéraient dans la capitale tunisienne pleine de réfugiés algériens.

J'imaginais trouver un pays détruit par la guerre, des murs écroulés, des douars décimés... l'horreur de la ligne Morrice et Shale.

En cours de route, une halte fit grincer les pneus de la Volkswagen : un attroupement, des gars habillés en tenue de moudjahidines nous expliquèrent qu'un tronçon d'asphalte était encore miné. Nous dépassâmes frousse et fatigue, le temps de pouvoir contourner le danger puis Bône s'annonça par ses vergers magnifiques, ses demeures coloniales aux allées de palmiers, son passé florissant d'Hippone la Royale, Jugurtha et son épopée d'éléphants, Saint-Augustin et la fameuse cathédrale construite en promontoire.

Nous arrivâmes aux portes de la ville, belle avec son port incurvé et ses quais en limite du cours Bertagna, l'hôtel de ville majestueux, son théâtre de style Rococo, l'avenue avec ses arbres roucoulant d'oiseaux, la statue de Bertagna, colon possesseur de la plaine, l'église gothique. Deux images se superposèrent dans mon esprit. Rêvais-je déjà de mon pays ?

J'ai cru retrouver Tunis, l'avenue avec l'ancienne statue de Jules Ferry (l'homme d'état français qui contribua à la conquête de la Tunisie), le même théâtre, les mêmes contours européanisés... J'eus un pincement au cœur, Tunis la verdoyante et Bône la royale, une sensation de surprise et de nostalgie m'assaillit, mes idées encore investies dans ce passé récent. Je fermai les yeux pour mieux fixer l'instant de bonheur, j'étais sereine, bercée par le bruit des roues. La Volkswagen avait dépassé Constantine et plusieurs bourgades portant encore des appellations françaises, Saint-Arnaud, Saint-Donat Colbert...

Nous traversâmes l'intérieur du pays et bientôt Sétif nous accueillit dans la froide nudité de ses hauts plateaux enneigés. Le crépuscule drapait les larges terres, sans doute céréalières. À travers une brume épaisse, les lueurs pointèrent, nous annonçant l'entrée dans la ville, une suite d'immeubles bien bâtis, des façades enjolivées de frontons corinthiens, feuilles d'acanthe, statuettes, soubassements sculptés, prototype de constructions inspirées de la renaissance française... Après l'Hôtel de ville, les Arcades, les Galeries Lafayette, l'Avenue centrale nous fit déboucher sur la placette de Aïn Elfaouara : une splendeur d'un nu que l'artiste français sculpta et dédia à sa femme en témoignage de son amour dans une reproduction intégrale de son corps de nymphe suintant sous le jet continu de la fontaine.

Plus loin, la pancarte afficha : Alger 3oo km et la voiture bifurqua pour s'engager vers une petite colline en promontoire de laquelle une imposante bâtisse se précisa mieux. L'hôpital civil de Sétif nous accueillit, ses deux battants ouverts et Taïeb, le planton, profila son ombre sous le réverbère en claudicant. « *Marhba si el Hakim* », dit- il, avec l'accent guttural des hauts plateaux, « Monsieur et madame Brisson vous saluent et vous présentent leur cordiale bienvenue », continua-il en roulant les “r”. La voiture se gara au pied du préau et nous pénétrâmes dans l'appartement surchauffé. Taïeb déposa les valises quand le téléphone sonna, Abdou s'approcha du bureau et décrocha le récepteur : « Oui docteur Yalomova, dit-il, comment ça va ? »

Le docteur Yamak marqua une pause puis répondit : « D'accord j'arrive tout de suite. » Je ne vis pas mon mari qui sortit précipitamment pour se rendre au bloc opératoire.

Une légende nouvelle commençait dans une terre sœur et inconnue.

Hôpital Civil de Sétif (Algérie). Décembre 1962

Le phénicien *La carthaginoise*

Engagés dans une même cause Maghrébine.

Épilogue

Je réfléchissais quant à l'issue de ce livre commencé en 1990 et dont plusieurs facteurs et des évènements indépendants de ma volonté ont retardé la finalisation.

La passion d'écrire était le seul leitmotiv durant toutes ces années et ma récompense s'édifia à travers la découverte des archives qui me responsabilisèrent définitivement. Nombreuses personnes me demandaient « Alors pour quand ce livre ? »

S'il est vrai que mon ignorance du monde numérique et du clavier de l'ordinateur ont retardé le travail technique, la destinée veut que je l'édite alors que la Tunisie se libére... que cette jeunesse taxée incorrectement de déboussolée et d'inconsciente se politise et s'ouvre sur les dossiers de l'histoire en communiquant, grâce aux techniques nouvelles des Facebook, Twitter et autres réseaux sociaux. La trame de ce livre tissé de symboles, où se mêlent entités, patriotisme, détermination, loi du talion, indigénat, sacrifices et nationalisme, n'est que le reflet d'une génération qui milita au nom d'une révolution et chassa la dictature du colonialisme. Durant ce quart de siècle, les vampires hors pair et leurs acolytes pompèrent le peuple tunisien pour le réduire et le soumettre à leur profit. Muselé et plumé l'individu n'eut d'échappatoire que son instinct de survie. Durant 25 ans, il oscillait entre la béatitude et un vide politique radical. Le régime totalitaire a rogné les ailes du citoyen tunisien, mais les jeunes ont gardé en latence leur potentialité et un patriotisme secret couvait dans leurs poitrines. Lorsque la formidable révolution éclata, ce fut le salut et l'avènement d'une ère nouvelle. Le peuple tunisien forgea tout seul son boom politique à partir de la rue et suscita, le 14 Janvier 2011, l'étonnement et l'admiration du monde entier.

Les jeunes peuvent mieux comprendre ce qu'ont enduré nos parents qui ont lutté pour acquérir la liberté de leur pays et l'affranchissement de leurs droits après 75 ans de colonialisme.

À partir de la rue, la foule réitéra la volonté indéfectible du Tunisien face à l'injustice, aux spoliations, aux passe-droits d'une diaspora mafieuse sans principe ni foi, contre l'écrasement de sa dignité de citoyen que le pouvoir de Ben Ali a réduit à l'anonymat d'un matricule « 7 » directement relié à la C.I.A.

Sur les bancs de l'étude, combien de chapitres dans nos manuels d'histoire commençaient par l'entête « Grandeur et Décadence » et combien de dictateurs ont sauté malgré leur puissance et la soumission de leurs peuples ! Chaque « monarque » au gré de sa guise impose à sa « plèbe », ce qui l'intéresse des volets de l'histoire.

Lors du colonialisme, nous avons subi toutes ces manipulations et le lavage de cerveau a commencé tôt sur les bancs de l'école : la Gaule, les confluents du Rhône, Marat, Marie-Antoinette et la Fronde, Henri IV et son cheval blanc… Charlemagne et Vercingétorix, que sais-je de tous ces chapitres touffus de dates qu'il fallait décliner par cœur. Parallèlement, l'occultation totale de la civilisation arabe… Au début du colonialisme, on se suffisait à enseigner l'arabe dialectal dans l'intention de dissoudre petit à petit les fondements de la langue littéraire, ce qui engendra la foudre des premiers intellectuels et des mouvements d'Islah.

En se soulevant, le jeune citoyen tunisien a renversé le Caméléon violet qui, au nom du pouvoir, a eu la promptitude d'endosser une autre couleur en l'espace d'un soupir. « Comment a-t-on pu accepter que le rouge et blanc, emblèmes représentatifs de notre lutte contre le drapeau colonialiste, vire à une couleur mauve qui agresse nos identités et délite le symbole du sang des martyrs ! Cette manipulation a-t-elle été inspirée par le goût douteux de la nouvelle « Dame » de Tunisie ? »

Si on se reporte dans le passé, tous les engagés dans le mouvement nationaliste n'avaient pas vingt ans lorsqu'ils commencèrent leur parcours, comme tous ces jeunes qui osèrent se rebiffer contre le pouvoir machiavélique et vénal. Les images reproduites par les media depuis le commencement de cette révolution libératrice sont extraordinaires. Elles parlent, elles reproduisent l'élan spontané et baroudeur d'une société meurtrie par le même malheur. Les flashs expriment à quel point la volonté incontournable du Tunisien ne se laisse plus duper !

La vue de la manifestation me projeta un demi-siècle en arrière, lorsqu'en 1961, l'Union des Femmes Tunisiennes organisa une marche pour contester les exactions criminelles de la France à l'encontre de la population de Bizerte. Un grand nombre de jeunes volontaires désarmés ont été décimés à travers les rues de la ville quadrillée par l'armée française. Dans la plaine du Nord, les bombardements ciblés balayèrent les villages et les douars. Alors que les jeunes manifestaient pacifiquement revendiquant l'évacuation des troupes militaires françaises les bases navales de Bizerte.

Sous les raids aériens, médecins et ambulances se sont relayés pour évacuer les morts et les blessés vers l'hôpital Aziza Othmana, dans la capitale.

L'équipe d'urgence a travaillé nuit et jour pour soigner ou constater le décès des victimes innocentes tombées sur le champ d'honneur par les mains criminelles de l'armée française. Je rends hommage au jeune médecin libanais docteur Abdulhay Yamak qui avec ses confrères les docteurs : Martini, Hadam, Abada (Algériens) ; Hachaïchia Boutaleb, Mahjoub (Tunisiens) ; Lorish (Tchèque), Bitar (Syrien), Kyndi (Nigérien) et un groupe de six internes français avaient travaillé sans répit durant le carnage.

Le jour des obsèques nationales du haut de la Kasbah, une foule grondante se recueillit à la mémoire des martyrs en chantant l'hymne patriotique entrecoupé par *Allah Akbar*.

Depuis la morgue de l'hôpital Aziza Othmana, les cercueils recouverts par les couleurs nationales ont été déposés sur la place publique alors que les hauts parleurs diffusaient la voix de la diva Ouleya qui transcendait la foule par son chant 'Beni Ouatani'

Je faisais partie de la *chabiba destouria* (jeunesse destourienne) présidée par la compatriote militante madame Kalthoum Bouhafa Mili, directrice de l'école de la rue de Marseille à l'époque.

Le 10 octobre 1961, en tête de la manifestation, je brandissais le porte-calicot frappé des couleurs nationales. Les voix criaient en chœur « Bizerte est à nous » « À bas la France des B26 » et d'autres slogans revendiquant l'évacuation des bases navales tunisiennes.

La même fougue nous animait d'un patriotisme hors norme, nous propulsait depuis la place Pasteur à travers les rues de la ville en direction de l'avenue Bourguiba (ex-Jules Ferry) pour ce qu'elle représentait comme symbole de la présence du colonialisme avant l'Indépendance. Des milliers de compatriotes ont défilé sous l'égide de feu madame Radhia Hadad et du Comité Exécutif de l'Union des Femmes Tunisiennes.

Les courants ont prouvé que l'Histoire est un éternel recommencement de paraboles et de remaniements.

L'ère du Jasmin

Dis-moi qui es-tu petite fleur de Jasmin ?
Tu sors d'un chaos dans la brume tu fleuris
La douce mère qui t'a nourri dans son sein
Aujourd'hui s'affranchit de ses droits et sourit

Dis-moi qui es-tu petite fleur de Jasmin ?
Tu traines tes effluves et marque des destins,
Tu libères les peuples ivres d'être sereins
Tu jalonnes les chaos des régimes défunts.
La brise saine t'emporte et sème à tout vent
Tes graines fécondes à travers les continents
Elles éclatent et enfantent les Révolutions
Pour les droits dignité et détermination

Dans un remue-ménage on dégage on s'engage
On respire l'air vivifiant de nos rivages
Il flotte du REGUEB à KASSERINE comme un mirage
Oxygène, montagnes, terres et sillages

Jolie fleur de Jasmin t'appelles tu LIBERTÉ!
Tu broies les chaînes et délivres les opprimés
Tu chasses les tyrans dépourvus d'entités !
Tu donnes le droit à la CITOYENNETÉ

Les Bouhafa

La frimousse noiraude et la blouse en haillons
Ouvriers et mineurs ont plié sous le joug
Bravèrent sévices, hégémonie des colons
En chantant la triste complainte au fond des trous
'*Damous el-Mina nmout ou la nsallam fiz-Zina*'
Ils ont revendiqué des droits à la survie
Le pays recouvrit enfin l'autonomie
Dans la République le Président promit
Réformes, Libéralisme et DÉMOCRATIE
Mais il annexa les ressources à son profit
Et, pour la première dame de Tunisie.

Les voix des Martyrs sonnent le glas aux TYRANS
Bravent la peur et dénoncent les criminels
Brisent silence, barrières et tirent au flanc
De ces chefs, maîtres des châtiments corporels.

Bâtissez, labourez la plaine ô Tunisiens
Pour que vive le peuple fier et libéré
Joie et prospérité aux jeunes citoyens
Bannis soient les despotes qui les ont leurrés !

Chédlya Bouhafa Yamak

Album photos

Mahdia

Béchir et Kafila. Mahdia 1930

Sousse

Sousse 1931.
Béchir avec sa soeur Zohra et ses deux filles
Kalthoum et Kafila.

Farouk Bouhafa
Lycée classique de Garçons
(Sousse 1951 – 56).

Marche nationaliste.
Lycée classique de Garçons.
(Sousse Mars 1955)

Farouk avec ses camarades de classe.
(futurs Cadres dans la Tunisie Indépendante).
Lycée classique de Garçons (1951-56).

Marche nationaliste. Lycée de jeunes filles. (Sousse Mars 1955).
Sur le calicot on lit :
« Nahnou mostaïdin limouasalati èl amèli fi jamii al-mayadine »
(Chédlya Bouhafa dans le cercle)

22 Mars 1956. Fête de l'Indépendance.
(Chédlya Bouhafa au premier plan)

Lycée de jeunes filles. Sousse 1956 (fête scolaire).
Chédlya Bouhafa au centre, Jacqueline Castagne à droite

"Une heure de célébrité"

Le Commandant : Castagne. J.
Le maître d'hotel : Chaker. B.
Le neurasthénique : El Hadari. S.
Annette : Stemer. M.
Philibert : Zucca. J.
L'émancipée : M. Bouhafa. C
La baronne : Métivier. C.
La milliardaire : Bel Hadj. S.
Mirou : [illegible]

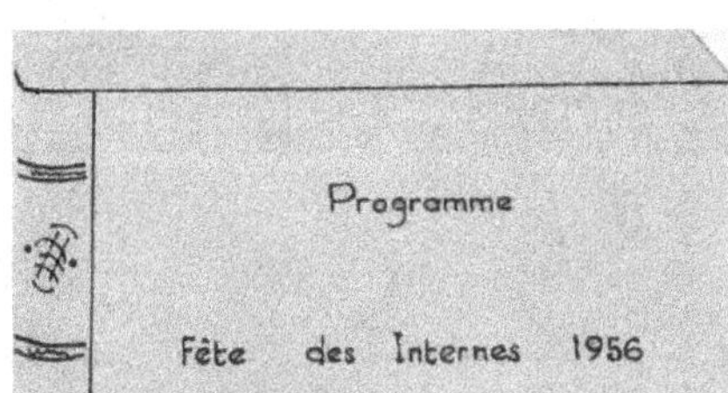

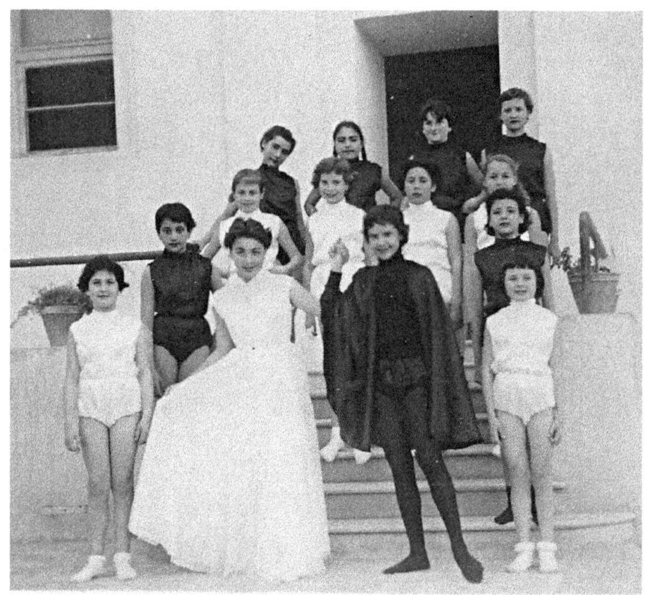

Sousse 1955 - 56
Souvenir de la fête des pensionnaires
Groupe de danse : Abouaf Chantal - Castagne Jacqueline - Martchandon Jocelyne - Luce Marie-Odette - L'herbier Françoise - Smadja Nicole - Foucou Mireille - Métivier Chantal,
Musulmanes : Razgalah, Ladhari, Chédlya Bouhafa.

Chédlya et Essia (voyage en France. 1952)

Le voyage en France 1952

Août 1952, Plombières-les-Bains (Vosges)

Radhia, Kafila et Soumeya *Radhia et Béchir*
Août 1952. Source thermale.
Plombières-les-Bains (Vosges)

École de filles. Djemmal 1951 – 53.

École de filles. Djemmal 1951 – 53.

Moncef, Kmar et Ftouma Hamza. Djemmal 1952

Djemmal 1955.
Meeting à l'occasion du passage des membres du Parti avant le Congrès de Sfax (on reconnaît Mongi Slim et Ali Balhouane).

Voyage à Tébessa 1954. Visite des ruines.
De gauche à droite : Béchir, policier français, chauffeur, guide français, Si Tahar, Kafila, Farouk et Chédlya.

Kasserine

Devant la poste 1936. Béchir, Kalthoum, Kafila, Radhia et Farouk dans les bras de Belkacem.

Béchir, Kalthoum, Kafila, Radhia et Farouk

1938.Farouk et Faouzi aux bras de Ali Zlassi

Kasserine 1936 - 38. Soumeya et Béchir

Kairouan 1945-46.
Béchir, Radhia, Farouk,
Faouzi et Chédlya

Kairouan 1948.
Béchir et ses fils,
Farouk et Faouzi

Zarzis

Dar el Bhar 1955.
Abed. Meeting avec les Destouriens de la cellule de Zarzis.

Abed. Zarzis 1955.

Radhia Bouhafa lisant le poème patriotique. Zarzis 1955.

Zarzis 1953. De gauche à droite : Kafila, les tantes maternelles, Moghlia bint Khelil, Dadaï Ghazella et Mariem bint Khelil, Radhia et Mohamed Ali Khelil.

1957. Kafila enseignante au Préventorium de l'Ariana

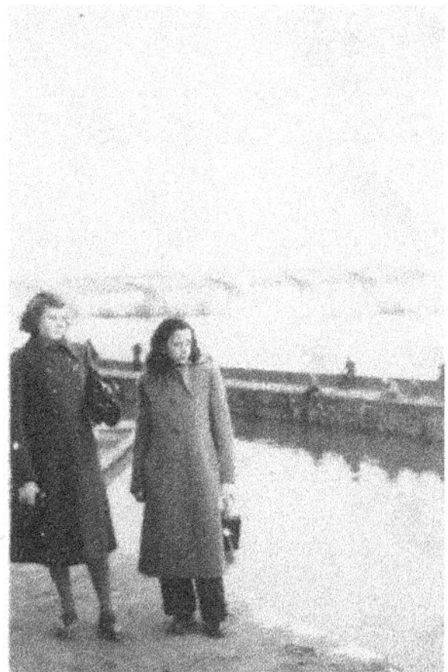

Voyage en France. 1951 (stage à Chartres).
Mme Durand et Kafila au bord de la Loire.

1951. Kalthoum sur le Bateau (stage à Chartres).

1953. Kafila aux USA, Greenwich Village.

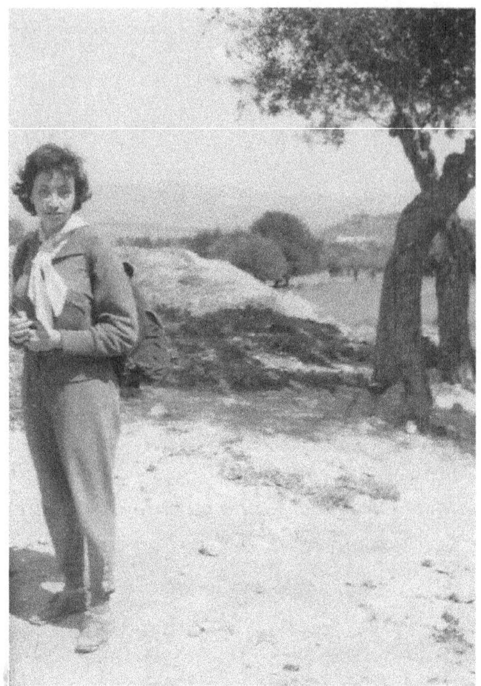

Kafila Bir el Bey 1947-48

Kafila (la 3e à gauche) Bir el Bey 1947-48

Radhia l'École Normale.
La 1re à gauche. Stage en Italie. Montecatini.

Promotion d'élèves. 22 avril 1965 (l'école de la rue de Marseille sous la Direction de Mme Kalthoum Bouhafa Mili).

Mme Kalthoum Bouhafa et la Chabiba destouria.
Avenue Mohamed V. Mars 1963
en direction du Stade Géo André (Belvédère).

1960 - 61
Au premier rang - 2e à gauche - Mme Mili (Membre du Comité exécutif).
Bakhta Zaddam - Mme Radhia Haddad - Présidente de l'UNFT).

1959. Palmarium Stand de Zarzis ; Responsable : Mme Zohra Bouhafa, Présidente de l'UNFT de Zarzis. (Famille Bouhafa). Mathilde, Kmar' souaii (poétesse engagée), Soumeya, Gana, Khartoum, Kalthoum Bouhafa (au 1er plan)

Présentation de voeux à l'occasion de Aïd Essghir. 22 février 1964.
Madame Kalthoum Bouhafa Mili, directrice de l'École mixte de la rue de Marseille. Membre du comité de l'UFT. Conseillère municipale Tunis-Carthage.

1961. Devant la mosaïque de Tunisie à l'ONU.
Radhia Bouhafa Belkhiria (la 4e à droite).
Le 1er voyage de femmes tunisiennes dans le cadre d'une mission de l'UNFT aux USA.
On reconnaît de gauche à droite : Mlle Ameïra, Souad Sraïri.
Au centre Taïeb Slim avec le personnel de l'Ambassade,
groupe de femmes du State Departement avec interprète,
Mme Mondher Ben Ammar (Simone) habillée en blanc.

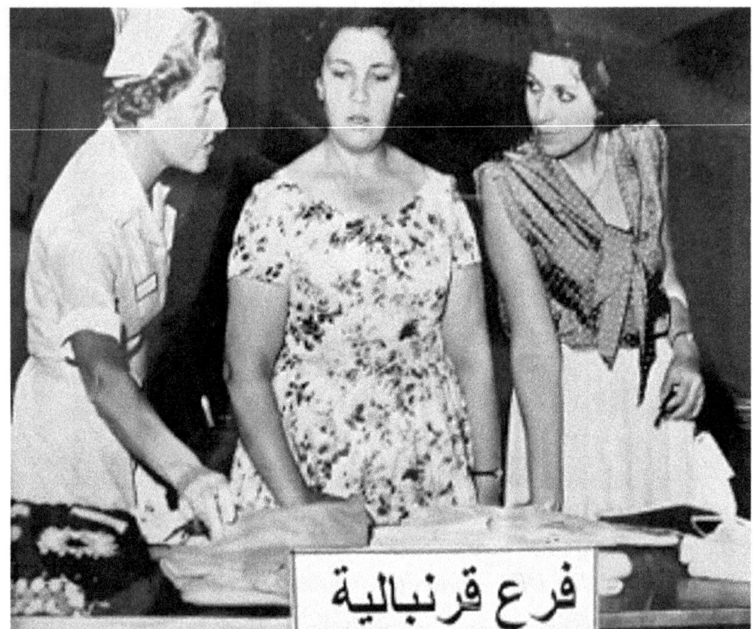

Washington. 1961. De droite à gauche : Radhia Bouhafa Belkhiria, Souad Farhat Boughenim (professeur d'arabe à la rue du Pacha).

Présidente Mme Radhia Bouhafa BelKhiria (debout, 2e à droite)

Zarzis octobre 1951. Circoncision.
Dorothy avec Faris (à gauche) et Moncef (à droite).

Moncef avec Jamel Bouhafa fils de Ifnaoui
à l'oliveraie de Ziane en 1951.

Faris à l'école de Djemmal 1951.

1951. Dorothy se recueille sur la tombe de Faouzi, Radhia, Chédlya, Kafila et Ridha, Ould Djelassi

Retour aux USA. Printemps 1952.
De droite à gauche : Sadok Bouhafa (Moncef dans les bras), Mouhieddine, Dorothy, Tarzan, (Faris dans les bras), Aïcha el Aoudia, un parent de Zarzis, Slim Drigga et Radhia.

Faris et Moncef
à leur retour définitif
en Tunisie. 1958.

Mme Dorothy Bouhafa recevant ses amies à l'Ambassade des USA à Tunis.
Au centre Mme Zakia (fille de Lamine Bey), épouse du Dr Hamadi Ben Salem et ses filles.

Mme Dorothy Bouhafa avec l'Ambassadeur des USA,
Chacha Guiga et Saïda Sassi

1941. On reconnaît Kadem – Kalifa de Tozeur (au centre) et Djilani Bouhafa (le 1er à droite).

Classe terminale Bac philo 2e partie - Lycée de Mont-Fleury Tunis 16 françaises juives, 16 musulmanes, 4 algériennes réfugiées.

Les petits enfants autour de Béchir.
1, rue Jean Jaurès Tunis.

Hommage aux défunts

Kairouan 1947. Djilani Bouhafa

Béchir Bouhafa. Djemmal 1952

Béchir Bouhafa. Tunis 1960

Soumeya Tunis 1952

Mohieddine Bouhafa Zarzis 1958

Ifnaoui Bouhafa. Zarzis 1950

Kadem Bouhafa. Belgique 1935

Abed Bouhafa. Genève 1962

Sadok Bouhafa 1956

Jamel. Tunis 1955

Faouzi. Kairouan 1947

Dorothy et Faris. Tunis 1962

Mohamed Zlassi 1951

Tarzan. Aïn Draham 1948

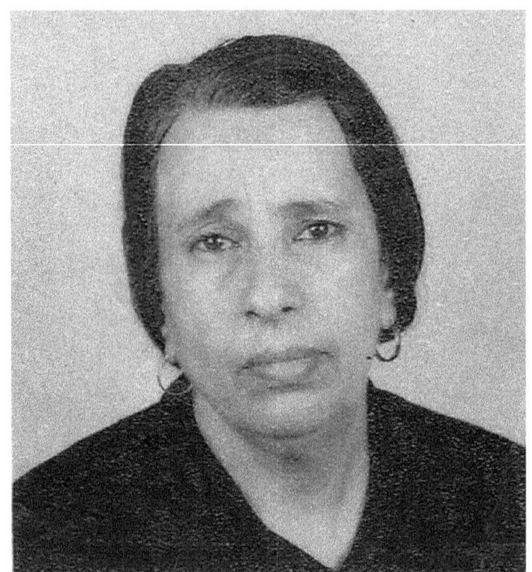

Zohra. Tunis 1961

Dorothy. Zurich

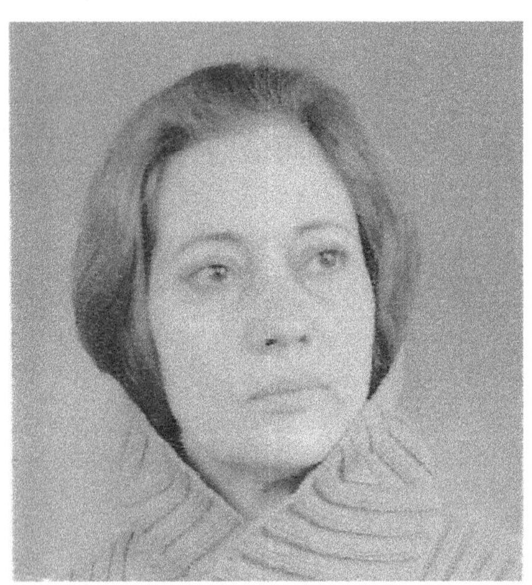

Kalthoum. Tunis 1960

Kheiria. Tunis 1954

Glossaire

Achibel : louveteaux.
Acida : semoule cuite épaisse qu'on mange sucrée ou salée.
Al hamdou lillah : Dieu soit loué !
Alli : premier étage d'une maison traditionnelle.
Amana : chose que l'on confie à une tierce personne.
Amine trab : le prévôt.
Ammi : oncle paternel.
Aouada : orchestre.
Aouadji : musicien.
Aouissou : août.
Arassa : jeunes gens qui montent la garde autour du marié pendant la procession nuptiale.
Aroussa : mariée.
Arrahi : viens.
Assaba : coiffe féminine, écharpe.
Asselama : bonjour.
Assass : gardien.
Atba mabrouka : le seuil de la maison est béni, de bon augure.
Ayen : les notables.
Bab el kibli : porte à l'intérieur des remparts du Ribat.
Babasat : sœurs de l'école congréganiste, on les appelait aussi les moniquettes « Sainte Monique ».
Badia : gilet brodé sur le devant.
Bahharas : marins.
Bahloul : niais, simplet, égaré.
Balkiss, Abla : héroïnes du passé chevaleresque arabe dont la beauté légendaire était chantée.
Barkoukech : grosses graines de semoule roulées – plat traditionnel.
Barouk : fard blanc orné de dessins pointillés en rouge sur les joues.
Bayouâ : colporteur, rapporteur à la solde de l'ennemi.
Bayouat fransa : mécréants, rapporteurs, vendus à la France.
Bazine : pâte en bouillie arrosée de jus de viande et d'un coulis de raisins secs.
Bazzoul Khadem : graines de raisins noirs en forme de têton.
Beit-el-mouna : cellier où on emmagasine les denrées traditionnelles.
Beit-esskhoun : chambre chaude.
Bekhnoug : étole traditionnelle.
Berek : petite embarcation.
Berred : théière.
Birou-arab : bureau des affaires indigènes.

Bismillah ou ya barket essalhin : au nom de Dieu et des Saints.
Borj el baklaoua : pièce de baklaoua, gâteau traditionnel aux amandes.
Bourghol : blé concassé.
Brik il helou : pâtisserie fourrée d'amandes et frite.
Broudou : bouillon de légumes.
Bsat ajemi : tapis persan.
Bsissa : mouture de céréales.
Cachta : coiffe.
Calis : calèche, cabriolé.
Chahid Adal : notaire.
Chakouas : gourdes en peau d'ovin.
Chammams : variété de melon très parfumée.
Chariaa : ensemble des lois coraniques qui régissent les musulmans.
Chebir : mesure d'une main ouverte, à peu près 25 cm.
Chech-khan : éclat de diamant.
Chemla : ceinturon tressé coton et soie, enroulé autour de la taille à la manière des fantassins.
Chérias : hottes.
Chikaya : plainte.
Chïr el malhoun : poésie populaire, barde.
Chitane : Satan, par extention terme péjoratif.
Chkoumoun : destinée noire, mauvais présage (terme pied-noir).
Chouchouard : bouton de rose.
Couscoussi smid bi laham allouch, bilfakia ou zhâar : couscous semoule au mouton arrosé d'eau de fleur d'oranger et de fruits secs.
Couscoussi birroua : couscous arrosé de lait caillé traditionnel.
Daday : la Nounou.
Dallalas : vendeuses de bijoux et d'accessoires.
Daouara : panse.
Darbakji : joueur de derbouka.
Dar-el-bhar : la maison de la mer
Dar-el-Bey : palais du Bey.
Dar-el-Mel : hôtel des finances.
Dekhla : la soirée de noce.
Dhahra : vallée.
Dhikr, bahrs, nahdj il borda : litanies, oraisons, cantiques, chants religieux...
Diblej : gros bracelet.
Djehfa : jument harnachée somptueusement, munie de tentures pour transporter la mariée.
Dona : appellation de Dieu chez les Juifs.
Ej-jneh er-rayeh : la chambre ventilée face au Levant.
Ech-choum : nuit tragique.
El kaleb ghaleb : la beauté du corps prime.
El minten : redingote intérieure.
El mourouzia bil kastal : plat salé sucré confectionné avec de la viande rissolée garnie de châtaignes (therme d'origine andalous).
El youtna : Lieutenant.
Ellaouh : tablette sur laquelle on écrit.
Ennya : la foi.

Errachoua lil hakem : pot de vin, bakchich.
Er-Rahma : la pitié, miséricorde.
Erricha : la prestance.
Falqa : flagellation des pieds.
Faouz : victoire.
Farraget : les curieuses qui viennent sans invitation.
Fastkya : bâche à eau creusée à coté des maisons.
Fatiha : sourate d'ouverture du Coran qui légitime le mariage religieux.
Fechkat : fioles.
Fermla : gilet court sans manches.
Ferri : le poinçon d'or.
Fersa : cheval, monture.
Fertouna : la fortune, la chance.
Fissaa : mot arabe employé dans le dialecte colonial et qui signifie « faire vite », motà mot : « dans l'heure ».
Fiskifa : dans l'antichambre, donnant sur le patio intérieur.
Flaga : contrebande.
Flous : monnaie, argent.
Fouta et blousa : pagne et caraco en soie, habit des citadines.
Frangaoui : français colonialiste.
Frik : blé ou orge vert concassé.
Ftayers : beignets.
Gaouri : étranger.
Garbaji : porteur d'eau du temps des turcs.
Garmassoud : genre de soie importée du Moyen-Orient.
Gazouz : gazeuse blanche.
Ghadhbana : contrariée par le comportement de son mari.
Ghatssa : plongée.
Ghorfa : chambre généralement sans fenêtre en ogive.
Glass : l'armoire à glace.
Gnaouya : gambos.
Gobtane : arabisation du mot capitaine.
Goraa : tirage au sort.
Gorâan : Le Coran mal prononcé.
Gorgaf : métier à broder.
Gotran : melasse.
Goumi : colporteur, rapporteur au solde de l'ennemi.
Gtiffs : tapis de haute laine.
Hadhra : orchestre feminin darbouka et tambourins.
Hadj : pèlerin.
Haffalat : femmes qui animent la fête.
Haïk : voile kairouanais.
Halfaya : tige.
Halka : cercle.
Hammara : fût dans lequel on baratte le lait de manière traditionnelle.
Hanabels : tapis légers.
Haouanet el hajama : décoration en bois ajouré pour encadrer les lits à baldaquin.
Hanout : magasin.

Haouch : patio.
Haouech : amasse.
Harkous : tatouage pointillé en noir.
Harmel : plante herbacée méditerranéenne très toxique
Harza : masseuse.
Hassaoua : soupe traditionnelle à base de blé ou orge, lentille, viande, viande boucanée, courge, pois-chiche et ingrédients.
Hazem : ceinturon traditionnel.
Henchir : terres plantées.
Hergma : pieds d'agneau cuits dans une sauce.
Hezb : Parti.
Hidhab : hauts plateaux.
Himmet :baby blues
Hormet ej-jar : la limite de l'autre, la liberté du voisin.
Houar : mot sudiste pour designer les condiments.
Houaza : plantation d'oliviers.
Houli : sari traditionnel.
Hrem : habit traditionnel drapé comme le pagne et retenu par deux fibules.
Hrem biskri : pagne.
Hrem onk hmama : pagne de couleur bleu foncé (cou de la colombe).
Idarat el Malïa : fonctionnaire au Trésor.
Idaret el Ouloum oua el Maaref : direction de l'enseignement et de la culture.
Idda : période de deuil prescrite dans le Coran.
Il makhsous, il maghloub : l'opprimé et le démuni.
Imam : selon le dictionnaire de la langue française « ministre de la religion mahométane ».
Issir ouel kammoun ala Zizèl : terme arabe contre le mauvais œil, dit avec l'accent typique juif prononcé « gii ».
Istiklal : Indépendance.
Jadour : niais, limité.
Janah lakhdhar : nom de cimetière à Kairouan.
Jarroucha : meule en grés.
Jdouds : ancêtres.
Jebba : habit masculin en soie tissée ressemblant à une soutane.
Jedday, Méma : ma grand-mère.
Jeddi, Azizi : mon grand-père.
Jeghoum bil firmas : soupe aux abricots séchés.
Jeloua : danse lente de la mariée qui a les yeux fermés.
Jouayou : légionnaire dans le langage commun.
Jrana : petit violon.
Kachabia : manteau confectionné en laine traditionnelle.
Kadid : viande salée, séchée et confite dans l'huile.
Kafia : norme, assemblage de vers poétiques.
Kahia :grade d'autorité régionale arabe.
Kalabouch : prisonnier.
Kameraya : tissu pur fil « Santa Cruz ».
Kaoum – Omma – Châab : Tribu – Nation – Peuple.
Karahba : automobile.
Kassaa : récipient en bois pour servir le couscous.

Kattar : alambic.
Kazen : grosse marmite qui sert à faire boullir l'eau.
Kebaba : cubèbe.
Kebouss : chéchia courte sans pompon.
Kechfa : coiffe traditionnelle mahdaoui.
Kedroun : habit (manteau) en laine de mouton.
Kesouet-el-beit : tentures en soie damasquine.
Ketta : le mot degla (dattes) déformé.
Khalti : tante maternelle.
Khama : voilette.
Khammas : métayers.
Kharbga : jeu bédoin comme le jeu de dames (sur le sable).
Khayali : bijou traditionnel (or et diamant).
Khayzrana : canne.
Khaznadji : receveur.
Khejla : mèche de cheveux.
Khetm : office religieux durant lequel on psalmodie des versets du Coran.
Khiloua : lorsque la mariée doit prendre son bain, on organise une fête au hammam retenu pour la circonstance.
Khobs mtabag : galettes fourrées d'épices et cuites dans le tajine en terre.
Kholkhal : anneaux de pieds en or massif ou argent.
Khoss : hutte fabriquée avec des troncs d'oliviers et des branches de palmier.
Khotba : sermon religieux.
Kifah : lutte patriotique.
Klaya bechrayah laajel : noix de veau rissolé.
Klim : tapis à poil ras.
Kmanda : commandant.
Kmem : emmanchures en tulle et dentelle.
Kmem bich-chantoura : emmanchures longues en dentelle de Calais ou en tulle.
Kmija : camisole intérieure féminine.
Kouaress : eau de toilette naturelle.
Koufia : coiffe.
Kouteb : lieu où on apprend le Coran.
Krarsi : conducteur de calèche.
Krima (couleur) : beige
Ksar : château, agglomération d'habitations.
L'oucif : le noir.
La Khatifa : rapt dans les coutumes lorsque le prétendant légalise tout de suite l'union par la « fatiha ».
Laaroubi ou lardhaoui : différentes appellations des chants bédoins.
Lagmi : jus de palme.
Lahfit el harir : étole masculine en soie tissée de manière traditionnelle.
Lahrar et **Laabid** : maîtres et serviteurs noirs.
Lalla flena ou lalla feltan : une telle ou une autre.
Lalla, lilla : maîtresse, patronne.
Lambarat : lampes à carburant pour la pêche.
Laradh : la rase campagne.
Layen : les notables, les grandes familles.

Laylat ennijma : la nuit de l'étoile.
Leffa : turbans unis à la façon égyptienne.
Lehd : course.
Lam : récolter, ramasser.
Lim beldi : variété de citron petit, vert et parfumé.
Llit : mot péjoratif désignant tout subalterne.
Loutya : grande fête du « henné » célébrée chez les parents de la mariée.
Mâ : diminutif de maman.
Maalma : dame qui enseigne l'art de la broderie artisanale.
Machaghels : problèmes.
Machikha : localité, région dont les habitants sont sous l'autorité d'un Cheikh.
Machta : accompagnatrice.
Mahboub : pièces ottomanes en or / sequin.
Mahjar : corps d'autorité dans les enquêtes judiciaires.
Mahjouba : femme voilée qui ne se découvre pas.
Mahkama : tribunal civil.
Maïda : table basse traditionnelle.
Makhdhour : orge concassé et grillé vert.
Makhzen : office, échoppe.
Maghzen : corps d'autorité qui regroupe les agents et cavaliers du bureau des indigènes.
Maktab : école.
Malouf : chants traditionnels arabes et andalous.
Malthouth bil hout : couscous d'orge accompagné de poisson généralement du mérou.
Maoussim : saison ou occasion à laquelle on offre des présents.
Maqsourat : antichambres incurvées de part et d'autre d'un grand Salon construit en grecque.
Marafâa : étagères en bois ciselé et ajouré.
Marhoum : défunt.
Marka sandouk : de forme cubique.
Marsaoui : Marsois (habitant la Marsa).
Mart el khaznaji : la femme du directeur des coffres (receveur).
Massalins : croupes d'agneau rôties.
Massir louled : l'avenir des enfants.
Matbakh : grosse soupe.
Medjabataires : contribuables.
Mejless : grande pièce rectangulaire dans les maisons mauresques.
Melhfa : voile traditionnel.
Mélia : habit traditionnel féminin.
Merioul : body traditionnel en cotonnade rayée.
Mermez : graines d'orge concassées pour la soupe.
Mertba : estrade sur laquelle on dresse le fauteuil de la mariée.
Messali : différentes préparations du Kadid.
Meslen : croupe d'agneau.
Methred de rfis tounsi : plat de semoule et dattes.
Mhamssa : soupe de plombs.
Mistahen : salle d'eau pour le bain et les ablutions.
Mizou : pantalons portés sous la jupe traditionnelle.
Mkeb : couvercle tressé en palmes généralement conique et décoré.

Mloukhia : poudre de corète.
Mohtachad : éloignement, camps de concentration.
Mouamra : colon.
Moulet-elhammam : propriétaire du bain.
Mrâama : voile en soie chinée.
Mtaouren-kaleb-el-vista : traître qui retourne sa veste.
Mzamrine : mesquines (ouvriers).
Nâam : oui.
Nahassa : marmite en cuivre.
Nesri : églantine
Omek : la mère... une telle.
Ommi : maman.
Oqsa : les cheveux tressés et noués.
Oreilles de Cadhi : pâtisserie en patte feuilletée en forme d'oreilles.
Ouadâa : coquillage noir strié de blanc servant d'amulette.
Oualesh : pourquoi.
Ouali : apôtre.
Ouargli : homme de corvée.
Ouaslat : phrases musicales.
Ouazra : vêtement confectionné en laine brute tissée de poil de chameau (pèlerine), les hommes l'enroulent comme un pagne et rejettent un pan sur les épaules.
Ouchem : tatouage.
Ouïoua : nom propre.
Oukhti : ma sœur.
Ragabouches : mot turc pour désigner les sabots hauts de la mariée, couverts de feuilles d'argent et de nacre.
Raqassat : danseuses.
Rassoul : Prophète Mohamed, que la paix soit sur lui.
Rogâa : peau d'ovin sur laquelle on place la meule avant de moudre les céréales.
Rouanis : récipient en forme de tonneaux, tressé de joncs de palme.
Roumi : français, étranger.
Rtob : dattes pas encore tout à fait mûres.
Ryhane : myrte.
Saba : la bonne récolte.
Sadaya : grand métier à confectionner les tapis.
Saf ejaouala : rang de scouts.
Safsari : voile des tunisiennes, blanc en soie ou en rayonne.
Sahabas : compagnons du vénéré Prophète Mohamed (Alaïhi assalat oua assalam).
Sakhane : dôme en bois qu'on place sur le canoun pour sécher le linge.
Samagh : encre liquide et brunâtre.
Sandouk : coffre ancien.
Sbillitat : boucles d'oreilles longues serties de pierres précieuses.
Seboua : le septième jour de la naissance.
Sénia : verger et enclos entourant les maisons.
Serdel : manufacture dont les ouvriers trient le poisson.
Seroual ou Houli : pantalon turc et pagne traditionnel.
Si flen ou **si felten** : untel ou tel autre.
Sidek : ton maître.

Sidi el Meddeb : maître d'instruction religieuse, répétiteur.
Sinoui : agneau de lait.
Sinouj : nigelle.
Siroual tarayoun : (arabisation du mot tirailleur) pantalons en velours brodés sur les côtés.
Skala : jetée, embarcadère.
Skhab : l'ambre.
Skifa : antichambre.
Slata méchouia : salade de poivrons grillée servie tiède.
Smen : beurre salé.
Snadid : nos hommes courageux.
Soffra : table servie à la manière traditionnelle.
Sollah lebled : marabouts.
Souek : tanin.
Souri : français, étranger au pays, par extension ; habitant de Sourel Djebeïl au temps des phéniciens au Liban.
Sousti et ouabri : soie et poil ras de chameau.
Spirit / spiritou : terme pour désigner toute sorte d'eau de vie en langage parlé.
Tabouna : gros brasero confectionné en terre et chaume.
Tabsi : plat pour servir la crème traditionnelle des Mouleds.
Tadjine : récipient, plat en terre cuite.
Taffela : récipient en cuivre dans lequel on place la poudre de kaolin en guise de shampoing.
Tajine jenina : légumes farcis.
Tajine bounarin : soufflé à base de viande, fromage et œufs, doré sur le canoun grâce à un couvercle renversé sur lequel on place des braises.
Taklila : bijou, grosses créoles en or.
Takrita herir : foulard en soie.
Tameh : refus de rester avec le conjoint.
Tanjra et kaskess : marmite et couscousier.
Taouachih et Takassim : échelle dans la musique classique orientale.
Tarbouch : coiffe masculine (Fez).
Targui : pantalon.
Tarraha : nacelle pour drainer les petits poissons vers le rivage.
Tarras-du-Ala : gaillard de la region haute du Jlass.
Thabout : sépulture.
Thour : circoncision.
Tloug : encens.
Tmar : dattes.
Tweejeh : groupe d'agents qui sortent en inspection avec le Kalifa.
Ya nari : Ô Dieu, quelle peine.
Zama : année de disette.
Zelfa : plat en bois pour servir le couscous.
Zerdas : rassemblement festif pour une communion, une célébration et généralement la préparation d'un grand repas à base de mouton (égorgé pour l'occasion).
Zerga : pur sang arabe.
Zezoua : petit récipient qui sert à la cuisson du café.
Zhar : eau de fleur d'oranger distillée.
Zriba : étable, écurie, par extension tout ce qui est en dehors de la maison.

VASCA-UPblisher
11bis rue de Moscou 75008 Paris
France

Cet ouvrage a été imprimé en 2015.
En vente sur Amazon

www.ingramcontent.com/pod-product-compliance
Lightning Source LLC
Chambersburg PA
CBHW062122160426
43191CB00013B/2172